学习包名师带学群简介

　　为了助力广大考生科学备考、高效备考，正确使用我们学习包的图书和课件，哈中柏杜法考专门建立了学习包名师带学群。八位学习包名师进群全程带学，再配以专属教辅在线辅导、督学，全方位为考生保驾护航。

带学群服务内容：

项　目	详情介绍
备考规划	**精确安排，明确目标**。班主任每天早上 7:30 在群内发布学习任务，并配上走心励志短语。让考生备考目标明确、规划科学。
打卡监督	**早晚打卡，确保落实**。早上 8:00、晚上 9:00 组织早晚打卡。督促学员学习，引导学员到群里进行学习总结。并对学习积极性不高的同学，通过在班级群里点名、私聊、电话等多种方式进行督促。
每日一题	**每日一题，辅助吸收**。班主任中午 12:00 发布每日一题。前期以辅助知识点理解为主，后期主要锻炼解题能力。班主任每周进行汇总，反复强化。
每日干货	**每日干货，重点巩固**。每天下午 6:00 发送各科的重难点、易错点、易混淆点等知识干货，帮助学员巩固所学知识。班主任每周进行汇总，便于学员复习使用。
学习班会	**每周班会，解决难题**。由高分通过法考的考生担任教辅老师，每周召开一次班会，对当周学习状态作一总结，对众学员反映的问题进行统一答疑。
组织讨论	**专题讨论，促进交流**。班主任引导考生对所发每日一题进行讨论，加强对知识点的理解，提升解题能力。
名师带学	**名师带学，全程陪伴**。学习包名师每月参加一次班会，每半月进行一次专题答疑，为学员提供学习方法的指导，解答学生备考过程中遇到的难题。同时不定期在学习群中为考生们加油、打气，陪伴至考试结束。

带学群加入方式

凭购买订单号扫码加入

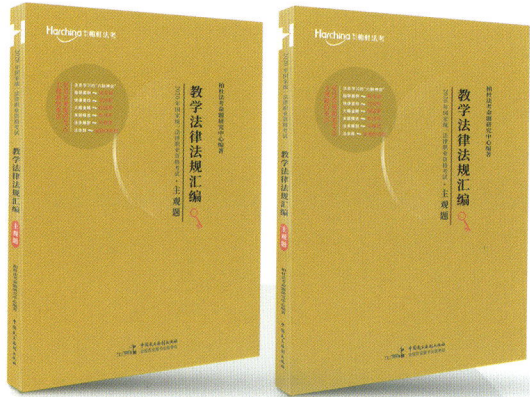

2020年国家统一法律职业资格考试

《主观题教学法律法规汇编》

更是客观题的考点

主观题的重点

法条学习的"六脉神剑"

指导案例 ➡ 窥本源

快速查找 ➡ 省时间

火眼金睛 ➡ 找陷阱

关联精选 ➡ 要对应

法条解剖 ➡ 可视化

法条群 ➡ 命题的真相

添加助教

免费领取备考资料

联系电话：13011080729

Harchina 哈中 柏杜法考

刑法攻略

柏浪涛 ◎ 著

2020年国家统一法律职业资格考试·精讲卷①

中国民主法制出版社

全国百佳图书出版单位

作者简介：

柏浪涛

华东师范大学法学院副教授，华东师范大学法律教育与法律职业研究院副院长，上海市法学会理事。毕业于清华大学法学院，获得刑法学硕士、博士学位，导师为周光权教授（全国人大宪法与法律委员会副主任）。曾获教育部公派留学奖学金，在德国波恩大学法学院从事博士后研究，指导教授为金德霍伊泽尔教授。

2016 年在法学核心期刊的前 16 种期刊（CLSCI）发表 4 篇论文，被中国法学会评为高产作者。2018 年在法学核心期刊的前三大刊（《法学研究》、《中国法学》、《中外法学》）发表三篇论文，被中国法学会评为高产作者，前三大刊发表数量在全国刑法专业排名第一。2018 年入选"上海青年法学法律人才库"，在上海市法学学术影响力评价指标"上海法学法律人才学术活跃度 Top100"中排名第 11 位。

作者取得上述学术成果，离不开众多师友的热心帮助。在攻读学位期间，曾获得清华大学张明楷教授、黎宏教授、劳东燕教授、北京大学陈兴良教授、车浩教授、中国政法大学曲新久教授等教授们的指点栽培，也获得李立众博士（中国人民大学法学院副教授，曾留学日本）、王钢博士（清华大学法学院副教授，曾留学德国）等清华大学同窗的关爱帮助。

凡是过往，皆为序章

　　宁静的午后，咖啡馆的角落，想参加法考的你问我："从事法考授课十余年，您有何感触？"我沉思良久，想对你说：

　　1. 选择法考，就是选择和自己死磕。你说你想清楚了。你可明白，"想清楚了"的定义是，若日后失败了，就只能找个无人的角落抽自己，而不应怨天尤人。

　　2. 人，生而并不平等。就学习能力而言，你的极限，可能只是别人的起点。很残酷，但必须接受。我讲解"违法阻却事由"，有些同学很难理解"阻却"一词的含义，有些同学一点就通。虽然坐在同一个教室里，但要清楚自己的起点在哪里。

　　3. 方法论上，同时追两只兔子，将一无所获。法考刑法的官方轨道只有一条，回归大陆法系主流，实现刑法知识的现代化转型。一脚踩苏联传统理论轨道，一脚踩大陆法系主流轨道，要么双腿分裂，要么精神分裂。

　　4. 你努力了，成绩没有太大改观。这并不能证明你的方法不对，而是表明你在赎罪。你总得为过去的懒惰付出点代价。所以，不要偷懒。懒习惯了，稍微努力一下，就觉得自己是在拼命。人们很少做正确的事情，而是倾向于做容易的事情，然后后悔。

　　5. 备考路上，你的脆弱与坚强可能超出你的想象。有时候，你可能因为一个嘲讽眼神而敏感自卑。有时候，你发现自己咬着牙、噙着泪已经向前走了很远的距离。

　　6. 我不知道，每年的失利者都去了哪里？可能消失在茫茫人海，也可能重头再来。但我知道，这世上，比所有人都瞧不起你还难受的滋味，就是所有人都同情你。

　　7. 就考试而言，最痛苦的事，不是没考过，而是本可以考过。法考征途，总有一段弯路在等待你，你必须经历。有位同学，考了三年，竟然不知"违法是连带的、责任是个别的"这句话。信息不对称，导致学习走偏路，令人痛惜。看到他面容憔悴，信心摇摇欲坠，我想告诉他：

　　甩掉沉没成本，迎接新的战场！凡是过往，皆为序章。

柏浪涛

2019 年 10 月 15 日

复习的方法论

一、六大理念

1. 选择正确的命题立场。法考刑法的命题立场是，回归德日代表的大陆法系主流轨道，实现刑法知识的现代化转型。遗憾的是，由于历史原因，我国多数高校讲授的是以四要件为标志的苏联传统理论。比如，我国传统理论中没有"法益""违法性认识可能性""期待可能性"等术语，但法考经常考查。这种知识转型很痛苦，但学习要进步，必须走出熟悉的舒适区。

但是注意，在借鉴德日刑法理论时，不能崇洋媚外、照搬照抄，必须考虑我国国情。

2. 善用体系思维和逻辑思维。用思维导图建构知识体系。探寻知识点背后的底层逻辑。唯有如此，才能打通任督二脉，而不是隔靴搔痒。

3. 注重掌握原理。刑法的考查难度越来越大，这便要求：不仅要知其然，还要知其所以然，必须掌握知识背后的底层原理。

问题层	→问题意识	
知识层	→武功招式	→知其然
原理层	→内功心法	→知其所以然

4. 尊重和注重司法解释。第一，司法解释具有官方效力，考试答案不能违背司法解释。第二，司法解释的种类有两种：一是注意规定，也即同义重复强调；二是特殊规定，也即特事特办，不能推广适用。注意不要将特殊规定性质的司法解释当做注意规定性质的司法解释。对于特殊规定性质的司法解释，本书会标示出。

5. 尊重和善用真题。真题是最好的复习资料。需要注意的是，随着理论的快速发展、法条的频繁修改，有些真题答案已被官方修订，可能许多人不了解，仍用原答案去解析。对于官方已经修订的真题，本书会标示出。

6. 关注实务判例。为此，我做了两项工作。第一，收集了3000个经典判例，改造后建立了刷题题库。第二，参与撰写最高人民法院与陈兴良、周光权教授合作的案例教程。该案例教程有数量众多的经典判例，用于基层法官业务培训，也成为题库素材。需要注意的是，基层法官的判决结果不是真理，不都是正确的。对有些错案错判，必须予以批判。这些判决结果不代表法考官方观点。

二、观点展示问题

对有些问题，理论上存在不同观点。本书在展示不同观点时，会标出哪种观点是多数观点或主流观点。如果考单选题，应选择多数观点或主流观点答题；如果考多选题或主观题，选择哪种观点都是可以的，选择两种观点或将两种观点都写出来，也是可以的。

三、系列产品

（一）针对客观题，《刑法攻略》由四个产品组成：

1. 《精讲卷》，系统全面的基础教材。讲授 8 天课时（官网和 APP 免费收看）。

2. 《真题卷》，详细解析真题和回忆版金题。

3. 《背诵版》，筛选出本年度考点精华。

4. 《刷题卷》，精心编制冲刺 150 题，被称为"狗蛋 150 题"。

（二）针对主观题，《刑法攻略》由两个产品组成：

1. 《主观题讲义卷》，删除客观题考查但主观题不考的知识点，筛选出主观题考查的基础知识。

2. 《主观题冲刺卷》，详细解析主观题的历年真题，精心编制仿真题，总结主观题答题方法。

四、通关策略

1. 需要打通客观题、主观题两关的考生，完成以下任务，即可通关：

第一步：在四月之前，将《精讲卷》看两遍。

第二步：在五月、六月，将《真题卷》做两遍。

第三步：在七月、八月，将《刷题卷》刷两遍。

2. 仅需要打通主观题的考生，完成以下任务，即可通关：

第一步：在七月之前，将《主观题讲义卷》看两遍。

第二步：在八月、九月，将《主观题冲刺卷》做两遍。

五、传播渠道

新浪微博：http：//weibo. com/bltxf，微博名为"柏浪涛的刑法观"。

哈中教育–柏杜法考的官网及 APP。

喜马拉雅：搜"柏浪涛"。

目　录

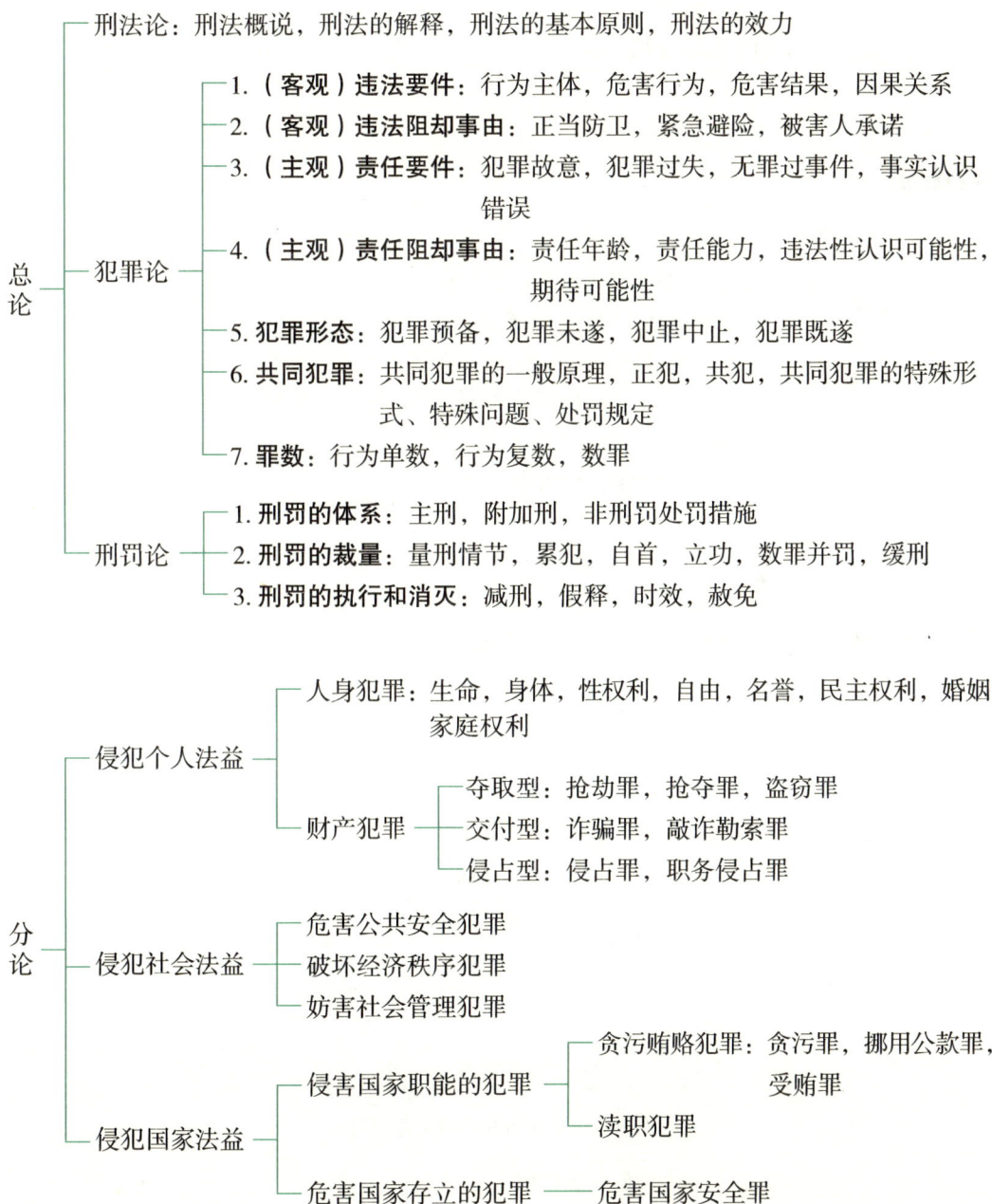

知识体系

刑法论：刑法概说，刑法的解释，刑法的基本原则，刑法的效力

总论

犯罪论

1. （客观）**违法要件**：行为主体，危害行为，危害结果，因果关系
2. （客观）**违法阻却事由**：正当防卫，紧急避险，被害人承诺
3. （主观）**责任要件**：犯罪故意，犯罪过失，无罪过事件，事实认识错误
4. （主观）**责任阻却事由**：责任年龄，责任能力，违法性认识可能性，期待可能性
5. **犯罪形态**：犯罪预备，犯罪未遂，犯罪中止，犯罪既遂
6. **共同犯罪**：共同犯罪的一般原理，正犯，共犯，共同犯罪的特殊形式、特殊问题、处罚规定
7. **罪数**：行为单数，行为复数，数罪

刑罚论

1. **刑罚的体系**：主刑，附加刑，非刑罚处罚措施
2. **刑罚的裁量**：量刑情节，累犯，自首，立功，数罪并罚，缓刑
3. **刑罚的执行和消灭**：减刑，假释，时效，赦免

分论

侵犯个人法益

人身犯罪：生命，身体，性权利，自由，名誉，民主权利，婚姻家庭权利

财产犯罪

- 夺取型：抢劫罪，抢夺罪，盗窃罪
- 交付型：诈骗罪，敲诈勒索罪
- 侵占型：侵占罪，职务侵占罪

侵犯社会法益

- 危害公共安全犯罪
- 破坏经济秩序犯罪
- 妨害社会管理犯罪

侵犯国家法益

侵害国家职能的犯罪

- 贪污贿赂犯罪：贪污罪，挪用公款罪，受贿罪
- 渎职犯罪

危害国家存立的犯罪 —— 危害国家安全罪

01 第一讲 刑法论

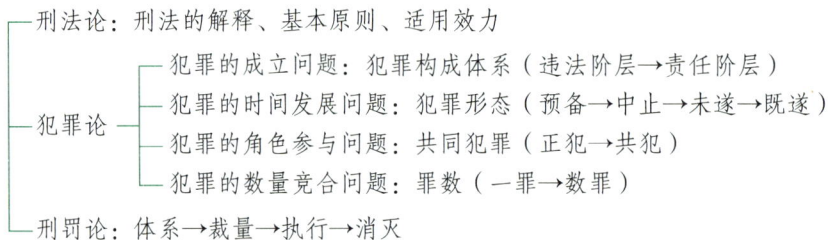

一、刑法概说

刑法＝犯罪＋刑罚。刑法学是一门技术活，主要任务是如何定罪、如何量刑。刑法学的体系地位如下：

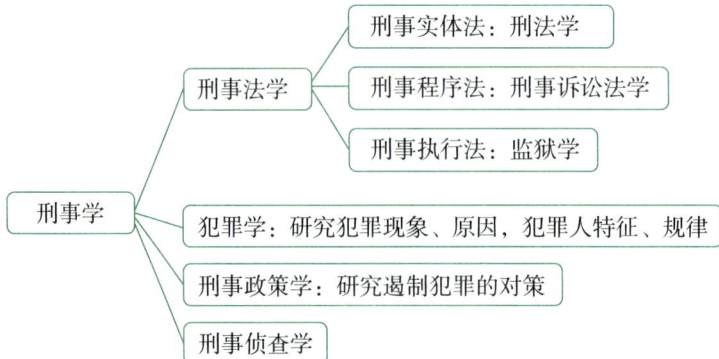

```
                        ┌─ 刑事实体法：刑法学
            ┌─ 刑事法学 ─┼─ 刑事程序法：刑事诉讼法学
            │           └─ 刑事执行法：监狱学
  刑事学 ───┤
            │  犯罪学：研究犯罪现象、原因，犯罪人特征、规律
            ├─ 刑事政策学：研究遏制犯罪的对策
            └─ 刑事侦查学
```

---

① ［答案］将组织卖淫罪中的"卖淫"解释为包括男性向女性卖淫、男性向男性卖淫，是一种扩大解释，而非类推解释。因此，狗蛋构成组织卖淫罪。

（一）刑法的机能

1. 法益保护机能。这是指刑法通过惩治犯罪来保护法益。法益，是指通过刑法来保护的国民的生活利益。例如，刑法设立故意杀人罪，保护的法益是人的生命；设立盗窃罪，保护的法益是人的财产。每一个罪名的背后都有一个需要保护的法益。一个罪名的保护法益也称为保护客体或犯罪客体。

2. 人权保障机能。这是指刑法在打击犯罪的同时，也应保障人权，严格依据刑法来定罪处罚。刑法不仅是"善良人的大宪章"，也是"犯罪人的大宪章"。过去，我们往往只强调刑法的任务是打击犯罪。实际上，若将刑法的任务仅限于此，那么没有刑法，打击犯罪时更为随意。因为没有约束，想怎么打击就怎么打击。因此，制定刑法就是为了强调在打击犯罪时不能侵犯人权。

$$保护法益 \longleftarrow 刑法 \longrightarrow 保障人权$$

[提示] 法益保护与人权保障之间存在紧张关系。刑法学的主要任务就是平衡二者的紧张关系。例如，《肖申克的救赎》中因冤枉被下狱的男主角，越狱后如果被抓了回来，要不要判他脱逃罪？

3. 规制机能。这是指刑法既是行为规范，又是裁判规范；既规制人们的行为，又规制法官的裁判活动。

（二）刑法的渊源（表现形式）①

1. 刑法典。新中国第一部刑法典是 1979 年颁布的（想一想，新中国成立后 30 年间竟没有刑法典）。现行刑法是 1997 年颁布的，自 1997 年 10 月 1 日起施行。

[注意] 刑法修正案。刑法修正案就是对刑法典作的小修小补。目前共有十个刑法修正案。

2. 单行刑法。这是指国家在刑法典之外单独针对某一类犯罪规定的刑法规范。目前典型的单行刑法只有一个：1998 年 12 月 29 日全国人大常委会颁布的《关于惩治骗购外汇、逃汇和非法买卖外汇犯罪的决定》。②

3. 附属刑法。这是指附带规定在经济法、行政法等非刑事法律中的罪刑规范。有些国家的法律有此做法，例如，德国、日本将许多交通领域的犯罪规定在道路交通法中。在我国，除了上述单行刑法，只有刑法典有权规定犯罪和刑罚，因此我国目前没有附属刑法。

二、刑法的解释

刑法学主要是对刑法条文的解释学。③ 解释条文，是学习刑法学的基本功。因此，刑法的解释历来是考试的重点。

---

① 这里的刑法渊源是狭义的，是就有权规定犯罪和刑罚的法律规范而言的，不包括立法解释、司法解释。广义的刑法渊源包括立法解释、司法解释。

② 此后增设罪名，都以刑法修正案的方式来解决。全国人大常委会还颁布了《关于取缔邪教组织、防范和惩治邪教活动的决定》（1999 年）、《关于维护互联网安全的决定》（2000 年，2009 年修正）、《关于特赦部分服刑罪犯的决定》（2015 年），由于没有增设具体的犯罪和刑罚，故不属于典型的单行刑法。

③ 刑法解释学，也称为刑法教义学（Strafrechtsdogmatik）。当然，二者也有细微区别。

(一) 解释的效力

1. 立法解释：全国人大常委会所作的解释。

[注意1] 刑法修正案属于立法，不属于立法解释，它是刑法典本身的内容。

[注意2] 刑法典中的解释性规定不属于立法解释。例如，刑法第 93 条第 1 款规定："本法所称国家工作人员，是指国家机关中从事公务的人员。"这不属于立法解释，而是刑法典的内容。

2. 司法解释：由最高人民法院或最高人民检察院所作的解释。

3. 学理解释：学术机构或学者个人的解释。

[效力等级] 立法解释>司法解释。学理解释没有法律效力。

(二) 解释的技巧

对一个条文术语的含义，需要通过解释技巧得出解释结论。常考的解释技巧有：

1. 平义解释

这是指按照该用语最平白的字面含义来解释，即所谓的看山是山，看水是水。

2. 扩大解释 (又称扩张解释)

这是指对用语解释后的含义大于字面含义，但该含义仍处在该用语可能的含义范围内。

例 1，将自动取款机解释为"金融机构"，就是对"金融机构"的扩大解释。

例 2，丢失枪支不报罪是指警察丢失了枪支竟然不汇报，造成严重后果。如果警察被抢劫了枪支、被骗去了枪支，也不汇报，造成严重后果，显然也应定丢失枪支不报罪。这就要求该罪中的"丢失"不能仅仅理解为"遗失"，而应扩大解释为"非自愿而失去对枪支的占有"。

3. 缩小解释 (又称限制解释)

这是指对用语解释后的含义小于字面含义。例如，丢失枪支不报罪的成立要求造成严重后果。该严重后果是指枪支被不法分子捡到用来实施违法犯罪活动，由此导致的严重后果。如果不法分子捡到枪支后，在阳台把玩时，由于过失，导致枪支掉落砸死了行人。这种后果不应视为该罪的严重后果。这就要求对该罪的严重后果进行缩小解释，仅限于捡拾者将枪支当作凶器，故意用于违法犯罪而导致的严重后果。上述阳台案中的枪支只起到一个花盆的作用。

4. 反对解释 (又称反义解释)

这是指根据用语的正面表述，推导出其反面含义，也即从"A"推导出"-A"。例如，14 周岁及以上的人要对故意杀人罪负责。据此，小于 14 周岁的人便不须对故意杀人罪负责。

5. 补正解释

这是指刑法条文用语表述有明显错误，只有通过修正、补正来阐明其真实含义。

例 1，刑法第 63 条第 1 款规定："犯罪分子具有本法规定的减轻处罚情节的，应当在法定刑以下判处刑罚；……"这里的"以下"应当不包括本数；如果判本数，就不属于减轻处罚，而属于从轻处罚。但是刑法第 99 条规定："本法所称以上、以下、以内，包括本数。"因此对刑法第 63 条的"以下"应进行补正解释，认为刑法第 63 条的"以下"是用语错误，应解释为"低于法定最低刑判处刑罚"。

例 2，刑法第 191 条规定的对洗钱罪的处罚"没收上游犯罪所得及其收益"，其中的"没收"一词使用有误，因为如果上游犯罪有被害人，则应将犯罪所得返还被害人，而非没收。因此，这个"没收"应当补正解释为"没收或者返还被害人"。（可参见第二十讲"破坏社会主义市场经济秩序罪"中"洗钱罪"的相关内容）

6. 类推解释

这是指将不符合法律规定的情形解释为符合法律规定的情形。例如，将强奸罪中的"妇女"解释为包括男子，就属于类推解释。

（1）性质。类推解释违反罪刑法定原则，是被禁止的解释方法，但不禁止有利于被告人的类推解释。

[注意1]　禁止类推解释，既针对司法机关，也针对立法机关，换言之，立法机关（如全国人大常委会）也不能进行类推解释。例如，刑法第 267 条第 2 款规定："携带凶器抢夺的，依照本法第二百六十三条的规定定罪处罚。"全国人大常委会不能对该款作出如下立法解释：携带凶器盗窃的，也以抢劫罪论处。这是因为将盗窃解释为抢夺，属于类推解释。

[注意2]　正确认识"不禁止有利于被告人的类推解释"。之所以不禁止，是为了公平地保障人权。例如，刑法第 389 条（行贿罪）第 3 款规定："因被勒索给予国家工作人员以财物，没有获得不正当利益的，不是行贿。"该规定显然有利于被告人。但是刑法在第 164 条（对非国家工作人员行贿罪）中没有类似规定。基于公平地保障人权，后者也应有此规定。因此，可以对第 389 条第 3 款中的"国家工作人员"类推解释为包括非国家工作人员。这种类推解释有利于被告人，应被允许。

（2）类推解释与扩大解释的区分标准（非常重要）。

第一，扩大解释得出的结论，在词语可能的含义范围内（词语文义的"射程"之内）；类推解释得出的结论，在词语可能的含义范围外（词语文义的"射程"之外）。第二，扩大解释得出的结论，没有超出国民的预测可能性；类推解释得出的结论，明显超出国民的预测可能性。

[总结]　易考情形：①

（1）将"金融机构"解释为包含使用中的运钞车、自动取款机，属于扩大解释。

（2）将遗弃罪中的"负有扶养义务"的人解释为既包括家庭成员，也包括负有扶养义务的其他人，属于扩大解释。

（3）将抢劫罪中的"财物"解释为包含财产性利益，属于扩大解释。

（4）将"携带凶器抢夺，以抢劫罪论处"中的"凶器"解释为包含用法上的凶器（如棍棒、砖块、菜刀），属于扩大解释。

（5）将信用卡诈骗罪中的"信用卡"解释为包含借记卡，属于扩大解释。这是立法解释的规定。

（6）将走私弹药罪中的"弹药"解释为包含弹壳，属于扩大解释。

（7）将组织卖淫罪中的"卖淫"解释为包含男性向不特定女性提供性服务，属于扩大解释。

（8）将侵犯通信自由罪中的"信件"解释为包含电子邮件，属于扩大解释。

①　参见张明楷：《罪刑法定与刑法解释》，北京大学出版社 2010 年版。张明楷：《刑法分则的解释原理》（上、下册）（第二版），中国人民大学出版社 2011 年版。

（9）将破坏交通工具罪中的"汽车"解释为包含大型拖拉机，属于扩大解释；将劫持汽车罪中的"汽车"解释为包含火车、地铁，属于类推解释。如果劫持火车、地铁，可定破坏交通工具罪。

（10）将重婚罪中的"结婚"解释为包含事实婚姻，属于扩大解释；将破坏军婚罪中的"同居"解释为包含通奸，属于类推解释。

（三）解释的理由

在通过解释技巧对一个条文术语得出一个结论后，必须提供理由，论证解释的合理性。解释理由无穷无尽，常见的有：

1. 文理解释

这是指根据文法、语法等来论证解释后的含义是否属于刑法用语可能具有的含义。简而言之，需要考查解释后的含义在文理上是否讲得通。例如，"收买"一词有两个含义：一是收购；二是用钱财或其他好处笼络人心。收买被拐卖的妇女、儿童罪中的"收买"不可能是指用钱财笼络人心。刑法第 104 条第 2 款规定："策动、胁迫、勾引、收买国家机关工作人员、武装部队人员、人民警察、民兵进行武装叛乱或者武装暴乱的，依照前款的规定从重处罚。"其中的"收买"也不可能是指收购。

2. 体系解释

这是指根据体系逻辑来论证解释后的含义在刑法体系中是否协调合理。例如，从文义上看，"伪造"可以包含"变造"，但是我国刑法在伪造货币罪之外又规定了变造货币罪，那么伪造货币罪中的"伪造"就不能包含"变造"。

［注意 1］"同一用语的含义相对化"。体系解释并不意味着同一用语在不同条文中需要保持同一含义。相反，基于体系的协调合理要求，同一用语在不同条文中可以保持不同含义。

例如，强奸罪的第（一）、（二）项法定刑升格条件均有"妇女"和"幼女"，而第（三）项法定刑升格条件为"在公共场所当众强奸妇女的"，其中遗漏了"幼女"，为了保护幼女，其中的"妇女"应当包括"幼女"。如此，强奸罪的第（一）、（二）项法定刑升格条件与第（三）项法定刑升格条件中的"妇女"的含义范围就不同。

［注意 2］"不同用语的含义同一化"。刑法中几个不同的用语也可以保持同一个含义。

例如，"恐吓""胁迫""威胁""敲诈"的含义均是以恶害相通告，使对方产生恐惧心理。（恐惧心理的程度，在抢劫罪里要求达到完全剥夺意志自由，被害人没得选；但在敲诈勒索罪、强奸罪里只需要达到部分剥夺意志自由、使意志自由有瑕疵即可。就此而言，抢劫罪与敲诈勒索罪、强奸罪中的"胁迫"在程度上又有所不同。）

［注意 3］同类解释规则。立法者在描述罪状时经常使用"例示法"，也即先列举几个例子，然后用"等""及其他"来概括兜底。对这些兜底规定的含义范围不能随意扩大，而应先总结所列举的例子的共同特征，然后用该共同特征来解释兜底规定的含义。

例如，抢劫罪规定的行为方式是"暴力、胁迫或者其他方法"。这里的"暴力、胁迫"是指压制被害人反抗的方法。因此，这里的"其他方法"是指其他的压制被害人反抗的方法，如将被害人灌醉弄昏，而非泛指其他一切方法。

3. 当然解释

这是指根据形式逻辑来论证解释后的含义是否符合当然道理，在论证出罪时"举重以明轻"（重的行为都无罪，轻的行为更应无罪），在论证入罪时"举轻以明重"（轻的行为都是犯罪，重的行为更应是犯罪）。可以看出，当然解释其实也是体系解释的一种。例如，司法解释规定，① 2 年内盗窃 3 次的，属于多次盗窃，构成盗窃罪。那么，2 年内盗窃 4 次的，当然构成盗窃罪。这就是当然解释的结论。

[注意1] 当然解释所比较的两个行为应属于性质相同、程度不同的两个行为。如果性质不同，不能进行当然解释的推理。

例 1，可以主张"强制猥亵都是犯罪，强奸更应是犯罪"，但不能主张"强制猥亵都是犯罪，抢劫更应是犯罪"。

例 2，刑法第 329 条规定了抢夺、窃取国有档案罪，但没有规定抢劫国有档案罪。然而，抢夺都是犯罪，抢劫更应是犯罪。所以，抢劫国有档案的行为可以按照抢夺国有档案罪论处。

[注意2] 当然解释追求结论的逻辑合理性，但该结论并不必然符合罪刑法定原则。在根据"举轻以明重"（轻的行为都是犯罪，重的行为更应是犯罪）入罪时，也要求案件事实符合刑法规定的构成要件，遵守罪刑法定原则，不能简单地以案件事实的社会危害性严重为由而以犯罪论处。

例如，早前社会上出现过倒卖飞机票的行为。应当说，倒卖飞机票的行为比倒卖车票、船票的危害性更严重，根据当然解释更应入罪。但是，我国刑法只规定了倒卖车票、船票罪，就不能将飞机票解释为"车票、船票"，进而以倒卖车票、船票罪论处。

4. 历史解释

这是指根据历史的、发展的眼光从历史沿革的角度为解释的结论提供合理性，这不同于探求立法原意的主观解释。例如，1979 年刑法第 183 条将遗弃罪规定在"妨害婚姻、家庭罪"一章中，其中行为主体也即"扶养义务人"仅限于婚姻、家庭成员之间；而 1997 年刑法第 261 条将遗弃罪规定在"侵犯公民人身权利、民主权利罪"一章中，那么"扶养义务人"就不限于婚姻、家庭成员之间，儿童福利院的院长也可成为遗弃罪的主体。

5. 目的解释

这是指根据刑法规范的保护目的为解释的结论提供合理性。规范的保护目的就是规范保护的具体法益。用一个罪名的保护法益可以指导解释该罪的构成要件。例如，故意毁坏财物罪的保护目的不应局限于财物的物理形状，而应是财物的效用价值。由此可以解释"毁坏"，是指使主人失去财物的效用价值的行为，而不要求破坏财物的物理形状。因此，将他人的鸟放飞，也是一种毁坏财物。

[注意] 目的解释只是一种解释理由，能否得出该结论，还需要依靠解释技巧，此时可以扩大解释，但不能类推解释。

例如，非法侵入住宅罪的保护目的是住宅的安宁。但不能因此认为，一切破坏住宅安宁的行为都是非法侵入住宅。三更半夜给他人家里不断打恶意电话"喂，我是周润发"，不能视为非法侵入住宅，因为"侵入"要求身体侵入。

（四）解释技巧与解释理由的关系

1. 二者区别

解释技巧是结论生产者，解释理由是结论论证者。对一个用语作出一个解释，其支撑理

---

① 2013 年 4 月 2 日《最高人民法院、最高人民检察院关于办理盗窃刑事案件适用法律若干问题的解释》。

由可以多种多样甚至越多越好，但是其解释技巧却只能选择一种。换言之，解释理由之间是并存关系，但解释技巧之间是排斥关系。例如，将组织卖淫罪中的"卖淫"解释为包括男性向不特定女性提供性服务。这种解释结论是合理的，为此可以提供多种解释理由（如文理解释、体系解释、历史解释等），但是这种解释在技巧上属于扩大解释，不可能属于缩小解释。即对一个用语进行解释，不可能既进行扩大解释，又进行缩小解释。

2. 二者关系

解释技巧和解释理由之间不是对立排斥关系，而是相辅相成关系。前者负责生产结论，后者负责论证结论的合理性。①

[注意] 解释理由只是论证结论的合理性。即使结论很合理，但是该结论还要根据解释技巧从条文中生产出来。若该生产方法被认为是扩大解释，则可以采纳该结论；若被认为是类推解释，则不能被采纳。例如，抢劫罪规定："冒充军警人员抢劫"应罪加一等。根据当然解释，真警察抢劫更应罪加一等。但是，该结论难以从"冒充军警人员抢劫"中生产出来。若将"冒充军警人员抢劫"解释为包括真警察抢劫，应属于类推解释，故这种解释结论无法被采纳。

典型真题 ②

1. 关于刑法用语的解释，下列哪一选项是正确的？（2014年·卷二·3题）③

A. 按照体系解释，刑法分则中的"买卖"一词，均指购买并卖出；单纯的购买或者出售，不属于"买卖"

B. 按照同类解释规则，对于刑法分则条文在列举具体要素后使用的"等"、"其他"用语，应按照所列举的内容、性质进行同类解释

C. 将明知是捏造的损害他人名誉的事实，在信息网络上散布的行为，认定为"捏造事实诽谤他人"，属于当然解释

D. 将盗窃骨灰的行为认定为盗窃"尸体"，属于扩大解释

2. 关于刑法的解释，下列说法正确的是？（2019年试题）④

---

① 需要说明文理解释与论理解释的关系。传统理论所谓的"论理解释"是一个笼统概念，既包含解释的理由（如当然解释、体系解释等），也包含解释的技巧（如扩大解释、缩小解释）；而文理解释主要是一种解释的理由。由于解释理由之间可以并存，解释理由与解释技巧也是相辅相成关系，因此文理解释与论理解释不是对立关系。对一个刑法用语，既可以作文理解释，也可以作论理解释。刑法学的上述这种认识与传统法理学的认识有所不同。

② 本书选取的真题是代表命题方向的真题，主要用于考生在学习完讲义内容后及时进行检验，所以在理解答案时可以结合前文的讲义内容。更详细的答案解析可以参见与本书配套的《真题卷》一书。

③ [答案] A项，刑法分则中的"买卖"包括三种含义，一是为了自用而购买，二是为了出卖而购买，三是出卖。例如，买卖身份证件罪中的"买卖"就包括这三种含义。因此，A项说法错误。B项说法正确，例如，抢劫罪的行为是"暴力、胁迫或者其他方法"。这里的"其他方法"应解释为完全剥夺他人意志自由的方法，在本质上与暴力、胁迫相同。C项，当然解释是指在出罪时"举重以明轻"，在入罪时"举轻以明重"，也即有轻重比较。C项无轻重比较问题，所以不存在当然解释的问题。D项是类推解释。本题答案：B。

④ [答案] A项，传播淫秽物品罪的"传播"是指让不特定人知晓淫秽物品的内容。传播性病罪中的"传播"是指通过性器官接触传染性病。二者含义不同。A项说法错误。B项，根据司法解释规定，B项说法正确。C项，冒充国家机关工作人员的情形包括：一是非国家机关工作人员冒充国家机关工作人员（包括离职的国家机关工作人员冒充在职的国家机关工作人员）；二是此种国家机关工作人员冒充彼种国家机关工作人员，如行政机关工作人员冒充司法机关工作人员；三是职务低的国家机关工作人员冒充职务高的国家机关工作人员，当然也包括相反情形。C项说法错误。D项，虐待被监管人罪中的"体罚虐待"，是指体罚或者虐待，而非仅限于体罚式虐待。D项说法正确。本题答案：BD。

A. 按照体系解释，传播淫秽物品罪与传播性病罪的"传播"含义一致

B. 依据文理解释，倒卖文物罪中的"倒卖"是指以牟利为目的，出售或为出售而购买国家禁止经营的文物

C. 招摇撞骗罪是指冒充国家机关工作人员招摇撞骗。将副乡长冒充市长招摇撞骗解释为"冒充"国家机关工作人员招摇撞骗，不符合文理解释

D. 虐待被监管人罪是指殴打或体罚虐待被监管人。将其中的"体罚虐待"解释为"体罚或者虐待"，符合文理解释

三、刑法的基本原则

刑法的基本原则有三：罪刑法定原则、罪刑相适应原则、平等适用刑法原则。复习重点在于前两个原则。其中，最重要的是罪刑法定原则，这是刑法的铁则，是法考的一级重点。

（一）罪刑法定原则

第3条①　法律明文规定为犯罪行为的，依照法律定罪处刑；法律没有明文规定为犯罪行为的，不得定罪处刑。

罪刑法定原则的含义是：法无明文规定不为罪，法无明文规定不处罚。

[注意] 上述第3条第一句话并不是关于罪刑法定原则的规定，其旨意是防止司法人员将有罪行为作无罪处理，是在强调法益保护机能。第二句话才是关于罪刑法定原则的规定，是在强调人权保障机能。在保护法益与保障人权这个天平上，罪刑法定原则是用来保障人权的，而非保护法益。

1. 思想基础

（1）民主主义，意指只有民主产生的立法机关才有权规定犯罪与刑罚。

（2）自由主义，也称为尊重人权主义，意指法律应当具有预测可能性，使国民知晓什么是犯罪，什么不是犯罪，以保障个人的行动自由。这种思想也称为国民预测可能性原理。

2. 基本内容

（1）成文的罪刑法定。

①法律主义。这是指只有立法机关制定的法律才有权规定犯罪和刑罚，行政机关制定的法规等无权规定犯罪和刑罚，即罪刑法定中的"法"不包括行政法规等，也即国务院无权制定刑法。最高人民法院、最高人民检察院也无权制定刑法，只能解释刑法。法律主义是民主主义的体现。

②禁止习惯法。虽然习惯法体现民意，但因为不成文，缺乏明确性，违反了预测可能性原理，所以应当被禁止。

（2）事前的罪刑法定。

这是指禁止溯及既往（或禁止事后法）。刑法如果溯及既往，便违反了预测可能性原理。例如，我今天干件事，按照今天的法律，我无罪，但明天出台新的法律，规定这种行为构成犯罪，然后依照这个事后的法律给我定罪，这肯定不合理。

[注意] 刑法不禁止有利于被告人的溯及既往。也即，事后的这个法律如果对被告人有

---

① 如果无特别提示，本书所列"第×条"均是指刑法的条文，均用阿拉伯数字表示。对于司法解释的条文，本书会特别提示。

利，也可以适用。

（3）严格的罪刑法定。

这是指禁止类推解释。类推解释因为既违反了民主主义，又违反了预测可能性原理，所以应当被禁止。注意：刑法不禁止有利于被告人的类推解释。

（4）确定的罪刑法定。

这是指罪刑规范应当明确、适当。

①明确性要求。

[注意] 简单罪状不违反明确性要求。简单罪状，是指仅规定了罪名，没有具体描述犯罪特征。例如，刑法第232条只规定"故意杀人的"，没有详细规定故意杀人罪的定义。之所以没有详细描述，是因为没有必要，一般人都知道什么是故意杀人。

②禁止绝对不定刑及绝对不定期刑。

绝对不定刑，是指刑法条文只规定"犯……罪，判处刑罚"，不规定刑罚的种类；绝对不定期刑，是指刑法条文只规定"犯……罪，判处有期徒刑"，不规定具体刑期。因为绝对不定刑和绝对不定期刑都违反了预测可能性原理，应当被禁止。因此，没有犯罪就没有刑罚。反过来，没有明确的刑罚就没有犯罪。

③禁止处罚不当罚的行为。

这是刑法谦抑性、补充性的要求。由于刑罚是最严厉的制裁措施，只有在其他法律已经无济于事、无法规制的情况下，才可以适用刑法，刑法的启动应当保持谦卑姿态。刑法是其他法律的补充法、保障法。

[注意] 民法（及行政法）与刑法的关系。

二者不是对立排斥、非此即彼的关系，而是低位阶与高位阶的关系。① 也即，不是 A 与 –A 的关系，而是 A 与 A+B 的关系。不能因为一个行为符合民法上的要件，就以此认定该行为不构成犯罪。

例如，甲将乙打成轻微伤，只是民法上的侵权行为；打成轻伤或重伤，既是民法上的侵权行为，又是刑法上的故意伤害行为，此时定故意伤害罪，然后附带民事诉讼。这是因为高位阶法优于低位阶法。

实务中常犯的错误：例如，对于许霆案（利用 ATM 机出错非法占有银行资金），有人认为许霆无罪，无罪的理由是许霆的行为属于民法上的不当得利。又如，某省高级法院曾颁布指导意见：肇事司机不逃逸，救助被害人，保护现场，属于履行行政法上的义务，不能认定为自首，若逃逸后又自动投案，则可认定为自首。这种错误意见的根源在于将行政法与刑法对立排斥起来。

④禁止不均衡、残虐的刑罚。

禁止不均衡的刑罚，是指刑罚应与罪行相适应，重罪重判，轻罪轻判。这表明广义的罪刑法定原则可以包含罪刑相适应原则。禁止残虐的刑罚是人道主义的要求。

（二）罪刑相适应原则（罪刑均衡原则）

第 5 条 刑罚的轻重，应当与犯罪分子所犯罪行和承担的刑事责任相适应。

刑罚的尺度=法益侵害性+可谴责性+人身危险性（再犯可能性）。

---

① 这个位阶关系，是从适用顺序而言，而非指效力等级。二者效力等级是相同的，都是全国人大制定的基本法律。

法益侵害性与可谴责性是回应已然事实，依其作出的刑罚被称为报应刑或责任刑。人身危险性（再犯可能性）是预防未然事实，依其作出的刑罚被称为预防刑或目的刑。例如，对自首之所以从宽处罚，是因为人身危险性降低了。对"入户抢劫"之所以适用更重的法定刑，是因为比普通抢劫罪多了一项法益侵害（非法侵入住宅）。

四、刑法的效力

（一）刑法的空间效力

1. 在中国境内犯罪：属地管辖原则

第6条　凡在中华人民共和国领域内犯罪的，除法律有特别规定的以外，都适用本法。

凡在中华人民共和国船舶或者航空器内犯罪的，也适用本法。

犯罪的行为或者结果有一项发生在中华人民共和国领域内的，就认为是在中华人民共和国领域内犯罪。

（1）"领域"包括领土、领水、领空。

[注意1] 悬挂我国国旗的航空器与船舶，不论停放何处，都属于我国领域。这是旗国主义的体现。

[注意2] 国际列车、国际长途汽车不属于我国领域。

（2）属地管辖原则之"地"，既包括行为地，也包括结果地，二者只要具备其一即可。

①犯罪行为，从共同犯罪上分，包括实行行为、教唆行为和帮助行为；从犯罪形态上分，包括预备行为和实行行为。上述行为中，只要有一项行为发生在国内，其他相关行为即使发生在国外，也认为是在我国领域内犯罪。

[注意] 教唆、帮助行为在国内，实行行为在国外：

情形一：根据当地国刑法，实行行为无罪（我国刑法规定为犯罪），则教唆行为、帮助行为也无罪，我国刑法不须追究。例如，甲在国内教唆美国人乙在阿拉斯加开设赌场。由于乙的行为在美国无罪（我国刑法有开设赌场罪），那么甲的教唆行为也无罪，我国刑法不须追究。

情形二：根据当地国刑法及我国刑法，实行行为有罪（只是我国刑法无法追究），则教唆、帮助行为有罪，我国刑法需要追究。例如，甲在国内教唆美国人乙在日本杀害日本人丙。日本及我国刑法都规定有杀人罪，乙的行为有罪（只是我国刑法无法追究，也不需要追究），因此甲的教唆行为也有罪，我国刑法予以追究。

②犯罪结果，从共同犯罪上分，包括整体结果和部分共犯人的结果；从犯罪形态上分，包括实害结果和危险结果。例如，甲从美国给我国境内的乙邮寄炸弹，乙收到炸弹后，炸弹爆炸了（实害结果），或者炸弹被海关查获没爆炸（危险结果）。上述结果中，只要有一个结果发生在国内，就认为是在我国领域内犯罪。

[注意] 危险结果要求是现实具体的危险。

例1，甲从A国寄毒药给身在中国的乙，乙服毒后来到B国，在B国死亡。由于在我国国内发生了现实具体的危险，我国作为危险结果地（中间地）能够管辖此案。

例2，甲从A国向B国的乙寄送毒药，运送该毒药的飞机经过我国领空。由于在我国国内没有发生现实具体的危险，我国不属于危险结果地，不管辖此案。

　　［提示］ 电信网络诈骗犯罪。根据司法解释,① 第一,"犯罪行为发生地"包括用于电信网络诈骗犯罪的网站服务器所在地,网站建立者、管理者所在地,被侵害的计算机信息系统或其管理者所在地,犯罪嫌疑人、被害人使用的计算机信息系统所在地,诈骗电话、短信息、电子邮件等的拨打地、发送地、到达地、接受地,以及诈骗行为持续发生的实施地、预备地、开始地、途经地、结束地。第二,"犯罪结果发生地"包括被害人被骗时所在地,以及诈骗所得财物的实际取得地、藏匿地、转移地、使用地、销售地等。

　　(3) 属地管辖的例外:法律有特别规定。这主要包括三种情形:第一,享有外交特权和豁免权的外国人在中国境内犯罪,通过外交途径解决;第二,我国港澳台地区适用本地区刑法;第三,民族自治区人大根据本民族特点,针对刑法部分条文制定了变通或补充规定,适用该规定。

　　2. 在中国境外犯罪

　　(1) 属人管辖原则 (第 7 条):我国公民在境外犯罪。

　　第 7 条　中华人民共和国公民在中华人民共和国领域外犯本法规定之罪的,适用本法,但是按本法规定的最高刑为三年以下有期徒刑的,可以不予追究。

　　中华人民共和国国家工作人员和军人在中华人民共和国领域外犯本法规定之罪的,适用本法。

　　适用我国刑法的条件:第一,我国公民在国外犯我国刑法规定的犯罪,原则上适用我国刑法,犯轻罪的 (最高刑在 3 年以下),可以不予追究,这意味着也可以追究;第二,若为国家工作人员和军人犯罪的,一律追究。

　　［注意］ 第 7 条中没有规定要求双重犯罪原则,也即犯罪地的法律也认为是犯罪 (保护管辖原则有此规定)。问题是,我国公民在境外犯我国刑法规定的犯罪,但当地法律不认为是犯罪,该如何处理?

　　判断标准:看是否侵犯了我国国家或公民的法益。若侵犯了,即使行为地的法律不认为是犯罪,也应坚持属人管辖原则,追究刑事责任;若没有侵犯,则可以类推适用刑法第 8 条 (保护管辖原则) 的但书规定"但是按照犯罪地的法律不受处罚的除外",不追究刑事责任。②

　　例 1,我国刑法规定有赌博罪、开设赌场罪。在摩纳哥、澳门赌博与开设赌场均为合法行为。大陆中国公民甲在摩纳哥或澳门开设赌场,营利 1 亿元后回国。由于甲的行为对我国国家和公民的法益没有侵害,所以不追究其开设赌场罪的刑事责任。

　　例 2,我国刑法规定,奸淫幼女中"幼女"的年龄是未满 14 周岁,并且即使幼女自愿发生性交也构成强奸罪;而日本刑法规定的幼女年龄是未满 13 周岁。中国公民甲在日本与已满 13 周岁不满 14 周岁的日本籍女子自愿发生性交,这在日本无罪。由于甲的行为对我国国家和公民的法益没有侵害,所以不追究其强奸罪的刑事责任。如果中国公民甲在日本与已满 13 周岁不满 14 周岁的中国籍女子自愿发生性交,则应追究其强奸罪的刑事责任。

---

① 2016 年 12 月 19 日《最高人民法院、最高人民检察院、公安部关于办理电信网络诈骗等刑事案件适用法律若干问题的意见》。

② 参见张明楷:《国民对国家的忠诚与国家对国民的保护——属人主义的理解与适用》,载《社会科学》2008 年第 4 期。

（2）保护管辖原则（第 8 条）：外国人在境外犯罪。

第 8 条　外国人在中华人民共和国领域外对中华人民共和国国家或者公民犯罪，而按本法规定的最低刑为三年以上有期徒刑的，可以适用本法，但是按照犯罪地的法律不受处罚的除外。

适用我国刑法的条件：第一，针对我国国家或公民的犯罪；第二，行为触犯的是重罪（最低刑在 3 年以上）；第三，双重犯罪原则（犯罪地的法律也认为是犯罪）。

（3）普遍管辖原则（第 9 条）：国际犯罪。

第 9 条　对于中华人民共和国缔结或者参加的国际条约所规定的罪行，中华人民共和国在所承担条约义务的范围内行使刑事管辖权的，适用本法。

适用我国刑法的条件：第一，必须是危害人类共同利益的犯罪，主要有：劫持航空器、跨国贩毒、跨国拐卖人口、海盗、种族灭绝、洗钱、恐怖活动等；第二，我国缔结或参加了公约；第三，我国刑法将这种行为也规定为犯罪；第四，犯罪人出现在我国领域内。

[注意]　具体适用法律时，适用我国刑法，而非已缔结或参加的国际公约。

3. 对外国刑事判决的消极承认

第 10 条　凡在中华人民共和国领域外犯罪，依照本法应当负刑事责任的，虽然经过外国审判，仍然可以依照本法追究，但是在外国已经受过刑罚处罚的，可以免除或者减轻处罚。

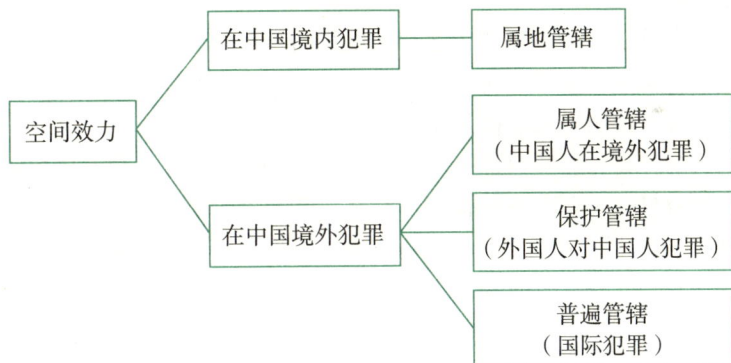

（二）刑法的时间效力

第 12 条　中华人民共和国成立以后本法施行以前的行为，如果当时的法律不认为是犯罪的，适用当时的法律；如果当时的法律认为是犯罪的，依照本法总则第四章第八节的规定应当追诉的，按照当时的法律追究刑事责任，但是如果本法不认为是犯罪或者处刑较轻的，适用本法。

本法施行前，依照当时的法律已经作出的生效判决，继续有效。

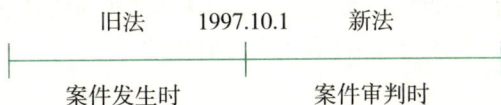

我国刑法关于时间效力的原则是：从旧兼从轻。这是指，原则上适用旧法（行为时的法律），但适用新法有利于被告人时，适用新法。也即，原则上禁止法律溯及既往，例外的不禁止有利于被告人的溯及既往。

例 1，甲在 2015 年 7 月组织考试作弊。刑法在 2015 年 11 月 1 日增设了组织考试作弊罪。该罪名规定不能适用于甲的 2015 年 7 月的行为，也即不能溯及既往，无溯及力。对甲只能适用行为发生时的刑法规定。根据行为发生时的刑法规定，甲的行为无罪。

例 2，甲在 2015 年 7 月绑架人质乙，绑得太紧，不慎致乙死亡。依照此时的刑法规定，甲构成绑架罪致人死亡，处死刑。刑法在 2015 年 11 月 1 日删除了绑架罪的这项规定，依此对甲的处理是，甲的一个绑架行为同时触犯绑架罪和过失致人死亡罪，想象竞合，择一重罪论处，以绑架罪论处，最高处无期徒刑，不能处死刑。对甲在 2015 年 12 月审判，由于新法对甲更有利，因此适用新法。

1. 适用的案件

从旧兼从轻原则适用的对象是未决犯（未判决的案件），也即，案件发生在旧法时，审判发生在新法时。对于已决犯（已判决的案件）则不存在是否溯及既往的问题。注意：按照审判监督程序重新审判的案件，适用行为时的法律。

2. 继续犯、连续犯跨越新旧法交替时的问题①

如果新旧法都认为是犯罪，适用新法，即使新法处罚重，也适用，但量刑时可以酌定从轻；如果旧法不认为是犯罪，新法认为是犯罪，就只追究新法生效后的这部分行为。例如，窝藏罪是继续犯，新旧法都认为是犯罪，适用新法。走私罪是连续犯，新旧法都认为是犯罪，适用新法。

3. 司法解释的时间效力②

（1）司法解释的实施，效力适用于法律的施行期间。

（2）司法解释实施前发生的行为，行为时没有相关司法解释，司法解释施行后尚未处理或者正在处理的案件，依照司法解释办理。

这表明，司法解释具有溯及力。这是因为司法解释不是立法条文，只是对立法条文的含义的解释。时间效力只针对立法条文而言。例如，现行刑法是 1997 年 10 月 1 日生效，规定了 A 罪条文。2000 年 1 月，张某实施了某项行为，涉嫌 A 罪被捕。法官不确定张某的行为是否符合 A 罪条文的某个用语，逐级向最高人民法院请示。2000 年 5 月，最高人民法院批复：这种行为符合 A 罪条文用语的含义。该司法解释可适用于张某的案件。这是因为，定罪依据的是刑法典条文，而非司法解释，司法解释只是对刑法典条文的含义进行解释。A 罪条文适用于张某案件，符合从旧原则（行为时法律），对 A 罪条文的司法解释适用于张某案件，便也符合从旧原则。

（3）司法解释实施前发生的行为，行为时有相关司法解释，依照行为时的司法解释办理。如果适用新的司法解释对被告人有利，适用新的司法解释。

4. 刑法修正案的时间效力

刑法修正案有具体的生效时间。对于犯罪时在生效时间前、审理时在生效时间后的案件，采用从旧兼从轻原则。对此，需要比较适用旧法和适用新法哪个有利于被告人。

（1）《刑法修正案（八）》于 2011 年 5 月 1 日生效。③

---

① 关于继续犯、连续犯的含义，请参见本书第十二讲"罪数"。
② 参见 2001 年 12 月 7 日《最高人民法院、最高人民检察院关于适用刑事司法解释时间效力问题的规定》。
③ 参见 2011 年 4 月 25 日《最高人民法院关于〈中华人民共和国刑法修正案（八）〉时间效力问题的解释》。

（2）《刑法修正案（九）》于 2015 年 11 月 1 日生效。①

（3）《刑法修正案（十）》于 2017 年 11 月 4 日生效。

典型真题

关于刑事司法解释的时间效力，下列哪一选项是正确的？（2017 年·卷二·1 题）②

A. 司法解释也是刑法的渊源，故其时间效力与《刑法》完全一样，适用从旧兼从轻原则

B. 行为时无相关司法解释，新司法解释实施时正在审理的案件，应当依新司法解释办理

C. 行为时有相关司法解释，新司法解释实施时正在审理的案件，仍须按旧司法解释办理

D. 依行为时司法解释已审结的案件，若适用新司法解释有利于被告人的，应依新司法解释改判

---

① 参见 2015 年 10 月 29 日《最高人民法院关于〈中华人民共和国刑法修正案（九）〉时间效力问题的解释》。

② ［答案］B。

02 第二讲 犯罪构成

特别提示

　　1. 犯罪构成体系是复习刑法总论的知识框架和底层逻辑，相当于电脑的操作系统，务必打造好。

　　2. 案例：狗蛋在 11 岁时盗窃到邻居姐姐小芳的苹果手机后，交给 21 岁的狗剩保管。狗剩夸奖狗蛋并答应保管。狗蛋不负盗窃罪的刑事责任，那么狗剩是否构成掩饰、隐瞒犯罪所得罪？①

一、定罪体系：两阶层的犯罪构成体系

（一）两阶层体系的理解

1. 简图

　　（客观）违法阶层：客观要件——（客观）违法阻却事由

　　（主观）责任阶层：主观要件——（主观）责任阻却事由

2. 详图

（客观）违法阶层：客观要件
- 行为主体
- 危害行为
- 行为对象 ——（客观）违法阻却事由
  - 正当防卫
  - 紧急避险
  - 被害人承诺等
- 危害结果
- 因果关系

（主观）责任阶层：主观要件
- 犯罪故意
- 犯罪过失
- 无罪过事件 ——（主观）责任阻却事由
  - 责任年龄
  - 责任能力
  - 违法性认识可能性
  - 期待可能性
- 事实认识错误

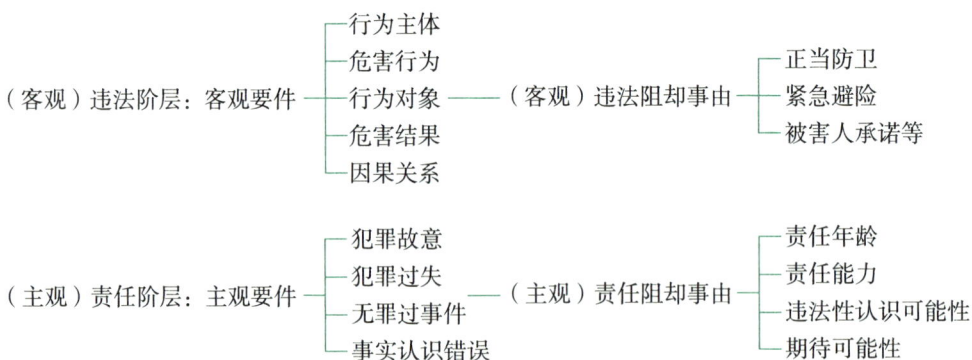

3. 图解：定罪原理

　　对一件事物的判断分为两个步骤：事实判断→价值评价。例如，"今天下雨了"，这是事实判断；"下雨天真糟糕"，这是价值评价。判断一个人的行为是否构成犯罪，也是如此，先进行事实判断，看行为人有无制造法益侵害的事实；然后进行价值评价，就其制造的法益侵

━━━━━━━━━━

① ［答案］狗剩构成掩饰、隐瞒犯罪所得罪。

害事实而言，能否谴责行为人，对其作出否定评价。

例如，在一个宁静的午后，8 岁的小孩在客厅玩跳舞机。情景一：一只猫从他身边跳过，打碎了一只花瓶。小孩的妈妈闻声从厨房出来，看到破碎的花瓶，脸色很难看。小孩赶紧嚷道："这不是我干的！"情景二：小孩手舞足蹈，不慎碰碎了花瓶。妈妈出来，看到破碎的花瓶，脸色很难看。小孩赶紧嚷道："我不是故意的！"

第一个情景中，小孩的抗辩理由是他没有制造法益侵害事实。这表明，一个行为要构成犯罪，首先需要具备一个要件：制造法益侵害事实（也称违法事实）。如果一个行为没有制造法益侵害事实，就不可能构成犯罪。由于法益侵害事实大多是客观事实，该要件也称为违法要件或客观要件，意指行为的法益侵害性（又称违法性）。①

第二个情景中，小孩的抗辩理由是不应该用故意的责任谴责他。这表明，一个行为要构成犯罪，除了制造法益侵害事实外，还应具备一个要件：就该法益侵害事实，能够谴责行为人。如果无法谴责行为人（如属于不可抗力），则无法让其承担刑事责任。这种谴责的条件称为责任要件。② 能够谴责行为人的条件是，他制造的法益侵害事实是故意所为，对于严重法益侵害事实（如致人死亡），过失为之也要谴责。由于故意、过失均是主观事实，因此责任要件也称为主观要件，意指行为人的可谴责性（又称有责性、主观罪过性、非难可能性）。

判断犯罪的顺序显然是先判断违法要件，后判断责任要件，这就形成一种阶层顺序：违法阶层和责任阶层。

因此可以说，犯罪由（客观）违法阶层和（主观）责任阶层构成。（客观）违法阶层所要认定的是：行为在客观上是否具有法益侵害性。只有具有法益侵害性的行为，才值得刑法关注。（主观）责任阶层所要认定的是：行为人对该法益侵害事实是否具有主观罪过性。只有具有主观罪过性，刑法才能就该法益侵害事实谴责行为人，让其承担刑事责任。承担刑事责任的方式就是科处刑罚。

（1）（客观）违法阶层。

在犯罪的（客观）违法阶层里，第一，要有一个人来实施犯罪，这就是行为主体（也称为犯罪主体）。从外部来看，行为主体属于客观要件，至于行为主体大脑里的主观因素（故意、过失）则是主观要件。第二，行为主体实施了一个危害行为。第三，危害行为一般要有行为对象。第四，危害行为产生了危害结果。第五，危害行为与危害结果之间要有因果关系。这样，行为主体→危害行为→行为对象→危害结果，客观要件就具备了。因果关系是判断危害行为与危害结果的桥梁。由此便可以得出结论：这个行为具有法益侵害性。

但是，这时的结论还只是暂时的结论，因为如果存在一些阻却事由的话，便又可以排除行为的法益侵害性。这些阻却事由主要有正当防卫、紧急避险、被害人承诺等。例如，甲杀了乙，首先在客观要件上，存在行为主体（甲）、危害行为（杀人）、行为对象（乙）、危害结果（乙死亡）、因果关系（乙死亡是由甲的行为导致的），因此甲的行为暂时被判断为具有法益侵害性。但是，接下来调查发现甲杀乙属于正当防卫，那么最终认为甲的行为不具有法

---

① 违法性有形式与实质之分。形式的违法性，是指违反某项法律规定。实质的违法性，是指侵害了法律规定背后的实质利益。本讲中的违法性是指实质的违法性，也即法益侵害性。

② "责任要件"中的"责任"是指可谴责性，与"刑事责任"中的"责任"有所区别。后者是指应承担的一种法律后果。一个人制造了违法事实（具备违法要件），并具有可谴责性（具备责任要件），便需要承担刑事责任。

益侵害性。可以看出，正当防卫、紧急避险、被害人承诺等之所以能够成为排除犯罪事由，是因为从整体、最终的眼光看，它们并不具有法益侵害性。在判断完（客观）违法阶层后，接下来就该判断（主观）责任阶层。

（2）（主观）责任阶层。

一个行为人如果具有犯罪故意或过失，就表明其具有主观罪过性、非难可能性。但这时的结论还只是暂时的结论，因为如果存在一些阻却事由的话，便又可以排除非难可能性。这些阻却事由主要有责任年龄、责任能力、违法性认识可能性、期待可能性等。例如，甲为了复仇而杀了乙，首先在客观上具有了法益侵害性，其次在主观上因为存在故意，便具有了非难可能性。但是经查证，甲的年龄只有 10 周岁，这么小的年龄，刑法无法谴责他；或者甲是完全的精神病患者，刑法也无法谴责他。因此，甲不用负刑事责任。

［提示］违法阶层的要素一般是客观要素（行为、结果），但是也有主观要素。例如，盗窃罪的"非法占有目的"，如果没有该目的，行为就没有盗窃罪的法益侵害性。责任阶层的要素一般是主观要素（故意、过失），但也有客观要素，例如，责任年龄、责任能力等。因此，所谓"违法是客观的，责任是主观的"，只是大概而论。

（二）两阶层体系的顺序：客观主义

在两阶层的犯罪构成体系中，应先判断（客观）违法阶层，后判断（主观）责任阶层。如果行为不符合违法阶层，即使符合责任阶层，也应作无罪处理。这种客观优于主观的立场，被称为客观主义立场。

在传统四要件的犯罪构成体系中，由于没有形成"违法要件→责任要件"的阶层式判断，在实践中容易形成先判断主观、后判断客观的思维，其理由是"没有主观指导，哪来客观行为"。其实，该理由并不可靠，因为过失犯罪便不是如此。这种主观优于客观的立场，被称为主观主义立场。

举例说明：甲欲杀害乙，在荒郊野外，误以为树桩是乙，向树桩连开 10 枪。

主观主义认为：首先，甲具有杀人的犯罪故意，符合了主观要件；其次，判断客观要件，甲有开枪杀人行为，符合了客观要件，那么甲便构成犯罪；最后，由于没有杀死人，所以成立故意杀人罪（未遂）。

客观主义认为：首先判断客观要件，核心是判断是否存在犯罪行为。一个行为要属于犯罪行为，就必须是危害行为；要属于危害行为，就必须对刑法保护的法益产生实害或危险。如果一个行为对法益不会造成任何危险，就属于日常生活行为。本案中，甲有开枪行为，但开枪行为不一定就是危害行为，朝天上或地上开枪就不属于危害行为。开枪行为要成为危害行为，必须对他人的生命产生威胁。甲现在开枪打的是树桩，四下又无人，对他人的生命不会产生任何危险，所以不是危害行为。连危害行为都不是，对甲应直接得出无罪结论。

有人可能会想，那甲主观上有杀人故意啊！但是注意：犯罪是行为，而不是思想！只有杀人故意，而没有杀人的危害行为，不构成犯罪。刑法惩罚的是危害行为，而非思想。

［注意］主观主义不是指定罪时只看主观，不看客观；客观主义也不是指定罪时只看客观，不看主观。定罪时还是要符合主客观相统一的原则，只是侧重点不同而已。主观主义以主观优先，客观主义以客观优先。

主观主义在"二战"前曾是世界刑法学界主流学说，但是由于主观主义容易主观入罪，侵犯人权，弊端日益严重，"二战"后便退出了主流地位。当今世界，客观主义已成为主流学说。在我国，客观主义也成为主流学说。

（三）两阶层体系的运用：犯罪概念的阶层化

根据两阶层的犯罪构成体系，犯罪概念可以阶层化理解。符合客观要件的行为，因为具有法益侵害性，可以视为一种暂时的"犯罪"；如果既符合客观要件又符合主观要件，行为就是最终的需承担刑事责任的"犯罪"。

例如，甲（10岁）盗窃了一台电视机，让乙（20岁）保管，乙答应保管。对乙如何处理？掩饰、隐瞒犯罪所得、犯罪所得收益罪要求的行为对象是"犯罪所得"。根据传统四要件的犯罪构成来认定，因为甲未满16周岁，不构成犯罪，所以所窃的电视机便不属于犯罪所得。这样，对乙就不能认定为掩饰、隐瞒犯罪所得、犯罪所得收益罪。但这种结论显然不合理。根据两阶层的犯罪构成体系，首先判断客观要件，甲的盗窃行为符合客观要件，具有客观法益侵害性，属于违法阶层上的"犯罪"，电视机也属于"犯罪"所得；只是因为甲在主观上具有阻却事由（未达刑事责任年龄），对甲最终不作犯罪处理。因此，乙掩饰犯罪所得的行为，构成掩饰、隐瞒犯罪所得罪。

[提示] "犯罪概念的阶层化"这个考点，经常结合正当防卫、共同犯罪予以考查，是考试的难点，务必理解。

（四）两阶层体系的比较：四要件体系

以"违法"与"责任"为支柱的犯罪构成体系，是以德日为代表的当今大陆法系的主流体系，在我国已经为越来越多的人所接受。而我国以往的传统理论是源自前苏联的四要件体系，这是指犯罪主体、主观方面、客体、客观方面。四要件体系因其显著弊端而日渐式微。

1. 比较

（1）四要件的犯罪主体包括行为主体和责任年龄、责任能力；而两阶层体系中，行为主体属于客观要件，责任年龄和责任能力属于主观阻却事由。

（2）四要件的认识错误包括事实认识错误和法律认识错误；而两阶层体系中，法律认识错误被转换为违法性认识可能性，置于主观阻却事由里。

（3）四要件体系将正当防卫等阻却事由置于四要件体系之外；而两阶层体系将正当防卫等阻却事由置于体系内的客观阶层里。

（4）四要件体系没有主观阻却事由；而两阶层体系在主观阶层里设置了主观阻却事由。

2. 弊端

四要件体系在判断犯罪时，没有形成"违法要件→责任要件"的阶层式判断，而是堆积木式的拼凑判断，由此出现许多弊端。试举一二例。

（1）犯罪主体。

例如，甲（15周岁）让乙（20周岁）为自己的入户盗窃望风，乙答应并照办。甲偷到10万后分给乙了一半。按照四要件体系，犯罪主体是指具有责任年龄、责任能力的人。依此，甲无罪。乙应有罪，但给乙定罪会出现障碍。首先给乙不能定盗窃罪的主犯或实行犯。但若给乙定从犯或帮助犯，就会面临一个问题：主犯或实行犯在哪里？而两阶层体系就可以很好地解决该问题，因为犯罪概念可以阶层化理解。其实，行为主体只是制造法益侵害事实的一个条件，并不要求其具有责任年龄、责任能力。8岁的小孩照样会杀人，照样可以制造法益侵害事实。

（2）犯罪客体。

四要件体系将犯罪客体（侵害社会关系或合法权益，新理论称为法益）视为构成要件，与主体、主观方面、客观方面相并列。但是，一个行为人只要具备了主体、主观方面、客观方面这三个条件，就必然具备客体这个条件，也即对法益产生危险或实害。换言之，客体（法益）是其他构成要件整体指向的目标，与其他构成要件不是并列关系。

概言之，剥离掉责任年龄、责任能力的行为主体应放进客观违法要件中，再去掉犯罪客体要件，四要件体系就剩下主观方面与客观方面。如果能进而坚持客观主义立场，那么四要件体系就演变为两阶层体系了。

二、定罪方法：三段论推理

关于三段论推理，举例说明，大前提：凡是人都会死；小前提：柏拉图是人；结论：柏拉图会死。三段论推理应用到法律中，法律规定是大前提，案件事实是小前提。根据小前提是否符合大前提，得出有罪或无罪的结论。刑法学的主要任务有两个：一是如何解释大前提（法律规定），也即刑法条文规定的犯罪构成要件；二是如何认定小前提（案件事实）。

T：大前提　　　　（法律规定）◄────解释

T1：小前提　　　　（案件事实）◄────认定

结论：T1 是否符合 T　（有罪无罪）◄────推导

（一）解释大前提

解释大前提的方法有前述的解释技巧、理由等。解释的对象是刑法条文规定的构成要件要素。这些要素可以分为下列种类：

1. 记述的构成要件要素和规范的构成要件要素

记述的构成要件要素，是指只需根据客观上的事实判断即可确定的要素。例如，"伪造或变造"，"护照、签证"，等等。

规范的构成要件要素，是指需要法官根据主观上的价值判断才能确定的要素。例如，"猥亵"、"侮辱"、"淫秽物品"等。这类要素的特点是，受人的主观价值观的影响较大。例如，对于一幅画，观念保守的人可能会认为这是一件淫秽物品，而观念开放的人可能会认为这是一幅艺术作品，正所谓仁者见仁，"淫"者见"淫"。注意：这里的"规范"的含义，不是指法律规范、刑事规范等规范的意思，而是指哲学上价值评价的意思。

2. 成文的构成要件要素和不成文的构成要件要素

成文的构成要件要素，是指刑法条文明文规定的要素。例如，刑法第 236 条明文规定强奸罪的对象是"妇女"，第 263 条明文规定抢劫罪的手段是"暴力、胁迫或者其他方法"。

不成文的构成要件要素，是指刑法条文表面上没有规定，但实质上必须具备的要素。例如，刑法第 264 条规定的盗窃罪、第 266 条规定的诈骗罪都没有规定"以非法占有为目的"，但实际上这些财产犯罪必须"以非法占有为目的"。"以非法占有为目的"就是这些罪名的不成文的构成要件要素。

3. 积极的构成要件要素和消极的构成要件要素

积极的构成要件要素，是指积极的、正面的表明犯罪成立的要素。例如，徇私枉法罪中的"司法工作人员"便是积极的构成要件要素，只有司法工作人员才能构成徇私枉法罪。

消极的构成要件要素，是指消极的、反面的否定犯罪成立的要素。例如，刑法第389条行贿罪中规定："因被勒索给予国家工作人员以财物，没有获得不正当利益的，不是行贿。"其中的"因被勒索"、"没有获得不正当利益"便是消极的构成要件要素，从反面否定了行贿罪的成立（目前公认的消极的构成要件要素就这一个例子）。

[注意1] 处罚阻却事由不是消极的构成要件要素。例如，刑法第201条（逃税罪）第4款规定：虽然行为已经构成逃税罪，但如果具备了一些事由条件（如补缴应纳税款、接受行政处罚等），便不予追究刑事责任。这是一种处罚阻却事由，其前提是行为已经构成犯罪；而消极的构成要件要素的效果是行为本身就不构成犯罪。

[注意2] 注意规定不是消极的构成要件要素。例如，刑法第243条（诬告陷害罪）第3款规定：不是有意诬陷，而是错告，或者检举失实的，不构成诬告陷害罪。该规定只是提醒法官，成立该罪要求有诬告陷害的犯罪故意，没有犯罪故意的，不构成诬告陷害罪。这是一种提示性的注意规定，不是增加一个消极要素，设置一个无罪的特别情形。删掉这种注意规定，遇到错告，依然不能定诬告陷害罪。但删掉消极的构成要件要素，就不能作无罪处理。

4. 客观的构成要件要素和主观的构成要件要素

客观的构成要件要素，是指表明行为外在的、客观方面的要素。例如，行为、结果、时间、地点等。

主观的构成要件要素，是指表明行为人内心的、主观方面的要素。例如，故意、过失、目的、动机等。

5. 真正的构成要件要素和表面的（虚假的）构成要件要素

真正的构成要件要素，是指能为行为的法益侵害性提供根据的要素。绝大多数的构成要件要素都是真正的构成要件要素。

表面的构成要件要素，是指没有为行为的法益侵害性提供根据的要素。例如，刑法第277条（妨害公务罪）第4款规定："故意阻碍国家安全机关、公安机关依法执行国家安全工作任务，未使用暴力、威胁方法，造成严重后果的，依照第一款的规定处罚。"其中的"未使用暴力、威胁方法"显然不是成立犯罪的必备要件（若使用了暴力，更构成犯罪）。也即，其并没有为行为的法益侵害性提供实质根据，并非真正的不法构成要件要素。立法者规定它，只是为了与妨害公务罪的前三种行为类型进行区分（前三种类型要求使用暴力、威胁方法），仅具有划分界限的功能，因此也称为界限要素。

6. 整体的评价要素

我国刑法分则在许多具体罪名的罪状中规定了"情节严重""情节恶劣"。这些规定属于对行为法益侵害性的整体概括评价，属于整体的评价要素。

[注意] 正确认识刑法第13条的但书。其规定："情节显著轻微危害不大的，不认为是犯罪。"实务中有法官依据该规定对被告人作无罪处理。例如，对安乐死的行为宣告无罪，对某些醉驾行为宣告无罪，这种做法是错误的。有罪无罪的唯一根据是具体罪名的犯罪构成要件。第13条的但书只是对刑法谦抑性的一种概括强调，不能作为出入罪的标准，否则分则具体罪名的构成要件规定就形同虚设。

（二）认定小前提

认定小前提主要是刑事诉讼法及其证据法的任务。刑法所要处理的是确实无法查明的情形。对于确实无法查明的情形，基于保障人权，应适用存疑时有利于被告人的原则。

1. 适用领域

该原则不是解释大前提（法律规定）的原则，而是解决悬疑事实的原则。在事实不清、存在疑问时，应根据有利于被告人的原则认定事实。在解释法律含义时，不应该也不可能一味按照有利于被告人的原则来解释，否则法益保护无从谈起。

例如，甲杀死仇人乙后，发现乙的钱包，便拿走钱包。案件事实很清楚，但甲的取财行为符合盗窃罪的法律规定还是符合侵占罪的法律规定，存在疑问。对此，需要对理论深入研究，而不能根据有利于被告人原则一味定侵占罪。如果该原则能够适用于解释法律规定，则给了法官徇私枉法的尚方宝剑，法官完全可以将上述被告人的行为解释成无罪，这样最有利于被告人。

［提示］该原则常在因果关系、共同犯罪中考查。请参见后面相关讲解。

2. 存疑的情形

案件事实存疑，是指案件事实存在两种或三种可能性。对此只能择一认定，选择一个有利于被告人的事实加以认定。

（1）要么有罪、要么无罪，认定为无罪。

在调查案件事实时，如果既存在有罪事实的可能，也存在无罪事实的可能，根据存疑时有利于被告人的原则，应当认定无罪事实。

（2）要么重罪、要么轻罪，认定为轻罪。

如果既存在重罪事实的可能，也存在轻罪事实的可能，不存在无罪事实的可能，根据存疑时有利于被告人的原则，应当认定轻罪事实。

例1，甲的行为导致乙死亡。在调查甲的主观心态时，在认识因素上，能够证明甲对乙的死亡已经预见到，但是在意志因素上，无法证明甲是反对结果发生还是放任结果发生。也即，甲要么具有过于自信的过失，要么具有间接故意。对此，应认定为过于自信的过失。

例2，甲的轿车丢失，警察在乙的住所找到。证据能够证明，乙要么亲自盗窃了该车，要么替他人窝藏了该车。对此，应认定为窝藏赃物。

（3）要么重罪、要么轻罪、要么无罪，认定为无罪。

例如，甲的轿车丢失，警察在乙的住所找到。证据能够证明，乙要么亲自盗窃了该车，要么替他人窝藏了该车，要么不知情而购买到赃车。对此，应认定为无罪。

（三）正确推导

1. 避免颠倒大小前提

实务中经常出现的错误是：颠倒大前提与小前提，将案件事实作为大前提，将法律规定的构成要件作为小前提。例如，某个单位组织盗窃电力。实务中有人如此推理：这是单位盗窃（大前提），刑法没有规定单位可以成为盗窃罪主体（小前提），所以该案件应作无罪处理。

正确的推理应是：刑法规定了自然人构成盗窃罪（大前提），某单位组织盗窃电力，其中必然存在自然人盗窃电力的行为（小前提），因此该单位的有关自然人（单位的直接责任人员）符合盗窃罪的构成要件，构成盗窃罪。有人可能认为，单位的直接责任人员不具有非法占有目的，因而不构成盗窃罪。实际上，盗窃罪的非法占有目的不仅仅限于为本人占有，还包括为其他第三人占有。例如，甲为了让乙非法占有，盗窃丙的财物，然后送给乙。甲仍构成盗窃罪。

2. 循环往复使用三段论

对同一个案件事实，有时根据一个法条规定的大前提推导出一个结论后，并不一定能够做到周延判断。为此，需要寻找其他法条规定，作为大前提，再次进行三段论推理。

例1，甲出于流氓动机，随意殴打行人，致一人重伤。首先想到寻衅滋事罪的法条规定，将其作为大前提，得出甲构成寻衅滋事罪的结论。然后想到故意伤害罪的法条规定，将其作为大前提，又得出甲构成故意伤害罪（重伤）的结论。这种现象并不矛盾，也并不排斥。一个行为同时触犯两个罪名，称为想象竞合犯，按照择一重罪论处的原则处理。想象竞合犯便是循环往复使用三段论的结果。这种循环往复使用三段论的思维是定罪的重要思维，务必掌握。

例2，甲欲打死乙的宠物狗（价值数额较大），向狗开枪，子弹打偏，打死旁边主人乙。将故意毁坏财物罪作为大前提，结论是甲构成故意毁坏财物罪未遂。将过失致人死亡罪作为大前提，结论是甲构成过失致人死亡罪。想象竞合，择一重罪论处，定过失致人死亡罪。后文会讲到，该案例属于不同犯罪构成间的事实认识错误。对这种事实认识错误的处理方法，就是用两次三段论推理。

典型真题

关于构成要件要素，下列哪一选项是错误的？（2014 年·卷二·4 题）①

A. 传播淫秽物品罪中的"淫秽物品"是规范的构成要件要素、客观的构成要件要素

B. 签订、履行合同失职被骗罪中的"签订、履行"是记述的构成要件要素、积极的构成要件要素

C. "被害人基于认识错误处分财产"是诈骗罪中的客观的构成要件要素、不成文的构成要件要素

D. "国家工作人员"是受贿罪的主体要素、规范的构成要件要素、主观的构成要件要素

---

① ［答案］D。

03 第三讲
客观要件一：行为主体

一、自然人

作为客观要件的行为主体，只要求客观上存在一个自然人，不探讨自然人主观方面的要素。关于自然人，主要问题是特殊身份。特殊身份，是指行为人在身份上的特殊资格或特殊地位。

（一）真正身份犯

这是指行为人只有具备某种特殊身份，才能构成犯罪。这种特殊身份也称为定罪身份或构成身份。例如，刑讯逼供罪的主体必须是司法工作人员，贪污罪的主体必须是国家工作人员。

[注意1] 定罪身份必须在开始犯罪时就具有。如果是在犯罪过程中形成的身份，则不属于定罪身份。例如，组织、领导、参加黑社会性质组织罪的组织者，不属于定罪身份，不是真正身份犯。因为这种身份是在犯罪过程中形成的。又如，犯罪集团中的首要分子，也不是定罪身份。

[注意2] 定罪身份只是针对实行犯所要求的。不具有定罪身份的人可以作为共犯（帮助犯、教唆犯），与具有定罪身份者构成共同犯罪。例如，丈夫是国家工作人员，妻子即使没有国家工作人员的身份，也可以构成丈夫贪污罪的共犯。

需要注意：这里的实行犯包括间接实行犯（间接正犯）。如果没有定罪身份，那么连该真正身份犯的间接正犯也不构成。例如，官员的妻子既不能构成贪污罪的直接实行犯，也不能构成贪污罪的间接正犯。

---

① ［答案］该厂的直接责任人构成故意杀人罪的帮助犯。

（二）不真正身份犯

这是指行为人具有某种特殊身份，不影响犯罪的成立，但是影响量刑。这种特殊身份也称为量刑身份或加减身份。例如，诬告陷害罪的主体是一般主体，但是国家机关工作人员犯该罪就要从重处罚。诬告陷害罪就是不真正身份犯，国家机关工作人员的身份就是量刑身份。

［总结1］常考的身份犯：

1. 国家机关工作人员的身份，在报复陷害罪（第254条）中是定罪身份，而在诬告陷害罪（第243条）中是量刑身份。注意：打击报复证人罪（第308条）不是身份犯，不要求行为人有身份。

2. 非法拘禁罪（第238条）中的量刑身份是国家机关工作人员；非法搜查罪、非法侵入住宅罪（第245条）中的量刑身份是司法工作人员。

3. 妨害作证罪和帮助毁灭、伪造证据罪（第307条）中的量刑身份是司法工作人员；窝藏、包庇罪（第310条）没有规定量刑身份。

［总结2］"国家工作人员"的认定：

1. 种类

根据刑法第93条的规定和立法解释，国家工作人员包括四类人：

（1）国家机关中从事公务的人员。

（2）国有公司、企业、事业单位、人民团体中从事公务的人员。人民团体不包括社会团体。常见的人民团体有妇联、共青团等。

（3）国家机关、国有公司、企业、事业单位委派到非国有公司、企业、事业单位、社会团体从事公务的人员。

（4）其他依照法律从事公务的人员。

根据立法解释，村民委员会等村基层组织人员协助政府从事下列行政管理工作（公务）时，属于上述（4）中的国家工作人员：

①救灾、抢险、防汛、优抚、扶贫、移民、救济款物的管理。

②社会捐助公益事业款物的管理。

③国有土地的经营和管理。

④土地征收、征用补偿费用的管理（注意：不是指土地承包费）。

⑤代征、代缴税款。

⑥有关计划生育、户籍、征兵工作。

⑦协助人民政府从事的其他行政管理工作。

2. 公务

在一个国家机关或国有企业里工作的人是不是国家工作人员，实务中常犯的错误是，根据有无正式编制来认定，往往认为临时工不是国家工作人员。然而，根据上述刑法第93条规定可以看出，判断标准应是是否从事公务。

判断公务的标准：第一，事务具有公共管理性。这是指事务关系到多数人或不特定人的利益。仅与个别人或少数人相关的事务，不是公务。第二，事务具有行政职责性。这是指事务属于行政职务，并承担行政责任。例如，公立大学财务处会计属于国家工作人员，大学教授属于非国家工作人员。

例 1，甲是公立医院的副院长，周一，与医疗器材商洽谈采购事宜，收受对方财物；周二，坐门诊，开处方，收受医药代表的钱财，答应多开其药品。周一，甲从事的是公务，是国家工作人员，构成受贿罪；周二，甲从事的是技术劳动，是非国家工作人员，构成非国家工作人员受贿罪。

例 2，村长甲协助政府管理发放土地征用补偿款，收了村民乙的钱，给乙多分发了土地征用补偿款，构成受贿罪。该村一块集体土地承包给外村的王某，王某交纳的土地承包费由甲负责管理分发。甲收了村民丙的钱，给丙多分发了土地承包费，构成非国家工作人员受贿罪。

二、单位犯罪

第 30 条 公司、企业、事业单位、机关、团体实施的危害社会的行为，法律规定为单位犯罪的，应当负刑事责任。

（一）分类

1. 纯正的单位犯罪

这是指只能由单位构成而不能由自然人构成的犯罪。例如，单位行贿罪、单位受贿罪。

2. 不纯正的单位犯罪

这是指既可由单位构成也可由自然人构成的犯罪。例如，生产、销售伪劣产品罪。①

［注意］ 单位实施该犯罪与自然人实施该犯罪，在成立标准、既遂标准上，二者应保持一致。

例如，生产、销售伪劣产品罪的既遂标准是"销售金额五万元"。这个数额对单位和自然人同样适用，而不应有所区别。实务中有种错误观念，认为就同一个犯罪而言，单位犯罪的既遂数额应高于自然人犯罪的既遂数额，其理由是，单位的规模大、实力雄厚，所以既遂标准应当往上提点。但是，这种观点完全错误。若如此，就意味着，如果普通人杀一个人是故意杀人罪的既遂，那么职业杀手或犯罪集团杀多个人才是故意杀人罪的既遂。若如此，等于告诉犯罪人，不要单兵作战，可以组团作战。

［提示］ 纯正的自然人犯罪，是指只能由自然人构成而不能由单位构成的犯罪。例如，行贿罪、受贿罪。又如，金融诈骗罪的 8 个罪名中，只有 3 个罪名是纯正的自然人犯罪：贷款诈骗罪、信用卡诈骗罪、有价证券诈骗罪。

（二）成立条件

1. 主体资格

（1）单位犯罪是否要求单位必须具有法人资格？结论：一般情况下，不要求单位有法人资格，但是私营企业要构成单位犯罪，要求有法人资格。例如，私营公司可以，合伙企业不行。

（2）单位的分支机构或内设机构能否成为单位犯罪的主体？结论：司法解释规定，符合两个条件便可以：①以自己名义犯罪；②违法所得归该机构所有。

（3）外国公司、企业、事业单位在我国领域内犯罪，怎么处理？结论：适用我国单位犯

---

① 不纯正的单位犯罪主要集中在第二十讲"破坏社会主义市场经济秩序罪"。

罪的规定。

2. 主观要件

成立单位犯罪，要求具有单位的意志。单位犯罪的犯罪意志不是内部某个成员的意志，而是单位的整体意志。单位整体意志的产生方式有：第一，由单位决策机构形成；第二，单位领导、职员出于为单位谋取利益的意图，根据其职权作出决策。

［注意1］ 缺少单位意志、只有个人意志，应定个人犯罪的情形：

（1）盗用、冒用单位名义实施犯罪，为个人谋取非法利益，违法所得归个人所有。

（2）单位内部成员未经单位决策机构同意、认可而实施犯罪，为单位或个人谋取非法利益。

（3）单位内部成员实施与其职务活动无关的犯罪行为。

［注意2］ 共同犯罪问题：

（1）单位犯罪是单位本身的犯罪，不是各个成员的共同犯罪，也不是单位与成员的共同犯罪。

（2）对单位犯罪双罚时，在处罚直接责任人时，数个直接责任人之间可以构成共同犯罪，但该共同犯罪是处在单位犯罪的框架下的，是为了明确各个直接责任人的责任大小。

（3）单位与单位之间可以构成共同犯罪。单位与自然人之间也可以构成共同犯罪。

［注意3］ 根据相关司法解释，成立单位时主要目的就是为了犯罪，或者成立单位后主要活动就是犯罪的，应以自然人犯罪论处。

［注意4］ 单位犯罪既可以是故意犯罪，也可以是过失犯罪。单位过失犯罪：例如，工程重大安全事故罪（第137条）、出具证明文件重大失实罪（第229条第3款）。

3. 谋取利益条件

成立单位犯罪，要求为单位谋取非法利益。为单位全体成员谋取非法利益，可视为为单位谋取非法利益。为单位某些特定成员谋取非法利益，不属于为单位谋取非法利益。

例1，某个公司董事会决议，向某个官员行贿，以便为公司谋取非法利益。这是单位行贿罪。

例2，某个公司董事会决议，向某个官员行贿，以便让该官员为董事长的儿子办理升学手续。这是行贿罪，行为主体是公司的直接责任人员。

例3，某个公司的一位董事私自向某个官员行贿，以便为公司谋取非法利益。公司董事会成员对此并不知情。这是行贿罪。由此也可看出，自然人犯罪并不要求必须为自然人本人谋取非法利益，也可以为单位或为他人谋取非法利益。

（三）处罚规则

1. 双罚制

第31条 单位犯罪的，对单位判处罚金，并对其直接负责的主管人员和其他直接责任人员判处刑罚。本法分则和其他法律另有规定的，依照规定。

［注意］ 对单位本身只能判处罚金，不能判处没收财产。对单位不判处没收财产，主要是考虑到没收财产是指没收合法的没有用于犯罪的财产，如果没收单位的财产如办公设备、生产资料等，会影响单位的正常经营。单位犯了罪，并不意味着该单位就必须被撤销。

2. 例外单罚

只处罚直接责任人员，不处罚单位。这是因为，如果处罚单位，会损害无辜的普通职员的利益，违背罪责自负原则。

3. 单位被撤销或变更

（1）涉嫌犯罪的单位被其主管部门、上级机构等吊销营业执照、宣告破产的，直接追究直接责任人的刑事责任，对该单位不再追究。

（2）涉嫌犯罪的单位已被合并到一个新单位的，仍追究原犯罪单位。法院审判时，对被告单位应列原犯罪单位名称，但注明已被并入新的单位，对被告单位所判处的罚金数额以其并入新的单位的财产及收益为限。

（四）纯正的自然人犯罪

单位实施纯正的自然人犯罪，如何处理？对此，立法解释规定：①"公司、企业、事业单位、机关、团体等单位实施刑法规定的危害社会的行为，刑法分则和其他法律未规定追究单位的刑事责任的，对组织、策划、实施该危害社会行为的人依法追究刑事责任。"换言之，此时追究直接责任人的自然人犯罪。

例 1，某个单位领导集体决议实施盗电，为单位谋取非法利益。虽然刑法规定单位不能成为盗窃罪主体，但是可以直接追究直接责任人的自然人犯罪，也即盗窃罪。自然人犯罪并不要求必须为自然人本人谋取非法利益，也可以为第三人（某个单位或个人）谋取非法利益。

例 2，刑法规定贷款诈骗罪只能由自然人构成。如果单位实施贷款诈骗，虽然不能认定单位构成贷款诈骗罪，但可以认定单位的直接责任人构成贷款诈骗罪。②

[引申] 单位帮助自然人实施纯正的自然人犯罪，能否对单位以帮助犯论处？不能，只能追究其直接责任人的帮助犯责任。例如，星星公司领导层得知赵某欲实施贷款诈骗，便集体决定帮助赵某，为赵某提供了虚假担保。赵某诈骗银行贷款得逞。赵某构成贷款诈骗罪的实行犯，星星公司直接责任人构成贷款诈骗罪的帮助犯，但不能认定星星公司构成贷款诈骗罪的帮助犯。

▍▍典型真题▶

关于单位犯罪，下列哪些选项是正确的？（2015 年·卷二·54 题）③

A. 就同一犯罪而言，单位犯罪与自然人犯罪的既遂标准完全相同

B. 《刑法》第一百七十条未将单位规定为伪造货币罪的主体，故单位伪造货币的，相关自然人不构成犯罪

C. 经理赵某为维护公司利益，召集单位员工殴打法院执行工作人员，拒不执行生效判决的，成立单位犯罪

D. 公司被吊销营业执照后，发现其曾销售伪劣产品 20 万元。对此，应追究相关自然人销售伪劣产品罪的刑事责任

---

① 2014 年 4 月 24 日《全国人民代表大会常务委员会关于〈中华人民共和国刑法〉第三十条的解释》。

② 提示：以前有司法解释认为，单位实施贷款诈骗的；只能以单位构成合同诈骗罪来处理。这是错误的。2014 年立法解释已经纠正了该错误。

③ [答案] C 项，刑法第 313 条规定的拒不执行判决罪，在 2015 年 11 月 1 日生效的《刑法修正案（九）》之前，只能由自然人构成，生效后，则可以由单位构成。本题为 2015 年的考题，所以说法错误。再者，即使本案发生在 2015 年 11 月 1 日后，也不构成单位犯罪，因为赵某的行为虽为单位谋利，召集了单位职工，但是仍属于个人行为。单位犯罪要求体现单位的整体意志，也即由单位决策层集体策划。本题答案：AD。

04 第四讲
客观要件二：行为

特别提示

1. 重要考点：被害人自陷风险，不作为犯中的"作为义务"。

2. 案例：狗蛋开出租车，搭载一位女乘客小芳，中途未经小芳同意，又搭载自己的哥们狗剩。狗剩上车后，见小芳颇有姿色，便实施强奸。期间狗蛋继续开车，时不时瞄两眼后视镜（案发地：温州火车站）。对狗蛋该如何处理?①

一、危害行为

（一）特征

犯罪是一种危害行为。危害行为具有以下三项特征：

1. 有体性。行为是人的身体活动，包括积极举动和消极静止。这是行为的客观特征，旨在将人的思想排除在犯罪之外。思想无罪。

2. 有意性。行为是人有意识实施的。这是行为的主观特征，旨在将梦游、身体无意识的反射举动等排除在行为之外。

3. 有害性。行为具有法益侵害性。这是行为的实质特征，旨在将同性恋等现象排除在犯罪行为之外。

（二）判断

危害行为的判断标准：对法益创设了法律不允许的危险。例如，甲遵守交通规则驾车，虽然也会给行人创设危险，但这是法律允许的危险。但如果违章驾车，则创设了法律不允许的危险。

1. 危害行为与生活行为的区分

生活行为：行为对法益没有创设法律不允许的危险。

行为人虽然主观上有犯意，但客观行为对法益没有创设实质危险的，不属于危害行为，即使偶然发生危害结果，也不能因此将其行为认定为危害行为。

例1，甲想杀死乙，心想：劝乙到大街上跑步，如果被车撞死才好。乙答应，跑步时竟真的被车撞死。甲的行为对乙的生命没有创设危险，不是危害行为。

例2，甲送乙一袋大枣，希望乙噎死。乙果真噎死。甲的行为不是危害行为。

---

① ［答案］狗蛋构成强奸罪的不作为的帮助犯。

[提示] 实务中往往将这类案件的判断焦点锁定在因果关系。实际上，此时还谈不到因果关系，因为判断因果关系的预设前提是行为已经是危害行为，但是在这些案件里，行为首先就不是危害行为。

2. 降低危险与替代危险

（1）降低危险的行为不是危害行为。

例1，在山脚下，甲看到一块石头要落下来砸向乙的头部，甲推乙一把，石头砸中乙的肩膀。甲的行为降低了危险，不是危害行为。如果甲原本可以大力推一把，让石头不要砸中乙的肩膀，甲却故意想让石头砸中肩膀，也即甲有伤害故意，即便如此，甲也无罪，因为甲的行为不是危害行为。判断有罪无罪应先看客观行为。

例2，甲开车不慎撞伤丙，丙倒在马路中央，甲逃逸。乙路过，将丙从马路中央移至马路边上，然后离去。乙的行为不是危害行为。

（2）替代危险。降低危险是降低原有危险的危害程度。替代危险，是指开创新的危险，不过新的危险比原有危险的危害程度低。

例如（2018年试题），邻居房屋发生火灾，甲冲进去欲救一个婴儿，但是由于无法走出去，只好将婴儿从二楼的窗户扔出去，导致婴儿重伤。甲开创了新的危险（伤害），但该危险比原有危险（烧死）程度低。由于甲开创了新的危险，因此其行为属于危害行为，具有法益侵害性，到了违法阻却事由阶段，可根据紧急避险或推定的被害人承诺阻却违法性，进而无罪。①

3. 被害人自陷风险②

被害人自陷风险的问题，涉及危害行为的判断、因果关系的判断。本书将该问题放在行为这讲阐述。一个实害结果的发生，有行为人与被害人的共同参与，该实害结果应算到谁的头上，由谁负责？判断的第一步是，判断危险的实行者、支配者是谁？

（1）被害人是危险的实行者、支配者，行为人教唆或帮助被害人自陷风险。

判断标准：如果被害人满足以下两个条件，则被害人对结果负责（反之，由行为人负责）：

①主观上，被害人对危险有认识能力。如果被害人是未成年人或精神病患者，则认为其无认识能力。

②客观上，被害人对危险有控制能力，也即基于自己的意志自由，对危险具有控制、消除或避免的能力。

例1，甲想杀死乙，劝乙在雷雨天的树林里跑步，希望雷电劈死乙。乙便在雷雨天的树林里跑步，真被雷劈死。甲的行为不是危害行为。乙的死亡属于被害人自陷风险，自己负责。

例2，甲为了逗乙，向湖中扔300元，乙跳入湖中去捡，被湖水淹死。乙的行为属于被害人自陷风险，与甲无关。

例3，丈夫赌博后回家，妻子不开门，丈夫在门外站一夜，欲用诚意打动妻子，被冻死。

---

① 降低危险与替代危险的区别，是德国刑法学的典型知识点，德国刑法教材有专门论述。我国传统刑法学没有该知识点。在我国刑法学知识实现现代化转型的大背景下，这些大陆法系典型知识点，近年来越来越多地被法考查，是值得关注的现象。例如，违法性认识可能性、期待可能性等，均是我国传统刑法学没有的知识点，但法考均予以考查。不过，在借鉴德国刑法学理论时，必须考虑我国国情，不可照搬照抄。

② 参见张明楷：《刑法学中危险接受的法理》，载《法学研究》2012年第5期，第180页。

丈夫属于被害人自陷风险，自己负责。

例4，甲想杀死乙，心想：乙是吸毒的，给乙赠送大量毒品，乙吸食过量死亡才好。甲在乙头脑清醒时向乙赠送了大量毒品，乙毒瘾发作时吸食过量死亡。甲的行为不是危害行为。如果甲在乙毒瘾发作、无控制能力时赠送毒品，乙吸食死亡，则甲的行为是危害行为，构成故意杀人罪。如果乙是未成年人或精神病患者，则甲的行为也是危害行为，对死亡结果应负责。

例5，甲明知卖淫女乙有严重性病，仍奋不顾身地与其发生性行为，导致严重性病。甲的染病与乙无关，属于飞蛾扑火、被害人自陷风险。

例6，甲女被派出所抓去。甲告知丈夫乙：给我弄瓶农药，我要喝点，吓唬警察。乙照办。甲喝后死亡。甲的死亡属于被害人自陷风险，乙无罪。

例7，甲放火烧乙家房屋，乙奋不顾身进去救自己的孩子，被烧死。乙对危险没有自由的控制能力。乙的死亡不应由乙负责，而应由甲负责。

（2）行为人是危险的实行者、支配者，被害人同意行为人的危险行为。

判断标准：如果行为人满足以下两个条件，行为人对结果负责（反之，由被害人负责）：

①主观上，行为人对危险有认识能力。

②客观上，行为人对危险有控制能力，也即基于自己的意志自由，对危险具有控制、消除或避免的能力。

[提示]虽然被害人同意行为人的危险行为，但同意接受危险行为不等于同意接受实害结果。况且，即使同意接受实害结果中的死亡结果或重伤结果，这种同意或承诺也是无效的。

例1，乙女被乡政府拉到医院强行结扎，丈夫甲为了解救乙，经乙同意，将乙绑在绳子上，从厕所窗户外向下吊，中途绳子断裂，乙摔死。虽然有乙的同意，但甲的行为仍是危害行为，构成过失致人死亡罪。

例2，甲开车载着乙，看到前方湖面结冰，甲对乙说：我观察了，冰层挺厚，我们从冰面上开过去。乙答应。途中冰面破裂，乙被淹死。甲应对乙的死亡负责。

例3，甲女让醉酒的男友乙开车送自己回家，乙不愿意，甲生气。乙为了讨甲开心，便醉酒驾车，由此发生车祸，导致甲死亡。虽然甲属于"不作不死"，但甲对乙的行为并没有实质的支配力，死亡不能归因于甲，而应归因于乙。甲乙构成危险驾驶罪的共同犯罪，乙是实行犯，甲是教唆犯。乙同时触犯交通肇事罪，择一重罪论处。

例4，在暴风雨中，乘客甲欲让摆渡工乙把自己渡过河。乙劝阻甲，指出此时渡河危险性很大。但甲因为有急事要办，执意要过河。乙只好冒险摆渡。船在河中被风浪掀翻。甲溺死，乙获救。甲仅是乘客，对乙不会形成支配力，因此，甲的死亡应由乙负责，乙构成过失致人死亡罪。

例5，甲醉酒骑摩托车，被警察乙拦住。乙命令甲骑摩托车载着自己去交警大队接受处理。甲只好照办，因醉驾，途中发生车祸，车祸导致后座的乙死亡。虽然甲是危险的实行者，但甲失去独立的意志自由，对危险没有控制能力，死亡结果不应由甲负责，而应由乙负责。

典型真题

甲女得知男友乙移情，怨恨中送其一双滚轴旱冰鞋，企盼其运动时摔伤。乙穿此鞋运动时，果真摔成重伤。关于本案的分析，下列哪一选项是正确的？（2013 年·卷二·5 题）①

A. 甲的行为属于作为的危害行为
B. 甲的行为与乙的重伤之间存在刑法上的因果关系
C. 甲具有伤害乙的故意，但不构成故意伤害罪
D. 甲的行为构成过失致人重伤罪

二、不作为犯的概念

行为包括作为与不作为。不作为也能构成犯罪。

（一）作为与不作为的概念

作为，是指违反刑法禁止性规定的行为。例如，飞车抢夺的行为违反禁止抢夺他人财物的规定，就是作为。

不作为，是指违反刑法义务性规定的行为。例如，母亲不给婴儿喂养饿死婴儿的行为，违反抚养婴儿的义务，属于不作为。

在不作为犯中，不作为者负有作为义务，理论上将其称为保证人。例如，母亲活活将婴儿饿死。母亲是该不作为犯中的保证人。

不作为犯可以分为：

1. 真正不作为犯

这是指刑法明文规定只能由不作为构成的犯罪。例如，第 311 条的拒绝提供间谍犯罪、恐怖主义犯罪、极端主义犯罪证据罪。

［注意］真正不作为犯只能由刑法明文规定。同时，因为有刑法明文规定，所以认定真正不作为犯完全符合罪刑法定原则的要求，不存在类推适用的问题。

2. 不真正不作为犯

这是指既可由作为构成也可由不作为构成的犯罪，当由不作为构成时，称之为不真正不作为犯。例如，故意杀人罪，既可用刀捅死人，也可将婴儿活活饿死。当用不作为饿死婴儿时称为不真正不作为犯。

［注意］对不真正不作为犯的构成要件，刑法没有明文规定，因此认定不真正不作为犯时，有可能存在类推适用的问题，需要判断是否符合罪刑法定原则。所以，认定一项不真正不作为犯的成立，必须符合罪刑法定原则的要求，因此不真正不作为犯的成立条件必须明确而严格。

（二）真正不作为犯的认定

虽然真正不作为犯是刑法规定好的，但是条文中并没有明确指出该罪名是真正不作为犯。因此，需要判断一项罪名是不是真正不作为犯。

---

① ［答案］因果关系的"因"要求是危害行为。甲的行为对乙没有产生实质危险，只是日常生活行为。本题答案：C。

判断标准：看刑法给该罪名设立的规范是不是义务性规范。如果是义务性规范，不履行就是不作为，该罪名就是真正不作为犯。例如，遗弃罪设立的规范是扶养义务，因此遗弃罪是真正不作为犯。

[注意1] 判断刑法给该罪名设立的规范是不是义务性规范，应以核心行为为对象来判断。

例1，丢失枪支不报罪有两个行为：丢枪和不报告。显然，核心行为是不报告。依此，该罪名是真正不作为犯。

例2，侵占罪规定"将代为保管的他人财物，据为己有，拒不退还"。其中，据为己有（行使所有权）是核心行为，拒不退还不是核心行为，不能以其为依据认为该罪只能由不作为构成。据为己有（行使所有权）的方式有作为的方式，如将代为保管的朋友的小狗给吃了，也有不作为的方式，如拒不退还。因此，该罪既可以由作为构成，也可以由不作为构成。

[注意2] 真正不作为犯中，不履行作为义务的方式，既可以是积极举动，也可以是消极静止。例如，不履行扶养义务的方式既可以是将老父亲扔到大街上，也可以是对躺在病床上的老父亲不闻不问。不能因为扔到大街上是积极举动，就认为遗弃罪是既可由作为构成也可由不作为构成的不真正不作为犯。

[总结] 易考的真正不作为犯：

(1) 丢失枪支不报罪。（第129条）

(2) 不报安全事故罪。（第139条之一）

(3) 遗弃罪。（第261条）

(4) 拒不支付劳动报酬罪。（第276条之一）

(5) 拒绝提供间谍犯罪、恐怖主义犯罪、极端主义犯罪证据罪。（第311条）

(6) 拒不执行判决、裁定罪。（第313条）

(7) 不解救被拐卖、绑架妇女、儿童罪。（第416条第1款）

这些罪名的共同特征是，立法者都设立了法定的作为义务而行为人不履行。

(三) 不真正不作为犯的认定

不真正不作为犯的罪名既可由作为构成，也可由不作为构成，当由不作为构成时，方称为不真正不作为犯。问题是，如何判断是由不作为构成，还是由作为构成？

例如，甲开车不慎撞伤乙，(1) 甲不救助乙，开车逃跑，乙因无人救助而死亡。(2) 甲将乙拖至一个山洞，然后离去，乙因无人救助而死亡。(3) 甲将乙扔进河里，乙淹死。

判断标准：

作为是指：积极地制造危险，制造类型性、紧迫性危险。所谓类型性、紧迫性危险是指通常情况下能够直接导致实害结果的危险。依此，上述事例(3)属于作为杀人。

不作为是指：消极地不消除危险，也即有消除危险的义务，却消极地不履行该义务。依此，上述事例(1)、(2)均是不作为。其中，事例(1)是遗弃程度的不作为，事例(2)是杀人程度的不作为。注意，不能因为事例(2)中甲有个"拖"的举动，就认为甲是作为犯罪。这是因为，"拖"本身没有制造致命的紧迫危险，但"拖"本身可成为先行行为，产生作为义务，不履行才成立犯罪。

1. 判断顺序：在判断是作为还是不作为时，应优先判断是不是作为，如果不是，再判断是不是不作为。

例 1，妻子病重，丈夫竟撤除救助装置（供氧设备），导致妻子死亡。丈夫的行为属于积极阻断救助行为，具有直接导致死亡的危险，属于作为杀人。由此可见，作为的方式，并不要求行为举止直接作用于被害人。

例 2，妻子心脏病发作，马上要服用速效救心丸，丈夫从其手中一把夺掉，妻子死亡。丈夫的行为具有直接导致死亡的危险，属于作为杀人。

例 3，妻子在家殴打小孩，邻居前来抢救，丈夫甲关上房门，阻止邻居抢救。妻子将孩子殴打致死。甲构成作为的帮助犯。

例 4，妻子在家殴打小孩，丈夫甲害怕孩子哭声被外人听到，关上房门。妻子将孩子殴打致死。甲构成不作为的帮助犯。

例 5，甲开车不慎将乙撞成重伤，甲将乙抱上车，说是去医院，实际上在市里兜圈。乙死在甲车上。兜圈行为本身无法评价为作为的杀人行为，实际上是不履行救助义务的一种方式。甲是不作为犯罪。

2. 持有型犯罪属于作为犯罪。例如，非法持有毒品罪、持有假币罪等都是作为犯罪。这是因为，其一，维持持有状态，不是消极无为，而需积极举动。其二，其行为本身就在直接侵害法益。

(四) 作为与不作为的关系

1. 竞合

这是指一个行为是作为还是不作为，由于观察角度不同，得出的结论也有所不同。例如，闯红灯撞死人的行为，从违反禁止闯红灯的角度看，是作为；从违反应当刹车的角度看，是不作为。结论：作为与不作为产生竞合时，优先认定为作为。

2. 结合

有些罪名既不是作为犯，也不是不作为犯，而是作为与不作为的结合。例如，抗税罪，从不履行纳税义务来看是不作为，从使用暴力、胁迫方法抗拒征税来看是作为。抗税罪便是作为与不作为的结合。

[提示] 有人可能认为抗税罪也有纳税义务，也应属于真正不作为犯。问题是，刑法条文将暴力手段明确作为本罪的构成要件行为，就不能忽视这种行为。这种行为是本罪的必要特征。

3. 作为、不作为与故意、过失的关系

[结论] 作为犯与故意犯罪没有必然的对应关系，不作为犯与过失犯罪也没有必然的对应关系，既存在作为的过失犯罪，例如，交通肇事罪，也存在不作为的故意犯罪，例如，母亲故意不喂养婴儿，致使婴儿被活活饿死。

三、不真正不作为犯的成立条件

由于真正不作为犯的成立条件是由刑法条文明文规定的，所以需要判断的是不真正不作为犯的成立条件。成立条件：（1）负有作为义务；（2）有能力履行该特定义务；（3）不履行该义务；（4）量上要求：与相应作为犯具有等价性。

记忆公式：应为→能为→不为→具有等价性。

（一）负有作为义务（应为）

行为人负有消除危险的作为义务，从实质上看，主要来自两个根据（作为义务的实质根据）①：一是对危险源的监管义务；二是对法益对象的保护义务，该保护义务源于两个根据：一是特定关系，二是特定领域。

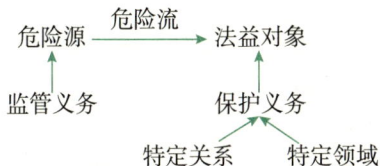

```
              危险流
    危险源 ──────────→ 法益对象
      ↑                  ↑
    监管义务          保护义务
                      ↗      ↖
                  特定关系    特定领域
```

1. 对危险源的监管义务

某个危险源制造了危险，而行为人对危险源负有监管义务。

（1）对危险物的监管义务。这里的危险物包括危险动物、危险物品、危险设施等。

例1，主人对饲养的凶狗负有监督义务，动物园的管理人对饲养的动物有管理义务。当动物咬人时，负有阻止义务。

例2，道路设施、电力设施、矿井、广告牌等负责人对这些设施、设备负有管理义务。

例3，机动车的所有人对机动车的使用负有管理义务。如果无驾照者、醉酒者、小孩等欲驾驶，则负有阻止义务。

例4，房东发现房屋有危险，有告知租客的义务。

例5，汽车制造商、手机制造商对有安全隐患的产品有召回义务。

（2）对他人危险行为的监管义务。这里的他人与行为人具有监护、监管关系。

例1，父母对年幼子女的危险行为负有监督义务。如果年幼子女伤害别人，父母有阻止和救助义务。

例2，家属对患狂躁症的家庭成员的危险行为负有监督义务。如果该狂躁症患者伤害别人，家属有阻止和救助义务。

例3，军官对士兵的危险行为有监控义务。

例4，幼儿园阿姨对小朋友的危险"恶作剧"负有监督义务。

例5，成年兄妹之间、夫妻之间没有监管关系。妻子对丈夫（税务局局长）的滥用职权、贪污受贿等行为没有阻止的义务。如果不阻止，不构成这些罪的不作为的帮助犯。

（3）对自己先行行为的监管义务。这是指，行为人自己的先行行为对他人的法益创设了危险，那么行为人就有消除危险的义务。先行行为不仅仅是时间上的先前行为，还必须有实质条件——对法益创设了法律不允许的危险。

例1，某饭店的食物导致客人中毒，饭店管理人对客人有救助义务。

例2，甲在黑夜里将车停在高速路上，不采取措施以防止后面车辆"追尾"，导致车辆相撞。甲对受伤司机有救助义务。

例3，甲乙共同抢劫丙女，致丙昏迷。乙又欲强奸丙，甲负有阻止义务。甲不阻止，会

---

① 参见张明楷：《刑法学》（第五版），法律出版社 2016 年版，第 153~159 页。注意：传统理论对作为义务的来源是形式的四分说：法律规定的义务、职务带来的义务、法律行为带来的义务、先行行为产生的义务。这种对作为义务来源的简单认识难以解释纷繁复杂的不作为现象，因此需要采取实质的解释，探讨作为义务的实质来源。

构成不作为的帮助犯。

例4，大街上，男朋友向女朋友提出分手，女朋友声称如分手就割腕自杀。男朋友不制止，女朋友自杀身亡。由于提出分手不会给女朋友的生命创设危险，所以男朋友没有救助义务。当然，在道德情感上男朋友有救助义务，但这种道德情感义务在此不能上升为刑法上的义务。

例5，甲递给乙一把刀，让乙观赏。乙观赏时，忽然用来刺伤丙。甲对丙没有救助义务。

①行为降低危险，不产生作为义务。

例1，路人将弃婴从路边抱到民政局门前，然后离去。

例2，甲开车不慎撞伤乙，乙昏迷在路中央，丙将乙送到加油站，然后离去。

例3，甲与乙参加聚会，乙喝醉，甲将乙送回乙家，然后离去。

上述行为不会成为先行行为而产生作为义务。不过注意：上述行为也是一种自愿接受行为，如果被害人的法益对行为人形成依赖关系，则会产生作为义务（参见下文）。例如，路人将弃婴抱回自己家，就有继续救助的义务。

②被害人自陷风险的情形。行为创设了危险，但被害人对危险有认识能力和控制、消除能力，被害人是危险的实行者、支配者，则被害人应对危险负责，行为人的先前行为不产生作为义务。例如，甲赠与乙大量毒品或吸毒工具，乙两天后毒瘾发作，使用吸毒工具吸食大量毒品，导致重伤。甲不会因赠与行为而产生作为义务。

③客观排除犯罪事由。

第一，一般情况下，正当防卫行为不会成为先行行为而产生作为义务。例如，甲欲杀乙，用刀砍乙，乙反击致甲重伤倒地。乙不予救助，甲死亡。乙有无救助甲的义务？没有。理由：第一，甲的危险不是由乙创设的。第二，乙的防卫行为具有正当性，这是乙的权利。第三，由于甲砍杀乙，乙的防卫行为导致甲死亡，不构成防卫过当。

［问题］甲仅想伤害乙，用木棒打乙，乙反击致甲重伤倒地。乙不予救助，甲死亡。乙有无救助甲的义务？对此存在观点展示。[①]

观点一（多数观点）：有。理由：甲死亡，意味着乙防卫过当。防卫过当应负刑事责任。因此，乙有防止过当结果（甲死亡）发生的义务。甲的死亡是由乙的作为（先前防卫行为）和不作为（后面不救人）共同导致的，是作为与不作为的结合。[②]

观点二：没有。理由：乙致甲重伤的防卫行为具有正当性，正当行为不应被附加作为义务。如果甲后来死亡，认为乙构成防卫过当，这个过当结果只是由作为方式（防卫行为）导致的。[③]

第二，紧急避险行为可以成为先行行为而产生作为义务。例如，甲开长途大巴，刹车失灵，为了避免车辆掉下悬崖，不得已撞伤路上的老头。老头请求救助，甲开车离去。甲是否构成不作为犯？构成，因为老头的危险是由甲创设的。

第三，一般情况下，法令行为不会成为先行行为而产生作为义务。例如，警察依法追捕

---

① 提示：对于观点展示，如果考单选题，按照多数观点或主流观点答题；如果考多选题或主观题，选择哪种观点都可以，选择两个观点也可以。本书在讲述观点展示时，会标明哪种观点是多数观点或主流观点。

② 参见张明楷：《刑法学》（第五版），法律出版社2016年版，第156页。

③ 参见周光权：《刑法总论》（第三版），中国人民大学出版社2016年版，第119页。

逃犯甲，甲为了摆脱追捕，跳进河里，溺水身亡。就警察的依法追捕行为而言，不会产生作为义务，因为该行为没有给甲创设危险，不是先行行为。但是，根据后文所讲的特定关系或特定领域，警察有可能产生作为义务。

④犯罪行为。

犯罪行为可以成为先行行为而产生作为义务。①

第一，过失犯罪。

例如，甲擦枪走火，过失致乙重伤（已成立过失致人重伤罪），故意不予救助，在现场看着乙死去。甲的前行为是作为犯罪，后行为是不作为犯罪。死亡结果与前行为、后行为均有因果关系，属于多因一果。前行为由过失致人重伤罪升级为过失致人死亡罪。后行为构成不作为的故意杀人罪既遂。虽然甲有前后两个行为，但是只制造了一个死亡结果，因此对前后两个罪不能并罚，否则意味着将一个死亡结果评价了两次（处罚了两次），违反了禁止重复评价原则。因此，只能根据吸收犯原理，重罪吸收轻罪，只定不作为的故意杀人罪既遂。

第二，故意犯罪。

例1，甲故意用刀重伤乙（已成立故意伤害罪），故意不予救助，在现场看着乙死去。甲的前行为是作为犯罪，后行为是不作为犯罪。死亡结果与前行为、后行为均有因果关系，属于多因一果。前行为构成故意伤害罪。后行为构成不作为的故意杀人罪既遂。虽然甲有前后两个行为，但是只制造了一个死亡结果，因此对前后两个罪不能并罚，否则意味着将一个死亡结果评价了两次（处罚了两次），违反了禁止重复评价原则。因此，只能根据吸收犯原理，重罪吸收轻罪，只定不作为的故意杀人罪既遂。

例2，甲盗伐林木，树木倒下砸晕乙，甲不救助而离去，后乙死亡。甲构成盗伐林木罪和不作为的故意杀人罪，由于侵害的法益种类不同，无法吸收，应数罪并罚。

2. 对法益对象的保护义务

（1）特定关系。

基于特定关系，某项法益的保护依赖于行为人，当该法益处于危险境地时，行为人负有保护义务。

①基于法律规范产生的保护义务。如果法律规范将某项法益的保护设定给特定行为人，行为人就负有保护义务。例如，母亲对婴儿、子女对老人、夫妻之间，法律都规定了扶助义务。

[注意] 夫妻之间的救助义务。

第一，妻子非自愿陷入险境，丈夫有救助义务。例如，妻子身患重病、遇到歹徒等，丈夫有救助义务。

第二，妻子自己决定陷入险境，例如，妻子自残或自杀。对此，丈夫有无救助义务？以前有定论，也即丈夫有救助义务。目前变成观点展示：观点一（多数观点），有救助义务，因为这是法律规定的义务。观点二，没有救助义务，因为妻子作为成年人，精神正常，没有

---

① 有观点认为，犯罪行为不能成为先行行为而产生作为义务。这种看法并不正确。紧急避险这种合法行为、一般违法行为都可以成为先行行为而产生作为义务，犯罪行为对法益更会产生危险，更会成为先行行为而产生作为义务。至于在构成不作为犯罪后与前犯罪行为该如何协调处理，则是罪数理论要解决的问题。参见周光权：《刑法总论》（第三版），中国人民大学出版社2016年版，第114页。张明楷：《刑法学》（第五版），法律出版社2016年版，第156页。

被骗、被胁迫，自己主动陷入险境，属于被害人自陷风险，不应让丈夫承担刑法义务。

②基于职务、业务、制度规定产生的保护义务。例如，警察对犯罪行为中的被害人、消防队员对火灾中的被害人、医生对病人、游泳池的救生员对游泳者，都负有保护义务。当然，警察、消防队员的这种职务也有法律规定，因此也属于法律规范产生的保护义务。

③基于合同契约产生的保护义务。例如，签订保管合同的仓管员对仓库货物有保护义务，签订照管合同的保姆对婴儿有保护义务。

④基于自愿接受行为产生的保护义务。这是指某项法益处于危险境地时，行为人自愿承担保护义务，使法益的保护依赖于行为人时（形成依赖关系），行为人就有继续保护的义务。

例1，对路边弃婴视而不见，不构成犯罪，若捡回家，则有继续救助的义务。

例2，给落水的人扔过去绳子，落水者抓住绳子。施救者往岸上拉的时候，产生了继续救助的义务。所谓救人救到底，送佛送到西。

（2）特定领域。

基于特定领域产生保护义务，需要具备两个条件：第一，行为人是特定领域的管理者。第二，行为人对特定领域内的危险具有排他的支配作用，也即被害人对行为人形成依赖关系。

例1，出租车司机看到车上男乘客在强奸女乘客，司机负有阻止义务。司机如果不阻止，就构成强奸罪的不作为形式的帮助犯。

例2，肇事者拦住出租车后，将受伤者搬入出租车内准备送往医院，途中肇事者借故下车逃离。受伤者处在出租车司机独立支配的车内，司机负有救助义务。当然，这并不意味着要求司机对受伤者负完全责任，只是要求此时不应将受伤者遗弃。

例3，卖淫女在嫖客家里与嫖客发生关系，嫖客心肌梗塞，卖淫女没有救助义务。如果事情发生在卖淫女住宅内，则卖淫女有救助义务。

（二）具有履行能力（能为）

这是指具有作为可能性。例如，大叔带邻居小孩游泳，小孩和大叔均落水。虽然大叔有救助义务，但是他不会游泳，自身难保，没有去救小孩，不构成不作为犯。

是否具有履行能力的判断标准：从行为人自身能力和客观条件两方面进行判断。

（三）不履行（不为）

刑法给行为人赋加作为义务是有意义和目的的，也即如果履行了该作为义务，那么危害结果便不会发生，也即具有结果避免发生的可能性。如果履行了该作为义务，危害结果仍然会发生，则履行该作为义务便没有意义了。此时，就没有必要谴责行为人的不履行了。这个前提条件被称为结果避免可能性。

例1，甲在车间操作不当，导致机器压伤乙，致乙濒临死亡。甲不救乙，乙很快死亡。甲不构成不作为犯罪，只构成过失致人死亡罪。

例2，交通肇事罪中的法定刑升格条件"因逃逸致人死亡"：如果受伤者被撞成头盖骨破裂，濒临死亡，即使立即送最近的医院抢救也无法挽救生命，这种情况下肇事者逃逸，受伤者死亡的，肇事者不属于"因逃逸致人死亡"。

（四）等价性（程度）

"应为、能为、而不为"是成立不作为犯的定性要求，具备了，只能说明该行为属于不作为。但是，是否达到值得科处刑罚的程度，还有个量的要求。对此可以参照对比不作为所对应的作为犯罪的程度，如果达到相对应的作为犯罪的程度，与其可以相同评价，那么就可以犯罪论处。也即不作为与对应的作为犯罪具有等价性，才能构成犯罪。是否等价，应从客观危害程度和主观恶性程度来判断，具体参考因素有：作为义务的性质，行为人支配危险发展的程度高低。①

例1，警察乙在大街上巡逻，看到歹徒用刀砍杀王某，围观人很多，乙也围观，故意不解救，王某被杀死。乙的不作为只是达到滥用职权罪的程度，没有达到故意杀人罪的程度。

例2，丙在自己家里看到歹徒用刀砍杀妻子，故意不解救，导致自己的妻子被活活杀死。丙的不作为达到故意杀人罪的程度。

（五）主观要件

前述四项条件是不作为犯的客观条件。最终成立不作为犯还需要主观上有故意或过失。就故意的不作为犯而言：

1. 行为人对产生作为义务的基础事实存在认识错误，属于关于事实的认识错误，会排除行为人的犯罪故意。例如，甲路过河边，看到有人落水，误以为是无关的陌生人落水，没有施救，实际上是自己的小孩落水，小孩溺亡。甲没有认识到是自己的小孩（作为义务的基础事实），不是故意犯罪，但如果有认识的可能性，存在过失，则甲成立过失的不作为犯罪，也即不作为的过失致人死亡罪（以符合不作为犯的客观要件为前提）。

2. 行为人对产生作为义务的基础事实没有认识错误，但对是否产生刑法上的作为义务存在认识错误，属于关于法律的认识错误，不会排除行为人的犯罪故意，不能免责。例如，甲路过河边，看到自己的小孩落水，误以为自己没有救助义务，没有施救，小孩溺亡。甲的认识错误属于法律认识错误，不知法者不免责。甲成立故意的不作为犯罪（遗弃罪或不作为的故意杀人罪）。一般人只要认识到是自己的孩子、妻子、父母，就会认识到有刑法上的救助义务。甲不可能认识不到这一点，甲具有认识到这一点的可能性。

[提示] 故意的不作为犯也有既遂、未遂形态。例如，甲将自己的小孩扔到山谷草地上离去，后猎人将孩子救活。甲构成不作为的故意杀人罪的未遂。

典型真题

关于不作为犯罪，下列哪些选项是正确的？（2015年·卷二·52题）②

A. 儿童在公共游泳池溺水时，其父甲、救生员乙均故意不救助。甲、乙均成立不作为犯罪

---

① 有无作为义务与作为义务履行到什么程度是两个独立问题。有作为义务并不意味着负责到底。例如，甲将生病弃婴捡回家，甲有继续救助义务，但并不意味着甲需要负责到底。甲将弃婴放到医院，然后离去，就算履行了救助义务。有错误观念认为，若让甲承担救助义务，就意味着甲需要负责到底。其实，什么性质的作为义务与履行到什么程度也有比例关系。

② [答案] B项，甲属于法律认识错误，不排除犯罪故意，成立故意的不作为犯罪。C项，在法律上，甲对母亲有救助义务，但对女友没有救助义务。在客观要件阶段，甲不救助母亲构成不作为。如果存在违法性阻却事由，则可以排除甲的这种不作为的违法性；如果不存在，则甲最终构成不作为犯罪。应注意的是，如果将题干改为"母亲与老婆"，则性质不同。在法律上丈夫对老婆也有救助义务。此时丈夫不救母亲，在客观要件阶段先构成不作为，然后根据紧急避险、义务冲突等违法性阻却事由排除不作为的违法性，最终不构成不作为犯罪。D项，甲对丙具有作为义务也即制止的义务，作为义务来自于甲的先行行为，也即投毒杀乙的行为。甲就在现场，具有履行义务的可能性却不履行，构成不作为犯罪。本题答案：ACD。

B. 在离婚诉讼期间，丈夫误认为自己无义务救助落水的妻子，致妻子溺水身亡的，成立过失的不作为犯罪

C. 甲在火灾之际，能救出母亲，但为救出女友而未救出母亲。如无排除犯罪的事由，甲构成不作为犯罪

D. 甲向乙的咖啡投毒，看到乙喝了几口后将咖啡递给丙，因担心罪行败露，甲未阻止丙喝咖啡，导致乙、丙均死亡。甲对乙是作为犯罪，对丙是不作为犯罪

05

第五讲
客观要件三：结果

特别提示

1. 重要考点：结果加重犯的法定性和因果性。

2. 案例：狗蛋、狗剩将网约专车司机小芳欺骗到郊外，抢劫到其 100 元现金。狗蛋对狗剩讲："你去捡块砖，将她拍晕，让她多睡一会，我们以便争取更长的逃离时间。"狗剩照办。狗蛋趁机将小芳强奸。狗剩拿着砖块回来后，发现小芳衣冠不整，在抽泣，便责怪狗蛋不够哥们，要求雨露均沾，也强奸了小芳。事后，二人用砖拍晕小芳（导致重伤），然后逃离。狗蛋、狗剩是否构成抢劫罪（致人重伤）、强奸罪（致人重伤）等结果加重犯?①

犯罪发展过程就是"行为制造危险→危险升高→现实化为实害结果"的过程。

1. 实害结果，也称为侵害结果、危害结果，是指行为对法益造成的现实侵害事实。例如，死亡是故意杀人罪的实害结果。

2. 危险结果，也简称为危险，是指行为对法益造成的现实危险状态。

根据危险的程度大小，危险包括具体危险与抽象危险。

（1）具体危险，是指对法益的威胁达到具体现实程度的危险。例如，甲欲杀乙，砍乙两刀，准备继续砍时被抓获，乙受重伤。重伤对乙的生命产生了具体现实的危险，属于具体危险。

（2）抽象危险，是指对法益的威胁仅达到抽象缓和程度的危险。例如，甲欲杀乙，拎着刀去乙家。此时甲的行为对乙的生命尚未产生具体现实的危险，但已产生抽象缓和的危险，也即抽象危险。

一、实害犯与危险犯

这组概念需要在犯罪成立与犯罪既遂两种语境中分别理解。

（一）犯罪成立条件

1. 实害犯。立法者规定，某个犯罪的成立需要具备实害结果，这种犯罪称为实害犯，有时也称为结果犯。例如，立法者规定，过失犯罪的成立都要求有实害结果。所以，过失犯都是实害犯。

---

① ［答案］不构成，而是构成抢劫罪、强奸罪与故意伤害罪（重伤），数罪并罚。

2. 具体危险犯。立法者规定，某个犯罪的成立只需要具备具体危险，这种犯罪称为具体危险犯。例如，立法者规定，生产、销售不符合标准的医用器材罪的成立，要求产生"足以严重危害人体健康"的危险。该罪便是具体危险犯。

3. 抽象危险犯。立法者规定，某个犯罪的成立只需要具备抽象危险，这种犯罪称为抽象危险犯。对于这种犯罪，立法者只描述行为，认为实施了该行为就会产生抽象危险。例如，立法者规定，生产、销售假药的，构成生产、销售假药罪。该罪便是抽象危险犯。这种抽象危险犯也称为行为犯。

如何从条文罪状识别一个罪名是实害犯、具体危险犯或抽象危险犯？

（1）法条中规定成立犯罪要求"造成严重后果的"，是实害犯。例如，第 142 条规定："生产、销售劣药，对人体健康造成严重危害的，处三年以上十年以下有期徒刑，并处销售金额百分之五十以上二倍以下罚金；……"（生产、销售劣药罪）

（2）法条中规定成立犯罪要求"足以造成严重后果的"、"尚未造成严重后果的"，是具体危险犯。例如，第 143 条规定："生产、销售不符合食品安全标准的食品，足以造成严重食物中毒事故或者其他严重食源性疾病的，处三年以下有期徒刑或者拘役，并处罚金；……"（生产、销售不符合安全标准的食品罪）

（3）法条中只规定实施某个行为就成立犯罪，是抽象危险犯。例如，第 144 条规定："在生产、销售的食品中掺入有毒、有害的非食品原料的，或者销售明知掺有有毒、有害的非食品原料的食品的，处五年以下有期徒刑，并处罚金；……"（生产、销售有毒、有害食品罪）

（二）犯罪既遂条件

开始　　预备阶段　　着手　　实行阶段　　既遂

抽象危险　　　　　具体危险　实害结果

1. 抽象危险犯。预备行为对法益的危险是抽象缓和的危险，所以预备阶段的预备犯和中止犯属于抽象危险犯。

2. 具体危险犯。着手后的实行行为对法益的危险是具体现实的危险，所以实行阶段的中止犯与未遂犯属于具体危险犯。

3. 实害犯。当实行行为制造的具体危险现实化为实害结果，该实害结果被视为既遂结果，此时，既遂犯属于实害犯。

二、行为犯与结果犯

这组概念需要在犯罪成立与犯罪既遂两种语境中分别理解。应注意的是，当谈到行为犯与结果犯时，这里的"结果"是指实害结果。

（一）犯罪成立条件

1. 行为犯。立法者规定，某个犯罪的成立只要求实施行为，没有将实害结果规定为犯罪构成要件。这种犯罪称为行为犯，例如，非法侵入住宅罪、伪证罪。

2. 结果犯。立法者规定，某个犯罪的成立不仅要求实施行为，还要求实害结果，也即将实害结果规定为犯罪构成要件。这种犯罪称为结果犯，例如，所有的过失犯。又如，丢失枪支不报罪、滥用职权罪等。

（二）犯罪既遂条件

1. 结果犯。一般的犯罪，能够区分出危险与实害结果，或者说危险与实害结果有个清晰的间隔。对此可以将实害结果规定为既遂结果。这种将实害结果作为犯罪既遂条件的犯罪，称为结果犯。例如，故意杀人罪将"杀死人"作为既遂条件，盗窃罪将"取得财物"作为既遂条件。这些犯罪都是结果犯。

2. 行为犯。有些犯罪，难以区分出危险与实害结果，或者不宜将实害结果作为既遂条件，只能将行为制造的严重危险状态作为既遂条件。这种犯罪称为行为犯。例如，伪证罪，非法侵入住宅罪，组织、领导、参加黑社会性质组织罪，煽动民族仇恨罪，危险驾驶罪，等等。

三、结果加重犯

1. 行为结构：一个行为制造两个结果，一个是基本结果，一个是加重结果。例如，故意伤害罪致人死亡、强奸罪致人重伤。

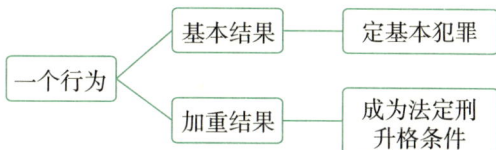

```
                  ┌─ 基本结果 ──── 定基本犯罪
        一个行为 ─┤
                  └─ 加重结果 ──── 成为法定刑
                                   升格条件
```

2. 法定性：刑法对加重结果规定了加重刑，成为法定刑升格条件。如果刑法没有规定加重刑，结果再严重也不是结果加重犯。

[总结] 结果加重犯与想象竞合犯的关系。二者相同点：行为结构相同，均是一个行为同时触犯两个罪名，制造两个结果。区别：有无法律特别规定。想象竞合犯无法律特别规定，正常处理即可，也即择一重罪论处；而结果加重犯是法律特别规定的产物，也即定基本犯，将另一个罪名及结果作为基本犯的法定刑升格条件。也即，想象竞合犯是原生态，结果加重犯是法律规定的特殊产物。

例如，《刑法修正案（九）》之前的法条规定，绑架罪（过失）致人死亡，定绑架罪，处死刑。这是关于结果加重犯的规定。《刑法修正案（九）》删除了该规定，那么该结果加重犯便要还原为想象竞合犯。譬如，甲用绳子捆绑了人质乙，出去向乙的家人要钱，回来发现乙死亡，原来绳子捆得太紧，窒息死亡。甲的一个绑架行为同时触犯绑架罪和过失致人死亡罪，想象竞合，择一重罪论处，定绑架罪。

3. 主观要件：基本犯罪是故意犯罪，对加重结果一般是过失。例如，故意伤害罪致人死亡，对伤害是故意，对致人死亡是过失，如果对死亡持故意心理，则构成故意杀人罪。

[注意] 对加重结果也可以是故意。这种结果加重犯常考的有四个：强奸罪致人重伤、死亡，拐卖妇女罪致人重伤、死亡，抢劫罪致人重伤、死亡，放火罪致人重伤、死亡。行为人对重伤、死亡结果可以持过失心理，也可以持故意心理。例如，甲欲强奸妇女，使用暴力将妇女打成重伤，使其失去反抗能力，进而奸淫，构成强奸罪（故意）致人重伤。

4. 因果关系：基本犯罪与加重结果之间需具有直接的因果关系。

（1）基本犯罪行为的判断。加重结果必须是基本犯罪行为导致的，而不能是其他犯罪行为导致的。这一点，在对加重结果持故意的结果加重犯中尤其需要注意。对此，可根据"行为与故意同时存在原则"来判断：暴力行为是为哪个犯罪故意服务的，该暴力行为就是哪个犯罪故意的实行行为。

例 1，甲在强奸妇女时，发现妇女是自己的仇人，放弃强奸，出于伤害故意，将妇女打成重伤。甲构成强奸罪中止和故意伤害罪既遂（并罚），不构成强奸罪（故意）致人重伤。

例 2，甲抢劫到乙的财物后，为了灭口或逃逸，杀死乙。甲构成抢劫罪既遂和故意杀人罪既遂（并罚），不构成抢劫罪（故意）致人死亡。

（2）因果关系的判断。考试往往考查存在介入因素的情形，对此需要应用"两步走标准"来判断。详见第六讲"因果关系"。

例 1，甲重伤乙后，后悔，送乙去医院，途中因丙违章导致车祸，车祸导致乙死亡。由于甲的伤害行为与乙的死亡无因果关系，甲仅构成故意伤害罪既遂，不构成故意伤害罪致人死亡这一结果加重犯。死亡结果应归因于丙的违章行为。

例 2，甲强奸妇女后，妇女羞愤自杀。该死亡结果应归因于妇女，而非甲的强奸行为，甲不构成强奸罪致人死亡。如果甲的强奸暴力行为导致妇女死亡，则属于强奸罪致人死亡。在此可以总结：原则上，被害人自杀身亡，不属于结果加重犯中的"致人死亡"，例外是暴力干涉婚姻自由罪致人死亡和虐待罪致人死亡，这两个罪的"致人死亡"包括被害人自杀身亡。

［总结］ 易考的结果加重犯：

（1）故意伤害罪致人死亡。（第 234 条）

（2）强奸罪致人重伤、死亡。（第 236 条）

（3）非法拘禁罪致人伤残、死亡。（第 238 条）

（4）拐卖妇女、儿童罪致人重伤、死亡。（第 240 条）

（5）暴力干涉婚姻自由罪致人死亡。（第 257 条，注意：被害人自杀也是加重结果）

（6）虐待罪致人死亡。（第 260 条。注意一：被害人自杀也是加重结果。注意二：刑法在侮辱罪、诽谤罪、遗弃罪中没有规定"若致人死亡要加重处罚"，因此这些罪中不存在结果加重犯）

（7）抢劫罪致人重伤、死亡。（第 263 条）

典型真题

关于结果加重犯，下列哪一选项是正确的？（2015 年·卷二·8 题）①

A. 故意杀人包含了故意伤害，故意杀人罪实际上是故意伤害罪的结果加重犯

B. 强奸罪、强制猥亵妇女罪的犯罪客体相同，强奸、强制猥亵行为致妇女重伤的，均成立结果加重犯

---

① ［答案］A 项，刑法条文只是将故意伤害罪致人死亡规定为故意伤害罪的结果加重犯，而其中的致人死亡只能是过失致人死亡。B 项，刑法条文规定强奸罪致人重伤是结果加重犯，而没有规定强制猥亵妇女罪致人重伤是结果加重犯。注意：强制猥亵妇女罪已变更为强制猥亵、侮辱罪。C 项，乙的跳楼自杀身亡与甲的非法拘禁行为没有直接的因果关系。甲不构成非法拘禁罪致人死亡。D 项，抢劫罪致人死亡要求死亡结果是抢劫本身的暴力行为导致的。题中丙没有阻止甲的抢劫行为。甲杀害丙的行为不是抢劫本身的暴力行为，不构成抢劫罪（故意）致人死亡。甲对乙构成抢劫罪，甲对丙构成故意杀人罪，并罚。本题答案：C。

C. 甲将乙拘禁在宾馆20楼，声称只要乙还债就放人。乙无力还债，深夜跳楼身亡。甲的行为不成立非法拘禁罪的结果加重犯

D. 甲以胁迫手段抢劫乙时，发现仇人丙路过，于是立即杀害丙。甲在抢劫过程中杀害他人，因抢劫致人死亡包括故意致人死亡，故甲成立抢劫致人死亡的结果加重犯

06 第六讲
客观要件四：因果关系

特别提示

1. 因果关系是五星级考点，既是重点，也是难点。近年来，理论上关于因果关系有重大发展，因此这一块的知识需要更新升级。

2. 案例：小芳欲杀害丈夫狗蛋，趁狗蛋不备，将其从桥上推下，然后逃离现场。狗蛋水性好，正好旁边有块木板，只要能抓住，就无生命危险。恰在此刻，小芳的情夫狗剩路过，故意打捞了木板。狗蛋引颈长叹，溺水身亡。狗蛋之死应归属于谁的行为？①

一、基本原理

（一）问题意识

因果关系解决的是实害结果的归属问题。这里的实害结果主要指人身犯罪中的伤亡结果。有伤亡结果的地方就有因果关系的判断。

1. 故意犯罪的既遂与否问题。如果行为与结果没有因果关系，该罪不成立既遂。例如，甲砍杀乙，致乙重伤，乙被他人送往医院，途中遭遇车祸，车祸导致乙死亡。由于甲的杀人行为与乙的死亡没有因果关系，故甲不构成故意杀人罪既遂，而是未遂。

2. 结果加重犯的成立问题。如果基本行为与加重结果没有因果关系，则不成立结果加重犯。例如，甲欲强奸乙女，将乙打昏在湖岸边，强奸后离去。乙苏醒后爬两步，不慎掉进湖里淹死。甲的强奸行为与乙的死亡结果有因果关系，因此甲成立强奸罪致人死亡。

3. 过失犯罪的成立问题。由于过失犯罪的成立须以造成实害结果为前提，这就要求过失行为与实害结果之间具有因果关系。例如，过失致人死亡罪、过失致人重伤罪、交通肇事罪的成立，就要求过失行为与伤亡结果之间具有因果关系。

[提示] 对于财产犯罪的实害结果（财产损失）的归属问题，一般不需要用因果关系理论来解决，而是根据特定的行为公式就可以判断。对此可参见分论财产犯罪部分。

（二）考察视角

考察因果关系，有两种视角。第一，自然科学的视角，也即从自然科学（物理学、医学等）角度考察因果关系。例如，法医鉴定死者的死因。第二，价值评价的视角。从价值评价的角度考察因果关系，主要是判断，死亡结果算到谁的头上、视为谁的作品，更公平合理。

---

① ［答案］应归属于狗剩。

自然科学（医学、物理学）考察因果关系，侧重于事实判断。而刑法学考察因果关系，侧重于价值评价。[①]

例如（隧道案），甲驾车在高速路上，进入很长的穿山隧道，按照交规应当减速，甲未减速，在隧道中突然发现前方有个行人乙朝车的方向走来，刹车不及撞死乙。从自然科学角度看，乙是被甲的车撞死的，二者有因果关系。但是刑法上考察因果关系，主要是从价值评价的角度考察，该死亡结果算到谁的头上更公平合理。

这种价值评价角度考察因果关系的理念，被称为客观归责（客观归属）理念，也即客观上将结果归责于谁更公平合理。自然主义视角侧重于"归因"，价值评价角度侧重于"归责（归属）"。从价值评价角度看，一项结果归责于行为人，需要具备三项条件：

第一，关于行为的要求：行为人的行为创设了法律不允许的危险。

第二，关于过程的要求：该危险现实化为实害结果。

第三，关于结果的要求：该结果符合一定价值评价的要求。

二、三项条件

（一）关于行为的要求

这要求行为必须是危害行为，也即行为创设了法律不允许的危险。前文在第四讲"行为"已经介绍了危害行为的要件。

1. 没有创设危险

如果行为对法益不创设实际危险，则属于日常生活行为。日常生活行为偶然产生的危害结果，不属于刑法上的因果关系。这是很重要的考点。例如，乙很想让王某死亡，便劝其坐飞机，心想如果飞机坠毁，王某必然死亡。王某便去坐飞机。飞机竟真的坠毁，王某死亡。乙的劝说行为属于日常生活行为，与王某的死亡没有刑法上的因果关系。

2. 没有创设法律不允许的危险

例如，丈夫甲与妻子乙吵架，乙要喝农药，甲一把夺过农药瓶，扔向自家后院猪圈。一个小偷丙趴在猪圈内，被农药瓶砸中，药水流到丙嘴里，丙中毒死亡。以往理论认为，这是意外事件，故甲无罪。但是，意外事件是主观要件的要素，承认这是意外事件，便意味着先承认甲在客观上实施了危害行为。然而，甲向自家猪圈扔东西，没有创设法律不允许的危险，不是危害行为。

3. 没有对实害对象创设危险

例如，前述隧道案中，要求减速的规定是为了防止与前车追尾，因为在隧道里发生追尾很麻烦。因此，甲未减速的举动给前车创设了危险，但不会给行人创设危险，因为隧道里不允许存在行人。行人遭受的危险属于被害人自陷风险，应自己负责，而不应由甲负责。

（二）关于结果的要求

1. 现实发生的结果

就作为犯而言，刑法因果关系讨论的实害结果，是指现实发生的结果，不讨论假设的结

[①]　哲学上、刑法学上将价值评价的视角，也称为规范主义的视角。这里的"规范"不是指具体的规范规则，而是价值评价的意思。例如，记述的构成要件要素与规范的构成要件要素中的"规范"是指价值评价的意思。哲学上有本体论与规范论的概念，本体论侧重于事实判断，规范论侧重于价值评价。

果。即使假设的结果按照正常发展必然会发生，也不讨论。这是重要考点。

例 1，甲欲杀害其女友，某日故意破坏其汽车的刹车装置。女友如驾车外出，15 分钟后遇一陡坡，必定会坠下山崖死亡。但是，女友将汽车开出 5 分钟后，即遇山洪暴发，泥石流将其冲下山摔死。现实的危害结果是女友 5 分钟后死亡，该结果是由山洪导致。虽然甲的破坏行为必然会导致女友 15 分钟后死亡，但该结果是假设的结果，没有发生，不予讨论。因此，甲的破坏行为与女友的实际死亡之间没有刑法上的因果关系。

例 2，甲欲杀死丙，在丙准备徒步穿行沙漠的前夜，悄悄向丙的水壶投放了毒药。乙也想杀死丙（与甲无共谋），在丙启程的清晨时分，悄悄将丙的水壶钻了一个洞。丙启程后的第二天发现壶中无水，终渴死于沙漠中。乙辩解道：即使没有我的钻孔行为，丙也会被甲的毒药毒死，因此我的钻孔行为不重要，死亡结果不应算到我的头上。然而，甲欲酿成的死亡结果是假定的结果，乙酿成的死亡结果是现实的结果。乙的行为与丙的死亡有因果关系。

2. 保护范围内的结果

刑法因果关系讨论的实害结果，是规范保护范围内的结果。每一个罪名、罪状（罪刑规范）都在保护一种法益，防止对该法益造成危险及实害结果。这便是该罪名及其罪刑规范的保护目的。但是，一项罪刑规范不可能保护所有法益，防止所有危险及实害结果，只能保护某一类法益，防止某一类危险及实害结果。超出这个保护范围的危险及实害结果便不是该罪名及其罪刑规范所要防止的危险及实害结果。故该实害结果不能归属于该罪名的行为。

例 1，甲违章驾驶，发生追尾，撞击声吓死了路边行人。交通肇事罪要防止的危害结果是违章行为本身蕴含的危险及其实害结果。违章追尾行为本身并不蕴含吓死路人这种危险。这种危险导致的结果不是交通肇事罪所蕴含及所能防止的。故该结果不能归责于甲的追尾行为。

例 2，甲违章肇事，导致乙昏迷，甲逃逸。行人丙拿走乙的钱包。甲的肇事行为本身并不蕴含乙的钱包被偷这种危险及实害结果。故该实害结果不能归属于甲的肇事行为。该实害结果不符合交通肇事罪的规范保护目的。

例 3，甲乙夜间一前一后骑着摩托车，两车的前灯都坏了。前面的甲由于缺少照明撞伤了行人。如果后面乙的前灯亮着，就能避免事故。但不能将该事故归属于乙的违章行为。因为夜间开灯的规范是为了防止自己的车发生事故，而不是为了防止他人的车发生事故。

3. 责任范围内的结果

因果关系讨论的实害结果，是行为人责任范围内的结果，即行为人自己有责任和义务防止发生的结果。如果防止结果的发生是他人的责任范围，则该结果不能归责于行为人。

例如，甲夜间驾驶尾灯坏掉的车，被交警乙拦下。乙为了防止后车撞上甲的车，在甲的车后挂了一个手电筒。乙命令甲将车开往前方加油站。甲开车时，乙将手电筒拿掉。此时，丙的车撞上甲的车尾，丙死亡。当乙管理甲的车后，防止后车追尾便是乙的职责。因此，丙的死亡不应归责于甲，而应归责于乙。

（三）关于过程的要求

1. 作为犯

就作为犯而言，犯罪流程是：行为制造危险，危险流向前发展，最后现实化为结果。一个结果要能归责于一个行为，要求该结果是该行为制造的危险的实现。

行为制造危险 ———→ 危险发展 ———→ 危险实现为结果

（1）假定的因果关系。

因果历程：前条件（0分作用）———→ 后条件（100分作用）===→ 结果

已经查明：前条件尚未发生作用，后条件介入并直接导致结果发生。如前文所述，刑法上因果关系中的结果是指具体的、现实的结果，而非假定的结果。结论：前条件与结果没有因果关系，后条件与结果有因果关系。

例如，死刑犯 30 分钟后要被执行死刑，被害人的父亲甲迫不及待，突然按下开关执行了死刑。甲会辩解道：即使没有我的按开关行为，死刑犯也会被执行官执行死刑，所以我的行为不重要，不应将死亡结果算到我的头上。然而，需要讨论的是当下的死亡结果。该结果是甲制造的危险的实现。因此，甲的行为与死刑犯的死亡有因果关系。不难看出，本案与上文沙漠钻孔案没有本质区别。对于假设的因果关系的案件，可以运用"因果关系的结果必须是现实的结果，不能是假设的结果"原理来分析。

（2）重叠的因果关系。

因果历程：条件1（50%左右作用）———→ 结果
　　　　　条件2（50%左右作用）———→

已经查明：两个条件单独都不能导致结果发生，但都对结果的发生起到重要作用，相互没有意思联络，结合在一起同时起作用导致了结果的发生。结论：两个条件都与结果有因果关系。提示：如果两个条件不是同时起作用，而是有明显的先后时间间隔，则属于后文介入因素的案件。

例如，甲乙没有意思联络，互不知情，同时向丙开枪，都击中腹部，两处伤口同时流血，共同导致丙死亡。甲制造的危险与乙制造的危险是叠加关系，共同制造了实害结果，因此甲乙的行为与丙的死亡都有因果关系，属于多因一果。

（3）二重的因果关系（择一的竞合）。

因果历程：条件1（100%作用）———→ 结果
　　　　　条件2（100%作用）———→

已经查明：两个条件单独都能导致结果发生，相互没有意思联络，各自同时发生作用，竞合在一起导致了结果发生，类似双保险。结论：两个条件与结果都有因果关系。

例1（两人犯罪），甲乙没有意思联络，同时向丙开枪。甲的子弹击中丙的头部，乙的子弹击中丙的心脏。丙终因伤势过重，很快死亡。甲制造的危险与乙制造的危险是叠加关系，共同制造了实害结果，因此甲乙的行为与丙的死亡都有因果关系，属于多因一果。

例2（一人犯罪）（2019 试题），医生甲想杀死病人乙，在针剂里放了毒药，给乙注射，乙死亡。事后查明，乙有特殊体质，即使不加毒药，该正常针剂也会导致乙死亡。乙的死亡是毒药和正常针剂共同作用的结果。首先，医生不能主张："即使没有我的毒药，乙也会死，所以我的毒药不重要"，因为刑法讨论的结果是指现实的结果，而非假设的结果。现实的结果是毒药和正常针剂共同作用的结果，因此乙的死亡与甲的毒药有因果关系。本案与上文沙漠钻孔案、死刑犯执行案的区别在于：本案中，正常针剂发挥了作用；而后两案中，甲的毒药、死刑执行官尚未发挥作用。这是二重的因果关系与假设的因果关系的区别。

（4）被害人存在特殊体质。

第一，危害行为引发被害人疾病发作。例如，甲伤害老人乙，猛击乙的胸膛，乙冠心病发作，导致死亡。甲的行为对乙的身体制造了危险，该危险蕴含了引发冠心病发作的危险，这种引发关系并不异常，冠心病的发作应算到甲的头上。因此，冠心病导致死亡也应算到甲的头上。甲的行为与死亡结果有因果关系。结论：危害行为引发被害人疾病发作，疾病导致死亡的，死亡结果与危害行为有因果关系。

［注意1］因果关系的客观性。行为人对被害人的特殊体质有无认识，不影响因果关系的成立。这是因为，因果关系具有客观性，不受行为人主观认识的影响。例如，甲跳楼自杀，砸死了楼下过路的行人。虽然结果具有偶然性、难以预见性，但仍应肯定死亡结果与甲的行为有因果关系。

［注意2］有因果关系并不等于有刑事责任。确定因果关系只是解决了犯罪客观要件的问题，行为人是否承担刑事责任，还需看是否具备主观要件，也即看行为人对实害结果主观上是否有故意或过失。如果甲明知乙有冠心病而打他，想致其死亡，则甲构成故意杀人罪既遂。如果甲应当预见到乙有冠心病，因疏忽大意没有预见到，则甲构成过失致人死亡罪。如果甲无法预见到乙有冠心病，则属于意外事件。由此可见：确定因果关系和承担刑事责任是两个阶段的不同问题，不可混淆。

第二，危害行为没有引发被害人疾病发作。例如，甲给乙做了一盘菜，在蒸鱼肚子里放了毒药，未料乙闻到鱼腥味，过敏症发作死亡。甲的危害行为（投毒行为）没有引发乙的过敏症，因此与乙的死亡没有因果关系，甲构成故意杀人罪未遂。结论：危害行为没有引发被害人疾病发作，其他因素引发疾病发作导致死亡的，死亡结果与危害行为没有因果关系。

2. 不作为犯

不作为犯的发生机制是，有个危险流向前发展，威胁法益对象（也称法益主体），作为义务人应当阻断该危险流，却不阻断，危险流实现为结果。只要证明，作为义务人履行了作为义务，就会避免结果发生，那么就可以认定，结果的发生能归属到不作为头上。如果履行了作为义务，仍无法避免结果发生，则结果的发生不能算到不作为头上。因此，判断的关键是，结果避免发生的可能性。

例如，母亲不喂养导致孩子死亡。如果母亲有喂养行为，则孩子不会死，那么母亲没有喂养就是孩子死亡的原因。如果孩子病危，即使母亲履行了喂养义务，孩子还是会死，那么母亲不喂养就不是孩子死亡的原因。

［引申］符合义务的行为。

这是指行为人没有遵守某项义务，发生了实害结果，但是查明，即使遵守了该义务，结果仍会发生，也即不具有结果避免发生的可能性。当不具有结果避免发生的可能性时，结果的发生不能归属于未遵守义务。这是因为，遵守一项义务，是为了防止危害结果发生。如果不具有结果避免发生的可能性，该义务规范就失去了存在价值。遵不遵守便没有区别了。①

例1，护士没有遵守做皮试的规定，直接给病人打青霉素，病人体质过敏，导致死亡。事后查明，即使护士做了皮试，现有的皮试也无法检查出病人的这种过敏性。护士的行为与

---

① 提示：符合义务行为不一定是不作为，可以是作为，只是原理与不作为相似，都存在需要履行的义务，故放在一起讲解。

病人的死亡无因果关系。

例2，甲在封闭的高速公路上超速行驶，130公里/小时（限速120公里/小时），撞死突然横穿高速公路的行人。事后查明，即使甲遵守规定，开到120公里/小时，死亡结果仍无法避免。甲的行为与行人的死亡无因果关系。

三、存在介入因素的案件

（一）必要条件关系与充分条件关系

早期，判断因果关系使用必要条件关系，也即：无A则无B，A即B因。例如，没有甲的砍杀行为，乙就不会死，那么甲的行为与乙的死亡便具有因果关系。然而，使用必要条件来论证因果关系，理由并不充分。在逻辑上，充分条件是指，有A则有B，A即B因。显然，在论证"A即B因"上，"有A则有B"比"无A则无B"的理由更充分。必要条件只是说明了发生结果的一个前提条件，而充分条件说明了成就结果的条件。在有介入因素的案件中，必要条件的这种不足便暴露无遗。

先前行为制造的危险 ——→ 介入因素制造的危险 ——→ 实害结果

例如，甲轻伤乙，乙被抢救，情形一：在去医院路上，遇到车祸，车祸导致乙死亡；情形二：送到医院，医生因为重大过失导致乙死亡；情形三：出院那天，医院发生火灾，烧死乙。若依据必要条件关系，没有甲的轻伤行为，乙就不会遭遇后面所有不幸情形，因此，后续所有情形中乙的死亡都与甲有因果关系。这种结论显然是不妥当的。依照这种结论，甲要哭晕在厕所了：死神来了，我有什么办法！

结论：行为与结果即使有必要条件关系，也不意味着有因果关系，即不意味着结果能够归属于该行为。结果能否归属于该行为，需要根据充分条件来论证，也即：行为制造危险→危险发展→危险实现为结果。

（二）危险的关系类型

介入因素与先前行为的关系
- 引发关系：先前行为的危险 + 介入因素的危险 ——→ 结果
- 独立关系
  - 叠加关系：先前行为的危险 + 介入因素的危险 ——→ 结果
  - 阻断关系：先前行为的危险 ▌介入因素的危险 ——→ 结果

存在介入因素的案件中，因果关系的判断任务主要是第二项条件"关于过程的要求"，也即危险现实化为实害结果。一项结果能够归属于一个行为，条件是，该结果是该行为创设的危险的实现结果。在具体分析时，需要根据"危险的关系类型"来判断（简称"两步走"标准）：①

第1步：判断介入因素与先前行为的关系，是引发关系还是独立关系？

（1）引发关系：这是指，先前行为的危险中蕴含了介入因素的危险，先前行为引发了介入因素。如此，介入因素的危险应当算到先前行为头上。由此，介入因素导致的结果或与先

---

① 此前对于介入因素的案件，理论上多采用"介入因素三标准"来判断因果关系。当前，理论上多采用"危险的关系类型"来判断因果关系。

前行为一起导致的结果，能够归属于先前行为，二者有因果关系。

例如（真题），甲朝站在船头的乙射击，乙无处可躲，被迫跳入湖里，乙溺水身亡。介入因素是被害人自身的行为（跳湖）。乙的跳湖是甲的开枪行为引发的，乙跳湖制造的危险应当算到甲的头上。因此，乙跳湖导致的死亡与甲的开枪行为具有因果关系。

（2）**独立关系**：这是指介入因素的出现与先前行为具有独立性。也即，先前行为的危险中没有蕴含介入因素的危险，介入因素的出现不是先前行为引发的。如此，介入因素制造的危险不能算到先前行为头上。先前行为的危险与介入因素的危险是独立关系。① 接下来进行第 2 步考察。

第 2 步：判断介入因素的危险与先前行为的危险的关系，是叠加关系还是阻断关系？

（1）**叠加关系**：这是指介入因素的危险没有阻断先前行为的危险，二者形成叠加关系，一起导致实害结果。实害结果与二者均有因果关系，属于多因一果。

例如，甲朝丙的腹部捅了一刀，丙倒地不起，甲离去。乙路过，也朝丙的腹部捅一刀，然后离去。由于伤势过重，丙死亡。介入因素是第三人的行为（乙的行为）。乙的出现不是甲的行为引发的，二者具有独立关系。乙的捅刀行为没有阻断甲的捅刀行为制造的危险流。二者是叠加关系，均与死亡结果有因果关系。

（2）**阻断关系**：这是指介入因素的危险阻断了先前行为的危险，并由介入因素的危险实现为实害结果。实害结果与介入因素有因果关系，与先前行为无因果关系。

例如，甲朝丙的腹部捅了一刀，丙倒地不起，甲离去。乙路过，直接用刀斩首，丙死亡。介入因素是第三人的行为（乙的行为）。乙的出现不是甲的行为引发的，二者具有独立关系。乙的斩首行为阻断了甲的捅刀行为制造的危险流，该危险流失去了继续发挥作用的土壤或对象。死亡结果是乙制造的危险流的实现，二者具有因果关系。死亡结果与甲的行为没有因果关系。早期学说根据必要条件关系认为，若甲没有将丙打倒，丙就会跑，就不会被乙砍死，因此死亡结果与甲的行为有因果关系。但这种"无 A 则无 B"的关系只提供了必要条件，而论证因果关系需要充分条件，也即结果是行为创设的危险的实现。

（三）介入因素的种类

1. 自然事件

例如，甲欲杀害乙，将乙打成重伤昏迷，然后离开。十分钟，发生地震，房倒屋塌，横梁掉下来砸死乙。第一步，介入因素是地震，这与先前行为（甲的杀害行为）是独立关系。第二，地震导致的危险（横梁砸死人）阻断了先前行为的危险流（重伤昏迷），并由前者直接导致死亡。因此，死亡结果不能归属于先前行为，二者没有因果关系，甲构成故意杀人罪未遂，而非既遂。

2. 被害人自身的行为

例 1（真题），乙欲杀其仇人苏某，在山崖边对其砍了 7 刀，被害人苏某重伤昏迷。乙以为苏某已经死亡，遂离去。但苏某自己醒来后，刚爬了两步即跌下山崖摔死。第一步，介入因素是被害人自身的行为（爬两步掉下山崖）。乙导致苏某重伤昏迷（先前行为）蕴含了出现介入因素的危险，介入因素的出现是由先前行为引发的，应由先前行为负责。因此，介入因素导致的结果应归属到先前行为头上。

---

① 介入因素与先前行为是独立关系时，这种介入因素的出现往往被认为具有异常性。

例2，甲强奸了妇女乙，导致乙轻微伤，第二天乙羞愤自杀。第一步，介入因素是被害人自身行为（自杀）。乙的自杀貌似由甲的强奸行为引发的，但是强奸行为本身并不蕴含乙自杀的危险。自杀行为应由自己负责，不应由强奸行为负责，二者具有独立关系。第二步，自杀行为阻断了轻微伤的危险流，死亡是由自杀导致的。因此，死亡结果不应归属于甲的强奸行为。甲不构成强奸罪致人死亡。

例3（真题），甲点燃王某的衣服欲烧死王某，王某情急之下跳入湖中，被湖水淹死。介入因素的出现由先前行为引发。因此，死亡结果应归属于先前行为。

例4，甲用刀猛砍乙，乙血流不止，挣扎逃跑，下楼梯时摔倒，头部着地死亡。介入因素的出现由先前行为引发。因此，死亡结果应归属于先前行为。

例5，孙悟空递给猪八戒一个有毒的人参，希望毒死猪八戒。猪八戒吃的时候卡在喉咙，噎死了。第一步，介入因素（被噎住）与先前行为是独立关系。第二，介入因素阻断了先前行为（毒药）的危险流。由介入因素导致死亡结果。因此，死亡结果不能归属于先前行为。

3. 第三人的行为

例1（真题），甲持刀追杀丙，丙逃跑。乙开车路过发现仇人丙，直接撞死丙。第一步，介入因素（乙开车撞）与甲的追杀行为是独立关系。第二，乙开车撞阻断了甲的追杀行为的危险流，由开车撞直接导致死亡。死亡结果不能归属于甲的追杀行为。

例2（真题），甲重伤乙，乙被送到医院，医生由于重大过失（例如错打麻醉药）直接导致乙死亡。第一步，介入因素（医生的重大过失）不是先前行为（甲重伤乙）引发的，二者是独立关系。第二步，介入因素阻断了先前行为的危险流。死亡结果是由介入因素导致的，不能归属于先前行为。

例3（第三人不作为），甲将儿童丙砍成重伤，离开现场。丙的父亲乙赶到，却坐在旁边，不救助（如果救助就不会死），丙重伤死去。第一步，介入因素（乙的不作为）与甲的重伤行为是独立关系。第二步，介入因素（不作为）与甲的重伤行为是叠加关系，而非阻断关系，死亡结果与二者均有因果关系，属于多因一果。

[提示] 救助与阻断救助的案件。这种案件中介入了两个因素。一是救助行为，二是阻断救助行为。对此无法套用"两步走"标准。结论是，死亡结果应归属于阻断救助行为。这是因为，当救助行为出现后，先前行为的危险流就会被阻断，而阻断救助行为将本会被阻断的危险流又重新开启。死亡结果是阻断救助行为开启的危险流的实现。

例1，甲将乙推下水，丙向乙扔了一个救生圈，乙马上要抓住救生圈。与甲没有共谋的丁又捞走救生圈，乙溺亡。丁阻断救助，乙的死亡不归属于甲，而归属于丁。

例2，甲重伤乙，乙被丙送往医院，医生要输血抢救，乙因宗教信仰竟然拒绝输血，乙不治身亡。乙自己阻断救助，乙的死亡不归属于甲，而归属于自己。

例3，甲重伤乙，然后离开现场。乙的朋友丙前来抢救乙，甲的朋友丁（与甲无共谋）又阻止丙抢救。丙无法抢救，乙不治身亡。丁阻断救助，乙的死亡不归属于甲，而归属于丁。

例4，甲重伤乙后，又后悔，要抢救乙，丙路过，欺骗甲："你赶紧逃跑，我来救"。甲相信，便逃离。丙不救乙，乙因为未得到及时救助而死亡。甲有救助意思，丙阻断了甲的救助。死亡结果应归属于丙，而不归属于甲。

2020 年国家统一法律职业资格考试 ‖ 刑法攻略 ［精讲卷］

4. 行为人的第二个行为

（1）行为人的前一行为与后一行为属于相同性质的行为时，由于都是行为人的行为，因此结果能够归属于行为人的整体行为。例如，甲欲杀害乙，先用木棒打头，发现没死，再用石块砸头，乙死亡。由于前后行为属于性质相同的行为，且均是甲的行为，因此，死亡结果归属于甲整体的杀人行为即可。

（2）行为人的前一行为与后一行为属于不同性质的行为时（提示，故意行为与过失行为属于不同性质的行为），二者属于独立关系，对此需要进一步判断叠加关系与阻断关系。

例1，甲开车不慎导致行人乙重伤昏迷，为了减少麻烦，又故意倒车将乙压死。甲的前行为是过失行为，后行为是故意行为。虽然二者都是甲实施的，但二者属于不同性质的行为，属于独立关系。后行为阻断了前行为的危险流，由后行为实现为死亡结果，因此死亡结果应归属于后行为。

例2，甲开车不慎导致行人乙重伤昏迷，将乙拖到草丛中隐藏，然后离开，故意不救助乙，乙因未得到及时救助而死亡。甲的前行为是作为的过失行为，后行为是不作为的故意行为。二者性质上属于独立关系。后行为没有阻断前行为的危险流，二者是叠加关系，共同导致死亡结果，属于多因一果。前行为由过失致人重伤罪升级为过失致人死亡罪（或交通肇事罪）。后行为构成不作为的故意杀人罪既遂。虽然甲有前后两个行为，但是只制造了一个死亡结果，因此对前后两个罪不能并罚，否则意味着将一个死亡结果评价了两次（处罚了两次），违反了禁止重复评价原则。因此，只能根据吸收犯原理，重罪吸收轻罪，只定不作为的故意杀人罪既遂。①

例3（结果的推迟发生），甲故意杀乙，致乙重伤昏迷，以为乙死亡，为了毁尸灭迹，用刀碎"尸"，直接将乙的头切下来。甲的前行为是故意行为，后行为是过失行为。虽然二者都是甲实施的，但二者属于不同性质的行为，属于独立关系。后行为阻断了前行为的危险流，由后行为实现为死亡结果，因此死亡结果应归属于后行为。后行为构成过失致人死亡罪，前行为构成故意杀人罪未遂，并罚。提示：结果的推迟发生属于后文"因果关系错误"中的考点。

［总结］ 无法查明的案件。对于这类案件，需要先看是一个行为人还是两个行为人。

（1）一个行为人实施两个行为，无法查明是前行为导致结果，还是后行为导致结果。对于两种可能的情形，根据存疑时有利于被告人原则，选择较轻的情形认定，也即将结果归属于轻罪行为。

例1（真题），甲先暴力伤害乙，后意图杀害乙，继续实施暴力。乙死亡。无法查明，死亡结果是前面的伤害行为导致，还是后面的杀害行为导致。在此只有两种可能情形：要么是伤害行为导致死亡，要么是杀害行为导致死亡。根据存疑时有利于被告原则，选择较轻的情形加以认定，也即认定为伤害行为导致，对甲定故意伤害罪致人死亡。

例2，甲用刀砍杀乙，乙倒地不动，甲以为乙死亡，为了毁灭证据便放火，导致邻居房屋都被烧毁。事后无法查明，乙是被刀砍死还是被浓烟熏死。可能的情形一，乙是被刀砍死，则甲的砍杀行为构成故意杀人罪既遂，放火行为构成放火罪，不构成放火罪致人死亡。可能的情形二，砍杀导致乙重伤昏迷，乙是被烟熏死。此时属于结果的推迟发生。由于烟熏

---

① 此处知识点可以联系本书不作为犯的相关内容和交通肇事罪的相关内容。

死人有个过程，不会立刻致人死亡，因此没有阻断前面重伤的危险流，二者是叠加关系，共同导致死亡，多因一果。因此，砍杀行为构成故意杀人罪既遂，放火行为构成放火罪（过失）致人死亡。总结两种情形，在情形一、二中，砍杀行为均构成故意杀人罪既遂，如此认定不会冤枉甲。在情形一中，放火行为构成放火罪；在情形二中，放火行为构成放火罪致人死亡；根据存疑时有利于被告人原则，应在两种情形中选择较轻的情形加以认定，也即认定为放火罪。最后，对故意杀人罪既遂和放火罪并罚。

（2）两个行为人各实施一个行为，无法查明是甲的行为导致结果，还是乙的行为导致结果。对此，先判断两个行为人是否构成共同犯罪。如果构成共同犯罪，则根据"部分实行，全部负责"原则，无须查明，二人均与结果有因果关系。如果不构成共同犯罪，而是单独犯罪，则根据存疑时有利于被告人原则来处理。

例1，甲夜晚开车不慎将行人丙撞倒在路中央，丙不动弹，甲逃逸。五分钟后乙开车不慎压倒丙，乙逃逸。十分钟后救护车来，发现丙已经死亡。无法查明是甲当时就撞死了丙，还是乙压过去，丙才死。对此，先找出可能的情形。可能情形一：第一辆车压死，第二辆车在压尸体。可能情形二：第一辆车没压死，第二辆车压死。在第二种情形下，仍需要判断第一辆车的碾压与死亡结果有无因果关系，此时第二辆车的碾压便是介入因素。对此，第一步，先前行为（第一辆车撞晕丙）蕴含介入因素（第二辆车的碾压）的危险，介入因素的出现应当算到先前行为头上。因此，介入因素导致的死亡结果应归属到先前行为头上。最后总结：两种可能情形中，第一辆车对死亡都要负责，也即将死亡结果归属于第一辆车，不会冤枉第一辆车；第二辆车有一半的可能性不用对死亡负责，此时针对第二辆车行为人可使用存疑时有利于被告原则，死亡结果不归属于第二辆车行为人。

例2（共犯场合），甲乙共谋杀害丙，一起向丙开枪，丙死亡。事后查明，只有一枪致命，但无法查明致命一枪是谁打的。由于甲乙是共犯关系，根据"部分实行，全部负责"原则，即使查明是其中一方打的致命一枪，另一方也要负责，因此无需查明是谁打的致命一枪，二人对死亡结果都要负责。

典型真题

1. 关于因果关系的认定，下列哪一选项是正确的？(2016 年·卷二·2 题)①

A. 甲重伤王某致其昏迷。乞丐目睹一切，在甲离开后取走王某财物。甲的行为与王某的财产损失有因果关系

B. 乙纠集他人持凶器砍杀李某，将李某逼至江边，李某无奈跳江被淹死。乙的行为

---

① [答案] A 项，虽然甲的行为与王某的财产损失具有"无 A 则无 B"的条件关系，但是，甲的行为是故意伤害，刑法规定故意伤害罪的保护目的是保护人的身体健康，财产损失不是该罪的规范保护目的。所以，王某的财产损失这一结果不能归属于甲的伤害行为。B 项，介入因素是被害人跳江，这是乙的行为引发的，由乙负责，因此被害人跳江导致死亡的结果应归属于乙的行为。C 项，当交警管理丙的酒驾后，交警有防止危害结果发生的义务和职责。危害结果应归属于交警。D 项，敲诈勒索罪的行为公式是：实施恐吓行为→使对方产生恐惧心理→对方基于恐惧心理而交付财物（由此遭受财产损失）→行为人取得财物。本案中，行为公式的前三步的因果关系是具备的，丁的恐吓行为导致陈某交付财物，由此导致陈某遭受财产损失，因此二者有因果关系。只是行为公式的后两步之间没有因果关系，也即陈某交付了财物，遭受了财产损失，但丁没有获得财物。但这只是影响犯罪人的既遂问题，导致犯罪人未遂。许多人的误解在于，认为"犯罪人未遂，那么就与被害人遭受财产损失没关系"。这种误解的错误在于，将行为公式中的前三步与后两步混为一谈了。犯罪人未得逞，不代表被害人的财产损失与犯罪人无关。本题答案：C。

与李某的死亡无因果关系

C. 丙酒后开车被查。交警指挥丙停车不当，致石某的车撞上丙车，石某身亡。丙的行为与石某死亡无因果关系

D. 丁敲诈勒索陈某。陈某给丁汇款时，误将 3 万元汇到另一诈骗犯账户中。丁的行为与陈某的财产损失无因果关系

2. 关于因果关系，下列说法正确的是？(2019 年试题)①

A. 甲驾车不慎撞倒丙，丙躺在路中央不动，甲逃逸。五分钟后，乙刹车不及从丙身上压过去。后发现丙死亡，但无法查明是甲压死的，还是乙压死的。甲与丙的死亡有因果关系

B. 甲给乙的饮料里放了毒药，乙喝后四肢乏力。仇人丙看到乙，要杀死乙，乙因为无力反抗被丙用刀杀死。甲与乙的死亡有因果关系

C. 甲冒充房东，给几位承租人群发短信，要求他们交房租到特定账户。承租人乙信以为真，将短信转发给合租人丙。丙没注意到甲的短信，但注意到乙的短信，便将款打到甲的指定账户。甲与丙的财产损失有因果关系

D. 医生甲想杀死病人乙，在针剂里放了毒药，给乙注射，乙死亡。事后查明，乙有特殊体质，即使注射正常针剂，不加毒药，乙也会死。甲与乙的死亡无因果关系

---

① ［答案］A 项，第一种可能情形是甲压死的，甲要负责，乙不用负责。第二种可能情形是乙压死的，乙要负责，甲仍要负责，因为乙的碾压（介入因素）是甲的行为引发的，具有引发关系。汇总后，让甲负责不会冤枉甲。对乙应启动存疑时有利于被告人原则，不让乙负责。B 项，介入因素是第三人的行为（丙的行为）。丙的出现不是甲的行为引发的，二者具有独立关系。丙的刀杀行为阻断了甲制造的危险流，该危险流失去了继续发挥作用的土壤或对象。死亡结果是丙制造的危险流的实现，二者具有因果关系。死亡结果与甲的行为没有因果关系。早期学说根据必要条件关系认为，若甲没有导致乙四肢乏力，乙就反抗，就不会被丙砍死，因此死亡结果与甲的行为有因果关系。但这种"无 A 则无 B"的关系只提供了必要条件，而论证因果关系需要充分条件，也即结果是行为创设的危险的实现。C 项，对财产犯的因果关系不需要用总论的一般因果关系理论判断，只需用该罪的行为公式判断即可。诈骗罪的行为公式是：实施欺骗行为→使对方产生认识错误→对方基于认识错误而处分财物→行为人取得财物。表面上看，甲的欺骗行为没有让丙产生认识错误，但是甲让乙产生认识错误，乙让丙产生认识错误，这个间接的因果链条是成立的，因此甲的欺骗行为与丙产生认识错误有因果关系，与丙遭受财产损失有因果关系。D 项，首先甲不能主张："即使没有我的毒药，乙也会死，所以我的毒药不重要"，因为刑法讨论的结果是指现实的结果，而非假设的结果。现实的结果是毒药和正常针剂共同作用的结果，因此乙的死亡与甲的毒药有因果关系。本题答案：AC。

07 第七讲
（客观）违法阻却事由

特别提示 ▷

1. 前面几讲已将客观要件讲解完毕。一个行为具备了客观要件后，只是暂时表明该行为具有法益侵害性（违法性），如果存在阻却事由，那么最终该行为便不具有法益侵害性，不用再判断责任阶层，就直接得出无罪结论。

2. 案例：狗蛋开着法拉利在马路上飙车，不慎撞倒骑摩托车的狗剩，狗剩受重伤。通过道路监控录像发现，狗剩当时正在伸手抢夺一位女士的包。由于狗蛋的行为，狗剩未能得逞。对狗蛋的行为该如何评价？①

一、正当防卫

第20条第1款 为了使国家、公共利益、本人或者他人的人身、财产和其他权利免受正在进行的不法侵害，而采取的制止不法侵害的行为，对不法侵害人造成损害的，属于正当防卫，不负刑事责任。

第2款 正当防卫明显超过必要限度造成重大损害的，应当负刑事责任，但是应当减轻或者免除处罚。

正当防卫的成立条件	具体内容
起因条件	面临的侵害具有不法性、客观性和现实性
时间条件	不法侵害正在进行
意思条件	防卫者是否需要防卫意思
对象条件	防卫手段针对不法侵害人本人
限度条件	防卫手段具有必要性和相当性

[前提知识]

1. 正当化根据。正当防卫之所以能阻却违法性，具有正当性，是因为"正当没有必要向不正当让步"，也即面临不法侵害，防卫人没有退让义务。

2. 体系地位。正当防卫是阻却违法性的事由，那么讨论一个行为是不是正当防卫，前提是该行为具有违法性，也即符合客观要件，貌似"犯罪行为"。如果一个行为根本不可能被

---

① [答案] 这属于偶然防卫。对此没有定论，只有不同观点的展示。

评价为"犯罪行为"，就没必要讨论该行为是不是正当防卫，即使该行为也起到制止不法侵害的效果。

例1，甲入室盗窃，主人乙发现后喊了一声："谁？"甲便逃离。乙的喊声虽然制止了不法侵害，但其行为本身不具有法益侵害性，就没必要讨论其是不是正当防卫。换言之，没必要用正当防卫来论证其正当性。

例2，甲向乙扔飞刀，乙躲闪开。乙的躲闪行为不是正当防卫所要讨论的范畴，或者可以说，乙的躲闪行为不属于正当防卫。

例3，甲抢夺了乙的包，乙追赶甲，追了100米后追上甲，将甲打倒夺回包。乙的追赶行为本身没有法益侵害性，不需要讨论是不是正当防卫。乙将甲打倒夺取包的行为初步看具有法益侵害性，对此需要判断是不是正当防卫。

（一）起因条件

正当防卫面临的侵害具有不法性、客观性、现实性。

1. 不法性

（1）不法侵害行为，既包括犯罪行为，也包括一般违法行为。例如，对于尚未构成犯罪的非法侵入住宅行为，可以进行正当防卫。

（2）并非对所有的不法侵害都可以进行正当防卫。只有对具有攻击性、破坏性的不法侵害，才能进行正当防卫。因为只有对这种不法侵害，才有采取正当防卫的必要性。例如，对于重婚的行为、受贿的行为，不能进行正当防卫。又如，单位犯罪，对单位本身不能进行正当防卫。

（3）不法侵害一般仅限于针对个人法益的侵害。对侵害国家法益、社会法益的犯罪行为，原则上不能擅自进行正当防卫。例如，个人不能为了保护国境安全开枪射杀偷渡者，不能擅自夺取非法经营者的财产。如果侵犯国家法益、社会法益的犯罪行为同时侵犯了个人法益，则公民可以正当防卫。例如，甲在盗窃国有银行的财产时，公民或国家工作人员可以正当防卫，因为国有财产在法律上含有国民的财产。又如，乙在公开场合聚众淫乱时，公民可以正当防卫，因为侵犯了公民个人的性羞耻心。

（4）不法侵害行为仅限于人的行为，因为只能针对人的行为进行合法和不法的评价。山洪暴发、地震灾害、野狗咬人等只能视为单纯的危险，只能进行紧急避险。

（5）正当防卫、紧急避险的行为不属于不法侵害，所以对正当防卫、紧急避险本身不能进行正当防卫。对正当防卫的反击行为属于故意侵害行为，对紧急避险的反击行为属于紧急避险。

（6）防卫人不限于被害人本人。只要是面临不法侵害，不管是被害人本人，还是无关第三人，都可以正当防卫，予以制止。例如，甲在路上看到乙在强奸妇女，甲对乙可以正当防卫。

2. 客观性

根据两阶层的犯罪构成体系，犯罪由客观阶层和主观阶层构成。一个行为符合客观阶层，就表明该行为在客观上具有法益侵害性。至于行为人在主观阶层是否具有故意、过失，是否达到责任年龄、具有责任能力等，只是影响责任的承担。

（1）一个行为符合客观阶层，属于不法侵害后，在主观阶层如果该行为人未达到刑事责任年龄或不具有刑事责任能力，并不影响其行为在客观上的不法侵害性。对这样的不法侵害行为，可以正当防卫。<u>结论</u>：对未达刑事责任年龄的人、精神病人的不法侵害可以正当防卫。

例如，13周岁的甲拿刀砍王某，王某可以正当防卫。精神病患者乙殴打王某，王某可以正当防卫。

（2）一个行为符合客观阶层，属于不法侵害后，在主观阶层该行为人有可能是故意、过失、意外事件，并不影响其行为在客观上的不法侵害性。<u>结论</u>：不法侵害包括故意的不法侵害和过失的不法侵害。

例如，聋哑人甲在狩猎时，误将乙当作野兽准备射击，站在甲身后较远的丙发现甲的行为，赶紧开枪将甲打伤，保护了乙的生命。甲的行为属于过失，对其可以进行正当防卫。

[总结] 动物侵害问题：

第一，有主人的狗，主人唆使狗咬人，属于主人故意的不法侵害。反击狗，属于正当防卫。

第二，有主人的狗，主人由于管理过失，导致狗跑出来自发咬人，这属于主人过失的不法侵害。反击狗，属于正当防卫。

第三，有主人的狗，主人没有管理过失，没有任何疏忽，由于不可抗力（如发生地震）导致狗跑出来自发咬人。这种情形不属于主人的不法侵害，主人没有制造法不允许的危险。反击狗，属于紧急避险。

第四，无主人的野狗自发咬人。由于合法与不法的评价只能针对人的行为，对这种狗咬人的行为不能认为是不法侵害，只能认为是一种单纯的危险。反击狗，属于（防御型）紧急避险。①

（3）不法侵害既包括作为的不法侵害，也包括不作为的不法侵害。例如，对进入自己住宅、要求其退出而拒不退出的人，使用强力将其推出门外，成立正当防卫。又如，甲开车不慎撞伤乙，欲逃逸，行人丙强迫甲救助乙，属于针对不作为的不法侵害的正当防卫。

3. 现实性

不法侵害必须是现实存在的。如果不存在现实的不法侵害，行为人误以为存在不法侵害，并进行所谓的防卫，就是假想防卫。

例1，甲晚上看到窗户外面有人影，以为是小偷，将对方打倒在地，实际上对方是甲的女儿的男友，前来与女儿幽会。甲属于假想防卫。

例2，甲看到乙在不法侵害丙，便上前将乙扑倒，实际上乙是便衣警察，在抓捕丙。甲属于假想防卫。

例3，小芳与情夫狗剩正在家中苟且，丈夫狗蛋回家，小芳情急之下指着狗剩喊："他强奸我，赶紧抓！"狗蛋不知情，将狗剩打伤。狗蛋属于假想防卫。小芳属于故意伤害罪的间接正犯。

对于假想防卫的处理：第一，假想防卫不可能是故意为之，否则就是故意犯罪而非假想

---

① 有观点认为，由于野生动物不存在需要保护的法益，不存在保护较大法益、损害较小法益的问题，所以反击它不是紧急避险。其实不能一概而论。如果是蚊子咬人，拍死它，不算紧急避险，因为蚊子本身不存在需要保护的法益。但是，受国家保护的珍贵野生动物（如花豹）存在需要保护的法益。即使是流浪狗也存在需要保护的法益（虐待这些动物的行为应受谴责便印证这一点）。生态环境需要保护，野生动物也是生态环境的一部分。

防卫。第二，假想防卫，如果防卫人有过失，就是过失犯罪。第三，假想防卫，如果防卫人没有过失，就只能按照意外事件处理。

例如，保安误以为甲是盗窃者，将甲打成重伤。保安如果存在疏忽大意的过失，就构成过失致人重伤罪。

（二）时间条件

不法侵害应正在进行，防卫应具有适时性。如果在不法侵害尚未开始时防卫，属于事前加害；如果在不法侵害结束后防卫，属于事后加害。二者都属于防卫不适时，不构成正当防卫。

1. 不法侵害正在进行，常见的样态是具有紧迫性，但是有些正在进行的不法侵害不具有紧迫性，也可以对其实施正当防卫。例如，甲将乙非法拘禁在房间里，乙对甲可以进行正当防卫。

2. 不法侵害的开始标准：法益面临比较紧迫的危险。

（1）这里的不法侵害的开始标准，与犯罪着手实行的"着手"标准有所不同。后者是犯罪预备与犯罪未遂的区分标准，一旦着手，意味着犯罪行为进入了实行阶段。着手的标准是，犯罪行为对法益产生了紧迫、直接的危险（参见"犯罪形态"一讲中的"犯罪未遂"部分）。这个标准中，行为对法益的危险程度更高、更紧迫，在时间上更靠后。而正当防卫面临的不法侵害的开始标准，危险程度相对较低，只是比较紧迫，在时间上更靠前。换言之，不能要求防卫人只能在犯罪行为"着手实行"后才可以防卫。

例1，甲翻墙进入乙家院子，然后撬门进入正房盗窃。对于有人居住的房屋，多数观点认为盗窃罪的着手标准是撬开门进去找财物。但是不能要求此时乙才能实施防卫。当甲翻墙时，不法侵害就算已经开始，乙便可以实施防卫。

例2，甲掏出手枪，瞄准乙扣动扳机。故意杀人罪的着手实行标准是瞄准时。但是不能要求此时乙才能实施防卫。当甲掏出手枪时，不法侵害就算已经开始，乙便可以实施防卫。

例3，狗蛋屡次半夜闯入村里寡妇小芳家，使用暴力强奸小芳。有一次，狗蛋又半夜闯入小芳家，小芳孤立无援，灵机一动，欺骗狗蛋喝杯枸杞茶（实际是毒药），狗蛋不知情中毒身亡。强奸罪的着手实行是实施暴力时。但不能要求此时小芳才能实施防卫。当狗蛋闯入家中时，小芳就可以实施防卫。小芳的防卫是适时的。由于狗蛋实施的是暴力型强奸罪，小芳可以实施特殊正当防卫，不过当。

（2）设立防卫装置。设立防卫装置防卫将来的不法侵害，如果满足以下要求，成立正当防卫：一是防卫手段与不法侵害具有相当性；二是防卫手段不能侵害其他法益，如危害公共安全。由于防卫装置在不法侵害来临时才发挥作用，所以这种防卫在时间上不属于事前加害。

例如，甲在自家院墙上插了碎玻璃片，小偷乙翻墙时被划伤。甲不属于事前加害，而属于正当防卫。又如，在自己花房周围私拉电网，电死了小偷。该行为不是正当防卫。因为：第一，该行为危害了公共安全；第二，对盗窃者使用致死手段，不具有相当性。

3. 不法侵害的结束标准：法益面临的危险已经彻底解除。

法益面临的危险是否彻底解除的判断标准：

（1）判断的时间。应从行为时判断，而不应从事后角度判断，也即应从当时的紧急情况下设身处地地判断，不应事后诸葛亮，不应从事后查明的素材去判断。

（2）判断的视角。应从一般人的视角判断，而不应从上帝视角判断。也即，应尊重一般人在当时紧急情况下的认识能力和判断能力，不能要求一般人冷静、理性地判断危险情况。

归纳言之，一般人在当时紧急情况下，认为不法侵害尚未彻底结束，就应认定不法侵害尚未结束。基于此，防卫时间便是适时的。即使事后查明，当时不法侵害已经结束，也不能认为防卫人构成事后防卫（事后加害），也不能认为防卫人是假想防卫。假想防卫是指实际上不存在不法侵害。而不法侵害尚未结束表明不法侵害还是存在的。不过此时存在的不法侵害不是指现实侵害行为，而是指对法益的危险威胁。

例1（昆山龙哥案），龙哥从宝马车上取刀砍于海明，于海明夺过刀捅龙哥，龙哥跑向自己的轿车，于海明追砍龙哥。龙哥跑向轿车时，表面上看不法侵害告一段落，但从一般人的角度看，在当时的情境下，龙哥有可能从车里拿凶器重新投入战斗或开车撞于海明，因此，于海明面临的危险尚未彻底解除。于海明此时追砍龙哥的行为属于防卫适时，而非事后加害行为。

例2（争抢摊位案，2018年试题），甲乙因争抢摊位发生口角，甲用菜刀要砍乙，乙急忙用扁担打甲，击中甲腿部，甲被打倒在地。乙害怕甲立马起来用刀砍自己，急忙用扁担继续击打，这次击打的是头部，致甲死亡。事后查明，甲倒地时，头碰到小石子，已经昏迷。虽然从事后查明的角度看，甲已经丧失不法侵害能力，不法侵害已经结束了，但是从一般人的角度看，由于并不知道甲已经昏迷，在当时的紧急情况下，甲有可能再次反击，因此应认定危险尚未解除。所以，乙的反击是适时的，不是事后加害，也不是假想防卫。当然，防卫适时只是成立正当防卫的条件之一。虽然防卫适时，但有可能防卫过当。由于甲已经倒地，其不法侵害的严重性和紧迫性已经大大降低。此时将甲打死，应属于防卫过当。不过，这种防卫过当属于过失的防卫过当，而非故意的防卫过当，不应认定为故意伤害罪致人死亡或故意杀人罪，而应认定为过失致人死亡罪，并依据防卫过当的条款，应当减轻或免除处罚。

[提示] 财产犯罪的特殊处理。犯罪人即使取得财物，但在被害人当场还来得及挽回损失的情形下，视为不法侵害尚未结束，可实施正当防卫。例如，甲使用暴力抢劫到乙的财物后逃跑，乙当场就追，追上后对甲使用暴力夺回财物，致甲轻伤或重伤。乙的行为属于正当防卫，不属于事后加害。

4. 防卫不适时的处理办法：第一，故意为之，成立故意犯罪；第二，过失为之，成立过失犯罪；第三，无故意、过失，成立意外事件。

例如，甲使用暴力抢劫乙，被乙打晕在地。乙看到甲昏迷不醒，为了教训甲，又将甲打成重伤。乙后面的行为属于事后加害，成立故意伤害罪。这种行为不成立防卫过当，不能享受防卫过当的从宽处罚待遇。

[提示] 有时候，防卫不适时也会带有假想防卫的特征。如果是故意为之，则认定为防卫不适时，而不认定为假想防卫，因为假想防卫不包括故意犯罪的情形。

例如，某晚，甲在家里听到院子里有动静，以为有小偷盗窃，便拎着猎枪出来寻找，在院子里没发现小偷，出门在大街上远远望去有两个人影，认为是小偷逃跑，便开枪打死这两个人。事后查明这两个人是过路行人。此时不存在紧迫的不法侵害，甲竟然朝人开枪，属于故意杀人罪，对甲认定为防卫不适时，而不认定为假想防卫。

（三）意思条件

意思条件，是指防卫人主观上具有防卫意思。防卫意思由防卫认识和防卫意志构成。防卫认识，也称为防卫意识，是指防卫人认识到某项合法权利正在遭受不法侵害。防卫意志，也称为防卫意图或防卫目的，是指防卫人具有制止不法侵害、保护合法权利的正当目的。

1. 防卫意志

［结论］成立正当防卫不要求具有防卫意志。例如，甲看到仇人乙在强制猥亵妇女，出于报复心理攻击乙，制止乙的不法侵害。甲有防卫认识，缺乏防卫意志，但成立正当防卫。主流观点也认为，防卫意志和攻击意志可以并存，不是对立排斥关系。例如，上述甲也有可能同时出于两种心理去攻击乙，一是报复心理，这是一种不法攻击意志；二是解救妇女的心理，这是一种防卫意志。

2. 防卫认识

成立正当防卫，是否要求防卫人具有防卫认识，理论上存在激烈争议，争议主要体现在偶然防卫问题上。偶然防卫的案件包括两种类型。

一是故意型偶然防卫。例如，乙欲杀死丙，正要开枪时，被窗外的甲开枪打死。甲没有认识到乙正要杀人，甲只有杀害乙的故意。经事后查明，若甲当时不将乙打死，乙就会将丙打死。（甲→乙→丙）。甲涉嫌的罪名是故意杀人罪。

二是过失型偶然防卫。例如，乙欲杀死丙，正要开枪时，被附近的甲开枪打死。甲是猎人，正坐在附近擦枪，不慎走火，打死了乙。经事后查明，若甲当时不将乙打死，乙就会将丙打死。甲涉嫌的罪名是过失致人死亡罪。

辨认偶然防卫的标准：在制止不法侵害这一点上，没有做到主客观相一致，也即客观上制止了不法侵害，但行为人主观上没有认识到这点。对此，理论上存在观点展示。目前没有一种观点成为多数说。考试考查的是观点展示，选择哪种观点都可以。

防卫认识不要说（结果无价值论）：① 一个行为是好行为（正当行为）还是坏行为（违法行为），取决于其制造的客观结果，客观上制造了好结果（客观上制止了不法侵害），行为就是好行为，是正当防卫。至于行为人有没有认识到自己制造了好结果，不重要。上述故意型偶然防卫和过失型偶然防卫中，甲制造了好结果（制止了乙的不法侵害，救了丙），其行为便是好行为（正当防卫）。

防卫认识必要说（行为无价值论）：② 一个行为是好行为还是坏行为，不取决于其制造的结果，不能以成败论英雄。行为是好行为还是坏行为，要看行为本身有无制造法益侵害的危险。行为人若缺乏防卫认识，只有犯罪故意，则其行为具有制造法益侵害的危险。

上述故意型偶然防卫中，甲没有认识到乙在杀丙，没有制止乙杀人的防卫认识，只有杀乙的犯罪故意，甲完全有可能提前一点开枪（例如在乙开枪前十分钟）或推迟一点开枪（例如在乙打死丙后），这样便打死了不该被打死的乙。由于甲没有认识到乙在杀人，因此甲有这种可能性。基于此，甲的开枪行为具有非法剥夺乙生命的危险性、可能性，具有法益侵害性（违法性），不是正当防卫，构成故意杀人罪。但是，坏行为偶尔制造了好结果（救了丙）。所以甲不构成故意杀人罪既遂，因为既遂结果是个坏结果。甲构成故意杀人罪未遂。

上述过失型偶然防卫中，甲不构成过失致人死亡罪，因为成立该罪要求有危害结果，而甲制造了好结果。但甲也不构成正当防卫，因为其行为是坏行为，有非法剥夺他人生命的危险性。

---

① 这种观点在理论上被称为结果无价值论，主张行为的好坏由结果的好坏来决定，制造好结果的行为就是好行为。

② 这种观点在理论上被称为行为无价值论，主张行为的好坏由行为本身决定。

[相关问题]

（1）防卫挑拨。这是指甲欲侵害乙，故意先挑衅乙，促使乙侵害自己，然后以正当防卫为借口加害乙。结论：甲不成立正当防卫，属于故意犯罪。

（2）相互斗殴。这是指双方都出于侵害对方的意图而相互攻击。这种情形类似于决斗。双方对参与斗殴可能出现的伤害结果有预见、有承诺。基于被害人承诺原理，[1] 任何一方的斗殴行为均属于得到承诺的行为，不具有违法性，也因此，任何一方的斗殴行为都不属于在制止不法侵害，所以都不属于正当防卫。法谚"斗殴无防卫"便是此道理。但是，被害人承诺中对承诺的事项有限定，轻伤害可以承诺放弃，重伤害及生命即使承诺放弃也无效。因此，相互斗殴中，一方将另一方打成轻伤，不构成故意伤害罪，但打成重伤或打死，则成立犯罪。[2]

当然，相互斗殴中也会出现正当防卫的情形。

例1，甲乙相互斗殴，甲中途停止，求饶或逃跑，乙继续侵害。此时甲可以正当防卫。

例2，甲乙相互斗殴，乙突然掏出手枪欲杀害甲，甲此时可以正当防卫。

（四）对象条件

对象条件，是指必须针对不法侵害人本人进行防卫。

1. 共同侵害

不法侵害人是多人并且是共同犯罪，对共同实行犯可以防卫；帮助犯如果也有攻击性侵害行为，对帮助犯也可以防卫；对于幕后的教唆犯原则上不可以防卫。

例1，甲乙共同杀害丙，由甲冲锋，乙在旁边持刀策应，丙针对乙防卫反击，成立正当防卫。

例2，甲在现场教唆乙杀害丙，乙将丙砍成重伤后逃离现场。路人丁强制甲救助丙，属于针对甲的不作为的正当防卫，而非针对甲先前的教唆行为的防卫。

2. 三种特殊情形

（1）甲故意伤害乙，乙情急之下将丙的花瓶（价值较大）拿起反击甲，导致花瓶毁损。

[结论] 乙对甲构成正当防卫，对丙构成紧急避险（以符合紧急避险其他条件为前提），二者想象竞合，优先认定为正当防卫。虽然乙对丙构成紧急避险，不构成故意毁坏财物罪，但民事上应赔偿丙。

（2）甲拿起丙的花瓶砸向乙，欲伤害乙，乙用木棒反击，将飞来的花瓶打碎。

[结论] ①乙对甲构成正当防卫。正当防卫既可以针对不法侵害人，也可以针对不法侵害人使用的侵害工具。初步看，乙毁坏财物，具有法益侵害性，再考察，乙是正当防卫，排除了法益侵害性。②乙对丙不构成紧急避险。理由：紧急避险要求避险人的避险行为与给第三方造成的损害具有因果关系，也即是其避险行为导致第三方受损。而本案中，丙的花瓶受损应归属于甲，而非乙。也因此，花瓶的受损应由甲赔偿，而非乙赔偿。又如，甲将丙推向乙，用来撞击乙，乙将丙推开，导致丙受伤。乙对甲构成正当防卫，对丙不构成紧急避险，导致丙受伤的结果应归属于甲。

---

① 关于被害人承诺，参见本讲"被害人承诺"相关内容。

② 现代刑法禁止决斗也是从这个意义上讲的。也即，古代的决斗，打死了也无罪，那时认为决斗中生命可以承诺放弃。

（3）甲故意伤害乙，乙反击甲，情急之下捡起一块砖扔向甲，击中了甲，同时也击中了旁边的丙。

[结论] 乙对甲无疑构成正当防卫，但对丙构成什么，对此没有定论，而是观点的展示：

观点一：乙对丙也构成正当防卫。问题是，如此的话，丙就必须忍受乙的行为。

观点二：乙对丙构成假想防卫。问题是，假想防卫要求防卫人主观上以为存在不法侵害，也即假想存在不法侵害。这就要求乙在主观上以为丙对其有不法侵害。然而事实上很难说乙有这样的主观心理。

观点三：乙对丙构成紧急避险。问题是，紧急避险要求只有损害较小法益才能保护面临危险的法益。然而，伤害丙并不能起到保护乙的效果。

（五）限度条件

限度条件，是指防卫手段必须没有明显超过必要限度造成重大损害（必要性和相当性）。

1. 对防卫手段的正确认识

（1）既然造成实际损害也可能成立正当防卫，那么没有造成实际损害、只造成危险的防卫手段也是正当防卫。例如，甲抢劫乙，乙反击将甲打倒在地，没有造成甲伤害结果，乙仍然成立正当防卫。

（2）防卫行为制止了不法侵害，属于正当防卫，如果没有达到制止不法侵害的效果，也属于正当防卫。例如，甲抢劫乙，乙反击甲，但依然被甲抢走钱财。乙的反击仍然成立正当防卫。

（3）防卫行为制止了不法侵害，但其行为本身不具有危害行为的形式特征，便谈不上正当防卫。例如，甲抢劫乙，乙呵斥一句，就将甲吓瘫了。乙的这一句呵斥不属于正当防卫。①

2. 防卫是否过当的判断依据：必要性与相当性

（1）必要性是指只要是制止不法侵害的必要手段，就不过当。如果不必要，就有可能过当。这主要是从如何制止不法侵害的角度考虑问题。

（2）相当性是指比例原则。不法侵害越严重，则防卫级别可以越高。不法侵害越轻，则防卫级别也应越轻。这主要是从均衡性和比例原则考虑问题。

注意：必要性是第一位的标准，相当性是第二位的标准。

例1，狗蛋屡次半夜闯入村里寡妇小芳家，使用暴力强奸小芳。有一次，狗蛋又半夜闯入小芳家，要求小芳脱衣服。小芳孤立无援，欺骗狗蛋喝杯枸杞茶（实际是毒药），狗蛋不知情中毒身亡。如果将相当性作为第一位标准，则会认为，狗蛋尚未实施暴力，小芳就将其毒死，应成立防卫过当。而将必要性作为第一位标准，则会认为，此时的小芳别无他法，只有毒死狗蛋才能制止其不法侵害。若等到狗蛋实施暴力，则小芳便失去制止不法侵害的可能性了。

例2，乙爬在甲后院苹果树上偷苹果。甲身患疾病，不能行走，坐在轮椅上，看到乙后，喝止未果，用竹竿打，无效，遂用枪警告，乙不听，甲便开枪打死乙。虽然必要性是第一位标准，但不可不要相当性标准，相当性标准起到修正作用。从必要性标准看，似乎甲只有开枪方能制止乙的不法侵害，但是从相当性标准看，将盗窃苹果的小偷打死，在法益衡量上不均衡，应构成防卫过当。

---

① 该点在正当防卫的文首也解析过。

3. 防卫过当

防卫过当，应当负刑事责任，但应当减轻或者免除处罚。

（1）成立防卫过当，首先要存在结果过当。例如，甲轻伤害乙，乙开枪反击，虽然手段过当，但只造成甲轻伤。对此不能认定为防卫过当。

（2）由于防卫过当要负刑事责任，因此存在过当结果只是条件之一，还要求对过当结果至少有过失。例如，甲轻伤害乙，乙用木棍反击，竟致甲死亡。对此需要分析乙的主观，如果对甲的死亡有过失，则成立防卫过当，以过失致人死亡罪论处；如果没过失，则不负刑事责任，不成立防卫过当，以意外事件论。

（3）防卫过当的主观罪过形式，多数观点认为，既包括故意，也包括过失。例如，主人得知小偷今晚会再次从阳台入室盗窃，便在阳台设置一个防卫装置。小偷翻入阳台时，防卫装置启动，小偷人头落地。主人对小偷的死亡持直接故意，构成故意杀人罪。

（4）不能把事后加害视为防卫过当。例如，甲抢劫乙，乙将甲打晕在地，乙看到甲已经晕倒，为了泄愤，杀死甲。乙不是防卫过当，而是事后加害，成立故意杀人罪。

（六）特殊正当防卫

第20条第3款 对正在进行行凶、杀人、抢劫、强奸、绑架以及其他严重危及人身安全的暴力犯罪，采取防卫行为，造成不法侵害人伤亡的，不属于防卫过当，不负刑事责任。

1. 条文属性

特殊正当防卫也要符合一般正当防卫的条件。例如，要符合时间上的适时性、手段上的必要性和相当性等。其特殊性仅体现在，面临的不法侵害是严重危及人身安全的暴力犯罪，所以防卫的程度级别相应提高，造成伤亡也是必要的、相当的。由此得出两个结论：

（1）第20条第3款不是赋予防卫人无限防卫权，而是一种提示性的注意规定，提醒法官，由于防卫人面临的是严重危及人身安全的暴力犯罪，所以造成伤亡不算过当。

（2）除了第20条第3款规定的严重危及人身安全的暴力犯罪，面对其他犯罪，只要满足防卫手段的必要性和相当性，造成侵害人伤亡的，也不算过当。例如，劫持航空器罪、放火罪、爆炸罪、暴动越狱罪虽不属于人身犯罪，但是会严重危及人身安全，对其也可进行特殊正当防卫。

2. 行凶。行凶是指重伤害。

3. 杀人。这里的杀人不包括非暴力手段的杀人，例如，母亲故意不喂养婴儿或投毒杀人，对母亲、投毒者不能行使特殊防卫权，致其重伤或死亡。

4. 抢劫。这里的抢劫不包括没有对人使用暴力的抢劫，例如，用麻醉方法抢劫，携带凶器抢夺拟制的抢劫（只对物暴力）。

二、紧急避险

第21条 为了使国家、公共利益、本人或者他人的人身、财产和其他权利免受正在发生的危险，不得已采取的紧急避险行为，造成损害的，不负刑事责任。

紧急避险超过必要限度造成不应有的损害的，应当负刑事责任，但是应当减轻或者免除处罚。

第一款中关于避免本人危险的规定，不适用于职务上、业务上负有特定责任的人。

紧急避险的成立条件：

（一）起因条件

1. 危险的种类和应对危险的措施

紧急避险的起因条件是必须存在现实危险。人面临的危险分为两种：一是单纯的危险（自然灾害、野生动物袭击、自己的违法行为等）；二是他人的不法侵害。人面对危险的应对措施有两种：一是为了躲避危险，不得已损害第三人，这是一种攻击型的紧急避险，具有攻击无辜第三人的特征（正对正）。二是反击危险源。这是一种防御型紧急避险。

攻击型紧急避险与正当防卫的关系是 A 与 B 的关系（中立关系）。防御型紧急避险与正当防卫的关系是 A 与 A+B 的关系（包容评价关系），防御型紧急避险是 A，正当防卫是 A+B，B 是指不法性。

危险源	应对措施	结论
自然灾害；野生动物袭击；自己的违法行为	为躲避危险而损害第三人（野猪追咬乙，乙不得已闯入丙家）（正对正）	（攻击型）紧急避险
	反击危险源（野猪咬乙，乙反击野猪）	（防御型）紧急避险
人的不法侵害行为	为躲避危险而损害第三人（甲追杀乙，乙不得已闯入丙家）（正对正）	（攻击型）紧急避险
	反击危险源（甲追杀乙，乙反击甲）（正对不正）	（防御型）紧急避险，也称为正当防卫

提示：紧急避险，不仅受到危险的人可以实施，第三人也可以实施。例如，野猪追咬乙，丙为了救乙，夺过丁的花瓶打野猪，针对野猪属于防御型紧急避险，针对丁属于攻击型紧急避险。

2. 自己的违法行为制造的危险。这包括：

（1）自己制造针对他人的危险。例如，甲骑摩托车闯红灯，以为没事，忽然发现乙在正常过马路，要撞伤乙，为了躲避乙，甲急转弯，撞坏路边丙的车。这属于攻击型紧急避险。此外，从乙的角度看，面临的是甲的过失的不法侵害，乙也可以实施紧急避险，例如躲到一边，不慎撞倒丁，这属于攻击型紧急避险；又如乙直接反击甲，这属于防御型紧急避险，也属于正当防卫。

（2）自己制造针对自己的危险。这属于自招危险的问题。判断标准：

第一，行为人如果是故意自招危险，也即故意利用正当防卫、紧急避险实现不法意图。行为人反击这种危险，不成立正当防卫和紧急避险。行为人躲避这种危险，可成立紧急避险。

第二，行为人如果是过失自招危险，也即不想利用正当防卫、紧急避险实现不法意图。行为人反击这种危险或躲避这种危险，可成立紧急避险。

例 1，甲故意扇乙耳光，意图挑起乙的"不法侵害"，然后想通过"正当防卫"来伤害乙。乙用木棒打甲。甲反击伤害乙。甲属于防卫挑拨，既不构成正当防卫，也不构成防御型紧急避险，而构成故意伤害罪。如果甲为了躲避乙的木棒，闯入丙家，可成立攻击型紧急避险。

例 2，甲骑摩托车闯红灯，忽然发现一辆大卡车正常行驶过来，甲马上要撞到大卡车。为了防止自己撞向大卡车，甲急转弯，撞坏路边丙的车。甲属于过失制造了自招的危险，不是故意利用"紧急避险"实现不法意图，因此可成立攻击型紧急避险。

例3，甲为了杀死乙家的狗，故意用石头砸狗，意图挑起狗的反扑，制造针对自己的"危险"，然后想通过"紧急避险"来杀死狗。狗扑向甲，甲用准备好的刀杀死狗。甲属于故意自招危险，想利用"紧急避险"实现不法意图，不成立紧急避险，而构成故意毁坏财物罪。

例4，甲出于无聊找乐子，向野狗扔石头，野狗扑向甲。甲反击狗，可成立防御型紧急避险，因为甲属于过失自招危险，没有利用"紧急避险"杀害狗的意图。如果甲为了躲避狗，闯入丙家，可成立攻击型紧急避险。

例5（2010年试题第51题），甲想盗窃乙家的看门狗，或想毒死乙家的看门狗，主人不在家，向狗扔有毒肉块，狗不吃，却扑向甲。首先，这种情况不属于故意自招危险，也即甲并不想挑起狗的反扑，不想制造针对自己的"危险"，然后利用"紧急避险"杀死狗。其次，这种情况属于过失自招危险，也即没想到狗竟然会扑向自己，但是即便如此，甲反击狗，不成立紧急避险，因为这种情况与上述例4不同，例4中甲没有犯罪故意，而本案中甲有犯罪故意，甲在实施故意犯罪，此时狗的反扑属于主人设立的防卫装置在发挥作用，在制止不法侵害，属于主人的正当防卫行为。甲对正当防卫的反击属于继续实施故意犯罪。因此，甲反击杀死狗，构成故意毁坏财物罪。

[提示1] 人的合法行为不能视为对法益的危险，不能为了避免他人的合法行为进行紧急避险。例如，警察抓捕小偷，小偷不能为了躲避警察抓捕而实施紧急避险，比如夺过第三人的摩托车骑走或闯入第三人的住宅。

[提示2] 特殊职责。在职务上、业务上负有特定职责的人在面临自己职务、业务带来的危险时，不能进行紧急避险。例如，消防队员面对火灾不能进行紧急避险。警察面对自己职责范围内的犯罪时，不能进行紧急避险。当然，消防员为了灭火，闯入他人院子使用水管子，属于紧急避险。警察为了阻止犯罪行为，踏入他人蔬菜地，属于紧急避险。

3. 假想避险。如果事实上不存在危险，行为人误以为存在危险，进行避险行为，属于假想避险。与假想防卫的处理办法相同，假想避险，如果存在过失，就是过失犯罪；如果没有过失，就是意外事件。例如，甲在大街上不慎踩到狗屎，斜靠在电线杆上用力甩狗屎。乙以为甲触电了，用木棒打倒甲。乙属于假想避险。

（二）时间条件

时间条件是危险正在发生。所谓正在发生，是指法益受到的危险已经产生但尚未消除。如果事前或事后避险，属于避险不适时，处理办法与防卫不适时相同。

[注意] 紧急避险的危险"正在发生"与正当防卫的不法侵害"正在进行"，二者的紧迫性程度有所不同，前者的程度低些，后者的程度高些。前者中，危险距离发生实害结果的时间间隔可以长一些。

例1，店小二甲在给客官乙丙倒茶时，听到二人在商议"吃完饭后就去杀害丁"。丁住在对面客栈。甲为了救丁，放了蒙汗药，乙丙昏迷。甲赶紧向丁通报，让丁逃跑。由于乙丙对丁不存在正在进行的不法侵害，故甲致乙丙昏迷不构成正当防卫，但可构成紧急避险。乙丙对丁的生命制造了危险，虽然该危险不是迫在眉睫、千钧一发，但是仍属于现实存在的危险。这种紧急避险不是损害第三人，而是直接针对危险源，属于防御型紧急避险。

例2，医生甲发现孕妇乙有特殊疾病，若生产，会危及乙生命，胎儿也不保。距离生产还有3个月时，经乙同意，甲做了流产手术。甲不构成故意伤害罪，理由可以是被害人承诺、正当业务行为，也可以是紧急避险。

例 3，妻子甲每晚都会被醉酒回家的丈夫乙殴打。某晚，乙醉酒回家，刚进家门，被甲用木棒打倒在地。乙骂："想造反？"甲："先下手为强！"由于乙尚未进行不法侵害，甲不构成正当防卫，但构成紧急避险。乙每天会反复侵害甲，这对甲就是一种危险。

（三）意思条件

意思条件，是针对行为人的避险意思，也即行为人要认识到自己是在为了挽救合法权益而进行避险。

［注意］偶然避险，是指行为人在客观上偶然制造了避险效果，但主观上没有认识到这一点。

例如，甲以毁坏财物的目的砸坏乙的汽车玻璃，却碰巧救了被锁在车里的快要窒息的小孩。甲属于偶然避险。对此，如同偶然防卫，也存在两种观点：甲构成紧急避险；甲构成故意毁坏财物罪未遂。对此可参见前文正当防卫中的意思条件的论述。两种观点在偶然防卫与偶然避险中表现是一致的，亦即如果认为偶然防卫构成正当防卫，那么也会认为偶然避险构成紧急避险。

（四）补充性条件

补充性条件，是指避险手段只能是最后的补充手段，是不得已而为之。不得已，意味着没有其他合理的方法可以选择。注意，补充性条件是就攻击型紧急避险而言的。对于防御型紧急避险，不需要迫不得已而为之。

（五）限度条件

限度条件要求避险手段没有超过必要限度造成不应有的损害。这是就攻击型紧急避险而言的。注意：就限度条件而言，正当防卫与攻击型紧急避险存在区别。正当防卫明显超过必要限度造成重大损害的，属于防卫过当，这是因为损害的是不法侵害者；紧急避险超过必要限度造成不应有的损害的，属于避险过当，这是因为损害的是另一无辜者。

1. 法益衡量：保护的法益≥损害的法益

（1）法益的种类上，大体而言：生命法益＞身体健康法益＞人身自由法益＞财产法益。

［注意］法益衡量上，不存在国家法益＞公共法益（社会法益）＞个人法益，也不存在个人法益＞社会法益＞国家法益。例如，为了保护个人法益，可以通过损害公共法益或国家法益来紧急避险。又如，为了保护国家法益，可以通过损害某些个人法益来紧急避险。

（2）能否牺牲一个人的生命以保护其他人的生命？原则上不能，因为人的生命无价，不能成为被利用的手段。例外，当一方注定被牺牲，也即牺牲地位被特定化了，可以对其实施紧急避险。

例 1，"9·11"事件中，恐怖分子劫持客机欲撞向地面大楼。客机上的乘客注定会被牺牲，不撞向地面大楼，也是个死，可以用导弹击落，以避免地面大楼人员受伤害。

例 2，甲乙在海上遇险，两人抱住一块木板，但木板只能承受一人重量。甲为了救自己，将乙推进海里。由于双方获救机会均等，甲不构成紧急避险。但对甲有可能根据期待可能性原理进行免责。①

---

① 关于期待可能性原理，参见第九讲"（主观）责任阻却事由"中"期待可能性"相关内容。

2. 避险过当，应当负刑事责任，但是应当减轻或免除处罚。避险过当的罪过形式是过失。避险过当致人重伤或死亡的，定过失致人重伤罪或过失致人死亡罪。

（六）受强制的紧急避险

这是指受他人强制实施紧急避险的情形。例如，甲看到乙带着儿子在银行附近散步，上前持刀绑架了乙的孩子，要求乙立刻去抢劫银行，否则杀害其子。乙为了挽救儿子的生命而抢劫了银行。

[结论] 只要这种受强制的行为符合紧急避险的一般条件，便可以成立紧急避险。也即不再构成胁从犯。乙的行为成立紧急避险。此时，银行人员对乙的反击（知道乙的被迫无奈），也属于紧急避险。

[总结] 正当防卫与紧急避险内部问题：

（1）对正当防卫本身不能正当防卫。对正当防卫的反击属于不法侵害。

（2）对假想防卫、防卫过当，可以正当防卫。因为它们都是客观不法侵害。

（3）对偶然防卫能否正当防卫，需要根据其内部观点确定。

（4）对紧急避险本身不能正当防卫。对紧急避险的反击属于紧急避险。

（5）对假想避险、避险过当，可以正当防卫。

（6）对偶然避险能否正当防卫，需要根据其内部观点确定。

典型真题

关于正当防卫与紧急避险的比较，下列哪一选项是正确的？（2017 年·卷二·4题）①

A. 正当防卫中的不法"侵害"的范围，与紧急避险中的"危险"相同

B. 对正当防卫中不法侵害是否"正在进行"的认定，与紧急避险中危险是否"正在发生"的认定相同

C. 对正当防卫中防卫行为"必要限度"的认定，与紧急避险中避险行为"必要限度"的认定相同

D. 若正当防卫需具有防卫意图，则紧急避险也须具有避险意图

三、被害人承诺

（一）一般的被害人承诺

被害人承诺，是指如果被害人同意他人对其加害，那么他人不构成犯罪。例如，甲同意乙毁坏自己的财物，乙的毁坏行为便不构成犯罪。

被害人承诺的成立要件：

1. 承诺权限。被害人对承诺的<u>法益</u>具有处分权限。例如，甲对乙说："那辆车不是我的，但我同意你把它砸毁。"乙若毁坏该车便构成犯罪。

2. 承诺范围。被害人对承诺的法益具有一定限度，超出这个限度，即使有被害人的承诺，行为人也有罪。

（1）财产可以承诺放弃。例如，甲承诺让乙毁坏自己的车辆，乙便毁坏了车辆，乙无罪。

---

① [答案] D。

（2）名誉可以承诺放弃。例如，甲承诺让乙诽谤自己，乙便诽谤甲，乙无罪。

（3）自由可以承诺放弃。例如，甲让乙拘禁自己，乙拘禁了甲，乙无罪。

（4）身体权在轻伤的范围内可以放弃，超出轻伤范围，不可放弃。例如，甲承诺让乙打自己两耳光，乙便打了甲两耳光，乙无罪。如果甲承诺让乙砍掉自己的手臂，乙便砍掉了甲的手臂（重伤），乙构成故意伤害罪。注意：《人体损伤程度鉴定标准》认为砍小手指属于轻伤，可以承诺。

［注意］如果承诺重伤害，是为了保护另一重大法益，则承诺有效。例如，甲承诺摘取自己的肝，用来挽救其他病人生命。

（5）生命不可以承诺放弃。例如，甲承诺让乙杀了自己，乙便杀了甲，乙构成故意杀人罪。

3. 承诺内容。被害人承诺是指承诺接受实害结果。如果被害人只承诺接受危险，未承诺接受实害结果，行为人的行为仍然有法益侵害性。例如，乙喝醉酒，提出开车送甲回家。甲答应。乙醉驾出车祸导致甲死亡。甲只是承诺接受危险，没有承诺接受死亡结果。

4. 承诺能力。被害人对承诺事项的意义、范围有理解能力。基于此，幼儿、精神病患者的承诺无效。例如，甲哄骗小孩乙将压岁钱交给自己，乙便交给了甲，甲构成盗窃罪，而非诈骗罪。

5. 承诺意思

被害人的承诺必须是其真实意思表示。因行为人欺骗、胁迫而作出的承诺无效。

（1）事实性欺骗。一个人承诺放弃自己法益的原因有客观事实原因（与法益有直接关系的事实）。如果行为人在事实原因上欺骗被害人，被害人的承诺无效。

例1，甲冒充乙的丈夫欲和乙发生性关系，乙误以为是自己丈夫便同意。乙对重要的法益事实（行为对象的身份）发生认识错误，其同意发生性关系的承诺是无效的。甲构成强奸罪。

例2，甲欺骗乙："你家小狗患了狂犬病，赶紧交给我来处理。"乙相信照办。甲将狗杀死。乙的承诺无效。甲构成故意毁坏财物罪。

例3，医生甲欺骗对乙说："你的孩子丙需要移植眼角膜，你愿意为你的孩子捐献眼角膜吗？"乙答应。甲却将乙的眼角膜移植给丁。乙承诺捐献自己的眼角膜是基于与法益有直接关系的事实原因，也即将自己的眼角膜移植给自己孩子。甲在这个事实原因上欺骗乙，乙的承诺无效。甲构成故意伤害罪。

例4，甲欺骗乙说："我们是为你的家乡云南地震灾区人民募捐，你能否捐款？"乙为了帮助家乡，答应捐了一万元。实际上，甲将捐款用给了四川地震灾区人民。乙承诺捐款是基于事实原因，也即为家乡人民捐款。甲在这个事实原因上欺骗乙，乙的承诺无效。甲构成诈骗罪。

（2）动机性欺骗。一个人承诺放弃自己法益的原因有主观动机原因。如果行为人在动机原因上欺骗被害人，被害人在事实原因上没有受骗，则被害人的承诺有效。

例1，甲（男导演）欺骗乙（女演员）："陪我睡觉，就给女一号"，乙答应。后甲并没有让乙演女一号。乙在事实环节（与谁发生性关系）没有认识错误，只有动机落空。乙的承诺有效，甲不构成强奸罪。

例2，甲伪装成大师，欺骗乙女："只要与我阴阳交合，就能治你的抑郁症。"乙相信照办。乙在事实环节（与谁发生性关系）没有认识错误，只有动机落空。乙的承诺有效，甲不构成强奸罪。

例3，甲是为乙的家乡云南灾区募捐，但欺骗乙说："你的同事都捐一万元，你能否捐一万元？"乙便捐了一万元。实际上乙的同事最多捐一千元。乙承诺捐款是基于事实原因，也即为家乡人民捐款。甲在这个事实原因上没有欺骗乙，乙的承诺有效。甲在主观动机原因上欺骗乙，也即乙没想捐那么多，这一点并不影响乙的承诺的有效性。甲不构成诈骗罪。

（3）被害人自己产生认识错误。

行为人没有欺骗被害人，被害人自己产生认识错误并作出承诺表示。该承诺对行为人而言是有效的。例如，甲用短信问邻居乙，可否砍伐乙后院的一棵大树。乙用短信本想回复不行，不小心漏写"不"，发成"行"。甲便砍伐了乙的树。乙的承诺对甲而言是有效的。这是2019年试题，来源于德国刑法教科书。

[注意] 如果行为人知道被害人因自身原因产生错误承诺表示，故意不告知，则被害人承诺无效。例如，上述砍伐大树案中，如果甲知道乙是不同意的，是不小心发错了，则乙的承诺是无效的。又如（德国判例），乙女认为自己的偏头痛是自己种的一颗牙齿导致的，要求医生拔牙。医生明知牙齿与偏头痛没有关系，仍然给乙拔了牙。乙的承诺无效。不过，如果医生告知真相，乙仍坚持己见，则乙的承诺有效。

6. **承诺时间。**被害人的承诺必须事前作出。

（1）事后承诺于事无补。例如，甲强奸了乙（妇女），事后乙喜欢上甲，向警方表示自己当时自愿与甲发生性关系，但是这种事后承诺不影响甲强奸罪的成立。

（2）承诺以最后一次作出的为准。例如，甲（妇女）在星期一承诺周末与乙通奸，但在星期二又不同意，而乙仍坚持要求履行承诺，强行与甲发生性关系。乙便构成强奸罪。

7. **承诺效果。**经承诺实施的行为不得超出承诺预设的范围。例如，甲仅承诺让乙打一耳光，而乙将甲打成脑震荡，乙便构成故意伤害罪。

[注意] 虽然经被害人承诺，不构成犯罪，但是如果触犯其他犯罪，则以其他犯罪论处。

例如，甲同意乙烧毁自己的房屋，虽然乙不构成故意毁坏财物罪，但是如果危害公共安全，会构成放火罪。又如，甲女同意与乙等数人淫乱，乙等虽不构成强奸罪，但有可能构成聚众淫乱罪。

（二）推定的被害人承诺

推定的被害人承诺，是指现实中没有被害人的承诺，但是推定被害人得知真相后会作出承诺，基于这种推定的承诺作出的行为不构成犯罪。例如，邻居不在家，屋内发生火灾，甲为了抢救，闯入屋内。

推定的被害人承诺的成立条件：

1. **被害人没有现实的承诺。**例如，店员暂时离开商店，顾客按照标明价格将现金放在柜台，拿走商品。店员有现实的承诺，不过是默示的承诺。这属于前文的被害人承诺，而不属于推定的被害人承诺。

2. **推定被害人得知真相后会承诺。**这种推定以一般人的合理意愿为标准，而不以被害人的实际意愿为标准。

例1，甲看到乙女落水，将乙女救上来，救助中造成乙轻伤。乙女扇甲一耳光："我失恋了，要自杀，为什么救我？"甲的行为无罪。

例 2，甲受伤昏迷，急需输血。医生输血抢救过来，但甲责问医生："依我的宗教信仰，不能输入别人的血，我宁愿死。"医生的行为无罪。

3. 必须是为了被害人的一部分法益牺牲其另一部分法益，但所牺牲的法益不得大于所保护的法益。

4. 行为所指向的法益必须是被害人有处分权的法益。

［注意］ 推定的被害人承诺可以与紧急避险产生竞合。也即，一个行为既属于推定的被害人承诺，也属于紧急避险。例如，没有亲属在场、陷入昏迷的甲急需截肢，否则有生命危险。医生实施了截肢。这既属于紧急避险，也属于推定的被害人承诺。

▌典型真题

关于被害人承诺理论，下列说法正确的是？(2019 年试题)①

A. 甲误以为自己养的马患了疾病，要求兽医对其进行安乐死。兽医知道市面上已经有治疗该疾病的药物，但不告知，仍实施了安乐死。事后甲了解到，市面上已经有了治疗该疾病的药。甲的承诺无效

B. 甲在城市里工作生活，在乡下有个房子。甲的乡下邻居乙发短信询问甲是否可以拆除甲家的院墙。甲本想发短信回复说"不行"，不小心发成了"行"。乙便将甲家的院墙拆掉。甲的承诺有效

C. 甲组织贩卖人体器官，与乙约定以十万元的价格，将其肾脏移植给他人。乙的承诺无效

D. 因路灯灯光反射到室内，甲误以为家里着火，恳求乙帮忙破门灭火，乙照做。甲的承诺有效

四、其他阻却事由

(一) 自救行为

1. 概念：自救行为是指被害人权利在通过法律程序难以获得救济的情况下，依靠自己的力量救济，这种情况下被害人无罪。例如，甲的摩托车被乙偷走，第二天甲发现乙将自己的摩托车停在路边，甲便偷了回来。甲属于自救行为，无罪。

2. 成立条件

(1) 不法侵害已经结束。

［注意］ 自救行为与正当防卫的区别在于：不法侵害是否已经结束。如果不法侵害仍在进行，所进行的救济构成正当防卫；如果不法侵害已经结束，所进行的救济构成自救行为。

(2) 恢复权利具有现实必要性。这是指依当时情况的紧迫性，难以通过法律程序来救济权利。

(3) 恢复权利的手段具有相当性。这是指所造成的侵害与所救济的权利具有相当性。例

---

① ［答案］ A 项，兽医有义务告知真相，不告知属于不作为的欺骗，甲的承诺是无效的。B 项，乙没有欺骗甲，甲自己做出错误表示，乙对此也不知情，甲的承诺有效。C 项，甲没有欺骗、强迫乙，乙的承诺有效。具体参见分则组织出卖人体器官罪相关内容。D 项，乙没有欺骗甲，甲自己做出错误表示，乙对此不知情，甲的承诺有效。本题答案：ABD。

如，甲骗取乙的钱财，乙醒悟后为了夺回钱财，用刀直接将甲砍死。这种救济手段便不具有相当性。

（二）法令行为

1. 概念：法令行为，是指行为貌似有危害性，但是因为具有法律依据，所以无罪。

2. 分类

（1）政策性行为。例如，发行彩票，本是赌博行为，但基于政策考虑，法律规定为合法行为。

（2）具有合法性条件的行为。这是指某类行为本来具有犯罪性，但是法律特别规定，符合一定条件时就属于合法行为。例如，在规定堕胎罪的国家，根据优生法规定往往符合一定条件的堕胎行为不构成堕胎罪。

（3）职权职务行为。例如，警察逮捕罪犯不构成非法拘禁罪。

（4）权利义务行为。例如，公民扭送现行犯不构成非法拘禁罪。注意：不要将这种法令行为视为正当防卫。如果公民制止正在犯罪的犯罪分子，则是正当防卫。

（三）正当业务行为

1. 概念：这是指行为貌似有危害性，但因为属于正当的业务行为，所以无罪。

2. 分类

（1）职业体育比赛。例如，遵守拳击规则，打伤对手，属于正当业务行为。但是如果咬掉对手耳朵，则不是正当业务行为。

（2）正当医疗行为。例如，医生进行外科手术。

（3）其他正当业务行为。例如，记者如实报道行为不构成诽谤罪。

08 第八讲 主观要件

1. 体系内容：犯罪故意、犯罪过失、无罪过事件、事实认识错误。
2. 重要考点：（1）各种罪过形式的区分；（2）事实认识错误中，不同犯罪构成之间的认识错误。
3. 案例：太子甲与太监乙互换服装，在皇家园林打猎。太子弟弟丙为夺位，以为乙是甲，向乙射箭，箭法很烂，射偏，却将附近的甲不慎射死，该死亡结果是丙没有想到的，丙更没想到死者是甲。对丙如何处理？①

一、犯罪故意

第14条 明知自己的行为会发生危害社会的结果，并且希望或者放任这种结果发生，因而构成犯罪的，是故意犯罪。

故意犯罪，应当负刑事责任。

犯罪故意由两个要素构成：认识因素+意志因素。

（一）认识内容

成立犯罪故意，首先要明确需要认识哪些要素，这也是贯彻主客观相统一原则的要求。

[总结] 主客观相统一：

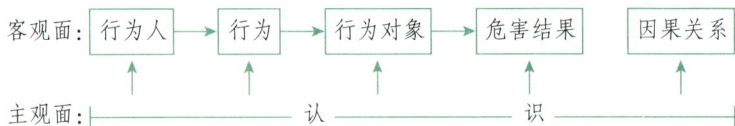

客观面： 行为人 → 行为 → 行为对象 → 危害结果　因果关系

主观面： |———————— 认　　　　识 ————————|

1. 行为人

成立故意，要求对行为人自身有认识。一般而言，行为人当然会对自身的存在有认识。

[注意] 如果是真正身份犯，就要求行为人对定罪身份（也称构成身份）有认识。

例1，如果行为人没有认识到自己是国家机关工作人员，那么就不可能构成故意的渎职犯罪，但可能构成过失的渎职犯罪。

---

① [答案] 丙既构成对象错误，又构成打击错误。对象错误不重要。就打击错误而言，具体符合说认为，丙对乙构成故意杀人罪未遂，对甲构成过失致人死亡罪，想象竞合，择一重罪论处；法定符合说认为，丙对乙构成故意杀人罪未遂，对甲构成故意杀人罪既遂，想象竞合，择一重罪论处。

例2，如果行为人没有认识到自己感染上性病而去嫖娼，就没有传播性病罪的故意。

2. 行为

成立故意，要求对行为本身有认识。一般而言，行为人对自己实施的行为本身当然有认识。对行为的认识还包括对行为的自然属性的认识。例如，甲为了给王某治病，误将有毒的药材拿来熬制，导致王某死亡。甲没有杀人的故意。

3. 行为对象

成立故意，要求对行为对象有认识。

例1，甲开枪打猎，误将人当作猎物。甲没有杀人故意。

例2，乙买进一些外文书籍然后贩卖，由于不认识外文，不知道这些外文书籍是非常淫秽的小说。乙没有认识到自己在贩卖淫秽物品，就没有贩卖淫秽物品牟利罪的故意。

[注意] 对行为对象的认识，不要求认识得非常具体准确。例如，对于贩卖毒品，不要求认识到毒品的具体种类、成分、数量；对于非法持有枪支，不要求认识到所持枪支是AK47还是狙击枪。即对上述内容，行为人即使产生认识错误，也不影响故意的成立。

[总结] 许多犯罪的行为对象是特定的，常考的有：

（1）窝藏、包庇罪，要求认识到自己窝藏、包庇的是犯罪分子；掩饰、隐瞒犯罪所得罪，要求认识到自己掩饰、隐瞒的是犯罪所得。

（2）为境外非法提供国家秘密罪，要求行为人认识到对方是境外的机构、组织或者个人，如果没有认识到而非法提供国家秘密的，构成故意泄露国家秘密罪。

（3）盗窃罪要求行为人认识到盗窃对象是他人占有的财物。他人占有的财物包括两种：一是他人所有并占有的财物，二是自己所有、他人合法占有的财物。例如，甲将摩托车借给李某，后又从李某处窃回。甲认识到摩托车为李某所占有，具有盗窃的故意。又如，甲的汽车被国家机关扣押在机关大院里，甲又偷回来。甲认识到汽车为国家机关所占有，具有盗窃的故意。

4. 危害结果

成立故意，要求对危害结果有认识。例如，杀人的故意，要求对人可能死亡的结果有认识。但是，对有些危害结果不要求有认识，总结如下：

（1）丢失枪支不报罪，要求造成严重后果，但是不要求行为人明知会发生严重后果。例如，警察甲丢失枪支，没有及时报告，该枪支被不法分子乙捡到，乙用该枪实施抢劫。因为发生了乙持枪抢劫这种严重后果，所以甲构成丢失枪支不报罪，但是不要求甲事先认识到枪支会被乙捡到并用来实施抢劫。这种不要求行为人认识的结果，理论上称为客观的超过要素或客观处罚条件。[①]

（2）滥用职权罪要求造成重大损失，但是不要求行为人事先认识到会造成重大损失。

（3）对结果加重犯的加重结果不要求有认识。例如，故意伤害罪致人死亡，对死亡结果不需要有认识，如果有认识，就直接定故意杀人罪。

[注意] 对数额、次数的认识问题：

（1）对行为的次数不要求有认识。例如，多次盗窃，构成盗窃罪。多次敲诈勒索，构成敲诈勒索罪。对这些行为次数不要求有认识。行为人实施第三次盗窃，但是没有认识到自己

———————————

① 参见柏浪涛：《构成要件符合性与客观处罚条件的判断》，载《法学研究》2012年第6期。

在实施第三次盗窃，不影响盗窃罪的成立。

（2）对违法所得数额不要求有认识。例如，高利转贷罪、侵犯著作权罪的成立，要求违法所得数额较大。只要行为人客观上违法所得数额较大就构成犯罪，并不要求主观上认识到违法所得数额较大。

（3）对取得型财产犯罪的财物数额要求有认识。例如，一般类型的盗窃罪要求盗窃的财物数额较大才构成犯罪。对该数额较大要求有认识。北京香山脚下，一个农民工误以为某单位园中的葡萄是普通葡萄而窃食一斤，实际上是科研试验品，价值 40 万元。因为该农民工没有认识到该葡萄是数额较大的财物，所以不构成盗窃罪。这就是有名的"天价葡萄"案。

5. 因果关系

一项结果必须是危害行为导致的结果，才能称为刑法上的危害结果。因此，要求对危害结果有认识，就要求对危害结果的这种因果性有认识。不过，对因果关系的具体发展样态，不要求有明确认识。①

（二）故意的种类

1. 直接故意与间接故意

（1）直接故意：明知（必然或可能）+希望。

（2）间接故意：明知（可能）+放任。

2. 确定故意与不确定故意

这是根据对认识内容的确定程度来划分的。确定故意，是指认识到结果确定会发生。不确定的故意，是指认识到结果可能发生。不确定的故意包括：

（1）未必的故意，这是指认识到结果可能发生，放任结果发生。这等同于间接故意。

（2）概括的故意，这是指认识到结果确定发生，但具体发生的对象范围不确定，对危害结果的数量也不确定。例如，甲在公用电话亭放一瓶毒酒，不能确定会毒死谁。

在概括故意的情形里，行为人对数个危害结果均有故意，但故意的数量上是一个，也即一个概括故意。如果同时导致数个危害结果，因为只有一个行为，按想象竞合犯处理。例如，甲看到三四个仇人在聊天，向他们扔一枚炸弹，不能确定会炸死哪些人。最终，炸死了乙，炸伤了丙。甲对乙构成故意杀人罪既遂，对丙构成故意杀人罪未遂，想象竞合，择一重罪论处。

（3）择一的故意，这是指认识到在两个结果中确定会发生一个，但不确定会发生哪一个。择一的故意与概括的故意的区别在于：第一，认识到对象范围是确定的；第二，认识到危害结果是一个。对择一的故意，因为只有一个行为，按想象竞合犯处理。

例1，甲端两杯茶水放在盘子里，其中一杯有毒，让两位客人乙和丙随便拿。乙拿到有毒茶水，中毒死亡。甲对乙构成故意杀人罪既遂，对丙构成故意杀人罪未遂，因为对丙有危险，想象竞合，择一重罪论处。在此，甲有两个具体的杀人故意，一个是对乙，一个是对丙。

例2，甲知道自己的口袋装的不是毒品就是弹药而持有，如果事后查明果真是毒品，甲便仅成立非法持有毒品罪，注意此时甲不构成非法持有弹药罪未遂，因为事实上没有侵犯该罪法益的危险性、可能性。在此，甲只有一个故意。

---

① 参见周光权：《刑法总论》（第三版），中国人民大学出版社 2016 年版，第 181 页。

例3，甲看到乙站在珍贵花瓶旁边，向乙的方向扔石头。

①甲知道不是砸伤乙就是砸碎花瓶。这是择一的故意。在此，甲对每个可能的结果都有一个故意。a. 结果若是砸伤乙，则甲触犯故意伤害罪既遂和故意毁坏财物罪未遂，想象竞合，择一重罪论处。b. 结果若是砸碎花瓶，则甲触犯故意伤害罪未遂和故意毁坏财物罪既遂，想象竞合，择一重罪论处。c. 结果同时砸中乙和花瓶，则甲触犯故意伤害罪既遂和故意毁坏财物罪既遂，想象竞合，择一重罪论处。

②甲知道有可能同时砸中乙和花瓶。这种情形已经不属于择一的故意，而是概括的故意，因为择一的故意中，行为人认识到只会发生一个结果。在此，甲只有一个概括故意。结果既砸伤乙，也砸碎花瓶。甲触犯故意伤害罪既遂和故意毁坏财物罪既遂，想象竞合，择一重罪论处。

③甲想伤害乙，认为只会发生一个结果，也即砸伤乙，认为不会砸中花瓶，但结果同时砸中乙和花瓶。这种情形既不属于择一的故意，也不属于概括的故意。甲构成故意伤害罪，对花瓶属于过失毁坏财物，不构成犯罪。

3. 无条件故意与附条件故意

附条件故意，是指行为人决意在具备一定条件时实施犯罪。例如，甲口袋里装着枪去找乙女，打算：如果乙女这次答应求爱则罢，不答应就打死她。甲见到乙女后，乙女答应。甲没有开枪。甲构成故意杀人罪中止，属于预备阶段的中止。

（三）故意的认定

1. 严格区分刑法上的故意与生活中的"故意"

例如，甲在夜里为了盗窃仓库的物品，打开打火机，结果造成火灾。"打开打火机"在生活上是"故意"实施的，也即有意识的举动，但不是犯罪上的故意。甲不构成放火罪，而是失火罪。

2. 严格区分刑法上的故意与行政违法的故意

例如，甲违反交通法规，闯红灯，不慎撞死一人。甲违反交通法规，属于违反行政法的故意，但不是刑法上的故意。甲构成交通肇事罪这一过失犯罪，而不构成故意杀人罪。换言之，认识到行为违反规章制度并不表明行为人一定认识到了危害结果发生，更不表明行为人希望或者放任危害结果发生。

（四）犯罪目的

有些故意犯罪中还存在特定的犯罪目的，被称为目的犯。

1. 从成文与否的角度看，目的包括两种：

（1）作为成文的构成要件要素的目的，也即刑法分则明文规定的目的。例如，第152条（走私淫秽物品罪的牟利或传播目的）、第175条（高利转贷罪的转贷牟利目的）、第192条（集资诈骗罪的非法占有目的）等。

（2）作为不成文的构成要件要素的目的。例如，诈骗罪以及第194条至198条的几种金融诈骗罪，法条没有对此作出规定，但要求有"以非法占有为目的"。

2. 从主客观是否一致的角度看，目的包括两种情形：

（1）主观目的存在对应的客观行为。这种目的犯又称为直接目的犯。

例1，第175条第1款（高利转贷罪）规定："以转贷牟利为目的，套取金融机构信贷资金高利转贷他人，违法所得数额较大的，处三年以下有期徒刑或者拘役，并处违法所得一倍以上五倍以下罚金；……"在此，"牟利目的"具有对应的客观事实，也即"违法所得数额较大"。

例 2，诈骗罪，只要行为人实施了诈骗罪的"四部曲"，就可以实现非法占有目的。

（2）主观目的不存在对应的客观行为。这种目的犯又称为间接目的犯，也称为短缩的二行为犯。这种间接目的，被称为主观的超过要素。

例 1，绑架罪要具有"向第三人勒索财物或提出其他不法要求"的目的，但绑架罪的实行行为是将人质控制到手，此时就既遂，并不要求实施向第三人勒索财物的行为。也即，上述目的不存在对应的客观行为，在客观行为上出现短板。

例 2，第 152 条走私淫秽物品罪规定了"牟利目的"，但该罪只要求实施了走私行为，不要求实施牟利行为。

例 3，第 126 条违规制造枪支罪规定了"以非法销售为目的"，但该罪只要求实施了违规制造枪支的行为，不要求实施销售行为。

［提示］这些间接目的犯的间接目的是否实现，不影响既遂的成立。对此，在第十讲"犯罪形态"中的"犯罪既遂"相关内容中还会进一步总结。

［总结］主客观相一致原则的例外：主观的超过要素与客观的超过要素。

客观要件	客观超过要素
主观要件	

客观要件	
主观要件	主观超过要素

▌典型真题▶

吴某被甲、乙合法追捕。吴某的枪中只有一发子弹，认识到开枪既可能打死甲也可能打死乙。设定吴某对甲、乙均有杀人故意，下列哪一分析是正确的？（2016 年·卷二·5 题）①

A. 如吴某一枪没有打中甲和乙，子弹从甲与乙的中间穿过，则对甲、乙均成立故意杀人罪未遂

B. 如吴某一枪打中了甲，致甲死亡，则对甲成立故意杀人罪既遂，对乙成立故意杀人罪未遂，实行数罪并罚

C. 如吴某一枪同时打中甲和乙，致甲死亡、乙重伤，则对甲成立故意杀人罪既遂，对乙仅成立故意伤害罪

D. 如吴某一枪同时打中甲和乙，致甲、乙死亡，则对甲、乙均成立故意杀人罪既遂，实行数罪并罚

二、犯罪过失

第 15 条　应当预见自己的行为可能发生危害社会的结果，因为疏忽大意而没有预见，

---

① ［答案］这属于择一的故意，按照想象竞合犯，择一重罪论处。C 项，吴某对乙成立故意杀人罪未遂。本题答案：A。

或者已经预见而轻信能够避免，以致发生这种结果的，是过失犯罪。

过失犯罪，法律有规定的才负刑事责任。

[区分] 过失犯罪与故意犯罪的不同之处：

事项	故意犯罪	过失犯罪
成立条件	一般不要求发生实害结果	要求发生实害结果
主观罪过程度	较重，因此刑罚也较重	较轻，因此刑罚也较轻
未完成形态	有（包括间接故意）	无，只有成立与否问题
共同犯罪	有	观点展示：行为共同说认为有，犯罪共同说认为无
处罚	处罚故意犯罪是原则	处罚过失犯罪是例外，须刑法明确规定

（一）疏忽大意的过失

1. 概念：应当预见自己的行为可能发生危害结果，因为疏忽大意而没有预见，以致发生危害结果。

2. 结构：应当预见→疏忽大意→没有预见→发生危害结果。应当预见是前提，疏忽大意是原因，没有预见是事实。

[注意] 应当预见的结果，不是泛指一切可能的危害结果，而是具体过失犯罪中的属于构成要件的危害结果。刑法分则规定的每一个具体过失犯罪，其成立都要求造成一个具体特定的危害结果。应当预见的结果就是成立该过失犯罪所要求的具体特定的危害结果。例如，过失致人死亡罪，如果是疏忽大意的过失，则应当预见的危害结果是指致人死亡的结果，而不是指致人重伤的结果。

3. 结果预见义务与预见可能性

刑法处罚疏忽大意的过失，是因为行为人违反了结果预见义务，即行为人本应该预见到结果可能发生，因为疏忽大意而没有预见到。

判断有无结果预见义务，主要是判断有无结果预见的可能性。有无结果预见可能性的判断标准：一是看行为人主观上的认识能力和预见能力；二是看客观上的认识条件和环境。

例如，甲乙二人是建筑工人，在工地上发生口角。甲猛推乙一把，乙倒地后后脑勺恰巧碰在石头上，导致颅脑损伤，抢救无效死亡。甲对危害结果有预见的可能性，属于疏忽大意的过失，构成过失致人死亡罪。

（二）过于自信的过失

1. 概念：已经预见自己的行为可能发生危害结果，但轻信能够避免，以致发生危害结果。

2. 结构：已经预见→轻信能够避免→发生危害结果。

3. 结果避免义务与避免可能性

刑法处罚过于自信的过失，是因为行为人违反了结果避免义务，即行为人本能够避免结果发生，因为过于自信而没有避免。

判断有无结果避免义务，主要是判断有无结果避免可能性。有无结果避免可能性的判断标准：一是看行为人的避免能力；二是看客观上有无避免的条件和环境。

例如，甲在饭菜里投放毒药欲毒死妻子。为了防止儿子回家也吃到中毒，出门去学校接儿子，不料儿子自己回家。甲急忙赶到家中，看到下班回家的妻子和放学回家的儿子已中毒死亡。甲对妻子是直接故意，对儿子是过于自信的过失。

（三）过失的认定

1. 信赖原则

这是指在行为人合理信赖被害人会采取适当行为时，如果由于被害人采取不适当的行为而造成了侵害结果，行为人对此不承担责任。例如，在交通领域，司机在遵守交通规则行车时，只要没有特殊情况，就可以信赖其他司机、行人也会遵守交通规则。如果其他人不遵守交通规则，造成了事故，遵守交通规则的行为人就不承担责任。例如，在封闭的高速公路上，甲驾车正常行驶，忽然有人横穿公路，甲刹车不及，撞死对方。甲不存在过失责任。

［注意］行为人不能信赖幼儿、醉酒者、残疾者会遵守规则、采取适当行为。当他人有采取不适当行为的具体先兆时，不应当信赖他人采取适当行为。

2. 监督过失

这包括两种情形：

（1）监督者不履行或者不正确履行自己的监督义务，导致被监督者产生过失行为引起了危害结果。例如，在外科手术时，医生对护士的行为有监督义务，如果因护士的过失导致事故的发生，医生同样应对这种事故承担监督过失的责任。又如，军官对士兵的操练行为具有监督义务。刑法分则许多具体的玩忽职守犯罪便存在监督过失。

（2）管理者没有建立或完善安全管理体制，导致危害结果发生。这种过失也称为管理过失。例如，煤矿的老板没有建立起预防瓦斯爆炸的管理体制，后发生瓦斯爆炸的严重事故。老板存在管理过失。

三、无罪过事件

第 16 条　行为在客观上虽然造成了损害结果，但是不是出于故意或者过失，而是由于<u>不能抗拒</u>或者<u>不能预见</u>的原因所引起的，不是犯罪。

（一）意外事件

1. 概念：行为人无法预见、没有预见会发生危害结果，以致发生危害结果。
2. 结构：无法预见→没有预见→发生危害结果。无法预见是原因，没有预见是事实。
3. 结果预见可能性

意外事件之所以无罪，是因为行为人没有预见可能性。有无预见可能性的判断标准：一是看行为人主观上的认识和预见能力；二是看客观上的认识条件和环境。

例如，甲夜晚在高速公路上开车，压过一堆稻草，压死了在稻草中睡觉的乞丐。甲虽然主观上有认识能力，但是客观上不具有认识条件，所以是意外事件。

（二）不可抗力

1. 概念：行为人已经预见会发生危害结果，但是无法抗拒，以致发生危害结果。
2. 结构：已经预见→无法抗拒→发生危害结果。已经预见是前提，无法抗拒是原因。
3. 分类：一是行为人已经预见，但无法采取避免措施；二是行为人采取了避免措施，但仍无法避免危害结果的发生。

4. 结果避免可能性

不可抗力之所以无罪，是因为行为人缺乏结果避免可能性。有无结果避免可能性的判断标准：一是看行为人的避免能力；二是看客观上有无避免的条件和环境。

例如，甲驾驶渡船摆渡客人，突然强台风降临，甲无法正常驾驶而翻船，客人溺水身亡。甲虽然自身有一定的避免能力，但是强台风导致的灾难是无法避免的，所以是不可抗力。

[注意] 结果避免可能性的时间点是过失行为时，而非危险临界时。

例如，李某下车去小卖部买烟，没有熄灭发动机，对坐在副驾驶位置上的8岁儿子说："不要动，我马上回来！"李某刚出小卖部，看到儿子驾车已失控，撞死一人，自己也无法靠近。李某在下车时具有结果避免可能性，属于过于自信的过失。

四、各种罪过形式的区分

罪过形式的区分是考试重点，一共有五对区分，其中最难区分的是间接故意与过于自信的过失。

[区分]

罪过形式	认识因素	意志因素
直接故意	认识到必然或可能发生	积极追求（赞成票）
间接故意	认识到可能发生	放任，发生不违背意志（弃权票）
过于自信的过失	认识到可能发生，本应避免	不想发生，发生违背意志（反对票）
疏忽大意的过失	没有预见到，但应当预见到	不想发生
意外事件	没有预见到，且无法预见到	不想发生
不可抗力	预见到，但无法避免	不想发生

判断路线图：

```
                              ┌─ 赞成：直接故意
              ┌─ 想不想结果发生 ┤─ 弃权：间接故意
          有 ─┤              └─ 反对 ─┬─ 本可避免：过于自信的过失
有没有认识到会  │                      └─ 不可避免：不可抗力
发生危害结果 ─┤
          无 ─ 应当不应当认识到 ┬─ 应当认识：疏忽大意的过失
                            └─ 无法认识：意外事件
```

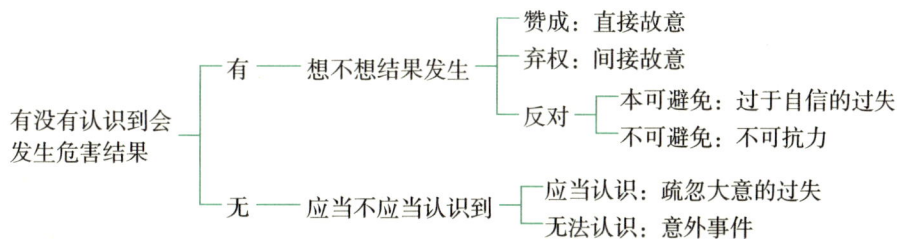

（一）直接故意和间接故意的区分

1. 在认识因素上，直接故意是明知必然发生或可能发生，间接故意是明知可能发生。如果明知必然发生，就只能是直接故意。

[注意] 行为人如果明知危害结果必然发生，但是又"放任"，仍是直接故意。因为所谓放任，要求存在可能发生或可能不发生这两种结果，唯有如此，才会有发生可以、不发生也可以的放任心理。如果只有必然发生这一种结果，那么就不存在放任心理。

例如，甲想杀死乙，看到乙和丙坐在华山缆车上，一边想："乙，你死定了。"一边想："丙，我真不想让你死。"仍砍断缆绳，乙丙死亡。甲对乙的死亡是直接故意。甲对丙的死亡，貌似"放任"而非直接追求，但是因为明知砍断缆绳，丙必然死亡，所以也构成直接故意。

2. 在意志因素上，直接故意是希望发生、积极直接地追求；间接故意是放任发生。所谓放任，是指听之任之，发生也可以、不发生也可以，结果的发生不违背行为人的意志。

例如，甲在某火车站候车时，公文包被盗，于是在候车室到处寻找。甲在乙的身边发现了与自己的公文包极为相似的包（此时乙正在打瞌睡），明知该包既可能是自己的，也可能不是自己的，但仍然取走。甲回头打开一看，并不是自己的公文包。甲构成盗窃罪，是间接故意。

3. 在事实认识错误的场合，行为人是故意，而非过失。不能因为事实认识错误而否定故意。

例1，甲欲杀死乙，误以为丙是乙而开枪，丙被打死。甲构成故意杀人罪（既遂），对于丙的死亡，甲是直接故意，而非间接故意。

例2，甲欲杀死乙，得知乙在值班室，便放火烧值班室，实际上是丙在值班室，烧死了丙。对丙的死亡，甲是直接故意，而非间接故意。

（二）间接故意和过于自信的过失的区分

1. 相同点：二者都已经预见到结果可能发生。

2. 区分标准

（1）主观上：间接故意是行为人持放任态度，结果的发生不违背行为人意志；过于自信的过失是行为人持谨慎态度，结果的发生违背行为人的意志。

［总结］在对待结果发生的态度上，直接故意投了赞成票，过于自信的过失投了反对票，间接故意投了弃权票。[1]

（2）客观上：间接故意是行为人没有采取避免措施，过于自信的过失是行为人一般会采取避免措施。

［注意1］有时，避免措施与加害措施融为一体。行为人在实施加害措施时为了避免危害结果发生，认为自己会把握好分寸。

例如，甲开车时被乙的车干扰了一下，甲顿生不快，对旁边的朋友王某说："我要吓唬他一下。"王某说："不会出事吧？"甲说："放心！"便猛地加速干扰乙的车，乙为了躲避导致车辆翻下路基，乙身受重伤，不治身亡。甲属于过于自信的过失。

［注意2］如果行为人既采取加害措施，又采取避免措施，则比较两种措施的效果，如果加害措施的危害后果仍很明显，则仍构成间接故意。

例如，王某为防小偷偷西瓜，给西瓜注射剧毒，但在地里竖一小旗，写着"西瓜有毒"。小偷仍来偷摘，吃后中毒身亡。王某是放任还是过于自信的过失？从采取加害措施（注射毒药）看，是放任；从采取避免措施（竖小旗）看，是过于自信的过失。比较二者的效果，综合来看，加害措施的危害后果仍很明显，所以王某总的来说仍是放任，是间接故意，构成投放危险物质罪。(2008年四川卷四案例分析题就考查了这一点)

（三）疏忽大意的过失和过于自信的过失的区分

1. 区分标准

（1）在主观认识上，是否已经预见。疏忽大意的过失是应当预见但没有预见危害结果可

---

[1] 参见张明楷：《刑法学》（第五版），法律出版社2016年版，第292页。

能发生；过于自信的过失是已经预见危害结果可能发生。

（2）在客观行为上，是否采取了避免措施。疏忽大意的过失是因为没有预见，所以没有采取避免措施；过于自信的过失是因为已经预见，所以采取了避免措施。

2. 容易混淆之处：误将应当预见等同于已经预见。应当预见，只表明行为人有预见义务和预见能力，不表明行为人已经预见。反过来，行为人即使预见能力再高，只表明应当预见，并不能推导出已经预见。应当预见是应然状态，已经预见是实然状态。

3. 判断方法

（1）如何判断"应当预见"？主要是判断有无预见可能性：一看行为人主观认识能力和预见能力；二看客观认识条件和环境。

（2）如何判断"已经预见"？一看行为人主观上对危害结果的发生有无判断、思考、权衡的过程。如果有，就表明已经预见危害结果可能发生。二看行为人客观上有无采取避免措施。如果有，就表明已经预见危害结果可能发生。

例如，陈某与同村某妇女通奸，一直想杀死其妻李某。某天晚上，陈某为上山打猎在院子里擦枪，这时，李某从娘家回来，兴致勃勃地站在陈某身边谈一天见闻。陈某没耐心地听着，继续擦枪，不慎触动扳机，打中李某腿部，李某失血过多死亡。陈某是何种过失？疏忽大意的过失。虽然陈某作为猎人有预见能力，但不代表他已经预见危害结果。从案中看不出陈某对危害结果的发生有判断、思考、权衡的过程，而且也没有采取避免措施，因此陈某没有预见。没有预见的原因是疏忽大意。

（四）疏忽大意的过失与意外事件的区分

1. 相同点：二者都没有预见到危害结果可能发生。

2. 区分点：疏忽大意的过失是应当预见而没有预见，意外事件是因无法预见而没有预见。判断核心点在于是否具有结果预见可能性，判断标准：一是看行为人主观上的认识和预见能力；二是看客观上的认识条件和环境。

常见错误：误将"没有预见"当作"没有预见可能性"。"没有预见"不等于"没有预见可能性"。

例如，甲驾驶停在马路边的汽车，准备驶离。情形一，甲倒车时未注意看后方，不慎压死一位行人。甲没有预见到死亡结果，但有预见可能性，属于疏忽大意过失。情形二，甲在倒车时查看到后方无人，便开始倒车，期间一个小孩为了捉迷藏，突然跑到车尾部，被压死。对此，甲缺乏预见可能性，属于意外事件。

（五）过于自信的过失与不可抗力的区分

1. 相同点：二者都已经预见危害结果可能发生。

2. 区分点：过于自信的过失是本来可以避免结果发生，不可抗力是根本无法避免结果发生。判断核心点在于是否具有结果避免可能性，判断标准：一是看行为人的避免能力；二是看客观上有无避免的条件和环境。

例如，甲是长途客运司机，已经极度疲劳，但是为了赶时间仍疲劳驾驶，30分钟后，行至转弯处，因无力控制汽车而发生车祸。甲是过于自信的过失。

五、事实认识错误

认识错误，分为法律认识错误和事实认识错误。法律认识错误在德日理论中属于违法性认识可能性讨论的内容，因此放在后文的"违法性认识错误"中阐述。

事实认识错误，是指行为人主观认识和客观事实不一致。主要解决的问题是，在不一致时，行为人是否仍成立故意犯罪？是既遂还是未遂？事实认识错误比较复杂，历来是考试的难点。

（一）层层辨认

1. 客观阶层的危害行为

在犯罪构成体系中，事实认识错误处在主观要件阶层，因此当考察案件是否属于事实认识错误时，意味着案件已经满足了客观要件，特别是满足了"危害行为"要件。

例1（对象不能犯），甲欲打死乙，在荒无人烟的沙漠里，误以为前方的树桩是乙，开枪射击。甲的开枪行为对任何人的生命都没有危险，不是危害行为，属于对象不能犯，作无罪处理。虽然甲在主观上对行为对象存在认识错误，但由于客观阶层的危害行为要件不具备，因此该案不需要进入主观阶层讨论事实认识错误。①

例2（对象错误），甲看到前方树下站着一个人，误以为是仇人乙，开枪打死，走近发现是路人丙。甲的开枪行为是危害行为，进入主观阶层，甲对行为对象存在认识错误，属于事实认识错误的案件。

2. 主观阶层的主观认识

（1）主观无犯罪故意。

例1，甲以为自己贩卖的是普通书刊，实际是淫秽书刊。甲对行为对象存在认识错误，属于事实认识错误。这种事实认识错误可以阻却（排除）犯罪故意，也即甲没有实施贩卖淫秽物品牟利罪的犯罪故意。因此，甲不构成该罪。

例2，甲打猎时，看到草丛中有响动，以为是兔子而开枪，结果打死了捉迷藏的小孩。甲对行为对象存在认识错误，属于事实认识错误。这种事实认识错误可以阻却（排除）犯罪故意，也即甲没有实施故意杀人罪的犯罪故意。甲如果有过失，则成立过失致人死亡罪；如果无过失，则按意外事件处理。

（2）主观有犯罪故意。本节讨论的事实认识错误案件主要是主观有犯罪故意的案件。

例如（对象错误），甲看到前方树下站着一个人，误以为是仇人乙，开枪打死，走近发现是路人丙。甲对行为对象存在认识错误，属于事实认识错误。但甲主观上有犯罪故意。该事实认识错误不能阻却（排除）甲的犯罪故意。

3. 同一犯罪构成内的错误和不同犯罪构成间的错误

（1）同一犯罪构成内的错误，也称具体的错误，是指行为人认识的事实与实际发生的事实虽然不一致，但没有超出同一犯罪构成范围，也即行为人只是在某个犯罪构成范围内发生了认识错误。例如，甲欲开枪打死乙，误将丙当作乙而打死。甲主观认识的事实（杀死乙）与实际发生的事实（杀死丙）不一致，这种错误发生在故意杀人罪这个犯罪构成范围内，属于同一犯罪构成内的错误。

（2）不同犯罪构成间的错误，也称抽象的错误，是指行为人认识的事实与实际发生的事实不一致，而且分别属于不同的犯罪构成，也即这种错误跨越了不同犯罪构成。例如，甲欲

---

① 关于不能犯，命题老师一般不在"事实认识错误"中加以讨论，而是放在"犯罪未遂"中讨论。基于此，本书也将不能犯放在第十讲"犯罪形态"中的"犯罪未遂"中讲解。

开枪打死乙，没有瞄准，打碎了乙身旁的珍贵花瓶。甲主观认识的事实（杀死乙）与实际发生的事实（毁坏财物）分别属于不同的犯罪构成，属于不同犯罪构成间的错误。

[总结] 具体的错误与抽象的错误的区分标准：法益客体是否同一。前者的法益客体属于同一种，后者的法益客体属于不同种。例如，想杀乙，却杀死丙，乙丙都是人，都是生命法益，属于具体的错误。想杀人，却毁坏了财物，属于抽象的错误。

4. 同一犯罪构成内的对象错误与打击错误

关于二者的区分，传统理论认为，对象错误是因为主观原因导致的错误结果，打击错误是因为客观原因导致的错误结果。这种看法没有错误，但是仅适用于同一现场的案件，难以适用于不同现场的案件。不同现场的案件包括两种：一是隔离犯，这是指行为与结果之间存在时空间隔，例如通过邮寄毒药杀人。二是教唆犯，教唆犯一般不在现场，而是在家里等实行犯的消息。

例1（同一现场），甲看到前方树下站着一个人，误以为是仇人乙，开枪打死，走近发现是路人丙。错误结果是由甲的主观原因导致的，因此是对象错误。

例2（同一现场），甲看到前方树下站着仇人乙，向其开枪，打偏了，不慎打死附近忽然出来的丙。错误结果是由甲的客观原因导致的，因此是打击错误。

例3（隔离犯），甲欲毒杀乙，给乙寄毒酒，得知乙住在"211室"，在填写包裹单上的地址时，一时疏忽，错写成"217室"，自己没有发觉。"217室"的主人丙收到后，不知情中毒身亡。这是道真题（2011年第53题）。错误结果到底是由甲的主观原因导致还是客观原因导致，说不清楚。似乎是由主观原因与客观原因共同导致。在此，传统标准不太好用。因此，需要总结更本质、更管用的区分标准。

判断认识错误的类型，需要抓住两点。第一，认识错误的本质是主观认识与实际发生事实不一致。如果一致，则不存在认识错误。第二，判断是否一致时，重点不在于对欲害对象持何种心理，而在于对实害对象及实害结果持何种心理。由此可以总结出三种案件类型。

案件类型1：对象错误的特点是，行为人对实害对象（实害结果）持（直接）故意心理，并且对实害对象的身份存在认识错误。例如，甲看到前方树下站着一个人，误以为是仇人乙，开枪打死，走近发现是路人丙。甲向前方树下的人开枪，说明对其死亡持直接故意，构成故意杀人罪既遂。甲对该人的身份存在认识错误，但是故意杀人罪的行为对象只要求是"他人"即可，"他人"的身份、姓名等不是构成要件要素，对身份认识错误是不重要的认识错误，只影响甲的杀人动机的实现，这种认识错误被称为动机错误。不难发现，对象错误中，甲向实害对象制造的危险流没有发生偏离。

案件类型2：间接故意的特点是，行为人对实害对象（实害结果）持间接故意心理，并且对实害对象的身份不存在认识错误。在此，行为人主观认识内容与实际发生事实是一致的，不存在事实认识错误。传统理论认为，一项认识错误要么是对象错误，要么是打击错误。其实，还有第三种类型也即间接故意，既不是对象错误，也不是打击错误。例如，甲看到前方树下站着仇人乙，乙在与丙握手，甲向乙开枪，知道有可能击中丙，但持放任态度，开枪后打偏，击中丙。甲对丙的死亡持间接故意，主观认识内容与实际发生事实是一致的，不存在事实认识错误。甲构成故意杀人罪既遂。不难发现，间接故意中，甲对实害对象制造的危险流没有发生偏离。

案件类型3：打击错误的特点是，行为人对实害对象（实害结果）持过失心理或意外事件，并且对实害对象的身份不存在认识错误。例如，甲看到前方树下站着仇人乙，向其开枪，打偏了，不慎打死附近忽然出来的丙。甲对丙的死亡持过失心理，对丙的身份不存在认识错误，并没有"误将丙当作乙"的心理活动。不难发现，打击错误中，甲对实害对象制造的危险流发生了重大偏离。

总结区分标准：

种类	对实害对象及实害结果的心理态度	对实害对象的身份
对象错误	持（直接）故意心理	有认识错误
间接故意	持间接故意心理	没有认识错误
打击错误	持过失心理或意外事件	没有认识错误

例 1（寄毒酒），（1）甲欲毒杀乙，给乙寄毒酒，误以为"211 室"的住户是乙，实际是丙，将毒酒寄到"211 室"。丙不知情中毒身亡。甲对实害对象及结果（"211 室"住户死亡）持直接故意，并且对"211 室"住户的身份存在认识错误，甲属于对象错误。

（2）甲欲毒杀乙，得知乙与妻子丙住在"211"室，将毒酒寄到"211"室。乙收到后没有喝，丙喝了，中毒死亡。甲对实害对象及结果（丙的死亡）持间接故意心理，并且对丙的身份不存在认识错误，不存在"误将丙当作乙"的心理活动。甲既不是对象错误，也不是打击错误。

（3）甲欲毒杀乙，给乙寄毒酒，乙的地址是"211 室"，甲填写地址正确，但快递员在投递时，一时疏忽看错了，投递给"217 室"的住户丙，丙不知情中毒死亡。甲对实害对象及结果（丙的死亡）持过失心理或意外事件，因此甲属于打击错误。

（4）甲欲毒杀乙，给乙寄毒酒，得知乙住在"211 室"，在填写包裹单上的地址时，一时疏忽，错写成"217 室"，自己没有发觉。"217 室"的住户丙收到后，不知情中毒身亡。甲对实害对象及结果（丙的死亡）持过失心理，甲属于打击错误。传统标准将判断重点纠结于"写错"这个环节。其实，判断重点在于甲对实害结果持什么心理。这是 2011 年第 53 题，官方答案解析认为甲是打击错误。这一答案解析并没有发生变化。[①]

例 2（装炸弹），甲欲炸死乙，来到乙家车库，在乙的轿车上装了炸弹。甲知道乙的妻子、儿子有可能开这辆车，但不管那么多了。第二天，乙的妻子丙开车时被炸死。甲对丙的死亡持间接故意，构成故意杀人罪既遂。甲在此没有事实认识错误。

例 3（打电话）（2014 年第 7 题），甲欲实施电信诈骗，本欲电话诈骗乙，但拨错了号码，打到了丙家，以为丙是乙，说了一通欺骗圈套，丙上当受骗，被骗去钱财。甲对接电话的人实施诈骗存在直接故意，只是对对方的身份有认识错误，因此属于对象错误。注意另一种情形：丙亮明身份，甲意识到对方不是乙，而是丙，仍继续实施诈骗，丙受骗。这属于临时变换行为对象，不存在认识错误问题。

例 4（教唆犯）（2014 年第 7 题），甲教唆乙杀害丙，将丙的照片给乙，提醒乙不要认错

---

① 理论上有种观点认为，根据"行为的指向"来区分对象错误与打击错误，认为行为指向的对象与欲害对象不一致时，是对象错误；一致时，是打击错误。由于行为指向的对象（丙）与欲害对象（乙）不一致，因此属于对象错误。参见刘明祥：《论具体的打击错误》，载《中外法学》2014 年第 2 期。这种观点在逻辑上明显不能自洽。依照该观点，上述例（3）中，快递员投递错误导致丙死亡，由于行为指向对象（丙）与欲害对象（乙）不一致，因此属于对象错误。然而，学界公认该例错误属于打击错误。由于该观点明显不当，所以没有被纳入法考考查范围。

· 86 ·

人、杀错人，乙在丙下班的路上守候，误将丁当作丙而杀害。乙对丁存在对象错误。甲对丁构成打击错误。这是因为，甲对实害对象及结果（丁的死亡）持过于自信的过失，并且对丁的身份没有认识错误，没有"误将丁当作丙"的心理活动。

（二）同一犯罪构成内的错误

1. 对象错误

例如，甲看到前方树下站着一个人，误以为是仇人乙，开枪打死，走近发现是路人丙。

具体符合说与法定符合说都认为：甲成立故意杀人罪既遂。这是因为，甲看到前方有个人，就朝其开枪，将其打死，说明甲对该人的死亡持直接故意，构成故意杀人罪既遂。

2. 打击错误（方法错误）

例如，甲看到前方树下站着仇人乙，向其开枪，打偏了，不慎打死附近忽然出来的丙。

注意案件事实前提是：甲对丙的死亡持过失心理。如果甲对丙的死亡持间接故意或概括故意的心理，则表明在丙的死亡上，甲的主客观是一致的，没有事实认识错误。对于打击错误，理论上存在观点展示。两种观点平分秋色，没有哪种是多数观点或主流观点。目前考试考查的是观点展示，而非唯一定论。

（1）具体符合说。其理念是实事求是，尊重案件事实，侧重于保障人权。该说认为，甲对乙成立故意杀人罪未遂，对丙成立过失致人死亡罪，一个行为触犯两个罪名，想象竞合，择一重罪论处，定故意杀人罪未遂。

（2）法定符合说。其理念是侧重于保护法益，既然凶手致人死亡，就应严惩凶手，为此可以修改案件事实。该说认为，甲对乙成立故意杀人罪未遂，对丙的死亡虽然持过失心理，但是可以修改为对丙的死亡持故意心理，因此对丙构成故意杀人罪既遂。一个行为触犯两个罪名，想象竞合，择一重罪论处，定故意杀人罪既遂。[①]

[练习] 对象错误与打击错误的结合。例如，甲以为前方左侧10米处是仇人乙（实际是丙），向其开枪，子弹打偏，不慎击中右侧附近一人，该人是仇人乙。甲对左侧的人存在对象错误，对右侧的人存在打击错误。由于对象错误不存在观点展示，而打击错误存在观点展示，故主要分析打击错误。具体符合说认为，甲对左侧的人（丙）构成故意杀人罪未遂，对右侧的人（乙）构成过失致人死亡罪，想象竞合，择一重罪论处，定故意杀人罪未遂。法定符合说认为，甲对左侧的人构成故意杀人罪未遂，对右侧的人构成故意杀人罪既遂，想象竞合，择一重罪论处，定故意杀人罪既遂。

[总结] 打击错误与偶然防卫的结合。

例1（犯罪人的场合，2016年真题），甲乙共同向丙射击。甲未料击中乙，致乙死亡。事后查明，甲若未致乙死亡，乙便会射中丙。

打击错误是三边关系：犯罪人（甲）、欲害对象（丙）、实害对象（乙）。甲朝丙开枪，却不慎打死乙。这是打击错误。偶然防卫是双边关系：犯罪人（甲）→实害对象（乙）。甲打死乙，客观上制止了乙的不法侵害，但甲主观上没有意识到这一点，因此属于偶然防卫。

---

① 实际上，案件事实若果真是甲对丙的死亡持故意心理，则表明甲对乙、丙均有杀人故意，击中了丙，那么甲就是概括故意、择一故意或间接故意，主客观是一致的，就没有事实认识错误可言。因此，打击错误的案件事实应是，甲对丙的死亡不是故意，至多是过失。法定符合说将甲对丙的死亡持过失心理，修改为对丙的死亡持故意心理。这种修改案件事实的做法受到批判。

讨论顺序是，先讨论完整的三边关系，再讨论其中的双边关系。

第一，打击错误。（1）具体符合说认为，甲对丙构成杀人未遂，对乙构成过失致人死亡，想象竞合，择一重罪论处。（2）法定符合说认为，甲对丙构成杀人未遂，对乙构成杀人既遂（此处可见法定符合说修改案件事实的问题），想象竞合，择一重罪论处。

第二，偶然防卫。（1）结果无价值论认为，甲的行为制造了好结果，所以没有法益侵害性，是好行为，构成正当防卫。（2）行为无价值论认为，甲的行为具有法益侵害性，是坏行为，但制造了好结果（救了丙），所以不构成过失致人死亡罪（要构成过失致人死亡罪，要求制造坏的实害结果），但也不构成正当防卫。①

例 2（防卫人的场合，2017 年·卷二·53 题），甲、乙合谋杀害丙，计划由甲对丙实施砍杀，乙持枪埋伏于远方暗处，若丙逃跑则伺机射杀。案发时，丙不知道乙的存在。为防止甲的不法侵害，丙开枪射杀甲，子弹与甲擦肩而过，击中远处的乙，致乙死亡。关于本案，下列哪些选项是正确的？

A. 丙的行为属于打击错误，依具体符合说，丙对乙的死亡结果没有故意

B. 丙的行为属于对象错误，依法定符合说，丙对乙的死亡结果具有故意

C. 不论采取何种学说，丙对乙都不能构成正当防卫

D. 不论采用何种学说，丙对甲都不构成故意杀人罪未遂

［答案及解析］AD。讨论顺序是，先讨论完整的三边关系（打击错误），再讨论其中的双边关系（偶然防卫）。

第一，打击错误。丙朝甲开枪，没有打中甲，却未料打中乙。丙构成打击错误。（1）具体符合说认为，丙对甲构成故意杀人未遂，对乙构成过失致人死亡，想象竞合，择一重罪论处。（2）法定符合说认为，丙对甲构成故意杀人未遂，对乙构成故意杀人既遂，想象竞合，择一重罪论处。注意，这只是初步结论，等到后面分析正当防卫时才会得出最终结论。

第二，正当防卫。其一，丙朝甲开枪，无疑构成正当防卫。其二，丙打死乙，客观上制止了乙的不法侵害，但丙主观上没有认识到这一点，因此属于偶然防卫。对此：（1）结果无价值论认为，丙的行为制造了好结果，所以没有法益侵害性，是好行为，构成正当防卫。（2）行为无价值论认为，丙的行为具有法益侵害性（有击中附近无辜行人的危险性），是坏行为，但制造了好结果，制止了乙的不法侵害，所以不构成过失致人死亡罪（要构成过失致人死亡罪，要求制造坏的实害结果），但也不构成正当防卫。因此，C 项错误，因为依据结果无价值论，丙对乙构成正当防卫。D 项正确，因为不论采取何种学说，丙对甲都构成正当防卫。

3. 因果关系错误

因果关系错误解决的问题不是犯罪是否成立的问题（因为犯罪肯定成立了），而是犯罪是否既遂的问题。在理解以下三种情形时，务必带着这个总问题去掌握。

（1）狭义的因果关系错误。

狭义的因果关系错误，是指行为人预想的因果历程样态与实际发生的因果历程样态不一致。

---

① 读者可以再练习分析此类案件。例 1，甲看到乙要向丙射击，为了帮助乙也向丙射击，未料却击中乙，致乙死亡。如何分析甲这种"猪队友、帮倒忙"的行为？例 2，甲向乙开枪，不慎击中附近的丙，而丙正要枪杀乙，甲对此并不知情。如果甲未将丙打死，丙就会打死乙。

例如，甲将乙推入井里，欲淹死乙，井里没水，摔死了乙。如何处理？

首先，在客观上，甲的行为与乙的死亡存在因果关系；其次，在主观上，不要求行为人认识到因果关系的具体样态，即使没有认识到或产生认识错误，也不影响犯罪故意的确立。因此，甲构成故意杀人罪既遂。

[结论] 狭义的因果关系错误，行为人成立故意犯罪既遂。

[注意] 该结论有个预设前提：在客观上行为人的行为与危害结果有因果关系。例如，甲欲毒杀乙，用剧毒蘑菇做了一道菜，蘑菇凉拌鱼丸，端给乙。乙没吃蘑菇，吃了鱼丸。由于鱼丸过期变质产生毒素，毒死乙。客观上，甲的毒杀行为与乙的死亡没有因果关系，甲构成故意杀人罪未遂。

（2）结果的推迟发生（事前故意）

行为公式：前一行为（故意杀人，致人重伤昏迷，以为死亡）+后一行为（毁尸灭迹，导致死亡）。焦点问题是，死亡结果与哪个行为有因果关系？由于故意行为与过失行为是不同性质的行为，因此两者虽然是一个人实施的，但属于独立关系。对此需要判断二者是叠加关系还是阻断关系。如果后一行为立即直接导致死亡，则阻断了前一行为的危险流。否则，二者是叠加关系。

例1，甲故意杀乙，致乙重伤昏迷，以为乙死亡，为了毁尸灭迹，用刀碎"尸"，直接将乙的头切下来。后一行为（切头）阻断了前一行为（重伤）的危险流，由后一行为直接导致死亡，因此死亡结果应归属于后一行为。后一行为构成过失致人死亡罪，前一行为构成故意杀人罪未遂，并罚。

例2（真题），甲故意杀乙，致乙重伤昏迷，以为乙死亡，为了抛尸，将乙扔到雪沟里，后乙死在雪沟里。后一行为（扔到雪沟）不会立即导致死亡，与前一行为（重伤）是叠加关系，一起导致死亡，属于多因一果。前一行为构成故意杀人罪既遂，后一行为构成过失致人死亡罪。对二者不能并罚，否则对死亡结果评价（处罚）了两次。故意杀人罪既遂吸收了过失致人死亡罪，定故意杀人罪既遂。

例3（真题），甲故意杀乙，致乙重伤昏迷，以为乙死亡，为了抛尸，将乙扔进河里，乙溺水身亡。后一行为（扔到河里）与前一行为（重伤）是阻断关系还是叠加关系，实务法官们存在不同处理意见。第一种意见（多数意见）认为是叠加关系，前后行为制造的危险流一起导致死亡结果，属于多因一果。前一行为构成故意杀人罪既遂，后一行为构成过失致人死亡罪。故意杀人罪既遂吸收了过失致人死亡罪，定故意杀人罪既遂。第二种意见认为是阻断关系，后一行为阻断了前一行为的危险流，由后一行为单独直接导致死亡。前一行为构成故意杀人罪未遂，后一行为构成过失致人死亡罪，并罚。①

---

① 注意，这里的观点展示属于实务处理意见的观点展示，不属于理论学说的观点展示。理论学说的观点展示的特点是，在任何案件中都会存在这种观点展示，不会因为案件不同而取消观点展示。例如，具体符合说与法定符合说属于理论学说的观点展示，在所有同一犯罪构成内的打击错误的案件中均存在这两种理论学说的观点展示。实务处理意见的观点展示的特点是，在有些案件中会存在不同处理意见，在有些案件中没有不同处理意见。例如，结果的推迟发生的案件中，有些案件（如例3）存在不同处理意见，有些案件（如例2）没有不同处理意见。

（3）结果的提前实现（构成要件的提前实现）

行为公式：前一行为（计划的杀人预备行为）+后一行为（计划的杀人实行行为），实际上前一行为导致死亡结果。焦点问题是，前一行为是否属于着手，是否属于实行行为？如果是，则构成故意杀人罪既遂，否则构成故意杀人罪犯罪预备与过失致人死亡罪的想象竞合。这是因为，死亡结果只有是着手之后的实行行为导致的，才属于既遂结果。

"着手"是个主客观相统一的概念，由客观上的着手行为与主观上的着手故意构成。做题时要两步走。

第一步，先判断有无着手行为。主流观点认为，着手行为是指行为对法益产生了现实、紧迫、直接的危险。① 如果没有着手行为，则不构成故意杀人罪既遂，而构成故意杀人罪犯罪预备与过失致人死亡罪的想象竞合。

例如，妻子欲杀害丈夫，中午将一瓶毒酒放在餐桌上，准备在丈夫第二天回家后端给他喝，然后就出门办事。不料丈夫当天下午就回家，喝了毒酒死亡。第一步，妻子在客观上没有实施着手行为，因为中午放置毒酒时，对丈夫的生命没有产生现实、紧迫、直接的危险。因此，妻子构成故意杀人罪的犯罪预备，而非既遂。同时，妻子将毒酒放在家里餐桌上，存在过失，构成过失致人死亡罪。一个行为触犯两个罪名，想象竞合犯，择一重罪论处。

第二步，如果有着手行为，则接下来判断有无着手故意。关于着手故意，理论学说上存在观点展示。争议焦点在于，故意的认识内容需要包括哪些内容？

对行为的故意说认为（多数观点），着手故意的认识内容仅包括着手行为本身。只要认识到着手行为，就认为有着手故意。

对结果的故意说认为（少数观点），着手故意的认识内容，不仅包括着手行为，还包括行为会导致的实害结果。只有认识到会发生实害结果，才认为有着手故意。

提示：就理论学说的观点展示而言，如果考单选题，就按多数观点答。2008 年第 3 题、2011 年第 53 题考了单选题，按多数观点答。如果考观点展示，就将两种观点展示出来，或答其中任何一种观点都给分。2015 年主观题考了观点展示。

例 1（2008 年第 3 题、2011 年第 53 题），妻子欲杀害丈夫，计划先用安眠药吃晕丈夫，然后用绳子勒死丈夫。在准备勒的时候，妻子发现丈夫已死。原来，安眠药剂量过大，直接导致死亡。第一步，投放过量安眠药的行为对生命具有现实、紧迫、直接的危险，所以妻子具有杀人的着手行为。第二步，多数观点认为，着手故意只要求对着手行为有认识即可。妻子对于着手行为（投放安眠药）是有认识的，所以有着手故意。因此，妻子构成故意杀人罪既遂。

例 2（2015 年主观题），高某欲杀死钱某，计划先掐晕，再扔到河里淹死。高某掐钱某脖子，看到钱某已经昏迷（实际已经死亡），便准备扔到河里，在扔的时候发现钱某已经死亡。第一步，高某掐脖子，导致钱某死亡，表明实施了着手行为。第二步，关于着手故意，

① 注意：开始犯罪与着手犯罪不是一个概念，开始犯罪意味着犯罪进入预备阶段，着手犯罪意味着犯罪进入实行阶段。关于着手的判断，参见第十讲中的"犯罪未遂"部分。

存在观点展示。（1）对行为的故意说认为（多数说），高某具有着手故意，因此高某已经着手，构成故意杀人罪既遂。（2）对结果的故意说认为（少数说），高某缺乏着手故意，所以高某尚未着手，构成故意杀人罪（犯罪预备）与过失致人死亡罪的想象竞合。本题考查观点展示，是开放式的答案。官方答案在介绍少数说时，表述成"高某构成故意杀人罪未遂"。这是少数说中的少数学者观点。少数说中的多数学者认为，高某构成故意杀人罪犯罪预备。而且，在2008年第3题中，官方在选项中介绍少数说时，用的便是"行为人构成故意杀人罪犯罪预备"。不过，由于该题是开放式的考查，选择任何一种观点都给分。

（三）不同犯罪构成间的错误

1. 处理办法

该错误涉及两个犯罪构成，既需要判断每个犯罪构成是否成立，还需要判断犯罪是否既遂。该错误包括对象错误和打击错误。由于对二者的处理方法完全相同，所以一并讨论。

例1（对象错误），甲欲开枪打死乙，在蜡像馆里，误以为珍贵蜡像（以乙为原型）是乙本人，开枪打碎。

例2（打击错误），甲欲打碎蜡像馆的珍贵蜡像，在蜡像馆里，没瞄准，将蜡像旁边的乙开枪打死。

处理不同犯罪构成间的错误，方法是：进行两次三段论推理。也即，既然称为不同犯罪构成间的错误，必然存在两个不同罪名的犯罪构成，找出来后，分别作为大前提，分别进行三段论推理，如果得出的两个结论均有罪，那么就属于想象竞合犯，择一重罪论处。

对于例1，两个犯罪构成分别是：故意杀人罪和故意毁坏财物罪，分别作为大前提，分别推理，结论：甲构成故意杀人罪未遂，不构成故意毁坏财物罪（过失毁坏财物的行为无罪）。

对于例2，两个犯罪构成分别是：故意毁坏财物罪和过失致人死亡罪，分别作为大前提，分别推理，结论：甲构成故意毁坏财物罪未遂和过失致人死亡罪，想象竞合，择一重罪论处，定过失致人死亡罪。

2. 考查角度：包容评价思维

法考在考查不同犯罪构成间的错误时，选择的两个犯罪构成常常具有包容评价关系。包容评价关系是指A与A+B的关系。A+B可以包容评价为A。例如，故意伤害罪与故意杀人罪，强制猥亵、侮辱罪与强奸罪，抢夺罪与抢劫罪，侵占罪与盗窃罪，非法拘禁罪与绑架罪，盗窃罪与盗窃枪支罪等便是如此，后者可以包容评价为前者。

当行为人在A罪与A+B罪之间产生认识错误，可运用包容评价思维，也即行为人有犯A+B罪的故意，可以包容评价为有犯A罪的故意；行为人有犯A+B罪的行为，可以包容评价为有犯A罪的行为。

例1，甲在火车站大厅本想偷普通财物，偷走乙的提包，打开发现是枪支。由于枪支具备普通财物的所有特征（A），而且比普通财物还多了一个火药杀伤力的功能（B）。枪支与普通财物属于A+B与A的关系。枪支可以包容评价为普通财物。盗窃枪支罪可以包容评价为普通盗窃罪。将盗窃罪作为大前提推理，甲客观上有盗窃枪支的行为，可以包容评价为盗窃普通财物的行为；甲主观上有盗窃罪的故意；所以甲构成盗窃罪既遂。将盗窃枪支罪作为大前提推理，甲客观上盗窃了枪支，甲主观上只有盗窃普通财物的故意，该故意不能评价为盗窃枪支罪的故意，因此不构成该罪。

例 2，甲去军营盗窃枪支，偷回来发现是普通财物。将盗窃枪支罪作为大前提推理，甲构成该罪的未遂。将盗窃罪作为大前提推理，甲客观上是盗窃普通财物的行为，主观上有盗窃枪支的故意，可以包容评价为盗窃普通财物的故意，构成盗窃罪既遂。想象竞合，择一重罪论处，一般定盗窃枪支罪未遂。

［总结］ 在 A 罪与 A+B 罪之间产生认识错误，无论是主观想犯 A 罪、客观犯了 A+B 罪，还是主观想犯 A+B 罪、客观犯了 A 罪，行为人在 A 罪的范围内都能做到主客观相一致，至少能构成 A 罪既遂。如果还构成 A+B 罪的未遂，则想象竞合，择一重罪论处。

［总结］ 认识错误：

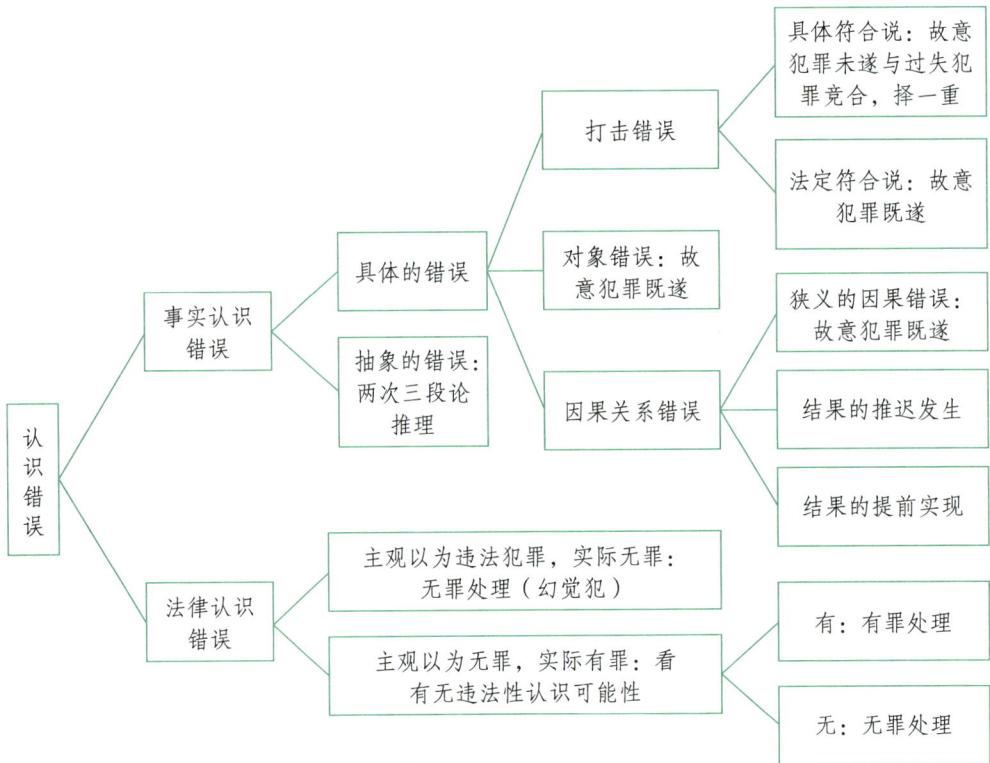

09 第九讲
（主观）责任阻却事由

特别提示

1. 行为人具有主观要件中的故意或过失，表明其具有主观非难可能性。但这只是暂时结论。如果行为人具有阻却事由，那么最终行为人就不具有主观有责性，便不能谴责他，只能作无罪处理。常见的阻却事由有：责任年龄、责任能力、违法性认识错误、期待可能性。[①]

2. 案例：内蒙古王力军未取得玉米经销许可证，收购玉米用于销售。王力军以为这种行为不构成犯罪。但是，司法机关认为这种行为构成非法经营罪。对王力军该如何处理？[②]

一、责任年龄

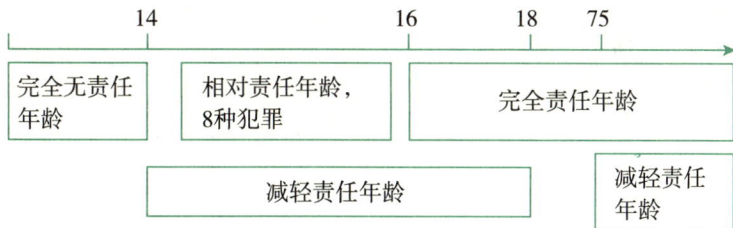

责任年龄，是指刑法所规定的，行为人承担刑事责任所须达到的年龄。如果没有达到责任年龄，即使行为人的客观行为具有法益侵害性，主观上具有故意或过失，也不用负刑事责任。

责任年龄分为三个阶段：

（一）完全无责任年龄

这是指不满 14 周岁的人。

[注意1] 生日的第二天才算满 1 周岁。例如，甲 1990 年 8 月 8 日出生，2004 年 8 月 8 日生日这天仍属于不满 14 周岁，第二天（2004 年 8 月 9 日）才算已满 14 周岁。

[注意2] 犯罪嫌疑人不讲自己的年龄，司法机关可以进行骨龄鉴定，鉴定意见证明犯罪

---

① 其实，责任年龄、责任能力及期待可能性的判断均是客观的判断，严格讲应称为责任阻却事由。只是由于前一讲是"主观要件"，责任的基础是"主观要件"，所以称为"（主观）责任阻却事由"。

② [答案] 即使依照法律规定，非法收购玉米的行为构成非法经营罪，也应认为，王力军虽然产生了违法性认识错误，但其缺乏违法性认识可能性，应阻却责任，最终不以犯罪论处。

嫌疑人已满 14 周岁，就应对八种重罪负刑事责任。这种鉴定不要求查明具体的出生日期，如几月几日。

（二）相对责任年龄

第 17 条第 2 款　已满十四周岁不满十六周岁的人，犯故意杀人、故意伤害致人重伤或者死亡、强奸、抢劫、贩卖毒品、放火、爆炸、投毒罪的，应当负刑事责任。①

就该款而言，请注意以下几点：

1. 这八种罪都是严重犯罪，但不包括绑架罪，拐卖妇女、儿童罪，决水罪及走私、制造、运输毒品罪。这八种罪不要求必须以暴力手段实施。这八种罪都是故意犯罪，没有过失犯罪。

2. 这八种罪的范围：这八种罪是指八种犯罪行为，而不仅限于八个罪名。

（1）注意：考试常用一个不负责任的行为附带一个要负责任的行为。例如，15 周岁的人实施绑架罪并"撕票"，实施拐卖妇女并强奸妇女，实施强迫卖淫并强奸妇女，实施妨害公务并将人打成重伤。

（2）这八种罪包括法条竞合来的八种罪。例如，包括抢劫枪支、弹药、爆炸物、危险物质罪。

（3）这八种罪包括法律拟制来的八种罪。所谓法律拟制，是指原本不符合此罪要件，但法律硬是按此罪论处，特事特办。关于法律拟制，具体参见第十六讲中的"法律拟制"。

①法律拟制来的故意杀人罪，共有 5 个。例如，根据刑法第 292 条第 2 款的规定，聚众斗殴中，过失致人死亡，以故意杀人罪论处。15 周岁的人若犯此条，也要负故意杀人罪的责任。

②法律拟制来的抢劫罪，共有 3 个。这些请参见第十六讲中的"法律拟制"。

［例外］刑法第 269 条事后转化抢劫，这是法律拟制来的抢劫，原本 15 周岁的人也要对此负责。但是，司法解释规定，15 周岁的人对此不负抢劫罪的责任，如果使用暴力致人重伤、死亡，则负故意伤害罪、故意杀人罪的责任。该司法解释并不合理，只能将其视为特殊规定。

3. 这八种罪的行为种类。14 至 16 周岁的人如果只是这八种罪的帮助犯，不负刑事责任；如果是实行犯（包括共同正犯、间接正犯）、应以主犯论处的教唆犯，应负刑事责任。这是一种缩小解释。

（三）完全负责任年龄

第 17 条第 1 款　已满十六周岁的人犯罪，应当负刑事责任。

（四）减轻责任年龄

1. 14 至 18 周岁

第 17 条第 3 款　已满十四周岁不满十八周岁的人犯罪，应当从轻或者减轻处罚。

2. 已满 75 周岁

第 17 条之一　已满七十五周岁的人故意犯罪的，可以从轻或者减轻处罚；过失犯罪的，

---

① 《刑法修正案（三）》将分则中的"投毒罪"修正为"投放危险物质罪"，但忘记对本条文中的"投毒罪"一并修改。

应当从轻或者减轻处罚。

二、责任能力

第18条第1款 精神病人在<u>不能辨认或者不能控制自己行为的时候</u>造成危害结果，经法定程序鉴定确认的，不负刑事责任，但是应当责令他的家属或者监护人严加看管和医疗；在必要的时候，由政府强制医疗。

第2款 间歇性的精神病人在精神正常的时候犯罪，应当负刑事责任。

第3款 尚未完全丧失辨认或者控制自己行为能力的精神病人犯罪的，应当负刑事责任，但是可以从轻或者减轻处罚。

第4款 醉酒的人犯罪，应当负刑事责任。

第19条 又聋又哑的人或者盲人犯罪，可以从轻、减轻或者免除处罚。

责任能力，是指行为人对自己行为的辨认能力与控制能力。如果行为人不具备辨认能力或控制能力，即使其实施的行为具有法益侵害性，也不承担刑事责任。

辨认能力，是指行为人认识自己特定行为的性质、结果与意义的能力。

控制能力，是指行为人支配自己实施或者不实施特定行为的能力。

（一）责任能力的认定

责任能力的认定，应采用医学标准（生物学标准）和法学标准（心理学标准）的结合方法。

首先根据医学标准，判断行为人是否患有精神病，然后根据法学标准，判断是否因为患有精神病而不能辨认或者控制自己的行为。前者由精神病医学专家鉴定，后者由司法工作人员判断。

如果医学判断行为人没有精神病，那么法学判断的结论就必须是行为人有责任能力。如果医学判断行为人有精神病，以此为基础，在法学上判断行为人对自己实施的具体行为是否具有辨认和控制能力。

[注意1] 不能用医学判断直接代替法学判断，重点和落脚点应在法学判断。有精神病不等于无责任能力。由于精神病种类很多，有些精神病导致行为人无责任能力，有些精神病导致行为人责任能力减弱，有些精神病则对责任能力没有影响。因此，归根结底是判断行为人的辨认能力和控制能力。

[注意2] 行为人的危害行为与其精神病应具有直接因果关系。精神病是其实施危害行为的起因，危害行为是其精神病发作直接导致的结果。如果二者没有直接因果关系，则不能对其危害行为免除刑事责任。例如，王某患有严重的受迫害妄想症，但某日与朋友李某在马路上临时起意对行人实施抢劫。对此，王某应负刑事责任。

[注意3] 精神病的种类与犯罪的种类具有针对性。行为人由于某种精神病对某种犯罪没有责任能力，但是不能认为对所有犯罪都没有责任能力。例如，具有好诉妄想的偏执狂患者，对诬告陷害罪没有责任能力，但对与此无关的其他犯罪，则具有责任能力。

（二）责任能力的程度

1. 分类

（1）完全责任能力：应当负刑事责任。

（2）限定责任能力：又称限制责任能力，这是指第 18 条第 3 款："尚未完全丧失辨认或者控制自己行为能力的精神病人犯罪的，应当负刑事责任，但是可以从轻或者减轻处罚。"这是一种责任能力减弱的情形（半精神病）。

（3）完全无责任能力：不负刑事责任，但是应当责令他的家属或者监护人严加看管和医疗；在必要的时候，由政府强制医疗（第 18 条第 1 款）。

2. 特殊的三类人

（1）间歇性精神病人：在精神正常时，属于完全有刑事责任能力，应当负刑事责任（第 18 条第 2 款）。

（2）醉酒的人：第一种，生理性醉酒，即日常生活中的醉酒，属于完全有刑事责任能力，应当负刑事责任（第 18 条第 4 款）。注意：没有可以从轻、减轻处罚的规定。第二种，病理性醉酒，是指因酒精中毒导致幻觉、妄想等精神病症状，是精神病的一种。这属于完全无刑事责任能力，不负刑事责任。

（3）又聋又哑的人和盲人：属于有刑事责任能力，但刑事责任能力减弱，应当负刑事责任，但可以从轻、减轻或者免除处罚。注意：聋哑人必须是又聋又哑才可以减免处罚。

［注意］吸毒的人：

（1）我国刑法没有将吸毒状态认定为丧失或减轻责任能力的情形，因此吸毒状态仍然被认为具有责任能力，不是责任阻却事由，也不是责任减轻事由。因此，不能将吸毒状态认定为免除处罚情节或从宽处罚情节。

（2）吸毒状态产生幻觉，导致没有犯罪故意。对此分两种情形：

①吸毒后第一次产生幻觉，在幻觉中实施犯罪，由于没有犯罪故意，可认定为过失犯罪。例如，甲毒瘾很大，有次在家里吸毒，第一次产生幻觉，在幻觉中认为乙要来杀自己，为了防止乙的追杀，将窗帘点燃，酿成火灾，导致邻居房屋被烧毁。甲不构成放火罪，可认定为失火罪。提示：在此认可吸毒状态的影响，只是认可其影响了犯罪故意（责任阶层的前一板块），并不是认可其影响了责任能力（责任阶层的后一板块）。也即甲有责任能力，需要承担刑事责任，只是不构成故意犯罪，而构成过失犯罪。

②明知自己吸毒后会产生幻觉，利用这种特点实施犯罪，应认定为故意犯罪。这属于后文所述的原因自由行为。

（三）行为与责任同时存在原则

该原则是指，行为人在实施行为时，应同时具有责任要件，才能谴责该行为。常考的责任要件有故意责任、责任年龄、责任能力。

1. 行为与故意同时存在原则

例如，咖啡店店主甲欲杀害老顾客乙，将毒酒交给店员丙保管，并告知真相，要求丙在乙下次来时将毒酒交给自己。几周后乙到来，丙将毒酒交给甲。但甲已经忘记要杀乙，不知是毒酒，递给乙，致乙死亡。甲开始有杀人故意，但当时没有杀人行为，后来有杀人行为，却没有杀人故意。甲的后面行为不构成故意杀人罪，仅构成过失致人死亡罪。

2. 行为与责任年龄同时存在原则

［注意］责任年龄的计算应以行为时为标准。

（1）隔离犯的场合。甲实施行为时未达责任年龄，危害结果发生时达到责任年龄，不负刑事责任。但是，发生结果时负有防止结果发生的义务，则有可能构成不作为犯罪。

例1，甲安装炸弹时只有13周岁，炸弹爆炸时已经14周岁。甲在14周岁时对13周岁时安装的炸弹负有拆除义务，也即防止结果发生的义务。甲不履行该义务，构成不作为的爆炸罪。

例2，甲在14周岁生日当天投毒杀乙，第二天，甲见死不救，构成不作为的故意杀人罪。如果甲履行了救助义务，送乙到医院，但因伤势过重不治身亡。甲不构成不作为的故意杀人罪。

（2）继续犯的场合。例如，甲在15周岁时非法拘禁了乙，拘禁状态持续到16周岁，甲需负刑事责任。

（3）连续犯的场合。例如，甲在15周岁时走私汽车，在16周岁时继续走私汽车。甲对15周岁时的走私不负刑事责任，对16周岁时的走私负刑事责任。

3. 行为与责任能力同时存在原则

（1）"同时"的要求。仅要求行为与责任能力同时存在，不要求结果与责任能力同时存在。也即，只要求实施行为时有责任能力，不要求发生结果时有责任能力。

（2）既遂条件。具有责任能力时的犯罪行为是否既遂，关键看该行为与最终结果有无因果关系。

例1，甲欲杀乙，将毒酒送给乙后精神病发作，丧失责任能力，乙喝酒中毒死亡。乙的死亡与甲的行为有因果关系，甲构成故意杀人罪既遂。

例2，甲欲杀乙，将乙砍成重伤后，甲精神病发作，丧失责任能力，又砍了乙一刀，乙死亡。由于甲在具有责任能力时的行为已经导致乙重伤，该重伤制造的危险流也没有被阻断，与乙的死亡有因果关系，因此甲构成故意杀人罪既遂。

例3，甲欲杀乙，砍伤乙的手指后，甲精神病发作，丧失责任能力，又砍断乙的脖子，乙死亡。由于甲在具有责任能力时的行为不具有致命危险，与乙的死亡没有因果关系，因此甲仅构成故意杀人罪未遂。

例4，甲欲杀乙，用刀砍伤乙后，甲精神病发作，丧失责任能力，抢劫走了乙的财物。甲构成故意杀人罪未遂，对于抢劫行为不负刑事责任。

4. 原则的例外：原因自由行为

这是指，具有责任能力的人，故意或过失使自己陷入丧失责任能力的状态，并在该状态下实施了法益侵害行为。

例1，甲明知自己有病理性醉酒史，饮酒后会引发病理性醉酒，丧失责任能力。甲为了伤害乙，故意在乙面前喝醉，丧失责任能力，然后伤害了乙。甲应否承担刑事责任？

让甲承担责任的障碍在于：甲在有责任能力时没有犯罪行为，甲有犯罪行为时又没有责任能力，行为与责任能力不配套，不是同时具备。

但是，主流观点认为，甲应承担刑事责任，认为这是行为与责任同时存在原则的一种例外情形。让甲承担责任的主要理由是：甲在实施原因行为（导致丧失责任能力的行为）时，具有意志自由、选择自由，甲支配了自己的这种无责任能力的状态。甲构成故意伤害罪既遂。同时注意：原因自由行为的着手，不是实施原因行为（如饮酒）时，而是实施结果行为（如伤害行为）时。

例2，甲欲强奸乙，故意使自己陷入无责任能力状态，然后却实施了抢劫，抢走乙的包。甲的强奸构成犯罪预备。甲在实施抢劫时无责任能力，不负刑事责任。如果甲一开始想抢劫，故意使自己陷入无责任能力状态，然后实施了抢劫，则构成抢劫罪既遂。

例 3，甲欲强奸乙，故意使自己陷入无责任能力状态，然后却认错人，强奸了丙。甲构成强奸罪既遂。

▌▌典型真题▷

关于刑事责任能力，下列哪一选项是正确的？（2016 年·卷二·3 题）①

A. 甲第一次吸毒产生幻觉，误以为伍某在追杀自己，用木棒将伍某打成重伤。甲的行为成立过失致人重伤罪

B. 乙以杀人故意刀砍陆某时突发精神病，继续猛砍致陆某死亡。不管采取何种学说，乙都成立故意杀人罪未遂

C. 丙因实施爆炸被抓，相关证据足以证明丙已满 15 周岁，但无法查明具体出生日期。不能追究丙的刑事责任

D. 丁在 14 周岁生日当晚故意砍杀张某，后心生悔意将其送往医院抢救，张某仍于次日死亡。应追究丁的刑事责任

三、法律认识错误（违法性认识错误）

（一）事实认识错误与法律认识错误的区分

区分标准：二者的认识任务不同。事实认识错误中，行为人的认识任务是，自己是否制造了具有社会危害性的事实。法律认识错误中，行为人的认识任务是，自己制造的危害事实是否具有刑法上的禁止性。

例 1，甲以为自己贩卖的是普通物品，实际是淫秽物品。甲以为行为对象是没有社会危害性的物品，以为自己没有制造危害社会的事实，实际上制造了，因此属于事实认识错误。

例 2，甲以为毁坏他人财物只属于民事侵权行为，不构成刑法上的犯罪，便故意砸毁了他人汽车。甲知道自己制造了具有社会危害性的事实，不存在事实认识错误，但以为自己的行为不具有刑法禁止性，实际上具有，因此属于法律认识错误。刑法的禁止性也称为刑法的违法性，针对刑法禁止性的认识错误也称为违法性认识错误。

提示：事实认识错误也会引发法律认识错误，但由于在犯罪构成体系上，应先判断事实认识错误、后判断法律认识错误，因此，由事实认识错误引发的法律认识错误应归入事实认识错误的范畴，此后引发的法律认识错误是不需要考虑的。换言之，法律认识错误应是不依赖事实认识错误而独立产生的认识错误。

例如，上例 1 中，甲存在事实认识错误，以为自己贩卖的是普通物品，进而也会认为自己的行为不具有刑法禁止性，不构成犯罪，由此产生法律认识错误，但是，这种情形应归入事实认识错误的范畴，不算作法律认识错误的情形。

又如，上例 2 中，甲在事实层面没有认识错误，知道自己在毁坏他人汽车，这是具有社会危害性的行为，但认为这种行为不具有刑法禁止性。这种法律认识错误不是由事实认识错误引发的，而是独立产生的，因此属于法律认识错误的情形。

---

① ［答案］B 项，乙构成故意杀人罪既遂。C 项，根据骨龄鉴定，能证明已满 15 周岁，不需要查明具体出生日期，应负刑事责任。D 项，14 周岁生日第二天才算已满 14 周岁。第二天，丁若不作为，则构成不作为犯罪。本题答案：A。

（二）法律后果

1. 事实认识错误

行为人有事实认识错误，表明没有犯罪故意，由此导致不构成犯罪。例如，上述例1中，甲对行为对象存在认识错误，以为是普通物品，这种认识错误表明甲没有贩卖淫秽物品的故意，由此不构成贩卖淫秽物品牟利罪。俗语讲"不知者不为罪"，其中的"不知"便是指不知事实。

提示：此处的"事实认识错误"与对象错误、打击错误的上位概念"事实认识错误"有所不同。前者，行为人没有犯罪故意。后者，行为人有犯罪故意。例如，甲以为前方是野猪而开枪，实际是人。甲存在前者的事实认识错误，甲没有杀人的犯罪故意。又如，甲以为前方是仇人乙而开枪，实际是丙。甲存在后者的事实认识错误，甲具有杀人的犯罪故意。

2. 法律认识错误

（1）法律认识错误不能阻却责任（可谴责性）。

例如，甲以为毁坏他人财物只是民事侵权，刑法没有规定为犯罪，不具有刑法禁止性，因此故意毁坏他人财物。由于公民具有了解法律的义务，特别是了解刑法的义务，因此，甲没有认识到这种行为是犯罪，造成这种法律认识错误是自己的责任，法官可以谴责甲，对甲应以故意毁坏财物罪论处。俗语讲"不知法者不免责"便是这个意思。[1]

提示：上述法律认识错误是指，行为人误以为自己的行为没有刑法禁止性，实际上有。还有种相反情形，行为人误以为自己的行为具有刑法禁止性，实际上没有。这种情形被称为幻觉犯（幻想犯），不构成犯罪。例如，误以为自己跟人通奸是犯罪，实际上无罪。

（2）不具有违法性认识可能性能够阻却责任（可谴责性）。

例如（真题），甲欲从事生产经营，向市场监管局书面咨询其经营是否合法，市场监管局的工作人员由于误解法律，正式答复该经营合法。甲便实施该种经营。实际上，该经营具有刑法禁止性，构成非法经营罪。由于甲信赖市场监管局的正式答复，导致甲没有认识到行为的刑法禁止性（违法性），而且连认识的可能性都没有。此时，法官便无法谴责甲，否则太不公平，对甲不应以非法经营罪论处。因此，不具有违法性认识可能性是一项责任阻却事由。

[注意] 听信一般公民的答复，产生违法性认识错误，不能视为没有违法性认识可能性，不能阻却责任。

[练习] 本讲知识有一定难度，实务中多有误解，需要仔细训练。

例1，天津大妈赵春华在集市摆了个射击气球的游戏摊位。当地法院认定赵春华的游戏枪是真枪，构成非法持有枪支罪。主流观点认为，赵春华以为行为对象（游戏枪）是没有社会危害性的物品，不是真正的枪支，实际上是真正的枪支（按照当时行政法规规定），是具有社会危害性的物品，因此属于关于行为对象的事实认识错误。赵春华进而以为自己的行为没有刑法禁止性，不构成犯罪。但不能将这种认识错误归入法律认识错误，因为这种认识错误是由事实认识错误引发的。[2]

---

① 实务中还有句俗语"不知法者不为罪"。这种说法是错误的，果真如此，便意味着，越是法盲越有利，越懂法越吃亏。这显然是不合理的。

② 提示：后来，司法解释规定，赵春华所持的这种"枪"不属于真枪，没有社会危害性。

例 2，深圳王鹏出售鹦鹉，王鹏以为自己的鹦鹉是普通动物，不是国家保护动物，实际上是国家保护动物。王鹏涉嫌非法出售珍贵野生动物罪。主流观点认为，王鹏以为行为对象不是国家保护动物，以为自己没有制造危害社会的事实，因此属于事实认识错误。王鹏由此认为自己的行为不具有刑法禁止性，不构成犯罪。但不能将这种认识错误归入法律认识错误。①

例 3，内蒙古王力军知道收购玉米需要办理经营许可证，未办理许可证，收购大量玉米。法院一审认为王力军构成非法经营罪。主流观点认为，王力军知道自己制造了违反行政法规的事实，就此而言不存在事实认识错误。但是，王力军不知道该事实具有刑法禁止性并构成犯罪，这属于法律认识错误。由于将非法收购玉米认定为非法经营罪，是种很异常的做法，难以为一般人所认识和理解，因此，王力军没有认识到这种刑法的禁止性，甚至连认识的可能性都没有，所以不具有可谴责性，阻却责任。②

▮▮▮ 典型真题 ▶

农民甲醉酒在道路上驾驶拖拉机，其认为拖拉机不属于《刑法》第 133 条之一规定的机动车。关于本案的分析，下列哪一选项是正确的？(2016 年·卷二·4 题)③

　　A. 甲未能正确评价自身的行为，存在事实认识错误

　　B. 甲欠缺违法性认识的可能性，其行为不构成犯罪

　　C. 甲对危险驾驶事实有认识，具有危险驾驶的故意

　　D. 甲受认识水平所限，不能要求其对自身行为负责

四、期待可能性

期待可能性，是指从行为时的具体情况看，可以期待行为人作出合法行为。法律不强人所难，如果从行为时的具体情况看，不能期待行为人作出合法行为，行为人即使作出了违法犯罪行为，也无罪。因此，不具有期待可能性便成为责任阻却事由。例如，甲杀人后，为了毁灭证据，指使乙帮助碎尸。乙构成帮助毁灭证据罪。但甲不构成该罪的教唆犯，因为法律不能期待犯罪人犯罪后保全证据。

1. 体系地位

期待可能性是在行为人具有犯罪故意或过失之后才考察的责任阻却事由。所以，有无犯罪故意、过失与有无期待可能性，是前后不同的两个问题。行为人具有犯罪故意，但也可能不具有期待可能性。

---

① 提示：当地法院认为，王鹏认识到了行为对象是国家保护动物，认为王鹏没有事实认识错误。

② 提示：后来，官方纠正做法，认为非法收购玉米不应按照非法经营罪处理，不具有刑法禁止性。

③ [答案] 甲知道自己在道路上醉酒驾驶拖拉机，表明知道自己在制造公共危险，在制造具有社会危害性的事实。因此，甲具有危险驾驶的故意，不存在事实认识错误。但是，甲认为拖拉机不是危险驾驶罪中的"机动车"，进而认为自己的行为不具有刑法禁止性，不构成危险驾驶罪。实际上，甲的行为具有刑法禁止性。因此，甲构成违法性认识错误。甲虽然没有认识到自己行为的刑法禁止性或违法性，但是具有认识到的可能性，因为一般人都能认识到这种行为构成危险驾驶罪。因此甲的这种违法性认识错误不阻却责任。甲构成危险驾驶罪。本题答案：C。甲的这种认识错误与赵春华的认识错误的区别在于，甲认识到自己在制造具有社会危害性的事实，没有事实认识错误；而赵春华没有认识到自己持有的是真枪，没有认识到自己制造了具有社会危害性的事实（依照案发时的规定，赵春华制造了危害事实），具有事实认识错误。

2. 常考情形

关于期待可能性的问题分为两种类型：一是期待可能性降低的情形；二是不具有期待可能性的情形。对于前者，行为人仍构成犯罪，只是因为期待可能性降低，可以从宽处罚。对于后者，对行为人可作无罪处理。常考情形：

（1）近亲属间的窝藏、包庇行为，可以不追究窝藏、包庇罪的刑事责任或从宽处罚。例如，甲盗窃，甲的母亲包庇甲。法律无法期待一位母亲出卖自己的儿子，对这位母亲不具有期待可能性，因此可以不追究这位母亲包庇罪的刑事责任。其实我国汉代就有"亲亲得相首匿"的规定。该规定的古代依据是儒家理论，放到现代，依据就是期待可能性原理。

（2）犯罪人犯罪后掩饰、隐瞒犯罪所得的行为，不具有期待可能性，对犯罪人本人无需以掩饰、隐瞒犯罪所得罪论处。

（3）犯罪人犯罪后毁灭、伪造证据的行为，不具有期待可能性，无需作犯罪处理。

10 第十讲 犯罪形态

1. 知识储备：

（1）犯罪形态是指犯罪在时间上呈现的形态。一般教材所称犯罪未完成形态，仅指犯罪预备、未遂和中止，不包括犯罪既遂。由于犯罪既遂是法考的重点，为了复习方便，本讲将犯罪既遂一并讲解，因此本讲标题是犯罪形态。

（2）过失犯罪无犯罪形态，故意犯罪中直接故意和间接故意都有犯罪形态。

例如，甲欲杀乙，向乙的水杯投毒，明知可能会被丙喝到，但仍然实施。果然，丙喝到这杯水，中毒，但被抢救过来。甲对丙属于间接故意杀人的未遂。

（3）犯罪形态是犯罪的一种终局性形态，而非暂时性停顿。即使是犯罪预备、犯罪未遂、犯罪中止等犯罪未完成形态，也是一种终局性形态。因此，各犯罪形态之间是相互排斥关系，不能并存。即在同一犯罪中，只能出现一个犯罪形态。

（4）形态分布图：

```
        预备阶段                    实行阶段
    ├────────────┤ ─ ─ ├─────────────────────┤
   开始              着手              实行终了      结果发生
      自动：中止          自动：中止                  既遂
      意外：预备          意外：未遂
```

2. 案例：某日，狗剩驾驶推土机去往工地，看到前方一位女士（小芳）向前走，身材曼妙，遂起奸淫之心。狗剩将推土机的斗轻轻放下来，从身后将小芳铲进斗里，驾驶推土机一路狂奔，行至僻静处，放下斗，准备奸淫。小芳爬出来，狗剩一看，长相实在太磕碜，便连忙道歉。小芳骂骂咧咧离去。狗剩构成强奸罪的什么犯罪形态？①

一、犯罪预备

第22条第1款 为了犯罪，准备工具、制造条件的，是犯罪预备。

（一）犯罪预备的成立要件

1. 主观上为了实行犯罪

（1）概念：第22条第1款中的"为了犯罪"应当理解为"为了实行犯罪"。因此，为了

---

① ［答案］强奸罪已经着手，构成实行阶段的中止。

预备犯罪而做的准备，不是犯罪预备行为。例如，为了实行抢劫而购买凶器的行为，是预备行为；为了购买凶器打出租车前往五金商店的行为，不是犯罪预备行为。

（2）为了实行犯罪，既包括为了自己实行犯罪，也包括为了他人实行犯罪。例如，甲告知乙想盗窃，让乙帮自己制作一把"万能钥匙"，乙制作好后交给甲，甲未使用便放弃盗窃。甲是预备阶段的犯罪中止，乙是犯罪预备。

2. 客观上实施了预备行为

（1）概念：预备行为，是指对法益已经造成一定危险的行为。

（2）犯罪预备行为与犯意表示的区分：关键看对法益的危险程度。预备行为对法益造成一定危险；犯意表示对法益无任何危险，只是将犯意单纯流露于外部。例如，小王对室友说："我讨厌小张，我想放他血！"这只是犯意流露。如果小王进而买了一把刀准备实施，就是犯罪的预备行为。

3. 未能着手实行犯罪

这是指犯罪预备行为没有进入实行阶段。包括两种情况：

（1）预备行为未实施终了，因意外原因无法继续实施。例如，赶往犯罪现场途中遇车祸。

（2）预备行为已经终了，因意外原因无法进入实行阶段。例如，已经赶到犯罪现场，但是意图杀害的人已经出门。

4. 由于意志以外的原因

犯罪预备与预备阶段的犯罪中止的区分：关键在于自动性。犯罪预备是由于意志以外的原因而不得不停止犯罪，而预备阶段的犯罪中止是自动放弃犯罪。

（二）犯罪预备的处罚

第22条第2款　对于预备犯，可以比照既遂犯从轻、减轻处罚或者免除处罚。

1. 注意：预备犯、犯罪预备和预备行为的区分。预备犯是指构成犯罪预备的罪犯；犯罪预备就是在预备阶段因意志以外原因未能着手实行的犯罪形态；预备行为是指实施了为实行犯罪而做的准备行为。

2. 从第22条第2款看，表面上刑法以处罚预备犯为原则，实际上刑法以处罚预备犯为例外，只对重罪处罚预备犯。例如，第120条规定的组织、领导、参加恐怖组织罪。

二、犯罪未遂

第23条第1款　已经着手实行犯罪，由于犯罪分子意志以外的原因而未得逞的，是犯罪未遂。

（一）犯罪未遂的成立要件

1. 已经着手实行犯罪

犯罪预备与犯罪未遂的区分：犯罪预备处在预备阶段，犯罪未遂处在实行阶段。预备阶段与实行阶段的分界点是着手。因此，关键区分在于着手，着手之前是犯罪预备，着手之后是犯罪未遂。

"着手"是个主客观相统一的概念，由客观上的着手行为和主观上的着手故意构成。一般情况下，二者在主客观上是一致的，行为人实施了着手行为，一般也会有相应的着手故意。① 因此，判断的重点是着手行为的判断，一般谈到着手时，主要是指着手行为。

关于着手行为的判断，存在观点展示。其中，第四种观点是主流观点。

第一种观点（主观说）：犯意表现出来时就是着手。例1，为了入户盗窃而打破他人家窗户玻璃，就是盗窃罪的着手。例2，为了入户抢劫，携带凶器进入他人家院子，就是着手。

第二种观点（形式的客观说）：开始实施刑法分则规定的构成要件行为。例如，为了实施保险诈骗，制造保险事故，就是保险诈骗罪的着手。

第三种观点（实质的客观行为说）：开始实施具有现实危险性的行为时，就是着手。例如，甲为了杀乙，给乙寄出毒药时，就是着手。

第四种观点（实质的客观结果说）：行为对法益造成现实、紧迫、直接的危险时，就是着手。例如，甲为了杀乙，乙收到毒药时，才算甲的杀人着手。

[总结] 易考情形（按照主流观点判断）：

（1）抢劫罪：对人使用暴力胁迫时或强取财物时是着手，之前是预备行为。

（2）强奸罪：使用暴力胁迫时是着手，而非奸淫时。例如，将妇女向车里拖，准备在车里强奸，向车里拖时就是着手。意图强奸熟睡妇女，上床抚摸熟睡妇女时，虽无暴力胁迫也视为着手。

（3）诈骗罪：为了诈骗而伪造证件的行为是预备行为，开始向被害人实施诈骗才是着手。

（4）保险诈骗罪：为了保险诈骗而制造事故的行为是预备行为，开始向保险公司提出理赔才是着手。注意：制造完事故后，向保险公司打电话询问理赔事宜，不是着手。

（5）诬告陷害罪：为了诬告陷害而写诬告材料是预备行为，向有关机关告发才是着手。

[注意] 着手的特殊问题：

（1）不作为犯的着手：不履行作为义务导致法益受到现实、紧迫、直接的危险时，就是着手。例如，母亲不喂养婴儿，导致婴儿生命受到现实、紧迫、直接的危险时，就是不作为故意杀人的着手。

（2）间接正犯的着手：行为对法益产生现实、紧迫、直接危险时，就是着手。例如，甲指使小孩入室盗窃，甲指使时不是着手，小孩着手实施时才是着手。

（3）隔离犯的着手。隔离犯是指行为与结果之间存在时空上的间隔。隔离犯的着手以危险是否现实、紧迫、直接为标准。如果是用邮寄物杀人，则看邮寄物在途中有无危险，如果有，则寄出时为着手，如果没有，则收到打开时为着手。

例1，甲邮寄一盒有毒饼干给乙，乙收到打开时，甲才算杀人着手。

例2，甲邮寄炭疽热病毒粉给乙，由于该病毒粉在邮寄途中一旦泄漏就有传播危险，所以寄出时就是杀人着手。

2. 犯罪未得逞

未得逞，是指犯罪没有既遂，即行为人希望或放任的、行为性质所决定的实害结果没有发生。这涉及未遂与既遂的区分，在后文"犯罪既遂"中讲解。

---

① 例外情形主要是因果关系错误中的"结果的提前实现"。

3. 因意志以外的原因未得逞

这是犯罪未遂与犯罪预备的相同点，又是犯罪未遂与犯罪中止的关键区分。

（二）未遂犯与不能犯

不能犯，是指行为人虽然主观有犯意，但是客观行为不具有任何法益侵害危险，所以无罪。

1. 法律效果：不能犯的法律效果是作无罪处理，因此不能犯也常被称为不可罚的不能犯。

2. 无罪依据：不能犯是否有罪，是刑法学两大学派——主观主义与客观主义的主要分歧之一。例如，甲在沙漠里误将稻草人当作仇人而开枪。

主观主义重视人的主观恶性，认定犯罪时，先判断主观要件，后判断客观要件。只要行为人具备主观要件，即使不完全具备客观要件，也构成犯罪，只是未遂。因此认为甲构成故意杀人罪，只是未遂而已。主观主义因为容易主观归罪，侵犯人权，所以已为大陆法系国家所摒弃。我国旧理论仍持主观主义立场，但法考立场已转变为客观主义。

客观主义重视行为的危害性，认定犯罪时先判断客观要件，后判断主观要件。如果行为不具有侵害法益的任何危险，就不是危害行为，连危害行为都不是，更不是犯罪行为。那么，就不用再判断主观要件，直接得出无罪结论，即使主观上有犯意，也是无罪。因为犯罪是行为，而不是思想。刑法惩罚的是人的行为，而不是思想。上例中，甲的开枪行为对任何人的生命没有任何危险，不是危害行为，应作无罪处理。

3. 分类

（1）对象不能犯：因为不存在犯罪对象，导致不可能构成犯罪。例如，在沙漠里将稻草人当作仇人射击。

[注意] 对象错误与对象不能犯。二者的相同点是行为人主观上都存在对象认识错误。区别在于：对象错误中，行为具有危险性，属于危害行为，构成犯罪；对象不能犯中，行为不具有危险性，不属于危害行为，也即行为不构成犯罪。

例1，甲在游人很多的大街上，误将街头雕塑当作仇人而开枪。这种行为对他人生命有危险，甲构成故意杀人罪未遂。这属于对象错误，一般在"事实认识错误"中讲解。

例2，甲在四下无人的沙漠里，误将稻草人当作仇人而开枪。这种行为对他人生命没有任何危险，甲无罪。这属于对象不能犯，一般在"犯罪未遂"中讲解。

（2）手段不能犯：因为手段不可能产生任何危险，导致不可能构成犯罪。例如，用一把无法射击的坏枪杀人。

[注意1] 打击错误与手段不能犯。二者的相同点是行为客观上都出现了方法错误。区别在于：打击错误中，手段具有危险性，属于危害行为，构成犯罪；手段不能犯中，手段不具有危险性，不属于危害行为，不构成犯罪。

例1，甲举枪射杀乙，因为没有瞄准，打死了乙身边的丙。甲的行为具有危险性，构成犯罪。这属于打击错误，一般在"事实认识错误"中讲解。

例2，甲举枪射杀乙，发现枪原来是一把早已生锈的坏枪，根本无法射击。甲的行为不具有危险性，不构成犯罪。这属于手段不能犯，一般在"犯罪未遂"中讲解。

[注意2] 迷信犯。迷信犯是手段不能犯的一种，也无罪。这是指由于迷信无知，误以为手段会产生结果，其实手段没有任何危险性，根本不会产生结果。例如，捏小人插针诅咒对

方死亡。又如，误以为寺庙的香灰能毒死人而用来投毒杀人。

4. 不能犯与未遂犯的区分

二者相似点是都有犯罪故意，都没有得逞。区别在于：法律效果不同。对不能犯是无罪处理；而未遂犯构成犯罪，只是未遂而已。

区分标准：行为是否具有侵害法益的危险性。如果有，就是未遂犯；如果没有，就是不能犯。

行为是否具有危险的判断标准：①

（1）从客观角度来判断，而不能从行为人的主观认识来判断。这是因为，对行为危险性的判断，是一种客观判断，危险是一种客观存在，不受行为人主观认识影响。

例如，甲将面粉交给乙，谎称是毒品，让乙运输，乙以为是毒品而运输。从乙主观认识看，运输行为有危险性，但从客观角度看，运输行为没有危险性。乙不构成运输毒品罪。

（2）从行为时的情况来判断，而不能从行为后的情况来判断。这是因为，危险是指行为的危险，所以需要以行为时来判断，而不能以事后是否最终发生实害结果来判断。

例如，甲向乙投毒 1 毫克，乙服用后未死。事后发现，该毒药 1 毫克不会致人死亡。如果从事后看甲的行为没有危险性，但从行为时看甲的行为有危险性，应构成故意杀人罪（未遂）。

（3）以辩证法眼光看，而不能以形而上学眼光看，也即应用联系的、发展的、全面的眼光判断，而不能用孤立的、静止的、片面的眼光判断。

［注意］ 如果用联系的、发展的、全面的眼光看，行为对法益有危险，但由于偶然因素没有导致实害结果，此时不能因为没有实害结果就否认行为的危险性。

例 1，甲拦路抢劫乙，发现乙身无分文。不能因为乙身无分文而认为抢劫行为没有危险性。甲构成抢劫罪未遂。

例 2，甲夜晚潜伏乙家谋杀乙，从窗户外向乙的床铺猛开枪，实际上床上无人。不能因为床上无人就认为开枪行为没有危险性。甲构成故意杀人罪未遂。

例 3，甲向乙开枪射击，乙因为身穿防弹衣而毫发未损。不能因为乙没有受伤而认为开枪行为没有危险性。甲构成故意杀人罪未遂。

例 4，甲乙相距 100 米，甲向乙开枪，没有射中乙。事后鉴定发现，甲的手枪最大射程只有 90 米，不会射中乙。不能因为这一次没有打中就认为这种行为没有危险性。甲构成故意杀人罪未遂。

［常见错误］ 对行为危险的判断，常见错误是简单孤立地判断，而不注意综合具体情形，导致结论绝对化。例如，大家往往只记住，误将白糖当作砒霜而杀人，是手段不能犯，无罪处理。实际上这种说法过于简单，应补充具体情形来具体分析。

例 1，甲以为白糖能毒死人，悄悄向乙投放白糖。这属于手段不能犯，具体而言是迷信犯，无罪处理。

例 2，甲乙在朋友丙家吃饭，甲想杀死乙，以为丙家厨房里的白糖是砒霜，悄悄向乙投放。由于行为没有任何危险，所以甲是手段不能犯，无罪。

---

① 理论上在此存在多种学说，如主观说、客观危险说、具体危险说等。提示：由于这些理论学说过于艰涩复杂，因此没有被纳入法考考查范围。法考在此只考查判断标准。

例 3，甲欲杀乙，购买了砒霜，装在小瓶里，放在装有白糖的小瓶旁边，然后邀请乙来家做客。甲在取砒霜时，因为一时疏忽，误将白糖小瓶取走，悄悄向乙投放。这种行为孤立地看，没有任何危险，但是结合前后环节整体判断，这种行为有危险，仅因甲的一时疏忽而没有导致实害结果发生，带有强烈的偶然性，不能因此否定行为本身的危险性。所以甲构成故意杀人罪未遂。

［总结］对行为危险性的判断公式：从客观角度→行为时→联系、发展、全面的眼光判断→行为有无危险。

（三）未遂犯的处罚

第 23 条第 2 款 对于未遂犯，可以比照既遂犯从轻或者减轻处罚。

三、犯罪中止

第 24 条 在犯罪过程中，自动放弃犯罪或者自动有效地防止犯罪结果发生的，是犯罪中止。

对于中止犯，没有造成损害的，应当免除处罚；造成损害的，应当减轻处罚。

犯罪中止包括预备阶段的犯罪中止和实行阶段的犯罪中止。犯罪中止的考点有两个：一是犯罪中止的成立条件（自动性，客观性，有效性）；二是犯罪中止的处罚。

（一）成立条件一：自动性

这是指自动放弃犯罪或自动有效地防止犯罪结果发生。这是犯罪中止与犯罪预备、犯罪未遂的关键区分。犯罪中止与犯罪预备，犯罪中止与犯罪未遂的区分标准都是一样的。因此，只讲述犯罪中止与犯罪未遂的区分。

弗兰克公式：能达目的而不欲，为犯罪中止；欲达目的而不能，为犯罪未遂。

这个公式可翻译为：能继续犯罪而自动放弃犯罪，是中止；不能继续犯罪而被迫放弃犯罪，是未遂。因此，需要先判断"能不能继续犯罪（继续犯罪的可能性）"，再判断"欲不欲（想不想）继续犯罪（放弃犯罪的主动性与被迫性）"。前者是判断后者的前提条件。抛开前者，孤立地判断后者没有意义，也无法判断。例如，甲没钱买葡萄，说葡萄很酸，不想吃了。孤立地看，甲主动放弃吃葡萄，是中止，但前提是吃不到葡萄，所以属于被迫放弃，是未遂。

1. 前提条件（外在条件）：具有继续犯罪的可能性。

关于"能不能继续犯罪"的判断，理论上曾有主观说和客观说。这两说均不妥当。理论上现采取折中说。

主观说认为，应根据犯罪人主观看法来确定能不能继续犯罪，犯罪人认为不能继续犯罪，就认定不能继续犯罪。然而，该说并不妥当。例如，甲强奸妇女时，发现妇女长得太磕碜，感到实在无法下手，便放弃。依主观说，甲认为不能继续犯罪，那么便认定为不能继续犯罪。依此，甲便是在不能继续犯罪的情况下被迫放弃犯罪，构成未遂。这种结论并不妥当。

客观说认为，应根据客观条件来确定能不能继续犯罪，从客观角度看能继续犯罪，就认定能继续犯罪。依照该说，上述强奸案中，虽然妇女长得丑，但在客观上能继续强奸，在此前提下放弃犯罪，属于主动放弃，应认定中止。该说在此似乎没问题。但是该说仍存在缺陷。例如，甲强奸妇女，忽然发现对方是自己的亲妹妹，便放弃。依客观说，在客观上对亲妹妹仍能够继续强奸，在此前提下放弃便属于主动放弃，应认定为中止。然而，这种结论并不妥当。对此应认定为未遂。

当今理论上采取折中说：依据社会一般人的看法，看在当时情境下能不能继续犯罪。从社会一般人的角度看，上述强奸案中，对方长得丑，还是可以继续强奸；对方是亲妹妹，便无法继续强奸。

（1）从一般人角度看能继续犯罪，行为人放弃了犯罪，是中止。

例1，甲用刀杀乙，看到乙满脸是血的样子，有点害怕，便放弃。依据社会一般人的看法，可以继续犯罪。此时放弃，是中止。

例2，甲强奸妇女，妇女一边破口大骂，一边嘲笑，甲很羞愧而放弃。依据社会一般人的看法，可以继续犯罪。此时放弃，是中止。

（2）从一般人角度看无法继续犯罪，行为人放弃了犯罪，是未遂。

例1，甲在小树林强奸乙女，小树林里来了一队人马在拍电影，甲见状作罢离去。依据社会一般人的看法，此时无法继续犯罪。此时放弃，是未遂。

例2，甲晚上拦路抢劫路人财物，发现对方是自己父亲，作罢。依据社会一般人的看法，此时无法继续犯罪。此时放弃，是未遂。

2. 主观条件（内在条件）：具有放弃犯罪的主动性，而非被迫性。

前提条件是能继续犯罪，在此前提下放弃犯罪，表明是主动放弃，成立中止。前提条件是不能继续犯罪，在此前提下放弃犯罪，表明是被迫放弃，成立未遂。未遂犯比既遂犯处罚轻，是因为未遂犯的法益侵害性轻，只有危险，没有实害结果。中止犯比未遂犯处罚轻，是因为中止犯的人身危险性（再犯可能性）更小，因为中止犯在主观上是主动放弃犯罪，而未遂犯在主观上是被迫放弃犯罪。

（1）认识错误

行为人对前提条件"能够继续犯罪"有可能产生认识错误，由此影响放弃犯罪的主动性与被迫性。

①行为人以为不能继续犯罪，进而认为只能被迫放弃犯罪，实际上能够继续犯罪。由于行为人主观上是认为被迫放弃犯罪，而非主动放弃犯罪，因此不能认定为中止，只能认定为未遂。例如，甲入室盗窃，忽然听到门外脚步声，以为主人要回家了，赶紧从阳台逃离。实际上是邻居回家的脚步声。甲以为只能被迫放弃犯罪，认为只能未遂，对此不能定中止，应定未遂。

②行为人以为能够继续犯罪，进而认为自己是主动放弃犯罪，实际上不能继续犯罪。由于行为人主观上是认为主动放弃犯罪，而非被迫放弃犯罪，因此不能认定为未遂，只能认定为中止。例如，甲投毒杀乙，乙呕吐不止，甲又生怜悯之心，送乙到医院后其康复。事后鉴定，甲投放的毒药不足以致命。甲以为可以继续而主动放弃犯罪，不能定未遂，只能定中止。

［总结］行为人对前提条件"能够继续犯罪"有认识错误时，按主观上的主动性与被迫性定，主观上认为自己是被迫放弃犯罪的，就定未遂；主观上认为自己是主动放弃犯罪的，就定中止。①

———

① 这种结论被称为主观说。但与前面关于"能不能继续犯罪"的主观说是不同的。传统理论常将二者混淆。

例1，甲强奸乙女，乙女欺骗甲："我来了例假"。甲相信，想了想，放弃强奸。虽然甲受骗，但甲在"能够继续犯罪"上没有认识错误，仍认为能够继续，只是出于嫌恶而主动放弃，定中止。

例2，甲强奸乙女，乙女欺骗甲："我是你失散多年的亲妹妹！"甲相信，放弃强奸。甲受骗，在"能够继续犯罪"上有认识错误，误以为自己不能继续犯罪，认为自己只能被迫放弃犯罪，定未遂。

例3，甲强奸乙女，乙女欺骗甲："我真的喜欢你，但身体不舒服，你晚上来，我等你！"甲相信，放弃强奸，离开现场，晚上来时人去楼空。甲自愿离开现场，愿意晚上再来，表明甲真以为乙喜欢自己，愿意与自己发生性行为。这个受骗内容与上述受骗内容"例假"、"亲妹妹"的性质有所不同。后者影响前提条件"继续犯罪的可能性"，前者直接影响的是主观条件"放弃犯罪的主动性"，直接导致甲主动放弃犯意。甲主动放弃犯罪，定中止。由于中止是终局性形态，所以晚上找不到乙，就不再定未遂。

例4，甲强奸乙女，乙女欺骗甲："我喜欢你，能不能歇会？"甲相信，便松手，两人坐在路边。3分钟后，乙终于看到行人，大声呼救，甲逃离。甲松手，不表示甲主动放弃了犯意，因此不能定中止。最后甲是被迫逃离，定未遂。

（2）特定对象障碍。

这是指行为人的目标是特定对象，该特定对象在客观上不存在，行为人主观上认为只能被迫放弃犯罪，定未遂。

①特定物障碍：特定物不存在而未遂。

例如，赵三盗窃银行的保险柜，好不容易打开后，发现里面只有两元钱，非常失望，转身离去。赵三构成盗窃未遂。赵三的盗窃对象是特定的财物（巨额现金），因为不存在，只能是未遂。即使他拿走了两元钱，因为相对于巨额现金而言，拿走两块钱跟没拿一样，仍是盗窃未遂。

②特定人障碍：特定人不存在而未遂。

例1，张三将王五的照片交给李四（职业杀手），让其干掉王五。李四说："干一行，爱一行，记住了！"便把照片撕了。第二天在大街上发现王五，正准备开枪时，突然发现对方不是王五，赶紧收枪并逃离。由于特定对象不存在，李四只能构成未遂。此时，不能认为李四客观上可以继续杀人，所以定中止。因为此时李四的行为对象是特定的，特定的行为对象不存在，只能认为是无法继续。当然，如果李四将认识错误进行到底并杀了人。这便是同一犯罪构成内的对象认识错误，成立杀人既遂。这时定既遂，是因为李四已经造成危害结果了，只能定既遂。而本案中的李四在最后一刻没有产生认识错误。

例2，甲抓住杀父仇人乙，举刀要砍杀。情形一（真题），乙欺骗甲："我只是执行者，主谋是丙，你应该找他！"甲相信，放掉乙，去找丙。情形二，乙欺骗甲："不是我杀了你父亲，是丙杀了你父亲！你应该找他！"甲相信，放掉乙，去找丙。情形一中，甲在前提条件"能不能继续杀乙"上没有认识错误，认为能继续杀乙，在此前提下放弃杀乙，属于主动放弃，定中止。情形二中，甲在前提条件"能不能继续犯罪"上有认识错误，认为特定对象不存在，不能继续杀乙，在此前提下放弃杀乙，属于被迫放弃，定未遂。

（二）成立条件二：客观性

这是指，成立犯罪中止，要求在客观上行为人实施了中止行为。犯罪中止分为两种：

1. 行为未实行终了，自动放弃。

行为未实行终了时，只要自动放弃，就可以成立中止。

（1）这里的自动放弃，要求是真实彻底的放弃，而非暂时的停顿。例如，甲入室盗窃，发现财物过多，便出门去叫同伙一起搬运，不是盗窃中止。

（2）这里的真实彻底放弃犯罪，是就当时这起犯罪而言，不要求犯罪人日后永远都放弃犯罪。行为人自动放弃当下这起犯罪，就可以成立中止，即使行为人放弃时心怀日后"东山再起"的意思，也不妨碍中止的成立。

（3）自动放弃重复侵害行为成立中止。例如，甲砍了乙3刀，仍没砍死，本可以继续但自动放弃，是中止。

（4）如果实施财产犯罪，转换犯罪对象不算犯罪中止。例如，甲欲盗窃乙家电冰箱，入室后看到笔记本电脑，便放弃电冰箱而窃得笔记本电脑，是盗窃既遂。

2. 行为实行终了，自动放弃犯罪并有效防止犯罪结果发生。

行为实行终了后，要成立中止，不但要求自动放弃，而且要求有效防止犯罪结果发生。这里的防止措施要具备两个条件：一要有足以避免结果发生的性质（可能的有效性）；二要真诚努力地去完成。

例1，甲砍了乙两刀，看到乙流血不止又后悔，给乙伤口放了些纸巾便离去，乙最终死亡。甲的中止行为不具有防止结果发生的性质，不成立犯罪中止。

例2，甲点燃仓库后又后悔，便打了消防电话，然后离去。甲的中止行为没有真诚努力去完成，不成立犯罪中止。

（三）成立条件三：有效性

有效性是指没有发生危害结果（实际的有效性）。即使行为人自动放弃或积极努力防止，但结果仍发生了，也不能成立犯罪中止。

1. 没有发生危害结果

（1）没有发生危害结果，是指没有发生行为人追求或放任的、行为性质决定的危害结果，而不是指没有发生任何结果。因此，犯罪中止可以分为没有造成任何危害结果的犯罪中止和造成一定危害结果的犯罪中止。对这两种中止的处罚是不同的（参见下文）。

例如，王某欲杀死李某，捅了两刀，看到李某流血不止，又心生怜悯，将其送到医院，抢救过来，但仍身受重伤。王某仍成立故意杀人罪的犯罪中止。

（2）因果关系问题。犯罪中止的模型如下：犯罪行为→中止行为（防止措施）→结果未发生。注意：中止行为（防止措施）与结果未发生之间不要求有因果关系，也即结果未发生不要求是中止行为的功劳。

例如，甲投毒杀乙，乙疼痛难忍，甲又后悔，送乙去医院。经查明，毒药不可能致人死亡。甲的抢救措施与乙没有死亡之间没有因果关系，但即使如此，仍认定甲构成故意杀人罪中止。这是因为，本案中甲实际上产生了认识错误，主观上以为能够既遂而主动放弃，实际上客观无法既遂。对这种认识错误，应看主观而定，定中止。

2. 发生了危害结果

一般而言，发生了危害结果，那么行为人就构成犯罪既遂，不构成犯罪中止。但是，如果犯罪行为与危害结果之间没有因果关系，则行为人不构成犯罪既遂，而构成犯罪中止。这种情形被称为有效性的例外。

行为模型：犯罪行为→中止行为（防止措施）→介入因素→危害结果发生。

第一步：判断犯罪是否既遂。对此需要判断犯罪行为与危害结果之间有无因果关系。

例如，甲以杀人故意将乙刺成重伤，又后悔，便开车送乙去医院，在路途中突然发生车祸（由第三人丙或行为人甲的过失引起），车祸导致乙死亡。如果没遇到车祸，乙被送往医院，是能够救活的。第一，介入因素是车祸，比较异常，与甲的杀人行为没有引发关系，二者是独立关系。车祸直接导致死亡，阻断了甲的杀人行为的危险流，因此死亡结果应归属于车祸，而非甲的杀人行为。第二，该案也可以从阻断救助行为角度分析。正常情况下，救助行为能够防止实害结果发生，因为车祸阻断了救助行为，所以导致了实害结果发生。因此，死亡结果应归属于阻断救助的行为（车祸），不归属给先前杀人行为。第三，由于死亡结果不能归属于甲先前的杀人行为，因此甲不构成故意杀人罪既遂，但已经着手了，只剩下犯罪中止和未遂以供选择。由于甲有中止行为（抢救措施），主观上想主动放弃犯罪，而非被迫放弃犯罪，所以不能认定为犯罪未遂，只能认定为犯罪中止。

第二步：罪数问题。上例中，乙的死亡应归因于车祸。若车祸是行为人甲过失引起的，则甲构成交通肇事罪。最终，对甲定故意杀人罪中止和交通肇事罪，数罪并罚。常见的错误是，对甲只定一个故意杀人罪既遂。

（四）犯罪中止的处罚

第 24 条第 2 款　对于中止犯，没有造成损害的，应当免除处罚；造成损害的，应当减轻处罚。

1. 损害结果的认定范围[①]

（1）这里的损害结果不是指既遂结果。

（2）这里的损害结果是刑法要处罚的危害结果。

例 1，甲制服了妇女乙欲强奸，猥亵完了后又不想强奸了。由于刑法处罚强制猥亵妇女这种危害结果，所以甲虽成立强奸罪中止，但属于"造成损害的，应当减轻处罚"，而不能认定为"没有造成损害的，应当免除处罚"。

例 2，甲入户盗窃，翻箱倒柜了好一阵，又不想盗窃了。由于刑法处罚非法侵入住宅的行为，所以甲虽成立盗窃罪中止，但属于"造成损害的，应当减轻处罚"。

例 3，甲抢劫乙，导致轻微伤后，又不想抢劫了。由于刑法不处罚轻微伤这种危害结果，所以甲成立抢劫罪中止，属于"没有造成损害的，应当免除处罚"。

2. 损害结果的因果关系

犯罪中止中有两个行为：一是先前的犯罪行为，二是中止抢救行为。<u>注意</u>：这里的"损害结果"是指先前犯罪行为导致的损害结果，而不包括中止抢救行为导致的损害结果。

例 1，甲投毒杀乙，又后悔，便送乙去医院，路上甲因为过失导致车祸，车祸导致乙重伤。甲成立故意杀人罪中止和过失致人重伤罪，并罚。该重伤结果不是先前杀人行为导致的，所以不属于"造成损害的，应当减轻处罚"，而属于"没有造成损害的，应当免除处罚"。

例 2，甲晚上盗窃仓库，抱着一个五金配件往外走着，又后悔，便返身打算放回去，不慎脱手，砸死了熟睡的保安。甲构成盗窃罪中止和过失致人死亡罪，并罚。该死亡结果不是先前盗窃行为导致的，不属于"造成损害的，应当减轻处罚"，而属于"没有造成损害的，

---

① 参见张明楷：《中止犯中的"造成损害"》，载《中国法学》2013 年第 5 期。

应当免除处罚"。

▎▎**典型真题** ▷

　　甲为杀乙，对乙下毒。甲见乙中毒后极度痛苦，顿生怜意，开车带乙前往医院。但因车速过快，车右侧撞上电线杆，坐在副驾驶位的乙被撞死。关于本案的分析，下列哪些选项是正确的？（2014 年·卷二·53 题）①

　　A. 如认为乙的死亡结果应归责于驾车行为，则甲的行为成立故意杀人中止

　　B. 如认为乙的死亡结果应归责于投毒行为，则甲的行为成立故意杀人既遂

　　C. 只要发生了构成要件的结果，无论如何都不可能成立中止犯，故甲不成立中止犯

　　D. 只要行为人真挚地防止结果发生，即使未能防止犯罪结果发生的，也应认定为中止犯，故甲成立中止犯

四、犯罪既遂

　　犯罪既遂，是指犯罪得逞，也即发生了行为人希望或者放任的、行为性质决定的危害结果。既遂是个主客观的统一体，一方面要求客观上行为人的实行行为制造了危害结果，另一方面要求主观上行为人对危害结果的发生具有故意。

（一）既遂的认定

　　1. 既遂结果是指实害结果，而非危险结果。

　　危险犯，是指行为产生危险时的犯罪称谓；实害犯，是指行为产生实害时的犯罪称谓。危险犯和实害犯不是对立概念，不仅是对罪名的分类，而且是对犯罪阶段情形的分类。同一个犯罪，既可以是危险犯，也可以是实害犯。例如，破坏交通工具罪。将他人汽车的刹车破坏时，产生危险，此时是危险犯；他人开车上路，车毁人亡，造成实害结果，此时是实害犯。

　　旧理论认为，危险犯，只要产生危险就既遂。新理论认为，对于危险犯，产生危险是犯罪的成立要件，造成实害结果才是犯罪的既遂要件，因为犯罪成立和犯罪既遂是两个阶段的不同问题，犯罪成立在前，犯罪既遂在后。

　　例 1，盗窃枪支罪是危险犯，实施盗窃就具有了危害公共安全的危险，但只是成立犯罪，取得了枪支才是既遂。

　　例 2，破坏交通设施罪是危险犯，产生危险只意味着犯罪成立，造成实害结果才表明犯罪既遂。例如，甲欲破坏交通设施，在铁轨上放一大石头，在火车到来之前又后悔便搬了下来。甲将石头搬上铁轨时危险产生，犯罪成立；在实害结果（火车倾覆）发生之前自动消除危险，成立犯罪中止。旧理论认为，甲只要将石头放上去造成危险就既遂，再放下来已经是既遂后的悔过行为。新理论认为，刑法设立犯罪中止是为犯罪分子架起一座回归的金桥。如果过早认定为既遂，不利于鼓励犯罪分子及时中止。

　　［注意］ 有的实害结果本身也有程度之分，只有达到严重程度才既遂。例如，非法侵入住宅罪。刚侵入赶紧退出，不能认定为既遂，只有侵入后严重侵犯了他人住宅安宁权才能既遂。

　　［例外］ 既遂结果是建立在"行为制造危险→危险发展为实害结果"的模型上的。但是，

————————————

① ［答案］ AB。

会出现一些例外。

（1）危险与实害结果难以区分。有些犯罪的行为类型，根据其行为逻辑特征，很难区分出危险与实害结果。认定这些犯罪的既遂，就无法用实害结果的标准，常常用危险的严重程度来衡量。应注意的是，对这些犯罪的既遂，照样不能认为只要实施了行为、产生了危险就既遂，而应是危险达到一定程度才既遂。

例1，组织、领导、参加黑社会性质组织罪。并非一旦实施组织行为就既遂，只有组织成立了黑社会性质组织（具备四个条件），才可能既遂；并非一旦参加该组织就既遂，只有参加后实施了某些违法活动才可能既遂。

例2，煽动民族仇恨、民族歧视罪。并非一旦实施了煽动行为就既遂，只有一定程度破坏了民族团结才可能既遂。

（2）如果按照有些实害结果来认定既遂，会造成保护法益为时过晚的局面。此时只能根据危险发展到一定程度来认定既遂。仍应注意的是，对这些犯罪的既遂，照样不能认为只要实施了行为、产生了危险就既遂，而应是危险达到一定程度才既遂。

例1，诬告陷害罪。并非一旦实施了诬告陷害的行为就既遂，但是等到他人被错判下狱、陷害意图得逞才既遂会为时过晚。所以，司法机关收到并看到诬告材料时就既遂。伪证罪也是同理。

例2，颠覆国家政权罪。并非一旦实施颠覆活动就既遂，但也不能等到颠覆了国家政权才既遂。所以，颠覆活动达到一定危险程度就既遂。

（3）有些危险犯的实害结果被规定为其他罪名的要件，则该危险犯的既遂标准就只有使用危险的严重程度来衡量。

例如，危险驾驶罪。其实害结果（造成交通事故）被规定为交通肇事罪及以危险方法危害公共安全罪的要件。所以，对其便用危险达到一定程度来衡量既遂，而不能要求造成交通事故才既遂。

2. 间接目的犯中的目的是否实现，不影响既遂成立。

目的犯分为直接目的犯和间接目的犯，前者如诈骗罪，其中的"非法占有目的"是直接目的；后者如传播淫秽物品牟利罪，其中直接目的是传播淫秽物品，间接目的是牟利。

直接目的揭示该罪名保护的法益，直接目的的实现意味着法益被侵害，所以是既遂的要求。间接目的往往是此罪与彼罪的界限要素，并不直接揭示该罪所保护的法益，所以是否实现间接目的不是既遂的条件。

例1，诈骗罪的既遂，要求实现非法占有目的。

例2，传播淫秽物品牟利罪的牟利目的是区分该罪与传播淫秽物品罪的界限要素。这两罪保护的法益是健康的文化秩序。行为人牟利目的是否实现与该法益没有直接联系。没赚到钱也会侵害健康的文化秩序。所以，其不是既遂要求。

3. 实害结果应整体看待，而不能孤立看待。

例如，甲敲诈勒索乙的钱财，让乙将钱放到指定地点，否则将乙的丑闻曝光。乙报警后，警察让乙按照甲的指示去放钱，以此诱捕甲。乙将钱放到指定地点，甲刚拿到钱后便被埋伏的警察抓捕。甲是敲诈勒索罪的未遂，而非既遂。

4. 犯罪阶段的要求。既遂结果出现在实行阶段，是由实行行为导致的。如果预备行为偶然导致实害结果，不属于既遂结果，不构成犯罪既遂。

例1，甲欲杀死同事乙，将毒酒放在自己办公桌上，准备晚上给乙喝，然后出门。乙来到甲办公室，不知情竟喝了毒酒，中毒死亡。甲的杀人行为只是预备行为，不构成故意杀人罪既遂，而构成故意杀人罪犯罪预备，同时触犯过失致人死亡罪，想象竞合，择一重罪论处。

例2，甲欲抢劫前面独自行走的妇女，便远远地跟踪。妇女发觉有人跟踪，为了"丢卒保车"，将提包扔下便跑。甲捡到提包，还追上妇女并扇一耳光，骂道："你什么意思？施舍吗？"遂拿着提包离去。甲的抢劫行为只是预备行为，不构成抢劫罪既遂，而构成抢劫罪犯罪预备。甲捡走钱包的行为构成侵占罪，因为妇女没有放弃所有权，只是非自愿地失去对钱包的占有。

5. 因果关系的要求。既遂所要求的实害结果必须与实行行为有因果关系，否则不构成犯罪既遂。也即，若因果链条断裂，则不构成犯罪既遂。

［总结］ 常考情形：

第一，诈骗罪。诈骗罪的行为逻辑结构是：欺骗行为→对方陷入认识错误→对方基于认识错误而处分财物→行为人因此取得财物。如果缺少中间某个环节，则即使有最后环节也是未遂。

例如，甲对胡某实施诈骗行为，胡某识破骗局，但胡某觉得甲穷困潦倒，实在可怜，就给其3000元。甲成立诈骗罪未遂。

第二，敲诈勒索罪。敲诈勒索罪的行为逻辑结构是：恐吓行为→对方产生恐惧心理→对方基于恐惧心理而交付财物→行为人因此取得财物。如果缺少中间某个环节，则即使有最后环节也是未遂。

例如，甲恐吓乙，如果不给1万元就放乙儿子的血，乙实际上是黑社会老大，不但没有恐惧反而很欣赏甲的勇气，便给了甲1万元。因为1万元不是乙基于恐惧而交付的，所以甲是敲诈勒索罪未遂。

第三，抢劫罪。抢劫罪的行为逻辑结构是：暴力胁迫行为→压制对方反抗→对方无法反抗而交付财物→行为人因此取得财物。如果缺少中间某个环节，则即使有最后环节也是未遂。

例如，甲为抢劫而殴打章某，章某逃跑，甲随后追赶。章某在逃跑时钱包不慎从身上掉下，甲拾得钱包后离开。甲的暴力行为和取得财物之间没有因果关系，甲是抢劫罪未遂。至于捡东西的行为，如果章某已对财物失去占有，则甲构成侵占罪。

第四，强奸罪。强奸罪的行为逻辑结构是：强制行为→压制妇女反抗→妇女因为无法反抗而被奸淫。

例如，张二哥使用暴力欲强奸妇女王某，王某挣扎中拉开电灯，发现是同村张二哥，便斥问为何这样，张二哥惭愧退出，王某又喊道："其实我早就喜欢你！"两人遂发生性关系。张二哥成立强奸罪中止，而非既遂。

［提醒］ 许多考生不太注意因果关系与既遂的问题。实际上，这是考试命题的重要角度，应当注意。

（二）各犯罪形态的联系

犯罪形态是终局性的结束，不是暂时性的停顿。就同一起犯罪而言，如果出现了一种犯罪形态后，就不可能再出现其他犯罪形态。例如，出现犯罪预备后，就不可能再出现未遂或中止；出现未遂后，就不可能再出现中止或既遂；出现中止后，就不可能再出现预备或未遂；出现既遂后，就不可能再出现前面的所有形态。

[结论] 就同一起犯罪而言，不可能并存两个犯罪形态，犯罪形态之间是排斥关系，而非并存关系。

终局性结束是四个犯罪形态的共同特征。在判断具体犯罪形态时，应先判断哪个时刻出现终局性形态，然后再判断具体是哪个犯罪形态。一旦确定了是某个犯罪形态，就排斥了其他犯罪形态的成立。

终局性形态的成立条件：第一，客观上，犯罪行为彻底结束；第二，主观上，犯意彻底消除。

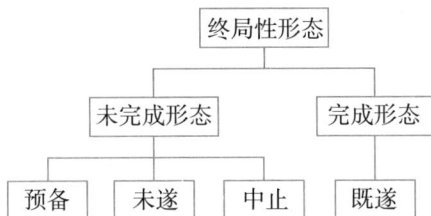

```
                  终局性形态
                 ┌─────┴─────┐
            未完成形态      完成形态
         ┌─────┼─────┐        │
        预备   未遂   中止      既遂
```

1. 既遂排斥中止

犯罪既遂后，不要把事后悔过行为或返还行为当成中止行为。例如，甲盗窃了同宿舍同学的一台笔记本电脑，又后悔，便又悄悄送还，仍是既遂。

2. 既遂排斥未遂

犯罪既遂后，财物又被被害人夺回的，不再成立未遂。例如，甲入户盗窃到乙的箱子，扔到院墙外僻静处，翻墙出来找时没找到，原来被路过的丙拿走了。甲将箱子扔到僻静处时就已经既遂，不能因为后来没找到而变成未遂。

3. 中止排斥未遂

（1）第一个时间节点呈现终局性形态。

例如，甲早上入室强奸妇女乙，乙为了摆脱，谎称："我其实也喜欢你，但此刻身体不舒服，你晚上来，好吗？"甲信以为真，便离去。晚上甲提着为乙买的药品来到乙家，被埋伏的警察抓获。甲早上离开现场后愿意等待大半天晚上再来，表明甲心里真以为乙喜欢自己，甲的强奸的犯意便消除了，心里带着通奸的想法。因此，甲早上离开现场时，犯罪呈现终局性形态，构成犯罪中止，晚上被捕就不能再认定为犯罪未遂。

（2）第一个时间节点未呈现终局性形态。

例1，甲入室要强奸妇女乙，乙为了摆脱，谎称："不要那么急嘛，能不能到楼下买个安全套？我等你。"甲便去买安全套，返回后发现乙已经跑了。甲离开现场买安全套，马上就回来继续，表明甲的强奸犯意并没有真诚、彻底地消除，只是认为乙已经不敢反抗了，自己要享受胜利果实了，因此离开现场时，犯罪并没有呈现终局性形态，返回时才呈现终局性形态，构成未遂。

例2，甲持刀抢劫乙，用刀威胁乙。乙声称："把刀放下，我给钱就是了！"甲便准备收刀。乙趁其不备，用脚踢掉刀，然后将甲制服。甲收刀时，由于犯罪行为没有结束，还要继续要钱，犯意也没有消除，故未呈现终局性形态，此时不构成犯罪中止。被制服时呈现终局性形态，构成未遂。

4. 未遂排斥中止

（1）第一个时间节点呈现终局性形态。

例 1，甲欲杀乙，猛砍 10 刀，乙身受重伤，甲认为乙很快必死无疑，扔掉刀便离开现场。2 小时后，甲为了寻找、藏匿刀回到现场，发现乙还没死，又可怜乙，将其送到医院救活。对此需先判断终局性时刻是哪一刻？客观上，甲离开现场，犯罪行为彻底结束。主观上，在甲离开现场几分钟后，甲认为自己的杀人计划已经实现，此时杀人的犯意便消除了。此时犯罪便呈现终局性形态，由于实际上人没死，所以是犯罪未遂。一旦成立未遂，事后的中止行为便不能成立犯罪中止。①

例 2，上述例 1 中，如果甲 2 小时后为了找刀回到现场，发现乙还没死，便继续砍，砍死乙。甲先是杀人未遂，回来后又砍，属于新的犯罪，并既遂。由于这是针对同一个对象的同种犯罪行为，属于连续犯，只定一个故意杀人罪既遂即可。

（2）第一个时间节点未呈现终局性形态。

例 1，甲砍乙 10 刀，乙重伤昏迷。甲停止观望。10 分钟后，乙苏醒过来，请求甲不要杀自己。甲将乙救活。在砍完 10 刀时，犯罪没有出现终局性形态。甲最终成立犯罪中止。

例 2，丙为了杀害丈夫赵某，在赵某睡觉时将煤气阀门打开，然后出门在院子里等待。半小时后，丙估计时间差不多了，回家查验，发现赵某还没死，还在抽搐，顿生悔意，将赵某救活。丙出门等待时，由于犯意没有消除，所以犯罪并没有出现终局性形态。丙最终成立犯罪中止。

［提示］许多考生只注意犯罪形态之间的区分，例如，预备与未遂、未遂与中止等。实际上，犯罪形态之间的联系也很重要，而且考试方式更隐蔽，应当注意。

---

① 如果乙被送到医院，因伤势过重不治身亡，则不能将甲先认定为未遂，而应整体认定为既遂。这是因为，在甲离开现场几分钟后，甲预见到自己的行为已经导致乙死亡，认为自己的杀人计划已经实现，但实际上是几小时后自己的行为才导致乙死亡。此时，甲对结果的发生时间上有认识错误，与"结果的提前实现"是相同性质的问题。只要杀人行为已经着手实行，并与死亡有因果关系，那么早点致死还是晚点致死，并不重要，相应的这种时间上的认识错误也不重要，甲构成犯罪既遂。换言之，此时需要整体判断，而非阶段性判断。另外，甲也不成立中止，因为中止要求有效性，要求死亡结果没有发生。

11 第十一讲 共同犯罪

特别提示

1. 考试特点。共同犯罪在刑法总论中有三个最：地位最重要，难度最大，理论性最强。自2016年开始，法考明显加大了共同犯罪的考查难度和深度，基本达到研究生的平均水平。因此，对这一章，不能蜻蜓点水、浮于表面、过分简单化，而应掌握共同犯罪的底层逻辑和深刻原理。

2. 案例：狗蛋（10周岁）要强奸小芳，让爷爷望风。爷爷照办。狗蛋强奸既遂。对此如何处理？①

一、基本原理

（一）共同犯罪的本质

共同犯罪要解决的问题是，甲犯了罪、制造了违法事实（法益侵害事实），乙要不要对此负责？古代刑法认为，对此负责的依据是甲乙具有亲属关系，实施连坐或株连九族。亦即，即使乙与甲犯的罪毫无关系，仅仅因为乙是甲的哥哥，乙便要负责。这是基于身份关系而让人承担责任，是一种身份责任，这显然不公平。

现代刑法认为，对此负责的依据是，对于甲制造的违法事实而言，乙具有连带性，亦即乙对甲制造的违法事实具有贡献。这便是所谓的"违法是连带的"，亦即在制造违法事实上，二人具有连带责任。但是，在责任阶层，就制造的违法事实而言，谴责谁、不谴责谁，应分别独立评价。这便是所谓的"责任是个别的"。结论：共同犯罪是指一起制造违法事实，违法是连带的。

考查模型：在违法阶层，甲乙一起制造了违法事实，违法具有连带性，成立共同犯罪；在责任阶层，谴责谁、不谴责谁，该如何谴责，独立进行，对甲乙的谴责结论往往不一致，以此增加试题难度，同时也揭示传统理论的缺陷。

模型1：违法是连带的，在责任阶层，实行者没有责任年龄，帮助者有责任年龄（考过）。例如，狗蛋（10周岁）要强奸小芳，指使爷爷望风。爷爷照办。狗蛋强奸既遂。在违法阶层，狗蛋与爷爷一起制造了违法事实，违法具有连带性。二人构成违法阶层的共同犯

---

① ［答案］狗蛋构成违法阶层的强奸罪的"实行犯"，因未达责任年龄，不追究刑事责任。爷爷构成强奸罪帮助犯，应追究刑事责任。

罪。在责任阶层，无法谴责狗蛋，因为其不具备责任年龄，最终不负刑事责任（或曰不构成强奸罪）；能够谴责爷爷，最终负刑事责任（强奸罪的帮助犯）。若问强奸罪的实行犯在哪里，就是狗蛋，是违法阶层的"实行犯"。四要件体系认为，共同犯罪的成立条件是，犯罪主体必须是具有责任年龄、责任能力的人。依此，狗蛋与爷爷不构成共同犯罪，对狗蛋一开始就做无罪处理。如此，对爷爷便无法定帮助犯，因为要定帮助犯，不能没有实行犯，对爷爷只能无罪处理。这种结论显然是不妥当的。

模型2：违法是连带的，在责任阶层，实行者没有责任能力，帮助者有责任能力（考过）。例如，狗蛋精神病发作，强奸小芳，父亲不阻止，还在旁边望风。在违法阶层，狗蛋与父亲一起制造了违法事实，违法具有连带性。二人构成违法阶层的共同犯罪。在责任阶层，无法谴责狗蛋，因为其不具备责任能力，最终不负刑事责任（或曰不构成强奸罪）；能够谴责父亲，最终负刑事责任（强奸罪的帮助犯）。若问强奸罪的实行犯在哪里，就是狗蛋，是违法阶层的"实行犯"。

模型3：违法是连带的，在责任阶层，实行者没有期待可能性，帮助者有期待可能性。例如，甲盗窃了一批摩托车，要运往外地销售，告知乙真相，让乙提供一辆卡车。乙照办。在违法阶层，甲乙共同制造了违法事实（妨害司法机关追查赃物），违法具有连带性。二人构成违法阶层的共同犯罪（掩饰、隐瞒犯罪所得罪）。在责任阶层，无法谴责甲，因为对其不具有期待可能性，无法期待小偷不窝藏赃物，最终不负刑事责任（或曰不构成掩饰、隐瞒犯罪所得罪）；能够谴责乙，能够期待一般人不要帮犯罪分子窝藏赃物，最终负刑事责任（掩饰、隐瞒犯罪所得罪的帮助犯）。若问该罪的实行犯在哪里，就是甲，是违法阶层的"实行犯"。

模型4：违法是连带的，在责任阶层，实行者没有故意，帮助者有故意。例如（咖啡馆案），咖啡馆老板甲欲杀害老顾客丙，将毒咖啡交给店员乙保管，并告知真相，要求乙在丙下次来时将毒咖啡交给自己。一月后丙到来，乙将毒咖啡交给甲。但甲已经忘记要杀丙，不知是毒咖啡，冲给丙，致丙死亡。在违法阶层，甲乙一起制造了违法事实，违法具有连带性。二人构成违法阶层的共同犯罪。在责任阶层，甲没有杀人故意，构成过失致人死亡罪；乙有杀人故意，构成故意杀人罪的帮助犯。若问实行犯在哪里？就是甲，违法阶层的"实行犯"。传统理论认为，故意犯罪与过失犯罪不能一起构成共同犯罪。依此，对甲乙只能单独处理，如此对乙无法定故意杀人罪的帮助犯，只能做无罪处理。这种结论显然是不妥当的。[1]

［提示］传统理论的误解。传统理论将共同犯罪的"犯罪"理解成名词，将"共同"理解成形容词，将"共同犯罪"理解成"共同的犯罪""相同的犯罪"，认为二人是否构成共同犯罪，主要看二人的犯罪特征有无相同性，要求客观行为相同、主观故意相同、触犯罪名相同等。这是从形式特征来判断，是不妥当的。正确理解应是，共同犯罪的"犯罪"是动词，"共同"是副词，"共同犯罪"是指"共同去犯罪"，也即一起制造违法事实。概言之，判断二人是否成立共同犯罪，应看违法事实的连带性，而非犯罪特征的相同性。

（二）共同犯罪的分类

1. 从结构上看，共同犯罪分为任意共同犯罪和必要共同犯罪。

（1）任意共同犯罪（任意共犯），是指一人能够单独实施的犯罪由二人以上共同实施的

---

① 参见张明楷：《共犯对正犯故意的从属性之否定》，载《政法论坛》2010年第5期。

情形。例如，故意杀人罪、盗窃罪，既可以由一人实施，也可以由二人以上共同实施。

（2）必要共同犯罪（必要共犯），是指必须由二人以上共同实施的犯罪。例如，重婚罪、聚众斗殴罪，不可能由一人实施。必要共犯包括聚众共同犯罪、集团共同犯罪、对向犯。

对向犯（对合犯），是指在行为结构上二人处于对向或相向关系。对向犯包括三种情形：

一是双方的罪名与法定刑相同，例如，重婚罪。

二是双方的罪名与法定刑都不同，例如，行贿罪与受贿罪。

三是只处罚一方的行为（片面的对向犯），例如，贩卖淫秽物品牟利罪，只处罚贩卖者，不处罚购买者。①

2. 从作用来看，共同犯罪分为主犯、从犯、胁从犯。

3. 从分工来看，共同犯罪分为教唆犯、帮助犯、实行犯。例如，甲教唆乙丙共同盗窃丁家。乙提供钥匙，丙入户盗窃。甲是教唆犯，乙是帮助犯，丙是实行犯。教唆犯、帮助犯统称为狭义共犯（广义的共犯就是指共同犯罪人，包括了所有参与犯罪的人）。实行犯又简称正犯。二者的实质区分标准是：对法益的侵害方式不同。实行犯对法益的侵害是直接性的。教唆犯、帮助犯对法益的侵害是间接性的，需要凭借实行犯才能发挥作用。

例1，甲教唆乙抢劫银行。乙抢劫了银行。甲是教唆犯，乙是单独正犯。

例2，甲乙共谋一起抢劫银行，并且一起使用暴力抢劫了银行。甲乙属于共同正犯。

例3，甲指使七岁小孩乙入户盗窃，乙照办。乙是甲的犯罪工具，甲是间接正犯。如果甲亲自盗窃，则甲是直接正犯。

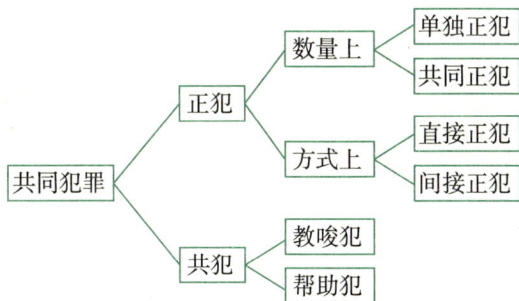

```
                              ┌─── 单独正犯
                   ┌── 数量上 ─┤
                   │          └─── 共同正犯
          ┌── 正犯 ─┤
          │        │          ┌─── 直接正犯
          │        └── 方式上 ─┤
共同犯罪 ──┤                   └─── 间接正犯
          │
          │        ┌─── 教唆犯
          └── 共犯 ─┤
                   └─── 帮助犯
```

由于正犯对法益的侵害具有直接性，是违法事实的直接制造者，因此应先分析正犯，再分析教唆犯、帮助犯等共犯。所以，本讲的顺序是：正犯（共同正犯、间接正犯）→共犯（教唆犯、帮助犯）→共同犯罪的特殊形式（承继的、片面的共同犯罪）→共同犯罪的结合问题（共同犯罪与身份犯、不作为犯、认识错误、犯罪形态的结合）。

典型真题

1. 15 周岁的甲非法侵入某尖端科技研究所的计算机信息系统，18 周岁的乙对此知情，仍应甲的要求为其编写侵入程序。关于本案，下列哪一选项是错误的？（2015 年·

---

① 注意：实际上，这种对向犯中，立法者已经预设另一方不构成犯罪。就此而言，这里所谓的对向犯，仅是从一方构成犯罪的必要条件而言的，也即另一方的存在是一方构成犯罪的条件。但另一方不构成犯罪。因此，这种对向犯实际上不属于共同犯罪。仅是因为与第一、二种情形具有一些共同特征而将其纳入对向犯的概念下一并阐述。

卷二·7 题）①

  A. 如认为责任年龄、责任能力不是共同犯罪的成立条件，则甲、乙成立共犯

  B. 如认为甲、乙成立共犯，则乙成立非法侵入计算机信息系统罪的从犯

  C. 不管甲、乙是否成立共犯，都不能认为乙成立非法侵入计算机信息系统罪的间接正犯

  D. 由于甲不负刑事责任，对乙应按非法侵入计算机信息系统罪的片面共犯论处

  2. 丈夫甲患有间歇性精神病。某日，甲与妻子乙来到父母家，甲与父母因琐事吵架，甲因激动而精神病发作，举刀砍杀父母。乙在一旁观看，没有阻止。父母被砍死后，乙带着甲离开现场。回家后，乙发现自己和甲的衣服上带有血迹，便用洗衣机洗掉。对甲乙该如何处理？（2018 年）②

二、共同正犯

（一）违法的连带性

  共同正犯（共同实行犯），是指共同实施实行行为，共同制造违法事实。例如（抢银行案），甲乙共谋一起抢劫银行，甲持枪压制银行职员，乙用麻袋装钱。甲乙共同制造了违法事实，构成共同正犯。共同正犯的成立条件是，二人共同制造了违法事实，也即违法具有连带性。违法具有连带性的条件是，行为人对违法事实具有贡献，具体而言：（1）客观上，行为人有参与行为，具有相互协作的关系和贡献。（2）主观上，行为人有相应的参与意识。

  共同正犯关系图：

  1. 参与意识

  第一，参与意识，是指意识到自己在参与他人的违法事实。这里的参与意识不等于正犯自己的犯罪故意。例如上述抢银行案中，乙的参与意识是指意识到自己在参与甲的抢劫银行。乙自己的犯罪故意是指乙实施抢劫罪的犯罪故意；这是针对自己的犯罪行为所持的故意心理。自己的抢劫罪要具有客观要件（犯罪行为）和主观要件（犯罪故意）。而参与意识是针对他人的犯罪所持的参与心理。提示：传统理论将参与意识与犯罪故意相混淆，进而要求成立共同犯罪（共同正犯），需要具有相同的犯罪故意。实际上，成立共同犯罪（共同正

---

  ① ［答案］根据两阶层的犯罪构成体系，犯罪概念可以阶层化理解。共同犯罪中的"犯罪"概念，也应如此理解。甲乙在违法阶层构成共同犯罪，甲是实行犯，乙是帮助犯，也是从犯；在责任阶层，甲因为未达刑事责任年龄，不负刑事责任，乙应负刑事责任。乙对甲没有支配力，不成立间接正犯。片面共犯是指一方有参与犯罪的意识，另一方没有参与犯罪的意识。题中甲乙均有参与犯罪的意识。本题答案：D。

  ② ［答案］在违法阶层，甲乙一起制造了违法事实，成立共同犯罪，甲是实行犯，乙是不作为的帮助犯。在责任阶层，甲无责任能力，无法谴责甲，不负刑事责任；乙有责任能力，应负刑事责任。由于二人是共犯关系，因此乙毁灭证据的行为不构成帮助毁灭证据罪。这是因为，为自己或同案共犯人毁灭证据，不具有期待可能性。

犯），需要的只是参与意识，而非相同的犯罪故意。

第二，如果一方有参与意识，另一方没有参与意识，则属于片面的共同犯罪。例如，乙得知甲欲强奸丙女，独自来到丙家，将其打晕，然后退出，甲来到后以为丙自己昏倒，强奸了丙，不知道有人在暗中帮助自己。对于片面的共同犯罪，后文专门论处。

第三，如果双方均没有参与意识（没有意思联络），则属于同时犯，不构成共同犯罪。例如，甲向丙开枪，乙在另一处也向丙开枪，甲乙互不知情；甲击中丙，乙未击中。甲构成故意杀人罪既遂，乙构成故意杀人罪未遂，因为乙与甲的违法事实没有连带性，不构成共同正犯，不需对甲的既遂结果负责。

2. "部分实行、全部负责"

二人成立共同正犯，则意味着在制造违法事实上具有连带性。因为违法具有连带性，所以产生"部分实行、全部负责"的处理原则。这是指，某个正犯虽然只实施了一部分的实行行为，但也需要对其他正犯制造的违法事实负责。

[注意] 无法查明的情形。

例1，甲乙基于意思联络，共同向丙开枪，欲杀丙，丙死亡，只有一枪致命，但无法查明致命的子弹是谁打的。由于甲乙构成共同正犯，根据部分实行、全部负责的原则，此时无需查明是谁打的，因为每个人均需对另一人制造的结果负责。因此，甲乙均构成故意杀人罪既遂。

例2，甲乙互不知情，在不同地点同时向丙开枪，欲杀丙，丙死亡，只有一枪致命，但无法查明致命的子弹是谁打的。由于甲乙不构成共同正犯，而属于同时犯，违法行为不具有连带性，不能适用"部分实行、全部负责"的原则。对此只能适用存疑时有利于被告原则，有利于被告的结论就是甲乙各自构成故意杀人罪未遂。这是因为，只有两种可能：一是甲开枪打死了丙，此时甲构成既遂，乙对此不用负责；二是乙开枪打死了丙，此时乙构成既遂，甲对此不用负责。最终，让甲负责，有一半的可能性会冤枉甲；让乙负责，也有一半的可能性会冤枉乙，基于存疑时有利于被告原则（也是保障人权的原则），甲乙均不需对结果负责。

（二）形式的"相同性"

共同正犯中的"共同"，是指一起参与。共同正犯的成立条件是一起制造了违法事实，违法具有连带性。很遗憾，传统理论在此存在重大误解，将共同正犯的"共同"理解成"相同"，在判断二人是否构成共同正犯时，主要判断二人犯罪的相同性程度，主要考察客观行为是否相同、主观故意是否相同、触犯罪名是否相同，由此发展出完全犯罪共同说和部分犯罪共同说。

例1，甲隐瞒杀人意图，对乙说："我们一起教训丙！"乙答应。二人在黑暗中共同踹丙。丙身受重伤，抢救无效死亡。能够查明，致命的是踹到心脏的一脚，但无法查明是谁踹的这一脚。

例2，甲乙用一把枪比赛枪法，轮流射击前方树上挂着的瓶子。远处一个行人丙被打死。能够查明，致命的只有一颗子弹，但无法查明致命子弹是谁打的。

1. 完全犯罪共同说与部分犯罪共同说

第一，完全犯罪共同说。该说认为，成立共同正犯，要求二人客观行为、主观故意、触犯罪名均完全相同。上述例1，甲构成故意杀人罪，乙构成故意伤害罪，三项指标完全不同，所以不构成共同正犯。由此带来的问题是，只能对甲乙各自单独定罪，对对方的违法事实不具有连带性。根据存疑时有利于被告原则，由于无法证明因果关系，就不能将死亡结果归因到甲或乙的头上。对甲只能以故意杀人罪未遂论处，对乙只能以故意伤害罪论处，不构成故意伤害罪致人死亡。这显然是不合理的。

第二，部分犯罪共同说。该说认为，成立共同正犯，只要求客观行为有部分相同，主观要求是故意心理，但故意内容只要求部分相同，不要求定相同罪名。上述例 1，甲乙在故意伤害的范围内存在重合（杀人的行为和故意包含了伤害的行为和故意），所以甲乙在故意伤害罪的范围内成立共同正犯。这样就可以启动"部分实行、全部负责"原则，也即在无法查明是谁致人死亡时，无需查明，因为即使查明是其中一人所致，另一人也要负责。甲乙在故意伤害罪的范围内成立共同犯罪，甲以故意杀人罪既遂论处，乙以故意伤害罪致人死亡论处。

虽然部分犯罪共同说比完全犯罪共同说合理，但是无法妥当解决例 2。部分犯罪共同说要求二人主观是故意心理，才能成立共同正犯。依此，由于甲乙对行人丙的死亡只有过失心理，所以不构成共同正犯。对甲乙只能各自单独处理，看是否构成过失致人死亡罪。根据存疑时有利于被告原则，由于无法证明因果关系，就无法将死亡结果归属到甲或乙的头上，而过失致人死亡罪的成立要求死亡结果与过失行为之间有因果关系。因此，甲乙都不构成过失致人死亡罪。然而，丙的死亡就是甲乙二人一起导致的，二人却不用负责，显然不合理。

2. 行为共同说

该说认为，共同正犯的成立条件是，二人一起制造违法事实，在制造违法事实上具有连带性，具有连带性的条件是，客观上行为具有协作关系，主观上具有相应的参与意识。共同正犯在本质上是违法阶层的犯罪样态。"违法是连带的，责任是个别的"，各行为人主观上是故意心理还是过失心理，那是责任阶层的事情，不影响共同正犯的成立，因此不要求各行为人主观是故意心理。此外，最终给各行为人定什么罪名，也不要求相同。构成共同正犯是一回事，定什么罪名是另一回事。

例 2 中，甲乙一起比赛枪法，客观行为具有协作关系，主观上也有相应的参与意识，一起制造了违法事实，具有连带性，构成共同正犯。这样就可以启动"部分实行、全部负责"原则，也即在无法查明是谁致人死亡时，无需查明，因为即使查明是其中一人所致，另一人也要负责。结论：甲乙构成共同正犯，均以过失致人死亡罪论处。

［总结］ 总结观点展示

共同的标准	客观实行行为	主观要件	定罪罪名
完全犯罪共同说（被淘汰）	完全相同	必须是故意，故意内容完全相同	完全相同
部分犯罪共同说	部分相同	必须是故意，故意内容部分相同	可以不同
行为共同说	相互协作	只需要有参与意识，故意、过失在所不问	可以不同

在共同正犯的成立条件上，存在观点展示：一是部分犯罪共同说，二是行为共同说。①

---

① 需要说明的是，部分犯罪共同说、行为共同说是针对共同正犯而言的。就教唆犯、帮助犯而言，不存在这些学说问题。这是因为，第一，客观要件。教唆行为、帮助行为与正犯行为不可能相同，不存在相同性的判断问题。例如，甲在外望风，乙入户盗窃丙家。甲的帮助行为与乙的实行行为不可能相同，无法判断相同性的程度问题。第二，主观要件。教唆者、帮助者要成立教唆犯、帮助犯，必须具有教唆故意、帮助故意，也即教唆犯、帮助犯必须是故意犯罪。这在理论上没有争议。

目前尚未形成哪种学说是多数说。因此考试考查的是观点展示，没有考查成唯一定论，选择哪种都会给分。

部分犯罪共同说的缺陷在于，将目光聚焦于客观行为、主观故意在形式上的相同性，这是一种形式化的做法。

行为共同说的优点在于，抓住了共同正犯的本质，也即违法是否具有连带性。[1] 行为共同说受到的批评是，虽然有道理，但不符合我国刑法规定，因为刑法第 25 条规定："共同犯罪是指二人以上共同故意犯罪。二人以上共同过失犯罪，不以共同犯罪论处；应当负刑事责任的，按照他们所犯的罪分别处罚。"对此，行为共同说的解释是，该条文中的"共同犯罪"，是指共同犯罪的常见情形，而非共同犯罪的所有情形。共同犯罪的常见情形的确是共同故意犯罪。所以，第 25 条的意思是：共同犯罪的常见情形是指二人以上共同故意犯罪。二人以上共同过失犯罪，不以共同故意犯罪论处；应当负刑事责任的，按照他们所犯的罪分别处罚。

[总结] 无法查明的四种情形：

案情	查证情况	结论
甲乙有意思联络，共同向丙开枪，丙死亡		由于甲乙是共同正犯，根据"部分实行、全部负责"，甲乙对死亡结果都要负责，都构成故意杀人罪既遂
甲乙有意思联络，共同过失，同时向丙开枪，丙死亡。例如，甲乙一起打猎，都以为前方有野兔，说："咱们一起开枪。"结果打死了小孩	事后查明，只有一枪致命，但无法查明致命一枪是谁打的	根据行为共同说，甲乙构成共同正犯，基于"部分实行、全部负责"原则，都构成过失致人死亡罪 根据部分犯罪共同说，甲乙不构成共同正犯，需单独处理。根据存疑时有利于被告原则，甲乙都无罪
甲乙没有意思联络，同时向丙开枪，丙死亡		甲乙不构成共同正犯，需单独处理。根据存疑时有利于被告原则，甲乙都构成故意杀人罪未遂，而非既遂
甲乙没有意思联络，均过失导致子弹飞向丙，丙死亡		甲乙不构成共同正犯，需单独处理。根据存疑时有利于被告原则，甲乙都不构成过失致人死亡罪，都无罪

（三）共同正犯的类型

1. 其他具有支配作用的共同正犯

共同正犯主要是指共同实行犯。实行犯的特点是对法益的侵害具有直接性或支配性。然而，有些参与人实施的行为虽然不是实行行为，对法益的侵害不具有直接性，但是对法益的侵害具有支配性，这种参与人也被称为正犯。因此，共同正犯包括两种类型：一是共同实行犯，二是其他具有支配作用的共同正犯。[2]

例 1，甲乙基于意思联络，甲从后面死死抱住丙，乙拳击丙的头部，致丙重伤。乙的行为对法益的侵害具有直接性，是实行行为，乙是实行犯。虽然甲的行为对法益的侵害不具有直接性，不是故意伤害罪的实行行为，但对法益的侵害具有支配性，少了该行为的配合，乙

---

① 参见张明楷：《刑法学》（第五版），法律出版社 2016 年版，第 394 页。
② 由于正犯主要是指实行犯，因此，除了特别说明，后文所称的正犯是指实行犯。

不能顺利实施伤害行为。虽然无法称甲为实行犯，但可称甲为正犯。甲乙构成共同正犯。

例2，甲乙基于意思联络，甲破解开保险柜的门，乙从里面拿钱。乙的行为是盗窃罪的实行行为（将财物转移占有），是实行犯。甲的行为不是盗窃罪的实行行为，但对法益的侵害具有支配性，是正犯。甲乙构成共同正犯。

例3，甲乙基于意思联络，将丙堵在胡同中，甲上前杀了丙。乙也是共同正犯。

2. 共谋共同正犯

其他具有支配作用的共同正犯中，比较重要的是共谋共同正犯。这是指甲乙共同谋议实行犯罪，但后来只有乙去实施的犯罪现象。甲未去实施的情形有两种：

（1）在共同谋议时，甲便决定不去，也即甲只参加谋议，但不去实施。例如，甲是黑社会老大，与手下乙商量谋杀丙，策划好后，由乙执行。

（2）在共同谋议时，甲决定去实行犯罪，但由于主观原因或客观原因未去实施。例如，甲乙共谋杀害丙，策划好后，甲乙分别赶往现场，甲在去现场途中低血糖发作晕倒，乙独自杀了丙。

未去实施的甲，虽然缺少实行行为，但可以成立共谋共同正犯，条件是：其谋议行为对犯罪的发展起到重要支配作用。

例1（2014年试题卷二第54题），甲乙共谋傍晚杀丙，甲向乙讲解了杀害丙的具体方法。傍晚乙如约到达现场，但甲却未去。乙按照甲的方法杀死丙。甲的谋议行为起到了支配作用，成立共谋共同正犯，也构成故意杀人罪既遂。

例2，甲与乙共谋实施诈骗，甲将自己策划周密的诈骗方案告诉乙，由乙按照甲策划的内容具体实施诈骗行为，乙遵照该方案，顺利地诈骗既遂。甲的谋议行为起到了支配作用，成立共谋共同正犯。由于违法具有连带性，甲也构成诈骗罪既遂。

[总结] 共谋共同正犯与其他概念的区分。

第一，共谋共同正犯。甲乙共同谋议，甲的谋议对犯罪的发展具有支配作用，构成共谋共同正犯。

第二，心理性帮助犯。甲在共谋过程中随声附和，没有发挥支配作用，也没有亲自参与实行，则不构成共谋共同正犯，只能认定为心理性帮助犯（后文会讲述）。

第三，教唆犯。甲有犯意，乙无犯意，甲教唆乙产生了犯意，但甲对乙本人及犯罪的发展没有支配作用。甲是教唆犯。

第四，间接正犯。甲有犯意，乙无犯意，甲对乙本人具有支配作用，乙是甲的犯罪工具。甲是间接正犯。

三、间接正犯

这是指利用非正犯的人实施犯罪，将他人作为自己犯罪的工具。例如，甲指使8岁小孩去盗窃。

间接正犯的成立条件：对实行者具有支配力。一个人对他人能形成支配力，主要源于三种情形：一是强制手段，二是欺骗手段，三是法律规定的要素。

（一）强制手段

1. 迫使无责任年龄的人实施犯罪

例如，甲拐骗到一个8岁小孩后，迫使其去盗窃。甲除了构成拐骗儿童罪外，还构成盗窃罪的间接正犯。甲对小孩有支配力，小孩成为甲实施盗窃的工具。如果甲没有迫使，而是欺骗，则也构成间接正犯，属于通过欺骗而获得支配力。

[注意] 传统理论认为，指使未达责任年龄的人，就一定构成间接正犯；指使达到责任年龄的人，就一定构成教唆犯。这种看法不合理。年龄只是个形式特征。应当实质判断行为人对未达责任年龄的人有无支配力。虽然被利用人年龄差一点，但已具有规范意识（能认识到行为的危害性）、独立作案能力，在实质上已类似于成年人，行为人对其不具有支配力，行为人不构成间接正犯，而构成教唆犯。

例1，乙15周岁，曾因盗窃被公安机关管教过，又经常盗窃。甲唆使乙盗窃，乙照办。此时，甲不构成间接正犯，而仅仅构成教唆犯。

例2，乙15周岁，虚报年龄，考取公务员，成为一名警察。普通公民甲唆使乙刑讯逼供犯人丙。若依传统理论，甲不构成刑讯逼供罪的教唆犯，而构成刑讯逼供罪的间接正犯，但是，甲无司法工作人员身份，不能构成刑讯逼供罪的间接正犯。如此，对甲便无法处理。而根据实质判断，由于甲对乙无支配力，只能构成刑讯逼供罪的教唆犯。因此，上述传统理论并不妥当。

2. 强迫他人实施犯罪

例1，甲用枪指着乙，强迫乙猥亵丙。乙被迫照办。甲构成强制猥亵罪的间接正犯。乙可构成受强制的紧急避险。

例2，甲意图害死乙，唆使乙伤害丙，丙基于正当防卫打伤乙。由于甲对乙没有支配力，对丙也没有支配力，因此甲不构成故意伤害罪的间接正犯，甲仅是乙的故意伤害罪的教唆犯。

3. 强迫被害人实施自损行为

例如，君叫臣死，臣不得不死，大臣被迫自杀。皇上对大臣具有支配力，构成故意杀人罪的间接正犯。

（二）欺骗手段

1. 引诱无责任能力的人

例如，甲引诱精神病患者乙窃取财物。甲构成盗窃罪的间接正犯。由于乙缺乏辨认能力，被甲当作犯罪工具。如果甲强迫乙去盗窃，也构成间接正犯，属于通过强制手段形成支配力。

2. 欺骗他人，利用他人有过失的行为

例1，医生将毒针交给护士，欺骗护士，吩咐其给病人注射，护士本应按规定检查针剂，但因为过于相信医生的权威而未检查并照办。医生是故意杀人罪的间接正犯，护士属于过失致人死亡（有可能构成医疗事故罪）。

例2，甲明知前方是王某，却对乙谎称前方有野兽，递给乙一把猎枪让乙射击。乙没有仔细察看便射击，打死了王某。乙构成过失致人死亡罪，甲构成故意杀人罪的间接正犯。

3. 欺骗他人，利用他人有犯罪故意的行为

例1，乙不知道丙坐在高档穿衣镜后面，而甲知道，甲为了杀死丙，唆使乙向穿衣镜开枪，穿衣镜被打碎，丙也中弹身亡。乙成立故意毁坏财物罪（实行犯）和过失致人死亡罪，想象竞合，择一重罪论处。甲成立故意毁坏财物罪（教唆犯）和故意杀人罪的间接正犯，想象竞合，择一重罪论处。

例 2，甲交给乙一包面粉，谎称是毒品，让乙卖给丙，所得货款一起分。乙不知情，竟然成功卖给了丙。丙不知情，支付了 1 万元。乙不构成贩卖毒品罪，属于不能犯；乙也不构成诈骗罪，因为没有诈骗丙财物的故意。甲构成诈骗罪的间接正犯，将乙作为实施诈骗的工具。

例 3，甲教唆乙抢劫丙车上的箱子，谎称是普通财物，实际上是救灾物资。乙不知情而照办。乙仅构成普通的抢劫罪（将救灾物资包容评价为普通财物）。甲同时触犯普通抢劫罪的教唆犯和加重型抢劫罪（抢劫救灾物资）的间接正犯，想象竞合，择一重罪论处。

4. 欺骗被害人实施自损行为

例 1，甲明知前方有陷阱，欲杀害乙，欺骗乙开车前往。乙掉入陷阱死亡。甲构成故意杀人罪的间接正犯。

例 2，甲带着毁坏财物的意图，欺骗乙："你家那宠物狗已感染传染病，赶紧丢弃了！"乙相信便将价值 1 万元的宠物狗丢弃。甲构成故意毁坏财物罪的间接正犯。

例 3，丈夫 A 和妻子 B 吵架后离家出走，有杀 B 故意的邻居 C 告诉 B："你假装上吊，我马上打电话叫 A 回来看看，吓吓他，让他以后不敢再和你争吵。"B 听从 C 的意见，将搭在房梁上的绳子套在脖子上，C 便离开，B 很快吊死。C 就属于利用被害人的行为达到杀人目的的间接正犯。①

（三）法律规定的要素

刑法规定，有些犯罪的成立需要特定身份或目的，这些犯罪被称为身份犯、目的犯。有身份者、有目的者利用无身份者、无目的者实施犯罪，有身份者、有目的者构成身份犯、目的犯的间接正犯。其对被利用者的支配力并非来自欺骗或强制，而是来自刑法规定的这些特定要素（身份、目的）。这是法律拟制的支配力。

1. 有身份者利用他人无身份的行为

例如（刑讯逼供案），甲（警察）欲刑讯逼供犯罪嫌疑人丙，将乙（普通公民）带进讯问室，指使乙殴打丙，乙将丙打成重伤，甲然后讯问丙，丙害怕再被打，老实交代了。从乙的角度看，乙构成故意伤害罪（实行犯），甲没有欺骗、强迫乙，对乙没有事实层面的支配力，只能构成故意伤害罪的教唆犯。从甲的角度看，甲利用了职权，指使乙实施肉刑，自己实施逼供，应构成刑讯逼供罪，但是刑讯逼供罪的实行行为是肉刑加逼供，甲没有亲自实施肉刑，只能构成刑讯逼供罪的间接正犯。按理说，由于甲对乙没有支配力，应该定教唆犯，但是，有教唆犯就应有实行犯，而乙不能构成刑讯逼供罪的实行犯，因此只能给甲定刑讯逼供罪的间接正犯。这种支配力源于法律规定，法律规定甲有特定身份，甲源于法律规定的身份而具有支配力。相应的，乙构成刑讯逼供罪的帮助犯。甲乙同时触犯两个罪，想象竞合，择一重罪论处。

［注意1］传统理论认为，间接正犯是一种单独犯罪的现象，间接正犯与被利用人不构成共同犯罪。这种看法不合理。间接正犯也是正犯（实行犯）的一种，只要是正犯，就有资格给自己配备共犯（教唆犯、帮助犯）。例如，上述刑讯逼供案中，甲构成刑讯逼供罪的间接正犯，乙构成刑讯逼供罪的帮助犯。二者构成共同犯罪。

［注意2］有些案件中，利用者实施了实行行为，则不构成间接正犯，而构成直接正犯。

---

① 参见周光权：《刑法总论》（第三版），中国人民大学出版社 2016 年版，第 330 页。

例如，官员甲与老板丙谈好一笔权钱交易，甲指使妻子乙（普通公民）去收钱。受贿罪的实行行为是权钱交易，因此，甲构成受贿罪的直接正犯，乙构成受贿罪的帮助犯。

[注意3] 上述讨论的是有身份者利用无身份者。相反，无身份者利用有身份者实施身份犯，则无身份者不构成身份犯的间接正犯，只能构成教唆犯。

例1，甲谎称为了看病需要钱，唆使乙（国有公司出纳，国家工作人员）挪用公款10万元给自己，3个月内归还。乙信以为真并照办。甲实际上拿着公款去贩卖毒品，3个月内归还给了乙。挪用公款罪是身份犯，要求具有国家工作人员身份。要构成该罪的正犯（包括直接正犯、间接正犯）要求具有该身份。甲不具有该身份，不构成挪用公款罪的间接正犯。这表明，虽然甲欺骗了乙，对乙形成了支配力，但由于没有法律规定的身份，甲无法构成挪用公款罪的间接正犯。这也表明，具有支配力只是成为间接正犯的必要条件，而非充分条件。甲具有教唆挪用公款的故意和行为，构成挪用公款罪的教唆犯，教唆犯不要求有特殊身份。追问实行犯在哪里？就是乙。乙虽然最终不构成挪用公款罪，但违法阶层实施了挪用公款的危害行为，也即客观上将公款挪给甲实施贩毒，属于违法阶层的"实行犯"。

例2，甲冒充警察，声称需要取证，让邮政工作人员乙开拆许多信件。私自开拆邮件罪（刑法第253条）是身份犯，要求具有邮政工作人员身份。甲不具有该身份，不构成该罪的间接正犯。但甲可以构成该罪的教唆犯。追问该罪的实行犯在哪里？就是乙，属于违法阶层的"实行犯"。此外，侵犯通信自由罪（刑法第252条）不是身份犯，一般人都能构成。甲构成侵犯通信自由罪的间接正犯，通过欺骗手段形成支配力。甲触犯两罪，想象竞合，择一重罪论处。

2. 有目的者利用他人无目的的行为

例1，甲欲对丙实施绑架罪，欺骗乙："丙欠我10万元，一直不还，你负责把他关押起来，我讨回债，分你一点。"乙信以为真并照办。绑架罪是目的犯，要求具有勒索第三人财物的目的。绑架罪的实行行为是实力控制人质。刑法第238条第3款规定，为索取债务而扣押他人，不定绑架罪，而定非法拘禁罪。从乙的角度看，乙没有勒索第三人财物的目的，只构成非法拘禁罪的实行犯，甲构成教唆犯。从甲的角度看，甲具有勒索第三人财物的目的，构成绑架罪的间接正犯，这种支配力源于法律规定，法律规定绑架罪是目的犯，而只有甲具有这种目的。甲触犯两罪，想象竞合，择一重罪论处。①

例2，甲唆使乙："你有公益心，你可以给村民免费播放黄色录像，丰富群众生活。"乙答应并照办。实际上甲有牟利目的，暗中收取观众费用。刑法规定了传播淫秽物品罪和传播淫秽物品牟利罪，后者要求有牟利目的，但不要求有牟利行为，牟利行为不是该罪的实行行为。从乙的角度看，乙构成传播淫秽物品罪（实行犯），甲构成教唆犯；从甲的角度看，甲构成传播淫秽物品牟利罪的间接正犯。甲触犯两罪，想象竞合，择一重罪论处。②

[引申] 间接正犯与共同正犯的结合。例如，甲命令乙（10岁）进入超市行窃。乙在超市里遇到好伙伴丙（8岁），乙提议丙和自己一起行窃，丙答应。乙窃得3000元物品，丙窃得5000元物品。乙和丙在客观违法层面是共同正犯（只是未达责任年龄而免责），根据"部分实行、全部负责"的原则，乙对丙的盗窃结果要负责，也即窃得8000元。由于甲是乙的

---

① 乙是否构成绑架罪的帮助犯，理论上存在肯定说与否定说的观点展示。
② 乙是否构成传播淫秽物品牟利罪的帮助犯，理论上存在肯定说与否定说的观点展示。

盗窃的间接正犯，对乙的盗窃所得要负责，所以盗窃数额是 8000 元，也即实际上对丙的盗窃结果也要负责。

四、狭义共犯

狭义共犯是教唆犯和帮助犯的统称，也简称共犯。共犯与正犯的关系体现在两个方面：一是必要条件（前提条件），二是充分条件。

（一）必要条件（共犯的从属性）

1. 违法的从属性

例1，甲教唆乙盗窃，乙表面答应，实际上没有去。次日，乙欺骗甲盗窃了。

例2，甲帮助乙盗窃，在墙外望风，实际上乙没有实施盗窃，而是回家睡觉了。次日，乙欺骗甲盗窃了。

共犯独立性说认为，即使乙（正犯）没有实施犯罪，没有制造违法性（法益侵害性），甲（共犯）也构成犯罪。也即甲（共犯）成立犯罪，不以乙（正犯）成立犯罪为前提，共犯在成立犯罪上具有独立性。共犯独立性说的重要理由是甲（共犯）主观上具有教唆或帮助他人犯罪的故意。这是主观主义立场。

共犯从属性说认为，正犯是直接实施犯罪的人，对法益的侵害具有直接性；共犯只是促使犯罪、帮助犯罪的人，对法益的侵害具有间接性，需借助实行犯去实施犯罪才能实现对法益的侵害。如果实行行为缺位，教唆行为、帮助行为便失去了凭借，对法益便不具有侵害的危险。这样，教唆行为、帮助行为便不会成为危害行为，也就不构成犯罪。这种定罪思维符合客观主义立场。共犯从属性说正确说明了共犯与正犯的必要条件关系，是法考的官方立场。

共犯对正犯具有从属性，体现在两个方面：第一，违法性（法益侵害性）上，实行者没有违法性，则教唆者、帮助者也没有违法性，进而无罪。第二，犯罪形态上，教唆犯、帮助犯的犯罪形态取决于实行犯。当实行犯尚在预备阶段，则教唆犯、帮助犯只能找预备阶段的犯罪形态；当实行犯进入实行阶段，则教唆犯、帮助犯只能找实行阶段的犯罪形态。

［总结］共犯与正犯的关系：

案情	正犯的表现	共犯的结论
甲教唆或帮助乙犯罪	乙根本未去犯罪，无罪	甲无罪
	乙在预备阶段，犯罪中止	甲构成犯罪预备
	乙在预备阶段，犯罪预备	甲构成犯罪预备①
	乙在实行阶段，犯罪中止	甲构成犯罪未遂
	乙在实行阶段，犯罪未遂	甲构成犯罪未遂
	乙在实行阶段，犯罪既遂	甲构成犯罪既遂②

2. 责任的独立性

共犯对正犯的从属性，是指违法阶层的从属性。也即实行者的行为不具有违法性，则教

---

① 实务中一般对实行犯的犯罪预备或中止不予处罚，对教唆犯、帮助犯的犯罪预备更不处罚，所以对教唆犯、帮助犯的犯罪预备可以作无罪处理。

② 这是一般性的结论。教唆犯、帮助犯要构成犯罪既遂，还要求与实行犯的既遂结果具有因果性。

唆者、帮助者的行为也不具有违法性。在责任阶层，共犯与正犯具有独立性，也即"责任是个别的"。

例1，甲（15岁）入户盗窃，乙（20岁）帮助望风。在违法阶层，甲的行为具有违法性；在责任阶层，甲未达责任年龄；最终对甲作无罪处理。但是，不能因为甲无罪，便对乙也作无罪处理。这是因为，在违法阶层，甲的行为具有违法性，乙提供帮助，也具有违法性，在违法上具有连带性；在责任阶层，乙达到责任年龄，应负帮助犯的刑事责任。

例2，甲杀了人，要碎尸以便毁灭证据，乙为其提供刀具。在违法阶层，甲的行为具有违法性，毁灭证据，妨害司法机关侦查活动；在责任阶层，甲因为是本犯人，不具有期待可能性，刑法不能期待杀人犯不去碎尸或毁灭证据；最终对甲作无罪处理。但是，不能因为甲无罪，便对乙也作无罪处理。这是因为，在违法阶层，甲的行为具有违法性，乙提供帮助，也具有违法性，在违法上具有连带性；在责任阶层，对乙具有期待可能性，构成帮助毁灭证据罪。

例3，甲杀了人，教唆乙为其碎尸，乙照办。在违法阶层，乙的行为具有违法性，毁灭证据，妨害司法机关侦查活动；甲教唆乙制造违法事实，也具有违法性，违法是连带的。在责任阶层，乙具有期待可能性，最终定帮助毁灭证据罪；对甲不具有期待可能性，不定帮助毁灭证据罪的教唆犯。例2与例3是不同的姊妹情形，注意区分，通过对比分析，提高这一板块知识点所要求的逻辑思维能力。

（二）充分条件（共犯的贡献）

在违法性上，必要条件是指，若正犯无违法性，则共犯也无违法性；但不意味着，若正犯有违法性，则共犯必然有违法性。正犯有违法性只是共犯有违法性的前提条件（必要条件）。共犯要有违法性，还要求自身对正犯制造的违法事实有贡献。这便是共犯具有违法性的充分条件。教唆犯的贡献体现在，引起正犯制造违法事实。帮助犯的贡献在于，促进正犯制造违法事实。也即，共犯对于正犯制造的违法事实具有连带性（违法是连带的）。

例如，甲教唆乙杀丙，乙表面答应，其实早有此意，乙杀了丙。虽然乙的正犯行为具有违法性，但是甲的教唆行为没有违法性，因为乙的违法事实不是甲引起的。甲不构成教唆犯。

归纳言之，正犯具有违法性是共犯具有违法性的必要条件；共犯对正犯的违法性具有贡献（连带性），是共犯具有违法性的充分条件。当共犯具有了违法性后，违法阶层便判断完毕。接下来，共犯要成立最终负刑事责任的犯罪，还要考察责任阶层，看共犯是否具备教唆故意、帮助故意。

五、教唆犯

教唆犯的成立条件：第一，在违法阶层，教唆者引起正犯制造违法事实。这是客观要件。第二，在责任阶层，教唆者故意引起正犯制造违法事实。这是主观要件。

教唆犯关系图：

（一）违法阶层（客观要件）

在违法阶层，教唆犯与正犯在违法事实上的连带性体现在，<u>教唆行为引起正犯的违法事实</u>，二者具有引起与被引起的关系。具体而言，教唆者通过心理作用引起正犯的违法事实，二者具有心理上的因果性。由这种心理的因果性产生违法的连带性，基于此，正犯的违法事实可归属于教唆犯。

教唆行为引起正犯的违法事实，包括两个层次：

第一，<u>教唆行为引起正犯的违法行为</u>。这是教唆犯的成立条件。例如，甲教唆乙强奸小芳，乙表面答应，实际上乙早有此意，乙强奸了小芳。甲不成立教唆犯，因为乙的强奸行为不是甲的教唆行为引起的。

第二，<u>教唆行为引起正犯的违法结果</u>。这是教唆犯的既遂条件。例如，甲教唆乙杀害丙，乙答应，来到丙家小区，由于样子鬼鬼祟祟，被小区一位老大爷质问，二人发生口角，乙一气之下杀死老大爷，并逃离。甲的教唆行为引起了乙的违法行为（杀丙的行为），因此甲成立教唆犯。但是，甲的教唆行为并没有引起乙的违法结果（杀死老大爷），对该违法结果，甲不用负责，甲不会因此构成故意杀人罪教唆犯既遂。由于乙杀丙构成故意杀人罪犯罪预备，因此甲也构成故意杀人罪的教唆犯犯罪预备。乙同时触犯故意杀人罪犯罪预备（针对丙）和故意杀人罪犯罪既遂（针对老大爷），想象竞合，择一重罪论处。

1. 教唆犯的成立条件：教唆行为引起正犯的违法行为，二者具有因果关系。

（1）他人已经具有犯某罪的意图，此时教唆其犯该罪，不构成教唆犯，因为二者不存在心理上的因果性。

（2）他人已经有犯轻罪的意图，教唆他人犯重罪，则教唆者构成重罪的教唆犯。例如，乙本想诈骗，甲教唆乙："诈骗多累啊，直接抢劫最快！"乙便实施抢劫。甲构成抢劫罪的教唆犯。

（3）他人已有犯基本犯的意图，教唆他人犯情节加重犯，则教唆者构成情节加重犯的教唆犯。例如，乙本想抢劫，甲教唆乙持枪抢劫，乙便持枪抢劫。甲构成持枪抢劫的教唆犯，也即对乙适用持枪抢劫的法定刑，对甲也适用持枪抢劫的法定刑。这是因为，非法持枪已经是一个不同的犯罪情节。

（4）他人已有犯基本犯的意图，教唆他人犯数额加重犯，则教唆者构成数额加重犯的（心理的）帮助犯。例如，乙本想盗窃数额较大的财物，甲教唆乙盗窃数额巨大的财物。甲构成盗窃数额巨大财物的帮助犯。这是因为，甲没有教唆乙实施新的犯罪行为或情节，只是提高了犯罪数额。

（5）他人已经有犯重罪的意图，教唆他人犯性质相同的轻罪，则教唆者不构成教唆犯，也不构成心理的帮助犯，因为降低了法益受到的危险。例如，乙本想抢劫，甲教唆乙："抢劫要判死刑的，还是偷吧！"乙便实施盗窃。甲不构成犯罪。

他人已经有犯重罪的意图，教唆他人犯性质不同的轻罪，则教唆者构成该轻罪的教唆犯。例如，乙本想抢劫，甲教唆乙："别去抢劫，还是去强制猥亵吧！"乙便强制猥亵。甲构成强制猥亵罪的教唆犯。

（6）他人打算将来实施犯罪，教唆他人现在就实施，成立教唆犯。

（7）他人打算若具备某个附加条件时就实施犯罪。为他人创造了附加条件，促使他人实施犯罪的，成立教唆犯。例如，乙对甲说："你帮我去问问师妹丙，是否答应做我女朋友？"然后自言自语："她若不答应，我爱之不成便毁之，杀了她！"甲因丙曾甩过自己，意图杀害丙，第二天得到丙"答应做女朋友"的口信，却对乙谎称丙不答应。乙便杀了丙。甲构成教唆犯。

2. 教唆犯的既遂条件：教唆行为引起正犯的违法结果，二者具有因果关系。

例如，甲教唆乙杀害丙，乙答应照办，并杀害了丙。甲的教唆行为与乙的杀人行为有因果性，甲成立教唆犯；甲的教唆行为与乙的杀人结果有因果性，甲成立教唆犯既遂。这是一般情形。

考试喜欢考的是特殊情形，亦即实行过限问题。例如，甲教唆乙伤害丙，乙在伤害时却故意杀害了丙。乙作为实行犯，存在实行过限，制造了过限结果。甲该如何负责？对实行过限问题，后文专门集中讲述。

（二）责任阶层（主观要件）

在违法阶层，正犯制造的违法事实能够归属于教唆者后，接下来要考察在责任阶层，能否谴责教唆者。要谴责教唆者，要求教唆者具有教唆故意。教唆故意，是指故意引起他人制造违法事实。

1. 故意引起他人制造违法事实

（1）过失教唆。这是指过失引起他人制造违法事实。对此，刑法不应谴责，因此不构成教唆犯。

例如，甲和乙聊天时，说到："丙强奸了我的女神小芳，我一定要杀死丙！"由于小芳也是乙的女神，乙便暗下决心要杀死丙，并且在甲动手前杀死了丙。在客观上，甲引起了乙制造违法事实。但是主观上，甲不是故意引起乙制造违法事实，因此不值得刑法谴责，不构成教唆犯。

[提示] 成立教唆犯，要求故意教唆，因此，教唆犯作为一种犯罪角色，只能是故意犯，而非过失犯。例如，甲是乘客，指使司机乙："我要赶时间，闯红灯没事的！"乙照办，不慎撞死行人。乙构成交通肇事罪。甲也构成交通肇事罪，但不能说，甲构成交通肇事罪的教唆犯，因为交通肇事罪是过失犯罪。

（2）未遂的教唆

故意教唆他人实施不能犯（没有法益侵害危险的行为），不成立教唆犯。

例1，甲为了试探乙的胆量，给乙一把空枪，乙不知是空枪。甲让乙开枪打死不远处的丙，乙便开枪。

例2，甲给了乙一把有子弹的枪，让乙杀死丙。乙开枪，但子弹卡壳。

例1中，因为乙的行为没有任何危险，乙无罪，甲不构成教唆犯，也无罪。乙是不能犯，甲也是不能犯。不能犯是指主观上有犯罪故意，但客观上没有法益侵害的危险。理论上将故意教唆他人实施不能犯这种情形也称为未遂的教唆。

例2中，乙的行为有法益侵害的危险，作为实行犯，构成故意杀人罪未遂。甲作为教唆犯，也构成故意杀人罪未遂。对甲这种犯罪情形的称呼，理论上有称为教唆犯未遂的，有称为未遂犯（乙）的教唆犯的，也简称为未遂的教唆。①

---

① 说明："未遂的教唆"与"教唆的未遂"。

　　"未遂的教唆"侧重于"针对谁（实行者）的教唆"。这包括多种含义：第一，针对不能犯的教唆。上述例1就是这种情形。第二，针对未遂犯的教唆。上述例2就是这种情形。

　　"教唆的未遂"侧重于"教唆者的教唆效果"，意指教唆效果是失败的，教唆者未得逞。这包括多种含义：第一，由于实行犯未遂而导致教唆效果失败，教唆者未得逞，构成教唆犯未遂。上述例2就是这种情形。第二，由于实行者拒绝而导致教唆效果失败。例如，甲教唆乙实施故意杀人罪，乙予以拒绝。甲教唆失败，也被称为教唆的未遂，不构成教唆犯。因此，对于"未遂的教唆"与"教唆的未遂"需要具体分析，看是指哪种情形。

2. 故意引起他人制造违法事实

只要满足"故意引起他人制造违法事实"这句话，行为人就成立教唆犯。在此基础上，"故意引起他人制造违法事实"包括两个类型：一是，故意引起他人制造故意的违法事实。二是，故意引起他人制造过失的违法事实。

（1）故意引起他人制造故意的违法事实

例如，甲教唆乙开枪打死小芳。乙照办。甲故意引起乙制造故意的违法事实，构成故意杀人罪的教唆犯。

（2）故意引起他人制造过失的违法事实

类型 1（野猪案）：甲教唆乙开枪打死前方的"野猪"，实际是小芳，甲想杀害小芳。乙以为前方是野猪，打死了小芳。甲故意引起乙制造违法事实，至此，甲成立教唆犯（A）。甲故意引起乙制造过失的违法事实，是因为甲欺骗乙，对乙形成支配力（B），因此甲在教唆犯的基础上构成间接正犯（A+B）。

类型 2（土药案）：甲教唆乙："小芳是坏人，你将这包毒药给她喝。"乙却听成了"小芳是病人，你将这包土药给她喝"，并给小芳喝，小芳中毒死亡。甲故意引起乙制造违法事实，至此，甲成立教唆犯（A）。甲故意引起乙制造过失的违法事实，但甲没有欺骗乙，没有想对乙形成支配力，没有成为间接正犯的故意，因此甲只构成教唆犯，不构成间接正犯。对比：类型 1 与类型 2 有相同点，都故意引起他人制造过失的违法事实，但类型 1 在教唆犯的基础上成立间接正犯，而类型 2 只成立教唆犯。

回答疑问：类型 2 中，甲构成教唆犯，那实行犯在哪里？实行犯就是乙，客观违法阶层的"实行犯"。甲乙在违法阶层共同制造了违法事实，违法是连带的；在责任阶层，责任是个别的，对甲用故意责任谴责（故意杀人罪的教唆犯），对乙用过失责任谴责（过失致人死亡罪）。[①]

［总结］考题设计套路：在违法阶层，二人的违法是连带的；在责任阶层，二人表现不同。

故意犯罪的构成要件	教唆者、帮助者	实行者	样态
违法阶层	√（具备）	√（具备）	违法是连带的
责任阶层	√（具备）	×（不具备）	责任是个别的
结论	构成故意犯罪的教唆犯、帮助犯	不构成故意犯罪	

（三）教唆犯与间接正犯的关系

二者的相同点是：都故意引起实行者制造违法事实。因此，教唆犯、间接正犯这两种犯罪种类都是故意犯。因此，"甲构成教唆犯或间接正犯，罪名是过失致人死亡罪、交通肇

---

① 注意，部分犯罪共同说、行为共同说是针对共同正犯而言的。土药案是教唆犯+实行犯，不存在部分犯罪共同说与行为共同说的观点展示。对于土药案，传统理论认为，由于法条规定"共同犯罪是指共同故意犯罪"，因此故意+过失不能构成共同犯罪，因此甲乙不构成共同犯罪，对二者应单独处理。若如此，甲便不构成教唆犯，也不构成间接正犯，只能作无罪处理。这显然是不合理的。而按照"违法是连带的、责任是个别的"理论，甲构成教唆犯。传统理论对此批评是违反了法条规定"共同犯罪是指共同故意犯罪"。对此，新理论的回应是，该法条规定中的"共同犯罪"是指共同犯罪的常见情形，而非所有情形。常见的共同犯罪的确是共同故意犯罪，但少数共同犯罪的情形可以是故意+过失。新理论在此属于多数说，因为按照传统理论，对甲只能作无罪处理。这显然不合理。

罪、医疗事故罪"或"甲是交通肇事罪（教唆犯）、医疗事故罪（间接正犯）"，这些说法本身就是错误的。

二者的区别在于：教唆犯仅仅引起实行者制造违法事实，对实行者没有支配力；间接正犯不仅引起实行者制造违法事实，还对实行者有支配力，把实行者当犯罪工具来支配。教唆犯与间接正犯不是"A与-A"的关系（对立排斥关系），而是"A与A+B"的关系（包容评价关系），B是指支配力。间接正犯可以包容评价为教唆犯。

1. 实行者的责任年龄

（1）实行者未达责任年龄，并推定不具有规范意识、独立作案能力。

例如，甲教唆乙（8周岁）盗窃，乙照办。甲故意引起乙制造违法事实。首先甲构成教唆犯（A），其次甲对乙具有支配力（B），因此构成间接正犯（A+B）。在此，间接正犯可以包容评价为教唆犯。但就高不就低，对甲以间接正犯论处。

（2）实行者未达责任年龄，但证明具有规范意识（知道自己行为的法律后果）、独立作案能力，则意味着教唆者对实行者难以形成支配力，不构成间接正犯（A+B），而只构成教唆犯（A）。

例1，甲教唆乙（15周岁）盗窃，乙具有规范意识、独立作案能力，乙照办。甲对乙缺乏支配力，仅构成教唆犯。

例2，普通公民甲教唆乙（15周岁，虚报年龄，考取公务员，成为一名警察）刑讯逼供犯人。甲仅构成教唆犯。

（3）实行者已达责任年龄，并推定具有规范意识、独立作案能力。

例如，甲教唆乙（16周岁）盗窃，乙照办。甲对乙缺乏支配力，仅构成教唆犯（A）。

2. 实行者的责任能力

例如，甲唆使精神病患者乙强奸丙，乙不断点头，然后强奸了丙。首先，甲构成教唆犯；其次，甲对乙具有支配力，因此构成间接正犯。在此，间接正犯可以包容评价为教唆犯。但就高不就低，对甲以间接正犯论处。

3. 身份犯和目的犯的场合，间接正犯不能包容评价为教唆犯。

例1（身份犯），警察甲指使保洁员乙对犯人丙实施刑讯逼供，将丙打成重伤，甲构成刑讯逼供罪的间接正犯。这种间接正犯不能包容评价为教唆犯，因为若甲为刑讯逼供罪的教唆犯，就要求存在刑讯逼供罪的实行犯，而乙无司法工作人员身份，不能担当实行犯的角色。这种情形是由法律规定的身份要素所导致的，属于法律规定的例外情形。

例2（目的犯），甲欲对丙实施绑架罪，欺骗乙："丙欠我10万元，一直不还，你负责把他关押起来，我讨回债，分你一点。"乙信以为真并照办。甲构成绑架罪的间接正犯。这种间接正犯不能包容评价为教唆犯，因为若甲为绑架罪的教唆犯，就要求存在绑架罪的实行犯，而乙因为无绑架目的，不能构成绑架罪的实行犯。

（四）处罚

1. 第29条第1款第1句："教唆他人犯罪的，应当按照他在共同犯罪中所起的作用处罚。"

（1）教唆犯起主要作用，定主犯；起次要作用，定从犯。教唆犯也有可能成为胁从犯。例如，甲掌握了乙（妇女）的裸照，威胁乙去教唆丙（法官）徇私枉法。乙被迫答应。乙既属于胁从犯，又属于教唆犯。

（2）教唆犯可以不止一人。二人共同教唆他人犯罪的，这两个教唆犯，也应当根据其所起作用处罚。

（3）教唆对象必须特定，如果不特定，就是"煽动"。例如，第 373 条规定的煽动军人逃离部队罪，对象不能特定；如果特定，就是第 435 条规定的逃离部队罪的教唆犯。

（4）间接教唆的，按所教唆的罪定罪。例如，甲教唆乙，让乙教唆丙去盗窃，乙便教唆了丙，丙实施了盗窃。甲属于间接教唆，构成盗窃罪的教唆犯。

2. 第 29 条第 1 款第 2 句："教唆不满十八周岁的人犯罪的，应当从重处罚。"

该规定包括三种情形：

（1）甲教唆乙（17 周岁）盗窃，乙照办。甲构成教唆犯。

（2）甲教唆乙（15 周岁，但证明有规范意识、独立作案能力）盗窃，乙照办。甲构成教唆犯。

（3）甲教唆乙（8 周岁，推定没有规范意识、独立作案能力）盗窃，乙照办。甲构成间接正犯，但能包容评价为教唆犯。

3. 第 29 条第 2 款："如果被教唆的人没有犯被教唆的罪，对于教唆犯，可以从轻或者减轻处罚。"

对该款的理解，旧理论认为：即使被教唆者没有犯罪，教唆者也构成犯罪，只是可以从轻或减轻处罚。这是共犯独立性的立场，是错误的。根据共犯从属性，该款是指被教唆的人（实行犯）已经着手实行了犯罪，但是没有达到既遂的程度，只是未遂或中止了，所以可以从宽处罚。[①]

六、帮助犯

帮助犯的成立条件：第一，在违法阶层，促进正犯制造违法事实。这是客观要件。第二，在责任阶层，故意促进正犯制造违法事实。这是主观要件。

帮助犯关系图：

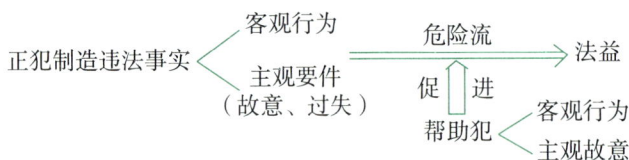

（一）违法阶层（客观要件）

1. 帮助行为

（1）帮助形式：第一，物理性帮助。例如，提供工具。第二，心理性帮助。例如，加油打气，强化犯意。又如，乙得知甲欲杀丙，对甲讲："你若真杀了丙，我奖励你 5 万元！"甲便很快杀了丙。乙构成故意杀人罪帮助犯既遂。

［提示 1］提供信息情报、技能方法，也是一种帮助行为。

例 1，甲欲杀丙，向乙询问丙的下落。乙向甲告知了丙的藏身之处。甲借此找到丙，杀

---

① 共犯独立性的观点在实务中也不具有可行性。例如，某县县长的妻子晚上在枕头边教唆、力劝丈夫接受某老板的 10 万元贿赂，丈夫骂句："蠢猪！"然后倒头就睡。依共犯独立性，丈夫拒绝犯受贿罪，无罪，但可怜的妻子构成受贿罪教唆犯的未遂，是需要定罪处罚的。试想，司法机关会抓这个妻子吗？

了丙。乙构成帮助犯。

例2，甲欲入户盗窃丙家，向乙讨教开门锁的手艺，乙明知甲要盗窃丙家，还传授给甲。乙同时触犯盗窃罪的帮助犯和传授犯罪方法罪，想象竞合，择一重罪论处。

[提示2]　望风行为。例如，甲乙共谋，甲在外望风，乙入户盗窃。甲一方面提供心理性帮助，使乙在里面安心盗窃；另一方面也会提供物理性帮助，比如主人回家，甲借故拖延主人进屋。

（2）帮助时间：在实行犯实行行为终了之前。如果在之后帮助，则构成窝藏、包庇罪，帮助毁灭证据罪，掩饰、隐瞒犯罪所得罪等妨害司法罪。

[提示]　帮助时间如果是实行行为终了之后、犯罪结果出现之前，则仍构成妨害司法罪。例如，甲毒杀丙，丙服毒一小时后才会死。甲逃离现场，找到乙，告知真相，希望乙提供藏身之地。乙照办，构成窝藏罪。甲还希望乙回到现场取回自己的投毒工具，乙回到现场取回工具时，看了一眼丙，还未死，便离开，将投毒工具销毁。乙构成帮助毁灭证据罪。

2. 帮助犯的成立条件：帮助行为促进正犯制造违法行为，二者有促进关系。

为此，帮助行为需要具备两个条件：第一，帮助行为本身具有可能的促进作用；第二，这种合格的帮助行为连接到（作用于）正犯的违法行为上。

（1）帮助行为具有可能的促进作用，是指帮助行为本身具有法益侵害的危险性、可能性。

例如，甲绑架了乙的智障孩子丙，然后让保姆照料丙，给丙做饭洗衣，并告知保姆绑架事实。保姆不构成绑架罪的帮助犯，因为照料行为有益于丙，没有法益侵害的危险性。

模型1，甲欲盗窃丙家，让乙提供有用的钥匙，乙故意提供一把根本无法用的钥匙。甲使用之，无效。乙不构成帮助犯。又如，乙想帮助，找配钥匙师傅，师傅欺骗乙，故意配一把根本无法用的钥匙。乙不知情，提供给甲。甲使用之，无效。乙不构成帮助犯。

（2）合格的帮助行为连接到（作用于）正犯行为。

模型2，甲欲盗窃丙家，让乙提供有用的钥匙。乙拿着有用的钥匙去甲家。情形一：在路上乙的钥匙被小偷偷去了。甲自己盗窃既遂。情形二：乙到了甲家，甲不在家，甲打电话让乙将钥匙放在自己的信箱里。乙不慎将钥匙放到甲邻居的信箱里。甲未拿到钥匙，自己盗窃既遂。

这两种情形中，乙的帮助行为本身具有法益侵害的危险性、可能性，是合格的帮助行为，但由于意志以外原因未能连接到（作用于）正犯行为的危险流中，便不可能发挥促进作用，不可能对法益（丙家财物）具有危险性，因此不成立帮助犯。这种情形属于帮助行为本身未能成功、未得逞。理论上将这种行为称为帮助未遂。[①]

3. 帮助犯的既遂条件：帮助行为对正犯结果具有促进作用（因果性）

当帮助行为连接到正犯行为上，帮助行为便成立帮助犯。当帮助行为与正犯结果具有因

[①] 2014年试题卷二第54题C项："乙欲盗窃汽车，让甲将用于盗窃汽车的钥匙放在乙的信箱。甲同意，但错将钥匙放入丙的信箱，后乙用其他方法将车盗走"。官方答案认为，甲构成盗窃罪帮助犯未遂。该答案出现纰漏（后来以某种形式修正了，许多人可能不知道）。甲的帮助行为未能连接到正犯行为的危险流中，属于帮助未遂，不成立帮助犯，不成立犯罪，而非犯罪未遂。该题的原型案例是张明楷教授论文中的案例，张明楷教授认为甲不成立帮助犯。参见张明楷：《共同犯罪的认定方法》，载《法学研究》2014年第3期；张明楷：《刑法学》（第五版），法律出版社2016年版，第420页。

果性时，帮助犯便既遂。也即，在正犯行为的危险流导致结果的过程中，帮助行为要发挥实际贡献，帮助犯才既遂。

模型 3，甲欲盗窃丙家，让乙提供有用的钥匙。乙将有用的钥匙给了甲。甲在去丙家途中，钥匙被盗，用别的办法盗窃既遂。乙的帮助行为连接到甲的正犯行为，成立帮助犯。但该帮助行为对正犯行为发挥的作用只是维持到了正犯行为的预备阶段，便没能继续发挥作用，因此，该帮助行为只能构成犯罪预备。对于帮助犯的犯罪预备，实务中一般不予定罪处罚。

模型 4，甲欲盗窃丙家，让乙提供有用的钥匙。乙将有用的钥匙给了甲。甲拿着该钥匙来到丙家，看到丙家门开着，屋里没人，甲直接走进去，盗窃既遂。① 乙的帮助行为连接到甲的正犯行为，成立帮助犯。但该帮助行为对正犯行为发挥的作用只是维持到了正犯行为的预备阶段，没能维持到着手实行阶段，因此，该帮助行为只能构成犯罪预备。

模型 5，甲欲盗窃丙家，让乙提供有用的钥匙，乙将有用的钥匙交给了甲。甲拿着钥匙开门，一时打不开（或钥匙断在锁孔里），情急之下破门而入，盗窃既遂。乙的帮助行为连接到甲的正犯行为，成立帮助犯。并且，该帮助行为对正犯行为发挥的作用维持到了正犯行为的着手实行阶段。但是，在正犯行为的危险流导致结果的过程中，乙的帮助行为没有发挥实际贡献，因此构成犯罪未遂，而非既遂。②

模型 6，甲欲盗窃丙家，让乙提供有用的钥匙。乙将有用的钥匙给了甲。甲拿着该钥匙来到丙家，用钥匙打开门，进去找到财物，盗窃既遂。乙的帮助行为对正犯行为发挥的作用维持到着手实行阶段，并且对甲的既遂结果发生了实际贡献，构成既遂。

［提示］ 帮助犯的成立与既遂问题，用钥匙举例，就是上述六种模型。对这六种模型应当熟练运用。

［注意］ 心理性帮助行为的因果性。

第一，心理性帮助行为对正犯制造结果具有心理性帮助，与正犯结果有因果性，则帮助犯成立既遂。例如，甲女是乙男的小三，得知乙想杀害妻子，便对乙说："如果你杀了你老婆，我就跟你结婚！"乙深受鼓舞，便杀了老婆。甲女的鼓动对乙杀害老婆具有心理性帮助，构成故意杀人罪帮助犯的既遂。

第二，物理性帮助行为起到心理性帮助效果。例如，甲准备拿着自己配的钥匙去盗窃丙家，乙知道后，送甲一把有用的钥匙。情形一：甲先用自己的钥匙，门打开了，窃得财物。乙的物理性帮助虽然没有发挥实际的帮助作用，但是起到心理性帮助效果，甲的心里有"双保险"的心理优势，故乙构成帮助犯既遂。这属于"备而不用"。情形二：甲先用乙的钥匙，打不开门，便用自己的钥匙，门打开了，窃得财物。乙的钥匙没有发挥实际的物理性帮助作

---

① 主流观点认为，对于入户盗窃，如果盗窃屋内无人的房屋，开门时是着手，因为此时对屋内财物已经产生紧迫危险；如果盗窃屋内有人的房屋，开门进去找财物时才是着手，此时才对屋内财物产生紧迫危险；对于盗窃车内财物，开车门时是着手。

② 理论上对乙的这种犯罪形态有多种称呼。有的称为帮助犯未遂，有的称为未遂（犯）的帮助犯。称为帮助犯未遂，侧重于表达帮助犯的犯罪形态。称为未遂（犯）的帮助犯，侧重于表达"针对谁（正犯）的帮助犯"，意指针对正犯（未遂）的帮助犯或针对未遂犯（正犯）的帮助犯。这是指帮助行为没有帮到正犯既遂的程度，只帮到正犯的实行阶段（也称为未遂阶段）。因此，虽然甲作为正犯最终既遂了，但乙的帮助行为只帮到甲的未遂阶段，构成甲的盗窃罪未遂的帮助犯。

用，也没有起到心理性的帮助效果，故乙不构成帮助犯既遂，而是未遂。这属于"弃而不用"。

▌典型真题

甲欲前往张某家中盗窃。乙送甲一把擅自配制的张家房门钥匙，并告甲说，张家装有防盗设备，若钥匙打不开就必须放弃盗窃，不可入室。甲用钥匙开张家房门，无法打开，本欲依乙告诫离去，但又不甘心，思量后破窗进入张家窃走数额巨大的财物。关于本案的分析，下列哪一选项是正确的？（2017年·卷二·6题）①

A. 乙提供钥匙的行为对甲成功实施盗窃起到了促进作用，构成盗窃罪既遂的帮助犯

B. 乙提供的钥匙虽未起作用，但对甲实施了心理上的帮助，构成盗窃罪既遂的帮助犯

C. 乙欲帮助甲实施盗窃行为，因意志以外的原因未能得逞，构成盗窃罪的帮助犯未遂

D. 乙的帮助行为的影响仅延续至甲着手开门盗窃时，故乙成立盗窃罪未遂的帮助犯

（二）责任阶层（主观要件）

在违法阶层，正犯制造的违法事实能够归属于帮助者后，接下来要考察在责任阶层能否谴责帮助者。要谴责帮助者，要求帮助者具有帮助故意。帮助故意，是指故意促进他人制造违法事实。

1. 故意促进他人制造违法事实

行为人过失促进他人制造违法事实，刑法不应谴责，因此不构成帮助犯。

例1，乙欲杀死丙，向甲借枪，谎称去打猎。甲没有尽到注意义务，疏忽大意，便将枪借给乙。乙用枪杀死了丙。客观上甲有帮助行为，但主观上甲没有帮助故意，因此不构成故意杀人罪的帮助犯。

例2（2017年试题卷二第7题），甲欲杀死丙，对乙谎称："我去盗窃丙家，你帮我望风。"乙不知情，答应照办。甲入户杀死丙。客观上，乙的行为给甲的杀人提供了帮助，但是主观上，乙没有帮助甲杀人的故意，不构成故意杀人罪的帮助犯。虽然乙有帮助甲盗窃的故意，但是客观上甲没有盗窃行为，乙也不构成盗窃罪的帮助犯。乙构成非法侵入住宅罪的帮助犯。

---

① ［答案］乙的帮助行为具有法益侵害的危险性、可能性（可能有用的钥匙），并且已经连接到正犯行为（钥匙交给了甲），因此乙成立帮助犯。并且，该帮助行为对正犯行为发挥的作用维持到了正犯行为的着手实行阶段（用钥匙开门）。但是，在正犯行为的危险流导致结果的过程中，乙的帮助行为没有发挥实际贡献，因此构成犯罪未遂，而非既遂。在表述上，若要表达帮助犯的犯罪形态，则可以说，乙不构成盗窃罪的帮助犯既遂，而构成盗窃罪的帮助犯未遂。若要表达"针对谁（正犯）的帮助犯"，则可以说，乙不构成甲的盗窃罪既遂的帮助犯，而构成甲的盗窃罪未遂的帮助犯。A项说法错误。B项的错误在于，当乙的钥匙无法打开门时，甲对乙的钥匙属于弃而不用，乙的钥匙不能发挥心理性帮助作用。C项的错误在于前提与结论在逻辑上不自洽。前提是在描述"帮助未遂"，也即帮助行为由于意志以外原因未得逞（未能连接到正犯行为的危险流，因此不成立帮助犯），结论却是帮助犯未遂。单就结论而言，乙构成帮助犯未遂。本题答案：D。官方解析认为（后来以某种形式修正了，许多人可能不知道），帮助犯未遂，是指虽然实施了帮助行为，但被帮助者尚未着手实行犯罪的情形。例如，乙要杀丙，甲为乙提供了毒药，乙拿着毒药去丙家路上，又扔掉毒药，未着手实行犯罪。甲是帮助犯未遂。然而，这种看法是不准确的，也与官方历来答案解析相矛盾（如2003年试题卷二第42题）。正确的结论是，实行犯乙构成预备阶段的犯罪中止，帮助犯甲构成预备阶段的犯罪预备。此外，上题中，没有交代张家屋内是否有人。根据答案D，只能认为题干默认张家屋内无人，亦即开门时便是着手。

例 3，甲乙共谋入户抢劫，乙望风，甲入户后发现户内没人，拿走财物，出来欺骗乙："我浴血奋战，才抢到这点财物，给我多分点。"乙不知情而答应。客观上，乙的行为给甲的盗窃提供了帮助，但是主观上，乙只有帮助甲抢劫的故意，不过，帮助抢劫的故意可以包容评价为帮助盗窃的故意。因此，乙构成盗窃罪的帮助犯既遂。

例 4，甲明知乙喝醉了酒，仍将车借给乙。乙醉驾不慎压死行人丙。乙构成危险驾驶罪的实行犯，甲是帮助犯；危险驾驶罪是故意犯罪。乙还构成交通肇事罪。如前文教唆犯部分所述，不能说，甲构成交通肇事罪的帮助犯。但甲的确构成交通肇事罪，因为甲也违反了交通法规和注意义务，制造了法律不允许的危险和结果。

［提示］成立帮助犯，要求故意帮助，因此，帮助犯作为一种犯罪角色，只能是故意犯，而非过失犯。例如，甲明知乙喝醉了酒，仍将车借给乙。乙醉驾不慎压死行人丙。乙构成交通肇事罪。甲也构成交通肇事罪，但不能说，甲构成交通肇事罪的帮助犯。总结：帮助犯、教唆犯、间接正犯，都是故意犯罪，不是过失犯罪。

2. 故意促进他人制造违法事实

只要满足"故意促进他人制造违法事实"这句话，行为人就成立帮助犯。在此基础上，"故意促进他人制造违法事实"包括两个类型：一是，故意促进他人制造故意的违法事实。二是，故意促进他人制造过失的违法事实。

（1）故意促进他人制造故意的违法事实

例如，乙欲开枪打死小芳，甲给乙提供子弹。乙打死了小芳。甲故意促进乙制造故意的违法事实，构成故意杀人罪的帮助犯。

（2）故意促进他人制造过失的违法事实

类型 1（野猪案），乙以为前方是野猪，准备开枪，枪里没有子弹。旁边的甲看到前方是小芳，为了杀死小芳，故意给乙提供子弹，隐瞒真相。乙开枪打死了小芳。甲故意促进乙制造违法事实，至此，甲成立帮助犯（A）。甲故意促进乙制造过失的违法事实，是因为甲欺骗乙，维持利用乙已有的认识错误，对乙形成支配力（B），因此甲在帮助犯的基础上构成间接正犯（A+B）。

类型 1（2016 年试题主观题），赵某误以为昏迷的钱某已经死亡，叫上孙某一起掩埋"尸体"。孙某发现钱某还活着，为了杀死钱某，反复催促赵某埋的动作快一点。钱某窒息死亡。孙某故意心理性促进赵某制造违法事实，至此，孙某成立帮助犯（A）。孙某故意促进赵某制造过失的违法事实，是因为孙某欺骗赵某，维持利用赵某已有的认识错误，对赵某形成支配力（B），因此孙某在帮助犯的基础上构成间接正犯。

类型 2（土药案），甲以为乙女欲杀死其丈夫丙，便将一包毒药交给乙，没有明说是毒药，以为乙会知道是毒药。乙没有杀夫之心，不知道是毒药，以为甲送的是土药，将该药喂给丈夫，导致丈夫死亡。甲故意促进乙制造违法事实，至此，甲成立帮助犯（A）。甲故意促进乙制造过失的违法事实，但甲没有欺骗乙，没有想对乙形成支配力，没有成为间接正犯的故意，因此甲只构成帮助犯，不构成间接正犯。

类型 2（咖啡馆案），咖啡馆老板乙欲杀害老顾客丙，将毒咖啡交给店员甲保管，并告知真相，要求甲在丙下次来时将毒咖啡交给自己。一月后丙到来，甲将毒咖啡交给乙。但乙已经忘记要杀丙，不知是毒咖啡，冲给丙，致丙死亡。甲故意促进乙制造违法事实，至此，甲成立帮助犯（A）。甲故意促进乙制造过失的违法事实，但甲没有欺骗乙，没有想对乙形成支配力，没有成为间接正犯的故意，因此甲只构成帮助犯，不构成间接正犯。

对比：类型1与类型2有相同点，都故意促进他人制造过失的违法事实，但类型1在帮助犯的基础上成立间接正犯，而类型2只成立帮助犯。

回答疑问：类型2中，甲构成帮助犯，那实行犯在哪里？实行犯就是乙，客观违法阶层的"实行犯"。甲乙在违法阶层共同制造了违法事实，违法是连带的；在责任阶层，责任是个别的，对甲用故意责任谴责（故意杀人罪的帮助犯），对乙用过失责任谴责（过失致人死亡罪）。[1]

（三）中立的帮助行为

例如，出租车司机甲明确得知乘客乙要抢劫前方行人丙，仍将其运到丙的身边。乙下车抢劫了丙。甲的行为是属于民事义务行为，还是已经构成抢劫罪的帮助犯？

判断标准：第一，主观上是否明知对方在犯罪；第二，客观行为给对方犯罪是否起到了实质紧迫的促进作用。基于此，甲构成抢劫罪的帮助犯。

例1，甲每天给乙开设的赌场送盒饭，不构成开场赌场罪的帮助犯。

例2，乙在撬门时，累得口干舌燥、两眼昏花、体力不支，难以继续。甲及时递给乙一杯咖啡，使得乙能够继续撬门盗窃，甲构成盗窃罪的帮助犯。

例3，甲来到五金商店买螺丝刀，店主问："用来干什么？"甲答："盗窃。"店主仍出售给甲。店主不构成盗窃罪的帮助犯。

例4，甲在五金商店门前将乙打倒在地，扬言要杀死乙，对店主说："别观看了，买把刀！"店主仍出售给甲。甲拿刀杀了乙。店主构成故意杀人罪的帮助犯。

例5，甲在网上免费提供下载工具，有人用该工具下载学习文件，有人用该工具下载淫秽视频并传播。甲不构成传播淫秽物品罪的帮助犯。在此，下载工具在技术上具有中立性，是个中立的技术平台，关键看使用人如何使用。

例6，甲出售专门用于窃电的设备，购买者用来窃电。该设备在技术上不具有中立性，而是专用性。甲构成盗窃罪的帮助犯。

例7，甲公司在网上免费提供一种播放器。网民通过该播放器可以上传视频，也能在线观看视频，因为播放器对视频予以缓存。有人用该播放器上传张艺谋的电影，另一些人观看张艺谋的电影；有人用该播放器上传"岛国爱情动作片"，另一些人观看这些视频。就网民的上传行为而言，该播放器在技术上具有中立性，是个中立的技术平台；而该播放器缓存这些淫秽视频，并由此让不特定人能观看到这些视频，属于陈列、传播淫秽视频。若甲公司对此明知，则构成传播淫秽物品罪，并且是实行犯，而非帮助犯。

---

[1] 参见张明楷：《共犯对正犯故意的从属性之否定》，载《政法论坛》2010年第5期。注意，部分犯罪共同说、行为共同说是针对共同正犯而言的。土药案、咖啡馆案是帮助犯+实行犯，不存在部分犯罪共同说与行为共同说的观点展示。对于土药案、咖啡馆案，传统理论认为，由于法条规定"共同犯罪是指共同故意犯罪"，因此故意+过失不能构成共同犯罪，因此甲乙不构成共同犯罪，对二者应单独处理。若如此，甲便不构成帮助犯，也不构成间接正犯，只作无罪处理。这显然是不合理的。而按照"违法是连带的、责任是个别的"理论，甲构成帮助犯。传统理论对此批评是违反了法条规定"共同犯罪是指共同故意犯罪"。对此，新理论的回应是，该法条规定中的"共同犯罪"是指共同犯罪的常见情形，而非所有情形。常见的共同犯罪的确是共同故意犯罪，但少数共同犯罪的情形可以是故意+过失。新理论在此属于多数说，因为按照传统理论，对甲只能作无罪处理。这显然不合理。

（四）帮助行为正犯化

刑法分则有些条文将某些帮助行为单独规定出来，并配备了独立的法定刑。这类条文的性质分为三种情况。[①]

1. 帮助行为完全被正犯化

例如，第 120 条之一规定：资助恐怖活动组织、实施恐怖活动的个人的，或者资助恐怖活动培训的，构成帮助恐怖活动罪。该条文将帮助行为规定为实行行为，成为一个独立罪名。其背后理由是，不用考虑实行行为（恐怖活动犯罪），这种帮助行为本身就具有法益侵害性，值得刑罚处罚。这种条文规定由此产生三个法律后果：

（1）在定罪条件上，不需要遵守共犯从属性，也即，被帮助的人即使不构成犯罪，帮助行为也构成犯罪，因为帮助行为自身已经是实行行为。

（2）在量刑标准上，不需要适用总则第 27 条关于从犯（帮助犯）的处罚规定，而应适用分则这个条文的法定刑。例如，第 120 条之一的法定刑。

（3）在共犯关系上，由于原帮助行为成为实行行为，那么教唆它、帮助它的行为，就可以成立教唆犯、帮助犯。例如，甲教唆乙资助恐怖组织，乙答应照办。乙构成帮助恐怖活动罪，甲构成该罪的教唆犯。

2. 帮助行为部分被正犯化

例如，第 358 条第 4 款规定：为组织卖淫的人招募、运送人员或者有其他协助组织他人卖淫行为的，构成协助组织卖淫罪。该条文中的有些情形将帮助行为正犯化，有些情形并没有将帮助行为正犯化。

例 1，乙告知甲打算组织卖淫，让甲物色一些"人才"。甲便在市场上公开招募卖淫女，10 名妇女知道从事卖淫，应召前来。甲送 10 名妇女去乙公司的路上被抓。虽然乙尚未实施组织卖淫，但甲的行为具有法益侵害性，值得刑罚处罚，构成协助组织卖淫罪。这种情形下，帮助行为被正犯化。由此产生上文的三个法律后果。

例 2，甲得知乙打算组织卖淫，在与乙没有通谋的情况下，通过不公开的方式联系 10 名妇女，妇女不知真相，以为去旅游。甲送 10 名妇女去乙公司的路上被抓。一方面，妇女们尚未被组织卖淫，另一方面甲的行为本身侵害法益的危险性较低，不值得刑罚处罚。所以，甲不构成协助组织卖淫罪。这种情况下，帮助行为没有被正犯化。因此，在定罪条件上需要遵守共犯从属性。

3. 帮助行为没有被正犯化

例如，第 287 条之二规定：明知他人利用信息网络实施犯罪，为其犯罪提供互联网接入、网络存储、通讯传输等技术支持的，构成帮助信息网络犯罪活动罪。这种帮助行为，如果缺少实行行为，其本身不具有法益侵害性，不值得刑罚处罚。也即，这种帮助行为要构成犯罪，需要遵守共犯从属性。因此，这种帮助行为并没有被正犯化。这种条文规定由此产生三个法律后果：

（1）在定罪条件上，需要遵守共犯从属性，也即，被帮助的人不构成犯罪，帮助行为也不构成犯罪。例如，甲明知乙欲通过网络实施诈骗，为乙提供网络接入服务，但乙后来并没有实施诈骗活动。缺少乙的犯罪行为，甲的行为本身侵害法益的危险性较低，不值得刑罚处

---

① 参见张明楷：《刑法学》（第五版），法律出版社 2016 年版，第 428 页。

罚。如果乙借助该网络支持实施了诈骗，则甲构成帮助信息网络犯罪活动罪。

（2）在量刑标准上，不需要适用总则第27条关于从犯（帮助犯）的处罚规定，而应适用分则这个条文的法定刑。例如，上例中的甲若构成帮助信息网络犯罪活动罪，在量刑时不适用总则第27条的处罚规定，而适用分则第287条之二的法定刑。

（3）在共犯关系上，由于帮助行为没有被正犯化，那么这个帮助行为本身就不配有教唆犯、帮助犯。

例1，甲教唆乙，让乙帮助丙，为丙提供网络支持，以便丙通过网络实施诈骗犯罪。乙答应，丙也实施了犯罪。甲对乙的犯罪（帮助信息网络犯罪活动罪）不构成教唆犯，而是对丙的诈骗罪构成帮助犯，对丙不构成教唆犯是因为丙事先已有犯罪故意。也即，教唆→帮助→实行，教唆者是实行者的帮助犯。

例2，甲帮助乙，给乙送台电脑，使得乙能够帮助丙，为丙提供网络支持，以便丙通过网络实施诈骗犯罪。帮助他人实施帮助行为，对法益的侵害过于间接和微弱，不值得刑罚处罚。也即，帮助→帮助→实行，第一个帮助者不构成犯罪。

此外，教唆他人实施教唆行为，也即间接教唆，可构成教唆犯。教唆→教唆→实行，第一个教唆者构成实行者的教唆犯。

七、共同犯罪的特殊形式

（一）承继的共同犯罪

例1，甲乙事前商议实施抢劫，然后一起实施。这是事前有通谋的共同犯罪。

例2，甲一人正在杀人，丙临时看到后加入。这是事前没有通谋的共同犯罪。承继的共同犯罪就是一种事前没有通谋的犯罪。

承继的共同犯罪，是指甲已实施了部分犯罪行为，乙中途参与进来，或者共同实行，或者进行帮助。共同实行的就是承继的共同正犯，进行帮助的就是承继的帮助犯，不存在承继的教唆犯。可见，承继的共同犯罪是共同犯罪在参与时间上的特殊形式。

1. 成立条件

在时间上，承继的共同犯罪，只能存在于犯罪既遂之前。犯罪既遂之后加入进来就属于窝藏罪。不过这一点，在继续犯中有例外，参见第十二讲"罪数"中"继续犯"的内容。

关于承继行为成立怎样的共同犯罪，需要具体分析。[①]

（1）在诈骗、敲诈勒索之类的犯罪中，前行为人实施了欺骗、恐吓行为之后，后行为人只是参与接受财物的，应认定为承继的帮助犯。

（2）在抢劫罪中，前行为人实施了暴力、胁迫等行为，后行为人参与了取走财物的行为的，后行为人成立抢劫罪承继的共同犯罪。

例1，甲抢劫丙，抱住丙，此时乙参与进来，在丙身上掏走钱包，递给甲。乙构成抢劫罪承继的共同正犯。

例2，甲抢劫丙，将丙打晕，此时乙参与进来，在丙身上掏走钱包，递给甲。乙构成抢劫罪承继的帮助犯，因为其行为的作用不大。

---

① 参见张明楷：《刑法学》（第五版），法律出版社2016年版，第432页。

（3）在结合犯中，后行为人仅参与后一犯罪的，不构成结合犯，仅成立后一犯罪。

例 1，绑架中杀害人质，只定绑架罪，加重处罚。甲绑架丙后，没能向丙的家属要到钱，便决意撕票。此时，乙参与进来和甲共同杀死了丙。乙不构成绑架罪，仅成立故意杀人罪。

例 2，拐卖妇女时强奸妇女，只定拐卖妇女罪，加重处罚。甲拐到妇女丙后，乙与甲共同强奸了丙。乙不构成拐卖妇女罪，仅成立强奸罪。

2. 责任承担

例 1，甲抢劫丙，将丙打倒在地，乙此时参与进来帮甲捡起了财物，丙经抢救无效死亡。事后查明，丙的死亡是由甲的暴力造成的。甲乙构成抢劫罪承继的共同犯罪，甲构成抢劫罪致人死亡，乙只构成抢劫罪，对丙的死亡结果不承担刑事责任。因为二者没有因果关系，一个人无需对与自己行为没有因果关系的结果负责。

例 2，甲抢劫丙，将丙打倒在地，在甲知情的情形下，乙参与进来踢丙心脏一脚，然后捡起财物。事后查明，丙是被乙踢死的。甲乙构成抢劫罪承继的共同犯罪，乙构成抢劫罪致人死亡，甲也构成抢劫罪致人死亡，因为乙参与进来后，甲和乙已构成共同正犯。

例 3，甲抢劫丙，向丙心脏踢一脚，乙参与进来也向丙心脏踢一脚，后丙死亡。事后无法查明致死一脚是谁踢的。结论：死亡结果只由甲负责。这是因为，如果查明是甲导致的，甲负责，乙不负责。如果查明是乙导致的，乙负责，甲也要负责。如此看来，无论如何，甲都要负责，那么就只让甲负责，乙不需负责。这样不会冤枉甲，如果让乙负责，则有可能冤枉乙。

同理，甲入户抢劫，在户内电话通知乙为自己的抢劫望风，乙赶到后在户外望风。甲乙构成抢劫罪的共同犯罪，甲是实行犯，并适用"入户抢劫"的加重法定刑，乙是承继的帮助犯，不适用"入户抢劫"的加重法定刑。

（二）片面的共同犯罪

这是指，甲乙参与同一犯罪，甲有参与意识，乙没有参与意识。片面的共同犯罪是共同犯罪在参与意识（意思联络）上的特殊形式。

1. 片面帮助

这是指甲暗中帮助乙实行犯罪，而乙对此并不知情。例如，甲欲杀丙，看到乙在追杀丙，便暗中设置绳索将丙绊倒，乙顺利杀了丙。

［处理］唯一定论：片面帮助者成立片面帮助犯。上例中，从甲的角度而言，甲构成故意杀人罪的片面帮助犯（既遂）。不过，从乙的角度而言，乙自己构成单独的故意杀人罪既遂。也即，这里的共同犯罪不是相互构成，而是单向性构成。

［注意］片面的帮助犯的帮助行为仅限于物理性帮助。这是因为，心理性帮助要发挥帮助作用，需要让被帮助者（实行者）感知到，对实行者有精神上的鼓励作用，然而，片面的帮助犯是指实行者对帮助者不知情。实行者没有感受到帮助者的心理性帮助。

例 1，甲乙共谋盗窃，甲望风，乙入户盗窃。期间，情形一：甲看到主人回家，借故拦住主人。乙既遂。甲提供了物理性帮助，构成帮助犯并既遂。情形二：甲没有遇到任何人。乙既遂。甲提供了心理性帮助，也即乙在里面偷，知道甲在外望风，会有安全心理。甲构成帮助犯并既遂。

例 2，乙单独入户盗窃，甲知道后在外面望风，乙对此不知情。期间，情形一：甲看到主人回家，借故拦住主人。乙既遂。甲提供了物理性帮助，构成片面的帮助犯并既遂。情形二：甲没有遇到任何人。乙既遂。甲没有提供物理性帮助，也没有提供心理性帮助，因为乙对此不知情，内心感受不到。甲不构成片面的帮助犯。

2. 片面教唆

这是指甲暗中教唆乙犯罪，而乙没有认识到被教唆。例如，甲偷偷将乙的妻子与丙通奸的照片放在乙路过的地方，乙偶然发现，以为是丙不慎弄丢的，火冒三丈，杀了丙。

［处理］观点展示。肯定说（多数说）认为，片面教唆者构成片面教唆犯。否定说认为，片面教唆者不构成片面教唆犯。

3. 片面实行

这是指甲暗中和乙共同实行犯罪，而乙实行犯罪时对此并不知情。例如，甲得知乙欲强奸妇女，便提前将妇女打晕（轻伤），然后退出，乙顺利强奸了妇女，但乙不知是甲将妇女打晕。强奸罪的实行行为包括暴力行为和奸淫行为，所以甲属于片面实行。

［处理］观点展示。肯定说（多数说）认为，片面实行者构成片面实行犯（片面共同正犯）。上例中，甲构成强奸罪的片面共同正犯。否定说认为，片面实行者不构成片面共同正犯，但否定说也承认，片面帮助者能构成片面帮助犯。上例中，甲构成单独的故意伤害罪，也同时构成强奸罪的片面的帮助犯，想象竞合，择一重罪论处。乙构成单独的强奸罪。

例1，甲知道乙计划前往丙家抢劫，为帮助乙取得财物，便暗中先赶到丙家，将丙打昏（重伤）后离去。乙来到丙家时，发现丙已昏迷，以为是丙疾病发作晕倒，盗窃既遂。肯定说认为，甲构成抢劫罪（致人重伤），属于片面共同正犯。乙仅构成盗窃罪既遂。否定说认为，甲构成故意伤害罪（重伤），同时构成盗窃罪的片面帮助犯，想象竞合，择一重罪论处。乙仅构成盗窃罪既遂。这是 2017 年真题。

例2，乙请甲为自己的盗窃望风，仅要求甲看到主人丙回家就电话告知他。乙在户内盗窃时，甲看到丙回家，使用暴力阻拦，将丙打成重伤。乙盗窃既遂，但对外面的情节不知情。肯定说认为，甲构成抢劫罪（致人重伤），属于片面共同正犯。乙仅构成盗窃罪既遂。否定说认为，甲构成故意伤害罪（重伤），同时构成盗窃罪的帮助犯，想象竞合，择一重罪论处。乙仅构成盗窃罪既遂。

八、共同犯罪的结合问题

（一）共同犯罪与身份犯

1. 定罪身份（真正身份犯）

结合类型	处理结论
无身份者是共犯+有身份者是正犯	按正犯来定罪（也即按有身份者定罪）（例1）
无身份者是正犯+有身份者是共犯	按正犯来定罪（也即按无身份者定罪）（例2）
A 身份者是共犯+B 身份者是正犯	按正犯来定罪（也即按 B 身份者定罪）（例3）
A 身份者是正犯+B 身份者是正犯	按正犯来定罪，此时存在想象竞合，择一重罪论处（例4） 例外：对贪污罪和职务侵占罪，依司法解释处理（例5）

例1，妻子帮助丈夫（国家工作人员）收受贿赂。丈夫是正犯（实行犯），二者构成受贿罪的共同犯罪，妻子是共犯（帮助犯）。

例 2，甲乙开车来到某公司，欲盗窃公司仓库，对公司保安经理王某（正式职员）说："只要你放行，弄到值钱的，有你一份。"王某答应。甲乙盗窃了公司财物。甲乙是盗窃罪的正犯（实行犯），甲乙和王某构成盗窃罪的共同犯罪，王某是共犯（帮助犯）。

［总结］通过例1、例2可以看出，关键是看谁是实行犯。谁是实行犯，就按谁的身份特征来定罪名。以往理论认为，谁有身份就按谁的身份来定罪名。如果这样，那么例2就需要按照王某的身份（公司职员）定职务侵占罪，问题是王某只是帮助者，不可能是职务侵占罪的实行犯，而甲乙又不是公司职员，也不可能构成职务侵占罪的实行犯，而一项共同犯罪不可能缺少实行犯。

例 3，国有控股公司里，甲是安保经理（国家工作人员），乙是物流主管（非国家工作人员）。乙利用职务便利侵吞公司财物过程中，请求甲不要声张，甲答应。乙是职务侵占罪的实行犯，甲乙构成职务侵占罪的共同犯罪，甲是帮助犯。

例 4，甲（投保人）和乙（保险公司职员）合谋诈骗保险公司的保险金，由甲负责制造保险事故、编造虚假索赔材料，由乙负责通过欺骗其他同事，办理保险公司理赔。二人共诈骗保险金100万元。从甲的角度看，甲乙构成保险诈骗罪的共同犯罪，甲是实行犯，乙是帮助犯。从乙的角度看，甲乙构成职务侵占罪的共同犯罪，乙是实行犯，甲是帮助犯。甲同时触犯了保险诈骗罪（实行犯）和职务侵占罪（帮助犯），择一重罪论处，定保险诈骗罪的实行犯。乙同时触犯了保险诈骗罪（帮助犯）和职务侵占罪（实行犯），择一重罪论处，定职务侵占罪的实行犯。传统理论认为，甲乙是共同犯罪，应定同一个罪名，例如按照乙的身份来定，都定职务侵占罪。问题是，如此，甲定职务侵占罪的帮助犯，而这比给甲定保险诈骗罪的实行犯处罚要轻，就不当地轻纵了甲。

［总结］第一，谁是实行者，就依谁来定罪。第二，大家都是实行者，依想象竞合处理。第三，二人构成共同犯罪，最终定罪不需要定同一个罪名。

［注意］司法解释的特殊规定：① 公司、企业或其他单位中，非国家工作人员与国家工作人员勾结，分别利用各自的职务便利，共同将本单位的财物非法占为己有，按照主犯的犯罪性质定罪。

这种情形属于：A 身份者是正犯＋B 身份者是正犯，本来应该按想象竞合处理，如例4。但是，司法解释规定按主犯定罪，就只能按照主犯定罪。主犯的确定，主要是看身份地位高低、职权大小、作用大小。这种司法解释属于一种法律拟制的特殊规定，不能推广适用。也即，该司法解释只针对"贪污罪＋职务侵占罪"。对于其他情形依照正常原理处理。

例 5，国有控股公司里，甲是会计（非国家工作人员），乙是财务总监（国家工作人员），共谋利用各自职务便利，共同侵吞公司财物。该案依照司法解释处理，乙的身份地位高，按照乙的身份来定罪，对乙以贪污罪的实行犯论处，对甲以贪污罪的帮助犯论处（如果对甲以职务侵占罪的实行犯论处，处罚会更重，司法解释的做法就便宜了甲）。

例 6，政法委副书记甲指使法官乙将有罪的丙宣告无罪。该案可正常处理。甲同时触犯滥用职权罪的实行犯和徇私枉法罪的教唆犯，想象竞合，择一重罪论处，定滥用职权罪的实行犯。乙同时触犯徇私枉法罪的实行犯和滥用职权罪的实行犯（徇私枉法罪是一种特殊的滥用职权罪，实行徇私枉法，就是在实行滥用职权），想象竞合，择一重罪论处，定徇私枉法

---

① 2000 年 6 月 30 日《最高人民法院关于审理贪污、职务侵占案件如何认定共同犯罪几个问题的解释》。

罪的实行犯。

2. 量刑身份（不真正身份犯）

无身份者与有身份者共同犯罪，在量刑时，对无身份者不能适用量刑身份的法定刑。

例如，国家机关工作人员犯诬告陷害罪，应从重处罚。国家机关工作人员就是诬告陷害罪的量刑身份。甲（普通公民）和乙（国家机关工作人员）共同诬告陷害王某。甲乙构成诬告陷害罪的共同犯罪，对乙应从重处罚，但对甲不能从重处罚。

（二）共同犯罪与不作为犯

1. 作为义务人乙是实行犯：甲教唆、帮助乙实施不作为犯罪

例1，甲教唆或帮助乙女遗弃生病的丈夫丙，乙在甲的教唆或帮助下遗弃了丙。乙是作为义务人，构成遗弃罪的实行犯。甲不是作为义务人，只能构成教唆犯或帮助犯。

不作为犯实际上是一种身份犯。作为义务人（保证人）就是一种身份。身份犯中，只有有身份者才能构成身份犯的实行犯，无身份者只能构成共犯（教唆犯、帮助犯）。例如，只有官员才能构成贪污罪的实行犯，妻子只能构成贪污罪的共犯。同理，不作为犯中，只有作为义务人才能构成不作为犯的实行犯，无作为义务者只能构成共犯。

例2，乙女的丈夫丙重病在床，乙指使甲将丙扔到马路边。甲照办。甲不能构成遗弃罪的实行犯，因为其不是作为义务人。乙构成遗弃罪的实行犯（不履行救助义务），甲构成遗弃罪的帮助犯。这种情形实际仍属于甲帮助乙遗弃丈夫。

例3，乙开车不慎撞伤丙。路人甲指使其逃逸、不救人。乙照办。乙构成遗弃罪或不作为的故意杀人罪（实行犯），甲构成教唆犯。

2. 作为义务人乙是帮助犯：乙以不作为方式帮助甲实施犯罪

以不作为方式实施教唆，比较罕见，但以不作为方式实施帮助，比较常见。

例1，小偷甲塞给仓管员乙两包烟，让其行个方便，乙便对甲的盗窃行为装作不知道。乙以不作为方式帮助甲盗窃，乙是不作为的帮助犯，甲是作为的实行犯。

例2，甲通过合同欺骗丙公司的钱财。乙是丙公司的法务人员，负责审核合同。乙明知合同有欺诈，为了报复公司，故意放过，公司领导被骗，甲诈骗既遂。乙以不作为的方式帮助甲诈骗，乙是不作为的帮助犯，甲是作为的实行犯。如果甲对乙的帮助不知情，乙还构成片面的帮助犯。

3. 共同实行犯

例1，夫妻二人看到婴儿高烧不退，都不救助，看着婴儿死去。甲乙均是不作为的杀人，构成共同实行犯。

例2，丈夫甲要将自己的婴儿溺死，妻子乙站着不救助。甲是作为的杀人，乙是不作为的杀人。甲乙构成共同实行犯。

4. 作为义务的判断

判断标准：甲实施的先行行为导致乙陷入危险状态，则甲负有保护乙的义务，既有保护乙的人身法益的义务，也有保护乙的财产法益的义务。①

例1（开始是单独犯罪的场合），甲故意伤害乙，致其重伤昏迷。丙路过，要强奸乙，甲在现场，不予阻止，甲构成强奸罪的不作为的帮助犯，与故意伤害罪并罚。丁路过，要偷乙

---

① 参见张明楷：《刑法学》（第五版），法律出版社 2016 年版，第 438 页。

的钱包，甲在现场，不予阻止。甲构成盗窃罪的不作为的帮助犯，与故意伤害罪并罚。

例 2（共犯的场合），甲乙共同伤害丙女，共同将丙打成重伤昏迷。乙又要强奸丙，甲看到，不予阻止。甲构成强奸罪的不作为的帮助犯，与故意伤害罪并罚。乙若偷丙的钱包，甲看到，不予阻止。甲构成盗窃罪的不作为的帮助犯，与故意伤害罪并罚。

例 3，甲乙共谋伤害丙女，甲尚未动手，乙将丙打成重伤昏迷。乙又要偷丙的钱包。甲看到，不予阻止。在此存在观点展示。第一种观点认为（多数观点），甲没有实施伤害行为，没有实施能产生作为义务的先行行为，因此没有阻止义务。第二种观点认为，根据部分实行、全部负责的原则，甲对乙的伤害行为应负责，因此有阻止义务。

例 4，甲乙共同入户盗窃，乙又要强奸女主人，甲看到，不予阻止。甲的先行行为是盗窃，是平和手段，没有导致女主人陷入危险状态，因此没有保护义务。甲不构成强奸罪的不作为的帮助犯。

例 5，乙对甲说："骗个人来搞一下。"甲以为要共同抢劫，开车将丙女骗到一个偏僻树林的小屋子，丙不愿进去，甲用刀威胁，丙害怕，进入小屋子。乙在屋子里要强奸丙，甲站在门口先是一愣，继而观望。甲有保护义务，构成强奸罪的不作为的帮助犯。

（三）共同犯罪与实行过限

实行过限，是指甲乙共同实施 A 罪，乙多干了 B 罪。对于 B 罪，甲是否承担刑事责任？对此需要从两个角度分析。一是作为角度。二是不作为角度（前文已讲过）。从作为角度看，甲对 B 罪是否承担刑事责任，需要考察违法阶层的要件（违法的连带性）和责任阶层的要件。对此需要根据共同正犯（共同实行犯）、教唆犯、帮助犯分别判断。

1. 共同正犯

例 1，甲乙共同盗窃丙家，甲在客厅偷，乙在卧室偷，乙看到睡着的女主人丙，又强奸了丙。对此，甲看到了，没有搭理，继续偷拿财物。甲对乙的强奸罪要不要负刑事责任？首先需要判断，在违法阶层，甲对该过限的违法事实是否具有连带性？要具有连带性，就共同正犯而言，就要求：第一，客观上，甲对该违法事实提供了参与行为（实行行为）。第二，主观上，甲有相应的参与意识。例 1 中，甲对乙的强奸犯罪没有参与行为，也没有参与意识，故不用负责。

例 2，甲乙共同盗窃丙家，甲在客厅偷，乙在卧室偷，乙被主人丙发现，丙抓捕乙，乙为了抗拒抓捕将丙打成重伤。对此，甲看到了，没有搭理，继续偷拿财物。乙构成事后转化型抢劫罪。对于乙的抢劫罪，甲没有实施参与行为，也没有参与意识，故不用负责，只构成盗窃罪。如果甲参与实施暴力，则甲构成抢劫罪的共同正犯。如果甲为乙的使用暴力提供望风或明示鼓励，则构成抢劫罪的帮助犯。如果甲只是暗中点赞，由于未让乙感知到，未为乙提供心理上的贡献，不构成抢劫罪的帮助犯。

例 3（2014 年试题卷二第 54 题），甲乙共同杀害丙，以为丙已死，甲随即离开现场。1 个小时后，乙在清理现场时发现丙未死，持刀杀死丙。甲乙杀人结束，甲离开现场后，二人的共同犯罪已经终局，由于丙没死，二人的共同犯罪是未遂。此后乙杀死丙，属于实行过限。甲对乙的后续杀人没有参与行为，也没有参与意识，不用负责。

2. 教唆犯

例 1，甲教唆乙盗窃丙家，乙在盗窃时，看到女主人丙颇有姿色，便强奸了丙。甲对乙的强奸罪若要负教唆犯的刑事责任，条件是：第一，客观违法阶层，甲的教唆行为对过限的违法事实具有连带性，也即具有引起与被引起的关系，这就要看甲的教唆行为有无蕴含引起过限事实的危险。第二，主观责任阶层，甲具有相应的教唆故意。成立教唆犯要求具有教唆故意。若客观违法阶层具有连带性，但主观责任阶层没有教唆故意，而有过失，则负过失犯的刑事责任。例1中，客观上，甲的教唆行为只是给丙创设了财产法益的危险，没有蕴含乙强奸丙的危险，与甲的教唆行为没有引起与被引起的关系。主观上，甲对乙实施强奸没有教唆故意。因此，甲对乙的强奸罪不用负责。

例2，甲教唆乙盗窃丙家，乙盗窃既遂后，丙发现，抓捕乙，乙为了抗拒抓捕，将丙打成重伤。乙构成事后转化型抢劫罪（既遂）。甲的教唆行为制造的危险是乙盗窃丙的财物，该危险流中并不蕴含乙对丙的身体实施暴力的危险性。二者没有引起与被引起的关系。甲不构成抢劫罪，而构成盗窃罪既遂（教唆犯）。

例3，甲教唆乙使用暴力抢劫丙，但告诫不要闹出人命。乙使用暴力抢劫丙时，丙奋力反抗，乙杀死丙，抢劫到财物。乙构成抢劫罪（故意）致人死亡。客观上，甲的教唆行为制造的危险流是乙使用暴力抢劫丙，该危险流中蕴含了乙杀害丙的危险性。因此丙的死亡结果能够归属于甲。主观上，甲对丙的死亡结果持过于自信的过失。甲构成抢劫罪（过失）致人死亡。

例4，甲雇佣乙伤害丙，告诫不要闹出人命。乙在伤害过程中，由于丙激烈反抗，乙便杀死了丙。乙构成故意杀人罪既遂。客观上，甲的教唆行为制造的危险流是乙伤害丙，该危险流中蕴涵了乙杀害丙的危险性。丙的死亡结果能够归属于甲。主观上，甲对丙的死亡结果持过于自信过失。因此，甲不构成故意杀人罪，而构成故意伤害罪致人死亡。

3. 帮助犯

例1，甲帮助乙盗窃丙家，在外望风。乙在屋内盗窃时，看到女主人丙颇有姿色，便强奸了丙。甲对乙的强奸罪若要负帮助犯的刑事责任，条件是：第一，客观违法阶层，甲的帮助行为对过限的违法事实具有连带性，也即具有促进与被促进的关系（帮助作用或促进作用）。第二，主观责任阶层，甲具有相应的帮助故意。成立帮助犯要求具有帮助故意。若客观违法阶层具有连带性，但主观责任阶层没有帮助故意，而有过失，则负过失犯的刑事责任。例1中，客观上，甲的帮助行为给乙的强奸罪起到帮助作用。但主观上，甲没有意识到乙实施强奸，没有帮助乙实施强奸的故意。因此，甲对乙的强奸罪不用负责。

例2，甲帮助乙盗窃丙家，在外望风，乙在屋内盗窃既遂后，丙发现，抓捕乙，乙为了抗拒抓捕，将丙打成重伤。乙构成事后转化型抢劫罪（既遂）。客观上，甲的望风行为给乙的抢劫罪起到帮助作用。但主观上，甲没有意识到乙实施抢劫，没有帮助乙实施抢劫的故意。因此，甲对乙的抢劫罪不用负责，甲构成盗窃罪既遂（帮助犯）。

例3，乙入户抢劫丙家，甲在外望风，告诫乙不要闹出人命。乙使用暴力抢劫丙时，丙奋力反抗，乙杀死丙，抢劫到财物。乙构成抢劫罪（故意）致人死亡。客观上，甲的望风行为给乙的抢劫和杀人起到帮助作用。主观上，甲对乙的杀人没有帮助故意，但是具有过于自信过失的心理，构成抢劫罪（过失）致人死亡。

例4（真题），乙入户伤害丙，甲在外望风，告诫不要闹出人命。乙在伤害过程中，由于丙激烈反抗，乙便杀死了丙。乙构成故意杀人罪既遂。客观上，甲的望风行为给乙的杀人起到帮助作用。主观上，甲对乙的杀人没有帮助故意，但是具有过于自信过失的心理，虽然不构成故意杀人罪，但构成故意伤害罪致人死亡。

［总结1］从作为角度，共同正犯、教唆犯、帮助犯对过限事实负刑事责任的条件：

阶层与角色	共同正犯	教唆犯	帮助犯
违法阶层 （违法的连带性）	（1）客观上有参与行为 （2）主观上有参与意识	引起与被引起关系（教唆行为有无蕴含引起过限事实的危险）	促进与被促进关系
责任阶层 （责任的个别性）	（1）有故意，负故意犯的责任。 （2）有过失，负过失犯的责任。	（1）有教唆故意，负教唆犯的责任。 （2）有过失，负过失犯的责任。	（1）有帮助故意，负帮助犯的责任。 （2）有过失，负过失犯的责任。

［总结2］甲对乙的过限事实要不要负刑事责任，需要按顺序考察两个角度。先考察作为角度。若作为角度得出肯定结论，则不需要考察不作为角度。若作为角度得出否定结论，则考察不作为角度。

例1，甲乙共同盗窃丙家，甲在客厅偷，乙在卧室偷，乙看到睡着的女主人丙，又强奸了丙。对此，甲看到了，没有搭理，继续偷拿财物。甲对乙的强奸罪要不要负责？从作为的角度看，甲不用负责，因为没有参与行为和参与意识。接下来从不作为的角度看，甲对乙的强奸罪没有阻止义务，因为甲的先行行为只是通过平和手段盗窃财物，没有使丙陷入危险状态。因此，甲不构成强奸罪的不作为的帮助犯。

例2，甲乙共同抢劫丙女，共同将丙打晕，甲在丙身上取财，乙又强奸丙，甲看到了，不阻止，只是骂了句："能不能做到不忘初心？"甲对乙的强奸罪要不要负责？从作为的角度看，甲不用负责，因为没有参与行为和参与意识。接下来从不作为的角度看，甲对乙的强奸罪具有阻止义务，因为甲的先行行为（打晕丙）导致丙陷入危险状态。因此，甲构成强奸罪的不作为的帮助犯。许多同学容易混淆这两个角度，需要注意。

（四）共同犯罪与认识错误

共同犯罪与认识错误的结合问题，需要用到前文关于事实认识错误的知识、实行过限的知识。先辨认认识错误的类别，再进行处理。

1. 共同正犯之间的认识错误

（1）同一犯罪构成内的认识错误。

在此没有新的知识，只需要运用前面的同一犯罪构成内的错误的处理办法即可。

例1（对象错误），甲乙共谋杀害丙，一起向丙开枪，甲什么都没打中，乙却误以为丁是丙，将丁打死。首先，甲构成故意杀人罪未遂。其次，乙属于对象错误，对丁构成故意杀人罪既遂。对甲而言，乙对丁的故意杀人罪既遂属于实行过限，甲没有参与行为与参与意识，也没有救助义务，对此不用负责。

例2（打击错误），甲乙共谋杀害丙，一起向丙开枪，甲什么都没打中，乙因为没有瞄准，不慎打死了附近的丁。首先，甲构成故意杀人罪未遂。其次，乙存在打击错误。依照具体符合说，乙对丙构成故意杀人罪未遂，对丁构成过失致人死亡罪，想象竞合，择一重罪论处，定故意杀人罪未遂。依照法定符合说，乙对丙构成故意杀人罪未遂，对丁构成故意杀人罪既遂，想象竞合，择一重罪论处，定故意杀人罪既遂；对甲而言，乙对丁的故意杀人罪既遂属于实行过限，甲没有参与行为与参与意识，也没有救助义务，对此不负责。

（2）不同犯罪构成间的认识错误。

例如，甲乙共谋打碎蜡像馆的珍贵蜡像，甲什么也没打中，乙却将丙误以为是蜡像而打死。首先，甲构成故意毁坏财物罪未遂。其次，乙既触犯故意毁坏财物罪未遂，又触犯过失致人死亡罪，想象竞合，择一重罪论处；对甲而言，乙对丙的过失致人死亡罪属于实行过限，甲没有参与行为与参与意识，也没有救助义务，对此不用负责。

2. 狭义共犯与正犯之间的认识错误

这是指正犯出现认识错误，导致其实现的事实和共犯的主观意图不一致。

（1）同一犯罪构成内的认识错误。

例1（对象错误），甲教唆乙杀害丙，将丙的照片给乙，提醒乙不要认错人、杀错人，乙在丙下班的路上守候，误将丁当作丙而杀害。乙对丙构成故意杀人罪犯罪预备，对丁构成故意杀人罪既遂，想象竞合，择一重罪论处，定故意杀人罪既遂。实行犯乙产生对象错误，教唆犯甲构成打击错误。依照具体符合说，甲对丙构成故意杀人罪犯罪预备，对丁构成过失致人死亡罪，想象竞合，择一重罪论处。依照法定符合说，甲对丙构成故意杀人罪犯罪预备，对丁构成故意杀人罪既遂，想象竞合，择一重罪论处。[①]

例2（打击错误），甲教唆乙杀害丙，乙因为没有瞄准，不慎将附近的丁打死。依照具体符合说，乙对丙构成故意杀人罪未遂，对丁构成过失致人死亡罪，想象竞合，择一重罪论处，定故意杀人罪未遂。依照法定符合说，乙对丙构成故意杀人罪未遂，对丁构成故意杀人罪既遂，想象竞合，择一重罪论处，定故意杀人罪既遂。实行犯乙产生打击错误，教唆犯甲构成打击错误。依照具体符合说，甲对丙构成故意杀人罪未遂，对丁构成过失致人死亡罪，想象竞合，择一重罪论处，定故意杀人罪未遂。依照法定符合说，甲对丙构成故意杀人罪未遂，对丁构成故意杀人罪既遂，想象竞合，择一重罪论处，定故意杀人罪既遂。

（2）不同犯罪构成间的认识错误。

例如，甲教唆乙打死丙的珍贵宠物狗，乙因为没有瞄准，不慎打死了丙。乙既触犯故意毁坏财物罪未遂，又触犯过失致人死亡罪，想象竞合，择一重罪论处。由于乙触犯故意毁坏财物罪未遂，甲也构成故意毁坏财物罪未遂。对于乙的过失致人死亡罪，甲没有连带性，不需负责。

3. 教唆犯与间接正犯之间的认识错误

（1）以教唆犯的意思，实施教唆行为，但产生了间接正犯的结果。

例如，甲误以为乙具有责任能力，教唆乙杀人，实际上乙患有精神病，乙不断点头，在没有责任能力的状态下杀了人。甲故意引起乙制造了违法事实，构成故意杀人罪的教唆犯既遂。甲只有实施教唆犯的故意，没有实施间接正犯的故意，不构成间接正犯。有人会问：那实行犯在哪里？实行犯就是乙，乙的行为属于违法阶层的"犯罪"行为。

（2）以间接正犯的意思，利用他人犯罪，但产生了教唆的结果。

例1，甲误以为乙是没有责任能力的精神病患者，便引诱乙杀人，但乙的精神病刚好已经痊愈，具有责任能力，按照甲的旨意杀了人。甲故意引起乙制造违法事实，构成故意杀人罪的教唆犯既遂。甲主观上想支配乙，也实施了支配行为（引诱行为），但是未能形成支配

---

① 参见柏浪涛：《实行犯的对象错误与教唆犯的归责问题》，载《中国法学》2018年第2期。

力，因此构成故意杀人罪间接正犯的犯罪预备。间接正犯的着手标准是被利用者着手实行。在乙着手杀人前，乙因为具有责任能力，导致甲对乙缺乏支配力，甲只能构成间接正犯的犯罪预备。甲同时触犯故意杀人罪的教唆犯既遂与间接正犯犯罪预备，想象竞合，择一重罪论处，定故意杀人罪的教唆犯既遂。

例 2，甲误以为乙是没有责任能力的精神病患者，便引诱乙杀人。实际上乙从来就没有患过精神病，是甲搞错了，乙的老婆整天骂乙是精神病，甲就以为乙是精神病患者。不过，乙仍按照甲的旨意杀了人。甲故意引起乙制造违法事实，构成故意杀人罪的教唆犯既遂。但甲不构成故意杀人罪的间接正犯，因为对乙缺乏形成支配力的可能性。上述例 1 中，甲对乙具有形成支配力的可能性。

（3）以间接正犯的意思，但他人知道了真相。

例如，医生甲欲杀死病人丙，欺骗护士乙，让给丙注射一个针剂，实际上是毒针。乙发现是毒针，但仍然来到丙的病房，注射给丙，丙死亡。甲故意引起乙制造了违法事实，构成故意杀人罪的教唆犯既遂。甲给了毒针，也构成故意杀人罪的帮助犯既遂。甲主观上想支配乙，也实施了支配行为（欺骗行为），但是未能形成支配力，因此构成故意杀人罪间接正犯的犯罪预备。甲同时触犯故意杀人罪的共犯（教唆犯及帮助犯）既遂与间接正犯犯罪预备，想象竞合，择一重罪论处，定故意杀人罪的共犯（教唆犯及帮助犯）既遂。

（五）共同犯罪与犯罪形态

1. 犯罪形态的从属性

共犯从属性原理不仅体现在犯罪成立上（实行者若无罪，教唆者、帮助者也无罪），还体现在犯罪形态上：实行者处在预备阶段，则教唆者、帮助者的犯罪形态也处在预备阶段；实行者进入实行阶段，则教唆者、帮助者的犯罪形态也进入实行阶段。

例 1，甲入户盗窃，乙蹲守望风。甲在预备阶段被抓，乙构成犯罪预备。甲在实行阶段被抓，乙构成犯罪未遂。也即，如果有一人着手实行，大伙（教唆者、帮助者及其他实行者）就都进入了实行阶段，其他人就别想再成立犯罪预备。

例 2，甲入户盗窃，乙蹲守望风。甲盗窃既遂，乙在外面被抓。乙也构成既遂。也即，如果有一个人既遂，大伙就都既遂了，其他人就别想再成立中止或未遂。[①]

2. 成立中止的条件：共犯关系的脱离

如果有人想中止，只有脱离共犯关系，才有可能成立犯罪中止。

脱离条件：消除违法的连带性，就是不但自己自动停止，还要消除自己的行为对共同犯罪所产生的物理上、心理上的贡献。具体而言：

（1）预备阶段（着手前）。

①教唆犯。教唆犯欲成立中止，须消除自己对被教唆者心理上的因果性。具体而言：打消被教唆者的犯罪意图，即有效阻止其他人。不过，如果积极努力采取有效阻止措施（如报警、告知被害人），但因很意外的原因未能有效阻止，也可以成立中止。

例如，甲教唆乙入室盗窃，乙在去的路上，甲又后悔，便打电话让乙回来，但乙不答应。甲便报警，并告知被害人让其做好准备。乙入室后被抓。甲成立犯罪中止。

②帮助犯。帮助犯欲成立中止，须消除自己对实行者的物理上、心理上的因果性。具体

---

① 这只是大致原则。帮助犯中有例外，参见前文帮助犯部分。

而言：消除自己的帮助作用。例如，明确告知对方自己退出的意思，让对方意识到他自己在"单打独斗"，离开现场。

例如，甲为乙的盗窃提供了一把钥匙，又后悔，向乙索要，乙暗自配了一把，然后将原来的钥匙还给甲，用配的钥匙盗窃成功。甲没有切实消除帮助作用，不成立中止，而成立既遂。

③共同正犯。如果有人欲成立中止，需要消除自己的预备行为对其他实行者所产生的物理上、心理上的作用。第一，消除心理上的作用，就是明确告知其他人，让其意识到自己已退出。如果是主谋欲中止，需要打消其他人的犯意，也即有效阻止其他人犯罪。第二，消除物理上的作用。如果自己的预备行为为共同犯罪提供了物理性作用（如准备了工具、制造了条件），则应当消除这些物理性作用。

例1，甲乙共谋3天后共同入室盗窃，第二天甲欲中止，对乙谎称："我胃疼，去不了，你去吧！"乙相信便自己去实施，并盗窃既遂。甲没有明确告知退出意思，没有消除心理性作用，不成立中止，而成立既遂。

例2，甲乙共谋共同抢劫丙，并由甲将丙引诱到地下车库，然后甲乙共同实施抢劫。甲将丙引诱到地下车库后，又想中止，一方面告知乙自己不想干了，另一方面让丙逃跑。甲成立抢劫罪中止。

（2）实行阶段（着手后）。

①对于教唆犯、帮助犯，欲成立中止，条件与预备阶段的中止条件相同。

例如，甲在外望风，乙进屋正在盗窃主人的保险箱，甲打电话给乙，表示不再望风，并离开了现场。乙知道后继续实施盗窃并既遂。甲成立中止。

②对于共同正犯，由于已经进入实行阶段，共同正犯欲成立中止，须有效阻止其他正犯犯罪。如果有一人既遂，大家都既遂。

阶段 种类	预备阶段	实行阶段
教唆犯	有效阻止实行者	有效阻止实行者
帮助犯	消除帮助作用	消除帮助作用
共同正犯	消除预备行为对共同犯罪产生的物理上、心理上的作用	自动放弃，并有效阻止

▌▌▌**典型真题**

关于共同犯罪的判断，下列哪些选项是正确的？(2011年·卷二·55题)①

A. 甲教唆赵某入户抢劫，但赵某接受教唆后实施拦路抢劫。甲是抢劫罪的共犯

B. 乙为吴某入户盗窃望风，但吴某入户后实施抢劫行为。乙是盗窃罪的共犯

C. 丙以为钱某要杀害他人为其提供了杀人凶器，但钱某仅欲伤害他人而使用了丙提供的凶器。丙对钱某造成的伤害结果不承担责任

D. 丁知道孙某想偷车，便将盗车钥匙给孙某，后又在孙某盗车前要回钥匙，但孙某用其他方法盗窃了轿车。丁对孙某的盗车结果不承担责任

---

① ［答案］ABD。

九、共同犯罪的处罚规定

我国刑法根据作用分类标准将共犯分为主犯、从犯、胁从犯。此外，我国刑法也规定了教唆犯，这在前文已经作了介绍，此处主要阐述主犯、从犯、胁从犯。

两种共犯分类的关系：实行犯、教唆犯、帮助犯是分工分类；主犯、从犯、胁从犯是作用分类。二者没有必然对应关系。

实行犯根据作用大小，可以是主犯、从犯或胁从犯。

教唆犯根据作用大小，可以成为主犯、从犯或胁从犯。

帮助犯可以是从犯或胁从犯，但不可能是主犯。

［总结］ 除了帮助犯不可能是主犯外，其他概念都可以相互结合。

（一）主犯

第 26 条第 1 款 组织、领导犯罪集团进行犯罪活动的或者在共同犯罪中起主要作用的，是主犯。

1. 主犯的分类：（1）组织、领导犯罪集团进行犯罪活动的犯罪分子，也就是犯罪集团的首要分子；（2）在其他共同犯罪中起主要作用的犯罪分子。

2. 主犯与首要分子的关系

第 97 条 本法所称首要分子，是指在犯罪集团或者聚众犯罪中起组织、策划、指挥作用的犯罪分子。

（1）首要分子分为：一是犯罪集团中的首要分子；二是聚众犯罪中的首要分子。

（2）犯罪集团的主犯包括首要分子和其他起主要作用的犯罪分子。因此，犯罪集团的首要分子一定是主犯，但犯罪集团的主犯不一定是首要分子。

（3）聚众犯罪有两种情形：一是只处罚首要分子的聚众犯罪，例如，刑法第 291 条第 1 款规定的聚众扰乱公共场所秩序、交通秩序罪。此时如果首要分子只有一人，则无共同犯罪而言（客观阶层的共同犯罪事实是存在的）。所以，聚众犯罪不一定都是共同犯罪。二是既处罚首要分子，也处罚积极参与者的聚众犯罪，例如，刑法第 290 条第 1 款规定的聚众扰乱社会秩序罪。此时，聚众犯罪属于共同犯罪。

当聚众犯罪中的首要分子有多人时，那么起主要作用的是主犯，起次要作用的是从犯。因此，聚众犯罪中的首要分子不一定都是主犯。反过来，聚众犯罪中的主犯也不一定都是首要分子。因为聚众犯罪中其他参与者如果起主要作用，也可以是主犯。

［总结］

主犯 ┬ 犯罪集团首要分子
　　　└ 共同犯罪中起主要作用者 ┬ 犯罪集团中除首要分子外起主要作用者
　　　　　　　　　　　　　　　　└ 一般共同犯罪中起主要作用者

首要分子 ┬ 犯罪集团首要分子
　　　　　└ 聚众犯罪首要分子 ┬ 一个人，不存在主犯
　　　　　　　　　　　　　　　└ 多个人，存在主犯

［结论］ 主犯与首要分子的关系：除了犯罪集团的首要分子一定是主犯外，其他情形下的首要分子和主犯都没有必然的一一对应关系。

3. 主犯的处罚

（1）犯罪集团中的首要分子。

第 26 条第 3 款 对组织、领导犯罪集团的首要分子，按照<u>集团所犯的全部罪行</u>处罚。

［注意］是按照"集团"所犯的全部罪行，而不是按照"全体成员"所犯的全部罪行处罚。

（2）其他主犯。

第 26 条第 4 款 对于第三款规定以外的主犯，<u>应当按照其所参与的或者组织、指挥的全部犯罪处罚</u>。

（二）从犯

第 27 条 在共同犯罪中起次要或者辅助作用的，是从犯。

对于从犯，应当从轻、减轻处罚或者免除处罚。

<u>主犯与从犯的关系：</u>

1. 共同犯罪中，可以只有主犯（须两个主犯），没有从犯；但不可能只有从犯，没有主犯。

2. 刑法没有规定对从犯的处罚必须"比照"主犯，所以对从犯的处罚可以（但不是应当）轻于主犯。

3. 对从犯也需要按照其所参与的全部犯罪处罚。这一点和主犯相同。

（三）胁从犯

第 28 条 对于被胁迫参加犯罪的，应当按照他的犯罪情节减轻处罚或者免除处罚。

胁从犯，是指被胁迫参加犯罪的人。

1. 行为人一开始被胁迫参加犯罪，但在着手实行后变得积极主动，在共同犯罪中起主要作用的，应认定为主犯，而非胁从犯。

2. 如果行为人身体完全被强制、意志自由完全被剥夺，则不构成胁从犯。例如，歹徒用枪胁迫出租车司机将车开往银行或用枪胁迫飞机驾驶员将飞机开往指定地点。在此场合，因为司机、驾驶员意志自由完全被剥夺，不构成胁从犯，符合紧急避险条件的，可以成立紧急避险。

12

第十二讲
罪　数

特别提示

1. 重要考点：想象竞合、法条竞合、吸收犯、不可罚的事后行为、数罪。

2. 复习策略：本讲只是介绍罪数原理，真正的考查在分则学习。因此，在学习分则时要注意总结罪数问题。

3. 知识储备：在区分罪数时，考虑的因素有：行为、犯意、法益、罪名等。其中，行为是最基础的因素。判断是一个行为（行为单数）还是多个行为（行为复数），是最基础的判断。

4. 案例：狗蛋盗窃一辆汽车，伪造国家机关证件，以此证明该车是自己所有，在合法的二手车市场以正常行情价卖给不知情的小芳。对狗蛋如何处理？①

一、行为单数

（一）继续犯

1. 概念：也称持续犯，是指犯罪行为与不法状态在一定时间内一直处于继续状态的犯罪。例如，非法拘禁罪、窝藏罪。

2. 特征

（1）在事实评价上，继续犯只有一个行为。而且是，一个犯意，一个行为，侵害一个法益。

（2）犯罪行为和不法状态同时持续。

（3）时间的持续性。如果行为只有瞬间，不构成继续犯。

3. 处理：只定一罪。

4. 继续犯与状态犯的区别：状态犯，是指一旦发生危害结果，犯罪便同时终了，但是不法状态仍然在持续。例如，盗窃罪，窃取了财物后，犯罪便终了，但财物一直被行为人不法占有着。而非法拘禁罪，拘禁行为与不法状态同时持续，拘禁行为一结束，不法状态便结束。

5. 两个时间点

（1）**既遂时间点**：行为只要在持续期间侵害了法益就构成既遂。例如，窝藏罪，行为人

---

① ［答案］狗蛋先构成盗窃罪，后构成伪造国家机关证件罪，还构成诈骗罪。后两罪是牵连犯关系，择一重罪论处，以诈骗罪论处。诈骗罪对于盗窃罪而言，不是不可罚的事后行为，因为诈骗罪侵犯了新的法益。因此，应对盗窃罪与诈骗罪并罚。

将犯罪分子窝藏至隐匿地点就构成既遂。

（2）行为终了的时间点：行为最终结束，不再持续，不法状态也便解除。

在犯罪既遂后，行为终了前，第三人参与犯罪的，成立共同犯罪，也就是承继的共同犯罪。这一点与一般情形不同，务必注意。

例1，甲窝藏杀人犯乙，已经窝藏了10天，此时甲构成窝藏罪既遂；丙此时参与进来帮助甲继续窝藏乙。丙与甲构成窝藏罪的共同犯罪。

例2，甲绑架了丙的小孩，欲向丙勒索财物。此时乙参与进来，帮助看押小孩。因为绑架罪的实行行为是实力控制人质（非法拘禁），因此是继续犯，只要实力控制了人质就既遂。既遂后，乙参与进来，构成绑架罪的承继的共同正犯。

6. 追诉期限

（1）追诉期限的起算：犯罪行为终了之日。

（2）继续犯的持续时间跨越新旧刑法时，适用新法，依然成立一罪。例如，甲在1997年9月1日窝藏了杀人犯乙，在1997年11月1日被发现。对甲应适用新法，只定一罪。

（二）法条竞合

这是由法条的设置造成的。两个法条规定的内容有包容关系，造成对某一个行为都能适用的情形，但是只能选择一个法条适用。例如，诈骗罪与合同诈骗罪，盗窃罪与盗窃枪支罪。

1. 包容关系

两个法条的内容是包容关系，是指二者是 A 与 A+B 的关系，A+B 可以包容评价为 A，只是比 A 多了一个 B。例如，合同诈骗罪（A+B）可以包容评价为诈骗罪（A，表示财产权），比诈骗罪多了一个法益侵害 B（扰乱市场秩序），触犯合同诈骗罪就必然触犯诈骗罪。"A" 法条被称为一般法条，"A+B" 法条被称为特殊法条，B 就是特殊因子。特殊法条能够包容评价为一般法条，也即触犯特殊法条，必然会触犯一般法条。这便是判断法条竞合的标准。包容关系有两种情形：

（1）完全包容关系。这是指此法条（罪名）的全部构成要件行为都能包容评价为彼法条（罪名）。例如，所有的保险诈骗罪都构成诈骗罪。

（2）部分包容关系。这是指此法条（罪名）的一部分构成要件行为能包容评价为彼法条（罪名）。例如，一般认为，交通肇事罪与过失致人死亡罪是法条竞合关系，但是有些交通肇事罪的成立不要求致人死亡，只要求造成 3 人重伤。所以，当说二者是法条竞合关系时，仅指交通肇事罪的"致人死亡"这种类型与过失致人死亡罪是法条竞合关系。

2. 处理办法

（1）原则上：特别法优于一般法。例如，合同诈骗罪优于诈骗罪，盗窃枪支罪优于盗窃罪。

（2）例外：重法优于轻法。这是由法条规定的例外。刑法第149条第2款规定，行为同时触犯第140条的生产、销售伪劣产品罪和第141条至第148条的具体罪名，适用法定刑重的罪名。

（三）想象竞合犯

这是由三段论的反复推理造成的。一个行为（小前提，案件事实）同时符合多个罪名规定（大前提，法律规定），但因为只有一个行为，只能定一罪。例如，开一枪打死一个、重伤一个；故意杀害正在执行公务的警察。

1. 特征：客观上只有一个行为，触犯了数个罪名。

2. 处理办法：择一重罪论处。① 这是因为只有一个行为，如果定数罪，就等于对一个行为进行了重复评价。

3. 例外：根据第 204 条第 2 款，纳税人缴纳一般税款后，采用假报出口等手段骗取所缴税款，貌似骗取出口退税，实为逃税，定逃税罪。如果骗取的税款超过所缴纳税款，超过部分构成骗取出口退税罪，与逃税罪实行数罪并罚。这实际上是一个行为触犯两个罪名，属于想象竞合犯，但却数罪并罚。

例如，甲缴纳税款 80 万元，后又通过出口退税方式骗取税款 100 万元。这 100 万元中，80 万元相当于逃税数额，20 万元属于骗取出口退税数额。一个行为既触犯逃税罪，又触犯骗取出口退税罪，本应择一重罪论处，但却数罪并罚。

4. 法条竞合与想象竞合的区别

判断标准：一个行为触犯一个法条就必然会触犯另一个法条，则两个法条属于法条竞合关系（特殊与一般的关系）。如果没有这种必然性，才有可能是想象竞合。

5. 法条竞合与想象竞合的动态变化

这是指，一般情况下，两个罪名是法条竞合关系，但是特殊情况下，为了做到罪刑相适应，两个罪名又变成想象竞合关系。这种特殊情况主要出现在两种情形中：

（1）法定刑不符合比例原则。

例 1，一般而言，盗窃罪与盗伐林木罪是法条竞合关系，优先以盗伐林木罪论处。按道理，立法者应当给盗伐林木罪配置比盗窃罪更重的法定刑，但是没有。盗伐林木罪最高刑是 15 年有期徒刑，盗窃罪最高刑是无期徒刑。当甲盗伐的林木价值 1000 万元，此时如果一定要以盗伐林木罪论处，就只能判 15 年，这显然不合适。因此，此时只能认为二者是想象竞合关系，择一重罪论处，以盗窃罪判处无期徒刑。

例 2，故意杀人罪与抢劫罪（故意）致人死亡按理应是法条竞合关系，触犯抢劫罪（故意）致人死亡（如为了劫财而杀人）必然触犯故意杀人罪。按道理，立法者应当给抢劫罪（故意）致人死亡配置比故意杀人罪更重的法定刑，但是没有。因此，只能认为二者是想象竞合关系，择一重罪论处。

（2）一般法条与特殊法条的犯罪形态不一致。

例 1，一般情况下，触犯故意杀人罪必然触犯故意伤害罪，两罪是法条竞合关系，故意杀人罪是特殊法条，故意伤害罪是一般法条，优先以故意杀人罪论处。但是，甲杀害乙，导致乙重伤时，甲又中止。甲同时构成故意杀人罪中止和故意伤害罪（重伤）既遂。如果一定要以故意杀人罪中止论处，有可能判得比故意伤害罪（重伤）既遂轻，这显然不合适。这时候，只能认为故意杀人罪中止与故意伤害罪（重伤）既遂是想象竞合关系，择一重罪论处。

例 2，一般情况下，盗窃数额较大的行为与盗窃数额巨大的行为是法条竞合关系。但是，甲欲盗窃画廊一幅画（价值 5 万元），却错拿了旁边一幅画（价值 5000 元）。甲触犯盗窃数额巨大的未遂和盗窃数额较大的既遂，此时如果一定要以盗窃数额巨大未遂论处，有可能判

---

① 比较轻罪与重罪，在一般情况下，比较法定刑的轻重；在具体情节下，比较法官具体的量刑轻重。

得比盗窃数额较大既遂轻，这显然不合适。所以司法解释认为二者是想象竞合关系，择一重刑论处。具体可参见分论"盗窃罪"部分。

6. 总结：法条关系（罪名关系）

（1）A与-A。两个罪名是对立排斥关系。特点：针对一个行为对象或一个法益侵害结果，不可能同时触犯这两个罪名，也即既不可能属于法条竞合，也不可能形成想象竞合。例如，盗窃罪与诈骗罪是对立排斥关系，针对同一行为对象，不可能既构成盗窃罪又构成诈骗罪。但针对不同对象是可以的。例如，甲将邻居乙的树谎称是自己的树，卖给丙。甲对乙构成盗窃罪，对丙构成诈骗罪（对此有不同观点），想象竞合，择一重罪论处。

（2）A与A+B。两个罪名是包容评价关系，A+B可以包容评价为A。特点：二者是法条竞合关系，触犯A+B，必然触犯A。例如，常考的罪名关系，故意伤害罪与故意杀人罪，强制猥亵、侮辱罪与强奸罪，抢夺罪与抢劫罪，侵占罪与盗窃罪，非法拘禁罪与绑架罪，盗窃罪与盗窃枪支罪，挪用公款罪与贪污罪，便是如此，后者可以包容评价为前者，二者是法条竞合关系。

（3）A与B。两个罪名是中立关系，也即两个罪名不搭界。特点：二者不可能属于法条竞合关系，但有可能形成想象竞合。例如，故意杀人罪与盗窃罪是这种关系。甲明知盗窃乙的速效救心丸会致其丧命，出于非法占有目的，实施盗窃，导致乙死亡。甲既触犯盗窃罪，又触犯故意杀人罪，想象竞合，择一重罪论处。

[注意] 区分此罪与彼罪的问题。

第一，如果两个罪名是A与B的关系，不需要探寻两罪的区分标准。例如，不需要探寻故意杀人罪与盗窃罪的区分标准，不需要探寻走私罪与组织卖淫罪的区分标准。

第二，不要将A与B的关系当作A与-A的关系，也即不要将中立关系当作对立关系。例如，抢劫罪的保护法益是财产及人身。强迫交易罪的保护法益是市场交易秩序。两罪的保护法益不同，是A与B的关系。但传统理论喜欢寻找二者的区分标准，标准为"是否发生在市场交易背景下，如是，定强迫交易罪，如不是，定抢劫罪"。如此，就将两罪视为A与-A的关系，将两罪对立排斥起来。其实，两罪是可以想象竞合的，此时择一重罪论处。

第三，不要将A与B的关系当作A与A+B的关系，也即不要将中立关系当作包容评价关系。例如，诈骗罪的保护法益是财产，招摇撞骗罪保护的法益是国家机关工作人员的公众信赖感。两罪的保护法益不同，是A与B的关系。但是传统理论认为招摇撞骗罪是一种特殊的诈骗罪，比诈骗罪多了一个保护法益，二者是A与A+B的关系，如此，二者就属于法条竞合关系。这种看法是错误的。二者是A与B的关系，不是法条竞合关系，但有可能形成想象竞合，如冒充官员诈骗他人钱财。

第四，不要将A与A+B的区分关系当作A与-A的区分关系，也即不要将包容评价的关系当作对立排斥关系。例如，拐骗儿童罪与拐卖儿童罪是A与A+B的关系，B就是指出卖目的。当无法查明行为人有出卖目的，无法认定拐卖儿童罪时，可以认定拐骗儿童罪。如果认为两罪是A与-A关系，有无出卖目的是A与-A的对立标准，拐卖儿童罪必须有出卖目的，拐骗儿童罪必须无出卖目的，那么当无法查明行为人有无出卖目的时，就既无法认定为A，也无法认定为-A，只能作无罪处理。这显然不合适。

（四）加重犯

基本犯（基本犯罪构成）与加重犯（加重犯罪构成）在我国有两种存在形式：

1. 独立罪名。例如，盗窃罪与盗窃枪支罪。前者是基本犯，后者是加重犯。二者的关系属于法条竞合关系，触犯盗窃枪支罪（A+B），必然触犯盗窃罪（A），盗窃枪支罪可以包容评价为盗窃罪。

2. 法定刑升格条件。例如，刑法在抢劫罪中规定了"入户抢劫"、"持枪抢劫"（情节加重犯），"抢劫致人重伤、死亡"（结果加重犯），"抢劫数额特别巨大的财物"（数额加重犯），"抢劫救灾物资"（对象加重犯）。它们都是抢劫罪的法定刑升格条件，升格的法定刑是10年以上有期徒刑到死刑。抢劫罪（基本犯，A）与这些加重犯（A+B）属于法条竞合关系，触犯"入户抢劫"，必然触犯抢劫罪，"入户抢劫"可以包容评价为抢劫罪。

但是，当无法做到罪刑相适应时，为了做到罪刑相适应，只能认为基本犯与加重犯是想象竞合关系，如此才能适用择一重罪论处的处理原则。这种情况主要出现在基本犯与加重犯的犯罪形态不一致时。

例1（独立罪名），甲在军营盗窃枪支，将箱子偷回家，发现是普通财物。甲同时触犯盗窃罪（基本犯，既遂）和盗窃枪支罪（加重犯，未遂），二者是想象竞合关系，择一重罪论处。

例2（情节加重犯），甲欲入户抢劫，已经闯入户内，在户内抢劫时被抓。甲同时触犯抢劫罪（基本犯，未遂）和"入户抢劫"（情节加重犯，既遂），想象竞合，择一重刑论处，也即哪个处罚更重，就适用哪个。提示：有人可能认为，对此适用的顺序是，先适用抢劫罪（基本犯，基本刑），在此基础上再适用"入户抢劫"（加重犯，升格的法定刑）。实际上，二者不是累加关系，而是择一关系。试想，如果刑法取消盗窃枪支罪，在盗窃罪中规定一个法定刑升格条件"盗窃枪支的，处10年以上有期徒刑至无期徒刑"，遇到上述甲盗窃枪支的案件，仍应是甲同时触犯盗窃罪（基本犯，既遂）和"盗窃枪支"（加重犯，未遂），二者是想象竞合关系，择一重罪论处。认为是累加关系的原因，可能是认为，适用基本犯是定罪，适用法定刑升格条件是量刑，先定罪后量刑。先定罪后量刑是没问题的，只有犯罪成立，才会讨论法定刑升格条件。但是，当适用了加重犯的升格法定刑后，就不能再适用基本犯的基本刑了。基本刑与升格刑，只能选择适用一个。

例3（情节加重犯），甲夜晚在公园对妇女乙实施暴力，打算在公园当众强奸乙，乙哀求不要在公园强奸自己，甲便将乙拖到附近地下室，奸淫了乙。甲同时触犯强奸罪（基本犯，既遂）和"在公共场所当众强奸妇女"（情节加重犯，中止），二者想象竞合，择一重刑论处。

例4（对象加重犯），甲欲抢劫救灾物资，使用暴力，灾民恳求不要，甲便放弃，只抢劫了普通财物。甲同时触犯抢劫罪（基本犯，既遂）和"抢劫救灾物资"（加重犯，中止），二者想象竞合，择一重刑论处。

例5（数额加重犯），甲欲抢劫珠宝公司的保险箱里数额特别巨大的珠宝，将保安打晕后，打开保险箱，发现只有数额较大的珠宝（数额特别巨大的珠宝刚刚卖掉），抢劫走。甲同时触犯抢劫罪（基本犯，既遂）和"抢劫数额特别巨大财物"（数额加重犯，未遂），二者想象竞合，择一重刑论处。盗窃罪中的"盗窃数额特别巨大"、诈骗罪中的"诈骗数额特别巨大"都是这个原理。相应司法解释也采取这个原理。

例6（结果加重犯），甲欲强奸乙女，将乙女打成了重伤，乙女无法反抗，甲正要奸淫时，被赶到的警察抓获。甲同时触犯强奸罪（基本犯，未遂）和"强奸罪致人重伤"（加重犯，既遂），想象竞合，择一重刑论处。

[提示1] 加重犯的成立并不意味着基本犯就既遂。

例1，不能认为，只要入户并实施了抢劫，抢劫罪便既遂了，而应是抢劫到一定财物才既遂。不能认为，只要在公共场所当众强奸妇女，强奸罪便既遂了，而应是实际奸淫了妇女才既遂。

例2，"强奸致人重伤"是结果加重犯。甲为了强奸妇女，刚将妇女打成重伤，就被赶到的警察抓捕。不能认为甲构成强奸罪既遂。由于强奸未能得逞，构成强奸罪未遂。

例3，"抢劫致人重伤"是结果加重犯。甲为了抢劫乙，刚将乙打成重伤，就被赶到的警察抓获了。不能认为甲构成抢劫罪既遂。有个司法解释错误地认为，没有抢到钱，造成人轻伤也既遂。这种错误的原因是将结果加重犯的成立等同于基本犯的既遂。其实，二者是两码事。该司法解释只能被视为特殊规定。考试答题应以该司法解释为准。

例4，"故意伤害罪致人死亡"是结果加重犯。甲在桥上用木棒打向乙，乙躲闪后退，不慎掉下桥，淹死。甲构成故意伤害罪致人死亡，但是甲的故意伤害罪只能是未遂，而非既遂，因为致人死亡是过失致人死亡，而故意伤害罪既遂要求故意造成伤害结果，因此这里的过失致人死亡无法评价为伤害结果。

[提示2] 加重犯的成立不意味着基本犯既遂，基本犯可以是未遂，但基本犯至少必须成立犯罪。也即，加重犯的成立必须以基本犯的成立为前提条件。

例如，如果甲不成立抢劫罪，则不可能成立入户抢劫。如果甲不成立故意伤害罪，则不可能成立故意伤害罪致人死亡。

二、行为复数

行为复数会有两个结果：一是作一罪处理，二是数罪并罚。这里的行为复数是指作一罪处理的情形。作一罪处理的原因有两种：一是法条评价的结果；二是科刑评价的结果。

（一）结合犯

1. 概念：两个原本独立的犯罪，根据法律规定结合成一个犯罪。例如，拐卖妇女过程中强奸妇女的，刑法规定只定拐卖妇女罪，强奸成为拐卖妇女罪的法定刑升格条件。

2. 结合形式：（1）甲罪+乙罪=丙罪；（2）甲罪+乙罪=甲罪，乙罪成为甲罪的法定刑升格条件。

3. 结合犯与加重犯的关系

二者的相同点是，都是法律规定的特殊产物，都是法定刑升格条件。例如，"奸淫被拐卖妇女"是拐卖妇女罪的法定刑升格条件。"入户抢劫"是抢劫罪的法定刑升格条件。

二者的区别：

（1）加重犯只有一个犯罪行为，加重要素属于基本犯罪行为的组成部分，是基本犯罪行为的修饰语，不具有独立性。例如，情节加重犯"入户抢劫"虽然有个"非法入户"的行为，但该行为属于抢劫行为的组成部分，能够为抢劫行为所包含。情节加重犯"持枪抢劫"虽然有个"非法持有枪支"的行为，但该行为属于抢劫行为的组成部分，能够为抢劫行为所包含。

由于加重犯本质上是一个犯罪行为，因此，若没有法律特别规定，加重犯应当还原为想象竞合犯。例如，若取消"持枪抢劫"的规定，则行为人同时触犯非法持有枪支罪和抢劫罪，想象竞合，择一重罪论处。

（2）结合犯是两个独立的犯罪行为组成，两个犯罪行为相互独立，一个不是另一个的组成部分，不能为另一个所包含。例如，"拐卖妇女后奸淫被拐卖妇女"，一个是拐卖妇女行为，另一个是强奸妇女行为。强奸行为不是拐卖行为的组成部分，不能为拐卖行为所包含。

由于结合犯本质上是两个独立的犯罪行为，因此，若没有法律特别规定，结合犯应当还原为数罪并罚。例如，若取消"拐卖妇女后奸淫被拐卖的妇女"的规定，则对行为人应以拐卖妇女罪和强奸罪数罪并罚。

4. 结合犯的犯罪形态。例如，狗蛋拐到小芳，在卖往外地途中，又要强奸小芳，竟被小芳打晕。狗蛋将小芳拐到手就构成拐卖妇女罪既遂，后面的强奸罪构成未遂。拐卖妇女罪（既遂）+强奸罪（未遂）=拐卖妇女罪，强奸罪（未遂）成为拐卖妇女罪的法定刑升格条件。也即，定拐卖妇女罪（既遂），适用法定刑升格条件"奸淫被拐卖妇女的，处十年以上到死刑"，再适用未遂犯（从宽处罚）。总结：甲罪+乙罪（未遂或中止）=甲罪，乙罪（未遂或中止）成为法定刑升格条件。[①]

［总结］我国刑法中的结合犯：

（1）拐卖罪+强奸罪=拐卖罪。

（2）绑架罪+故意杀人罪=绑架罪；绑架罪+故意伤害罪致人重伤、死亡=绑架罪。

（3）组织、运送他人偷越国（边）境罪/走私、贩卖、运输、制造毒品罪+妨害公务罪=组织、运送他人偷越国（边）境罪/走私、贩卖、运输、制造毒品罪。

（4）交通肇事罪+遗弃罪（逃逸）=交通肇事罪。

（二）集合犯

1. 概念：刑法将数个同种行为类型化后规定为一罪。

2. 分类

（1）职业犯，是指将犯罪作为职业或业务反复实施，并被刑法规定为一罪。例如，非法行医罪（第 336 条）。

（2）营业犯，是指以营利为目的反复实施，并被刑法规定为一罪。例如，"以赌博为业"的赌博罪（第 303 条）。

（三）连续犯

1. 概念：基于同一或概括的犯意，连续实施性质相同的数个行为，触犯同一个罪名，只定一罪。

2. 特征：（1）基于同一或概括的故意。（2）实施数个相同行为。（3）数次行为具有连续性。判断有无连续性的标准：一看主观上有无连续实施某种犯罪行为的故意；二看客观上行为对象、方式、时间等是否具有连续性。（4）触犯同一罪名。

3. 处理

（1）将多次行为作为成立犯罪的条件，也即成为一个犯罪类型。常考的有：多次盗窃、多次抢夺、多次敲诈勒索。

（2）将多次行为作为法定刑升格条件。常考的有：多次抢劫、多次寻衅滋事。

---

① 绑架罪中的结合犯在犯罪形态上有例外处理，参见分论"绑架罪"部分。

（3）多次行为本应独立定罪处理，但只定一罪，数额累计计算。例如，多次走私、多次贪污。这种情形中有些行为之间在时间上可能间隔很远，已经不具有连续性，严格讲已经不属于这里的连续犯，但在科刑上也只作一罪处理。

（四）吸收犯

1. 概念：事实上有数个行为，一个行为吸收了其他行为，仅成立吸收行为的罪名。例如，甲盗窃枪支后非法持有，非法持有行为被盗窃行为吸收，只定盗窃枪支罪。

2. 特征：（1）数行为相互独立；（2）数行为触犯不同罪名；（3）数行为具有吸收关系，也即一个行为可以吸收评价或包括评价另一个行为，唯有如此，才能只定一个罪。

3. 情形

（1）重行为吸收轻行为。例如，伪造货币后又出售的，出售行为被伪造行为吸收，只定伪造货币罪。

（2）实行行为吸收预备行为。例如，准备入户抢劫，进入后发现屋内无人，便实施了盗窃，盗窃罪的实行行为吸收了抢劫罪的预备行为，只定盗窃罪。这种情形也称为发展犯。

（五）不可罚的事后行为

这是指某个犯罪已经既遂，又实施了另一个犯罪行为，但是不处罚事后行为。不处罚的根据是：第二个行为没有侵犯新的法益或者不具有期待可能性。

1. 没有侵犯新的法益

例1，甲盗窃到一幅名画后，误以为是赝品便毁坏。因为只侵犯了一个法益（文物的财产所有权），所以不再定故意毁坏财物罪，只定盗窃罪。

例2，甲盗窃到一幅名画后，发现是赝品，便冒充真迹欺骗他人，骗取1万元。因为又侵犯了另一人的财产权，所以定盗窃罪和诈骗罪，并罚。

2. 不具有期待可能性

例如，盗窃后销售赃物或窝藏赃物，由于无法期待小偷偷到财物后不去销赃，所以对销赃、窝赃行为不处罚。

（六）牵连犯

1. 概念：犯罪的手段行为与目的行为触犯不同罪名，原因行为与结果行为触犯不同罪名。例如，以伪造国家机关公文的方法（手段行为）骗取公私财物（目的行为）。

2. 手段行为与目的行为要具有牵连关系。牵连关系要具有类型化、通常性的特征。这是指不是任何手段行为与目的行为结合起来就构成牵连犯，只有手段行为与目的行为在实践中经常结合在一起，具有了类型化的特征，才能构成牵连犯。例如，为了诈骗而伪造国家机关证件，具有类型化特征，属于牵连犯。为了诈骗或招摇撞骗而盗窃国家机关证件，并持该证件诈骗或招摇撞骗，不属于牵连犯，应数罪并罚。为了杀人去盗窃枪支或抢劫他人的杀猪刀，不具有类型化特征，不是牵连犯，应数罪并罚。

3. 牵连犯与想象竞合犯的区别：前者有两个行为，后者只有一个行为。

4. 处理方法：原则上，择一重罪论处，并且按照该重罪论处时，还可以从重处罚。例外的，数罪并罚。

5. 常考的情形：受贿问题

（1）第399条第4款："司法工作人员收受贿赂，有前三款行为的（<u>徇私枉法罪，民事</u>

行政枉法裁判罪，执行判决、裁定失职罪，执行判决、裁定滥用职权罪），同时又构成本法第三百八十五条规定之罪的（受贿罪），依照处罚较重的规定定罪处罚。"注意：其他渎职犯罪同时受贿的，一般应数罪并罚。

（2）第 229 条第 1 款和第 2 款："承担资产评估、验资、验证、会计、审计、法律服务等职责的中介组织的人员故意提供虚假证明文件，情节严重的，处五年以下有期徒刑或者拘役，并处罚金。前款规定的人员，索取他人财物或者非法收受他人财物，犯前款罪的，处五年以上十年以下有期徒刑，并处罚金。"

这表明，承担资产评估、验资、验证、会计、审计、法律服务等职责的中介组织人员，这些非国家工作人员受贿后，故意提供虚假证明文件，只定提供虚假证明文件罪，适用升格的法定刑，不数罪并罚。

三、数罪

这是指存在行为复数，但不能按一罪处理，需要数罪并罚的情形。

［注意］行为对象的转移：

1. 转移财产法益对象，不并罚，因为财产法益不具有人身专属性，而具有可替代性。例如，甲本欲盗窃女生乙的手机，进入宿舍后，看到乙的手机，但发现同寝室的丙的手机更好，便盗窃了丙的手机。对此，没必要对甲定盗窃中止和盗窃既遂，并罚；而只需定一个盗窃既遂即可。

2. 转移人身法益对象，需并罚，因为人身法益具有专属性。例如，甲本欲强奸女生乙，进入宿舍按倒乙后，发现同寝室的丙更漂亮，便放过乙，强奸了丙。对甲应定为强奸中止与强奸既遂，并罚。

［总结］常考数罪并罚：

1. 组织、领导、参加恐怖组织罪，组织、领导、参加黑社会性质组织罪，又实施杀人、爆炸、绑架等行为。

2. 组织、运送他人偷越国（边）境，又对被组织者、运输者有杀害、伤害、强奸、拐卖等行为。

3. 收买被拐卖的妇女，又非法拘禁、伤害、侮辱、强奸的。

4. 用放火、杀人方法制造保险事故，骗取了保险金的。

5. 出售、运输假币又使用的。

6. 犯某罪时又犯妨害公务罪，原则上，应数罪并罚，例外的是结合犯：组织、运送他人偷越国（边）境罪/走私、贩卖、运输、制造毒品罪+妨害公务罪=组织、运送他人偷越国（边）境罪/走私、贩卖、运输、制造毒品罪。除此之外，在其他犯罪中暴力抗拒检查的，数罪并罚。例如，生产、销售伪劣产品罪，走私普通货物罪，非法猎捕、杀害珍贵、濒危野生动物罪，非法经营罪。

可以看出，上述数罪并罚的规定其实都是符合正常原理的做法，不需要刻意去记。需要记的是那些例外。

［总结原理］

1. 行为单数：为了保障人权，不得重复评价。

原则上，一个行为，只能定一罪。例外的，主要指由法条特殊规定造成例外。

2. 行为复数：为了保护法益，不得遗漏评价。

原则上，数个行为，侵犯数个法益，触犯数个罪名，就应数罪并罚。也即，数罪并罚是原则。

例外的，作一罪处理。作一罪处理，要么具有法条依据，例如结合犯、集合犯；要么具有充分的评价理由，例如吸收犯、牵连犯。

典型真题

关于法条关系，下列哪一选项是正确的（不考虑数额）？(2016 年·卷二·11 题)①

A. 即使认为盗窃与诈骗是对立关系，一行为针对同一具体对象（同一具体结果）也完全可能同时触犯盗窃罪与诈骗罪

B. 即使认为故意杀人与故意伤害是对立关系，故意杀人罪与故意伤害罪也存在法条竞合关系

C. 如认为法条竞合仅限于侵害一犯罪客体的情形，冒充警察骗取数额巨大的财物时，就会形成招摇撞骗罪与诈骗罪的法条竞合

D. 即便认为贪污罪和挪用公款罪是对立关系，若行为人使用公款赌博，在不能查明其是否具有归还公款的意思时，也能认定构成挪用公款罪

---

① ［答案］B 项，如果认为故意杀人罪与故意伤害罪是对立关系，二者就不是法条竞合关系。C 项，法条竞合侵犯的法益客体是同一个客体。而招摇撞骗罪与诈骗罪各自的保护法益是不同的。二者不是法条竞合关系，但可以想象竞合，例如冒充警察诈骗钱财。D 项，贪污罪与挪用公款罪是包容评价关系。但即便认为二者是对立关系，在无法查明有无非法占有目的时，也可以认定为挪用公款罪，因为挪用公款罪的成立不要求非法占有目的，所以不需要查明有无非法占有目的。本题答案：D。

13 第十三讲
刑罚的体系

特别提示

1. 体系内容：承担刑事责任的方式有刑罚措施和非刑罚处罚措施。刑罚措施包括主刑与附加刑。

2. 重要考点：死刑、财产刑。

3. 案例：狗蛋开车不慎撞死狗剩，撞伤小芳，撞坏小芳的电瓶车。狗蛋还欠铁牛 10 万元。法官判狗蛋构成交通肇事罪，在执行财产刑时，应遵守怎样的顺序？①

一、主刑

主刑的特点：（1）只能独立适用，不能附加适用；（2）一个罪只能适用一个主刑，不能同时适用两个主刑。

主刑的种类：管制、拘役、有期徒刑、无期徒刑、死刑。其中，管制属于限制自由刑，拘役属于短期自由刑，有期徒刑、无期徒刑属于长期自由刑，死刑属于生命刑。

（一）管制

第 38 条 ［管制的期限、禁止令、社区矫正］管制的期限，为三个月以上二年以下。

判处管制，可以根据犯罪情况，同时禁止犯罪分子在执行期间从事特定活动，进入特定区域、场所，接触特定的人。

对判处管制的犯罪分子，依法实行社区矫正。

违反第二款规定的禁止令的，由公安机关依照《中华人民共和国治安管理处罚法》的规定处罚。

1. 概念：管制是指对罪犯不予关押，但限制其一定自由，并采取社区矫正的刑罚方法。

2. 劳动问题：判处管制的罪犯可以自谋生计，不强制劳动，在劳动时与普通公民同工同酬。

3. 期限问题

（1）管制的期限为 3 个月以上 2 年以下，数罪并罚时不得超过 3 年。（3-2-3）

（2）起算：刑期从判决执行之日起计算；判决执行前先行羁押的，羁押 1 日折抵刑期 2 日。

---

① ［答案］第一位，赔偿被害人的人身损害赔偿、物质损害赔偿。第二位，经债权人请求，偿还债权人民事债务。第三位，执行财产刑。

[注意]　对于经过批准离开居住地的罪犯，经许可外出的期间，应计入执行期。

4. 对管制可以同时适用禁止令。禁止犯罪分子在执行管制期间从事特定活动，进入特定区域、场所，接触特定的人。例如，对于未成年人因上网诱发犯罪的，可以禁止其在一定期限内进入网吧。

5. 对管制，应实行社区矫正。社区矫正是一种非监禁的刑罚执行方式，是将罪犯置于社区内，由社区矫正机构矫正其犯罪心理和行为恶习。

6. 司法解释的要点：①

第3、4、5条的禁止内容：

（1）附带民事赔偿义务未履行完毕，违法所得未追缴、退赔到位，或者罚金尚未足额缴纳的，禁止从事高消费活动。

（2）禁止进入中小学校区、幼儿园园区及周边地区，确因本人就学、居住等原因，经执行机关批准的除外。

（3）未经对方同意，禁止接触被害人及其法定代理人、近亲属。

（4）未经对方同意，禁止接触证人及其法定代理人、近亲属。

（5）禁止接触同案犯。

第6条　禁止令的期限，既可以与管制执行、缓刑考验的期限相同，也可以短于管制执行、缓刑考验的期限，但判处管制的，禁止令的期限不得少于三个月，宣告缓刑的，禁止令的期限不得少于二个月。

判处管制的犯罪分子在判决执行以前先行羁押以致管制执行的期限少于三个月的，禁止令的期限不受前款规定的最短期限的限制。

禁止令的执行期限，从管制、缓刑执行之日起计算。

第9条　禁止令由司法行政机关指导管理的社区矫正机构负责执行。

第13条　被宣告禁止令的犯罪分子被依法减刑时，禁止令的期限可以相应缩短，由人民法院在减刑裁定中确定新的禁止令期限。

[总结]　社区矫正与禁止令的比较：

	社区矫正	禁止令
性质	是一种刑罚执行方式，不是新的刑种	是一种非刑罚处罚措施，不是刑罚执行方式，不是新的刑种
特点	非监禁，也即不关押	禁止从事某些活动
适用领域	管制、缓刑、假释，因为这三者均未关押	管制、缓刑，不包括假释，因为禁止令是在审判时作出的，而非在执行阶段作出的
期限	与管制的期限、缓刑考验期的期限、假释考验期的期限相同	既可与管制的期限、缓刑考验的期限相同，也可短于二者
执行机构	社区矫正机构	社区矫正机构

———————————

①　2011年4月28日《最高人民法院、最高人民检察院、公安部、司法部关于对判处管制、宣告缓刑的犯罪分子适用禁止令有关问题的规定（试行）》。

（二）拘役

1. 概念：短期剥夺罪犯人身自由的刑罚方法。

2. 特点：短期剥夺人身自由，是一种短期自由刑。

3. 执行机关：由公安机关就近在看守所执行。在执行期间，罪犯每月可以回家 1 天至 2 天。

4. 劳动问题：被判处拘役的罪犯，参加劳动的，可以酌量发给报酬。

5. 期限问题

（1）期限：拘役的期限为 1 个月以上 6 个月以下，数罪并罚时不得超过 1 年。（1-6-1）

（2）起算：刑期从判决执行之日起计算。

6. 类似措施区分：拘役、刑事拘留、行政拘留（治安拘留）、司法拘留。

（三）有期徒刑

1. 概念：剥夺罪犯一定期限的人身自由的刑罚方法。

2. 期限

（1）正常期限：6 个月至 15 年。

（2）数罪并罚时的期限：旧法条规定数罪并罚时不得超过 20 年。根据《刑法修正案（八）》对刑法第 69 条的修正，有期徒刑数罪并罚时，<u>总和刑期不满 35 年的，最高不能超过 20 年；总和刑期在 35 年以上的，最高不能超过 25 年</u>。

（3）起算：刑期从判决执行之日起开始计算。

［提示］判决的两个日期：<u>判决生效或确定之日→判决执行之日</u>（实际送监日）。

（4）折抵：判决执行以前先行羁押的，羁押 1 日折抵刑期 1 日。

［总结］管制、拘役、有期徒刑均存在判决执行以前先行羁押折抵刑期的问题。这里的"先行羁押"包括三种情形：

第一，因同一犯罪行为被刑事拘留、逮捕。这种羁押 1 日，折抵管制刑期 2 日，折抵拘役、有期徒刑刑期 1 日。

第二，因同一犯罪行为被采取指定居所的监视居住。这种监视居住 1 日，折抵管制刑期 1 日。这种监视居住 2 日，折抵拘役、有期徒刑刑期 1 日。<u>注意</u>：非指定居所的监视居住、取保候审，因为没有剥夺人身自由，不得折抵刑期。

第三，因同一违法行为被行政拘留、海关扣留等剥夺人身自由的措施。行为人因同一违法行为，先被采取行政拘留、海关扣留，后该行为被刑事审判。先前的行政拘留、海关扣留 1 日，折抵管制刑期 2 日，折抵拘役、有期徒刑刑期 1 日。<u>注意</u>：如果是两个独立的违法行为，则不存在折抵问题。①

3. 执行机关：由监狱或其他执行场所执行。被交付执行前，剩余刑期在 3 个月以下的，

---

① 注意比较：（1）2008 年试题卷二第 9 题：徐某因犯故意伤害罪，于 2007 年 11 月 21 日被法院判处有期徒刑 1 年，缓期 2 年执行。在缓刑考验期内，徐某伙同他人无故殴打学生傅某，致其轻微伤。当地公安局于 2008 年 4 月 3 日决定对徐某行政拘留 15 日，并于当日开始执行该行政拘留决定。行政拘留结束后，法院撤销对徐某的缓刑，决定收监执行。问题是：徐某被行政拘留的 15 天能否折抵刑期？［答案］不能，因为故意伤害罪是一件事，殴打傅某是另一件事。（2）2007 年试题卷二第 47 题（行政法的题）：张某因打伤李某被公安局处以行政拘留 15 天的处罚，张某不服，申请行政复议。不久，受害人李某向法院提起刑事自诉，法院经审理认为张某的行为已经构成犯罪，判决拘役 2 个月。问题是：张某被行政拘留的 15 天能否折抵刑期？［答案］可以，因为这是同一个违法犯罪行为。

由看守所代为执行。未成年犯在未成年犯管教所执行。

4. 比较：对于判处管制、拘役、有期徒刑罪犯参加劳动的强制程度由弱到强，获得报酬方面也有所差异。

判处管制的罪犯，在劳动中应当同工同酬。

判处拘役的罪犯，参加劳动的，可以酌量发给报酬。

判处有期徒刑的罪犯，有劳动能力的，应当参加劳动，监狱对参加劳动的罪犯，应当按照有关规定给予报酬并执行国家有关劳动保护的规定。

（四）无期徒刑

1. 概念：剥夺犯罪人终身自由，实行强迫劳动改造的刑罚方法。

2. 特点：无期徒刑是自由刑中最严厉的刑罚方法。

3. 执行机关：在监狱或其他场所执行。

4. 适用特点：无期徒刑不能孤立适用，应当附加剥夺政治权利终身。

（五）死刑

这是指剥夺罪犯生命的刑罚方法，包括立即执行与缓期两年执行。

1. 对适用对象的限制

死刑（包括死缓）只能适用于罪行极其严重的犯罪分子。

对下列三类人不适用死刑（既不适用死刑立即执行，也不适用死缓）：

（1）犯罪的时候不满 18 周岁的人。这是指犯罪的时候，不是指审判的时候。如果犯罪时不满 18 周岁，审判时已满 18 周岁，也不能适用死刑。

（2）审判的时候怀孕的妇女。

①对"审判的时候"应作扩大解释，包括整个羁押期间：审前羁押期间，审判期间，判决后执行期间。

②"怀孕的妇女"，是指在整个羁押期间怀孕过。只要在羁押期间处于怀孕状态，即便之后流产，不管是自然流产还是人工流产，都视为"怀孕的妇女"。如果在羁押前怀孕并在羁押前流产，不属于这里的"怀孕的妇女"。

（3）审判的时候已满 75 周岁的人。

第 49 条第 2 款　审判的时候已满七十五周岁的人，不适用死刑，但以特别残忍手段致人死亡的除外。

①对"审判的时候"应作扩大解释，包括整个羁押期间：审前羁押期间，审判期间，判决后执行期间。

②例外：以特别残忍手段致人死亡的（包括故意杀人和故意伤害致人死亡），可以适用死刑。

2. 死缓制度

第 50 条　判处死刑缓期执行的，在死刑缓期执行期间，如果没有故意犯罪，二年期满以后，减为无期徒刑；如果确有重大立功表现，二年期满以后，减为二十五年有期徒刑；如果故意犯罪，情节恶劣的，报请最高人民法院核准后执行死刑；对于故意犯罪未执行死刑的，死刑缓期执行的期间重新计算，并报最高人民法院备案。（本款经《刑法修正案（九）》修正）

对被判处死刑缓期执行的累犯以及因故意杀人、强奸、抢劫、绑架、放火、爆炸、投放危险物质或者有组织的暴力性犯罪被判处死刑缓期执行的犯罪分子，人民法院根据犯罪情节等情况可以同时决定对其限制减刑。

（1）没有故意犯罪，2 年期满后，减为无期徒刑。

（2）有重大立功，2 年期满后，减为 25 年有期徒刑。旧法条是减为 15 年以上 20 年以下的有期徒刑。

（3）如果故意犯罪，情节恶劣的，报请最高人民法院核准后执行死刑；对于故意犯罪未执行死刑的，死刑缓期执行的期间重新计算，并报最高人民法院备案。这是《刑法修正案（九）》的内容。

（4）对下列两类严重的死缓犯，可以限制减刑：第一，累犯；第二，故意杀人、强奸、抢劫、绑架、放火、爆炸、投放危险物质或者有组织的暴力性犯罪。如何限制减刑，参见第十五讲"刑罚的执行和消灭"中"减刑"相关内容（第 78 条）。

（5）期限问题。

第 51 条　死刑缓期执行的期间，从判决确定之日起计算。死刑缓期执行减为有期徒刑的刑期，从死刑缓期执行期满之日起计算。

［注意］　在判决之前的羁押时间不计算在 2 年死缓期间内。

3. 程序：死刑除依法由最高人民法院判决的以外，都应当报请最高人民法院核准。死缓，可以由高级人民法院判决或者核准。

二、附加刑

附加刑的特点：既可以附加主刑适用，也可以独立适用，但是不能对附加刑再适用附加刑。

（一）罚金

第 52 条　［罚金的裁量］判处罚金，应当根据犯罪情节决定罚金数额。

第 53 条　［罚金的缴纳］罚金在判决指定的期限内一次或者分期缴纳。期满不缴纳的，强制缴纳。对于不能全部缴纳罚金的，人民法院在任何时候发现被执行人有可以执行的财产，应当随时追缴。

由于遭遇不能抗拒的灾祸等原因缴纳确实有困难的，经人民法院裁定，可以延期缴纳、酌情减少或者免除。（本条经《刑法修正案（九）》修正）

1. 概念：法院判处罪犯向国家缴纳一定数额的金钱的刑罚方法。罚金是财产刑的一种，在性质上与行政罚款不同。

2. 适用方式

（1）单科式，只单独适用罚金。这主要针对单位犯罪。例如，单位受贿罪（第 387 条）和单位行贿罪（第 393 条）。

（2）选科式，要么不适用，要么单独适用。例如，第 275 条规定，犯故意毁坏财物罪的，"处三年以下有期徒刑、拘役或者罚金"。在此，要么不适用罚金，要用就只能单独适用。

（3）并科式，判处主刑同时并处罚金。例如，第 326 条规定，犯倒卖文物罪的，"处五年以下有期徒刑或者拘役，并处罚金"。在此，必须附加适用罚金，不能不用，也不能单独适用罚金。

（4）并科或单科式，要么附加适用，要么单独适用。例如，第 216 条规定，犯假冒专利罪的，"处三年以下有期徒刑或者拘役，并处或者单处罚金"。在此，要么并处罚金，要么单处罚金，但不可不处罚金。

上述适用方式的逻辑关系务必厘清。

（二）没收财产

第 59 条　［没收财产的范围］没收财产是没收犯罪分子个人所有财产的一部或者全部。没收全部财产的，应当对犯罪分子个人及其扶养的家属保留必需的生活费用。

在判处没收财产的时候，不得没收属于犯罪分子家属所有或者应有的财产。

第 60 条　［偿还债务］没收财产以前犯罪分子所负的正当债务，需要以没收的财产偿还的，经债权人请求，应当偿还。

第 36 条　［赔偿经济损失与民事优先原则］由于犯罪行为而使被害人遭受经济损失的，对犯罪分子除依法给予刑事处罚外，并应根据情况判处赔偿经济损失。

承担民事赔偿责任的犯罪分子，同时被判处罚金，其财产不足以全部支付的，或者被判处没收财产的，应当先承担对被害人的民事赔偿责任。

1. 概念：将罪犯个人财产的全部或部分强制、无偿收归国有，是一种严厉的财产刑。

2. 没收财产的范围：没收犯罪分子个人合法所有并且没有用于犯罪的财产。

（1）注意严格区分罪犯个人所有财产和家属所有财产的界限。不得没收属于犯罪分子家属所有或者应有的财产；应有的财产，是指家庭共有中应属于家属的财产。

（2）没收全部财产时，应当给犯罪分子个人及其扶养的家属保留必要的生活费用。注意：这里的被扶养的家属，既包括未成年子女，也包括成年人。

3. 执行机构：财产刑由一审法院执行。

4. 执行顺序①

第一位：赔偿被害人（人身损害赔偿、其他损失）。

第二位：民事债务（要求正当债务，经债权人请求）。

第三位：财产刑（罚金、没收财产）。

5. 适用方式

（1）选科式，在罚金和没收财产中选择其一。例如，第 267 条规定，犯抢夺罪的，"数额特别巨大或者有其他特别严重情节的，处十年以上有期徒刑或者无期徒刑，并处罚金或者没收财产"。②

（2）并科式。一是必须并科，在判处主刑的同时必须附加没收财产。例如，第 383 条规定，犯贪污罪，数额特别巨大，并使国家和人民利益遭受特别重大损失的，处无期徒刑或者死刑，并处没收财产。在此必须附加适用没收财产。二是可以并科，在判处主刑同时可以附加没收财产。例如，第 271 条规定，犯职务侵占罪的，"数额巨大的，处五年以上有期徒刑，可以并处没收财产"。在此可以并处，也可以不并处没收财产。

---

①　2014 年 10 月 30 日《最高人民法院关于刑事裁判涉财产部分执行的若干规定》第 13 条。

②　对同一个罪，刑法一般不会规定既判罚金又判没收财产，往往是"并处罚金或没收财产"。

6. 财产刑的并罚问题

第 69 条第 3 款 数罪中有判处附加刑的，附加刑仍须执行，其中附加刑种类相同的，合并执行，种类不同的，分别执行。

（1）罚金的并罚：合并执行，对数个罚金的数额累计相加，执行总和数额。

（2）没收财产的"并罚"：如果数个犯罪都被判处没收部分财产，对每个没收部分财产的判决都执行；如果数个犯罪有一个被判处没收全部财产，采取吸收原则，只需执行一个没收全部财产即可。

（3）罚金与没收财产的并罚：如果一个罪被判处罚金，另一个罪被判处没收部分财产或没收全部财产，应分别执行，不能用没收全部财产吸收罚金。

［注意］罚金与没收财产的特征不同。罚金可以分期缴纳（可以罚罪犯未来挣的钱），可以减免。但没收财产只能一次性执行（只能没收当下现有的财产），而且不能减免。

（三）剥夺政治权利

1. 概念：剥夺罪犯参与国家管理和政治活动的权利的刑罚方法。

2. 剥夺的政治权利内容：（1）选举权和被选举权；（2）言论、出版、集会、结社、游行、示威自由的权利；（3）担任国家机关职务的权利；（4）担任国有公司、企业、事业单位和人民团体领导职务的权利。

［注意］第一，第（1）项的选举权与被选举权，包括村委会的选举权和被选举权。第二，第（2）项是民主自由权。另注意：在管制刑中，未经执行机关批准，也不得行使这些权利；但在缓刑、假释里不剥夺这些权利。第三，第（3）项、第（4）项是任职资格权，但不要混淆：不能担任国家机关的职务，既包括领导职务，也包括一般职务；而不能担任国有公司、企业、事业单位和人民团体的职务仅限于领导职务，而不包括一般职务。

3. 适用对象

（1）必须附加适用的犯罪分子，有两类：一是主刑为死刑和无期徒刑的犯罪分子；二是危害国家安全的犯罪分子。注意：如果人民法院对危害国家安全的犯罪分子独立适用剥夺政治权利，则不能再附加剥夺政治权利。

（2）可以附加适用的犯罪分子。第 56 条第 1 款："……对于故意杀人、强奸、放火、爆炸、投毒、抢劫等严重破坏社会秩序的犯罪分子，可以附加剥夺政治权利。"这里的"严重破坏社会秩序的犯罪分子"是个概括规定，可以包括严重经济犯罪、严重贪污受贿犯罪、严重渎职犯罪的犯罪分子，也即只要是严重犯罪的，均可以适用。

4. 起算问题

（1）独立适用时，其刑期从判决执行之日起计算并执行。

（2）附加于管制时，其刑期与管制刑期相同，同时起算（从判决执行之日起计算），同时执行。管制期满解除管制，政治权利也同时恢复。

（3）附加于拘役、有期徒刑（包括从死缓、无期徒刑改判的有期徒刑）时，其刑期从拘役、有期徒刑执行完毕之日起计算，或者从有期徒刑被假释之日起计算。注意一：因为拘役没有假释，所以不存在从假释之日起计算的问题。注意二：在拘役、有期徒刑执行期间，政治权利依然被剥夺，但不计算在剥夺政治权利刑期内。注意三：有期徒刑罪犯减刑时，对附加剥夺政治权利的期限可以酌减。酌减后剥夺政治权利的期限，不能少于 1 年。

（4）附加于死刑、无期徒刑时，其刑期是终身，从主刑执行之日起开始剥夺。

[总结] 剥夺政治权利附加于拘役和管制是不同的，要注意区分。

第一，在刑期上，附加于拘役时，剥夺政治权利的期限是1年以上5年以下；附加于管制时，其期限与管制刑期相同，即3个月以上2年以下，最长3年。

第二，在起算方式上，附加于拘役时，从拘役执行完毕之日起计算；附加于管制时，从判决执行之日起计算。

（四）驱逐出境

1. 概念：强迫犯罪的外国人离开中国国（边）境。

2. 适用对象：犯罪的外国人。

3. 适用方式：（1）独立适用。针对犯罪情节比较轻的外国人，没有必要判处主刑的，可以单独判处驱逐出境。（2）附加适用。针对犯罪性质比较严重，判处了主刑的外国人，可以在主刑执行完毕后驱逐出境。

4. 起算时间：（1）独立适用的，从判决确定之日起执行；（2）附加适用的，从主刑执行完毕之日起执行。

三、非刑罚处罚措施

第37条 对于犯罪情节轻微不需要判处刑罚的，可以免予刑事处罚，但是可以根据案件的不同情况，予以训诫或者责令具结悔过、赔礼道歉、赔偿损失，或者由主管部门予以行政处罚或者行政处分。

非刑罚处罚措施，是指不具有刑罚性质的处罚措施。

（一）训诫

这是指法院对犯罪人当庭予以批评、谴责，责令其改正、不再犯罪。

（二）责令具结悔过

这是指法院责令犯罪人用书面方式保证悔改，不再犯罪。

（三）责令赔礼道歉

这是指法院责令犯罪人公开向被害人当面承认罪过，表示歉意，并保证不再侵犯被害人法益。

（四）责令赔偿损失

这是第37条中的"责令赔偿损失"。第36条规定有"判处赔偿经济损失"。注意二者的区别。

第36条 由于犯罪行为而使被害人遭受经济损失的，对犯罪分子除依法给予刑事处罚外，并应根据情况判处赔偿经济损失。

承担民事赔偿责任的犯罪分子，同时被判处罚金，其财产不足以全部支付的，或者被判处没收财产的，应当先承担对被害人的民事赔偿责任。

区别项目	第37条的"责令赔偿损失"	第36条的"判处赔偿经济损失"
适用前提	以免除刑罚处罚为前提	以给予刑罚处罚为前提
适用程序	不要求被害人提起民事诉讼	以被害人提起附带民事诉讼为前提
赔偿内容	包括经济（物质）损失、精神损害	只包括经济（物质）损失

（五）行政处罚或行政处分

这是指法院向行政主管部门提出对犯罪人予以一定行政处罚或行政处分的司法建议。

（六）第 64 条的措施

第 64 条 犯罪分子违法所得的一切财物，应当予以追缴或者责令退赔；对被害人的合法财产，应当及时返还；违禁品和供犯罪所用的本人财物，应当予以没收。没收的财物和罚金，一律上缴国库，不得挪用和自行处理。

1. 针对"违法所得的一切财物"

（1）违法所得的财物的范围。

①违法所得的财物本身。例如，因赌博赢得的金钱，因受贿收受的贿赂，受雇佣杀人所得的酬金。如果是因赌博输掉的金钱，不属于违法所得。

②违法所得财物产生的收益。例如，将收受的贿赂用于放贷所获得的利息、用于炒股所获得的利润。

③违法所得及其收益，应扣除成本，是纯粹的所得收益。

（2）措施。

①追缴。针对尚存的违法所得的财物，进行追缴。追缴后，属于被害人的，返还被害人，其余上缴国库。

②责令退赔。违法所得的财物已被用掉、毁掉或挥霍，无法追回的，责令退赔。①

［注意 1］ 有些犯罪不存在被害人，就不存在返还被害人的问题。例如，因赌博赢得的金钱，输钱的人不能被视为被害人。又如，受贿罪中行贿人不能被视为被害人。

［注意 2］ 共同犯罪的违法所得。例如，甲乙共同入户盗窃，甲窃得 1 万元，乙窃得 5 万元，甲乙的盗窃所得为 6 万元，二人均对 6 万元负责。但在追缴时，不能向二人各追缴 6 万元。

2. 没收"违禁品"

这里的违禁品，包括毒品、枪支、弹药、假币等禁止个人持有的物品。

3. 没收"供犯罪所用的本人财物"

（1）包括犯罪工具。例如，杀人用的刀具、走私用的船只、非法行医用的医疗器材等。

（2）包括组成犯罪行为之物。例如，走私的货物、行贿的财物、聚众赌博的赌资（赌注、筹码）等。赌博输掉的金钱，不能被视为供犯罪所用的本人财物。

（3）具有用于该类犯罪的通常性。

例 1，甲用价值 100 万的 SUV 故意撞毁他人价值 1 万的茅草屋，该 SUV 不应被没收。

例 2，乙用自己的房屋容留卖淫，该房屋不应被没收。

例 3，丙用穿着皮鞋的脚踹伤他人，该皮鞋不应被没收。但丙蒙面抢劫时用的面巾、头套应被没收。

例 4，丁醉酒驾车，该车不应被没收。但若丁经常醉酒驾车，多次触犯危险驾驶罪，则该车可被没收。②

［注意］ 上述追缴或责令退赔违法所得的财物、没收违禁品和供犯罪所用的本人财物，

---

① 1999 年 10 月 27 日《全国法院维护农村稳定刑事审判工作座谈会纪要》。

② 参见张明楷：《刑法学》（第五版），法律出版社 2016 年版，第 645 页。

与附加刑中的"没收财产"是有区别的。后者是一种刑罚措施，没收的对象是犯罪人个人合法所有并且没有用于犯罪的财产。

（七）职业禁止（从业禁止）

第37条之一　因利用职业便利实施犯罪，或者实施违背职业要求的特定义务的犯罪被判处刑罚的，人民法院可以根据犯罪情况和预防再犯罪的需要，禁止其自刑罚执行完毕之日或者假释之日起从事相关职业，期限为三年至五年。

被禁止从事相关职业的人违反人民法院依照前款规定作出的决定的，由公安机关依法给予处罚；情节严重的，依照本法第三百一十三条的规定（拒不执行判决、裁定罪）定罪处罚。

其他法律、行政法规对其从事相关职业另有禁止或者限制性规定的，从其规定。（《刑法修正案（九）》增设）

1. "利用职业便利"，包括利用职务便利。但是，利用职务便利不等于利用职业便利。

2. 起算日期：从刑罚执行完毕之日或者假释之日起开始计算。注意：这里的"刑罚"是指主刑，不包括附加剥夺政治权利，也即不是从剥夺政治权利执行完毕之日起开始职业禁止。

▌**典型真题**

《刑法》第64条前段规定："犯罪分子违法所得的一切财物，应当予以追缴或者责令退赔"。关于该规定的适用，下列哪一选项是正确的？（2016年·卷二·8题）①

A. 甲以赌博为业，但手气欠佳输掉200万元。输掉的200万元属于赌资，应责令甲全额退赔

B. 乙挪用公款炒股获利500万元用于购买房产（案发时贬值为300万元），应责令乙退赔500万元

C. 丙向国家工作人员李某行贿100万元。除向李某追缴100万元外，还应责令丙退赔100万元

D. 丁与王某共同窃取他人财物30万元。因二人均应对30万元负责，故应向二人各追缴30万元

---

① ［答案］A项，输掉的钱不属于违法所得。B项，违法所得包括违法所得的收益。C项，丙行贿的财物不算丙的违法所得。D项，违法所得总共只有30万。本题答案：B。

14 第十四讲
刑罚的裁量

特别提示

1. 体系内容：量刑情节、累犯、自首、立功、数罪并罚、缓刑。

2. 重要考点：一般累犯的成立条件、自首与立功的情形、数罪并罚的运用、缓刑的撤销。

3. 案例：小芳因诈骗罪被捕，主动向警方供述："我曾经向狗蛋这个狗官行过贿，10万元。他办了事后，还要我陪睡，我不答应，他就强奸了我。"警方查证属实。小芳的供述构成什么？①

一、量刑情节

（一）量刑情节的分类

刑罚的根据有两种：一是报应刑（责任刑）。这是指，针对行为人制造的法益侵害事实（不法事实）进行否定评价（谴责），以此施加的刑罚，也即"恶有恶报"。二是目的刑（预防刑）。这是指，对行为人施加刑罚不应仅为了"算账"，还应有预防目的，预防其再次犯罪。报应刑（责任刑）是回顾过去，针对已然犯罪事实；目的刑（预防刑）是展望未来，针对未然犯罪事实。

1. 报应刑（责任刑）的处罚根据是法益侵害性（不法）和可谴责性（责任）。由此，影响报应刑的情节有：

（1）行为手段。例如，"手段特别残忍"是故意伤害罪的法定刑升格条件。

（2）行为次数。例如，"多次抢劫"是抢劫罪的法定刑升格条件。

（3）行为对象。例如，"奸淫幼女"是强奸罪的从重处罚的行为类型。"强奸妇女、奸淫幼女多人"是强奸罪的法定刑升格条件。"抢劫救灾物资"是抢劫罪的法定刑升格条件。

（4）行为的时间、地点。例如，"在公共场所当众强奸妇女"是强奸罪的法定刑升格条件。

（5）犯罪结果。例如，"致人重伤、死亡"是强奸罪的法定刑升格条件。

（6）犯罪目的、动机。例如，为给父母治病而盗窃，可成为酌定从轻处罚情节。

---

① ［答案］小芳如实供述自己犯行贿罪，构成准自首。小芳揭发狗蛋构成受贿罪，构成立功。二者是想象竞合关系，选择有利于被告人的结论认定。小芳揭发狗蛋构成强奸罪，构成立功。该立功应单独认定。

（7）责任年龄、责任能力。例如，未成年人犯罪可从轻处罚。责任能力减弱，可从轻处罚。

（8）期待可能性。例如，父母窝藏犯罪的儿子，可成为酌定从轻处罚情节。

（9）被害人过错。例如，被害人有严重过错，导致犯罪人的动机值得宽恕，可成为酌定从轻处罚情节。

2. 目的刑（预防刑）的处罚根据是人身危险性和再犯可能性。由此，影响目的刑的情节有：

（1）犯罪前的表现。例如，累犯成为法定从重处罚情节是因为人身危险性和再犯可能性较大。又如，一贯表现良好，此次犯罪是初犯、偶犯，表明人身危险性和再犯可能性较小，可以成为酌定从轻处罚情节。

（2）犯罪后的表现。例如，自首、坦白、立功成为法定从宽处罚情节是因为人身危险性和再犯可能性较小。又如，反省、悔罪、赔礼道歉、积极退赃、赔偿损失、取得被害人谅解，可成为从轻处罚情节。再如，毁灭证据、负案潜逃，可成为从重处罚情节。

（二）量刑情节的效果

法定量刑情节有：从重、从轻、减轻、免除等情节。

1. 从重处罚和从轻处罚

这是指在法定刑的限度以内判处刑罚。

首先，从重处罚不是指在法定刑"中间线"以上处罚，从轻处罚也不是指在法定刑"中间线"以下处罚。从重处罚不是指判处法定最高刑，从轻处罚也不是指判处法定最低刑。

其次，从重处罚的真实含义是，相对于既没有从重处罚情节也没有从轻处罚情节的一般情况下所应判处的刑罚而言，比这种情况判处得重一些。从轻处罚的真实含义也是如此，比一般情况下所应判处的刑罚轻一些。

2. 减轻处罚

第 63 条第 1 款　犯罪分子具有本法规定的减轻处罚情节的，应当在法定刑以下判处刑罚；本法规定有数个量刑幅度的，应当在法定量刑幅度的下一个量刑幅度内判处刑罚。

（1）减轻处罚，是指在法定刑以下判处刑罚。

［注意］这里的"以下"不包括本数。例如，对盗窃罪的"三年以上十年以下有期徒刑"，如果判 3 年，属于从轻处罚，而非减轻处罚。从轻处罚和减轻处罚不存在竞合。

（2）减轻处罚有刑格限制，只能在下一个刑格内处罚，而不能跨越下一个刑格，在下下一个刑格内处罚。

（3）特别减轻处罚制度。第 63 条第 2 款："犯罪分子虽然不具有本法规定的减轻处罚情节，但是根据案件的特殊情况，经最高人民法院核准，也可以在法定刑以下判处刑罚。"（许霆案便适用了该款）

［提醒］我国现行刑法没有规定"加重处罚"制度，例如，没有规定"有××情节，可以加重处罚"，即立法者没有给法官授予加重处罚的权力。但我国刑法规定了许多法定刑升格条件，例如，抢劫罪中的"入户抢劫"就是法定刑升格条件。人们有时习惯于将法定刑升格条件称为"法定加重情节"。

3. 免除处罚

这是指对犯罪分子作出有罪宣告，但是免除其刑罚处罚。例如，第 24 条第 2 款规定：对于中止犯，没有造成损害的，应当免除处罚。

免除处罚在性质上不同于无罪判决或不起诉，免除处罚的前提是有罪判决。

免除处罚是指免除刑罚处罚，不意味着免除非刑罚处罚，例如，还可判处训诫、责令赔偿损失等非刑罚处罚。如果既免除刑罚处罚，也免除非刑罚处罚，就是单纯宣告有罪。因此，免除处罚不等于单纯宣告有罪。

二、累犯

累犯，是指刑罚执行完毕或赦免以后，在一定期间内又犯罪的人。

（一）一般累犯

第 65 条 被判处有期徒刑以上刑罚的犯罪分子，刑罚执行完毕或者赦免以后，在五年以内再犯应当判处有期徒刑以上刑罚之罪的，是累犯，应当从重处罚，但是过失犯罪和不满十八周岁的人犯罪的除外。

前款规定的期限，对于被假释的犯罪分子，从假释期满之日起计算。

1. 主观条件：前后罪都必须是故意犯罪。

2. 年龄条件：前后罪都必须是已满 18 周岁的人犯罪（其实就是要求犯前罪时已满 18 周岁）。第一次犯罪时行为人未满 18 周岁，第二次犯罪时行为人已满 18 周岁，不是累犯。

3. 刑度条件：前后罪都必须是被判或应判有期徒刑以上刑罚的犯罪。

例如，甲犯故意伤害罪被判 3 年有期徒刑，刑罚执行完毕后，第二年又犯危险驾驶罪。由于危险驾驶罪的最高刑是拘役，故不构成累犯。

4. 时间条件：后罪发生的时间，必须是在前罪刑罚执行完毕或者赦免以后 5 年内。

（1）前罪问题。前罪刑罚执行完毕，是指主刑（有期徒刑）执行完毕。

第一，前罪的有期徒刑执行完毕。例如，甲犯故意伤害罪被判 6 个月拘役，犯过失致人死亡罪被判 2 年有期徒刑，数罪并罚，只执行 2 年有期徒刑，刑罚执行完毕后第 3 年又犯故意杀人罪，应判无期徒刑。由于前罪中故意犯罪只是判拘役，没有得到执行，甲不能构成累犯。

新的司法解释规定："刑法第 65 条中的"刑罚执行完毕"，是指刑罚执行到期应予释放之日。认定累犯，确定刑罚执行完毕以后"五年以内"的起始日期，应当从刑满释放之日起计算。"[1] 也即，"五年以内"的起始日期是刑满释放当日，不是刑满释放的次日。例如，甲因盗窃罪被判三年有期徒刑，2019 年 5 月 1 日上午刑满释放，下午又实施抢劫罪。按照司法解释规定，甲构成累犯。

第二，附加刑是否执行完毕，不影响累犯的成立。例如，甲犯诬告陷害罪被判 3 年有期徒刑，剥夺政治权利 2 年。2010 年 6 月底有期徒刑执行完毕，2011 年 6 月又犯盗窃罪，应判 1 年有期徒刑。剥夺政治权利的期间是 2010 年 7 月至 2012 年 7 月。虽然甲在此期间又犯盗窃罪，仍构成累犯。

第三，由于前罪刑罚执行完毕是指主刑（有期徒刑）执行完毕，所以管制是否执行完毕，不影响累犯的成立。例如，甲犯 A 罪被判 3 年有期徒刑，犯 B 罪被判 1 年管制。2010 年 6 月底有期徒刑执行完毕，2011 年 2 月又犯盗窃罪，应判 1 年有期徒刑。管制的执行期间是

---

[1] 2018 年 12 月 28 日《最高人民检察院关于认定累犯如何确定刑罚执行完毕以后"五年以内"起始日期的批复》。

2010 年 7 月至 2011 年 7 月。虽然甲在此期间又犯盗窃罪，仍构成累犯。

第四，前罪的结束方式，不仅包括刑罚执行完毕，也包括赦免。例如（2019 年试题），甲因故意伤害罪被判 2 年有期徒刑，经过特赦释放出来，第二年又犯盗窃罪，被判 3 年有期徒刑。甲构成累犯。

[注意] 假释与缓刑的问题。

第一，假释的问题。首先，在假释考验期内犯新罪，不成立累犯，因为刑罚没有执行完毕，此时要撤销假释，数罪并罚；其次，在假释期满后犯罪，可以成立累犯，因为成功的假释就视为原判刑罚已经执行完毕。此时累犯的 5 年起算时间，从假释期满之日起计算，而不是从假释之日起计算。

第二，缓刑的问题。首先，在缓刑考验期内犯新罪，不成立累犯，因为刑罚没有执行完毕，此时要撤销缓刑，数罪并罚；其次，在缓刑考验期满后再犯新罪，也不能成立累犯。因为成功的缓刑，视为原判刑罚不再执行，而非视为原判刑罚已经执行完毕。因为不再执行，就不存在执行完毕问题。因为不属于执行完毕，所以不存在累犯，此时所犯新罪应作为单独犯罪处理。

（2）后罪问题。

例 1，甲犯故意伤害罪被判 3 年有期徒刑，2010 年 6 月刑罚执行完毕，2015 年 4 月、5 月、7 月各实施一次盗窃，每次盗窃数额是 800 元。甲由于多次盗窃，构成盗窃罪，应判 1 年有期徒刑。问题是，甲是否构成累犯？多数观点认为构成，因为甲在 5 年内实施了故意犯罪的一部分实行行为，"5 年内再犯罪"不要求犯完整的罪。

例 2，甲犯故意伤害罪被判 3 年有期徒刑，2010 年 6 月刑罚执行完毕，2015 年 5 月、7 月各实施一次生产、销售伪劣产品，每次销售金额是 3 万元。甲由于销售金额达到 5 万元，构成生产、销售伪劣产品罪，应判 1 年有期徒刑。多数观点认为，甲构成累犯。

5. 累犯（包括特殊累犯）的法律后果：（1）应当从重处罚；（2）不能适用缓刑；（3）不能适用假释；（4）如果是死缓犯，可以限制减刑。

（二）特殊累犯

第 66 条 危害国家安全犯罪、恐怖活动犯罪、黑社会性质的组织犯罪的犯罪分子，在刑罚执行完毕或者赦免以后，在任何时候再犯上述任一类罪的，都以累犯论处。

1. 前后罪的种类要求

前后罪是危害国家安全犯罪、恐怖活动犯罪、黑社会性质的组织犯罪这三类罪中任一类罪。也即前罪与后罪只要是这三类罪即可，不要求保持一致。

（1）危害国家安全犯罪包括刑法分则第一章"危害国家安全罪"的所有罪名。

（2）恐怖活动犯罪不仅包括组织、领导、参加恐怖组织罪，帮助恐怖活动罪等；而且包括恐怖组织实施的各种犯罪。

（3）黑社会性质的组织犯罪不仅包括组织、领导、参加黑社会性质组织罪，入境发展黑社会组织罪，包庇、纵容黑社会性质组织罪；而且包括黑社会性质组织实施的各种犯罪。

2. 前罪"刑罚执行完毕或者赦免以后"的理解

（1）前罪判处缓刑，缓刑考验期满，不视为刑罚执行完毕，因此此后不构成累犯。

（2）前罪有数罪，数罪中有拘役的问题。例如，甲因盗窃罪被判 3 年有期徒刑，因犯参加黑社会性质组织罪被判处 6 个月拘役，数罪并罚执行 3 年有期徒刑。该刑罚执行完毕之后第 6 年，甲又犯参加恐怖组织罪，被判 1 年有期徒刑。首先，由于在第 6 年犯罪，甲不构成一般累犯。其次，甲要构成特殊累犯，要求前罪中的参加黑社会性质组织罪"刑罚执行完毕"，但是其被判的 6 个月拘役没有被执行，不属于刑罚执行完毕，故不构成特殊累犯。一般说有期徒刑"吸收"了拘役，其实按照第 69 条第 2 款，是指只执行有期徒刑，不执行拘役。

3. 成立特殊累犯不要求的事项

（1）前后罪不要求是被判或应判有期徒刑以上刑罚的犯罪。判处拘役、管制、单处附加刑都可以。

（2）后罪发生的时间，不要求是在前罪刑罚执行完毕或者赦免以后 5 年内。

条件	一般累犯	特殊累犯
前后罪的种类	都是故意犯罪	都是故意犯罪，且是危害国家安全犯罪、恐怖活动犯罪、黑社会性质的组织犯罪
前后罪的刑度	都是有期徒刑以上刑罚	不要求
前后罪的时间	后罪发生在前罪刑罚执行完毕或赦免以后 5 年内	不要求
前后罪行为人的年龄	都已满 18 周岁	多数观点：都已满 18 周岁

▌典型真题

关于累犯，下列哪一选项是正确的？(2015 年·卷二·10 题)①

A. 对累犯和犯罪集团的积极参加者，不适用缓刑

B. 对累犯，如假释后对所居住的社区无不良影响的，法院可决定假释

C. 对被判处无期徒刑的累犯，根据犯罪情节等情况，法院可同时决定对其限制减刑

D. 犯恐怖活动犯罪被判处有期徒刑 4 年，刑罚执行完毕后的第 12 年又犯黑社会性质的组织犯罪的，成立累犯

三、自首

第 67 条第 1 款 ［一般自首］犯罪以后自动投案，如实供述自己的罪行的，是自首。对于自首的犯罪分子，可以从轻或者减轻处罚。其中，犯罪较轻的，可以免除处罚。

第 67 条第 2 款 ［准自首］被采取强制措施的犯罪嫌疑人、被告人和正在服刑的罪犯，如实供述司法机关还未掌握的本人其他罪行的，以自首论。

第 67 条第 3 款 ［坦白］犯罪嫌疑人虽不具有前两款规定的自首情节，但是如实供述自己罪行的，可以从轻处罚；因其如实供述自己罪行，避免特别严重后果发生的，可以减轻处罚。

（一）一般自首

关于自首的成立条件，最高人民法院有司法解释，但缺乏条理，不方便记忆。现通过整

---

① ［答案］A 项，根据刑法第 74 条，对累犯和犯罪集团的首要分子，不适用缓刑。B 项，对累犯不适用假释，没有例外。C 项，根据刑法第 50 条，对被判处死缓的累犯，根据犯罪情节等情况，法院可同时决定对其限制减刑。D 项，属于特殊累犯。本题答案：D。

理排序，归纳如下：

1. 自动投案

（1）投案时间：被动归案前。即在被讯问或采取强制措施之前，都可以自动投案。具体情形：

①犯罪过程中自动投案。刑法第 67 条第 1 款规定自首的时间是"犯罪以后"，对此不应理解为犯罪完成以后，而应理解为犯罪实施以后。例如，甲在杀乙过程中，放弃杀乙，并自动投案，如实供述，构成自首，也成立犯罪中止。

[总结] 自首与犯罪中止的比较：

第一，二者相同点：都具有自动性，都是法定从宽处罚事由。

第二，二者不同点：a. 自动性的内容不同。自首是自动投案。犯罪中止是自动放弃犯罪。例如，甲杀害乙，捅了两刀，然后打电话报案，坐等警察来抓，等待期间，发现乙没死，又杀死乙，然后继续等待，警察到后，配合抓捕，并如实供述罪行。甲杀死乙后，继续等待抓捕，并如实供述，成立自首。有法官认为甲不成立自首，理由是甲报案后还继续杀人，说明没有自动放弃犯罪。然而，这种看法将自首的自动性的内容与犯罪中止的自动性的内容混淆了，自首只要求自动投案。

b. 自动性的时间不同。自首是犯罪实施后，被动归案前。犯罪中止是犯罪实施后，终局形态形成前。例如（2017 年真题），甲绑架了乙，对峙中被谈判专家说服，主动放下武器。甲实力控制了乙，绑架罪便已经既遂，不能因为放下武器便成立犯罪中止。但主动放下武器属于自首。需要说明的是，绑架罪是继续犯，对峙中仍属于犯罪进行过程中，但犯罪已经既遂。

第三，二者关系。虽然二者有不同点，但二者不是"A 与 -A"的对立排斥关系，而是"A 与 B"的两码事关系（中立关系）。

例 1，甲杀害乙，先将乙打成重伤，见乙很痛苦，又后悔，一边将乙送往医院（后救活），一边主动报案。甲既构成犯罪中止，又构成自首。但此时二者不是竞合关系，而是并列关系，因为甲实施了两个行为，甲的抢救行为构成中止，甲的报案行为构成自首。

例 2，甲将乙非法拘禁在屋里，自己也在屋里。拘禁两小时后，警察赶到，对峙中，甲主动打开门，乙跑出去，警察进来。甲既构成犯罪中止，也构成自首。由于甲是一个行为同时构成中止与自首，所以二者是竞合关系。

②犯罪事实未被发觉。例如，甲入室盗窃后，刚出门碰到巡警，被盘问："为何鬼鬼祟祟?"甲如实交代盗窃事实，构成自首。

③犯罪事实已经被发觉，但未发现犯罪嫌疑人。例如，甲杀人后潜逃，杀人现场已被控制，但警方不知凶手是谁。此时甲自动投案，构成自首。

④犯罪事实和犯罪嫌疑人都已被发现，但是对犯罪嫌疑人尚未发布强制措施的命令。此时自动投案构成自首。

⑤警方已经对犯罪嫌疑人发布强制措施的命令，但是尚未缉拿归案，犯罪嫌疑人仍在逃亡中。其一，犯罪后逃跑，在被通缉、追捕过程中，主动投案。其二，经查实确已准备去投案，或者正在投案途中，被公安机关捕获的，应当视为自动投案。其三，犯罪后潜逃至异地，即使犯罪地司法机关已经发觉，但是异地司法机关尚未发觉，仅因形迹可疑，被盘问、教育后，主动交代自己罪行的，视为自动投案。上述三种自动投案都可构成自首。

（2）投案对象：包括司法机关、非司法机关（例如，犯罪人所在单位、基层组织）、有关个人（例如，单位负责人、被害人）。

（3）投案方式：只要是将自己主动置于司法机关控制之下，就属于自动投案。

①亲首，亲自自首。可以先采取打电话、发传真、发短信、电子邮件等措施，随后归案。如果随后不归案，不算自动投案。

［注意］"坐等警察上门服务"属于自首。亦即，犯罪后主动报案，虽未表明自己是作案人，但没有逃离现场，在司法机关询问时交代自己罪行的，成立自首。明知他人报案而在现场等待，抓捕时无拒捕行为，供认犯罪事实的，成立自首。

②代首，委托他人自首。这主要是指因病因伤，或犯罪人为抢救被害人去医院而没时间，或为了抢救财产损失。

③送首，未成年人或亲属犯罪后，由监护人或亲友送到司法机关。送子归案就属于此种情形。

［注意］如果犯罪嫌疑人明显反抗，亲友被迫采取捆绑等手段送至司法机关，则不属于自动投案。

④首服，告诉才处理的案件，向被害人主动承认自己的犯罪事实，并自愿归案。例如，甲暗中诽谤乙，然后向乙主动承认是自己所为，并自愿归案，构成自首。

⑤在行政拘留、民事拘留期间，主动交代司法机关尚未掌握的罪行，相当于自动投案。因为如果不主动交代，这些措施届满，行为人就会被释放。行为人主动交代罪行，属于主动将自己置于司法机关刑事措施控制之下。例如，甲因嫖娼被治安拘留，在拘留期间如实供述自己的强奸事实，成立自首。

［注意］由于行政拘留等措施针对的是违法行为，不是犯罪行为，所以只要行为人交代司法机关尚未掌握的罪行即可，不存在也不要求交代不同种的其他罪行。

（4）投案意愿：自动性。

（5）投案彻底性：投案后自愿接受控制，直到最终审判。特殊情形：

①自动投案后又逃跑的，不算自首；又回来的，则算自首。该考点在 2010 年司法考试第四卷案例题考查了。

②被动归案后又逃跑，然后又回来的，不算自首。因为被动归案的，就失去了自首的机会。当然，如果逃跑行为构成脱逃罪，又回来的，可就脱逃罪构成自首。该考点在 2009 年司法考试第四卷案例题考查了。

2. 如实供述罪行

成立自首，不仅要求自动投案，还要求如实供述罪行。

（1）如实。

①如实的标准：供述内容和犯罪人主观记忆相符，和客观犯罪事实基本相符。

［注意］只要和主观记忆相符，即使与客观犯罪事实有些出入，也算自首。

②只要求供述主要犯罪事实，不要求供述全部犯罪事实。例如，甲如实供述了自己抢劫罪的事实，但隐瞒了自己持枪抢劫的情节。就抢劫罪而言，可以成立自首。

③合理辩解不影响如实供述。

［注意］如实供述了案件事实，但对案件事实的定性存在不同理解，有不同看法，进行辩解，仍属于如实供述。例如，认为自己不是贪污，只是经济问题，不影响如实供述的成

立。再如，认为自己不是杀人，而是正当防卫、紧急避险或者不具有期待可能性，不影响如实供述的成立。也即，只要求就"事实判断"如实供述，至于"价值评价"上不作要求。

（2）供述：如实供述又翻供的，只要在一审判决前又如实供述，仍算如实供述。

（二）准自首（特别自首）

1. 主体：必须是依法被采取强制措施的犯罪嫌疑人、被告人和正在服刑的罪犯。

2. 如实供述：如实供述司法机关尚未掌握的罪行。

（1）如实供述的罪行必须是司法机关还未掌握的本人其他罪行。

（2）如实供述的罪行必须与司法机关已掌握的或者判决确定的罪行属不同种罪行。如果是同种罪行，可以酌情从轻处罚，但不属于自首。

[注意1] 后罪行与前罪行是不是同种罪行，一般以罪名区分，不同罪名便是不同种罪行。但是，根据司法解释，虽然罪名不同，但二者属于选择性罪名或者在法律、事实上密切关联（如吸收关系、牵连关系等），则仍属于同种罪行的范畴。

例1，甲因受贿被采取强制措施后，又交代因受贿为他人谋取利益的行为，构成滥用职权罪的，应认定为同种罪行。

例2，甲因出售假币罪被捕，又交代自己购买假币的罪行，应认定为同种罪行。

例3，甲因组织卖淫被捕，又交代自己强迫卖淫的罪行，应认定为同种罪行。

[注意2] 所谓"司法机关已掌握的罪行"是指证明成立的罪行。例如，甲涉嫌受贿罪被捕后，司法机关发现受贿罪不成立。此时，甲又主动供述新的受贿罪事实。该事实是司法机关尚未掌握的，甲构成自首。

（三）自首的特殊问题

1. 共同犯罪的自首：共同犯罪案件中的犯罪嫌疑人，除如实供述自己的罪行，还应当供述所知的同案犯。

2. 数罪自首：犯有数罪的犯罪嫌疑人仅如实供述所犯数罪中部分犯罪的，对如实供述的部分犯罪，认定为自首。

3. 交通肇事罪的自首：逃逸后又归案，属于自首；没有逃逸，直接主动报案、归案，也是自首。

4. 单位犯罪的自首：单位可以成为自首的主体。

（四）坦白

1. 一般自首与坦白的区别：一般自首是犯罪人自动投案后，如实供述自己的罪行；坦白是被动归案后如实供述自己的罪行。

2. 特别自首与坦白：相似点是都被采取强制措施。区分在于：自首是如实供述司法机关尚未掌握的本人其他罪行，坦白是如实供述司法机关已经掌握的本人罪行。

3. 坦白的法律效果：以前坦白只是酌定的从宽处罚情节，《刑法修正案（八）》将坦白规定为法定的从宽处罚情节：如实供述自己罪行的，可以从轻处罚；因其如实供述自己罪行，避免特别严重后果发生的，可以减轻处罚。

（五）司法解释要点①（比较重要）

1. 自动投案

（1）下列情形，视为自动投案：

①犯罪后主动报案，虽未表明自己是作案人，但没有逃离现场，在司法机关询问时交代自己罪行的。

②明知他人报案而在现场等待，抓捕时无拒捕行为，供认犯罪事实的。

③在司法机关未确定犯罪嫌疑人，尚在一般性排查询问时主动交代自己罪行的。

④因特定违法行为被采取行政拘留、司法拘留、强制隔离戒毒等行政、司法强制措施期间，主动向执行机关交代尚未被掌握的犯罪行为的。

（2）罪行未被有关部门、司法机关发觉，仅因形迹可疑被盘问、教育后，主动交代了犯罪事实的，应当视为自动投案，但有关部门、司法机关在其身上、随身携带的物品、驾乘的交通工具等处发现与犯罪有关的物品的，不能认定为自动投案。

（3）交通肇事后保护现场、抢救伤者，并向公安机关报告的，应认定为自动投案，构成自首的，因上述行为同时系犯罪嫌疑人的法定义务，对其是否从宽、从宽幅度要适当从严掌握。交通肇事逃逸后自动投案，如实供述自己罪行的，应认定为自首，但应依法以较重法定刑为基准，视情况决定对其是否从宽处罚以及从宽处罚的幅度。

（4）犯罪嫌疑人被亲友采用捆绑等手段送到司法机关，或者在亲友带领侦查人员前来抓捕时无拒捕行为，并如实供认犯罪事实的，虽然不能认定为自动投案，但可以参照法律对自首的有关规定酌情从轻处罚。

2. 如实供述

（1）"如实供述自己的罪行"的认定。

①如实供述自己的罪行，除供述自己的主要犯罪事实外，还应包括姓名、年龄、职业、住址、前科等情况。犯罪嫌疑人供述的身份等情况与真实情况虽有差别，但不影响定罪量刑的，应认定为如实供述自己的罪行。犯罪嫌疑人自动投案后隐瞒自己的真实身份等情况，影响对其定罪量刑的，不能认定为如实供述自己的罪行。提示：身份影响定罪量刑的情形主要涉及身份犯，例如，隐瞒自己国家工作人员身份就可逃避贪污罪等。此外，供述的年龄、职业、住址，虽有差别但不影响定罪量刑的，应认定为如实供述。

②犯罪嫌疑人多次实施同种罪行的，应当综合考虑已交代的犯罪事实与未交代的犯罪事实的危害程度，决定是否认定为如实供述主要犯罪事实。虽然投案后没有交代全部犯罪事实，但如实交代的犯罪情节重于未交代的犯罪情节，或者如实交代的犯罪数额多于未交代的犯罪数额，一般应认定为如实供述自己的主要犯罪事实。无法区分已交代的与未交代的犯罪情节的严重程度，或者已交代的犯罪数额与未交代的犯罪数额相当，一般不认定为如实供述自己的主要犯罪事实。例如，甲实施了三次走私，第一次走私金额是 50 万元，第二次是 60 万元，第三次是 300 万元。甲仅如实供述了前两次走私，属于未如实供述主要犯罪事实，不成立自首。

③犯罪嫌疑人自动投案时虽然没有交代自己的主要犯罪事实，但在司法机关掌握其主要犯罪事实之前主动交代的，应认定为如实供述自己的罪行。

---

① 2010 年 12 月 22 日《最高人民法院关于处理自首和立功若干具体问题的意见》。

（2）关于"司法机关还未掌握的本人其他罪行"和"不同种罪行"的认定。

①犯罪嫌疑人、被告人在被采取强制措施期间，向司法机关主动如实供述本人其他罪行，该罪行能否认定为司法机关已掌握，应根据不同情形区别对待。如果该罪行已被通缉，一般应以该司法机关是否在通缉令发布范围内作出判断，不在通缉令发布范围内的，应认定为还未掌握，在通缉令发布范围内的，应视为已掌握；如果该罪行已录入全国公安信息网络在逃人员信息数据库，应视为已掌握。如果该罪行未被通缉、也未录入全国公安信息网络在逃人员信息数据库，应以该司法机关是否已实际掌握该罪行为标准。

②犯罪嫌疑人、被告人在被采取强制措施期间如实供述本人其他罪行，该罪行与司法机关已掌握的罪行属同种罪行还是不同种罪行，一般应以罪名区分。虽然如实供述的其他罪行的罪名与司法机关已掌握犯罪的罪名不同，但如实供述的其他犯罪与司法机关已掌握的犯罪属选择性罪名或者在法律、事实上密切关联，如因受贿被采取强制措施后，又交代因受贿为他人谋取利益的行为，构成滥用职权罪的，应认定为同种罪行。

▌▌▌典型真题

关于自首，下列哪一选项是正确的？（2017年·卷二·9题）①

A. 甲绑架他人作为人质并与警察对峙，经警察劝说放弃了犯罪。甲是在"犯罪过程中"而不是"犯罪以后"自动投案，不符合自首条件

B. 乙交通肇事后留在现场救助伤员，并报告交管部门发生了事故。交警到达现场询问时，乙否认了自己的行为。乙不成立

C. 丙故意杀人后如实交代了自己的客观罪行，司法机关根据其交代认定其主观罪过为故意，丙辩称其为过失。丙不成立自首

D. 丁犯罪后，仅因形迹可疑而被盘问、教育，便交代了自己所犯罪行，但拒不交代真实身份。丁不属于如实供述，不成立自首

四、立功

第68条 犯罪分子有揭发他人犯罪行为，查证属实的，或者提供重要线索，从而得以侦破其他案件等立功表现的，可以从轻或者减轻处罚；有重大立功表现的，可以减轻或者免除处罚。

（一）立功的基本要求

1. 实质标准

刑法设立立功制度的实质根据有两点：一是从法律上看，行为人能揭发或阻止他人犯罪，表明其人身危险性、再犯可能性降低。二是从政策上看，行为人能揭发或阻止他人犯罪，有利于节约司法资源。

[结论] 立功行为应当是能体现人身危险性降低或有利于节约司法资源的行为。与此毫无关系的行为不能视为立功。例如，甲是亿万富翁，杀了人，被捕到案后，向某大学捐款1个亿，建立一座图书馆。这种行为本身不一定能说明其再犯可能性降低，也与节约司法资源无关，不能因此就简单认定为立功。概言之，不能认为，只要是"好行为"就可以认定为立功。

---

① [答案] B。

2. 立功的时间

司法解释规定立功的时间是到案后。但是，理论上主流观点认为，立功的时间应是犯罪后，而非到案后。例如，甲在犯罪后、到案后揭发他人犯罪，构成立功；而乙在犯罪后、到案前通过电话揭发他人犯罪，也可以构成立功。如果考唯一定论，则需依据司法解释。

（二）立功的类型

根据司法解释，[①] 一般立功的情形有：

（1）阻止他人实施犯罪活动的；

（2）检举、揭发监狱内外犯罪活动，或者提供重要的破案线索，经查证属实的；

（3）协助司法机关抓捕其他犯罪嫌疑人的；

（4）在生产、科研中进行技术革新，成绩突出的；

（5）在抗御自然灾害或者排除重大事故中，表现积极的；

（6）对国家和社会有其他较大贡献的。

第（4）项、第（6）项中的技术革新或者其他较大贡献应当由罪犯在刑罚执行期间独立或者为主完成，并经省级主管部门确认。

重大立功的情形有：

（1）阻止他人实施重大犯罪活动的；

（2）检举监狱内外重大犯罪活动，经查证属实的；

（3）协助司法机关抓捕其他重大犯罪嫌疑人的；

（4）有发明创造或者重大技术革新的；

（5）在日常生产、生活中舍己救人的；

（6）在抗御自然灾害或者排除重大事故中，有突出表现的；

（7）对国家和社会有其他重大贡献的。

第（4）项中的发明创造或者重大技术革新应当是罪犯在刑罚执行期间独立或者为主完成并经国家主管部门确认的发明专利，且不包括实用新型专利和外观设计专利；第（7）项中的其他重大贡献应当由罪犯在刑罚执行期间独立或者为主完成，并经国家主管部门确认。

根据考试重要性，对上述类型进行总结：

1. 检举、揭发他人犯罪，查证属实

（1）揭发他人"犯罪"。[②]

这里的他人"犯罪"，只要求具备客观阶层的条件即可，是侵害法益的行为，不要求符合主观阶层（故意、过失、责任年龄等），并能最终追究刑事责任。这里的他人"犯罪"是针对实体法意义上的，而不是针对程序法意义上的。

例1，甲揭发乙实施了强奸罪。事后查明，乙有强奸事实，但当时只有13岁。甲属于立功。

例2，甲揭发乙犯了交通肇事罪。事后查明，乙存在造成交通事故的事实，压死了人，但乙没有过失，属于意外事件。甲属于立功。

例3，甲揭发乙犯盗窃罪。事后查明，乙有盗窃事实，但数额未达到定罪数额。甲属于立功。

例4，甲揭发乙犯抢劫罪。事后查明，乙有抢劫事实，但发现时乙已经死亡或已过追诉

---

① 2016 年 11 月 14 日《最高人民法院关于办理减刑、假释案件具体应用法律的规定》。

② 参见张明楷：《论揭发他人"犯罪行为"》，载《人民检察》2006 年第 15 期。

时效。甲属于立功。

例5，甲揭发乙犯故意伤害罪。事后查明，乙是正当防卫或紧急避险。由于这不属于具有法益侵害性的行为，甲不属于立功。

例6，甲揭发乙犯罪。事后查明，根据中国刑法不是犯罪，根据外国刑法是犯罪。甲不属于立功。

例7，甲揭发乙犯侵占罪。甲不属于立功。因为对于告诉才处理的犯罪，不存在公诉，也就不存在节约司法资源的问题。

（2）揭发"他人"犯罪。

这里的他人不能是共同犯罪人，但揭发同案犯共同犯罪以外的无关的其他犯罪，查证属实的，构成立功。

（3）"揭发"他人犯罪。

这里的揭发包括犯罪人告发他人对自己犯罪。例如，甲女因诈骗罪被捕，揭发乙男强奸自己，应认定为立功。换言之，这里的揭发包含被害人告发。

2. 提供侦破其他案件的重要线索，经查证属实。这里的侦破线索，以及前文揭发他人犯罪的犯罪线索，有具体要求。对此参见后文司法解释要点。

3. 协助司法机关抓捕其他犯罪嫌疑人

（1）这里包括协助抓捕同案犯。

（2）这里的协助抓捕，包括犯罪嫌疑人已经被其他司法机关采取强制措施，但还不被该司法机关知道其所犯罪行的情况。具体协助抓捕的认定，参见后文司法解释要点。

（三）自首和立功的总结

1. 共同犯罪中的自首与立功

通常情况下，自首是交待本人罪行，立功是揭发他人罪行。但在共同犯罪中，揭发同案犯的共同犯罪罪行，不是立功，而是自首的必要条件。如果想在同案犯身上立功，有两个途径：一是揭发同案犯共同犯罪以外的犯罪，查证属实；二是协助司法机关抓捕同案犯。

2. 自首与立功的竞合

例1，甲因涉嫌诈骗被捕，向司法机关如实供述自己还犯有行贿罪，向官员乙行贿。甲构成准自首，同时构成立功，因为揭发了乙受贿。甲要如实供述自己的行贿罪，就必须将受贿人供出来，所以甲整体上只干了一件事，同时符合了准自首和立功，二者竞合，找一个更有利于甲的结论加以认定。

例2，甲因涉嫌诈骗被捕，向司法机关如实供述自己还犯有非法持有毒品罪，并交待是从乙那里买来的。甲构成准自首，同时构成立功，因为揭发了乙贩卖毒品罪。甲要如实供述非法持有毒品罪，并不要求将卖家供出来。甲将卖家供出来，属于额外的一件事。所以，准自首与立功应同时认定。

（四）司法解释要点①

1. 关于立功线索来源的认定：

（1）犯罪分子通过贿买、暴力、胁迫等非法手段，或者被羁押后与律师、亲友会见过程

---

① 2010年12月22日《最高人民法院关于处理自首和立功若干具体问题的意见》。

中违反监管规定，获取他人犯罪线索并"检举揭发"的，不能认定为有立功表现。

（2）犯罪分子将本人以往查办犯罪职务活动中掌握的，或者从负有查办犯罪、监管职责的国家工作人员处获取的他人犯罪线索予以检举揭发的，不能认定为有立功表现。

（3）犯罪分子亲友为使犯罪分子"立功"，向司法机关提供他人犯罪线索、协助抓捕犯罪嫌疑人的，不能认定为犯罪分子有立功表现。

2. 关于"协助抓捕其他犯罪嫌疑人"的认定：

犯罪分子具有下列行为之一，使司法机关抓获其他犯罪嫌疑人的，属于"协助司法机关抓捕其他犯罪嫌疑人"：

（1）按照司法机关的安排，以打电话、发信息等方式将其他犯罪嫌疑人（包括同案犯）约至指定地点的。

（2）按照司法机关的安排，当场指认、辨认其他犯罪嫌疑人（包括同案犯）的。

（3）带领侦查人员抓获其他犯罪嫌疑人（包括同案犯）的。

（4）提供司法机关尚未掌握的其他案件犯罪嫌疑人的联络方式、藏匿地址的，等等。

犯罪分子提供同案犯姓名、住址、体貌特征等基本情况，或者提供犯罪前、犯罪中掌握、使用的同案犯联络方式、藏匿地址，司法机关据此抓捕同案犯的，不能认定为协助司法机关抓捕同案犯。（换言之，只有提供犯罪后"新"的联络方式、藏匿地址的，才被认定为立功。）

五、数罪并罚

数罪并罚，是指法院对犯罪人所犯数罪分别定罪量刑后，按照法定数罪并罚原则决定应执行的刑罚。数罪并罚的发生情形：

1. 最普通的情形：判决宣告以前犯数罪。依据第 69 条处理。

2. 漏罪情形：判决宣告后，刑罚执行完毕以前，发现犯罪人在判决宣告前还有其他罪没有判决的。依据第 70 条处理。

3. 新罪情形：判决宣告后，刑罚执行完毕以前，犯罪人又犯的。依据第 71 条处理。

如果在刑罚执行完毕以后，犯罪人又犯罪的，不属于数罪并罚的情形，应单独定罪量刑。

如果在刑罚执行完毕以后，发现犯罪人在判决宣告前还有其他罪未判决的，如果没有超过追诉时效，应单独定罪量刑，不属于数罪并罚的情形。

（一）数罪并罚的原则

第 69 条　判决宣告以前一人犯数罪的，除判处死刑和无期徒刑的以外，应当在总和刑期以下、数刑中最高刑期以上，酌情决定执行的刑期，但是管制最高不能超过三年，拘役最高不能超过一年，有期徒刑总和刑期不满三十五年的，最高不能超过二十年，总和刑期在三十五年以上的，最高不能超过二十五年。

数罪中有判处有期徒刑和拘役的，执行有期徒刑。数罪中有判处有期徒刑和管制，或者拘役和管制的，有期徒刑、拘役执行完毕后，管制仍须执行。　（本款由《刑法修正案（九）》所增设）

数罪中有判处附加刑的，附加刑仍须执行，其中附加刑种类相同的，合并执行，种类不同的，分别执行。

数罪并罚的过程中有三种"刑"：（1）法定刑，即法律事先规定的刑罚；（2）宣告刑，即法官针对数罪中每一个罪宣告判处的刑罚；（3）执行刑，即法官在各个宣告刑基础上，按照数罪并罚的原则最终判处应执行的刑罚。这里的执行刑不是实际执行过程中受到的刑罚。

根据第69条的规定，我国数罪并罚采取多种原则混合使用。

1. 吸收原则

吸收了某个刑的意思是不执行这个刑，而不是将其吸收进来一并执行。三种吸收情形：

（1）死刑（作为最高刑）+其他主刑=死刑（吸收了其他主刑）。

（2）无期（作为最高刑）+其他主刑=无期（吸收了其他主刑）。

（3）有期（作为最高刑）+拘役=有期（吸收了拘役）。

2. 限制加重原则

（1）死刑+死刑=死刑（只执行一个死刑）。

（2）无期+无期=无期（只执行一个无期）。

（3）单罪有期徒刑是6个月至15年。数罪并罚（有期+有期），分为两种情况：总和刑期不满35年的，最高不能超过20年；总和刑期在35年以上的，最高不能超过25年（旧法条只规定，有期徒刑数罪并罚时最高不超过20年）。

（4）单罪拘役是1个月至6个月。数罪并罚（拘役+拘役），可以超过6个月达到1年（1-6-1）。

（5）单罪管制是3个月至2年。数罪并罚（管制+管制），可以超过2年达到3年（3-2-3）。

3. 并科原则（分别执行）

（1）有期（作为最高刑）+管制=有期+管制（分别执行，管制在有期徒刑执行完毕后执行）。

（2）拘役（作为最高刑）+管制=拘役+管制（分别执行，管制在拘役执行完毕后执行）。

4. 附加刑的并罚问题

（1）数罪中有判处附加刑的，附加刑仍须执行。也即，附加刑不能被主刑吸收。例如，甲犯A罪被判处拘役3个月，附加剥夺政治权利1年，犯B罪被判处有期徒刑2年，附加剥夺政治权利3年。数罪并罚时，就主刑而言，有期徒刑吸收了拘役，只执行有期徒刑2年。就附加刑而言，剥夺政治权利合并执行4年。这个剥夺政治权利不能被有期徒刑吸收，必须执行。

（2）附加刑种类相同的，合并执行。合并执行不是吸收执行，而是累加执行。例如，判处A罪罚金5万，判处B罪罚金10万，合并执行就是15万。

（3）附加刑种类不同的，分别执行。注意：罚金与没收财产种类不同，应分别执行。

（二）发现漏罪，先并后减

第70条　判决宣告以后，刑罚执行完毕以前，发现被判刑的犯罪分子在判决宣告以前还有其他罪没有判决的，应当对新发现的罪作出判决，把前后两个判决所判处的刑罚，依照本法第六十九条的规定，决定执行的刑罚。已经执行的刑期，应当计算在新判决决定的刑期以内。

1. 漏罪问题

（1）前罪与漏罪的种类。新发现的漏罪，不管与前罪的种类是否相同，亦即不论是异种数罪还是同种数罪，都应单独作出判决，然后先并后减。例如，甲犯两个诈骗罪，第一个诈骗罪判 5 年有期徒刑，执行 3 年后，发现判决宣告前还有第二个诈骗罪没有判决，对其判 10 年。依据第 69 条先并，5 年与 10 年并，在 10 年（数刑中最高刑期）至 15 年（总和刑期）之间，比如选择 12 年；再减，12 年减去已经执行的 3 年，等于 9 年。这就是甲还要执行的刑期。

（2）漏罪的发现时间。例如，甲犯 A 罪被判 1 年有期徒刑，执行了 11 个月时，公安机关发现甲在判决宣告前还有 B 罪。半个月后，公安机关移送检察院起诉，一个月后检察院向法院起诉，法院认为对 B 罪应判 6 个月拘役。观点一：第 70 条中的"发现"漏罪是指法院发现漏罪，由于法院受理案件时，A 罪已经执行完毕，因此不能适用第 70 条的"发现漏罪，先并后减"，而应单独处理，也即还需执行 6 个月拘役。这是法院发现说。观点二：第 70 条中的"发现"漏罪的主体包括公安机关及其他司法机关，由于公安机关发现 B 罪时，A 罪尚未执行完毕，所以这属于刑罚执行完毕以前发现漏罪，应适用第 70 条，按照先并后减数罪并罚，由于有期徒刑吸收拘役，故仅执行有期徒刑，也即执行完 1 年有期徒刑就应释放。这是最早发现说。[①]

2. "先并"问题

（1）当已判决的是两个罪，先并时，漏罪的宣告刑应与谁并罚？主流观点认为，应与前两个罪的执行刑并罚（执行刑说），这是历年考试参考答案采纳的观点。少数观点认为，应与前两个罪的宣告刑并罚（宣告刑说）。

例如，甲犯有 A、B 两个罪，A 罪判 8 年，B 罪判 12 年，决定合并执行 18 年。执行 5 年后发现判决宣告前甲还犯有 C 罪，应判 7 年。对此先并后减，在先并时，C 罪的 7 年应与谁并罚？应与 A、B 罪的执行刑 18 年并罚，在 18 年至 20 年之间，比如选择 19 年，再减，19 年减去已经执行的 5 年，等于 14 年。

（2）前罪与漏罪刑种不同时，注意并罚原则。

例 1，甲犯某罪被判 6 年有期徒刑，执行 4 年后发现漏罪，应被判拘役 6 个月。先并，6 年有期徒刑吸收拘役，只执行 6 年有期徒刑；后减，6 年减去已经执行的 4 年，还需执行 2 年。可见，在此对漏罪判处拘役，其实没影响。

例 2，甲犯某罪被判 6 年有期徒刑，执行 4 年后发现漏罪，应被判管制 1 年。先并，6 年有期徒刑与 1 年管制应分别执行；后减，6 年减去 4 年，还需执行 2 年有期徒刑，执行完毕以后，还需执行 1 年管制。

3. "后减"问题

对罪犯减刑后，因发现漏罪而先并后减时，对减刑刑期不应减去。[②] 例如，甲 1993 年因抢劫罪被判 12 年，1997 年减刑 2 年，1998 年发现 1992 年还犯有盗窃罪未判决，应判 15 年。先并，在 15 年至 20 年之间选择，比如执行 20 年；后减，20 年减去已经执行的 5 年，在此不减去 2 年减刑刑期，也即还需执行 15 年。

（三）又犯新罪，先减后并

第 71 条　判决宣告以后，刑罚执行完毕以前，被判刑的犯罪分子又犯罪的，应当对新

---

① 参见张明楷：《刑法学》（第五版），法律出版社 2016 年版，第 609 页。

② 参见 2012 年 1 月 18 日《最高人民法院关于罪犯因漏罪、新罪数罪并罚时原减刑裁定应如何处理的意见》。

犯的罪作出判决，把前罪没有执行的刑罚和后罪所判处的刑罚，依照本法第六十九条的规定，决定执行的刑罚。

1. 新罪问题

（1）前罪与新罪的种类。新罪不管与前罪的种类是否相同，亦即不论是异种数罪还是同种数罪，都应单独作出判决，然后先减后并。例如，甲犯故意伤害罪被判5年有期徒刑，执行3年后，又犯故意伤害罪，应判处10年有期徒刑。先减，5年减去3年等于2年；后并，2年与10年并，在10年至12年之间，比如选择11年。这就是甲还要执行的刑期。

（2）新罪的时间问题。

①实施时间是在判决宣告以后刑罚执行完毕以前。

②发现时间。不管是在刑罚执行完毕以前发现，还是在刑罚执行完毕以后发现，都应当根据第71条数罪并罚，也即先减后并。

例1，甲犯A罪被判5年，执行3年后，又犯故意伤害罪。第一种情形，当时发现了，对故意伤害罪判处10年。先减，5-3=2；后并，在10年至12年之间选择，比如选择11年，这就是还需执行的刑期。第二种情形，当时没发现，A罪的5年执行完毕以后才发现，应判10年。先减，5-5=0；后并，等于再执行10年。虽然这与单独处理故意伤害罪没有区别，但是法条适用上应按照第71条数罪并罚来处理。可以看到，发现时间不同，处理的效果不同。

例2，甲犯A罪被判5年有期徒刑，执行3年后，又犯故意伤害罪。第一种情形，当时发现了，对故意伤害罪判处6个月拘役。先减，5-3=2；后并，2年有期徒刑吸收拘役，还需执行2年有期徒刑。第二种情形，当时没发现故意伤害罪，A罪的5年执行完毕以后才发现，判6个月拘役。先减，5-5=0；后并，等于再执行6个月拘役。

2. "后并"问题

（1）倒挂情形。例如，甲犯A、B、C罪，分别被判13年、10年、15年，合并执行25年；在执行2年后，又犯新罪D罪，应被判8年。对此，先减，25-2=23；后并，23年与8年并罚，此时虽然总和刑期未满35年，但不能因此认为并罚后的最高刑不能超过20年。因为数罪并罚的下限是数刑中最高刑，上限是20年或25年。既然此时下限已是23年，那么决定执行的刑期就应是23年，也即还需执行的刑期。加上已执行的2年，实际执行刑期是25年。如果决定执行的刑期是20年，加上已执行的2年，实际执行刑期就只有22年，就会导致又犯新罪，反倒刑期变短。

（2）既犯新罪，又发现漏罪：先解决漏罪，再解决新罪，实际操作就是先并后减再并。例如，甲因盗窃判7年，执行3年后，又犯故意伤害罪应判10年，同时发现漏罪强奸罪应判11年。对此，第一步，先并，7年和11年，假如定15年。第二步，后减，减去3年，剩12年。第三步，再并，再并10年，在12年以上20年以下决定执行刑。

（3）前罪与新罪刑种不同时，注意并罚原则。例如，甲犯某罪判6年有期徒刑，执行4年后又犯新罪，被判管制1年。先减，6-4=2；后并，2年有期徒刑与1年管制应分别执行，也即执行2年有期徒刑完毕以后，还需执行1年管制。

[总结] 数罪并罚的实际执行刑期的最大值：

情形 ＼ 做法	发现漏罪，先并后减	又犯新罪，先减后并
总和刑期不满 35 年，合并执行的最高刑期不能超过 20 年的	实际执行刑期不会超过 20 年	实际执行刑期有可能超过 20 年
总和刑期在 35 年以上，合并执行的最高刑期不能超过 25 年的	实际执行刑期不会超过 25 年（例 1）	实际执行刑期有可能超过 25 年（例 2）

例 1，甲犯 A、B、C 罪，分别被判 13 年、10 年、15 年，合并执行 25 年；在执行 5 年后，发现漏罪 D 罪，应被判 15 年。对此，先并，25 年并 15 年，取 25 年；后减，25 年减去已执行的 5 年，还需执行 20 年。加上已经执行的 5 年，实际执行刑期是 25 年。可见，实际执行刑期不会超过 25 年。

产生这种结果的原因是：对漏罪采取先并后减，"先并"就要受最高刑期的限制，并上去的刑期再多，也不能超过 25 年。然后再减去已经执行的刑期，即 25 年−已执行刑期＝剩余需执行的刑期。反过来，剩余需执行的刑期＋已执行刑期＝实际执行刑期，也就是 25 年。因此，先并后减的实际执行刑期不会超过 25 年。

例 2，甲犯 A、B、C 罪，分别被判 13 年、10 年、15 年，合并执行 25 年；在执行 5 年后，又犯新罪 D 罪，应被判 15 年。对此，先减，25 年减去 5 年是 20 年；后并，20 年并 15 年，可以决定执行 25 年，也即还需执行 25 年。加上已经执行的 5 年，就是 30 年。这样实际执行刑期就超过了 25 年。

产生这种结果的原因是：对新罪采取先减后并，"后并"就可能会并到最高刑期 25 年，而这是剩余仍需执行的刑期。再加上已经执行的刑期，就会超过 25 年。即：已经执行刑期＋剩余仍需执行刑期（25 年）＝实际执行刑期。

▌▌▌**典型真题**▶

关于数罪并罚，下列哪些选项是正确的？（2017 年·卷二·55 题）①

A. 甲犯某罪被判处有期徒刑 2 年，犯另一罪被判处拘役 6 个月。对甲只需执行有期徒刑

B. 乙犯某罪被判处有期徒刑 2 年，犯另一罪被判处管制 1 年。对乙应在有期徒刑执行完毕后，继续执行管制

C. 丙犯某罪被判处有期徒刑 6 年，执行 4 年后发现应被判处拘役的漏罪。数罪并罚后，对丙只需再执行尚未执行的 2 年有期徒刑

D. 丁犯某罪被判处有期徒刑 6 年，执行 4 年后被假释，在假释考验期内犯应被判处 1 年管制的新罪。对丁再执行 2 年有期徒刑后，执行 1 年管制

六、缓刑

刑法第 72~77 条都是关于缓刑的，《刑法修正案（八）》对此修正较大，所以全面列出：

---

① [答案] ABCD。

第72条　[缓刑的条件、禁止令、附加刑]　对于被判处拘役、三年以下有期徒刑的犯罪分子，同时符合下列条件的，可以宣告缓刑，对其中不满十八周岁的人、怀孕的妇女和已满七十五周岁的人，应当宣告缓刑：

（一）犯罪情节较轻；

（二）有悔罪表现；

（三）没有再犯罪的危险；

（四）宣告缓刑对所居住社区没有重大不良影响。

宣告缓刑，可以根据犯罪情况，同时禁止犯罪分子在缓刑考验期限内从事特定活动，进入特定区域、场所，接触特定的人。

被宣告缓刑的犯罪分子，如果被判处附加刑，附加刑仍须执行。

第73条　[缓刑考验期限]　拘役的缓刑考验期限为原判刑期以上一年以下，但是不能少于二个月。

有期徒刑的缓刑考验期限为原判刑期以上五年以下，但是不能少于一年。

缓刑考验期限，从判决确定之日起计算。

第74条　[不适用缓刑的对象]　对于累犯和犯罪集团的首要分子，不适用缓刑。

第75条　[遵守规定]　被宣告缓刑的犯罪分子，应当遵守下列规定：

（一）遵守法律、行政法规，服从监督；

（二）按照考察机关的规定报告自己的活动情况；

（三）遵守考察机关关于会客的规定；

（四）离开所居住的市、县或者迁居，应当报经考察机关批准。

第76条　[社区矫正、成功的缓刑]　对宣告缓刑的犯罪分子，在缓刑考验期限内，依法实行社区矫正，如果没有本法第七十七条规定的情形，缓刑考验期满，原判的刑罚就不再执行，并公开予以宣告。

第77条　[失败的缓刑]　被宣告缓刑的犯罪分子，在缓刑考验期限内犯新罪或者发现判决宣告以前还有其他罪没有判决的，应当撤销缓刑，对新犯的罪或者新发现的罪作出判决，把前罪和后罪所判处的刑罚，依照本法第六十九条的规定，决定执行的刑罚。

被宣告缓刑的犯罪分子，在缓刑考验期限内，违反法律、行政法规或者国务院有关部门关于缓刑的监督管理规定，或者违反人民法院判决中的禁止令，情节严重的，应当撤销缓刑，执行原判刑罚。

（一）基本要点

1. 性质：缓刑是暂缓执行刑罚，也即附条件地不再执行刑罚，而非刑罚执行完毕。这与假释的性质不同，假释期满视为刑罚执行完毕。

2. 对象条件：被判处3年以下有期徒刑或者拘役的罪犯。

（1）这里的3年以下包括3年。如果是数罪并罚决定执行3年以下有期徒刑，也可以适用缓刑。

（2）对被判处管制、单处附加刑的罪犯，不适用缓刑，因为没必要。

（3）对于累犯和犯罪集团的首要分子，不适用缓刑。

3. 实质条件：不再有人身危险性。具体要求同时符合下列条件：

（1）犯罪情节较轻；

（2）有悔罪表现；

（3）没有再犯罪的危险；

（4）宣告缓刑对所居住社区没有重大不良影响。

4. 优待对象

一般犯罪人，同时满足上述对象条件和实质条件，只是可以宣告缓刑；而不满 18 周岁的人、怀孕的妇女、已满 75 周岁的人，这三类人只要同时满足上述对象条件和实质条件，应当宣告缓刑。

［注意］是否宣告缓刑，与犯罪分子触犯的罪名的性质没有关系。例如，犯罪分子触犯危害国家安全罪，只要被判处 3 年以下有期徒刑，同时符合实质条件，就可以适用缓刑。又如，犯罪分子触犯故意杀人、爆炸、抢劫、强奸、绑架等暴力性犯罪，只要被判处 3 年以下有期徒刑，同时符合实质条件，就可以适用缓刑。

5. 对宣告缓刑可以同时适用禁止令，禁止犯罪分子在执行缓刑期间从事特定活动，进入特定区域、场所，接触特定的人。

6. 在缓刑考验期应实行社区矫正。

7. 缓刑考验期限：（1）从判决确定之日起计算；（2）判决确定以前先行羁押的日期，不能折抵缓刑考验期限。

8. 缓刑只适用于主刑。判处附加刑的，仍需执行附加刑。

（二）缓刑的法律后果

1. 成功的缓刑：原判刑罚不再执行。

［注意］这不同于原判刑罚已经执行完毕。因此，在缓刑考验期内再犯新罪，以及在考验期满后再犯新罪的，都不成立累犯。

2. 失败的缓刑：是指缓刑被撤销。撤销缓刑的三种情形以及处理方式：

（1）发现漏罪，这是指发现判决宣告前还有未判决的罪行。

①发现的漏罪，是故意犯罪，还是过失犯罪，在所不问；是同种罪，还是异种罪，也在所不问。即使发现的漏罪是过失犯罪、同种犯罪，也应撤销缓刑。

②撤销缓刑后，对前罪和漏罪进行数罪并罚，然后决定执行的刑期。

［注意 1］由于已经经过的考验期不算已经执行的刑期，所以这里的数罪并罚不存在"减去已经执行的刑期"的问题，也即不存在先并后"减"。

［注意 2］原判决宣告以前先行羁押的，羁押日期应当折抵刑期。关于折抵问题，请参见第十三讲"刑罚的体系"中的"有期徒刑"部分，有详细总结。

［注意 3］对犯罪人数罪并罚后，如果符合缓刑条件，可以再次适用缓刑。

③缓刑考验期满后才发现漏罪，不能撤销缓刑，只能对漏罪另行起诉审判。

（2）又犯新罪，这是指在缓刑考验期内又犯新罪。

①又犯的新罪，是故意犯罪，还是过失犯罪，在所不问；是同种罪，还是异种罪，也在所不问，即所犯新罪即使是过失犯罪、同种犯罪，也应撤销缓刑。

②在缓刑考验期内又犯新罪，无论是在考验期内还是在考验期满后被发现，都要撤销缓刑。这是因为，缓刑的实质条件是犯罪分子不再有人身危险性和再犯可能性。如果在考验期内犯新罪，表明有人身危险性和再犯可能性，不符合缓刑条件，应当撤销。因此，即使新罪已经过了追诉时效，也要撤销缓刑，执行原判刑罚，只是不追诉新罪。

③撤销缓刑后，对前罪和新罪进行数罪并罚，然后决定执行的刑期。注意上文的"注意1"和"注意2"。

[注意] 在数罪并罚后，即使决定执行的刑罚是3年以下有期徒刑，也不能再次适用缓刑。这是因为，犯罪人在考验期内又犯新罪，表明其社会危害性和人身危险性仍非常大，就不符合适用缓刑的实质条件。

④在缓刑考验期满后犯新罪，不撤销缓刑。注意：也不可能构成累犯，因为缓刑考验期满只是不执行原判刑罚，而非已执行完毕。

（3）在缓刑考验期内，违反法律法规、监管规定或禁止令，情节严重的，应当撤销缓刑，执行原判刑罚。

①在考验期内违反规定，无论是在考验期内还是在考验期满后被发现，都要撤销缓刑。这一点，与在考验期内犯新罪的处理和理由是相同的。

②考验期内应遵守的规定，参见前文刑法第75条。注意：在缓刑考验期内，没有剥夺犯罪分子行使言论、出版、集会、结社、游行、示威自由的权利。这一点和管制不同。执行管制时，未经执行机关批准，不得行使言论、出版、集会、结社、游行、示威自由的权利。也即，管制期间比缓刑考验期间处罚要严厉一些。

（三）缓刑与数罪并罚

这里的问题主要是有期徒刑、拘役与管制的并罚问题。[①] 例如（2017年第56题），甲犯A罪被判有期徒刑2年，犯B罪被判管制1年。如果A罪符合应当判处缓刑的条件，就应判处缓刑，比如宣告缓刑3年。在此，不能因为对B罪的管制不适用缓刑，就对A罪不适用缓刑。这是因为，有期徒刑与管制的并罚采取的是分别执行原则，互不干扰。

问题是，管制从何时开始执行？缓刑考验期开始时执行，还是缓刑考验期满后执行？刑法第69条规定，应在有期徒刑、拘役执行完毕后执行管制。而缓刑考验期满，有期徒刑、拘役便不再执行。在此不存在执行完毕的问题。因此，两种时间方案都符合法律规定。对于刑罚执行问题，从保障人权角度看，应选择有利于被告人的方案，也即在缓刑考验期开始时执行管制。

1. 发现漏罪。例如，甲犯A罪被判有期徒刑2年，犯B罪被判管制1年，对A罪宣告缓刑3年，在缓刑考验期开始之日同时开始执行管制。6个月后，发现在判决宣告前还犯C罪，应判有期徒刑3年。对此，撤销缓刑，数罪并罚，先并后减。先并，A罪的2年有期徒刑与C罪的3年有期徒刑并，比如决定执行4年有期徒刑。4年有期徒刑执行完毕后，再执行管制。由于管制已经执行了6个月，所以只需执行剩余的6个月管制。

2. 又犯新罪。例如，甲犯A罪被判有期徒刑2年，犯B罪被判管制1年，对A罪宣告缓刑3年，在缓刑考验期开始之日同时开始执行管制。6个月后，甲又犯C罪，应判处有期徒刑3年。对此，撤销缓刑，数罪并罚，先减后并，由于缓刑考验期的经过不算已经执行的刑期，又由于管制与有期徒刑分别执行，所以不能用A罪的2年有期徒刑减去管制刑的已执行期，因此，不存在减的问题，只有并的问题。A罪2年有期徒刑、C罪3年有期徒刑并，比如选择4年有期徒刑。4年有期徒刑执行完毕后，再执行管制。由于管制已经执行了6个月，所以只需执行剩余的6个月管制。

---

① 参见张明楷：《刑法学》（第五版），法律出版社2016年版，第618页。

3. **违反规定**。例如，甲犯 A 罪被判有期徒刑 2 年，犯 B 罪被判管制 1 年，对 A 罪宣告缓刑 3 年，在缓刑考验期开始之日同时开始执行管制。6 个月后，甲因违反缓刑的管理规定，撤销缓刑，执行 2 年有期徒刑。已经执行的 6 个月管制应当计算在 1 年管制期限内，也即在 2 年有期徒刑执行完毕后，再执行剩余的 6 个月管制。

▎**典型真题**▷

关于缓刑的适用，下列哪些选项是错误的？(2017 年·卷二·56 题)①

A. 甲犯抢劫罪，所适用的是"三年以上十年以下有期徒刑"的法定刑，缓刑只适用于被判处拘役或者 3 年以下有期徒刑的罪犯，故对甲不得判处缓刑

B. 乙犯故意伤害罪与代替考试罪，分别被判处 6 个月拘役与 1 年管制。由于管制不适用缓刑，对乙所判处的拘役也不得适用缓刑

C. 丙犯为境外非法提供情报罪，被单处剥夺政治权利，执行完毕后又犯帮助恐怖活动罪，被判处拘役 6 个月。对丙不得宣告缓刑

D. 丁 17 周岁时犯抢劫罪被判处有期徒刑 5 年，刑满释放后的第 4 年又犯盗窃罪，应当判处有期徒刑 2 年。对丁不得适用缓刑

---

① ［答案］ABD。

15

第十五讲
刑罚的执行和消灭

特别提示 ▶

1. 体系内容：减刑、假释、追诉时效、赦免。

2. 重要考点：失败的假释与失败的缓刑的对比。

3. 案例：1990年，甲敲诈勒索乙的钱财6000元，被乙父丙发现，为抗拒抓捕，甲将丙打死。2000年甲在路上严重违章不慎将丁撞成重伤，然后逃走。丁因为耽误抢救无效死亡。2010年甲被逮捕。对甲如何处理？①

一、减刑

第78条第1款　被判处管制、拘役、有期徒刑、无期徒刑的犯罪分子，在执行期间，如果认真遵守监规，接受教育改造，确有悔改表现的，或者有立功表现的，可以减刑；有下列重大立功表现之一的，应当减刑：

（一）阻止他人重大犯罪活动的；

（二）检举监狱内外重大犯罪活动，经查证属实的；

（三）有发明创造或者重大技术革新的；

（四）在日常生产、生活中舍己救人的；

（五）在抗御自然灾害或者排除重大事故中，有突出表现的；

（六）对国家和社会有其他重大贡献的。

第2款　减刑以后实际执行的刑期不能少于下列期限：

（一）判处管制、拘役、有期徒刑的，不能少于原判刑期的二分之一；

（二）判处无期徒刑的，不能少于十三年；

（三）人民法院依照本法第五十条第二款规定限制减刑的死刑缓期执行的犯罪分子，缓期执行期满后依法减为无期徒刑的，不能少于二十五年，缓期执行期满后依法减为二十五年有期徒刑的，不能少于二十年。

---

① ［答案］对甲仅能追诉故意杀人罪、交通肇事罪。甲成立敲诈勒索罪，追诉时效是5年。甲因为被丙发现，为抗拒抓捕将丙打死，成立故意杀人罪（追诉时效是20年），而不是转化型抢劫罪，因为敲诈勒索罪不属于盗窃、诈骗、抢夺之一，不能进行转化。甲后成立交通肇事罪因逃逸致人死亡（追诉时效15年）。截止甲被逮捕时，敲诈勒索罪已经超过追诉时效，甲在故意杀人罪的追诉时效内又犯交通肇事罪，故意杀人罪的追诉时效从犯新罪之日起中断，重新计算20年。

（一）基本要点

1. 减刑体现：一是减轻刑种。例如，将无期徒刑减为有期徒刑。注意：有期徒刑不能减为拘役或者管制。二是减轻刑期。主要指将有期徒刑、拘役、管制的刑期缩短。

2. 减刑种类：一是可以减刑；二是应当减刑。

3. 类似措施比较：（1）减刑不同于改判。减刑是在原判决基础上减轻刑罚；改判是撤销原判决，重新作出判决。（2）减刑不同于减轻处罚。减刑属于刑罚的执行；减轻处罚是在作出判决时在量刑上减轻处罚，属于刑罚的裁量。

4. 与其他减轻处罚的比较：除了刑法第 78 条的减刑制度外，刑法中还有其他减轻处罚的规定。

（1）死缓减为无期徒刑或者有期徒刑，可称为特殊减刑，但不属于第 78 条的减刑。

（2）附加刑的减轻（如罚金的减免），不同于第 78 条的减刑。独立适用的附加刑，对其减轻，不称为第 78 条的减刑。根据司法解释规定，① 有期徒刑罪犯减刑时，对附加剥夺政治权利的期限可以酌减。酌减后剥夺政治权利的期限，不得少于 1 年。

（二）减刑条件

1. 对象条件：被判处管制、拘役、有期徒刑、无期徒刑的犯罪分子。至于犯罪行为是故意犯罪还是过失犯罪，是重罪还是轻罪，是危害国家安全罪还是其他犯罪，在所不问。

［注意］对缓刑能否减刑？司法解释规定：② 被判处拘役或者 3 年以下有期徒刑，并宣告缓刑的罪犯，一般不适用减刑。前款规定的罪犯在缓刑考验期限内有重大立功表现的，可以参照刑法第 78 条的规定予以减刑，同时应当依法缩减其缓刑考验期。缩减后，拘役的缓刑考验期限不得少于 2 个月，有期徒刑的缓刑考验期限不得少于 1 年。

2. 实际执行刑期的限度条件

（1）判处管制、拘役、有期徒刑的，不能少于原判刑期的 1/2。

（2）判处无期徒刑的，不能少于 13 年（以前是不能少于 10 年）。

（3）对严重的死缓犯（被判处死刑缓期执行的累犯以及因故意杀人、强奸、抢劫、绑架、放火、爆炸、投放危险物质或者有组织的暴力性犯罪的犯罪分子），如果采取了限制减刑的决定，那么死缓减为无期徒刑的，不能少于 25 年，死缓减为 25 年有期徒刑的，不能少于 20 年。

［补充］根据司法解释规定，不是上述严重的死缓犯，而是普通死缓犯的，减为无期徒刑或有期徒刑后，经过一次或几次减刑后，其实际执行的刑期不能少于 15 年。该实际执行的刑期是从死刑缓期执行期满之日起计算，也即死刑缓期执行期间（两年）不包括在内。亦即，该死缓犯自死缓判决确定后的实际关押时间不少于 17 年。

3. 减刑程序

第 79 条　对于犯罪分子的减刑，由执行机关向中级以上人民法院提出减刑建议书。人民法院应当组成合议庭进行审理，对确有悔改或者立功事实的，裁定予以减刑。非经法定程序不得减刑。

---

① 2016 年 11 月 14 日《最高人民法院关于办理减刑、假释案件具体应用法律的规定》第 17 条。
② 2016 年 11 月 14 日《最高人民法院关于办理减刑、假释案件具体应用法律的规定》第 18 条。

司法解释规定：① （1） 对被判处死刑缓期执行的罪犯的减刑，由罪犯服刑地的高级人民法院根据同级监狱管理机关审核同意的减刑建议书裁定；（2） 对被判处无期徒刑的罪犯的减刑、假释，由罪犯服刑地的高级人民法院，在收到同级监狱管理机关审核同意的减刑、假释建议书后 1 个月内作出裁定，案情复杂或者情况特殊的，可以延长 1 个月。

［提示］ 刑法没有限制减刑的次数，只要符合减刑条件，可以多次减刑。

［注意］ 无期徒刑罪犯经过一次或几次减刑后，其实际执行的刑期不能少于 13 年。该 13 年的起始时间应当自无期徒刑判决确定之日起计算。

二、假释

刑法第 81~86 条都是关于假释的规定，《刑法修正案（八）》对此作了重大修正，以下全面列出：

第 81 条 ［假释的条件］ 被判处有期徒刑的犯罪分子，执行原判刑期二分之一以上，被判处无期徒刑的犯罪分子，实际执行十三年以上，如果认真遵守监规，接受教育改造，确有悔改表现，没有再犯罪的危险的，可以假释。如果有特殊情况，经最高人民法院核准，可以不受上述执行刑期的限制。

对累犯以及因故意杀人、强奸、抢劫、绑架、放火、爆炸、投放危险物质或者有组织的暴力性犯罪被判处十年以上有期徒刑、无期徒刑的犯罪分子，不得假释。

对犯罪分子决定假释时，应当考虑其假释后对所居住社区的影响。

第 82 条 ［假释的程序］ 对于犯罪分子的假释，依照本法第七十九条规定的程序进行。非经法定程序不得假释。（第 79 条见"减刑"部分。可见，假释的程序与减刑的程序相同）

第 83 条 ［假释的考验期］ 有期徒刑的假释考验期限，为没有执行完毕的刑期；无期徒刑的假释考验期限为十年。

假释考验期限，从假释之日起计算。

第 84 条 ［遵守规定］ 被宣告假释的犯罪分子，应当遵守下列规定：

（一） 遵守法律、行政法规，服从监督；

（二） 按照监督机关的规定报告自己的活动情况；

（三） 遵守监督机关关于会客的规定；

（四） 离开所居住的市、县或者迁居，应当报经监督机关批准。

第 85 条 ［成功的假释］ 对假释的犯罪分子，在假释考验期限内，依法实行社区矫正，如果没有本法第八十六条规定的情形，假释考验期满，就认为原判刑罚已经执行完毕，并公开予以宣告。

第 86 条 ［失败的假释］ 被假释的犯罪分子，在假释考验期限内犯新罪，应当撤销假释，依照本法第七十一条的规定实行数罪并罚。

在假释考验期限内，发现被假释的犯罪分子在判决宣告以前还有其他罪没有判决的，应当撤销假释，依照本法第七十条的规定实行数罪并罚。

被假释的犯罪分子，在假释考验期限内，有违反法律、行政法规或者国务院有关部门关于假释的监督管理规定的行为，尚未构成新的犯罪的，应当依照法定程序撤销假释，收监执

---

① 2012 年 12 月 20 日《最高人民法院关于适用〈中华人民共和国刑事诉讼法〉的解释》第 449 条。

行未执行完毕的刑罚。

假释，是指对于被判处有期徒刑、无期徒刑的部分犯罪人，在执行一定刑罚之后，确有悔改表现，不致再危害社会，附条件地予以提前释放的制度。附条件，是指被假释的犯罪人，如果遵守一定条件，就认为原判刑罚已经执行完毕；如果没有遵守一定条件，就收监执行剩余刑罚。

（一）假释的条件

1. 对象条件：被判处无期徒刑、有期徒刑的部分犯罪分子。对被判处管制、拘役的，不能假释。

2. 禁止适用的对象：一是累犯；二是因故意杀人、强奸、抢劫、绑架、放火、爆炸、投放危险物质或者有组织的暴力性犯罪被判处 10 年以上有期徒刑、无期徒刑的犯罪分子。

（1）暴力性犯罪的范围，不限于上述几种，还包括故意伤害等其他暴力性犯罪。

（2）数罪并罚的情形：

①暴力性犯罪（<10 年）+非暴力性犯罪（<10 年），数罪并罚后≥10 年，可以假释。例如，甲犯抢劫罪被判 8 年，犯盗窃罪被判 7 年，并罚后被判 13 年，可以假释。

②暴力性犯罪（≥10 年）+非暴力性犯罪（无论判多少年），数罪并罚后≥10 年，不得假释。例如，甲犯抢劫罪被判 11 年，犯盗窃罪被判 7 年，并罚后被判 13 年，不得假释。

③A 暴力性犯罪（<10 年）+B 暴力性犯罪（<10 年），数罪并罚后≥10 年，不得假释。例如，甲犯抢劫罪被判 8 年，犯强奸罪被判 7 年，并罚后被判 13 年，不得假释。

（3）被判处 10 年以上有期徒刑、无期徒刑，即使减刑后减到 10 年以下，也不得假释。

（4）根据司法解释规定，上述累犯及故意杀人、强奸、抢劫、绑架、放火、爆炸、投放危险物质或者有组织的暴力性犯罪被判处死刑缓期执行的（也即属于两种严重的死缓犯），被减为无期徒刑、有期徒刑后，也不得假释。对于普通的死缓犯，符合条件的，可以假释。

3. 实质条件：不再有人身危险性和再犯可能性。

［注意］对犯罪分子决定假释时，应当考虑其假释后对所居住社区的影响。

4. 在假释考验期应实行社区矫正。

（二）假释的已执行刑期条件和考验期期限

1. 有期徒刑

（1）有期徒刑，执行原判刑期 1/2 以上，才可以适用假释。根据司法解释，这里的刑期 1/2 以上的起始时间，应当从判决执行之日起计算。

（2）有期徒刑的假释考验期限，是剩余没有执行完毕的刑期，从假释之日起计算。

2. 无期徒刑

（1）无期徒刑，实际执行 13 年以上，才可以适用假释。

（2）无期徒刑的假释考验期限为 10 年，从假释之日起计算。

3. 例外规定：如果有特殊情况，经最高人民法院核准，可以不受上述执行刑期的限制。

［注意］被假释的罪犯，一般不得减刑，不得缩短假释考验期。

（三）假释的程序

根据刑法第 82、79 条，对于假释，由执行机关向中级以上人民法院提出假释建议书。人民法院应当组成合议庭进行审理，可裁定予以假释。

[总结] 假释的程序与减刑的程序相同。

(四) 假释的法律后果

1. 成功的假释：认为原判刑罚已经执行完毕。

2. 失败的假释：假释被撤销。三种情形以及处理方式：

（1）发现漏罪。这是指在假释考验期内发现判决宣告以前未判决的罪。

①发现的漏罪，是故意犯罪，还是过失犯罪，在所不问；是同种罪，还是异种罪，也在所不问。也即，即使发现的漏罪是过失犯罪、同种犯罪，也应撤销假释。

②撤销假释后，对前罪和漏罪先并后减，即将前罪刑期和漏罪刑期进行合并，然后减去前罪已执行刑期。注意：已经经过的考验期，不算已经执行的刑期。

③如果在考验期期满后发现漏罪，就不能撤销假释，只能另行起诉审判。

（2）又犯新罪。这是指在考验期内犯新罪。

①又犯的新罪，是故意犯罪，还是过失犯罪，在所不问；是同种罪，还是异种罪，也在所不问。也就是说，即使又犯的新罪是过失犯罪、同种犯罪，也应撤销假释。

②在考验期内犯新罪，无论是在考验期内还是在考验期满后被发现，都要撤销假释。这是因为，假释的实质条件是犯罪分子不再有人身危险性和再犯可能性。在考验期内犯新罪，表明仍具有人身危险性和再犯可能性，不符合假释的条件。

③撤销假释后，对前罪和新罪先减后并，即先用原判刑期减去已执行刑期，然后用剩余刑期跟新罪刑期合并。注意：已经经过的考验期，不算已经执行的刑期。

④在考验期满后犯新罪，不能撤销假释。注意：可以成立累犯，因为假释考验期满就视为刑罚已经执行完毕。

（3）在假释考验期内，违反法律、法规或者监管规定，应当撤销假释，收监执行尚未执行完毕的刑罚。

①在考验期内违反规定，无论是在考验期内还是在考验期满后被发现，都要撤销假释。这一点，与在考验期内犯新罪的处理及理由是相同的。

②考验期内应遵守的规定，参见前文刑法第 84 条。注意：在假释考验期内，没有剥夺犯罪人行使言论、出版、集会、结社、游行、示威自由的权利。这一点和管制不同。通过比较可以发现，假释考验期的遵守规定和缓刑考验期的遵守规定基本相同。

[注意] 根据司法解释规定，因上述三种情形而撤销假释的，一般不得再假释。其中，对于因发现漏罪而撤销假释的，如果罪犯对漏罪曾作如实供述但原判未予认定，或者漏罪系其自首，符合假释条件的，可以再假释。

(五) 假释与数罪并罚

这方面的问题主要集中在有期徒刑与管制的并罚。

例 1，甲犯 A 罪被判处有期徒刑 6 年，犯 B 罪被判处管制 1 年。有期徒刑执行 4 年后被假释。管制从何时开始执行？假释之日，还是假释考验期满后？应是后者，因为法条规定在有期徒刑执行完毕后执行管制，假释考验期满才算有期徒刑执行完毕。

例 2，甲犯诈骗罪被判有期徒刑 8 年，犯盗窃罪被判管制 1 年。有期徒刑执行 6 年后被假释。假释考验期满后开始执行管制。执行管制 6 个月后，发现甲在假释考验期内犯故意伤害罪，应判有期徒刑 2 年。先撤销假释，然后先减后并。先减，也即诈骗罪没有执行的 2 年有期徒刑，盗窃罪没有执行的 6 个月管制，然后与故意伤害罪的 2 年有期徒刑并罚。有期徒刑在 2 年至 4 年之间选择，比如选择 3 年有期徒刑，执行完毕后，再执行 6 个月管制。

（六）缓刑和假释的比较

1. 发生阶段不同。缓刑发生在审判阶段，在判决时宣告缓刑。假释发生在执行阶段，执行一定刑期后裁定假释。

2. 成功的效果不同。缓刑考验期满，原判刑罚不再执行。假释考验期满，认为原判刑罚已经执行完毕。

处理方法 期间情形	缓刑	假释
考验期内发现漏罪	撤销缓刑，数罪并罚，但不存在"减"去已执行刑期的问题	撤销假释，数罪并罚，先并后减
考验期满后发现漏罪	不能撤销，另行起诉	不能撤销，另行起诉
考验期内又犯新罪，考验期内或考验期满后发现	撤销缓刑，数罪并罚，但不存在"减"去已执行刑期的问题	撤销假释，数罪并罚，先减后并
考验期满后又犯新罪	不能撤销，也不可能构成累犯	不能撤销，但可能构成累犯
考验期内违反规定，考验期内或考验期满后发现	撤销缓刑	撤销假释

（七）司法解释要点[①]

第 3 条第 2 款 对职务犯罪、破坏金融管理秩序和金融诈骗犯罪、组织（领导、参加、包庇、纵容）黑社会性质组织犯罪等罪犯，不积极退赃、协助追缴赃款赃物、赔偿损失，或者服刑期间利用个人影响力和社会关系等不正当手段意图获得减刑、假释的，不认定其"确有悔改表现"。

第 3 款 罪犯在刑罚执行期间的申诉权利应当依法保护，对其正当申诉不能不加分析地认为是不认罪悔罪。

第 6 条第 1 款 有期徒刑减刑的起始时间自判决执行之日起计算。

第 8 条第 1 款 被判处无期徒刑的罪犯在刑罚执行期间，符合减刑条件的，执行二年以上，可以减刑……

第 12 条第 1 款 被判处死刑缓期执行的罪犯经过一次或者几次减刑后，其实际执行的刑期不得少于十五年，死刑缓期执行期间不包括在内。

第 15 条 对被判处终身监禁的罪犯，在死刑缓期执行期满依法减为无期徒刑的裁定中，应当明确终身监禁，不得再减刑或者假释。

第 18 条第 1 款 被判处拘役或者三年以下有期徒刑，并宣告缓刑的罪犯，一般不适用减刑。

第 23 条 被判处有期徒刑的罪犯假释时，执行原判刑期二分之一的时间，应当从判决执行之日起计算，判决执行以前先行羁押的，羁押一日折抵刑期一日。

---

① 2016 年 11 月 14 日《最高人民法院关于办理减刑、假释案件具体应用法律的规定》。

被判处无期徒刑的罪犯假释时，刑法中关于实际执行刑期不得少于十三年的时间，应当从判决生效之日起计算。判决生效以前先行羁押的时间不予折抵。

被判处死刑缓期执行的罪犯减为无期徒刑或者有期徒刑后，实际执行十五年以上，方可假释，该实际执行时间应当从死刑缓期执行期满之日起计算。死刑缓期执行期间不包括在内，判决确定以前先行羁押的时间不予折抵。

第 25 条 对累犯以及因故意杀人、强奸、抢劫、绑架、放火、爆炸、投放危险物质或者有组织的暴力性犯罪被判处十年以上有期徒刑、无期徒刑的罪犯，不得假释。

因前款情形和犯罪被判处死刑缓期执行的罪犯，被减为无期徒刑、有期徒刑后，也不得假释。

第 26 条第 2 款 罪犯既符合法定减刑条件，又符合法定假释条件的，可以优先适用假释。

第 27 条 对于生效裁判中有财产性判项，罪犯确有履行能力而不履行或者不全部履行的，不予假释。

第 30 条 依照刑法第八十六条规定被撤销假释的罪犯，一般不得再假释。但依照该条第二款被撤销假释的罪犯，如果罪犯对漏罪曾作如实供述但原判未予认定，或者漏罪系其自首，符合假释条件的，可以再假释。

第 40 条第 1 款 本规定所称"判决执行之日"，是指罪犯实际送交刑罚执行机关之日。

▌▌▌典型真题

在符合"执行期间，认真遵守监规，接受教育改造"的前提下，关于减刑、假释的分析，下列哪一选项是正确的？（2017 年·卷二·11 题）①

A. 甲因爆炸罪被判处有期徒刑 12 年，已服刑 10 年，确有悔改表现，无再犯危险。对甲可以假释

B. 乙因行贿罪被判处有期徒刑 9 年，已服刑 5 年，确有悔改表现，无再犯危险。对乙可优先适用假释

C. 丙犯贪污罪被判处无期徒刑，拒不交代贪污款去向，一直未退赃。丙已服刑 20 年，确有悔改表现，无再犯危险。对丙可假释

D. 丁因盗窃罪被判处有期徒刑 5 年，已服刑 3 年，一直未退赃。丁虽在服刑中有重大技术革新，成绩突出，对其也不得减刑

三、刑罚的消灭

刑罚的消灭，是指由于法定的或事实的原因，致使国家对犯罪人的刑罚权归于消灭。

刑罚消灭的前提是行为构成犯罪。如果没有犯罪就没有刑罚，刑罚的消灭也就无从谈起。

刑罚消灭必须基于一定的事由。刑罚消灭事由有：（1）超过追诉时效；（2）经特赦令免除刑罚；（3）告诉才处理的犯罪，没有告诉或者撤回告诉；（4）犯罪嫌疑人、被告人死亡；（5）其他法定事由。

---

① ［答案］B。

（一）追诉时效

追诉时效，是指刑法规定的，对犯罪人进行刑事追究的有效期限，超过此期限，司法机关就不能追诉。

1. 追诉时效的期限

追诉时效设置的档次：5 年、10 年、15 年与 20 年。

（1）法定最高刑不满 5 年有期徒刑的，经过 5 年。

（2）法定最高刑为 5 年以上不满 10 年的，经过 10 年。

（3）法定最高刑为 10 年以上有期徒刑的，经过 15 年。

（4）法定最高刑为无期徒刑、死刑的，经过 20 年；如果 20 年以后认为必须追诉的，须报请最高人民检察院核准。

[注意 1] 这里的法定最高刑不是指整个法定刑幅度的最高刑，而是犯罪情节对应的具体的刑格的最高刑。例如，盗窃罪，数额较大的，处 3 年以下有期徒刑；数额巨大的，处 3 年以上 10 年以下有期徒刑；数额特别巨大的，处 10 年以上有期徒刑或者无期徒刑。若甲盗窃 3000 元，则法定最高刑是 3 年，追诉时效是 5 年；若甲盗窃 500 万元，则法定最高刑是无期徒刑，追诉时效是 20 年。

[注意 2] 共同犯罪中，对各共犯人分别计算各自的追诉时效。一人超过追诉时效，另一人没有超过，则只能对后者追诉。例如，甲乙共同杀人，甲是主犯，乙是从犯，甲被判无期徒刑，乙被判 10 年。经过 15 年后，只能追诉甲，不能追诉乙。

[注意 3] 对于想象竞合犯、牵连犯，按照所触犯各罪分别计算追诉时效的期限。如果其中轻罪已过追诉时效，而重罪未过，则只按该重罪追诉，不再按想象竞合犯、牵连犯的关系处理。例如，甲先伪造国家机关证件，后持该证件实施诈骗。经过 5 年后，伪造国家机关证件罪已过追诉时效，诈骗罪未过，则不再追诉前者，只追诉后者。

2. 追诉时效的计算

（1）追诉期限的起算日。刑法第 89 条规定，追诉期限从犯罪之日起计算。犯罪之日，一般是指犯罪成立之日，但也有特殊情形。

[注意 1] 不要混淆为犯罪既遂之日。

[注意 2] 实害犯，也即将实害结果作为构成要件的犯罪（如玩忽职守罪），实害结果发生之日才是犯罪之日。危险犯，也即不将实害结果作为构成要件的犯罪（如放火罪、爆炸罪），实施行为之日就是犯罪之日。

[注意 3] 连续犯、继续犯。犯罪行为有连续或者继续状态的，从犯罪行为终了之日起计算。

（2）追诉期限的截止日。追诉期限应从犯罪之日起计算到审判之日为止。只要在审判之日还没有超过追诉期限，就能追诉。

（3）追诉时效的延长。这是指在追诉时效的进行期间，因为发生法律规定的事由，而使追诉时效暂时停止执行。包括两种情形：

①第 88 条第 1 款："在人民检察院、公安机关、国家安全机关立案侦查或者在人民法院受理案件以后，逃避侦查或者审判的，不受追诉期限的限制。"

②第 88 条第 2 款："被害人在追诉期限内提出控告，人民法院、人民检察院、公安机关应当立案而不予立案的，不受追诉期限的限制。"

[注意] 上述两种情况虽然不受追诉期限的限制，但如果再犯新罪，新罪仍然受追诉期限的限制。例如，行为人的甲罪被司法机关立案侦查，但行为人逃避侦查与审判，其后又犯了乙罪。先前的甲罪虽然不受追诉期限的限制，但后来的乙罪仍受追诉期限的限制。

（4）追诉时效的中断。这也称为追诉时效的更新，是指在追诉时效进行期间，因发生了法律规定的事由，而使以前所经过的时效期间归于无效，法律规定的事由终了之时，追诉时效重新开始计算。

第89条第2款："在追诉期限以内又犯罪的，<u>前罪追诉的期限从犯后罪之日起计算</u>。"

例如，甲于2001年1月1日犯一般情节的抢劫罪，法定最高刑为10年有期徒刑，追诉时效是15年。甲在2008年1月1日又犯盗窃罪。此时，抢劫罪的15年追诉期限就从2008年1月1日重新开始计算，实际上要经过22年才不追诉。

[注意1] 共同犯罪中，各共犯人的追诉时效的中断，互不影响。例如，甲乙共同犯罪，在追诉期限内，甲又犯罪，则甲的前罪的追诉期限重新计算，乙的追诉期限照旧。

[注意2] 牵连犯中，前面手段行为的犯罪的追诉期限会被后面目的行为的犯罪中断而重新计算。

[注意3] 前罪继续向前，后罪已经到期的情形。例如，甲于2000年1月犯普通抢劫罪，追诉期限是15年；甲于2005年1月又犯普通盗窃罪，追诉期限是5年。此时，抢劫罪的追诉期限要从2005年1月重新计算。到了2012年1月，盗窃罪已经超过追诉期限，而抢劫罪还没过，此时只追究抢劫罪。

[注意4] 追诉时效的中断与延长并存时，只适用追诉时效延长的规定。例如，甲于2000年1月犯盗窃罪，公安机关立案侦查后逃避侦查，并于2002年1月犯诈骗罪。此时，对盗窃罪不能适用追诉时效中断的规定，而应适用追诉时效延长的规定。

[注意5] 空间效力。后罪应是我国刑法规定的犯罪，并有管辖权。例如，甲杀人后逃往国外17年，在国外伪造私人印章，我国刑法没有将此规定为犯罪，那么该行为就不会造成故意杀人罪的追诉时效的中断（更新）。

[注意6] 时间效力。现行刑法与1979年刑法关于追诉时效的条文规定有所不同。两种条文的时间效力，应像一般条文一样，遵循"从旧兼从轻"的原则。

（二）赦免

赦免是国家对于犯罪分子宣告免予追诉或者免除执行刑罚的全部或者部分的法律制度。包括大赦与特赦。

新中国成立后，我国共实行过八次特赦。特点如下：

1. 特赦的对象基本上是战争罪犯。

2. 特赦只赦免刑罚，不赦免罪行。即特赦的效力只是免除执行剩余刑罚，不是使有罪判决归于无效。提示：第八次特赦是2015年为纪念抗战胜利70周年的特赦。①

---

① 2015年8月29日全国人大常委会《关于特赦部分服刑罪犯的决定》。

［总结1］两高的特殊权力：

种类	事项	机关
特别减轻处罚	第63条规定，犯罪分子没有法定减轻处罚情节，欲减轻处罚的	如有特殊情况，经最高人民法院核准，可以减轻处罚
特别假释	第81条第1款规定，有期徒刑欲假释，须执行原判刑期1/2以上；无期徒刑欲假释，须实际执行13年以上	如有特殊情况，经最高人民法院核准，可以不受前述执行刑期的限制
特别追诉	法定最高刑为无期徒刑、死刑的，追诉时效的期限是20年	如果20年后认为必须追诉的，须报最高人民检察院核准。这是因为追诉权在检察院

［总结2］刑期计算：

大种类	具体种类	计算标准	注意事项
主刑刑期	管制、拘役、有期徒刑的刑期	从判决执行之日起计算	判决执行之日是指罪犯实际送交刑罚执行机关之日
考验期	死缓的两年考验期	从判决确定之日起计算	
	缓刑的考验期	从判决确定之日起计算	
	假释的考验期	从假释之日起计算	不要混淆为假释决定之日起计算
减刑	死缓减为有期徒刑的刑期	从死缓执行期满之日起计算	不要混淆为减刑裁定之日起计算
	无期徒刑减为有期徒刑的刑期	从裁定减刑之日起计算	这种情况下，无期徒刑判决之前的羁押期间不能折抵刑期
剥夺政治权利	独立适用时	其刑期从判决执行之日起计算并执行	—
	附加于管制时	其刑期与管制刑期相同，同时起算（从判决执行之日起计算），同时执行	—
	附加于拘役、有期徒刑（包括从死缓、无期徒刑改判的有期徒刑）时	其刑期从拘役、有期徒刑执行完毕之日起计算，有期徒刑被假释的，从被假释之日起计算（注意不是从假释期满之日起计算）	注意一：拘役因为没有假释，所以不存在从假释之日起计算的问题 注意二：在拘役、有期徒刑执行期间，政治权利依然被剥夺，但不计算在剥夺政治权利刑期内
	附加于死刑、无期徒刑时	其刑期是终身，从主刑执行之日起开始剥夺	—

大种类	具体种类	计算标准	注意事项
累犯	前罪刑罚执行完毕或赦免以后5年内的起算	如果前罪刑罚执行完毕是指成功的假释，则从假释期满之日起计算	不要混淆为假释之日起计算
追诉时效	正常的起算	从犯罪之日起计算	不是从犯罪既遂之日起计算
	中断（或称更新）	在追诉期限内又犯罪的，前罪的追诉期限从后罪成立之日起重新计算	—

16 第十六讲 分论概说

特别提示

1. 重要考点：法律拟制的条文。

2. 案例：狗蛋（15周岁）带领一帮小弟与狗剩聚众斗殴。斗殴中，狗蛋不慎致其中一人死亡。对狗蛋如何处理？①

一、罪名

罪名有类罪名和具体罪名之分。例如，分则第三章第五节"金融诈骗罪"就是类罪名，其下的保险诈骗罪就是具体罪名。

[注意] 不能将类罪名作为具体罪名使用。例如，分则第六章"妨害社会管理秩序罪"是类罪名，不能当具体罪名使用。

1. 单一罪名

特征：一个条文只表述一个罪名，该罪名不能分拆使用。例如，第232条只规定了故意杀人罪，这个罪名不能分拆使用。

2. 选择罪名

特征：条文规定的犯罪行为和犯罪对象多种多样。例如，第280条规定的伪造、变造、买卖国家机关公文、证件、印章罪。

（1）类型：第一，只规定了多个选择行为。例如，"引诱、容留、介绍卖淫罪"。第二，只规定了多个选择对象。例如，"拐卖妇女、儿童罪"。第三，同时规定了多个选择行为和选择对象。例如，"非法制造、买卖、运输、邮寄、储存枪支、弹药、爆炸物罪"。

（2）特点：既可以概括使用，也可以分拆使用。

概括使用时，不实行数罪并罚。

例1，就拐卖妇女、儿童罪而言，当只拐卖妇女时，定拐卖妇女罪；当只拐卖儿童时，定拐卖儿童罪；当既拐卖妇女，又拐卖儿童时，也只定拐卖妇女、儿童罪，不以拐卖妇女罪和拐卖儿童罪并罚。

例2，王某引诱甲女卖淫，容留乙女卖淫，介绍丙女卖淫（3女都已不是幼女），只定引

---

① [答案] 根据法条规定，聚众斗殴中过失致人死亡应拟制为故意杀人罪。15周岁的狗蛋对拟制来的故意杀人罪应负刑事责任。

诱、容留、介绍卖淫罪。

3. 概括罪名

特征：条文规定的行为类型多种多样。

（1）罪名只能概括使用，不能分拆使用。例如，信用卡诈骗罪包括了使用伪造的信用卡、使用作废的信用卡、冒用他人信用卡、恶意透支四种行为类型。行为人只实施了恶意透支行为，应定信用卡诈骗罪，不能分拆成"恶意透支罪"。

（2）同时实施了多个行为类型，只定一个罪名，不数罪并罚。例如，行为人将信用卡诈骗罪的四种类型全部实施了，也只定一个信用卡诈骗罪。

二、注意规定与法律拟制

注意规定和法律拟制是解读刑法分则条文的一把钥匙，务必掌握。[①]

（一）注意规定

注意规定，是指在刑法已作基本规定的前提下，提示司法人员注意、以免司法人员忽略的规定。其特点是：并不改变基本规定的内容，只是对基本规定内容的重申；即使不设置该规定，遇到此类情形也应按照基本规定处理。例如，司法解释规定，携带挪用的公款潜逃的，按照贪污罪论处。该规定就是注意规定。因为携带挪用的公款潜逃的，由于具有了非法占有目的，本身就构成贪污罪。这条规定的出台只是提醒法官不要将这种情形定为挪用公款罪。即使没有这条规定，遇到携带挪用的公款潜逃的情形，也应按照贪污罪论处。

因此，判断一项法律条文是不是注意规定的方法是：假设取消这项条文，遇到条文中的事项，处理结论是否仍应如此。如果是，表明该条文只具有提示意义，那么该条文就是注意规定。例如，第253条第2款规定，邮政工作人员私自开拆、隐匿、毁弃邮件、电报并从中窃取财物的，按照盗窃罪论处。假设没有该款规定，遇到这类情况，仍应按照盗窃罪处罚，所以该款只具有提示作用，属于注意规定。

［总结］刑法分则中常见的注意规定：

1. 挪用特定款物罪→挪用公款罪

第273条规定的是挪用特定款物罪，第384条规定的是挪用公款罪。

第384条第2款规定，挪用用于救灾、抢险、防汛、优抚、扶贫、移民、救济款物归个人使用的，按照挪用公款罪论处，并从重处罚。该款属于注意规定。即使没有该款规定，将这些特定款物挪归个人使用的，也应定挪用公款罪。[②]

2. 非法侵入计算机信息系统罪→金融诈骗、盗窃等其他犯罪

第285条第1款规定的是非法侵入计算机信息系统罪。

第287条规定："利用计算机实施金融诈骗、盗窃、贪污、挪用公款、窃取国家秘密或者其他犯罪的，依照本法的有关规定定罪处罚。"此条属于注意规定。即使没有该条规定，这类行为也应定具体实施的犯罪，而不能定非法侵入计算机信息系统罪。

---

① 关于注意规定与法律拟制的详细内容，参见张明楷：《刑法分则的解释原理》（第二版）（下），中国人民大学出版社2011年版，第622~682页。

② 特定款物中包括"物"，将"物"规定进挪用公款罪的"公款"中，属于扩大解释。

3. 挪用公款罪→贪污罪

司法解释规定,① 携带挪用的公款潜逃的, 按照贪污罪论处。注意: 如果挪用行为构成挪用公款罪, 则与后面的贪污罪并罚。

4. 非法提供麻醉药品、精神病药品罪→走私、贩卖毒品罪

第 355 条第 1 款规定, 依法从事生产、运输、管理、使用国家管制的麻醉药品、精神药品的人员, 有下列两种行为的, 以走私、贩卖毒品罪论处: 一是向走私、贩卖毒品的犯罪分子提供国家管制的能够使人形成瘾癖的麻醉药品、精神病药品的; 二是以牟利为目的向吸食、注射毒品的人提供国家管制的能够使人形成瘾癖的麻醉药品、精神病药品的。该款属于注意规定。即使没有该款规定, 上述行为也应以走私、贩卖毒品罪论处。

5. 抗税罪→故意伤害罪、故意杀人罪

司法解释规定,② 实施抗税行为致人重伤、死亡, 构成故意伤害罪、故意杀人罪的, 按照故意伤害罪、故意杀人罪论处。这里的致人重伤、死亡是指故意致人重伤、死亡。该规定是注意规定, 因为故意致人重伤、死亡本来就应定故意伤害罪、故意杀人罪。

6. 第 382 条规定的是贪污罪, 第 3 款规定: "与前两款所列人员勾结, 伙同贪污的, 以共犯论处。" 该款是注意规定, 因为即使没有该款规定, 对此情形也应以贪污罪共犯论处。正因如此, 第 385 条的受贿罪虽没有类似规定, 但是与国家工作人员勾结, 伙同受贿的, 也应以受贿罪共犯论处。

7. 第 310 条规定的是窝藏、包庇罪, 第 2 款规定: "犯前款罪, 事前通谋的, 以共同犯罪论处。" 这是指行为人事前与犯罪人通谋, 商定待犯罪人实施犯罪之后, 由行为人予以窝藏、包庇, 行为人与犯罪人构成通谋之罪的共同犯罪, 而不构成窝藏、包庇。该款是注意规定, 因为即使没有该款规定, 对此情形也应以通谋之罪的共同犯罪论处。正因如此, 第 312 条的掩饰、隐瞒犯罪所得罪虽没有类似规定, 但是与犯罪人事前通谋的, 也应以事前通谋之罪的共同犯罪论处。

（二）法律拟制

法律拟制, 是将原本不符合某种规定的行为也按照该规定处理。例如,《刑法》第 269 条规定, 犯盗窃、诈骗、抢夺罪, 为窝藏赃物、抗拒抓捕或者毁灭罪证而当场使用暴力或者以暴力相威胁的, 依照刑法第 263 条（抢劫罪）的规定定罪处罚。该条将盗窃、诈骗、抢夺的情形按照抢劫罪处理。如果没有该条规定, 只能定盗窃罪（或诈骗罪、抢夺罪）与故意伤害罪, 数罪并罚。

因此, 判断一项法律条文是不是法律拟制的方法是, 假设取消该条文, 遇到条文中的事项, 处理结论是否仍会如此。如果不是, 表明该条文是特殊规定, 不具有普遍适用性, 那么该条文就是法律拟制。例如, 第 289 条规定, 聚众 "打砸抢", 毁坏或者抢走公私财物的, 对首要分子, 依照抢劫罪论处。假设取消该条规定, 遇到聚众 "打砸抢", 毁坏财物的, 应定故意毁坏财物罪, 而不应定抢劫罪。这表明该条规定将不属于抢劫罪的情形拟制成抢劫罪, 因此属于法律拟制。简言之, 注意规定属于重复强调, 无特殊之处; 法律拟制属于特殊规定, 不能推而广之。

---

① 1998 年 4 月 29 日《最高人民法院关于审理挪用公款案件具体应用法律若干问题的解释》第 6 条。
② 2002 年 11 月 5 日《最高人民法院关于审理偷税抗税刑事案件具体应用法律若干问题的解释》第 6 条。

[总结1]　刑法分则中常见的法律拟制：

1. 非法拘禁罪→故意伤害罪、故意杀人罪

第238条第2款后一句规定，非法拘禁过程中，使用暴力致人伤残、死亡的，按照故意伤害罪、故意杀人罪论处。这里的"使用暴力"是指拘禁之外更高的暴力。这里的"致人伤残、死亡"，是指过失所为。也即，该规定将过失致人重伤、死亡的行为拟制为故意伤害罪、故意杀人罪。

提示：如果在非法拘禁过程中，故意实施拘禁之外的伤害或故意杀人，当然要定故意伤害罪或故意杀人罪；如果前面的拘禁行为的严重性已经构成非法拘禁罪，则与故意伤害罪、故意杀人罪并罚。

2. 刑讯逼供罪、暴力取证罪→故意伤害罪、故意杀人罪

第247条规定，刑讯逼供、暴力取证，致人伤残、死亡的，依照故意伤害罪、故意杀人罪论处。这里的致人伤残、死亡，是指过失所为。也即，该规定将过失致人重伤、死亡的行为拟制为故意伤害罪、故意杀人罪。

提示：如果在刑讯逼供、暴力取证过程中，故意伤害或故意杀人的，当然要定故意伤害罪或故意杀人罪；如果前面的刑讯逼供行为、暴力取证行为的严重性已经构成刑讯逼供罪、暴力取证罪，则与故意伤害罪、故意杀人罪并罚。

3. 虐待被监管人罪→故意伤害罪、故意杀人罪

第248条规定，虐待被监管人，致人伤残、死亡的，依照故意伤害罪、故意杀人罪论处。该规定的原理与上述第247条完全相同。

4. 聚众斗殴罪→故意伤害罪、故意杀人罪

第292条第2款规定，聚众斗殴，致人重伤、死亡的，依照故意伤害罪、故意杀人罪论处。这里的"致人重伤、死亡"，是指过失所为。也即，该规定将过失致人重伤、死亡的行为拟制为故意伤害罪、故意杀人罪。

提示：如果在聚众斗殴过程中，故意重伤或故意杀人的，当然要定故意伤害罪或故意杀人罪；如果前面的聚众斗殴行为的严重性已经构成聚众斗殴罪，则与故意伤害罪、故意杀人罪并罚。

5. 聚众"打砸抢"→故意伤害罪、故意杀人罪、抢劫罪

第289条规定，聚众"打砸抢"，致人伤残、死亡的，依照故意伤害罪、故意杀人罪论处；毁坏或者抢走公私财物的，除判令退赔外，对首要分子，依照抢劫罪论处。首先，其中致人伤残、死亡既包括故意所为，也包括过失所为。就故意所为而言，该条就是注意规定；就过失所为而言，该条就是法律拟制。其次，将毁坏财物按照抢劫罪论处，属于法律拟制；将抢夺走财物定抢劫罪，属于法律拟制；将抢劫走财物定抢劫罪，属于注意规定。

6. 抢夺罪→抢劫罪

第267条第2款规定，携带凶器抢夺的，依照抢劫罪论处。这属于法律拟制，将一种特殊的抢夺行为拟制为抢劫罪。

7. 盗窃、诈骗、抢夺罪→抢劫罪

第269条规定，犯盗窃、诈骗、抢夺罪，为窝藏赃物、抗拒抓捕或者毁灭罪证而当场使用暴力或者以暴力相威胁的，依照本法第263条（抢劫罪）的规定定罪处罚。该条属于法律拟制，将盗窃罪（诈骗罪、抢夺罪）+故意伤害罪（致人轻伤的前提下而言）拟制为抢劫罪。

8. 信用卡诈骗罪→盗窃罪

第 196 条第 3 款规定，盗窃信用卡并使用的，依照盗窃罪论处。因为盗窃信用卡如果不使用，就作无罪处理，所以处罚的重点是使用行为。如果在机器上使用，构成盗窃罪。此时该条就属于注意规定，因为在机器上使用信用卡本身就是盗窃。如果对自然人使用（如对银行服务人员使用），构成信用卡诈骗罪。此时该条就属于法律拟制，将信用卡诈骗罪拟制成盗窃罪。

9. 为卖淫、嫖娼通风报信→窝藏、包庇罪

第 362 条规定，旅馆业、饮食服务业、文化娱乐业、出租汽车业等单位的人员，在公安机关查处卖淫、嫖娼活动时，为违法犯罪分子通风报信，情节严重的，依照第 310 条（窝藏罪）的规定定罪处罚。如果行为人通风报信的是卖淫、嫖娼等违法行为，则该条是法律拟制。因为卖淫、嫖娼者是违法分子，不是犯罪分子，而窝藏罪要求的行为对象是犯罪分子。如果行为人通风报信的是强迫卖淫等犯罪行为，则该条是注意规定。

［总结 2］ 法律拟制来的故意杀人罪，共有 5 个。具体分析：

非法拘禁罪
刑讯逼供罪
暴力取证罪
虐待被监管人罪
聚众斗殴罪

- 过程中，行为尚未达到犯罪程度时
  - 又过失致人重伤、死亡：只定故意伤害罪、故意杀人罪
  - 又故意重伤、杀害：只定故意伤害罪、故意杀人罪
- 行为已经构成犯罪
  - 又过失致人重伤、死亡：最终只以故意伤害罪、故意杀人罪论处①
  - 又故意重伤、杀害：以前罪和故意伤害罪（故意杀人罪）并罚

例 1，甲非法拘禁乙，拘禁到两小时的时候（尚未构成非法拘禁罪），情形一：用棍棒教训乙时不慎致乙死亡，只定故意杀人罪；情形二：用刀捅死乙，只定故意杀人罪。

例 2，甲非法拘禁乙，拘禁了两天后（已经构成非法拘禁罪），情形一：用棍棒教训乙时不慎致乙死亡，只定故意杀人罪；情形二：用刀捅死乙，定非法拘禁罪和故意杀人罪，并罚。

［总结 3］ 法律拟制来的抢劫罪，共有 3 个：第 267 条第 2 款（携带凶器抢夺定抢劫），第 269 条（事后转化抢劫），第 289 条（聚众"打砸抢"中定的抢劫）。

▌典型真题

关于《刑法》分则条文的理解，下列哪些选项是错误的？（2011 年·卷二·58 题）②

A. 即使没有《刑法》第二百六十九条的规定，对于犯盗窃罪，为毁灭罪证而当场使用暴力的行为，也要认定为抢劫罪

B. 即使没有《刑法》第二百六十七条第二款的规定，对于携带凶器抢夺的行为也应认定为抢劫罪

C. 即使没有《刑法》第一百九十六条第三款的规定，对于盗窃信用卡并在 ATM 取款的行为，也能认定为盗窃罪

D. 即使没有《刑法》第一百九十八条第四款的规定，对于保险事故的鉴定人故意提供虚假的证明文件为他人实施保险诈骗提供条件的，也应当认定为保险诈骗罪的共犯

---

① 这是因为将过失致人死亡拟制为故意杀人罪，是以前行为（如刑讯逼供等）为基础，单纯的过失致人死亡是不能拟制为故意杀人罪的。也即，前行为+过失致人死亡＝故意杀人罪。因此，当仅以故意杀人罪论处时，已经评价了前行为的危害性，就不需要对前行为并罚了。

② ［答案］AB。

17 第十七讲 侵犯人身权利、民主权利罪

特别提示

　　1. 具体罪名的知识体系：保护法益—犯罪构成要件—法定刑升格条件—犯罪形态—共同犯罪—罪数（罪与罪的区分及联系）。每个罪名遇到的问题不同，所以上述知识体系中的知识点会有详有略。

　　2. 本讲体系内容：一是侵犯生命、身体的犯罪；二是侵犯性权利的犯罪；三是侵犯人身自由的犯罪；四是侵犯名誉、司法的犯罪；五是侵犯婚姻家庭的犯罪；六是普通罪名。

　　3. 重要考点：绑架罪，强奸罪，拐卖妇女、儿童罪。

　　4. 案例：狗蛋与狗剩合伙强奸小芳。狗蛋先来，因自身原因未能得逞。狗剩顺利强奸。对狗蛋、狗剩如何处理?①

一、侵犯生命、身体的犯罪

（一）故意杀人罪

第232条 故意杀人的，处死刑、无期徒刑或者十年以上有期徒刑；情节较轻的，处三年以上十年以下有期徒刑。

故意杀人罪，是指故意非法剥夺他人生命的行为。本罪侵犯的法益是他人的生命权。

1. 安乐死问题

安乐死分为消极的安乐死和积极的安乐死。消极的安乐死，是指对濒临死亡的患者，经其承诺，不采取治疗措施任其自然死亡，这种行为不成立故意杀人罪。积极的安乐死，是有意缩短患者生命的安乐死，即为了免除患者的痛苦，而提前结束其生命，这种行为构成故意杀人罪。二者的区分标准：是否人为地明显缩短患者生命。

[注意] 对于积极安乐死，不能根据刑法第13条"但书"也即"情节显著轻微危害不大的，不认为是犯罪"作无罪处理。这是因为第13条"但书"只是概括性宣示，不能作为具体犯罪的出罪根据。一个行为是否构成犯罪，唯一根据是该罪的具体构成要件。

2. 故意杀人罪的间接正犯

欺骗或强迫他人自杀，他人自杀的，构成故意杀人罪（间接正犯）。

---

① [答案] 二人构成强奸罪的共同正犯，根据"部分实行、全部负责"的原则，由于狗剩强奸既遂，狗蛋也构成强奸罪既遂。狗蛋、狗剩构成轮奸，属于轮奸未遂。

例1，以相约自杀为名诱骗他人自杀，然后自己逃离现场。

例2，教唆、欺骗幼儿、精神病患者，使其自杀。

例3，医生欺骗患者"只能活一个月，会痛苦死去，不如自杀"，患者自杀。

例4，黑社会性质组织强迫成员自杀。

例5，上级领导与下属共同贪污，事发时上级领导强迫下属自杀。

3. 教唆、帮助他人自杀

预设前提：他人是成年人、精神正常，做出自杀举动是真实意思表示，没有受到欺骗或胁迫。在此前提下，教唆、帮助他人自杀，他人（实行者）自杀身亡，教唆者、帮助者是否有罪？对此，观点展示：

观点一：自杀行为不具有违法性，无罪，也即实行者无罪。根据共犯从属性原则，教唆者、帮助者也应无罪。

观点二：自杀行为具有违法性，只是无法谴责自杀者，无法使其承担责任，也即实行者在客观阶层具有违法性，是一种"犯罪"行为。根据共犯从属性原则，教唆者、帮助者也有罪。

4. 处罚

故意杀人罪的量刑是实务中的突出问题。关于量刑情节的原理，可参照第十四讲"刑罚的裁量"中关于"报应刑（责任刑）与目的刑（预防刑）"的内容。根据相关司法解释，总结如下：

（1）影响报应刑（责任刑）的情节，主要考虑法益侵害性和可谴责性。

①被害人有过错。被害人长期实施家庭暴力，行为人为防止、摆脱家庭暴力而杀人，是酌定从轻处罚情节。在此，对行为人的可谴责性可降低一些。

②犯罪性质。因为恋爱、婚姻家庭纠纷，邻里纠纷等杀人，是酌定从轻处罚情节。严重危害社会治安，严重影响人民群众安全感，例如，极端仇视国家和社会，以不特定人为行凶对象，是酌定从重处罚情节。

③杀人动机。杀人动机特别卑劣，例如，为了铲除政治对手而雇凶杀人，是酌定从重处罚情节。杀人动机可以谅解，例如，出于义愤大义灭亲，为民除害，是酌定从轻处罚情节。

④犯罪手段。犯罪手段特别残忍，例如，放火活活烧死、泼硫酸，是酌定从重处罚情节。

⑤犯罪地点。在公共场所杀人、伤害他人，具有较大社会危害性，是酌定从重处罚情节。

⑥犯罪对象。犯罪对象是弱势群体，例如，妇女、儿童，是酌定从重处罚情节。例如，北京大兴，因停车纠纷，摔死婴儿。

（2）影响目的刑（预防刑）的情节，主要考虑人身危险性和再犯可能性。

①犯罪起因。长期精心策划，表明人身危险性较大，是酌定从重处罚情节（例如，美国有一级谋杀等）。激情犯罪、临时起意犯罪，表明人身危险性较小。

②犯罪前的表现。平时横行乡里、寻衅滋事，有前科，是酌定从重处罚情节。初犯、偶犯是酌定从轻处罚情节。

③行为人是未成年人、老人，是从宽处罚情节。

（二）故意伤害罪

第234条　故意伤害他人身体的，处三年以下有期徒刑、拘役或者管制。犯前款罪，致人重伤的，处三年以上十年以下有期徒刑；致人死亡或者以特别残忍手段致人重伤造成严重残疾的，处十年以上有期徒刑、无期徒刑或者死刑。本法另有规定的，依照规定。

故意伤害罪，是指故意非法损害他人身体健康的行为。本罪侵犯的法益是他人的身体健康权。

1. 成立要件

（1）行为主体。故意伤害致人轻伤的行为主体是已满16周岁的自然人，故意伤害致人重伤或者死亡的行为主体是已满14周岁的自然人。

（2）行为对象是他人的身体。自伤自残不成立本罪，但是战时自伤构成战时自伤罪（第434条）。故意毁坏他人的假肢、假牙、隐形眼镜等，没有造成他人身体伤害的，不构成故意伤害罪，而可能构成故意毁坏财物罪。

（3）伤害行为。不是任何暴行行为都是故意伤害罪中的伤害行为。伤害行为的成立条件：

①主观心理具有侵害他人生理机能达到轻伤程度的意图（行凶意图）。

②客观行为具有侵害他人生理机能达到轻伤程度的一般可能性。

例1，甲乙因打麻将发生口角，甲扇了乙一耳光，导致乙轻微伤。甲的行为不属于故意伤害罪的伤害行为。

例2，甲乙因为自行车剐蹭发生口角，进而推搡，甲推了乙一把，乙头部倒地，心脏病发作死亡。甲的行为不属于故意伤害罪的伤害行为，如果有过失，可定过失致人死亡罪，但不能定故意伤害罪致人死亡。

实务常见错误是，根据结果来反推行为，如果结果是轻伤、重伤或死亡，就认为行为构成故意伤害罪。

（4）伤害结果。我国将伤害结果分为轻微伤、轻伤、重伤与伤害致死。造成轻微伤只需依治安管理处罚法处理。造成轻伤结果就由刑法处理。重伤的标准是造成肢体残疾、丧失器官机能（如丧失听觉、视觉）。

2. 自伤问题

（1）根据刑法第434条规定，军人在战时自伤身体、逃避军事义务的，成立战时自伤罪。

（2）故意伤害罪的间接正犯。例如，教唆、欺骗幼儿、精神病患者自伤，构成故意伤害罪的间接正犯。

（3）教唆、帮助他人自伤。

预设前提：他人是成年人、精神正常，做出自伤举动是真实意思表示，没有受到欺骗或胁迫。在此前提下，教唆、帮助他人自伤，他人（实行者）自伤自残，教唆者、帮助者是否有罪？对此有定论：根据共犯从属性，实行者无罪，教唆者、帮助者也无罪。

[注意] 这种情形与"被害人承诺"问题不同。被害人承诺是指被害人承诺让行为人对其实施伤害，被害人不伤害自己，而是行为人实行伤害行为；而这里的情形是指行为人帮助、教唆成年人自伤，成年人自己伤害自己，行为人只是提供帮助、教唆行为而已。

3. 同时伤害问题

案情	结果	查明情况	处理结论
甲乙互不知情，同时伤害丙	丙受到轻伤	无法查明是谁导致的	甲乙各自构成故意伤害罪未遂。由于是轻伤害的未遂，实务一般不处罚，也即不作犯罪处理
	丙受到重伤	无法查明是谁导致的	甲乙各自构成故意伤害罪未遂。由于是重伤害的未遂，应当处罚
	丙受到轻伤或重伤	能够查明是甲导致的	甲构成故意伤害罪既遂；乙构成故意伤害罪未遂

4. 罪数认定问题

（1）区分：故意杀人罪、故意伤害罪（致人死亡）、过失致人死亡罪。

前两罪的区分在于主观，也即对死亡的心理是故意还是过失。判断主观的方法是考察客观素材，例如打击部位是否致命、是否使用凶器、伤害行为是否有节制等。

［提示］第一，不能因为行为人没有蓄意谋杀，就认为行为人没有杀人故意。临时起意杀人的情形很多。第二，主观不计后果、不顾死伤的，按照实际结果来定，造成死亡的，定故意杀人罪；造成伤害的，定故意伤害罪。这是因为两种后果都在行为人故意范围内。

前两罪与过失致人死亡罪的区分：客观上，过失致人死亡罪无故意杀人或伤害性质的行为；主观上，过失致人死亡罪无杀人故意和伤害故意。

（2）法条竞合：故意杀人罪与故意伤害罪的包容关系。

故意杀人与故意伤害是性质相同、程度不同的两种行为，二者不是 A 与 -A 的对立排斥关系，而是 A 与 A＋B 的包容评价关系，也即故意杀人可以包容评价为故意伤害。换言之，二者是法条竞合关系，触犯故意杀人罪必然触犯故意伤害罪。

例如（2015 年卷二第 16 题），甲先以伤害故意砍乙两刀，后又起了杀心，又砍两刀。乙死亡。事后证明，只有一刀砍中并导致死亡。但无法查明砍中的这一刀是伤害阶段砍的，还是杀害阶段砍的。就伤害行为而言，死亡结果可能是伤害行为导致的，也可能不是；根据存疑时有利于被告原则，不能将死亡结果认定给伤害行为。就杀人行为而言，也是同理，根据存疑时有利于被告原则，不能将死亡结果认定给杀人行为。但是如此的话，甲导致乙死亡，却不用对死亡结果负责任。这显然不合理。为此，可以使用包容评价思维，杀害行为可以包容评价为伤害行为，也即二者不是对立关系，而是包容评价关系。因此，可以认为甲前后均实施的是伤害行为，该伤害行为导致死亡结果，因此甲构成故意伤害罪致人死亡。如此处理，也不会冤枉甲。

（3）想象竞合。

常考罪名：暴力危及飞行安全罪，强制猥亵、侮辱罪，非法拘禁罪，侮辱罪，暴力干涉婚姻自由罪，妨害公务罪，抗税罪，强迫卖血罪。在实施这些罪时，同时又故意伤害致人重伤的，想象竞合，择一重罪论处。一般以故意伤害罪（重伤）论处。

（三）组织出卖人体器官罪

第 234 条之一 组织他人出卖人体器官的，处五年以下有期徒刑，并处罚金；情节严重的，处五年以上有期徒刑，并处罚金或者没收财产。

未经本人同意摘取其器官，或者摘取不满十八周岁的人的器官，或者强迫、欺骗他人捐献器官的，依照本法第二百三十四条（故意伤害罪）、第二百三十二条（故意杀人罪）的规定定罪处罚。

违背本人生前意愿摘取其尸体器官，或者本人生前未表示同意，违反国家规定，违背其近亲属意愿摘取其尸体器官的，依照本法第三百零二条（盗窃、侮辱、故意毁坏尸体罪）的规定定罪处罚。

1. 行为对象：人体器官

注意：只包括活体器官，不包括尸体器官。根据第 234 条之一第 3 款规定，违背本人生前意愿摘取其尸体器官，或者本人生前未表示同意，违反国家规定，违背其近亲属意愿摘取其尸体器官的，以盗窃、侮辱、故意毁坏尸体罪论处。

2. 行为方式：组织出卖

（1）组织者既可以是多人，也可以是一人。

（2）被组织出卖人体器官的人，既可以是多人，也可以是一人。也即，组织一人出卖人体器官的，也成立本罪。

（3）组织行为，既包括经营人体器官买卖活动，也包括以招募、引诱等手段使他人出卖器官的行为，还包括组织买卖人体器官的中介行为。

（4）本罪只包括组织他人出卖人体器官的行为。第一，组织他人捐献人体器官的，不构成本罪；第二，出卖自己人体器官的行为，不构成本罪；第三，单纯购买人体器官的行为，不构成本罪。如果为了购买而组织他人出卖的，则构成本罪。

3. 被害人承诺问题

（1）有人问：如果出卖者出卖的器官只造成轻伤，轻伤可以承诺放弃，因此组织者应当无罪啊？组织出卖人体器官罪的保护法益不仅包括他人的身体健康权，还包括合法的器官捐献制度。组织者侵害了合法的器官捐献制度。

（2）有人问：如果出卖者基于真实意愿出卖器官，造成重伤，重伤不能承诺放弃，因此组织者应构成故意伤害罪啊？原则上，重伤不能承诺放弃，但为了保护另一重大法益，比如移植给另一患者，救助该患者，则重伤可以承诺放弃，在此应当尊重承诺者的自我决定权。因此，组织者不构成故意伤害罪。

（3）根据第 234 条之一第 2 款规定，未经本人同意摘取其器官，或者摘取不满 18 周岁的人的器官，或者强迫、欺骗他人捐献器官的，以故意伤害罪、故意杀人罪论处。这表明，提供器官者没有承诺、没有真实意思表示的承诺（受强迫、受欺骗）、没有承诺能力（未满 18 周岁）的，承诺无效。

4. 主观上，不要求行为人具有营利目的。

（四）遗弃罪

第 261 条 对于年老、年幼、患病或者其他没有独立生活能力的人，负有扶养义务而拒绝扶养，情节恶劣的，处五年以下有期徒刑、拘役或者管制。

1. 本罪侵害法益是他人的生命权、身体健康权

[注意] 本罪侵害的法益不是家庭关系。本罪不是家庭犯罪，而是人身犯罪，本质是将需要扶助的人置于不受保护的状态，进而使其生命、身体处于危险状态的犯罪。

2. 行为主体

本罪是真正的不作为犯，也即具有扶养义务的人不履行扶养义务。扶养义务就是一种作

为义务。是否有扶养义务，可根据总论不作为犯中的作为义务来源来判断。常见的作为义务：

（1）基于法律规定产生的义务，主要是指亲属法规定的家庭成员之间的扶养义务。

（2）基于合同行为产生的义务。例如，受雇保姆对婴儿的照顾义务。

（3）基于业务所产生的义务。例如，孤儿院、养老院、精神病院、医院的管理人员对所收留的孤儿、老人、精神病人、患者具有扶养义务。

可见，扶养义务（作为义务）的来源不限于家庭成员之间。因此，本罪的行为主体与行为对象不要求具有家庭成员的关系。例如，某孤儿院院长用卡车将低能儿抛弃到市郊，构成遗弃罪。

3. 不作为

不履行扶养义务的方式有：

例 1，甲将婴儿放到民政局门前。

例 2，甲离家出走，不管家中的婴儿。

例 3，甲开车不慎撞伤乙，驾车逃逸，不管受伤倒地的乙。

可见，不履行扶养义务（作为义务）的方式，既有积极的举动，也有消极的静止。但不能因此认为，遗弃罪既可以由作为构成，也可以由不作为构成，所以是不真正不作为犯。

4. 遗弃罪与故意杀人罪的关键区分

生命所面临的危险是否紧迫，生命对作为义务的依赖程度，行为人履行义务的难易程度。例如，甲将婴儿置于医院门前，属于遗弃罪。乙将婴儿放在空旷无人的高楼楼顶上，属于不作为的故意杀人罪。不过注意，两罪的区分不是 A 与－A 的对立排斥关系，而是程度之分，也即行为人构成不作为故意杀人罪不意味着就不构成遗弃罪。例如，将婴儿遗弃在荒山野岭，既构成不作为的故意杀人罪，也构成遗弃罪，最终以故意杀人罪论处。

■■ 典型真题

关于故意杀人罪、故意伤害罪的判断，下列哪一选项是正确的？（2014 年·卷二·15 题）[①]

A. 甲的父亲乙身患绝症，痛苦不堪。甲根据乙的请求，给乙注射过量镇定剂致乙死亡。乙的同意是真实的，对甲的行为不应以故意杀人罪论处

B. 甲因口角，捅乙数刀，乙死亡。如甲不顾乙的死伤，则应按实际造成的死亡结果认定甲构成故意杀人罪，因为死亡与伤害结果都在甲的犯意之内

C. 甲谎称乙的女儿丙需要移植肾脏，让乙捐肾给丙。乙同意，但甲将乙的肾脏摘出后移植给丁。因乙同意捐献肾脏，甲的行为不成立故意伤害罪

D. 甲征得乙（17 周岁）的同意，将乙的左肾摘出，移植给乙崇拜的歌星。乙的同意有效，甲的行为不成立故意伤害罪

二、侵犯性权利的犯罪

（一）强奸罪

第 236 条　以暴力、胁迫或者其他手段强奸妇女的，处三年以上十年以下有期徒刑。

---

① ［答案］B。

<u>奸淫不满十四周岁的幼女的，以强奸论，从重处罚。</u>

强奸妇女、奸淫幼女，有下列情形之一的，处十年以上有期徒刑、无期徒刑或者死刑：

（一）强奸妇女、奸淫幼女情节恶劣的；

（二）强奸妇女、奸淫幼女多人的；

（三）在公共场所当众强奸妇女的；

（四）二人以上轮奸的；

（五）<u>致使被害人重伤、死亡</u>或者造成其他严重后果的。

强奸罪，是指违背妇女意志，使用暴力、胁迫或者其他手段，强行与妇女发生性交的行为。

1. 保护法益

本罪的保护法益是妇女的性自主权。性自主权包括：（1）是否发生性交的决定权；（2）关于性交具体条件的决定权，例如，性交对象、时间、地点等条件的决定权。[①]

例1，妇女同意与甲男性交，但要求使用安全套，而甲男不答应，强行发生性交，构成强奸。

例2，妇女同意与甲男性交，但要求去宾馆开房，而甲男不答应，坚持在酒吧强行发生性交，构成强奸。

例3，妇女同意与甲男性交，但要求避开月经期，而甲男不答应，在月经期强行发生性交，构成强奸。

例4，卖淫女同意与甲男、乙男性交，但要求分别进行，而甲乙不答应，强行同时发生性交，构成强奸。

例5，卖淫女乙同意提供包夜服务。后半夜乙借故离去，甲男不答应，强行发生性交，构成强奸。包夜服务这种非法协议不受刑法保护。

例6，卖淫女拿到嫖资，却不提供性服务，借故离去。甲男不答应，强行发生性交，构成强奸。卖淫协议这种非法协议不受刑法保护。

2. 成立要件

本罪的行为结构：

| 强制手段 | → | 使妇女无法反抗、不敢反抗、不知反抗 | → | 奸淫妇女 |

（1）行为主体。单独直接实行犯只能是男子。妇女可以成为强奸罪的教唆犯、帮助犯、间接正犯和共同正犯。

例1，甲（女）教唆乙（男）强奸丙（女），乙便实施了强奸。甲是强奸罪的教唆犯。

例2，甲（女）唆使乙（男，精神病患者）强奸丙（女），乙便实施了强奸。甲是强奸罪的间接正犯。

例3，甲（女）、乙（女）和丙（男）共谋强奸丁（女），甲乙使用暴力打晕丁，丙上前奸淫丁。甲乙丙是强奸罪的共同正犯（共同实行犯）。暴力行为属于强奸罪的实行行为。

（2）行为对象是妇女。针对已满14周岁的妇女，是普通强奸；针对不满14周岁的幼女，是奸淫幼女。

---

① 参见张明楷：《刑法学》（第五版），法律出版社2016年版，第868页。

[提示] 婚内强奸问题。从第 236 条的字面规定看，并没有将婚内强奸排除在强奸罪之外。丈夫强奸妻子符合强奸罪的构成要件。所谓婚内强奸是否构成强奸罪的问题，主要是考虑证据证明、刑事政策等问题。

（3）强奸行为：包括两个行为，一是暴力、胁迫或其他手段；二是奸淫行为（性交行为）。

①暴力手段，是指对妇女行使有形力→使妇女无法反抗。

②胁迫手段。行为模型：甲对乙以恶害相通告："你若不答应我的要求，我就对你施加恶害。"→由此使乙对甲产生恐惧心理→乙基于恐惧心理而答应了甲的不法要求。

一是"以恶害相通告"。例如，副导演甲告诉女演员乙："跟我上床，给你女一号。"乙答应。事后甲未兑现。甲不构成强奸，因为甲是以好处相利诱，而非以恶害相通告。这是强奸与权色交易的区别。

二是"你不答应，我会对你施加恶害"。例如，乙女（15 岁）刚来深圳，借住在甲男家里，甲要求与乙上床，否则请其搬出去。乙便准备搬出去，甲欺骗乙："这么晚你如果出门，不出 10 分钟，一定会被歹徒强奸！"乙很害怕，便不敢出去，答应了甲的要求。甲声称的是"外面的歹徒会对你施加恶害"，不属于胁迫乙，不构成强奸罪。

三是"你不答应，我会对你施加恶害"。例如，甲男与同事乙女关系要好，甲男对乙女称："我深深爱上你了，你若不答应跟我上床，我就自杀！"乙担心甲，只好与甲上床。甲的行为属于"你不答应，我就对自己施加恶害"。甲不构成强奸罪。

四是妇女产生"恐惧心理"，基于恐惧心理，被迫与行为人发生性行为。例如，甲晚上拦路强奸，将一位女孩打倒在地，女孩忽然发现甲面容俊秀，心里嗔怪：既然能靠颜值，为何要动粗？便装作不敢反抗，与甲发生了性行为。甲构成强奸罪，但属于未遂。注意：被害人有承诺，并不要求行为人知晓。

五是"行为与故意同时存在原则"。强奸罪的胁迫行为，要求实施时具有强奸的故意。带着其他犯罪故意实施的胁迫，导致被害人产生恐惧心理，不属于强奸罪的胁迫行为。例如，甲使用暴力抢劫乙女的珍贵首饰。此时乙女对甲说："只要你不抢劫我的首饰，我愿意跟你发生性关系。"甲便住手，乙与甲发生了性关系。甲构成抢劫罪（中止），不构成强奸罪，因为甲不存在强奸罪的胁迫行为。当然，如果乙女又有点迟疑，甲便威胁："如果不答应发生性行为，我就抢劫你的首饰。"乙答应了，则甲构成强奸罪。

六是胁迫的程度与效果，既包括抢劫罪中的胁迫效果，例如，以暴力相胁迫，使妇女无法反抗，也包括敲诈勒索罪中的胁迫效果，例如，以揭发隐私相胁迫，使妇女恐惧而不敢反抗。结论：强奸罪中的"胁迫"＝抢劫罪中的"胁迫"＋敲诈勒索罪中的"胁迫"。

③其他手段，是指除暴力、胁迫外的其他使妇女不知反抗、不能反抗的强制手段。

第一，昏醉强奸。例如，用酒灌醉或者药物麻醉后进行强奸。注意：妇女自行昏醉，甲路过趁机发生性行为，构成强奸罪，这是因为妇女昏醉便失去了承诺能力，此时发生性行为视为违背妇女意愿。此时强奸罪的实行行为便只有奸淫行为，不需要强制手段。需要强制手段的前提是妇女意识清醒，此时需要通过强制手段压制妇女反抗。

第二，欺骗型强奸。例如，冒充妇女的丈夫或情夫进行强奸。注意：事实错误会导致妇女的承诺无效，但动机错误不影响妇女的承诺。例如，欺骗女演员"陪睡，就给女一号"，不构成强奸罪。对此可参见总论"被害人承诺"一节。

[提示] 对于利用迷信而与妇女发生性行为的，需要具体分析。如果妇女有事实错误，则行为人构成强奸罪。如果妇女没有事实错误，仅仅是动机错误，则不构成强奸罪。例如，甲欺骗乙女："我功力深厚，只要跟我上床，你的抑郁症就会治愈。"乙相信并照办。乙对事实环节没有认识错误。甲不构成强奸罪。

3. 奸淫幼女

由于幼女缺乏决定性行为的承诺能力，因此，与幼女发生性交的行为，即使征得其同意，也构成强奸罪。

4. 法定刑升格条件

（1）"在公共场所当众强奸妇女"

① "公共场所"，是指多数人或不特定人可以进出的场所。

② "当众强奸"是指明知能够为多数人或不特定人知晓，仍实施强奸。

这里的"众"不要求必须有 3 人在场，主要指有不特定人在场。这里的"众"不包括共犯人。

（2）"二人以上轮奸"

①轮奸是指强奸罪的共同正犯。例如，甲乙共谋强奸丙女，甲先强奸，乙后强奸。甲乙构成轮奸。

②时间要求具有连续性，但空间不要求是同一地点。

③轮奸未遂。例如，甲乙共谋轮奸丙女，共同将丙打晕，甲先奸淫，因自身原因未能得逞，乙得逞。乙构成强奸罪既遂，基于"部分实行、全部负责"原则，甲也构成强奸罪既遂。甲乙成立"二人以上轮奸"，适用相应升格法定刑，同时由于轮奸未遂，再适用未遂犯的规定。

（3）"强奸致人重伤或死亡"（结果加重犯）

①强奸行为。必须是强奸行为导致重伤或死亡结果。所谓强奸行为，是指带着奸淫目的实施的暴力和奸淫行为。不能评价为强奸行为的其他行为导致重伤或死亡结果，不属于强奸致人重伤或死亡。对其他行为导致重伤、死亡需独立评价。

例 1，甲强奸妇女后，为了灭口杀死妇女，定强奸罪和故意杀人罪，并罚。

例 2，甲强奸妇女，妇女反抗中咬断甲的舌头，甲恼羞成怒，为了泄愤杀死妇女。这里杀死妇女的行为已经不能评价为强奸行为，而是独立的故意杀人。对甲定强奸罪（未遂）和故意杀人罪（既遂），并罚。

②因果关系。强奸行为与加重结果之间应有直接因果关系。

例 1，妇女被强奸后羞愤自杀，不属于强奸致人死亡。

例 2，甲强奸妇女后离开现场，妇女昏迷，苏醒后爬两步，不慎掉入湖中淹死。甲构成强奸致人死亡。

③主观心理。由于强奸行为包括暴力行为，使用暴力致人重伤、死亡，完全可能是故意所为。因此，强奸致人重伤、死亡，包括故意致人重伤、死亡。

④ "强奸致人重伤、死亡"中的"人"只包括被害妇女，不包括前来阻挡的第三人。例如，甲强奸妇女，乙前来阻挡，甲为了排除障碍，将乙打成重伤，进而顺利强奸了妇女。甲构成强奸罪和故意伤害罪，并罚。

5. 罪数问题

5. 罪数问题

强奸罪只被一个罪吞并成结合犯：拐卖罪+强奸罪＝拐卖罪。第 240 条拐卖妇女罪规定：在拐卖过程中"奸淫被拐卖的妇女"，只定拐卖妇女罪，适用升格法定刑。

除此之外，其余犯罪行为，同时又有强奸的，数罪并罚。例如，第 318 条组织他人偷越国（边）境罪："犯该罪，对被组织人有强奸行为的，数罪并罚。"这种规定属于注意规定，删掉它，也没关系，也要并罚。

（二）强制猥亵、侮辱罪

第 237 条第 1、2 款　以暴力、胁迫或者其他方法强制猥亵他人或者侮辱妇女的，处五年以下有期徒刑或者拘役。

聚众或者在公共场所当众犯前款罪的，或者有其他恶劣情节的，处五年以上有期徒刑。（本条经《刑法修正案（九）》修正）

本罪侵犯的法益是他人的性自主权。这里的性自主权主要表现为性羞耻心。

1. 行为主体是已满 16 周岁的自然人。

2. 行为对象是已满 14 周岁的人，包括男性和女性。

（1）如果猥亵不满 14 周岁的儿童，构成猥亵儿童罪。

（2）如果强奸女性，包括不满 14 周岁的幼女和已满 14 周岁的妇女，均构成强奸罪。如果强奸不满 14 周岁的男童，构成猥亵儿童罪；如果强奸已满 14 周岁的男性，由于我国强奸罪的对象尚不包括男性，只能以强制猥亵罪论处。

3. 猥亵、侮辱。

（1）猥亵，是指侵犯性羞耻心的行为，主要情形：一是直接对他人实施猥亵行为；二是强迫他人对行为人自己或者第三人实施猥亵；三是强迫他人自行猥亵；四是强迫他人观看其他人猥亵。注意：不包括偷看他人洗澡、做爱，不包括在公共场所露阴、手淫但不强迫他人观看。

（2）侮辱。这里的"侮辱"的含义与猥亵相同，也是侵犯性羞耻心的行为。注意：这里的"侮辱"与侮辱罪中的"侮辱"有所区别，后者侵犯的仅仅是他人的名誉。

4. 强制方法。

必须以暴力、胁迫或者其他强制方法猥亵、侮辱。强制方法的特点是使他人不能反抗、不敢反抗、不知反抗。

（1）其他强制方法类似于强奸罪中的其他方法。例如，使妇女昏醉。

（2）正当业务行为不构成猥亵。例如，医生对妇女进行正常的身体检查。

（3）男女自愿在公共场所相互猥亵或性交，虽然属于公然猥亵，但是我国未将此情形规定为犯罪，所以无罪。

5. 主观上具有故意。

［注意］本罪不要求具有满足性刺激的目的。例如，男朋友出于报复心理公然扒掉女友衣服，构成本罪。

6. 强制猥亵、侮辱罪与强奸罪不是 A 与−A 的对立排斥关系，而是 A 与 A+B 的包容评价关系。例如，甲男强扒妇女衣服时被抓。无法证明甲的主观故意是强奸还是猥亵。此时，可以定甲构成强制猥亵罪。

7. 强制猥亵致人重伤、死亡。

刑法没有将"致人重伤、死亡"规定为强制猥亵罪的法定刑升格条件，也即没有强制猥亵致人重伤、死亡这种结果加重犯。如果一个行为同时触犯强制猥亵罪与过失致人重伤罪或过失致人死亡罪，想象竞合，择一重罪论处。如果一个行为同时触犯强制猥亵罪与故意伤害罪或故意杀人罪，想象竞合，择一重罪论处。如果先杀人，然后猥亵尸体，则构成故意杀人罪和侮辱尸体罪，并罚。

（三）猥亵儿童罪

第237条第3款　猥亵儿童的，依照前两款的规定从重处罚。

猥亵儿童罪，是指猥亵不满14周岁的儿童的行为。本罪侵害的法益是儿童的身心健康。

1. 行为主体：已满16周岁的人，包括男性和女性。主要情形包括：男性对男童、女童猥亵，女性对男童、女童猥亵。

2. 行为对象。

（1）猥亵女童，不包括性交行为，否则构成强奸罪。

（2）猥亵男童，包括性交。

3. 两个"不要求"。

（1）不要求强制手段。

（2）不要求儿童反抗。即使儿童自愿，行为人也构成本罪。

4. 处罚：比照强制猥亵罪，从重处罚。

[总结] 强奸罪、强制猥亵罪、猥亵儿童罪：

对象 行为	已满14周岁的妇女	未满14周岁的幼女	已满14周岁的男性	未满14周岁的男童
强奸	强奸罪	强奸罪 （包括幼女自愿）	强制猥亵罪	猥亵儿童罪 （包括男童自愿）
强制猥亵	强制猥亵罪	猥亵儿童罪 （包括幼女自愿）	强制猥亵罪	猥亵儿童罪 （包括男童自愿）

三、侵犯人身自由的犯罪

（一）非法拘禁罪

第238条　非法拘禁他人或者以其他方法非法剥夺他人人身自由的，处三年以下有期徒刑、拘役、管制或者剥夺政治权利。具有殴打、侮辱情节的，从重处罚。

犯前款罪，致人重伤的，处三年以上十年以下有期徒刑；致人死亡的，处十年以上有期徒刑。使用暴力致人伤残、死亡的，依照本法第二百三十四条、第二百三十二条的规定（故意伤害罪、故意杀人罪）定罪处罚。

为索取债务非法扣押、拘禁他人的，依照前两款的规定处罚。

国家机关工作人员利用职权犯前三款罪的，依照前三款的规定从重处罚。

非法拘禁罪，是指故意非法剥夺他人人身自由的行为。本罪侵犯的法益是人身自由。

1. 保护法益：人的身体活动自由，而且仅限于现实的身体活动自由，不包括可能的身体活动自由。这是因为，非法拘禁罪是实害犯，不是危险犯。例如，甲每晚10点入睡，早上10点起床。乙在甲入睡后将门锁住，在甲醒来前打开门。如果甲一直入睡，没有意识到，则乙的行为不是非法拘禁。如果甲在睡眠期间醒来要出去（可能自由变成现实自由），发现自己被锁住，则乙的行为是非法拘禁。

［注意］程度的要求。根据司法解释，非法拘禁行为要成立犯罪，要求：累计时间在 12 小时以上，或没到 12 小时，但有严重情节。

2. 行为对象：具有身体活动自由的自然人。

（1）无活动自由，也无活动意识的人，不是本罪对象。例如，病床上的植物人、摇篮中的婴儿。偷盗婴儿，根据不同犯罪目的，定不同的罪名（绑架罪、拐卖儿童罪、拐骗儿童罪）。

（2）无活动自由，有活动意识的人，不是本罪对象。例如，完全瘫痪在床的人。又如，甲将丙牢牢捆绑在床上后离去，乙又将丙房间的门反锁。乙不构成拘禁。

（3）有活动自由、意识的人，处在丧失活动意识的状态时，不是本罪对象。例如，处在睡梦中的人。

3. 拘禁行为。拘禁行为的本质是客观上非法剥夺了他人身体活动自由。

例 1，向警察报假案，欺骗警察拘留了他人，构成非法拘禁罪的间接正犯（也有可能同时触犯诬告陷害罪）。

例 2，将妇女衣服拿走，使其基于羞耻心无法出浴室。

例 3，驾驶汽车高速行驶，使欲下车的乘客基于恐惧心理无法下车。

例 4，发现将同学错关在房间里，却故意不开门，构成不作为的非法拘禁。

［注意］只要行为人非法剥夺了被害人的身体自由，就是非法拘禁。至于被害人有无意识到受到欺骗，在所不问。相反，如果行为人欺骗被害人，但没有剥夺其身体自由，则不属于非法拘禁。

例 1，甲欺骗乙进入电梯后关闭电源，使乙无法出电梯，对乙谎称停电检修。虽然乙没有意识到甲的欺骗，但意识到自己的身体自由失去了。甲属于非法拘禁。

例 2，机长在能降落飞机的情况下，欺骗乘客"天气不好，无法降落"，故意不降落。机长属于非法拘禁。

例 3，甲得知乙欲见丙，欺骗乙待在房间，谎称丙一会儿就来，乙便长时间待在房间。在客观上乙没有失去身体自由，在主观上乙也没意识到自己失去身体自由。甲不构成非法拘禁。（如果甲以此向乙的亲人勒索财物，也不构成绑架罪）

例 4，甲欲将乙控制在自己身边，假借带乙免费游玩之名，带着乙进高档餐厅消费、游戏厅打游戏。在客观上乙没有失去身体自由，在主观上乙也没意识到自己失去身体自由。甲不构成非法拘禁。（如果甲以此向乙的亲人勒索财物，也不构成绑架罪）

4. 对第 238 条的重点解读。

（1）第 1 款后一句"具有殴打、侮辱情节的，从重处罚"是本罪的法定从重处罚情节。该法定从重处罚情节是本罪的基本规定，适用于后面的第 2、3、4 款。①

---

① 但是在第 2 款第 2 句中应具体分析。第一，由于第 2 款第 2 句中存在使用暴力，所以不再适用"具有殴打情节的，从重处罚"，否则违反禁止重复评价原则；第二，如果第 2 款第 2 句的使用暴力表现为暴力侮辱，也不再适用"具有侮辱情节的，从重处罚"，否则违反禁止重复评价原则；第三，如果行为人使用暴力之外，还有其他侮辱情节，应适用"具有侮辱情节的，从重处罚"。

（2）第2款前一句"致人重伤、死亡"是本罪的结果加重犯。第一，这里的"致人重伤、死亡"，是指非法拘禁行为本身过失致人重伤、死亡；要求重伤、死亡结果与非法拘禁行为有直接的因果关系。被害人在拘禁行为后自杀、自残的，不是这里的致人重伤、死亡。第二，要求是过失致人重伤、死亡，不是指故意致人重伤、死亡。

（3）第2款后一句"使用暴力致人伤残、死亡的，应分别以故意伤害罪、故意杀人罪论处"。这是法律拟制来的故意伤害罪、故意杀人罪。

①暴力的种类。该款中的"暴力"是指拘禁之外更高的暴力。如果只是拘禁行为本身所具有的暴力，就属于第2款前一句的情形，属于结果加重犯。

例1，甲将乙捆绑在柱子上，第二天查看，发现乙死亡。死因是捆绑过紧，窒息死亡。这是前一句的情形。甲构成非法拘禁罪致人死亡。

例2，甲将乙捆绑，乙辱骂甲，甲用棍棒教训乙，不慎导致乙死亡。甲使用了超出拘禁本身的暴力，过失致人死亡，适用后一句的情形，拟制为故意杀人罪。

②主观情形。这里的致人伤残、死亡，是指过失所为。该款是将过失致人重伤、死亡拟制成故意伤害罪、故意杀人罪。具体罪数问题请参见第十六讲"法律拟制"部分。

（4）第3款在绑架罪中详细讲解。

（二）绑架罪

第239条　以勒索财物为目的绑架他人的，或者绑架他人作为人质的，处十年以上有期徒刑或者无期徒刑，并处罚金或者没收财产；情节较轻的，处五年以上十年以下有期徒刑，并处罚金。

犯前款罪，杀害被绑架人的，或者故意伤害被绑架人，致人重伤、死亡的，处无期徒刑或者死刑，并处没收财产。

以勒索财物为目的偷盗婴幼儿的，依照前两款的规定处罚。（本条第2款经《刑法修正案（九）》修正）

绑架罪，是指带着胁迫第三人的目的，用强制手段实力控制人质的行为。

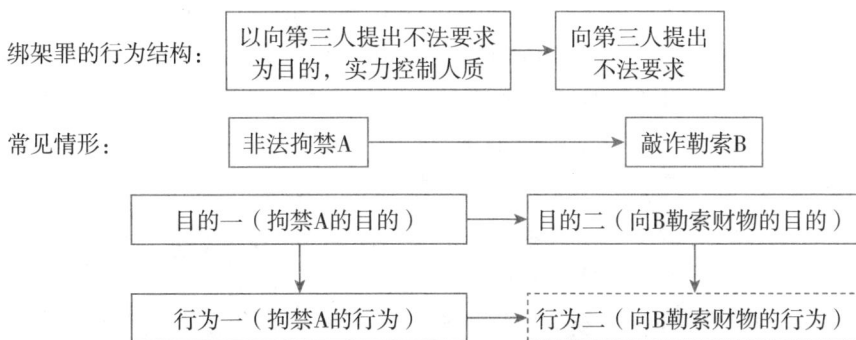

绑架罪的行为结构：

| 以向第三人提出不法要求为目的，实力控制人质 | → | 向第三人提出不法要求 |

常见情形：

| 非法拘禁A | → | 敲诈勒索B |

| 目的一（拘禁A的目的） | → | 目的二（向B勒索财物的目的） |

| 行为一（拘禁A的行为） | → | 行为二（向B勒索财物的行为） |

1. 保护法益

本罪的保护法益是人质的人身自由和安全，而不包括第三人的财产。

2. 行为结构

绑架罪的常见情形是两步走。例如，甲欲向B勒索财物，绑架了B的亲人A，然后向B勒索财物。但是，由于绑架罪是人身犯罪，不是财产犯罪，保护法益不包括B的财物，因此，成立绑架罪，并不要求实施第二步（向B勒索财物）。但甲在实施第一步（绑架A）时必须具有实施第二步的目的，否则就只是非法拘禁罪。

绑架罪这种独特的行为结构被称为短缩的二行为犯。具体而言，绑架罪要求行为人主观上具有两个目的，直接目的是非法拘禁人质（A）的目的（目的一），间接目的是向第三人（B）勒索财物的目的（目的二）。但是，客观上，只要求存在与目的一对应的行为一，不要求存在与目的二对应的行为二。换言之，不要求目的二在客观上表现出来，也即不要求实施向 B 勒索财物的行为，更不要求勒索到财物。

理论上将这种行为结构的犯罪称为"短缩的二行为犯"，也即，绑架罪在主观上具有目的一和目的二，在客观上预设了行为一和行为二（二行为犯），但行为二不要求实施，与两个目的相比，两个行为短缩了一块。

理论上将目的二称为"主观超过要素"，也即，绑架罪虽然不要求实施行为二，但要求具有目的二，也即带着目的一和目的二实施行为一。与行为相比，目的二属于超出的部分。

3. 实行行为

绑架罪的实行行为（行为一）是用强制手段实力控制人质，具体行为类型包括两种：

（1）拘禁方式，也即非法剥夺人质的身体活动自由。这里的拘禁方式必须采取强制手段，包括暴力、胁迫手段。例如，将人质强行关进地下室。

（2）非拘禁方式。

例1，甲将乙打晕，然后向乙的亲人打电话要钱。打晕行为不是拘禁行为。拘禁行为只是剥夺人的身体活动自由，没有剥夺人的意志自由。

例2，甲将假的定时炸弹装进乙的背包里，乙不敢动背包，身体可以活动，但不敢不听甲的指示，甲给乙的亲人打电话要钱。

例3，甲偷盗婴儿，然后向婴儿家人打电话要钱。由于婴儿没有身体活动自由的能力，不是非法拘禁罪的对象。绑架罪的法条将偷盗婴儿单列出来，是想提示这种绑架行为不是非法拘禁方式。

［注意］绑架罪与非法拘禁罪的关系。由于绑架罪的主要行为类型是非法拘禁，所以就这种行为类型而言，非法拘禁罪与绑架罪是 A 与 A+B 的包容评价关系，绑架罪可以包容评价为非法拘禁罪（A），比非法拘禁罪多了个 B 要件（强制手段，向第三人提出不法要求的目的），因此非法拘禁罪与绑架罪属于法条竞合关系，前者是一般罪名，后者是特殊罪名，触犯后者必然触犯前者。法条竞合的两个罪名的包容关系包括两种情形：一是完全包容关系，二是部分包容关系。非法拘禁罪与绑架罪就属于部分包容关系。①

4. 目的二

绑架罪的目的二，是指向第三人提出不法要求的目的，也即胁迫、威胁第三人的目的。常见的不法要求是勒索财物，也有其他不法要求。例如，甲绑架了一个过路妇女，要求警方释放囚犯乙（甲的哥哥），否则就杀死该妇女。甲成立绑架罪。

主观上要具有胁迫第三人的目的，就要求具有利用第三人担忧人质的意思，这就要求被绑架的人足以使第三人担忧，是个人质。所谓人质，就是押在手里，会使第三人担忧的人。

---

① 2017 年试题卷四刑法案例分析题官方答案解析中讲到"绑架罪与非法拘禁罪是想象竞合关系"。这是因为案例中的行为人同时构成绑架罪未遂与非法拘禁罪既遂。当法条竞合关系的两个罪的犯罪形态不一致时，为了确保罪刑相适应，例外地调整为想象竞合关系。对此参见第十二讲"罪数"中的"法条竞合"相关内容。

如果第三人根本不会担忧，则押在手里的人就不能称为人质。因此，绑架罪的行为对象不是一般对象，而是特殊对象（人质）。例如，狗蛋绑架了小芳，问特朗普要钱。特朗普根本不会担忧小芳，因此狗蛋不构成绑架罪，而仅构成非法拘禁罪。

［总结］绑架罪与他罪的区分关键就在于目的二。

（1）绑架罪与非法拘禁罪的区分：前者有目的二，后者无目的二。

（2）绑架罪与拐卖妇女、儿童罪的区分：前者的目的二是向第三人勒索财物，后者的目的是出卖目的。

（3）绑架罪与抢劫罪的区分：前者的目的二是向第三人勒索财物，后者的目的是向被绑的人勒索财物。

［引申］事后产生目的二的情形。例如，甲先只有非法拘禁的目的，拘禁了 A，拘禁了 3 天后（已构成非法拘禁罪）才产生了向 A 的家人 B 勒索财物的目的。虽然此时有了目的二，但不能因此就认定甲构成绑架罪，否则定罪过于主观化。在此情形下，只有甲将目的二表现出来，也即实施了行为二才构成绑架罪并既遂。

5. 着手与既遂

（1）带着胁迫第三人的目的开始实施实力控制行为就是绑架罪着手。

（2）带着胁迫第三人的目的实力控制了人质就是绑架罪既遂。

①实力控制了人质。如果没有实力控制，则是未遂。例如，甲带着向乙要钱的目的，着手绑架乙的孩子丙，丙奋力反抗，逃脱。甲构成绑架罪未遂。

②实力控制了人质。如果实力控制的不是合格的人质，也即不是一个会令第三人担忧的人，则是未遂。

例 1（2017 年主观题），甲带着向乙要钱的目的，着手绑架乙的孩子丙，守在丙的小学门口，丙与同学丁出来，甲将丁当作丙，劫持到车里带走，关在地下室，然后向乙打电话要钱。乙看到丙在家里，骂了句"骗子"，便挂了电话。甲没有实力控制到合格的人质，构成未遂。但甲构成非法拘禁罪既遂，因为非法拘禁罪的对象是一般对象，不要求是人质。①

例 2，甲以为丙是乙的孩子，便绑架了丙，向乙打电话要钱。实际上，乙根本不认识丙，毫无关系。甲不构成绑架罪，仅构成非法拘禁罪。注意：该案与例 1 的区别在于，后者中，甲有绑架到合格人质的可能性、危险性，有让乙担忧的可能性。而前者中没有这种可能性、危险性。总结：第一，成立绑架罪，要求有绑架到合格人质的可能性、危险性。第二，成立绑架罪既遂，要求绑架到合格人质。

6. 第 238 条第 3 款：为索取债务非法扣押、拘禁他人的，以非法拘禁罪论处。

（1）条文属性：注意规定而非法律拟制。也即，这种情形原本就要定非法拘禁罪，而非原本定绑架罪，例外地按非法拘禁罪论处。这是因为，成立绑架罪要求行为人具有目的二，也即向第三人勒索财物的目的，这是一种非法占有他人财物的目的。而条文的情形是行为人为了索取债务，为了主张自己的债权，不具有非法占有目的，所以不构成绑架罪，只构成非法拘禁罪。

---

① 可能有人认为，甲构成对象错误，应构成既遂。实际上，对象错误是否构成既遂需要就不同罪名具体分析。一般用故意杀人罪举例：甲看到前方 10 米站着一个人，以为是仇人乙，开枪打死，发现是路人丙。甲构成故意杀人罪既遂，因为故意杀人罪的对象是一般对象。而绑架罪的对象是人质，是特殊对象。

（2）行为方式有三种情形：

①拘禁债务人亲属，向债务人索债。

②拘禁债务人，向其亲属索债。这里的亲属仅包括具有共同财产关系、扶养关系的亲属，也即夫妻、父母、子女等关系。如果向除此之外的亲友索债，就表明具有非法占有该亲友财物的目的，就构成绑架罪。例如，甲将债务人A绑架了，威胁A的远房表弟或A的导师，让帮还A的债务，构成绑架罪。

③拘禁债务人，向债务人本人索债。这种情形类似于抢劫，但法条以非法拘禁罪论处。

（3）"债务"的认定。

①如果形式上是索取债务，实质上具有非法占有目的，则构成绑架罪。

例1，甲伪造借条，声称乙欠自己钱财，非法拘禁了乙的妻子，威胁乙还债。索取这种没有事实根据的"债务"，显然具有非法占有目的，构成绑架罪。

例2，乙欠甲10万元，甲非法拘禁了乙的妻子，威胁乙还100万。甲具有非法占有目的，构成绑架罪。

②非法债务问题。司法解释规定，该条文中的"债务"包括赌债、高利贷等非法债务。

7. 第239条第2款：<u>犯前款罪，杀害被绑架人的，或者故意伤害被绑架人，致人重伤、死亡的，处无期徒刑或者死刑，并处没收财产。</u>

（1）结合犯：绑架罪+故意杀人罪=绑架罪（适用升格法定刑）。杀害人质不是绑架罪的实行行为，实力控制人质才是绑架罪的实行行为。所以，杀害人质属于独立的第二个犯罪行为。

①时间。在着手实行绑架及实力控制的持续状态中，杀害被绑架人，都属于"杀害被绑架人"。

例1，着手实施绑架，为了制服人质而杀害人质。

例2，绑架并实力控制人质后，向第三人勒索财物，未成功，杀害人质。

例3，绑架并实力控制人质后，向第三人勒索财物，成功后，为了灭口而杀害人质。

②杀人未遂。杀害被绑架人，但没能杀死。对此有两种观点：

观点一：适用第239条第2款，定绑架罪，处无期徒刑或死刑，同时适用总则关于未遂犯的从宽处罚规定。

观点二（多数说）：不适用第239条第2款，而是认定为普通绑架罪和故意杀人罪（未遂），数罪并罚。

（2）绑架罪+故意伤害罪致人重伤、死亡=绑架罪（加重处罚）。

适用该款规定，要求故意伤害罪致人重伤、死亡；如果实施故意伤害罪，没有致人重伤、死亡，只是轻伤，则不能适用这个条款，而是认定为普通绑架罪和普通故意伤害罪（轻伤），数罪并罚。

例1，甲绑架了人质后，未要到钱，便故意伤害人质，将其打成重伤或不慎打死。对甲定绑架罪，适用升格法定刑。这种情况属于结合犯，前行为（绑架罪）+后行为（故意伤害罪致人重伤、死亡）=绑架罪。

例2，甲着手实施绑架，为了制服人质，使用暴力，将人质打成重伤，制服了人质。这种情况下，甲只有一个绑架行为，同时触犯绑架罪和故意伤害罪，本属于想象竞合犯，择一重罪论处。但依法条规定，定绑架罪，适用升格法定刑，实际上规定了一个结果加重犯"绑架罪（故意）致人重伤"。

[提示] 以前的条文规定"犯绑架罪（过失）致人死亡，处死刑"。《刑法修正案（九）》删掉了该规定。这表明，以后不存在"绑架罪（过失）致人死亡"这种结果加重犯了。以后遇到一个行为同时触犯普通绑架罪与过失致人死亡罪，属于想象竞合犯，择一重罪论处。例如，甲绑架了乙，未要到钱，回来发现乙死了，原来绳子勒得太紧，窒息死亡。甲同时触犯绑架罪与过失致人死亡罪，想象竞合，择一重罪论处。

8. 共犯模型

模型1，甲绑架了丙，让乙帮忙为丙做饭。乙照办。乙不构成绑架罪的承继的共同犯罪，因为做饭不是犯罪行为，没有侵害法益。

模型2，甲绑架了丙，让乙看押丙。乙照办。乙构成绑架罪的承继的共同犯罪，因为绑架罪是继续犯。

模型3，甲绑架了丙，欺骗乙："丙的父亲欠我钱，你帮我看押丙，我要到钱，会感谢你。"乙照办。甲乙在非法拘禁罪的范围内成立共同犯罪，对甲定绑架罪，对乙定非法拘禁罪。

模型4，甲绑架了丙，觉得自己口才不好，让身在外地的乙给丙的父亲打电话勒索财物。乙知道真相并照办。乙不构成绑架罪的承继的共同犯罪，因为乙没有帮助实施绑架罪的实行行为（实力控制人质）。甲乙在敲诈勒索罪的范围内成立共同犯罪，对甲定绑架罪，对乙定敲诈勒索罪。

模型5，甲绑架了丙，没要到钱，要撕票，叫来乙，一起杀死丙。乙不构成绑架罪的承继的共同犯罪，因为乙没有帮助实施绑架罪的实行行为（实力控制人质）。甲乙在故意杀人罪的范围内成立共同犯罪，对甲定绑架罪（适用升格法定刑），对乙定故意杀人罪。

▌典型真题▌

甲为勒索财物，打算绑架富商之子吴某（5岁）。甲欺骗乙、丙说："富商欠我100万元不还，你们帮我扣押其子，成功后给你们每人10万元。"乙、丙将吴某扣押，但甲无法联系上富商，未能进行勒索。三天后，甲让乙、丙将吴某释放。吴某一人在回家路上溺水身亡。关于本案，下列哪一选项是正确的？（2016年·卷二·15题）①

A. 甲、乙、丙构成绑架罪的共同犯罪，但对乙、丙只能适用非法拘禁罪的法定刑

B. 甲未能实施勒索行为，属绑架未遂；甲主动让乙、丙放人，属绑架中止

C. 吴某的死亡结果应归责于甲的行为，甲成立绑架致人死亡的结果加重犯

D. 不管甲是绑架未遂、绑架中止还是绑架既遂，乙、丙均成立犯罪既遂

（三）拐卖妇女、儿童罪

第240条　拐卖妇女、儿童的，处五年以上十年以下有期徒刑，并处罚金；有下列情形之一的，处十年以上有期徒刑或者无期徒刑，并处罚金或者没收财产；情节特别严重的，处死刑，并处没收财产：

（一）拐卖妇女、儿童集团的首要分子；

---

① [答案] 甲乙丙构成非法拘禁罪的共同犯罪，对甲以绑架罪既遂论处，对乙丙以非法拘禁罪既遂论处。吴某的死亡与甲乙丙的拘禁行为没有因果关系。本题答案：D。

（二）拐卖妇女、儿童三人以上的；

（三）奸淫被拐卖的妇女的；

（四）诱骗、强迫被拐卖的妇女卖淫或者将被拐卖的妇女卖给他人迫使其卖淫的；

（五）以出卖为目的，使用暴力、胁迫或者麻醉方法绑架妇女、儿童的；

（六）以出卖为目的，偷盗婴幼儿的；

（七）造成被拐卖的妇女、儿童或者其亲属重伤、死亡或者其他严重后果的；

（八）将妇女、儿童卖往境外的。

拐卖妇女、儿童，是指以出卖为目的，有拐骗、绑架、收买、贩卖、接送、中转妇女、儿童的行为之一的。

本罪侵害的法益是妇女、儿童的人身自由。

1. 行为方式一：绑架。

就绑架（劫持、实力控制）而言，本罪的行为结构特点：短缩的二行为犯。

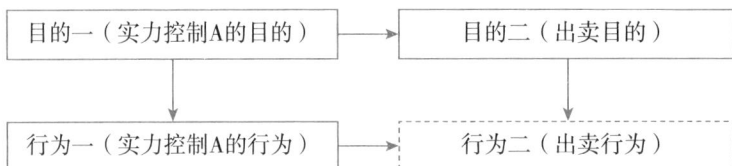

本罪要求行为人主观上具有两个目的，直接目的是非法拘禁或实力控制妇女、儿童（A）的目的（目的一），间接目的是向第三人出卖的目的（目的二）。但是，客观上，只要求存在与目的一对应的行为一，不要求存在与目的二对应的行为二。换言之，不要求目的二在客观上表现出来，也即不要求实施出卖行为，更不要求出卖掉。

［总结］本罪与他罪的区分关键就在于目的二。

（1）本罪与非法拘禁罪的区分：前者有目的二，后者无目的二。

（2）本罪与拐骗儿童罪的区分：前者有目的二，后者无目的二。

（3）本罪与绑架罪的区分：前者的目的二是出卖目的，后者的目的二是向第三人勒索财物的目的。

［引申］事后产生目的二的情形。例如，甲先只有非法拘禁的目的，拘禁了妇女 A，拘禁了 3 天后（已构成非法拘禁罪）才产生了将 A 卖掉的目的。虽然此时有了目的二，但不能因此就认定甲构成拐卖妇女罪，否则定罪过于主观化。在此情形下，只有甲将目的二表现出来，也即实施了行为二才成立拐卖妇女罪。注意：只有出卖掉了，才构成拐卖妇女罪既遂。①

2. 行为方式二：贩卖。

例 1，甲捡了一个弃婴，然后想卖掉。由于捡拾行为不属于绑架行为，不属于拐卖罪的实行行为，此时只有贩卖行为才是实行行为。甲带着出卖目的，实施出卖行为，便成立拐卖儿童罪；如果卖掉了，构成既遂。

例 2，甲以收养为目的，拐骗到一个儿童，构成拐骗儿童罪后，又觉得该儿童有点傻，养起来太累，便想卖掉。由于带着收养目的的拐骗行为不是拐卖儿童罪的实行行为，此时只

---

① 这一点与绑架罪略有不同。

有贩卖行为才是实行行为。甲带着出卖目的，实施出卖行为，便成立拐卖儿童罪；如果卖掉了，构成既遂。

例3，甲买到一个妇女做老婆，越看越丑，想卖掉。由于带着收买目的的收买行为不是拐卖妇女罪的实行行为，此时只有贩卖行为才是实行行为。甲带着出卖目的，实施出卖行为，便成立拐卖妇女罪；如果卖掉了，构成既遂。

例4，甲想卖自己的孩子或老婆。由于不存在绑架到手或拐到手的环节，此时只有贩卖行为才是实行行为。甲带着出卖目的，实施出卖行为，便成立拐卖儿童罪；如果卖掉了，构成既遂。注意：将亲生子女当作商品出卖，既构成拐卖儿童罪，也构成遗弃罪，想象竞合，择一重罪论处。

例5（仙人跳），甲与妻子乙通谋，将乙"卖给"丙，获得钱财后，两人便逃离。甲乙构成诈骗罪，甲不构成拐卖妇女罪。注意：此时收买人构成对象不能犯，无罪，不应认定为收买被拐卖的妇女罪未遂。

3. 行为方式三：收买。

这里的收买必须带着出卖目的，也即是一种"进货"行为。收买被拐卖妇女、儿童罪的收买只有收买的目的。带着出卖目的，实施收买行为，便成立拐卖妇女、儿童罪；买到手，构成既遂。

4. 行为方式四：拐骗。

这里的拐骗主要是指欺骗。带着出卖妇女、儿童的目的，欺骗妇女儿童，便成立拐卖妇女、儿童罪；卖掉，构成既遂。

例如，电影《盲山》中，人贩子甲欺骗女大学生乙，以介绍工作为名，将乙带到收买者丙家，交给丙，自己偷偷溜掉。乙被丙控制。甲没有实力控制、绑架劫持乙，而是欺骗乙，仍构成拐卖妇女罪，并既遂。

5. 法定刑升格条件。

（1）结合犯：本罪+强奸罪=本罪（加重处罚）。

[注意1] 如果强奸未遂，一方面定拐卖妇女罪，适用升格法定刑，同时适用未遂犯的规定，从宽处罚。

[注意2] 本罪未将强制猥亵、侮辱罪吸收为法定刑升格条件，也即如果又强制猥亵、侮辱妇女的，应并罚。

（2）结合犯：本罪+引诱卖淫罪、强迫卖淫罪=本罪（加重处罚）。

（3）结合犯：本罪+组织、运送他人偷越国（边）境罪=本罪（加重处罚）。

（4）结果加重犯："造成被拐卖的妇女、儿童或者其亲属重伤、死亡或者其他严重后果的"，加重处罚。该结果加重犯的要点与"强奸罪致人重伤、死亡"的要点相同。

①伤亡结果与拐卖行为之间具有直接因果关系。例如，甲拐卖妇女，妇女自杀，不属于这里的死亡结果，但可以"其他严重后果"论处。

②主观上是过失造成，或者为了实现拐卖目的的故意造成。例如，妇女反抗时，为了制服妇女而对其实施暴力，致其重伤。如果不是出于拐卖目的，而是出于泄愤、报复等其他目的，故意将妇女打成重伤，则单独构成故意伤害罪，应与拐卖妇女罪并罚。

③重伤、死亡的被害人只包括被拐卖的妇女、儿童和前来阻挡的亲属，不包括其他前来阻挡的第三人。例如，甲拐卖妇女，行人乙前来阻挡，甲为了排除障碍，将乙打成重伤，进

而顺利拐卖了妇女。甲构成拐卖妇女罪和故意伤害罪，并罚。

典型真题

甲欲绑架女大学生乙卖往外地，乙强烈反抗，甲将乙打成重伤，并多次对乙实施强制猥亵行为。甲尚未将乙卖出便被公安人员抓获。关于甲行为的定性和处罚，下列哪些判断是错误的？（2010 年·卷二·61 题）①

A. 构成绑架罪、故意伤害罪与强制猥亵妇女罪，实行并罚

B. 构成拐卖妇女罪、故意伤害罪、强制猥亵妇女罪，实行并罚

C. 构成拐卖妇女罪、强制猥亵妇女罪，实行并罚

D. 构成拐卖妇女罪、强制猥亵妇女罪，实行并罚，但由于尚未出卖，对拐卖妇女罪应适用未遂犯的规定

（四）收买被拐卖的妇女、儿童罪

第 241 条 收买被拐卖的妇女、儿童的，处三年以下有期徒刑、拘役或者管制。

收买被拐卖的妇女，强行与其发生性关系的，依照本法第二百三十六条的规定定罪处罚。

收买被拐卖的妇女、儿童，非法剥夺、限制其人身自由或者有伤害、侮辱等犯罪行为的，依照本法的有关规定定罪处罚。

收买被拐卖的妇女、儿童，并有第二款、第三款规定的犯罪行为的，依照数罪并罚的规定处罚。

收买被拐卖的妇女、儿童又出卖的，依照本法第二百四十条（拐卖妇女、儿童罪）的规定定罪处罚。

收买被拐卖的妇女、儿童，对被买儿童没有虐待行为，不阻碍对其进行解救的，可以从轻处罚；按照被买妇女的意愿，不阻碍其返回原居住地的，可以从轻或者减轻处罚。（本条第 6 款经《刑法修正案（九）》修正）

收买被拐卖的妇女、儿童罪，是指不以出卖为目的，故意用财物收买被拐卖的妇女、儿童的行为。本罪侵害的法益是妇女、儿童的人身自由。

1. 收买行为的着手和既遂

（1）着手：与拐卖者商讨价格就是着手。

（2）既遂：接收到手就是既遂。在接收到手前，拐卖者"一女二嫁"，将妇女又卖给了他人，行为人构成犯罪未遂。

2. 共犯问题

（1）甲教唆人贩子乙出卖个妇女给自己，乙提供，甲收买。甲只构成收买被拐卖的妇女罪，不定拐卖妇女罪的教唆犯。这是因为教唆犯是使没有犯罪意图的人产生犯罪意图。人贩子本身就有拐卖妇女罪的犯罪意图。

（2）甲教唆乙（不是人贩子，是一般人）出卖个妇女给自己，乙提供，甲收买。甲与乙构成拐卖妇女罪的共犯。甲同时构成收买被拐卖的妇女罪，应数罪并罚。

3. 罪数问题（本罪第 2、3、4 款）

（1）原则上，收买罪+后罪，应数罪并罚。常见后罪有拘禁、伤害、杀害、虐待、侮辱、

---

① ［答案］ABD。

猥亵、强奸等。

（2）收买后又出卖的，只定拐卖妇女、儿童罪。这包括两种情形（本罪第 5 款）：

①收买前就有出卖意图，低价买进，高价卖出，本身就属于拐卖妇女、儿童罪。这是一种注意规定。

②收买前没有出卖意图，收买后才产生出卖意图，然后出卖，只定拐卖妇女、儿童罪。这是一种法律拟制。例如，甲收买了一位被拐卖的妇女，本想与之结婚，但发现越看越丑，便卖掉。对甲只以拐卖妇女罪论处。总结：收买罪＋拐卖罪＝拐卖罪。

（3）根据第 242 条规定，收买后，以暴力、威胁方法阻碍国家机关工作人员解救被收买的妇女、儿童的，构成妨害公务罪，应并罚。收买后，聚众阻碍国家机关工作人员解救被收买的妇女、儿童，成为首要分子的，构成聚众阻碍解救被收买的妇女、儿童罪，应并罚。

［注意］聚众阻碍解救正处在被拐卖状态的妇女、儿童，不构成聚众阻碍解救被收买的妇女、儿童罪，可以构成拐卖妇女、儿童罪的共犯。

4. 从宽处罚情节

收买被拐卖的妇女、儿童，对被买儿童没有虐待行为，不阻碍对其进行解救的，可以从轻处罚；按照被买妇女的意愿，不阻碍其返回原居住地的，可以从轻或者减轻处罚。

［提示］对于上述情形，旧法条规定是"可以不追究刑事责任"，但《刑法修正案（九）》改为"可以从轻处罚"、"可以从轻或者减轻处罚"。

（五）拐骗儿童罪

第 262 条　拐骗不满十四周岁的未成年人，脱离家庭或者监护人的，处五年以下有期徒刑或者拘役。

1. 本罪侵害的法益是家长的监护权和儿童的人身自由、安全。只要侵害两种法益之一，就构成本罪。

2. 行为方式：拐骗。这里的拐骗，既包括实力控制手段（绑架、劫持），也包括欺骗。

3. 拐骗儿童罪与拐卖儿童罪的区分：有无出卖目的。判断方法：看有没有收买方。

［注意］两罪的关系是 A 与 A＋B 的关系，B 是出卖目的。两罪不是 A 与－A 的关系。成立拐骗儿童罪，不要求特别目的。如果有出卖目的，则成立拐卖儿童罪。

4. 承继共犯问题。本节罪名中，非法拘禁罪，绑架罪，拐卖妇女、儿童罪，拐骗儿童罪这四个罪名的实行行为都有实力控制的方式。此时属于继续犯。既遂之后，有人参与进来，继续帮助实力控制的，构成承继的共同犯罪。例如，《亲爱的》电影里，黄渤角色的孩子被赵薇角色的丈夫（甲）拐骗到手，已经既遂，交给妻子乙（赵薇角色）养起来。若甲告知乙真相，则乙构成拐骗儿童罪的承继的共犯。

5. 总结罪名区分。

本节罪名中，非法拘禁罪，绑架罪，拐卖妇女、儿童罪，拐骗儿童罪这四个罪名的客观行为都有实力控制行为，构成何罪，关键看带着什么目的实施实力控制。

例如，在甲实力控制乙的情况下：

（1）甲若带着向乙的家人要钱的目的，则构成绑架罪。

（2）甲若带着出卖目的，乙是妇女或儿童，则构成拐卖妇女、儿童罪。

（3）甲若带着向乙要钱的目的，则构成抢劫罪。

（4）甲若带着奸淫乙的目的，乙是妇女或女童，则构成强奸罪。

（5）甲若没有出卖目的，乙是儿童，则构成拐骗儿童罪。

（6）甲若没有特定目的，乙是年满 14 周岁的人，则构成非法拘禁罪。

6. 总结罪数问题。

（1）三个拐卖类犯罪内部关系：收买罪或拐骗罪+拐卖罪=拐卖罪。

（2）原则上，实施两个行为，构成两个罪，应数罪并罚。

例 1，收买+后罪（包括非法拘禁、强奸等），应数罪并罚。

例 2，拐骗儿童罪+后罪，应数罪并罚。后罪诸如：奸淫女童，构成强奸罪，并罚；向儿童父母勒索财物，构成绑架罪，并罚。

7. 司法解释要点。①

（1）以出卖为目的强抢儿童，或者捡拾儿童后予以出卖的，以拐卖儿童罪论处。

（2）以抚养为目的偷盗婴幼儿或者拐骗儿童，之后予以出卖的，以拐卖儿童罪论处。

（3）要严格区分借送养之名出卖亲生子女与民间送养行为的界限。关键区分在于是否具有非法获利的目的。下列情形属于出卖亲生子女，应以拐卖儿童罪论处：第一，将生育作为非法获利手段，生育后即出卖子女的；第二，明知对方不具有抚养目的，或者根本不考虑对方是否具有抚养目的，为收取钱财将子女"送"给他人的；第三，为收取明显不属于"营养费"、"感谢费"的巨额钱财将子女"送"给他人的。

（4）明知他人拐卖妇女、儿童，仍然向其提供被拐卖妇女、儿童的健康证明、出生证明或者其他帮助的，以拐卖妇女、儿童罪的共犯论处。明知他人收买被拐卖的妇女、儿童，仍然向其提供收买妇女、儿童的户籍证明、出生证明或者其他帮助的，以收买被拐卖的妇女、儿童罪的共犯论处，但是，收买人未被追究刑事责任的除外。

（5）对婴幼儿采取欺骗、利诱等手段使其脱离监护人或者看护人的，视为刑法第 240 条第 1 款第 6 项规定的"偷盗婴幼儿"。

（6）医疗机构、社会福利机构等单位的工作人员以非法获利为目的，将所诊疗、护理、抚养的儿童出卖给他人的，以拐卖儿童罪论处。

（7）以介绍婚姻为名，采取非法扣押身份证件、限制人身自由等方式，或者利用妇女人地生疏、语言不通、孤立无援等境况，违背妇女意志，将其出卖给他人的，应当以拐卖妇女罪追究刑事责任。

以介绍婚姻为名，与被介绍妇女串通骗取他人钱财，数额较大的，应当以诈骗罪追究刑事责任。

（8）刑法第 240 条、第 241 条规定的儿童，是指不满 14 周岁的人。其中，不满 1 周岁的为婴儿，1 周岁以上不满 6 周岁的为幼儿。

四、侵犯名誉、司法的犯罪

（一）侮辱罪

第 246 条　以暴力或者其他方法公然侮辱他人或者捏造事实诽谤他人，情节严重的，处三年以下有期徒刑、拘役、管制或者剥夺政治权利。

---

① 2010 年 3 月 15 日《最高人民法院、最高人民检察院、公安部关于依法惩治拐卖妇女儿童犯罪的意见》，2016 年 12 月 21 日《最高人民法院关于审理拐卖妇女儿童犯罪案件具体应用法律若干问题的解释》。

前款罪，告诉的才处理，但是严重危害社会秩序和国家利益的除外。

通过信息网络实施第一款规定的行为，被害人向人民法院告诉，但提供证据确有困难的，人民法院可以要求公安机关提供协助。（本条第3款为《刑法修正案（九）》所增设）

本罪侵害的法益是他人名誉。

1. 侮辱对象：特定自然人。

（1）必须特定具体。可以是一人，也可以是数人。泼妇当众骂街，不构成侮辱罪。

（2）不包括死人。但是通过侮辱死人侵害了死者家属名誉的，构成侮辱罪。

（3）不包括单位。但是通过侮辱单位侵害了特定自然人名誉的，构成侮辱罪。

2. 侮辱行为。

（1）暴力：这里的暴力是指程度较低的有形力，不包括程度较高的故意杀人、故意伤害行为。例如，当众打耳光、给对方头上泼粪、强迫他人从胯下穿过等。

（2）其他方法：这是指非暴力的方法，包括使用语言、文字、图像等。例如，谩骂诋毁、张贴大字报、用电脑嫁接裸体图像并传播。

（3）侮辱行为必须公然进行。这是指能为多数人或不特定人所知晓，不要求被害人在现场。

（4）侮辱内容可以是真实事实，也可以是捏造的虚假事实。

3. 本罪告诉才处理。

如果严重危害社会秩序和国家利益的，可以公诉。这里的国家利益主要指侮辱国家领导人。

（二）诽谤罪

诽谤罪，是指捏造并散布虚假事实，足以败坏他人名誉，情节严重的行为。

1. 诽谤对象：特定自然人。

（1）必须特定具体。可以是一人，也可以是数人。

（2）不包括死人。但是通过诽谤死人，侵害了死者家属名誉的，构成诽谤罪。

2. 诽谤行为：（1）捏造虚假事实+公然散布。（2）明知是捏造事实，故意公然散布。

诽谤行为要求公开进行。所谓公开，是指让多数人或不特定人知晓。手段秘密，但让多数人或不特定人知晓，也属于公开进行。

3. 罪名区分。

（1）诽谤罪与侮辱罪。

①诽谤罪捏造的是虚假事实；侮辱罪可以使用真实事实。

例如，甲明知乙女没有与人通奸，但捏造并散布乙女与人通奸的事实，属于诽谤。如果乙女有通奸事实，甲为了损害其名誉，散布这种事实，属于侮辱罪。

[注意] 散布的事实不足以使人相信，不是诽谤，但有可能构成侮辱。例如，当众骂对方"脑子里都是粪便""狐狸精""全家人都是婊子生的"，不是诽谤，而是侮辱。

②诽谤罪不能使用暴力；侮辱罪可以使用暴力。由此可见诽谤罪在成立要件上比侮辱罪更特殊。

（2）诽谤罪与诬告陷害罪。

相同点：都捏造事实。

关键区分：是否向公安、司法等机关告发虚假的犯罪事实。

[注意] 虽然二者有区分，但不排除可以想象竞合。

（三）诬告陷害罪

第 243 条 捏造事实诬告陷害他人，意图使他人受刑事追究，情节严重的，处三年以下有期徒刑、拘役或者管制；造成严重后果的，处三年以上十年以下有期徒刑。

国家机关工作人员犯前款罪的，从重处罚。

不是有意诬陷，而是错告，或者检举失实的，不适用前两款的规定。

本罪侵害的法益是人身权利，而非国家司法职能，因为本罪被规定在"侵犯人身权利、民主权利罪"中，没有规定在"妨害司法秩序罪"中。

1. 行为主体是已满 16 周岁的人。

国家机关工作人员犯本罪，从重处罚。本罪是不真正身份犯，国家机关工作人员是量刑身份。注意：报复陷害罪（第 254 条）的主体是国家机关工作人员，是真正身份犯。

2. 行为对象是"他人"。

（1）他人必须是存在的并且特定的。第一，诬告不存在的人，不成立本罪。但是足以让司法机关怀疑确认某个存在的人，就成立本罪。第二，如果诬告对象不具体、不特定，不构成本罪。但是通过诬告材料可以推断出特定人，成立本罪。第三，诬告未达责任年龄、无责任能力的人，成立本罪。虽然司法机关最终不会对这些人定罪处罚，但会启动调查程序，使他们无故卷入刑事诉讼。

（2）诬告自己犯罪，不成立本罪。但是为了给犯罪分子脱罪而诬告自己，构成包庇罪。

（3）同意他人诬告自己，他人不成立本罪。教唆他人诬告自己，教唆者和诬告者都不成立本罪。

例如，甲为官清廉但不被提拔，心生一计，教唆乙诬告自己贪污，乙便诬告，监察机关调查发现甲很清廉，便建议组织部重用。甲乙都不构成本罪。

（4）"他人"只包括自然人，不包括单位。但是，诬告单位足以让司法机关怀疑确认某个自然人，成立本罪。

3. 诬告行为：向公安、司法机关或有关国家机关告发捏造的犯罪事实，足以引起司法机关的追究活动。

（1）必须自发诬告。这要求诬告在先，司法机关反应在后。如果在司法机关调查取证时，作虚假陈述的，不成立本罪。

（2）告发机关：公安、司法机关或有关国家机关。私下向一般人散播，不成立诬告，可成立诽谤。

（3）诬告内容：捏造虚假的犯罪事实。

①虚假事实。

第一，甲有 A 罪事实，乙故意告发有 B 罪事实，属于诬告。如果因为误解而告发有 B 罪事实，不是诬告。例如，甲有侵占事实，乙以为是盗窃而告发盗窃，不是诬告。

第二，甲有轻罪事实，乙因为误解，告发其有重罪事实，不是诬告。例如，甲有强制猥亵妇女行为，乙以为是强奸而告发强奸，不是诬告。

第三，甲有轻罪事实，乙告发，公安机关不立案，乙为了促使立案，告发甲犯了同性质的重罪，不构成诬告陷害罪。例如，乙告发甲犯了盗窃罪，公安不立案，乙便告发甲犯了抢劫罪。乙不构成诬告陷害罪。

第四，甲的犯罪事实存在，乙告发时，在犯罪情节上有程度差异，不是诬告。例如，乙告发甲贪污了100万元，经查，甲贪污了10万元。乙不属于诬告。

②必须是犯罪事实。如果诬告他人有卖淫、吸毒行为（属于违反治安管理处罚法的行为），不成立本罪。

4. 既遂：公安司法机关收到诬告材料，准备启动调查程序时就既遂。

[注意] 不要求公安司法机关启动调查程序，更不要求实际追究了被害人的刑事责任。因为本罪侵犯的法益是他人的名誉权，当公安司法机关准备启动调查程序时，他人的名誉已经受到了侵害。

5. 主观是故意，要求有诬告目的。不是有意诬陷，而是错告，或者检举失实的，不成立犯罪。例如，智子疑邻，向官府告发，不是诬告。

（四）刑讯逼供罪

第247条 司法工作人员对犯罪嫌疑人、被告人实行刑讯逼供或者使用暴力逼取证人证言的，处三年以下有期徒刑或者拘役。致人伤残、死亡的，依照本法第二百三十四条（故意伤害罪）、第二百三十二条（故意杀人罪）的规定定罪从重处罚。

本罪侵害的法益是公民的生命权、身体权。

1. 行为主体是司法工作人员。

（1）本罪是真正身份犯。例如，一般人私设公堂讯问他人，构成非法拘禁罪或故意伤害罪。超市保安或普通单位的保卫处工作人员，都不是司法工作人员。

（2）未受公安机关正式录用，受委托履行侦查职责的人员或者合同制民警，可以成为本罪主体。但是超市保安、农村治安联防员不是本罪主体。

（3）一般人与司法工作人员共同刑讯逼供的，以刑讯逼供罪的共犯论处。

2. 刑讯的对象是犯罪嫌疑人、被告人。

（1）警察在预审时实施刑讯逼供，也成立本罪。

（2）犯罪嫌疑人、被告人实际上是否构成犯罪，对本罪的成立没有影响。

3. 行为方式：刑讯加逼供。刑讯是指肉刑或变相肉刑。没有肉刑或变相肉刑的诱供、指供，不是刑讯逼供。例如，欺骗或威胁使用肉刑但没有使用的，不是刑讯逼供。

4. 主观是故意，要求有逼供目的。至于为公（如尽快结案）还是为私（趁机挟私报复），在所不问。

5. "致人伤残、死亡的，依照本法第二百三十四条（故意伤害罪）、第二百三十二条（故意杀人罪）的规定定罪从重处罚。"这里的致人伤残、死亡，是指过失所为。也即，该规定将过失致人重伤、死亡的行为拟制为故意伤害罪、故意杀人罪。

[提示] 如果在刑讯逼供、暴力取证过程中，故意重伤害或故意杀人的，当然要定故意伤害罪或故意杀人罪；如果前面的刑讯逼供行为、暴力取证行为的严重性已经构成刑讯逼供罪、暴力取证罪，则与故意伤害罪、故意杀人罪并罚。该款要点参见第十六讲"分论概说"中的"法律拟制"。

（五）暴力取证罪

本罪条文是第247条，与刑讯逼供罪同处一个条文。

1. 行为主体是司法工作人员。本罪是真正身份犯。

2. 取证对象是证人。这里的"证人"是广义的证人，既包括被害人、鉴定人、民事诉讼中的证人，也包括不具有作证资格的人、不知道案件真相的人，还包括年幼者、精神病患者。

3. 暴力取证。使用胁迫、欺骗、测谎仪，不属于暴力取证。

4. "致人伤残、死亡的，依照本法第二百三十四条（故意伤害罪）、第二百三十二条（故意杀人罪）的规定定罪从重处罚。"该款要点同刑讯逼供罪，参见第十六讲"分论概说"中的"法律拟制"。

（六）虐待被监管人罪

第 248 条 监狱、拘留所、看守所等监管机构的监管人员对被监管人进行殴打或者体罚虐待，情节严重的，处三年以下有期徒刑或者拘役；情节特别严重的，处三年以上十年以下有期徒刑。致人伤残、死亡的，依照本法第二百三十四条、第二百三十二条的规定定罪从重处罚。

监管人员指使被监管人殴打或者体罚虐待其他被监管人的，依照前款的规定处罚。

1. 被监管人，包括：第一，刑事未决犯和已决犯；第二，被行政拘留的人；第三，被强制戒毒的人。

2. "体罚虐待"，是指体罚或者虐待，而非仅限于体罚式虐待（2019 年试题）。对被监管人实施性虐待，触犯强制猥亵罪的，属于想象竞合，择一重罪论处。

3. 第 2 款规定。例如，监管人员指使被监管人（甲）虐待其他被监管人（乙）。本罪是身份犯，身份是监管人员。因此，甲无法构成本罪。监管人员构成本罪的间接正犯。如果指使行为没有对甲形成强制性支配力，则甲构成本罪的帮助犯。如果指使行为对甲形成强制性支配力，则甲无罪。

五、侵犯婚姻家庭的犯罪

（一）暴力干涉婚姻自由罪

第 257 条 以暴力干涉他人婚姻自由的，处二年以下有期徒刑或者拘役。

犯前款罪，致使被害人死亡的，处二年以上七年以下有期徒刑。

第一款罪，告诉的才处理。

本罪侵害的法益是他人的婚姻自由权。

1. 行为主体与行为对象：不要求有特定关系。例如，甲暴力干涉自己女儿的婚姻自由，成立本罪；甲暴力干涉邻居女儿的婚姻自由，也成立本罪。

2. 暴力：这里的暴力是指程度较低的暴力。例如，捆绑、拘禁，但是不包括极为轻微的暴力（如打一耳光）。当然，如果暴力程度达到重伤，则与故意伤害罪想象竞合，择一重罪论处，按故意伤害罪论处。

3. 干涉：必须有干涉行为。第一，仅有暴力行为，没有干涉行为，不构成本罪；第二，仅有干涉，没有暴力也不构成本罪。

4. 婚姻自由。

（1）既包括结婚自由，也包括离婚自由。

（2）不包括恋爱自由和分手自由。

（3）既包括强制甲与乙结婚或离婚，也包括强制甲与自己结婚。

[注意] 由于夫妻关系比较特殊，丈夫强制妻子跟自己离婚或不同意跟自己离婚，使用暴力，不成立本罪，可成立虐待罪。

5. "犯前款罪，致使被害人死亡的"，这是该罪的结果加重犯。这里的"死亡"包括被害人自杀。

[总结] 告诉才处理的五种犯罪：

1. 侮辱罪、诽谤罪（第246条）。如果严重危害社会秩序和国家利益的，属于公诉，不告诉也处理。

2. 虐待罪（第260条）。如果致被害人重伤、死亡，属于结果加重犯。对此加重结果，不告诉也处理。遗弃罪不是告诉才处理的犯罪。

3. 暴力干涉婚姻自由罪（第257条）。如果致被害人死亡，属于结果加重犯。对此加重结果，不告诉也处理。

4. 侵占罪（第270条），均告诉才处理。

（二）重婚罪

第258条　有配偶而重婚的，或者明知他人有配偶而与之结婚的，处二年以下有期徒刑或者拘役。

本罪侵害的法益是合法婚姻关系。

1. 行为主体与行为方式。

（1）已婚者：同时维持两份婚姻。这两份婚姻，既包括两份法律婚，也包括一份法律婚、一份事实婚。①

（2）相婚者（事前单身者）：明知对方已婚而与之结婚（法律婚或事实婚）。

2. 具体问题。

（1）同性婚姻问题。例如，甲男是同性恋，迫于父母压力，与乙女结婚，后甲男与丙男又形成事实婚姻。由于我国不承认同性婚姻，故甲丙不构成重婚罪。

（2）变性人问题。例如，甲男与乙女结婚后，变性为女人，在没有与乙解除婚姻关系时，与丙男登记结婚；乙女见甲男已经成为女人，便与丁男登记结婚。由于我国不承认同性婚姻，异性性别是婚姻的自然基础，故甲乙丙丁均不构成重婚罪。

（三）破坏军婚罪

第259条　明知是现役军人的配偶而与之同居或者结婚的，处三年以下有期徒刑或者拘役。

利用职权、从属关系，以胁迫手段奸淫现役军人的妻子的，依照本法第二百三十六条（强奸罪）的规定定罪处罚。

1. 行为对象是现役军人的配偶。现役军人的配偶不以破坏军婚罪论处，如果触犯重婚罪，以重婚罪论处。

表现情形：一是一般人与军人配偶结婚；二是军人和其他军人配偶结婚。不包括：军人和一般人配偶结婚，这种情形构成重婚罪。

---

① 在此强调事实婚，不意味着事实婚是有效婚姻，而是因为它破坏了法律婚，才承认它的存在。民法关注效力问题，刑法关注事实问题。

2. 行为方式。

（1）结婚，包括事实婚姻。

（2）同居，包括公开同居和秘密同居。注意：不包括通奸。同居和通奸的区别在于：前者具有长期共同生活的特征，而后者没有。如果将这里的同居解释为包括通奸，属于不利于被告人的类推解释，应当禁止。

3. "利用职权、从属关系，以胁迫手段奸淫现役军人妻子的"，以强奸罪论处。

［注意］该款是注意规定。也即只有当行为完全符合强奸罪的构成要件时，才能以强奸罪论处。因此，该款中的"胁迫手段"是指强奸罪中的胁迫手段。

4. 重婚罪与破坏军婚罪的关系

重婚罪的行为类型有两个：一是有配偶而重婚；二是明知他人有配偶而与之结婚（也即相婚者重婚）。破坏军婚罪的行为类型有两个：一是明知是现役军人的配偶而与之同居；二是明知是现役军人的配偶而与之结婚（也即相婚者重婚）。就相婚者重婚而言，行为人明知甲是乙的配偶而与甲结婚，是重婚罪（A）；行为人明知甲是乙（军人）的配偶而与甲结婚，既触犯重婚罪（A），也触犯破坏军婚罪（A+B），B 就是"军人"。此时，二者是法条竞合关系。

六、普通罪名

（一）强迫劳动罪

第 244 条　以暴力、威胁或者限制人身自由的方法强迫他人劳动的，处三年以下有期徒刑或者拘役，并处罚金；情节严重的，处三年以上十年以下有期徒刑，并处罚金。

明知他人实施前款行为，为其招募、运送人员或者有其他协助强迫他人劳动行为的，依照前款的规定处罚。

单位犯前两款罪的，对单位判处罚金，并对其直接负责的主管人员和其他直接责任人员，依照第一款的规定处罚。

1. 行为主体和对象。

本罪主体包括自然人和单位。根据《刑法修正案（八）》规定，本罪的对象由"职工"改为"他人"。

2. 行为类型。本罪的行为类型有两种：

（1）直接强迫劳动，包括暴力、威胁、限制人身自由的方法。非法拘禁罪是剥夺人身自由，强迫劳动罪是限制人身自由，例如，不许私自外出。如果采取剥夺人身自由的方式强迫劳动，就成立非法拘禁罪和强迫劳动罪的想象竞合犯。

（2）协助强迫劳动。注意：这种帮助行为没有被正犯化。

①在定罪条件上，仍需遵守共犯从属性。也即，如果实行者无罪，这种协助行为也无罪。例如，甲为乙招募、运送了 3 名人员，但乙没有强迫他们劳动。甲不构成犯罪。

②在量刑标准上，不需要适用总则第 27 条关于从犯（帮助犯）的处罚规定，而应适用分则这个条文的法定刑。

（二）雇用童工从事危重劳动罪

第 244 条之一　违反劳动管理法规，雇用未满十六周岁的未成年人从事超强度体力劳动的，或者从事高空、井下作业的，或者在爆炸性、易燃性、放射性、毒害性等危险环境下从事劳动，情节严重的，对直接责任人员，处三年以下有期徒刑或者拘役，并处罚金；情节特别严重的，处三年以上七年以下有期徒刑，并处罚金。

有前款行为，造成事故，又构成其他犯罪的，依照数罪并罚的规定处罚。

1. 只要求雇用，不要求强迫。如果先雇用，然后又强迫劳动，就构成本罪和强迫劳动罪，数罪并罚。

2. 童工是指未满 16 周岁的人，而非未满 14 周岁的人。

3. 要求从事危重劳动，而非一般劳动。

4. 造成事故，数罪并罚。例如，行为同时又构成第 134 条规定的重大责任事故罪，数罪并罚。

（三）非法侵入住宅罪

本罪侵害的法益是他人住宅安宁权。

1. 行为方式。

（1）作为方式：非法侵入。

（2）不作为方式：合法进入，拒不退出。

2. 住宅：供人饮食起居、日常生活的场所。

3. 罪数：非法侵入他人住宅，然后实施盗窃、抢劫、杀人、强奸等罪的，根据吸收犯原理，实行行为吸收预备行为，只定实行行为的犯罪。

4. 司法工作人员滥用职权犯本罪的，从重处罚。本罪是不真正身份犯，司法工作人员是本罪的量刑身份。

（四）侵犯通信自由罪

第 252 条 隐匿、毁弃或者非法开拆他人信件，侵犯公民通信自由权利，情节严重的，处一年以下有期徒刑或者拘役。

1. 行为对象是他人信件。

（1）这里的信件不要求必须通过邮局或快递传送，可以由第三人转交。

（2）这里的信件既包括未寄出的，也包括已收到的。

（3）这里的信件包括电子邮件。立法解释规定："非法截获、篡改、删除他人电子邮件或者其他数据资料，侵犯公民通信自由和通信秘密构成犯罪的，依照侵犯通信自由罪论处。"

2. 行为方式。

（1）隐匿：指妨害权利人发现信件的一切行为。

（2）毁弃：指妨害信件本来效用的一切行为。例如，将信件当作废物丢弃，当作废品变卖。

（3）非法开拆：指擅自使他人信件内容处于第三人（发件人和收件人之外的人，包括行为人）可能知悉的状态的一切行为。物理上没有开拆但通过科技手段知悉信件内容的行为，也属于非法开拆。

（五）私自开拆、隐匿、毁弃邮件、电报罪

第 253 条 邮政工作人员私自开拆或者隐匿、毁弃邮件、电报的，处二年以下有期徒刑或者拘役。

犯前款罪而窃取财物的，依照本法第二百六十四条的规定定罪从重处罚。

1. 本罪与侵犯通信自由罪的区分：主体不同，后者是一般主体，本罪是邮政工作人员。

2. 行为方式：开拆、隐匿、毁弃，具体含义与侵犯通信自由罪中的开拆、隐匿、毁弃相同。

3. 行为对象：邮件、电报。这里的邮件包括邮包、包裹以及无法投递的、应退回寄件人的邮件。

4. 第 253 条第 2 款规定，犯前款罪而窃取财物的，以盗窃罪论处。这里的"窃取财物"，是指开拆邮件后窃取其中财物。

（六）侵犯公民个人信息罪

第 253 条之一 违反国家有关规定，向他人出售或者提供公民个人信息，情节严重的，处三年以下有期徒刑或者拘役，并处或者单处罚金；情节特别严重的，处三年以上七年以下有期徒刑，并处罚金。

违反国家有关规定，将在履行职责或者提供服务过程中获得的公民个人信息，出售或者提供给他人的，依照前款的规定从重处罚。

窃取或者以其他方法非法获取公民个人信息的，依照第一款的规定处罚。

单位犯前三款罪的，对单位判处罚金，并对其直接负责的主管人员和其他直接责任人员，依照各该款的规定处罚。（本条经《刑法修正案（九）》修正）

司法解释要点：①

第 1 条 刑法第二百五十三条之一规定的"公民个人信息"，是指以电子或者其他方式记录的能够单独或者与其他信息结合识别特定自然人身份或者反映特定自然人活动情况的各种信息，包括姓名、身份证件号码、通信通讯联系方式、住址、账号密码、财产状况、行踪轨迹等。②

第 3 条 向特定人提供公民个人信息，以及通过信息网络或者其他途径发布公民个人信息的，应当认定为刑法第二百五十三条之一规定的"提供公民个人信息"。

未经被收集者同意，将合法收集的公民个人信息向他人提供的，属于刑法第二百五十三条之一规定的"提供公民个人信息"，但是经过处理无法识别特定个人且不能复原的除外。

第 4 条 违反国家有关规定，通过购买、收受、交换等方式获取公民个人信息，或者在履行职责、提供服务过程中收集公民个人信息的，属于刑法第二百五十三条之一第三款规定的"以其他方法非法获取公民个人信息"。

（七）虐待方面的犯罪

1. 虐待罪

第 260 条 虐待家庭成员，情节恶劣的，处二年以下有期徒刑、拘役或者管制。

犯前款罪，致使被害人重伤、死亡的，处二年以上七年以下有期徒刑。

第一款罪，告诉的才处理，但被害人没有能力告诉，或者因受到强制、威吓无法告诉的除外。（本条第 3 款经《刑法修正案（九）》修正）

---

① 2017 年 5 月 8 日《最高人民法院、最高人民检察院关于办理侵犯公民个人信息刑事案件适用法律若干问题的解释》。

② 用望远镜偷窥邻居的日常生活，不构成侵犯公民个人信息罪。

（1）本罪行为主体和行为对象是家庭成员。该"家庭成员"可以作扩大解释，可包括长年共同生活的管家、保姆和有事实婚姻关系的"夫妻"。

（2）该罪的成立要求持续性要件，也即要求经常实施，偶尔一次不构成该罪。

（3）第260条第2款中的"致使被害人死亡"包括被害人自杀。虽然被害人自杀与虐待行为没有直接因果关系，仍视为结果加重犯。

2. 虐待被监护、看护人罪

第260条之一　对未成年人、老年人、患病的人、残疾人等负有监护、看护职责的人虐待被监护、看护的人，情节恶劣的，处三年以下有期徒刑或者拘役。

单位犯前款罪的，对单位判处罚金，并对其直接负责的主管人员和其他直接责任人员，依照前款的规定处罚。

有第一款行为，同时构成其他犯罪的，依照处罚较重的规定定罪处罚。（本条为《刑法修正案（九）》所增设）

对比	虐待罪	虐待被监护、看护人罪
行为对象	家庭成员	被监护、看护人（两罪的行为对象是 A 与 B 的关系，而非 A 与 A+B。因此，两罪不是法条竞合关系，而是想象竞合关系）
行为主体	只能由自然人构成	自然人和单位
案件性质	告诉才处理，有例外	公诉案件
结果加重犯	有结果加重犯	无结果加重犯

（八）组织残疾人、儿童乞讨罪

第262条之一　以暴力、胁迫手段组织残疾人或者不满十四周岁的未成年人乞讨的，处三年以下有期徒刑或者拘役，并处罚金；情节严重的，处三年以上七年以下有期徒刑，并处罚金。

1. 行为对象：残疾人和不满 14 周岁的人。

2. 行为方式：（1）通过暴力、胁迫手段。如果采用利诱、欺骗方式，不构成本罪。（2）是组织，而非教唆、帮助。（3）组织实施的是乞讨行为，而非其他行为。

（九）组织未成年人进行违反治安管理活动罪

第262条之二　组织未成年人进行盗窃、诈骗、抢夺、敲诈勒索等违反治安管理活动的，处三年以下有期徒刑或者拘役，并处罚金；情节严重的，处三年以上七年以下有期徒刑，并处罚金。

典型真题

关于侵犯公民人身权利的犯罪，下列哪一选项是正确的？（2017 年·卷二·15 题）①

A. 甲对家庭成员负有扶养义务而拒绝扶养，故意造成家庭成员死亡。甲不构成遗弃罪，成立不作为的故意杀人罪

B. 乙闯入银行营业厅挟持客户王某，以杀害王某相要挟，迫使银行职员交给自己 20

---

① ［答案］关于 B 项，绑架罪与抢劫罪不是对立排斥关系，而是可以想象竞合。本题答案：C。

万元。乙不构成抢劫罪，仅成立绑架罪

C. 丙为报复周某，花 5000 元路费将周某 12 岁的孩子带至外地，以 2000 元的价格卖给他人。丙虽无获利目的，也构成拐卖儿童罪

D. 丁明知工厂主熊某强迫工人劳动，仍招募苏某等人前往熊某工厂做工。丁未亲自强迫苏某等人劳动，不构成强迫劳动罪

18 第十八讲 财产犯罪

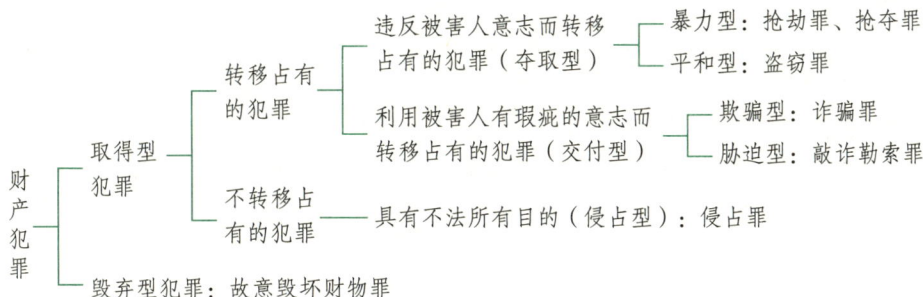

特别提示

1. 罪名分类图：

```
                                          违反被害人意志而转移        暴力型：抢劫罪、抢夺罪
                              转移占有      占有的犯罪（夺取型）       平和型：盗窃罪
                              的犯罪
                  取得型                    利用被害人有瑕疵的意志而    欺骗型：诈骗罪
    财            犯罪                       转移占有的犯罪（交付型）    胁迫型：敲诈勒索罪
    产
    犯                        不转移占
    罪                        有的犯罪      具有不法所有目的（侵占型）：侵占罪

                  毁弃型犯罪：故意毁坏财物罪
```

2. 重要考点：根据考试规律，以下六大取得型财产犯罪必须完全掌握：盗窃罪、侵占罪、抢劫罪、抢夺罪、诈骗罪、敲诈勒索罪。

3. 案例：狗蛋和狗剩共谋抢劫小芳，闯进小芳家里，小芳见状往卧室跑，因为保险箱在卧室里。小芳将卧室门反锁，狗蛋、狗剩无法破门而入，打算离去。离开时，狗蛋在客厅看到一部手机，顺手拿走。对此行为，狗剩没有注意到。等二人离去，小芳出来，发现手机没有了。对二人怎么处理？①

一、基本原理

（一）保护法益

财产犯罪的保护法益：首先是所有权，其次是占有事实。

首先，财产犯罪保护所有权。这意味着所有权人从盗窃者手中窃回财物，不成立盗窃罪。因为盗窃者对财物没有所有权。

其次，财产犯罪保护占有这种事实。既保护合法占有，也保护非法占有。

保护非法占有时，非法占有必须是平稳占有。所谓平稳占有，是指行为人占有某件财物，即使不合法，但是只有通过法定程序才能加以没收、追缴，一般人无权侵犯。例如，甲

---

① ［答案］二人构成抢劫罪的共同犯罪，抢劫罪构成未遂，同时属于入户抢劫。狗蛋还构成盗窃罪既遂，与抢劫罪并罚。注意：对狗蛋不能定抢劫罪既遂。

盗窃了一辆摩托车，放在家里，虽然甲对摩托车的占有属于非法占有，但是只有国家有权没收，一般人无权侵犯。如果一般人盗窃该摩托车，构成盗窃罪。

但是，虽然平稳的非法占有可以对抗一般人，但是不能对抗财物的所有权人。财物所有权人恢复自己所有权的行为不构成犯罪。例如，甲盗窃了乙的摩托车，放在家里，虽然一般人不能去偷，但是乙可以偷回来。①

前提事实（有形财物）	行为类型	结论	理由
甲盗窃了乙的摩托车	第三人丙从甲处盗窃了该摩托车	丙构成盗窃罪	丙侵犯了甲的非法占有事实
甲盗窃了乙的摩托车	主人乙从甲处盗窃回来	乙不构成盗窃罪	甲的非法占有事实不能对抗乙的所有权
甲借到乙的摩托车	未到期，主人乙从甲处盗窃回来	乙构成盗窃罪	乙的所有权不能对抗甲的合法占有事实

（二）行为对象：财物

1. 种类范围

（1）包括财产性利益。财产性利益，是指有形财物以外的财产上的利益，主要是指债权，债权是一种请求权。

例1，王某乘坐出租车，到目的地后，司机要求支付车费。王某用刀威胁司机："要车费，我就要你的命！"司机被迫说道："算我倒霉，你下车吧！"王某下车离开。王某的行为属于使用强制手段迫使司机放弃债权，免除对自己的债务，在效果上获得了一份财产性利益，因此构成抢劫罪，属于抢劫财产性利益。

例2，甲使用技术手段，将乙网上银行账户的资金转入自己账户。即使甲没有从账户取出现金，甲也构成盗窃罪既遂，此时盗窃的对象是财产性利益（债权）。

例3，甲使用假军车牌，骗免过路费，属于诈骗财产性利益。

［提示1］财产犯罪的对象是财物、财产性利益，不包括劳务、服务。诈骗的是劳务还是劳务费，根据行为与行为对象同时存在原则来判断。

例1，甲欺骗室友乙："你给我写作业，我给你3000元。"乙受骗，帮甲写好作业。甲向乙挑明，不支付3000元。写作业属于劳务，不能视为财物。甲一开始有欺骗行为，当时的行为对象只是劳务，劳务费尚未诞生。

例2，甲乙约定好，乙给甲写作业，甲给乙3000元劳务费。当乙将完成的作业交给甲

---

① 2005年6月8日《最高人民法院关于审理抢劫、抢夺刑事案件适用法律若干问题的意见》第7条规定：抢劫自己所输赌资、所赢赌债，一般不定抢劫罪。例如，甲与乙赌博。情形一：甲输给乙5万元，甲从乙手中抢劫回来，对甲不定抢劫罪。情形二：甲赢了乙5万元，乙给甲打了个欠条，后乙不还，甲从乙手中抢劫回5万元，对甲不定抢劫罪。司法解释的意思是甲没有非法占有目的，故甲不构成抢劫罪。但是，情形一：甲输掉的钱，甲便丧失所有权，乙对赢的钱的占有事实值得刑法保护，甲应构成抢劫罪。情形二：关于债权要具体分析，如果乙借了甲的摩托车，到期不还，甲可以抢劫回来；但是钱是种类物，乙欠甲的钱，甲不能去抢劫乙的钱或财物，否则所有讨金钱之债的债权人都可以抢劫债务人财物了。因此，司法解释的这种处理只能被视为特殊规定，也即不要将它当做真理，去推广适用。这个原理要讲清楚。不过由于司法解释具有法律效力，因此若考试考到司法解释的情形，应按司法解释的结论来答题。

后，甲又不想支付劳务费，便用假币支付。乙以为是真币而接收。甲构成诈骗罪，诈骗的是财产性利益。

例3，某大学的羽毛球馆在暑期闭馆。甲潜入，打开门，在管理员不知情的情况下，自行组织对外营业一个星期，收取了3000元。虽然甲有盗窃行为，但当时羽毛球馆的管理员并没有现实存在的财产性利益（债权）。因此，甲不构成盗窃财产性利益，不构成盗窃罪。

例4，甲一开始就不想给钱，欺骗卖淫女："好好服务，完了给钱。"事后甲溜掉。甲欺骗的是服务，而非财产性利益。

[提示2] 非法的财产性利益，刑法不予保护。这是因为，财产性利益主要是债权，债权是请求权，请求权要求具有请求的可能性。例如，甲一开始想给钱，让卖淫女服务完后，才产生了不给钱的想法，用假币支付嫖资。甲不构成诈骗罪，因为嫖资属于非法的财产性利益。但甲构成使用假币罪。如果甲支付了3000元嫖资，又使用欺骗方式骗回来，则构成诈骗罪，因为此时诈骗的对象是有形物。

（2）包括无体物，如电、通信网络信号。

（3）包括虚拟财产，如Q币、游戏点卡。

（4）包括违禁品。例如，甲看到乙非法持有毒品或假币，抢劫之，构成抢劫罪。

（5）包括债权凭证，如存折、银行卡。

（6）包括不动产，如房屋。

（7）不包括人的身体。但是，如果从身体分离出来的器官、血液，属于财物。

[提示] 上述财物的范围，只是概括而言，具体到具体罪名（抢劫罪、盗窃罪等），范围会有所不同，需要根据具体罪名的行为类型来确定。

2. 价值要求

（1）包括客观价值和主观价值。客观价值是指客观的经济价值或交换价值。主观价值是指个人使用时主观上的价值，如一封情书。

（2）包括积极价值和消极价值。消极价值，是指不能给主人带来积极价值，但落入他人之手会给主人带来财产损失。例如，银行收回准备销毁的破损钞票。违禁品（如毒品、假币、淫秽物品等）有消极价值，在社会上流动会危害社会，在不法分子手里也能卖钱，所以也是财产犯罪的对象。

（3）根据财物的价值数额大小，刑法保护财物的档次如下：

第一档：价值数额较大，值得刑法完整保护。所谓完整保护，是指所有的财产犯罪都要保护。数额较大一般指2000元左右。例如，商场发行的购物卡，不记名、不挂失。存有3000元的购物卡本身就是价值数额较大的财物。盗窃这样的购物卡，就等于盗窃了价值数额较大的财物，构成盗窃罪。

第二档：价值数额不大，但值得刑法有限保护。所谓有限保护，是指不是所有财产犯罪都保护，只有抢劫罪、特殊类型的盗窃罪（入户盗窃、携带凶器盗窃、扒窃、多次盗窃）保护，而其他财产犯罪不予保护。例如，一辆价值300元的自行车、一张银行卡、存折、欠条，属于价值数额不大，但值得刑法有限保护的财物。

例1，欠条只是证明债权的一种证据，不等于债权（财产性利益）本身，记载3000元债权的欠条不等于价值3000元的财物，因此，用普通盗窃方式盗窃一张欠条或诈骗一张欠条，不构成盗窃罪、诈骗罪。但欠条属于虽然价值数额不大，但是值得刑法有限保护的财物。因此，抢劫欠条或入户盗窃欠条，构成抢劫罪或盗窃罪。

例2，银行卡的特征是记名、设有密码、可挂失。盗窃了银行卡，对卡中的钱并不能支配和控制，不能现实占有。因此，盗窃了存有 5000 元的银行卡，不等于盗窃了价值 5000 元的财物。因此，用普通盗窃方式盗窃银行卡或诈骗银行卡，不构成盗窃罪或诈骗罪，只有此后使用卡，占有了其中的钱，才可能构成犯罪。不过，银行卡虽然价值数额不大，但值得刑法保护，因此，抢劫或入户盗窃一张银行卡，构成抢劫罪、盗窃罪。

第三档：价值微薄，不值得刑法保护。例如，一张餐巾纸、一张普通名片、一根葱等，由于价值极其低廉，不是财产犯罪的对象。即使抢劫这些财物，也不构成抢劫罪；如果致人轻伤，可定故意伤害罪。

财物档次	价值数额	保护程度	保护罪名
第一档	数额较大	完整保护	所有的财产犯罪
第二档	数额不大	有限保护	抢劫罪，特殊类型盗窃罪
第三档	数额很小	不予保护	无

（三）非法占有目的

取得型财产犯罪与毁弃型财产犯罪的区别在于：有无非法占有目的。如果有，则是取得型财产犯罪，如盗窃罪；如果没有，则是故意毁坏财物罪。

非法占有目的由排除意思和利用意思构成。排除意思，是指终局性排除占有人占有，将财物转为自己占有的意思；利用意思，是指对财物进行利用的意思。两种意思缺一不可。

1. 排除意思

缺少排除意思，不构成盗窃罪。例如，盗用他人自行车去买酱油，然后放回原地。

以下三种情形应认定为具有排除意思，构成盗窃罪：

（1）行为人没有返还意思。例如，盗用他人摩托车去购物，在使用完后将车遗弃。这种行为构成盗窃罪。

（2）行为人虽然有返还意思，但是妨害主人对财物的利用程度很严重。例如，甲明知乙的轿车即将用于妻子临产时及时送往医院，却偷出来外出旅游，打算一周后归还。乙的妻子临产时因为无法及时送往医院，导致严重后果。这种行为构成盗窃罪。

（3）行为人虽然有返还意思，但同时具有非法利用财物交换价值的意思。例如，从超市偷出商品，然后又伪装退货，以此换回现金。这种偷出商品的行为，即使有返还意思，也构成盗窃罪。又如，盗取他人数码相机，又打电话让主人用 1 万元赎回，构成盗窃罪。

2. 利用意思

缺少利用意思，就可能构成故意毁坏财物罪。例如，甲偷出他人电动自行车，不是想用，而是毁弃，构成故意毁坏财物罪。

（1）利用意思，不要求完全遵从财物的正常价值和本来用途。

例1，某猥琐男基于怪癖盗窃女士内衣，也是利用，定盗窃罪。

例2，甲偷出图书馆的珍藏本，然后用来给自己垫桌腿，也是利用，定盗窃罪。

例3，乙盗窃他人的钢材设备作为废品卖给废品收购站，也是利用，定盗窃罪。

例4，丙为了取暖，盗窃他人家具用来烤火，也是利用，定盗窃罪。

（2）不予利用，也不予毁坏，而是单纯隐匿，属于缺少利用意思，构成故意毁坏财物罪。例如，甲盗窃乙的手机，不是想自己用，而是不想让乙用，将手机永久封藏起来，放在地下室。这种损人不利己的行为构成故意毁坏财物罪。

[总结] 一般而言，凡是出于单纯毁坏、隐匿之外的意思，都可以评价为有利用意思。

[综合练习]

例1，甲女与丈夫在打离婚官司，为了证明丈夫有外遇，偷走丈夫送给第三者的戒指，打算在诉讼后予以归还。甲女只有利用意思，没有排除意思，不构成盗窃罪。

例2，甲将乙杀害后，为了防止警方追查，将乙的行李及轿车推到山下。甲只是为了不让他人利用而将财物抛弃，不属于利用意思，而属于不让他人利用的意思。

例3，甲将乙杀害后，盗走乙的车，将尸体运到外地，然后将车抛弃。甲既有利用意思，也有排除意思，构成盗窃罪。

例4，甲以非法占有目的盗窃到乙的手机，到手后发现手机很烂，便扔进水沟。甲先构成盗窃罪，之后的毁坏行为属于不可罚的事后行为，不再定故意毁坏财物罪。之后出现毁坏行为并不能否定之前产生的非法占有目的。

例5，挪用公款罪与贪污罪的区分是有无非法占有目的，前者无，后者有。具体而言，前者只有利用意思，但没有排除意思。

[提示] 非法占有目的，既包括为行为人本人占有的目的，也包括为第三人占有的目的。

例1，甲悄悄拿出乘客乙的钱包，直接放进女友的包里，让女友拥有。甲构成盗窃罪。

例2，官员甲利用职权将公家的财物送给朋友乙。甲构成贪污罪。

典型真题

下列哪些选项的行为人具有非法占有目的？（2011年·卷二·61题）①
A. 男性基于癖好入户窃取女士内衣
B. 为了燃柴取暖而窃取他人木质家具
C. 骗取他人钢材后作为废品卖给废品回收公司
D. 杀人后为避免公安机关识别被害人身份，将被害人钱包等物丢弃

二、侵占罪

第270条　将代为保管的他人财物非法占为己有，数额较大，拒不退还的，处二年以下有期徒刑、拘役或者罚金；数额巨大或者有其他严重情节的，处二年以上五年以下有期徒刑，并处罚金。

将他人的遗忘物或者埋藏物非法占为己有，数额较大，拒不交出的，依照前款的规定处罚。

本条罪，告诉的才处理。

本罪没有侵害他人的占有权，而只侵害了他人的所有权，因为行为人事先已经占有他人财物。

---

① [答案] ABC。

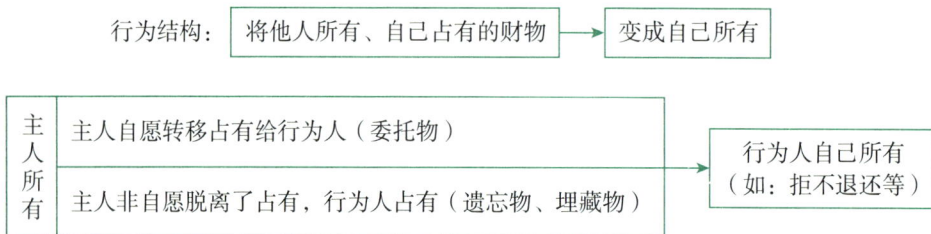

行为结构：┌ 将他人所有、自己占有的财物 ┐ → ┌ 变成自己所有 ┐

主
人
所
有
┌ 主人自愿转移占有给行为人（委托物） ┐
├ 主人非自愿脱离了占有，行为人占有（遗忘物、埋藏物） ┤
→ ┌ 行为人自己所有
（如：拒不退还等） ┐

（一）行为对象

本罪的行为对象：他人所有、自己占有的财物。对一件物品，所有权和占有权可以相分离。所有权人对物品虽有所有权，但由于某些原因，占有权可能又归其他人拥有。这样的财物主要包括两大类：一是委托物，二是遗忘物、埋藏物。这主要是根据主人失去占有的原因来划分。前者是主人基于自己自愿而将财物转移占有给行为人。后者是主人非基于自愿而脱离占有。

1. 委托物

所有权人自愿将财物委托给行为人占有。例如，代为保管、暂时出借、用于担保等。因此，对本罪条文中的"代为保管的财物"应作扩大解释，是指委托物，包括代为保管物、出借物、担保物等。

（1）本罪的"代为保管的财物"必须是行为人占有的财物。行为人的有些保管、借用行为并没有形成对财物的占有，不会构成侵占罪。

例1，甲让站在厕所门口的乙临时保管下行李，自己上个厕所。乙趁机拿走行李。乙的保管没有形成对行李的占有。乙拿走财物属于将甲占有的财物转移为自己占有，构成盗窃罪。

例2，甲乙在餐厅吃饭，乙借用甲的手机打个电话，打完后悄悄拿走手机溜掉。乙的借用没有形成对手机的占有。乙拿走手机属于将甲占有的财物转移为自己占有，构成盗窃罪。

（2）基于不法原因而委托的财物

第一，委托给付的财物。例如，甲欲向国家工作人员行贿，将财物委托给乙，让乙转交给国家工作人员，乙却将财物据为己有，乙是否构成侵占罪？

肯定说的理由：①乙的行为完全符合侵占罪的犯罪构成。②无论甲对财物是否具有返还请求权，财物都不是乙的财物，因此该财物属于"他人财物"。③如果不处罚侵占代为保管的非法财物的行为，将可能使大批侵占赃款、赃物的行为无罪化，这并不合适。

否定说（多数说）的理由：①对于贿赂款，甲没有返还请求权，该财物已经不属于甲，因此，乙没有侵占"他人财物"。②该财产在乙的实际控制下，不能认为其已经属于国家财产，故该财产不属于代为保管的"他人财物"。据此，不能认为乙虽未侵占甲的财物但侵占了国家财产。③如认定为侵占罪，会得出民法上甲没有返还请求权，但刑法上认为其有返还请求权的结论，刑法和民法对相同问题会得出不同结论，法秩序的统一性会受到破坏。

第二，委托保管的财物。例如，甲将其盗窃的财物委托给乙，告知是偷来的，让乙窝藏（或代为销售），乙却将财物据为己有，乙是否构成侵占罪？

肯定说的理由：乙的行为完全符合侵占罪的构成要件。财物是他人所有、自己占有的财物，属于侵占罪的行为对象。据为己有属于侵占罪的行为方式。

否定说（多数说）认为，对乙应以掩饰、隐瞒犯罪所得罪论处。理由：①甲是盗窃犯，不是财物的所有人。②非法委托关系不应受法律保护。③财物属于原主人的脱离占有物。乙对原主人构成侵占罪，但因为乙只有一个行为，想象竞合，择一重，应以掩饰、隐瞒犯罪所得罪论处。

[注意] 不是基于不法原因委托保管的财物，而是基于合法原因委托保管的财物，是侵占罪保护的对象。例如，甲盗窃了一辆摩托车，对修理师傅乙称："请将我的摩托车修理好，我明天来取。"乙察觉出该车是甲盗窃来的，第二天拒不归还。由于甲是基于合法原因（修车）而委托乙保管，因此甲享有返还请求权，乙拒不返还，构成侵占罪。

2. 遗忘物、埋藏物

行为人对遗忘物、埋藏物的占有，不是所有权人主动赋予的，而是行为人自己发现后而形成的。所有权人并非基于自愿而对财物脱离了占有，例如，遗忘等。行为人发现并占有遗忘物、埋藏物，这个行为本身不是犯罪，只有不归还并据为己有时才构成犯罪。

（1）遗忘物

这是指非基于所有权人自愿而脱离占有的财物。例如，阳台飘落的衣物，离开饭馆遗忘在饭桌上的钱包，下课后忘在教室的书包。

[注意] 财物处于所有权人控制范围内，所有权人即使短暂遗忘，仍视为所有权人在占有。

例如，出租车司机甲看到乘客乙下车时将手机忘在座位上，未作声，乙刚下车就想起手机忘在车上了，转身去找，只见甲驾车扬长而去。因为乙下车时手机仍在乙支配范围内，即使乙短暂遗忘，也仍视为乙在占有，甲构成盗窃罪，而非侵占罪。

（2）埋藏物

这是指埋于地下或藏于他物之中的财物，有所有权人但所有权人没有现实占有。

埋藏物的所有权人应当是明确的，或者是他人，或者是某单位或国家。如果既不属于国家或单位，又不属于他人，即无主物，根据先占原则，就属于行为人所有，不得以侵占罪论处。

[注意] 所有权人有意埋于地下，具有占有意思，不属于埋藏物，也不属于遗忘物，仍视为所有权人在占有，行为人不法取得的，成立盗窃罪。

（二）行为方式

行为方式：行为人行使了财物的所有权，主要是处分权。例如，变卖掉、消费掉或者拒不退还。行使所有权的方式可分为作为方式和不作为方式。作为方式，如变卖掉、消费掉、抵押掉、赠与他人。不作为方式，如拒不退还。

1. 特定物

针对特定物，行使所有权的方式既包括作为方式，如变卖掉、消费掉，也包括不作为方式，如拒不返还。就特定物而言，拒不返还不是成立侵占罪的唯一行为方式。

例如，甲委托乙保管自己的小狗，乙保管了两天就将小狗给卖掉了。乙的行为属于将自己占有变成自己所有，构成侵占罪。又如，乙将小狗给下锅吃了，也属于将自己占有变成自己所有，也构成侵占罪。再如，乙没卖也没吃小狗，但就是不还给甲，这也属于将自己占有变成自己所有，也构成侵占罪。

2. 种类物

针对种类物，行使所有权的方式只有拒不返还。变卖掉、消费掉不能体现行使所有权。

就种类物而言，拒不返还是成立侵占罪的唯一行为方式。

例 1，甲委托乙保管现金 1 万元，保管 5 天。第 3 天，乙用这 1 万元给自己买了台电脑。此时很难说明，乙将甲的现金据为己有，因为现金放在一起无法进行区分，只要第 6 天乙如数归还，就说明乙没有将 1 万元变成自己所有，如果第 6 天拒不归还，就表明乙将 1 万元变成自己所有。此时，拒不归还就具有了"变成自己所有"的决定意义。

例 2（错误找钱），银行柜台员甲给客户乙多找了钱，乙拿到手后发现多找了一万元。由于资金是种类物，乙使用消费，不构成侵占罪。但乙拒不返还，构成侵占罪。

例 3（错误汇款），甲本想给丙汇款一万元，不慎打到了乙的卡里。由于资金是种类物，乙使用消费，不构成侵占罪。但乙拒不返还，构成侵占罪。

例 4（错误汇款），甲本想给自己手机充值，不慎将五千元充到了乙的手机。乙使用消费，不构成侵占罪。但乙拒不返还，构成侵占罪。

三、盗窃罪

第 264 条　盗窃公私财物，<u>数额较大的，或者多次盗窃、入户盗窃、携带凶器盗窃、扒窃</u>的，处三年以下有期徒刑、拘役或者管制，并处或者单处罚金；数额巨大或者有其他严重情节的，处三年以上十年以下有期徒刑，并处罚金；数额特别巨大或者有其他特别严重情节的，处十年以上有期徒刑或者无期徒刑，并处罚金或者没收财产。

第 265 条　以牟利为目的，盗接他人通信线路、复制他人电信码号或者明知是盗接、复制的电信设备、设施而使用的，依照本法第二百六十四条的规定定罪处罚。

（一）行为结构

行为结构：| 将他人占有的财物 | → | 通过平和手段 | → | 转移为自己占有 |

1. 行为对象：他人占有的财物。

他人占有的财物，既包括合法占有，也包括非法占有。

（1）他人合法占有。例如，甲向乙借来摩托车，停放在自家院里，乙又悄悄偷回。因为甲是合法占有，所以乙构成盗窃罪。

（2）他人非法占有。例如，他人对违禁品的占有，除了国家没收，别人不得侵犯。又如，甲购买了 100 克毒品藏在家里，被乙发现，乙便窃得这些毒品。乙构成盗窃罪。

2. 行为方式：平和手段，转移占有。

转移占有由两个环节组成：一是破坏他人对财物的占有。有该行为，就成立盗窃罪。二是建立自己对财物的占有。有该行为，盗窃罪就既遂了。转移占有的手段必须是平和手段。所谓平和手段，是指手段不能对人身具有暴力、胁迫的性质。

［特别提示］秘密性问题。对此存在观点展示。秘密性不必要说认为（多数说），成立盗窃罪，不要求手段具有秘密性。① 秘密性必要说认为（少数说），成立盗窃罪，要求手段具有秘密性。考题若考观点展示，则进行观点展示；考题若考唯一答案，则唯一答案是多数说（秘密性不必要说）。秘密性必要说在早期是多数说，现在变成少数说，是因为秘密性必要说

---

① 参见张明楷：《刑法学》（第五版），法律出版社 2016 年版，第 949、997 页。周光权：《刑法各论》（第三版），中国人民大学出版社 2016 年版，第 117 页。黎宏：《刑法学各论》（第二版），法律出版社 2016 年版，第 317 页。

存在九大缺陷。

第一，秘密性必要说误将一个罪的常见情形当作一个罪的必要条件。秘密性只是盗窃罪的常见情形。从逻辑上讲，不能将一个罪的常见情形上升为一个罪的必要条件。虽然百分之八十的盗窃案是秘密进行的，但不能因此将秘密性上升为盗窃罪的必要条件。这一点，在官方三大本教材中有明确表述。

第二，如果认为盗窃罪是秘密的，抢夺罪、抢劫罪是公开的，则二者便是对立排斥关系，那么抢劫罪、抢夺罪就无法包容评价为盗窃罪。但是，以往考试中多次考到，抢劫罪、抢夺罪可以包容评价为盗窃罪。三者的区别在于，盗窃罪的行为特征是，对物平和手段，对主人人身没有危险；抢夺罪的行为特征是，对物暴力，对主人人身有危险；抢劫罪的行为特征是，对人暴力，压制人的反抗。三者是 A 与 A+B 的包容评价关系。

第三，秘密性必要说所谓的"秘密性"含义不清、游移不定。秘密性必要说先是主张，秘密性是指盗窃者的盗窃行为没有被任何人看见。然而，例如，甲在公交车上扒窃乘客乙的包，乙浑然不觉，但周围乘客都看到了，只是袖手旁观。多数观点认为甲构成盗窃罪。

为化解该问题，秘密性必要说又主张，被周围人看见无所谓，秘密性是指盗窃者的盗窃行为没有被被害人看见，上述公交车案件中，被害人乙没有看见，因此甲的行为是秘密的，故构成盗窃罪。然而，例如，甲入室盗窃，户主乙是个老奶奶，乙惊醒，但不敢起身去拦，趴在被窝里看甲。甲拿走财物。多数观点认为甲构成盗窃罪。

为化解该问题，秘密性必要说又主张，被被害人看见无所谓，秘密性是指盗窃者自以为自己是秘密的，上述老奶奶案中，盗窃者甲自以为自己是秘密的，因此甲的行为便是秘密的，故构成盗窃罪。此时"秘密性"完全成为犯罪人的主观看法。这便导致犯罪人的行为能否构成盗窃罪，完全取决于犯罪人的主观看法，也即犯罪人声称"我是秘密进行"，对犯罪人就定盗窃罪；犯罪人声称"我是公开进行的"，对犯罪人就不定盗窃罪。这显然是不妥当的。犯罪人的行为是否构成盗窃罪，应取决于其行为的客观特征（平和还是暴力），而非其主观内心看法。

这种"秘密性"会导致许多案件无法得到妥当处理。例如，主人瘫痪在床，失去语言能力。保姆将主人家的财物往出搬，搬的过程中，主人醒了，身体不能动，也说不了话，只能看着。保姆看到主人醒来，没搭理，继续搬。依据秘密性必要说，主人醒来之前，保姆构成盗窃；主人醒来之后，由于保姆意识到自己是公开进行的，因此构成抢夺罪。然而，多数观点认为，犯罪人的行为构成何罪，应依据行为特征，而非犯罪人主观看法；在主人醒来前后，保姆的行为是同样的行为，均对主人人身没有暴力或危险，均构成盗窃罪。

第四，既然秘密地将他人财物拿走能构成盗窃罪，为何公开地将他人财物拿走就不能构成盗窃罪？根据当然解释，公开方式更严重，更应构成盗窃罪。[①]

第五，秘密性必要说认为，德日刑法认为盗窃罪可以公开进行，是因为德日刑法没有抢夺罪；我国刑法有抢夺罪，所以必须要求盗窃罪是秘密的。这是对德日刑法的严重误解。德日刑法认为盗窃罪可以公开进行的观点与其立法上没有抢夺罪毫无关系。我国台湾地区刑法规定有抢夺罪，但我国台湾地区刑法学通说认为盗窃罪不要求秘密性。而且应当注意，我国刑法盗窃罪不要求秘密性，不是学习德日刑法的产物，而是基于我国刑法的逻辑分析，具体

---

① 参见张明楷：《盗窃与抢夺的界限》，载《法学家》2006 年第 2 期。

分析理由就是上下文的诸多理由。

第六，秘密性必要说会导致无罪可定的尴尬局面。例如，乘客甲下车时将手机遗忘在出租车后座，乘客乙上车时，司机看到后座的手机，问乙："这是不是你的手机？"乙谎称是的。司机便让乙收好手机。乙收好手机后下车。诈骗罪要求受骗人有处分财物的行为和意识，也即意识到将自己占有的财物处分给对方占有。司机没有意识到自己占有手机，没有处分占有的意识，因此乙不构成诈骗罪。乙通过平和手段转移司机占有的财物，构成盗窃罪。按照秘密性必要说，乙和司机相互交流，完全公开，不能定盗窃罪，更不可能定抢夺罪或侵占罪，只好对乙作无罪处理。这种无罪结论显然是错误的。关于本案分析，可参见诈骗罪一节。

又如，甲欺骗精神病发作的乙："我用一万元（实际是假币）买你的手镯"，乙答应交易。学界共识是，骗精神病患者的钱不构成诈骗罪，而构成盗窃罪。若依秘密性必要说，甲乙公开交流，不构成盗窃罪。如此对甲只能作无罪处理。这种无罪结论显然是错误的。

第七，秘密性必要说会导致罪刑不相适应。刑法规定，携带凶器盗窃，定盗窃罪；携带凶器抢夺，定抢劫罪。按照秘密性必要说，携带凶器公开盗窃，就属于携带凶器抢夺，按抢劫罪论处。这导致本应定盗窃罪，却定成了处罚很重的抢劫罪。

第八，秘密性必要说认为，我国全体法官及所有判决均赞成秘密性必要说，实务中没有一例赞成公开盗窃的判决。这种说法过于武断。实务中许多与时俱进、开明的法官、检察官认为盗窃罪可以公开进行。限于篇幅，试举一例，谢某、谢某均在车上借用王某手机，并对王某称："我们打电话，你能否下车等候一下？"王某答应，刚下车，谢某、谢某均立即驾车离开。王某看着二人拿着自己的手机驾车离去。法官判决认为，盗窃罪的主要情形是秘密进行，但并不排除公然盗窃的情形，两位被告构成盗窃罪。①

第九，秘密性必要说认为，盗窃罪要求秘密性是我国传统法律文化的表现，是中国国情，是祖训，也即老祖宗历来认为"明抢暗偷"。然而，一方面，王安石说过"祖宗不足法"。法学理论要与时俱进，不能抱守残缺。另一方面，古代审判实际上并没坚持秘密性必要说，例如，甲让耕牛在河边吃草，自己在河对岸锄地，乙要牵走耕牛，甲喝止，但由于隔着一条河，只能眼睁睁看着乙不慌不忙地牵走耕牛。县官判处乙构成盗窃罪。

秘密性必要说正因为有上述诸多缺陷，导致其从早期的多数说变成了少数说。从真题的选项设计及考查意图也可以看出，真题倾向于多数说，意图揭示秘密性必要说的缺陷。

例如（2013 年·卷二·60 题），甲潜入他人房间欲盗窃，忽见床上坐起一老妪，哀求其不要拿她的东西。甲不理睬而继续翻找，拿走一条银项链（价值 400 元）。关于本案的分析，下列哪些选项是正确的？

A. 甲并未采取足以压制老妪反抗的方法取得财物，不构成抢劫罪

B. 如认为区分盗窃罪与抢夺罪的关键在于是秘密取得财物还是公然取得财物，则甲的行为属于抢夺行为；如甲作案时携带了凶器，则对甲应以抢劫罪论处

C. 如采取 B 选项的观点，因甲作案时未携带凶器，也未秘密窃取财物，又不符合抢夺罪"数额较大"的要件，无法以侵犯财产罪追究甲的刑事责任

D. 如认为盗窃行为并不限于秘密窃取，则甲的行为属于入户盗窃，可按盗窃罪追究甲

---

① 参见广东省珠海市金湾区人民法院 2018 粤 0404 刑初 289 号谢某、谢某均盗窃案一审判决书。

的刑事责任

官方答案：ABCD。AB项想揭示，如果将公开盗窃认定为抢夺，则携带凶器公开盗窃就属于携带凶器抢夺，就需要定处罚很重的抢劫罪，由此导致罪刑不相适应。CD项想揭示，如果要求盗窃罪具有秘密性，就导致甲不构成任何财产犯罪。这显然不合理。

[总结] 公开盗窃的常考情形：

第一，貌似抢夺，实为公开盗窃。例如（真题），甲拎着包逛街，不慎摔倒，包摔出5米外，甲脚骨折，站不起来，坐在地上揉脚。乙路过捡起包，大摇大摆拿走。多数观点认为乙构成盗窃罪。这是因为，抢夺罪要求对物暴力，对物暴力是指对人身有危险，如将他人挂在脖子上的手机一把拽走，该手段对人身有危险，属于对物暴力，构成抢夺罪。而甲的包距离甲有5米远，乙捡该包时，对甲的人身没有危险，不属于对物暴力，而属于对物平和手段，因此不构成抢夺罪。又由于财物仍为甲占有，所以乙也不构成侵占罪。乙只能构成盗窃罪。在此，甲看到了乙的行为，乙也知道甲看到了自己的行为，乙的行为完全是公开的，但仍构成盗窃罪。

第二，貌似侵占，实为公开盗窃。例1，甲买了一堆沙发，请两个三轮车夫乙丙各运载一个，甲坐在乙的车上，让丙跟在后面。行驶一段距离，丙欲非法占有该沙发，加速逃离，甲不敢去追，因为担心乙也逃离。由于丙车上的沙发在甲的实际控制范围内，甲仍占有沙发，丙只是占有的辅助者。丙不构成侵占罪，而构成公开盗窃。例2，甲在二楼阳台不慎将钱包掉在一楼地面，甲看着钱包，让自己的孩子下楼去捡。乙路过，看到钱包，要拿走。甲喝止，乙不听，拿走。甲对掉在地面的钱包没有失去占有，乙构成公开盗窃。

第三，貌似诈骗，实为公开盗窃。例如，甲在公交车站欲非法占有乙的手机，与乙搭讪，取得信任后，欺骗乙："我手机没电了，借打个电话，可以吗？"乙相信，将手机交给甲。甲接到手机后，迅速逃离。由于甲没有对物暴力，不能定抢夺罪。乙虽然将手机给了甲，但并没有处分占有（没有放弃占有，只是让甲在自己身边临时用一下），甲不构成诈骗罪。甲构成公开盗窃。

第四，貌似抢劫，实为公开盗窃。例如，甲入户盗窃乙（老太太）家，乙惊醒，在床上不敢下床，哀求甲不要盗窃，甲不搭理，继续翻东西，拿走东西。多数观点认为，甲对乙未实施暴力，不构成抢劫罪，而构成盗窃罪。

第五，盗窃罪的间接正犯，可以公开进行。例如（真题），甲在超市捡到乙的购物小票，拦住乙，要求乙归还自己的财物。乙不给，甲叫来保安，出示购物小票，保安被骗，请乙归还财物，乙无奈之下将财物给甲，打算回头找甲算账。多数观点认为，由于保安没有处分乙的财物的权利，甲不构成三角诈骗，而构成盗窃罪的间接正犯，属于公开盗窃（具体分析参见"诈骗罪"部分）。

第六，公然诈骗幼儿、精神病患者的财物，不定诈骗，而定盗窃罪，属于公开盗窃。

[注意] 考查平和手段或暴力手段是就转移占有而言的。如果暴力手段不是转移占有的行为，则不构成抢劫罪或抢夺罪。

例1，甲看到乙躺在公园长椅上睡着了，手里握着手机。甲走到跟前，用木棍轻轻地挠乙的手背，乙反射性松手，甲捡起手机逃离。甲用木棍挠乙手背的行为不是转移占有财物的行为。甲将手机捡起来拿走的行为才是转移占有的行为。该行为手段平和，构成盗窃罪。

例2，甲乙共谋非法占有丙的高级轿车，开车故意追尾丙车，丙下车与甲理论，乙趁机开走丙车。追尾行为虽然是暴力行为，但不是转移占有行为。转移占有行为是乙开走车，这是平和手段，因此构成盗窃罪。

3. 主观是故意，且具有非法占有目的。

（1）要求主观认识到财物"数额较大"。将数额较大的财物误认为是价值微薄的财物而窃取的，不具有盗窃罪的故意，不成立盗窃罪。例如，将天价葡萄误以为是普通葡萄而窃取，不成立盗窃罪。①

（2）自己所有的财产，明知处于他人合法占有的状态而窃回的，成立盗窃罪。例如，行为人将财物交付铁路运营部门托运，交付托运后行为人又窃取该财物，成立盗窃罪。

（二）成立条件（破坏他人的占有）

考试主要通过盗窃罪与侵占罪的区分来考查盗窃罪的成立条件。

区分 罪名	行为对象		行为方式
盗窃罪	他人占有的财物	→	自己占有（破坏了他人的占有）
侵占罪	他人所有、自己占有的财物	→	自己所有（没有破坏他人的占有）

例如，甲委托乙将自己珍贵的宠物狗保管 3 天，在第四天甲要取回时，乙故意不予归还，据为己有。乙的行为属于将甲所有但由自己占有的财物变成自己所有，构成侵占罪。

关键区分：谁在占有财物？如果是主人在占有，行为人破坏主人的占有就是盗窃；如果行为人事先在占有，行为人就是侵占。如何判断谁在占有？

［标准案例］甲骑自行车在前面，让三轮车夫乙载着自己的货物跟着自己走。走到十字路口，乙看到人流挺多，便掉转车头，甲发现后呼喊，但因为人群间隔，眼睁睁看着乙拉走自己的货物。乙构成盗窃罪还是侵占罪？

首先注意判断顺序。正确的判断顺序是：先判断主人是否在占有，然后判断行为人是否在占有。如果一旦确认主人在占有，那么即使行为人在实际的持有，也视为对主人占有的一种辅助手段。

刑法上的占有分为事实上的占有和观念上的占有。

1. 事实上的占有

这是指财物在主人实力控制范围之内。

（1）主人占有财物，不要求随身携带，只要财物在主人实力控制范围内即可。主人占有财物，可以与财物保持一定距离。

［常考行为模型］主人占有自己的财物，但距离财物有一定距离，行为人又持有该财物，然后将该财物脱离主人占有范围，变成自己占有。行为人构成盗窃罪（包括秘密的和公开的）。

上述三轮车夫案便是如此，需要注意的是不要先判断三轮车夫是否占有财物。若如此判断，容易陷入错误思维：三轮车夫在占有财物，变成自己所有，构成侵占罪。正确的思维是：主人在占有财物，因为财物在主人实力控制范围内，三轮车夫只是帮助主人占有。其将他人占有的财物变成自己占有，构成盗窃罪，在本案中属于公开盗窃。

---

① 周光权：《偷窃"天价"科研试验品行为的定性》，载《法学》2004 年第 9 期。

例1，旅客放在火车行李架上的行李，属于旅客在占有。

例2，秘书与领导同行，帮领导拎包，包仍属于领导在占有，秘书拎包只是对领导占有的一种辅助手段。

例3，商场里，顾客在试穿衣服，衣服仍属于销售者在占有。

例4，大学食堂，学生将书包放在座位上占座，然后去窗口买菜。书包仍属于主人在占有。

[注意] 刑法上的占有与民法上的占有不同，前者侧重于事实状态，后者侧重于权利状态。在判断刑法上的占有时，不要轻易使用民法上的占有概念。

（2）财物明显处于主人实力控制范围内，即使主人短暂遗忘，也属于主人在占有。

例1，主人外出，家里的某个财物，即使主人遗忘放在何处，也属于主人占有。

例2，饭店服务员甲看到顾客乙离去时将手机忘在饭桌上，故意未作声，乙刚起身离开，甲便将手机藏起来。乙刚走两步忽然想起手机了，回来寻找没有找到。因为手机仍在乙支配范围内，即使乙短暂遗忘，也仍视为乙在占有，甲构成盗窃罪，而非侵占罪。

（3）占有的转化问题。特定场所的财物，主人丧失占有，便转化为场所管理者占有（这种转化是一种法律上的拟制，不要求管理者认识到这种转化）。此时第三人将财物变成自己占有，构成盗窃罪。

例1，客人甲离开宾馆房间时，将钱包忘在房间，负责打扫的服务员看到后据为己有。虽然甲失去对钱包的占有，但是转化为宾馆管理者在占有，服务员的行为仍属于将他人占有的财物变成自己占有，构成盗窃罪。

例2，游客向寺庙的水池里投掷的硬币，属于寺庙管理者占有。

例3，储户遗忘在储蓄所柜台上的现金，属于储蓄所管理者占有。

<u>占有转化的条件</u>：场所特定、人员流动不大、有明确管理人。例如，遗忘在出租车上的财物，可以转化为司机（出租车公司）占有；遗忘在飞机上的财物，可以转化为乘务人员占有。但遗忘在火车或公交车上的财物，就不能进行这种转化，只能视为无人占有的遗忘物。

（4）上下占有问题。例如，小卖部老板甲让外甥乙帮忙一起卖货，乙将店里财物拿回家。如果认为乙占有财物，那么乙属于侵占。结论：上级所有的财物，下级有无占有，关键看上级对下级的授权大小。如果上级对下级比较信赖，充分授权，下级享有独立处分权，则表明下级在占有财物。上例中，甲让乙一起卖货，表明甲也在店里，乙只是辅助者，乙没有占有财物，构成盗窃。如果甲将一家分店交给乙经营，乙将店里财物拿回家，乙属于侵占，由于利用了职务便利，构成职务侵占罪。

（5）共同占有问题。例如，甲乙各出资一半，共同购买一台电脑。甲趁乙不在，将电脑变卖。电脑是甲乙共同占有的财物。甲侵犯了乙的占有，构成盗窃罪。

（6）存款的占有问题。存款包括两层含义：一是存款人对银行享有债权，<u>注意</u>：存款人此时享有的不是所有权；二是存款债权所指向的现金。

①存款人占有债权。例如，甲利用技术手段将乙存折里的资金（实际是指存款债权）划到自己存折里，构成盗窃罪，盗窃存款债权。

②存款指向的现金由银行占有，存款人没有占有。例如，甲盗窃到乙的银行卡，在ATM机上取走2万元现金。甲盗窃卡的行为本身不构成盗窃罪。甲取走现金的行为构成犯罪，该行为针对乙构成盗窃罪，盗窃对象是乙的存款债权，乙的2万元存款债权丧失了；该行为针

对银行构成盗窃罪，盗窃对象是银行 2 万元现金。甲的一个行为触犯两个罪，想象竞合，择一重罪论处，两个犯罪处罚一样重，定盗窃罪即可。

（7）封缄物的占有。例如，甲将一个行李箱交给乙保管。乙在保管时，打开行李箱，取走里面的珍贵珠宝。对乙该如何处理？主流意见：主人甲对内容物（珠宝）仍占有，受托人乙对封缄物的整体在占有。所以，乙打开封缄物，取走内容物，转移为自己占有，构成盗窃罪。乙将封缄物整体据为己有，不打开，也不归还，构成侵占罪。

例 1，官员甲将请托人送的一张购物卡夹在平板电脑与电脑外套的夹缝里。乙借用该电脑，发现这张卡，取出后自己消费了。乙构成盗窃罪。

例 2，甲让乙保管一张手机充值卡，乙拿到手后，将覆盖膜刮开，看到充值码，为自己手机充值后，又用技术手段将外膜覆盖好，还给甲。乙构成盗窃罪。如果乙不刮开，也不归还这张卡，则构成侵占罪。

2. 观念上的占有

这是指虽然财物处于主人实力控制范围外，但是根据社会一般观念，可以推知有人在占有该财物。

例 1，甲将自行车停在家门前，去外地出差。身在外地，但对自行车仍在占有。有人偷走自行车，定盗窃罪。

例 2，主人为了躲避地震，将财物搬放在门前大街上，然后去防震棚。财物仍属于主人在占有。

例 3，房东与承租人约定，承租人不得使用地下室里的财物。地下室的财物属于房东占有。

例 4，货主的轮船遇海难，沉海底。轮船内的货物仍属于货主占有。货主的卡车遇事故翻车，货物撒落路边。货物仍属于货主占有。

例 5，信鸽爱好者放飞的信鸽，仍属于主人占有。

例 6（2019 年试题），甲公司将共享单车投放在街边，该单车在无人使用时，属于甲公司占有，即使车锁坏了或没有上锁，也属于甲公司占有；① 该单车由乘客使用时，由乘客占有。情形一，乙将该单车的锁拆掉，将单车放在自家楼下，或将没有上锁的单车放到自己楼下，专供自己免费使用，均属于将甲公司占有的财物转移为自己占有，成立盗窃。情形二，乙正常使用完共享单车后，将车停在自家楼下，方便自己下次使用，有时也被其他乘客提前使用。乙属于正常使用该单车，不成立盗窃。情形三，乙将市区的共享单车偷偷搬到偏远农村，供村民扫码使用、正常使用。乙没有将该车转移为自己占有，不成立盗窃。

3. 占有意思

无论是事实上的占有，还是观念上的占有，占有人对财物都要有占有意思。如果行为人只是客观上占有财物，但主观上没有占有意思，则不属于在占有财物。

例如，甲走路时脚底粘上一张百元钞票，但甲不知情，带着钞票向前走。由于甲对钞票没有占有意思，不算在占有钞票。

---

① 锁是用来防小偷的，不是主人占有自己财物的必要条件。例如，主人携带的行李箱忘记上锁，不能因此改变主人对行李箱的占有；主人将没有上锁的自行车放在自家楼下，主人依然在占有自己的自行车。世界上本来没有锁，偷的人多了，才有了锁。

（1）当占有事实有些松弛时，占有意思对占有事实可以起到补充作用。

例如，甲在五楼阳台上不慎将手机掉到地面，行人乙看到后便要捡走，甲呼喊住手，乙不理睬捡起就跑。甲虽然对手机不是紧密占有，但甲具有明确的、强烈的占有意思，仍视为甲在占有手机。乙构成盗窃罪，而非侵占罪。该案例说明盗窃罪不要求秘密性。这是貌似侵占、实为盗窃的情形。

（2）占有意思不要求特别声明，可以推定存在。

例1，主人外出，邮递员将信件塞进门缝。主人占有信件。

例2，继承祖上房屋，不知墙体内有金条，装修工发现后据为己有，构成盗窃。

例3，甲以伤害故意将乙打晕，临时发现乙身上钱包，然后拿走。虽然乙昏迷，但仍在占有钱包。甲构成故意伤害罪和盗窃罪。

（3）死者占有问题。[①]

第一，否定说，认为既然财物的占有者已经死亡，他就不存在对财物的占有意思，就失去了对财物的占有，那么其他人拿走其财物的行为只构成侵占罪。

第二，肯定说，认为应当肯定死者对财物的占有状态，这是一种拟制。其他人拿走死者的财物都构成盗窃罪。

第三，折中说（多数说），认为应分情形讨论。

情形一：甲基于报仇目的杀死乙后，很快发现乙身上的财物，立马拿走。此时认为死者对财物的占有状态仍在延续，没有消失。甲拿走财物的行为构成盗窃罪。如果甲当时没有发现财物，离开现场后又返回现场，才发现死者身边的财物，拿走财物。此时认为死者对财物的占有状态已经消失，甲拿走财物构成侵占罪。（总结：当场杀，当场拿，定盗窃；当场杀，过后拿，定侵占。）

情形二：甲杀死乙后离开现场，无关的丙路过，发现死者身上的财物并拿走。对于路过的第三人而言，无需承认死者的占有。第三人拿走死者财物，构成侵占罪。产生这种差异，主要是考虑到杀人者杀了人，并且利用了这种事实状态取得财物，而第三人与死者的死亡不存在引起与被引起的关系。（总结：第三人，任何时候拿，都定侵占。）

情形三：甲基于报仇目的在乙住宅内杀死乙，然后发现乙身上的财物，拿走财物。由于财物在乙家中，应当承认死者对财物的占有。甲拿走财物的行为构成盗窃罪。（总结：家里杀，家里拿，定盗窃。）

司法解释赞成折中说，规定：[②]"先以杀人故意杀死被害人，临时起意当场拿走财物，构成故意杀人罪与盗窃罪，数罪并罚。如果离开现场，日后返回现场拿走财物的，构成故意杀人罪与侵占罪，数罪并罚。"

（三）盗窃罪的其他行为类型

1. 多次盗窃

根据2013年的相关司法解释，[③] 2年内盗窃3次以上的，应当认定为"多次盗窃"。

---

① 周光权：《死者的占有与犯罪界限》，载《法学杂志》2009年第4期。
② 参见2005年6月8日《最高人民法院关于审理抢劫、抢夺刑事案件适用法律若干问题的意见》第8条"关于抢劫罪数的认定"。
③ 2013年4月2日《最高人民法院、最高人民检察院关于办理盗窃刑事案件适用法律若干问题的解释》。

（1）计算次数的标准。基于同一个盗窃犯意，在同一地点连续针对多个被害人实施盗窃，属于一次盗窃。例如，甲来到公交车上盗窃，连续盗窃了三位乘客的钱包，然后下车，属于一次盗窃。

（2）不要求每次盗窃行为都成立盗窃罪，更不要求都成立盗窃罪既遂。

2. 入户盗窃

（1）"户"是指相对隔离的家庭生活场所。

（2）入户时应具有非法目的，但不限于盗窃目的。如果是合法入户，在户内临时起意盗窃，不属于入户盗窃。例如，为了诈骗主人入户，被主人识破骗局，便盗窃主人财物，也属于入户盗窃。

3. 携带凶器盗窃

（1）凶器包括性质上的凶器和用法上的凶器。

（2）携带，不要求显示，更不要求使用，如果对人使用，就属于抢劫了。

（3）携带凶器的状态，要求具有对人使用的意图，譬如防止主人抓捕。例如，甲趁着夜色，拎着镰刀，偷割了邻居的一亩小麦，不属于携带凶器盗窃。

4. 扒窃

这是指在公开场合盗窃他人随身财物。

（1）要求在公开场合，也即不特定人出入的场合，包括公共交通工具上。

（2）盗窃他人随身携带的财物。随身，不要求贴身。例如，盗窃他人身上口袋的财物，盗窃他人放在座位旁边提包里的财物，盗窃乘客放在行李架上的行李箱中的财物，都属于扒窃。

（3）扒窃不要求秘密性，公开扒窃也可成立盗窃罪。

（四）既遂条件（建立自己的占有）

取得型财产犯罪（盗窃罪、诈骗罪、敲诈勒索罪、抢劫罪、抢夺罪等）要求具有非法占有目的，要求"取得"，要求建立自己的占有。因此，这类犯罪的既遂标准是取得控制财物（取得控制说）。现以盗窃罪为例予以说明。

1. 既遂标准：取得控制说[①]

取得控制，是指行为人建立了对财物的占有，也即行为人将财物置于自己实际控制范围之内，排除了他人支配的可能性。

例如，乙发现甲下车没有拔钥匙，便悄悄上车，欲开走车。甲发现，马上制止并抓住了乙。乙并没有将车置于自己的实际控制范围内，构成盗窃罪未遂。

（1）在空间上，取得控制不要求盗窃者持有、握有，只要财物处于自己实际控制范围内即可，可以与之保持相当的空间距离。实践中，盗窃者将财物置于预定的隐蔽地点，就算是置于自己实际控制范围内。

例 1，甲在火车上趁对面乘客睡觉，将其行李箱扔出车厢，扔到自己村头预定的地点草丛中，就属于既遂。如果扔到了长江里，只能是未遂。如果甲将财物扔到僻静处，已经既遂后，下车后回头捡时，发现被别人捡走，仍然是既遂，不能变回未遂。

---

① 注意：2008 年以前，盗窃罪的既遂标准是失控说，之后便改为取得控制说。参见周光权：《刑法各论》（第三版），中国人民大学出版社 2016 年版，第 120 页；张明楷：《刑法学》（第五版），法律出版社 2016 年版，第 963 页。

例2，甲晚上入室盗窃，窃得主人的皮箱，扔到院墙外的僻静处，属于既遂。即使被别人捡走，仍然是既遂，不能变回未遂。

（2）在状态上，取得控制要求达到平稳状态。

例如，甲从超市偷香水，刚拿到手就被发现、被追捕，此时不算既遂。当然，平稳状态也不要求达到完全藏匿的状态。例如，不能认为只有甲将香水偷回家才算既遂。只要甲将香水装进兜里，没人及时发现，就算既遂。

（3）常考情形有：

①财物大小问题。第一，财物很大，犯罪人转移出场所才是既遂。例如，甲到苏宁电器城盗窃电冰箱，将电冰箱拖出专卖柜台时不是既遂，拖出电器城大门时才是既遂。第二，财物很小，犯罪人藏于身上或藏于场所隐蔽处，就是既遂。此时不要求财物转移出场所。例如，保姆将主人戒指藏在储物间隐蔽的板缝里，属于既遂。

②间接正犯问题。盗窃罪的间接正犯是否既遂，以被利用人是否既遂为标准。例如，甲指使小孩入室盗窃笔记本电脑，小孩窃得电脑出门，在大街上被车撞坏电脑。因为小孩已经既遂，甲也构成既遂。

［提示］抢劫罪有个司法解释规定"即使行为人没抢到财物，只要造成被害人轻伤"也构成抢劫罪既遂。然而，虽然抢劫罪的保护法益有人身和财产，但二者地位不是相等的，财产法益具有决定性。抢劫罪的属性是取得型财产犯罪，因此只有取得控制了财物才构成既遂。因此，只能将该司法解释的规定视为特殊规定。考试考出来了，就按该司法解释答题。

［注意］行为人取得财物与被害人遭受财产损失的关系。行为人取得了财物，必然导致被害人遭受财产损失。但是，被害人遭受财产损失，并不意味着行为人取得财物。例如，甲诈骗乙，乙受骗，给甲汇钱，但是搞错卡号，将钱汇到了丙的账户。这时候，甲没有取得财物，构成诈骗罪未遂。不过，乙的财产损失与甲的诈骗行为仍有因果关系，甲应负赔偿责任。

2. 数额在犯罪成立与犯罪既遂中的地位

犯罪成立和犯罪既遂是前后两个时间段的不同问题，犯罪成立并不意味着犯罪既遂。

（1）基本原理

以"盗窃数额较大"这种普通盗窃类型为例。关于数额较大，司法解释定的是2000元左右，① 具体标准由各地自己定。

实务中的两个误解：第一，将"数额较大"称为定罪数额或入罪门槛数额。这种称呼并不严谨。例如，甲窃得乙的提包，里面只有500元。虽然数额未达到2000元，但甲不是无罪，而是盗窃罪未遂。第二，将"数额较大"理解成纯粹客观要素，只看客观具备与否，只要客观上未达到2000元，就不构成犯罪。实际上，这是个主客观相统一的要素。例如，甲以为乙的手机值3000元，窃到手发现只值800元。虽然客观上未达到2000元，但甲不是无罪，而是盗窃罪未遂。

［结论］第一，"数额较大"不是犯罪成立数额，而是既遂数额。第二，"数额较大"不是纯粹客观要素，而是个主客观相统一的要素。

犯罪成立的标准：行为人带着非法占有他人数额较大财物的目的，实施了盗窃行为（包

---

① 2013年4月2日《最高人民法院、最高人民检察院关于办理盗窃刑事案件适用法律若干问题的解释》第1条第1款。

括预备行为、实行行为），就成立犯罪。① 该盗窃行为应具有盗窃到数额较大财物的可能性、危险性，否则就是对象不能犯，无罪。

犯罪既遂的标准：行为人实现了其非法占有他人数额较大财物的目的，也即取得控制了该财物，犯罪就既遂。例如，甲以为乙的手机价值3000元，窃到手发现价值2000元，达到数额较大，构成盗窃罪既遂。

［注意］实际处罚的标准。按照上述理论分析，只要行为人带着非法占有他人数额较大财物的目的，实施了盗窃行为（包括预备行为、实行行为），就成立犯罪，就应追究刑事责任。但是，在实务中，基于刑法的谦抑性及宽严相济的刑事政策，当行为人实施了预备行为时，并不追究刑事责任。甚至实施了实行行为，在未遂或中止时，也不追究刑事责任，只按治安管理处罚处理。只有既遂时，才追究刑事责任。②

（2）其他四种盗窃类型。

刑法规定盗窃罪的其他四种行为类型的意义在于：第一，实务对普通盗窃的未遂不处罚（从结果意义上也可称为不成立犯罪），但对这四种行为类型，即使是未遂也应处罚。第二，这四种行为类型保护价值数额不大、但值得刑法保护的财物。不过，这四种行为类型也不保护价值微薄、不值得刑法保护的财物，例如，一根葱、一张卫生纸。由此，对这四种行为类型的犯罪成立与犯罪既遂需要仔细分析。

犯罪成立的标准：行为人带着非法占有值得刑法保护的财物的目的，实施了或具备了四种类型的行为，就成立盗窃罪。例如，甲携带一把刀盗窃乙的银行卡，成立盗窃罪。

犯罪既遂的标准：行为人盗窃到值得刑法保护的财物。例如，甲想扒窃乙的银行卡，但未得逞。甲构成盗窃罪未遂。

实际处罚的标准：对犯罪未遂也处罚。

（3）抢劫罪的问题。

抢劫罪的成立、既遂数额也遵循上述原理。

犯罪成立标准：行为人带着非法占有他人值得刑法保护的财物的目的，实施了抢劫行为。例如，大学食堂里，甲将乙推倒在地，抢走其碗中的一块肉，不构成抢劫罪。

犯罪既遂标准：行为人抢劫到值得刑法保护的财物。

实际处罚标准：对犯罪未遂也处罚。

［提示］生活中所谓的"抢一分钱也是抢"。这句话应正确理解：第一，这是指行为人带有抢劫值得刑法保护的财物的目的实施了抢劫，但只是抢到了一分钱。如果只想抢他人碗中一块肉，不构成抢劫。第二，只要带着抢劫值得刑法保护的财物的目的实施了抢劫，就成立抢劫罪，但抢到一分钱，构成抢劫罪未遂，而非既遂。

（4）既遂数额的认定。

①既遂数额不受事后影响。在行为人犯罪既遂的前提下，既遂数额的认定不受行为人事后主观价值评价的影响，也不受其事后处置行为的影响。例如，甲盗窃到乙的手机（价值

---

① 例如，甲只想小偷小摸，只想偷室友的一只圆珠笔，实施盗窃行为。这种行为不构成盗窃罪。

② 司法解释也支持这种做法。2013年4月2日《最高人民法院、最高人民检察院关于办理盗窃刑事案件适用法律若干问题的解释》第12条第1款规定："盗窃未遂，具有下列情形之一的，应当依法追究刑事责任：（一）以数额巨大的财物为盗窃目标的；（二）以珍贵文物为盗窃目标的；（三）其他情节严重的情形。"这表明，以不处罚未遂为原则，以处罚未遂为例外。

4000 元)，但感觉该手机款式老旧，估计卖不了好价钱，便扔掉或捐献给红十字会。甲依然构成盗窃罪既遂，数额是 4000 元。

②既遂数额不受事前影响。在认定既遂数额时，不应考虑行为人实施犯罪的成本。例如，甲为了诈骗乙数额较大的钱财，花了 4000 元请乙吃饭，后只骗到乙的 3000 元。甲仍然构成诈骗罪既遂，数额是 3000 元。

3. 数额在法定刑升格条件中的地位

几乎所有的取得型财产犯罪将"数额（特别）巨大"作为法定刑升格条件。如何认识该数额的性质与地位，存在不同观点。

（1）司法解释的观点。①

这种法定刑升格条件是一种加重型的犯罪构成要件。

①这种数额需要行为人主观认识到，需要遵守主客观相统一原则，是个主客观相统一的要素。例如（天价葡萄案），香山农民工甲以为他人葡萄园的葡萄是普通葡萄而盗窃，实际是价值 40 万元的科研试验品。由于农民工没有认识到数额特别巨大，所以不能适用盗窃罪"盗窃数额特别巨大"的法定刑升格条件。同时，甲以为是普通葡萄，价值几十元，没有认识到数额较大，所以不构成普通盗窃罪。

[总结] 作为成立犯罪的数额较大，以及作为法定刑升格条件的"数额（特别）巨大"都需要行为人认识到，都需要遵守主客观相一致原则。

②这种法定刑升格条件既然需要遵守主客观相一致原则，是一种加重型犯罪构成要件（加重型罪状），那么存在犯罪既遂、未遂问题，其与基本犯的既遂、未遂是想象竞合关系，择一重刑论处。

例 1，甲欲盗窃某珠宝店 100 万元的珠宝，临时伸手拿错，拿到百万珠宝旁边的价值 100 元的赝品。甲构成盗窃罪，适用"盗窃数额特别巨大"的法定刑，同时适用未遂犯的规定。

司法解释规定："以数额巨大的财物为盗窃目标，或者以珍贵文物为盗窃目标，盗窃未遂的，应当追究刑事责任。"（诈骗罪司法解释也有如此规定）。

例 2，甲欲盗窃某珠宝店 100 万元的珠宝，临时伸手拿错，拿到百万珠宝旁边的价值 1 万元的珠宝。甲构成盗窃罪，一方面适用"盗窃数额特别巨大"的法定刑，同时适用未遂犯的规定，也即构成"盗窃数额特别巨大"的未遂；另一方面构成盗窃数额较大的既遂。想象竞合，择一重刑论处。

司法解释规定："盗窃既有既遂，又有未遂，分别达到不同量刑幅度的，依照处罚较重的规定处罚；达到同一量刑幅度的，以盗窃罪既遂处罚。"诈骗罪司法解释也有如此规定："诈骗既有既遂，又有未遂，分别达到不同量刑幅度的，依照处罚较重的规定处罚；达到同一量刑幅度的，以诈骗罪既遂处罚。"根据司法解释，盗窃罪的"数额较大"是 2000 元左右，"数额巨大"是 3 万元以上，"数额特别巨大"是 30 万元以上。诈骗罪的"数额较大"是 3000 元以上，"数额巨大"是 3 万元以上，"数额特别巨大"是 50 万元以上。

例 3（最高人民法院指导案例 62 号：王新明合同诈骗案），被告人王新明使用伪造的户口本、身份证，冒充房主即王新明之父的身份，以出售一处房屋为由，与被害人徐某签订房

---

① 2013 年 4 月 2 日《最高人民法院、最高人民检察院关于办理盗窃刑事案件适用法律若干问题的解释》第 12 条。2011 年 3 月 1 日《最高人民法院、最高人民检察院关于办理诈骗刑事案件具体应用法律若干问题的解释》第 5、6 条。

屋买卖合同，约定购房款为 100 万元，并当场收取徐某定金 1 万元，后又收取徐某支付的购房首付款 29 万元，并约定余款过户后给付。后双方在办理房产过户手续时，王新明的虚假身份被建委工作人员发现，余款未取得。被告人欲诈骗数额特别巨大的财物，诈骗到数额巨大的财物，同时触犯诈骗数额特别巨大财物（100 万）的未遂和诈骗数额巨大财物（29 万）的既遂，想象竞合，择一重刑论处。最高人民法院的裁判要旨就是这个意思。① 引申：如果王新明诈骗到 60 万，则同时触犯诈骗数额特别巨大财物（100 万）的未遂和诈骗数额特别巨大财物（60 万）的既遂，想象竞合，择一重刑论处，当然以诈骗数额特别巨大财物的既遂论处。这种情况下，二者在同一法定刑幅度内，当然既遂更重，按既遂定。

（2）单纯的量刑规则的观点（少数说）。②

这种法定刑升格条件不是加重型犯罪构成，而是一种单纯的量刑因素或量刑规则，只有客观上具备与否问题，没有既遂、未遂问题。也即，客观上，盗窃到数额（特别）巨大的财物，就适用该法定刑升格条件，没有盗窃到，就不适用。

例如，对于上述例 1、例 2，该观点认为，对甲不能适用"盗窃数额特别巨大"的法定刑升格条件。例 1 中，对甲适用盗窃数额较大的未遂，例 2 中，对甲适用盗窃数额较大的既遂。

（五）罪数

1. 盗打电话、盗用网络问题（司法解释总结）。

（1）以牟利为目的，盗接他人通信线路、复制他人电信码号或者明知是盗接、复制的电信设备、设施而使用的，定盗窃罪（第 265 条）。盗窃罪的数额根据给他人造成的资费损失数额来计算。

（2）盗用他人上网账号、密码上网，造成他人资费损失数额较大的，定盗窃罪。盗窃罪的数额根据给他人造成的资费损失数额来计算。

［提示］以上两种盗窃（盗用）的对象是通讯信号、网络信号，而非电话费、上网费等财产性利益（债权）。类似的，盗接他人电线，拉到自己家里使用，盗窃的是电力，而非电费（债权）。只是"通讯信号""网络信号""电力"等无形财物的价值在计算时根据资费来计算。

（3）将电信卡非法充值后使用，造成电信资费损失数额较大的，定盗窃罪。盗窃罪的数额根据给他人造成的资费损失数额来计算。

（4）明知是非法制作充值的 IC 电话卡而使用或者购买而使用，造成资费损失数额较大的，定盗窃罪。盗窃罪的数额根据给他人造成的资费损失数额来计算。③

（5）以虚假、冒用的身份证件，欺骗电信公司工作人员，办理入网手续并使用电话或网络，造成资费损失数额较大的，定诈骗罪。诈骗罪的数额根据给电信公司造成的资费损失数额来计算。

2. 盗窃+后行为。

（1）盗窃到财物后又销售的，因为不具有期待可能性，属于不可罚的事后行为，不再定

---

① 裁判要旨："在数额犯中，犯罪既遂部分与未遂部分分别对应不同法定刑幅度的，应当先决定对未遂部分是否减轻处罚，确定未遂部分对应的法定刑幅度，再与既遂部分对应的法定刑幅度进行比较，选择适用处罚较重的法定刑幅度。"

② 参见张明楷：《加重构成与量刑规则的区分》，载《清华法学》2011 年第 1 期。

③ 非法制作或者出售非法制作的 IC 电话卡，数额较大的，定伪造、倒卖伪造的有价票证罪（第 227 条）。

掩饰、隐瞒犯罪所得罪。但如果通过销售行为欺骗他人财物，则还要定诈骗罪，并罚。

（2）盗窃到财物后又产生毁坏意图，并实施毁坏，因为没有侵犯新的法益，属于不可罚的事后行为，不再定故意毁坏财物罪。

（3）欲盗窃假币、文物、毒品、淫秽物品等违禁品，盗窃到手后又出售的，因为侵犯新的法益（货币、文物、毒品、淫秽物品管理制度），所以还要再定相应的罪名（出售假币罪、倒卖文物罪、贩卖毒品罪、贩卖淫秽物品牟利罪），然后并罚。

（4）欲盗窃普通财物，结果盗窃到上述违禁品，然后又持有、出售。对盗窃行为定盗窃罪（违禁品可以包容评价为普通财物），对持有、出售行为定相应罪名（持有假币罪、出售假币罪、倒卖文物罪等），然后并罚。

（六）司法解释的要点[①]

第1条第1款 盗窃公私财物价值一千元至三千元以上、三万元至十万元以上、三十万元至五十万元以上的，应当分别认定为刑法第二百六十四条规定的"数额较大"、"数额巨大"、"数额特别巨大"。

第1条第4款 盗窃毒品等违禁品，应当按照盗窃罪处理的，根据情节轻重量刑。

第3条 二年内盗窃三次以上的，应当认定为"多次盗窃"。

非法进入供他人家庭生活，与外界相对隔离的住所盗窃的，应当认定为"入户盗窃"。

携带枪支、爆炸物、管制刀具等国家禁止个人携带的器械盗窃，或者为了实施违法犯罪携带其他足以危害他人人身安全的器械盗窃的，应当认定为"携带凶器盗窃"。

在公共场所或者公共交通工具上盗窃他人随身携带的财物的，应当认定为"扒窃"。

第5条 盗窃有价支付凭证、有价证券、有价票证的，按照下列方法认定盗窃数额：

（一）盗窃不记名、不挂失的有价支付凭证、有价证券、有价票证的，应当按票面数额和盗窃时应得的孳息、奖金或者奖品等可得收益一并计算盗窃数额；

（二）盗窃记名的有价支付凭证、有价证券、有价票证，已经兑现的，按照兑现部分的财物价值计算盗窃数额；没有兑现，但失主无法通过挂失、补领、补办手续等方式避免损失的，按照给失主造成的实际损失计算盗窃数额。

第8条 偷拿家庭成员或者近亲属的财物，获得谅解的，一般可不认为是犯罪；追究刑事责任的，应当酌情从宽。

第10条 偷开他人机动车的，按照下列规定处理：

（一）偷开机动车，导致车辆丢失的，以盗窃罪定罪处罚；

（二）为盗窃其他财物，偷开机动车作为犯罪工具使用后非法占有车辆，或者将车辆遗弃导致丢失的，被盗车辆的价值计入盗窃数额；

（三）为实施其他犯罪，偷开机动车作为犯罪工具使用后非法占有车辆，或者将车辆遗弃导致丢失的，以盗窃罪和其他犯罪数罪并罚；将车辆送回未造成丢失的，按照其所实施的其他犯罪从重处罚。

第11条 盗窃公私财物并造成财物损毁的，按照下列规定处理：

（一）采用破坏性手段盗窃公私财物，造成其他财物损毁的，以盗窃罪从重处罚；同时构成盗窃罪和其他犯罪的，择一重罪从重处罚；

---

① 2013年4月2日《最高人民法院、最高人民检察院关于办理盗窃刑事案件适用法律若干问题的解释》。

（二）实施盗窃犯罪后，为掩盖罪行或者报复等，故意毁坏其他财物构成犯罪的，以盗窃罪和构成的其他犯罪数罪并罚；

（三）盗窃行为未构成犯罪，但损毁财物构成其他犯罪的，以其他犯罪定罪处罚。

第 12 条　盗窃未遂，具有下列情形之一的，应当依法追究刑事责任：

（一）以数额巨大的财物为盗窃目标的；

（二）以珍贵文物为盗窃目标的；

（三）其他情节严重的情形。

盗窃既有既遂，又有未遂，分别达到不同量刑幅度的，依照处罚较重的规定处罚；达到同一量刑幅度的，以盗窃罪既遂处罚。

第 13 条　单位组织、指使盗窃，符合刑法第二百六十四条及本解释有关规定的，以盗窃罪追究组织者、指使者、直接实施者的刑事责任。

▌**典型真题**▷

甲的下列哪些行为属于盗窃（不考虑数额）？（2014 年·卷二·60 题）[①]

A. 某大学的学生进食堂吃饭时习惯于用手机、钱包等物占座后，再去购买饭菜。甲将学生乙用于占座的钱包拿走

B. 乙进入面馆，将手机放在大厅 6 号桌的空位上，表示占座，然后到靠近窗户的地方看看有没有更合适的座位。在 7 号桌吃面的甲将手机拿走

C. 乙将手提箱忘在出租车的后备箱。后甲搭乘该出租车时，将自己的手提箱也放进后备箱，并在下车时将乙的手提箱一并拿走

D. 乙全家外出打工，委托邻居甲照看房屋。有人来村里购树，甲将乙家山头上的树谎称为自家的树，卖给购树人，得款 3 万元

四、抢夺罪

第 267 条　抢夺公私财物，数额较大的，或者多次抢夺的，处三年以下有期徒刑、拘役或者管制，并处或者单处罚金；数额巨大或者有其他严重情节的，处三年以上十年以下有期徒刑，并处罚金；数额特别巨大或者有其他特别严重情节的，处十年以上有期徒刑或者无期徒刑，并处罚金或者没收财产。

携带凶器抢夺的，依照本法第二百六十三条（抢劫罪）的规定定罪处罚。（本条第 1 款经《刑法修正案（九）》修正）

抢夺罪，是指以非法占有为目的，当场直接夺取他人紧密占有的财物的行为。

（一）行为结构

行为结构：　对物实施暴力　→　对人有危险

1. 抢夺罪的本质是对物实施暴力。

首先，不能是对人实施暴力，否则就是抢劫罪。

其次，对物实施暴力要求对人具有人身危险性，否则就是平和手段，构成盗窃罪。手段

---

① ［答案］ABCD。

何时才具有人身危险性？一般而言，当被害人紧密占有财物时，夺取财物的手段就具有人身危险性。①

例1，甲拎着包逛街，乙从后面夺下包迅速逃离。因为甲对财物紧密占有，乙的行为对甲具有人身危险性，构成抢夺罪。

例2，甲拎着包逛街，不慎摔倒，包摔出5米外。乙路过迅速捡起逃离。因为甲对财物没有紧密占有，乙的行为对甲没有人身危险性，构成盗窃罪。

[总结] 盗窃罪、抢夺罪、抢劫罪的区分。

区分标准：手段的暴力程度不同。三罪不是对立排斥关系，而是位阶关系，可以包容评价。

对人暴力
压制反抗
抢劫罪

对物暴力
对人有危险
抢夺罪

对物平和
对人没危险
盗窃罪

2. 表现情形。

（1）乘人不备型。例如，乘妇女不注意，夺取提包。

（2）非乘人不备型。例如，在候车室，妇女乙坐在椅子上，甲欲非法占有乙的提包，乙很警惕地抱紧提包，但甲仍走上前一把从乙怀中夺走提包。虽然妇女时刻准备着，甲没有乘人不备，但甲仍构成抢夺罪。又如，在公交车站，妇女乙看到迎面走来的甲贼头贼脑，便抱紧提包，但甲仍大摇大摆走上前一把夺走提包，甲构成抢夺罪。

[提醒] 旧观点（已被淘汰的观点）的错误：

（1）旧观点认为，乘人不备是抢夺罪的必要条件。通过上述情形可以看出，乘人不备只是抢夺罪的情形之一，不是抢夺罪的必要条件。旧观点的错误根源在于将趁人不备抢夺的熟悉情形当作必要条件，看到大多数抢夺罪都是乘人不备型，便推断所有的抢夺罪都是乘人不备进行的，其实这是一种不完全的归纳，乘人不备只是抢夺罪的大多数情形而已。

（2）旧观点认为，抢夺罪必须公然进行。其实，就乘人不备型的抢夺罪而言，因为是乘人不备进行的，所以具有一定的秘密性。例如，夜晚，甲坐在公园长椅上睡着了，乙悄悄来到甲身后，迅速扯走甲脖子上挂的手机，导致甲的脖子勒出红印。几秒后，甲迷迷糊糊醒来，发现手机没了。乙已经消失在黑暗中。乙的行为具有秘密性，但仍构成抢夺罪。

（二）携带凶器抢夺

第267条第2款 携带凶器抢夺的，以抢劫罪论处。

本款是法律拟制，不是注意规定。本款是把不符合抢劫罪的行为拟制为抢劫罪。如果没有该款规定，携带凶器抢夺，仍应定抢夺罪。例如，刑法没有规定"携带凶器盗窃的，定抢劫罪"，对此只能仍定盗窃罪。

---

① 关于抢夺罪详细内容，参见张明楷：《盗窃与抢夺的界限》，载《法学家》2006年第2期。

1. 凶器。

（1）性质上的凶器，主要是法律规定禁止个人携带的违禁品。例如，枪支、爆炸物、管制刀具。

（2）用法上的凶器，是指本来用途不是凶器，但是可以用于杀伤人的物品。例如，菜刀、砖块、钢管、硫酸、藏獒。一件物品能否认定为用法上的凶器，需综合考查：①

①该物品杀伤力大小。例如，菜刀杀伤力大，可以作为用法上的凶器。

②一般人对该物品畏惧程度。例如，汽车可以撞死人，但是开车抢夺不属于携带凶器抢夺。因为大街上汽车川流不息，人们对汽车的畏惧感不高。

③该物品被平日携带的可能性大小。例如，甲拎一块砖走在大街上伺机抢夺。因为一般人不会拎着砖逛街，因此可以推断甲将砖块当作用法上的凶器。

2. 携带。

（1）不要求本人随身携带凶器，可以让第三人携带。例如，行为人可以让手下携带凶器，自己实施抢夺。

（2）不要求显示凶器，可以藏在包里；也不要求向被害人暗示有凶器。如果显示或暗示有凶器，就属于胁迫手段，直接定抢劫罪。

（3）不要求使用凶器。如果使用凶器，就属于暴力手段，直接定抢劫罪。

（4）要求有随时使用的可能性。例如，甲将一把手枪放在带有密码锁的大行李箱中，提着大行李箱出了酒店，偶然看到一位拎包妇女，便上前抢夺提包。因为甲不可能立刻拿出手枪，所以不构成携带凶器抢夺。

（5）要求有对人使用的意图。例如，甲下班去超市买菜刀回家做饭，买好菜刀放进提包，回家路上偶然看到身旁一位拎包大妈，便突然抢夺。因为甲没有使用菜刀的意图，所以不构成携带凶器抢夺。

（三）认定问题

1. 飞车抢夺问题。

司法解释第 6 条规定：②"驾驶机动车、非机动车夺取他人财物，具有下列情形之一的，应当以抢劫罪定罪处罚：

（1）夺取他人财物时因被害人不放手而强行夺取的；

（2）驾驶车辆逼挤、撞击或者强行逼倒他人夺取财物的；

（3）明知会致人伤亡仍然强行夺取并放任造成财物持有人轻伤以上后果的。"

上述规定比较繁琐，记忆起来比较困难。其实上述规定都属于注意规定，这些情形本身就符合抢劫罪的构成要件，所以用抢劫罪的构成要件来判断上述情形即可，不需要特别记忆。

2. 抢夺致人重伤、死亡。

上述司法解释同时规定：（1）抢夺致人重伤的，认定为刑法第 267 条（抢夺罪）中的"其他严重情节"；（2）抢夺致人死亡的，认定为刑法第 267 条（抢夺罪）中的"其他特别严重情节"。

---

① 张明楷：《刑法学》（第五版），法律出版社 2016 年版，第 996 页。

② 2013 年 11 月 11 日《最高人民法院、最高人民检察院关于办理抢夺刑事案件适用法律若干问题的解释》。

［提醒］此前的司法解释规定，抢夺致人死亡，同时触犯抢夺罪与过失致人死亡罪，择一重罪论处。注意司法解释的新变化。

五、抢劫罪

第263条　以暴力、胁迫或者其他方法抢劫公私财物的，处三年以上十年以下有期徒刑，并处罚金；有下列情形之一的，处十年以上有期徒刑、无期徒刑或者死刑，并处罚金或者没收财产：

（一）入户抢劫的；

（二）在公共交通工具上抢劫的；

（三）抢劫银行或者其他金融机构的；

（四）多次抢劫或者抢劫数额巨大的；

（五）抢劫致人重伤、死亡的；

（六）冒充军警人员抢劫的；

（七）持枪抢劫的；

（八）抢劫军用物资或者抢险、救灾、救济物资的。

抢劫罪，是指以非法占有为目的，以暴力、胁迫或者其他方法，强取他人财物的行为。本罪侵害的法益，首先是财产权，其次是人身权。本罪的性质由财产权法益决定。

（一）行为结构

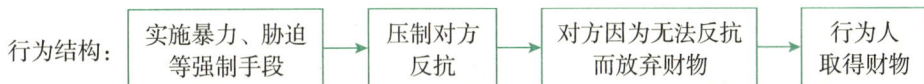

行为结构：　实施暴力、胁迫等强制手段　→　压制对方反抗　→　对方因为无法反抗而放弃财物　→　行为人取得财物

1. 行为方式

（1）暴力

暴力的程度要求足以压制对方反抗。

（2）胁迫

①胁迫是指，以恶害相通告，使对方产生恐惧心理。恐惧心理的程度要求是足以使对方不敢反抗。

②由于要求达到这种程度，所以要求以暴力相胁迫，不包括以非暴力的恶害相通告。例如，以揭发隐私胁迫交付财物，不构成抢劫罪，而构成敲诈勒索罪，因为这种胁迫难以达到不敢反抗的程度。以暴力相胁迫的模式应是：不给钱，就当场（当即）实现暴力恶害。也即，完全剥夺了被害人的意志自由。

［注意］以暴力相胁迫，并不要求行为人真正具有加害能力和加害意思。只要行为人的威胁内容使被害人以为行为人会实现威胁内容即可。例如，甲将一团卫生纸装入背包，进入银行，威胁工作人员："我包里装着炸弹，给我10万元现金，否则我就引爆！"尽管甲客观上不可能实现恶害内容，依然属于以暴力相胁迫，构成抢劫罪。

［总结］暴力及以暴力相胁迫的对象问题：

第一，对象只包括对人实施，不包括对物实施。对物暴力，构成抢夺罪。

第二，对象包括财物的占有者、占有的辅助者、财物的保护者（具有保护意思和保护行动的人），不包括无关的第三人。注意三角关系的抢劫。

例 1，甲抢劫银行时，将保安打晕，拿走柜台里的现金。保安是财物的保护者，甲构成抢劫罪。

例 2，甲看到商店门口停了一辆电动车，乙站在旁边，以为乙是车主，使用暴力将乙推倒在地，致乙轻伤，骑走电动车。实际上，车主是丙，乙是无关的人，临时站在那里。虽然甲主观上有抢劫的故意，但应先看客观要件，即乙是不是合格的抢劫罪的对象。甲对丙构成盗窃罪，对乙构成故意伤害罪，并罚。

例 3，甲乙共同在火车卧铺"搞"财物，由甲负责在走道持刀望风，由乙在包厢里偷乘客丙财物。走道出现乘客丁，丁知道真相，但袖手旁观。甲乙构成盗窃罪。走道出现列车员，列车员要上前阻止，甲持刀威胁。甲乙构成抢劫罪。列车员是财物保护者。

例 4，甲乙晚上来到网吧，由乙偷睡着的上网者的财物，甲望风。网吧老板看到，上前阻止，甲用刀威胁。甲乙构成抢劫罪。

例 5，甲在公园长椅上睡着，乙偷甲的财物，不远处有个小孩在观看甲的举动。甲担心小孩喊人，来到小孩面前，呵斥道："如果出声，就割你耳朵。"小孩不出声。甲窃得财物。小孩没有表现出保护意思和保护行动，不是保护者。甲不构成抢劫罪，而构成盗窃罪。

（3）其他方法

①本质是使对方不知反抗、不能反抗。

②昏醉抢劫（使对方不知反抗）。以非法占有为目的，用药物、酒精麻醉被害人，然后窃取财物，构成抢劫罪，而非盗窃罪。注意：被害人自己陷入昏醉状态，行为人单纯利用被害人这种状态取走财物，仅成立盗窃罪。

③拘禁抢劫（使对方不能反抗）。例如，甲入室抢劫，将主人乙骗到阳台上然后反锁阳台小隔门，从屋里拿走财物。因为甲造成乙不能反抗的状态，构成抢劫罪。

2. 行为对象

行为对象包括有形财物和财产性利益（债权）。有形财物包括价值数额不大，但值得刑法保护的财物，例如银行卡、存折、欠条。

例 1，甲抢劫乙所持有的欠条，欠条上记载"丙欠乙 1 万元"。甲构成抢劫罪，但抢劫的不是 1 万元债权，而是一个数额不大的财物，量刑时不以数额量刑，而以情节量刑。

例 2，甲持刀逼迫乙写下"乙欠甲 1 万元"的欠条，甲拿走欠条。甲此时抢劫的不是欠条，而是财产性利益，构成抢劫财产性利益，数额是 1 万元。虽然甲的这种手段并不能拥有民法上的债权，但是刑法保护的是行为当时事实层面的财产性利益。

例 3，司法解释规定：被告人以暴力、胁迫手段强行夺回欠款凭证（欠条），并让债权人在被告人已写好的收条上签字，以消灭其债务的行为，符合抢劫罪的特征，应以抢劫罪定罪处罚。[①] 第一个行为是抢劫欠条本身，成立抢劫罪。第二个行为是逼迫写收条，强行免除债务，抢劫的是财产性利益，抢劫数额就是债权数额。虽然在民法上被害人的债权不会因此丧失，但刑法保护的是行为当时事实层面的财产性利益，不要求被害人遭受民法上终局性的财产损失。

例 4，甲欠乙 50 万元。乙讨债，甲杀死乙。甲属于抢劫财产性利益，构成抢劫罪（故意）致人死亡。同时甲也构成故意杀人罪。二者想象竞合，择一重罪论处。

例 5，甲乙将高速公路收费站的收费员强行拉出来，绑在附近车里，由甲看守，乙坐在

---

① 最高人民法院（2000）刑他字第 9 号批复。

收费亭里收取过路司机的过路费，共计 5000 元。甲乙对过往司机不构成诈骗罪，因为司机没有财产损失，应该交过路费。甲乙强行代为行使了收费站对司机的债权，属于抢劫财产性利益，构成抢劫罪。

3. 因果关系

抢劫罪的行为逻辑结构（四步走）环环相扣，不能断裂。

（1）成立抢劫罪，必须具备第一步和第二步，而且这两步须有因果关系。根据行为与故意及目的同时存在原则，抢劫罪的强制手段是指带着劫财的目的而实施的强制手段。被害人虽然陷入了无法反抗的状态，但不是行为人的行为造成的或不是行为人带着劫财的目的实施的行为造成的，不属于抢劫罪的强制手段。

例 1，甲灌晕了丙，然后离去。乙看到昏醉的丙，拿走其财物，构成盗窃。或者甲在没有非法占有目的的情况下灌晕了丙，然后看到丙的财物，拿走，也构成盗窃。

例 2，甲欲教训乙，蒙面殴打乙，乙以为遇到劫匪，赶紧说："我给钱，不要再打我。"说着将钱递给甲。甲一愣，收了钱离去。甲虽然实施了暴力行为，但该暴力行为不是抢劫罪的暴力行为，因此甲不构成抢劫罪。甲构成故意伤害罪和侵占罪，并罚。

例 3，甲使用暴力强奸乙女，乙说："我给钱，别强奸我。"说着将钱递给甲。甲收钱离去。甲不构成抢劫罪。甲构成强奸罪（中止）和侵占罪，并罚。

例 4，甲将丙牢牢绑在树上，准备掏丙的钱。乙赶到，将甲赶跑，自己在丙身上掏走钱（掏钱动作对丙没有人身伤害）。乙不构成抢劫，而构成盗窃，属于盗窃（公开型）。

例 5，甲出于强奸目的将妇女乙打晕在地，然后看到乙的钱财，拿走。拿走钱财的行为构成盗窃。

[提示] 司法解释规定：① 先强奸或伤害，被害人未失去知觉，利用被害人不能反抗、不敢反抗的处境，临时起意使用暴力或胁迫劫取财物，构成强奸罪（或故意伤害罪）和抢劫罪，数罪并罚；被害人失去知觉或者没有发觉，临时起意拿走财物，构成强奸罪（或故意伤害罪）和盗窃罪，数罪并罚。

注意，上述行为人构成抢劫，必须在强奸或故意伤害后实施了独立的抢劫罪的强制手段。如果只是单纯利用之前的强奸或故意伤害造成的被害人无法反抗的状态，拿走财物，只构成盗窃。在这里，被害人有无失去知觉不是关键因素。

例如，甲为强奸妇女乙，将乙打倒在地，乙重伤，无法反抗，但仍清醒。甲看到乙掉落在身旁的钱包，捡起离去。甲的拿财行为构成盗窃（公开型）。

（2）成立抢劫罪既遂，要求具备第三步和第四步，而且这两步须有因果关系。

例 1，甲暴力抢劫乙的财物，乙挣脱后逃跑，逃跑时钱包不慎掉下，乙不知情并跑远。甲赶到捡走钱包。甲拿走财物不是因为乙无法反抗而到手的，而是因为乙遗落了财物。甲构成抢劫罪未遂，捡钱包的行为构成侵占罪既遂。

例 2，甲欲采取昏醉抢劫的方式非法占有乙的财物，在乙的办公室给乙的水杯投了迷药，然后离去。1 小时后，甲估计乙已经喝下昏迷，来到乙办公室，没有看到乙，原来乙喝下后就立即出门了。甲拿走财物。甲构成抢劫罪（未遂）和盗窃罪（既遂），并罚。

例 3，甲欲入户抢劫，入户后看到乙在卧室睡觉，将其卧室门反锁，拿走客厅财物。事

---

① 2005 年 6 月 8 日《最高人民法院关于审理抢劫、抢夺刑事案件适用法律若干问题的意见》。

后乙才苏醒。甲实施了足以压制反抗的行为，但只侵犯乙的可能自由，没有侵犯乙的现实自由。甲拿走财物不是基于乙被剥夺现实自由、无法反抗。甲构成抢劫罪（未遂）和盗窃罪既遂，并罚。如果乙在甲取财途中醒来但无法反抗，甲拿走财物，则构成抢劫罪既遂。

（二）事后转化抢劫

第 269 条 犯盗窃、诈骗、抢夺罪，为窝藏赃物、抗拒抓捕或者毁灭罪证而当场使用暴力或者以暴力相威胁的，依照本法第二百六十三条的规定定罪处罚。

该条是法律拟制，也即原本应定盗窃罪（诈骗罪、抢夺罪）+故意伤害罪（以暴力致人轻伤为前提），但法条拟制为抢劫罪。

1. 成立条件。

（1）三个轻罪：实施了盗窃、诈骗、抢夺罪。

①三罪范围。由于抢劫罪属于财产犯罪，只要一个行为具有财产犯罪的属性，符合盗窃罪、诈骗罪、抢夺罪这三个财产犯罪的构成要件，就可以转化为抢劫罪。

例 1，盗伐林木的行为符合盗窃罪的构成要件，可以转化为抢劫罪。

例 2，信用卡诈骗罪也符合诈骗罪的构成要件，也可以转化为抢劫罪。

例 3，使用假币欺骗他人钱财的行为，也符合诈骗罪的构成要件，也可以转化为抢劫罪。

例 4，盗窃尸体罪、招摇撞骗罪、抢夺国有档案罪等，由于不具有保护财产法益的性质，不具有财产犯罪的属性，所以不能转化为抢劫罪。

②三罪要求着手实行，但不要求既遂。即三罪在预备阶段不转化为抢劫，但在未遂时或所取财物数额不大时可以转化为抢劫。

③已满 14 周岁不满 16 周岁的人能否构成转化型抢劫罪？司法解释规定：已满 14 周岁不满 16 周岁的人盗窃、诈骗、抢夺他人财物，为窝藏赃物、抗拒抓捕或者毁灭罪证，当场使用暴力，故意伤害致人重伤或者死亡，或者故意杀人的，应当以故意伤害罪或者故意杀人罪论处。

（2）三大目的：使用暴力主观上是"为窝藏赃物、抗拒抓捕或者毁灭罪证"。

窝藏赃物的目的，要求已经取得了赃物。抗拒抓捕的目的，要求被害人或其他人已经实施了抓捕行为。

例 1，甲趁乙睡觉，偷到乙的财物，转身离开时看到乙翻身，以为乙要起身抓自己，便将乙打晕。实际上乙只是睡眠中的翻身。甲不构成抢劫，而构成盗窃罪和故意伤害罪，并罚。

例 2，甲在公交车上扒窃到妇女钱包后到站下车，妇女发现后对已下车的甲破口大骂，骂得很难听，甲实在受不了便又跳上车，扇了妇女一耳光后下车。甲打妇女不是出于三大目的，而是为了泄愤，不转化为抢劫罪。

（3）当场使用暴力或以暴力相威胁。

①当场。当场是个时间概念。这是要求三个轻罪和使用暴力之间具有时间上的密切联系，也即时间上相隔不是很久。注意：判断重点不是空间上相隔多远，而是时间上相隔多久。不要误将"当场"理解成"现场"。"现场"是个空间概念。考试经常考查考生是否错误地将"当场"理解为"现场"。

类型	举例	结论
空间上是现场，但时间上已不是当场	甲晚上在乙家盗窃到财物后，在乙家睡觉。早上，乙回家发现甲，便抓甲。甲将乙打倒在地	空间上，盗窃行为与暴力行为是同一现场，但二者在时间上已经不是当场，不转化为抢劫
空间上不是同一现场，但时间上是当场。主要是指持续追捕的情形	甲抢夺了乙的手机，迅速逃跑，乙立即追，持续追了1公里后，甲为抗拒抓捕，将乙打倒在地	空间上，盗窃行为与暴力行为不是同一现场，但持续追捕，表明二者在时间上具有密切联系，属于当场，能够转化为抢劫

②使用暴力或以暴力相威胁。

第一，暴力或威胁的对象。对象不限于被害人，包括其他妨碍人，但不包括动物。如果行为人以对自己实施暴力相威胁，不是这里的以暴力相威胁。例如，小偷偷到财物后，主人追，小偷用刀刺破自己手臂，并对主人说："你再追，我就死在你面前。"主人见小偷鲜血直流，一下愣住了。小偷迅速逃离现场，则该盗窃不转化为抢劫。

[提示] a. 对象错误。例如，甲盗窃后逃跑，误以为乙是主人，对乙实施暴力。对此，观点展示。观点一（多数观点）：甲不转化为抢劫罪，构成盗窃罪和故意伤害罪，并罚。理由是"为抗拒抓捕而实施暴力"，要求存在现实的抓捕者。观点二：甲转化为抢劫。

b. 打击错误。例如，甲盗窃后逃跑，主人乙追赶，甲为抗拒抓捕，向乙开枪，不慎打中附近行人丙，致丙死亡。首先，甲构成转化抢劫。其次，甲又过失致人死亡，构成抢劫罪（致人死亡）。

第二，暴力的程度。暴力要求达到足以压制对方反抗的程度。根据司法解释，该程度是指足以造成轻伤的程度。

例1，小偷偷到财物后翻墙逃跑，主人抓住小偷的脚，小偷在墙上顺势踹主人一脚。暴力程度不高，不转化为抢劫。

例2，小偷偷到财物后逃跑，主人追。小偷向主人泼开水。暴力程度高，转化为抢劫。

第三，暴力的结果。暴力致对方重伤或死亡，构成抢劫罪致人重伤、死亡。

2. 两种抢劫的区分。

例1，甲盗窃乙的钱包，被乙发现，乙扭住甲，甲为了抗拒抓捕，将乙打倒，迅速逃离。

例2，甲盗窃丙的钱包，被丙发现，甲为了继续取得财物，用刀威胁丙，丙被迫放弃财物，甲取得财物。

例1中的抢劫属于第269条的转化抢劫，例2中的抢劫属于临时起意、直接升级的抢劫。

二者相同点：第一，盗窃、诈骗、抢夺已经着手实行，但尚未取得财物；第二，都对人使用了暴力。

二者区分：第一，法律性质不同。直接升级的抢劫，属于正常的抢劫罪。事后转化的抢劫，是由第269条法律拟制来的抢劫罪，原本应定盗窃罪（诈骗罪、抢夺罪）和故意伤害罪（或故意杀人罪）。第二，具体区分标准：使用暴力的目的不同。直接升级的抢劫，行为人是为了继续取得财物。事后转化的抢劫，行为人是为了窝藏赃物、抗拒抓捕、毁灭罪证。由此可见，行为人前三罪是否取得财物成为判断关键。如果已经取得财物，就不存在直接升级的抢劫的问题；如果尚未取得财物，对被害人实施暴力，既为了取得财物，也为了抗拒抓捕，应优先认定为为了取得财物，定直接升级的抢劫。

3. 两种抢劫的关系。

例如，甲携带凶器抢夺后，为抗拒抓捕，当场将主人打成重伤。根据司法解释，① 甲的抢夺行为构成"携带凶器抢夺"，定抢劫罪。甲的暴力行为构成故意伤害罪（重伤）。然后两罪并罚。对此不能认定为事后转化抢劫罪（致人重伤）。

4. 事后转化抢劫的既遂标准。对此存在观点展示，没有一个观点是多数说。

观点一：先前的盗窃、诈骗、抢夺既遂时，事后抢劫就既遂。

观点二：使用暴力转化成抢劫时，最终取得财物，才算事后抢劫既遂。

5. 事后转化抢劫的共犯问题。②

事后转化抢劫＝前提事实（实施前罪）＋实行行为（事后使用暴力）。"前罪实施者"类似于一种身份，只有具有这种身份才能构成事后转化抢劫的实行犯。因此，事后转化抢劫类似于一种真正身份犯。可用该原理来指导事后转化抢劫的共犯问题。

（1）一人单独盗窃，另一人事后参与。例如，甲单独盗窃并既遂，逃离现场时，乙参与进来，产生不同情形：

情形一：乙教唆甲对抓捕者实施暴力，甲照办。甲构成事后抢劫，乙构成事后抢劫的教唆犯。

情形二：甲教唆乙帮自己断后，乙知道甲实施了盗窃，为了帮助甲，对抓捕者使用暴力。甲不能构成事后抢劫的教唆犯，因为没有实行犯，乙没有身份（不是前罪实施者），不能担任事后抢劫的实行犯角色。为此，只能让甲成为事后抢劫的间接正犯，乙构成事后抢劫的帮助犯。该情形类似于间接正犯一节中的警察指使保洁员殴打犯人的案例。

情形三：甲欺骗乙："这个人要伤害我，你帮我防卫他"，乙不知情，对抓捕者实施暴力。乙不构成转化抢劫，属于假想防卫。甲构成事后抢劫的间接正犯，利用了不知情的乙对抓捕者实施暴力。

情形四：乙为帮助甲，对抓捕者使用暴力，甲对此不知情。由于甲不知情，甲不构成事后抢劫，只定盗窃罪。乙不构成事后抢劫，因为乙没有身份（不是前罪实施者），不能单独构成事后抢劫，要构成事后抢劫的帮助犯，必须以甲构成事后抢劫（正犯）为前提，但甲不知情，不构成事后抢劫。乙也不构成盗窃罪的片面帮助犯或承继的共犯，因为甲的盗窃罪已经结束。乙构成故意伤害罪，同时构成窝藏罪，因为帮助犯罪分子逃匿。两罪想象竞合，择一重罪论处。

（2）二人共同盗窃，一人实行，另一人帮助。此时的问题主要是实行过限问题，一人使用暴力构成事后抢劫，另一人是否也跟着构成事后抢劫，关键看其有无物理性或心理性贡献。例如，甲乙共同盗窃，甲入室，乙在外望风，产生不同情形：

情形一：甲在盗窃时为抗拒抓捕而使用暴力，乙对此不知情或知情但无明确鼓励（无心理性贡献）。甲构成事后抢劫，乙以盗窃罪论处。如果乙对此知情并继续望风，则与甲共同构成事后抢劫。

情形二：甲正在盗窃时或已经既遂后，乙在望风时，保安抓捕乙，乙为了抗拒抓捕而使

---

① 2005 年 6 月 8 日《最高人民法院关于审理抢劫、抢夺刑事案件适用法律若干问题的意见》。

② 张明楷：《刑法学》（第五版），法律出版社 2016 年版，第 988 页。

用暴力，甲对此不知情或知情但无明确鼓励。乙虽然是帮助犯，但也可转化为抢劫罪，前罪实施者不限于实行犯，也包括帮助犯。乙为了抗拒抓捕自己，使用暴力，构成事后抢劫。甲仍定盗窃罪。如果甲知情并明确支持，则也构成事后抢劫。

情形三：甲盗窃既遂后逃跑，乙对抓捕者使用暴力，甲对此不知情或知情但无明确鼓励。乙与甲是盗窃罪的共同犯罪，乙具有身份（前罪实施者），能够转化抢劫。甲仍定盗窃罪。

（3）二人共同盗窃，共同实行。此时的问题主要是实行过限问题。

例如，甲乙共同入室盗窃，甲在外屋行窃，乙在里屋行窃。主人回家看到甲，甲为了抗拒抓捕，对主人使用暴力，甲转化为抢劫。如果乙不知情或知情但无明确鼓励，则不构成事后抢劫。如果乙知情并明确鼓励，则构成事后抢劫。

▌典型真题▷

甲、乙共谋行抢。甲在偏僻巷道的出口望风，乙将路人丙的书包（内有现金1万元）一把夺下转身奔逃，丙随后追赶，欲夺回书包。甲在丙跑过巷道口时突然伸腿将丙绊倒，丙倒地后摔成轻伤，甲、乙乘机逃脱。甲、乙的行为构成何罪？（2009年·卷二·7题）①

A. 甲、乙均构成抢夺罪

B. 甲、乙均构成抢劫罪

C. 甲构成抢劫罪，乙构成抢夺罪

D. 甲构成故意伤害罪，乙构成抢夺罪

（三）法定刑升格条件②

1. 入户抢劫

（1）"户"的范围。"户"是指与外界相对隔离的生活住所。集体宿舍、旅店宾馆、临时搭建的工棚等，不算"户"；商店不算"户"。刚装修好的无人居住的新房不算"户"。对于部分时间从事经营、部分时间用于生活起居的场所，行为人在非营业时间强行入内抢劫或者以购物等为名骗开房门入内抢劫的，应认定为"入户抢劫"。对于部分用于经营、部分用于生活且之间有明确隔离的场所，行为人进入生活场所实施抢劫的，应认定为"入户抢劫"；如场所之间没有明确隔离，行为人在营业时间入内实施抢劫的，不认定为"入户抢劫"，但在非营业时间入内实施抢劫的，应认定为"入户抢劫"。

（2）"入户"的目的。第一，必须带着实施人身或财产犯罪的非法目的入户。第二，合法入户，在户内抢劫，不属于"入户抢劫"。应将"入户抢劫"与"在户内抢劫"区别开来。以侵害户内人员的人身、财产为目的，入户后实施抢劫，包括入户实施盗窃、诈骗等犯罪而转

---

① 答案解析：从乙的抢夺行为看，甲、乙共谋行抢是指共谋抢夺，甲望风，乙实行。乙抢夺既遂后，甲为了阻止追捕而使用暴力，构成事后抢劫，因为甲具有身份（前罪实施者）。乙是否构成事后抢劫，关键看乙对甲的使用暴力有无物理性或心理性贡献。如果乙不知情或知情但无明确鼓励，则乙只构成抢夺罪。本题题干对此没有明确描述。从官方答案看，需要补充细节，亦即乙没有物理性或心理性贡献。官方答案是C。

② 以下内容吸收了司法解释的要点。主要有三个司法解释：（1）2016年1月6日《最高人民法院关于审理抢劫刑事案件适用法律若干问题的指导意见》。（2）2005年6月8日《最高人民法院关于审理抢劫、抢夺刑事案件适用法律若干问题的意见》。（3）2000年11月22日《最高人民法院关于审理抢劫案件具体应用法律若干问题的解释》。

化为抢劫的，应当认定为"入户抢劫"。因访友办事等原因经户内人员允许入户后，临时起意实施抢劫，或者临时起意实施盗窃、诈骗等犯罪而转化为抢劫的，不应认定为"入户抢劫"。

例1，甲在自己居住的户内抢劫同居室友，不属于入户抢劫。

例2，甲邀请乙来到自己居住的户内，教唆乙抢劫同居室友。乙不构成入户抢劫。

例3，卖淫女甲趁家人不在家，招来嫖客乙来到家里，性交易完成后，乙看到甲挺有钱，便抢劫了甲。乙不构成入户抢劫。

（3）抢劫行为。必须在户内实施暴力、胁迫等强制手段。

例1，为了抢劫，将主人骗至户外，然后抢劫，不属于入户抢劫。

例2，在户外将主人打晕在地，然后入户拿走财物，不属于入户抢劫。

例3，为了抢劫而入户，使用暴力将主人赶出户外，然后拿走户内财物，属于入户抢劫。

（4）主观认识。必须认识到是他人的"户"（家庭住所）。

例如，甲欲进入卖淫场所或普通商店抢劫，进入后发现是他人的家庭住所，然后退出，不属于入户抢劫。如果继续抢劫，则属于入户抢劫。

（5）转化抢劫。入户盗窃、诈骗、抢夺时，为了窝藏赃物、抗拒抓捕、毁灭罪证，在户内使用暴力或以暴力相威胁，转化为抢劫，同时也认定为入户抢劫。在户外使用暴力，转化为抢劫，不认定为入户抢劫。同理，入户盗窃时，被主人发现，为了继续取得财物，使用暴力直接升级为抢劫，属于入户抢劫。

2. 在公共交通工具上抢劫

（1）公共交通工具的范围。"公共交通工具"，包括从事旅客运输的各种公共汽车，大、中型出租车，火车、地铁、轻轨、轮船、飞机等，不含小型出租车。对于虽不具有商业营运执照，但实际从事旅客运输的大、中型交通工具，可认定为"公共交通工具"。接送职工的单位班车、接送师生的校车等大、中型交通工具，视为"公共交通工具"。

（2）"在公共交通工具上抢劫"，既包括在处于运营状态的公共交通工具上对旅客及司售、乘务人员实施抢劫，也包括拦截运营途中的公共交通工具对旅客及司售、乘务人员实施抢劫，但不包括在未运营的公共交通工具上针对司售、乘务人员实施抢劫。以暴力、胁迫或者麻醉等手段对公共交通工具上的特定人员实施抢劫的，一般应认定为"在公共交通工具上抢劫"。

（3）转化抢劫。在公共交通工具上盗窃、诈骗、抢夺，为窝藏赃物、抗拒抓捕、毁灭罪证，在公共交通工具上当场使用暴力或以暴力相威胁，转化为抢劫罪，同时认定为在公共交通工具上抢劫。

［注意］在户内、公共交通工具上，携带凶器抢夺，虽然能定抢劫罪，但不属于"入户抢劫"、"在公共交通工具上抢劫"，因为在户内、公共交通工具上没有对人使用暴力等强制手段，只是对物暴力。

3. 抢劫银行或者其他金融机构

（1）抢劫对象须是经营资金。仅仅抢劫银行的办公用品不属于"抢劫银行"；抢劫银行大厅储户身上的现金，也不属于"抢劫银行"。

（2）抢劫正在使用中的银行或者其他金融机构的运钞车的，视为"抢劫银行或者其他金融机构"。

4. 多次抢劫或抢劫数额巨大

"多次抢劫"是指抢劫3次以上。对于"多次"的认定，应以行为人实施的每一次抢劫行为均已构成犯罪为前提，综合考虑犯罪故意的产生、犯罪行为实施的时间、地点等因素，客观分析、认定。对于行为人基于一个犯意实施犯罪的，如在同一地点同时对在场的多人实施抢劫的；或基于一犯意在同一地点实施连续抢劫犯罪的，如在同一地点连续地对途经此地的多人进行抢劫的；或在一次犯罪中对一栋居民楼房中的几户居民连续实施入户抢劫的，一般应认定为一次犯罪。总结：基于同一个抢劫犯意，在同一地点连续针对多个被害人实施抢劫，属于一次抢劫。例如，甲来到公交车上抢劫，连续抢劫了三位乘客，然后下车，属于一次抢劫。

5. 抢劫致人重伤或死亡（结果加重犯）

（1）抢劫行为。必须是抢劫行为本身导致重伤或死亡结果。所谓抢劫行为，是指带着非法占有目的实施的暴力和取财行为。不能评价为抢劫行为的其他行为导致重伤或死亡结果，不属于抢劫致人重伤或死亡。对其他行为导致重伤、死亡需独立评价。

例1，甲欲抢劫乙，为了制服乙，使用暴力将乙打成重伤或打死，属于抢劫致人重伤或死亡。

例2，甲抢劫既遂后，为了逃跑，将被害人打成重伤，不属于抢劫致人重伤，而构成抢劫罪和故意伤害罪，并罚。若为了灭口，杀死被害人，构成抢劫罪和故意杀人罪，并罚。

（2）因果关系。抢劫行为与加重结果之间应有直接因果关系。

例1，甲持刀抢劫乙，乙为逃命，被迫闯红灯，被车撞死。甲属于抢劫致人死亡。

例2，甲持刀抢劫乙，乙逃跑，不慎掉进井盖下，摔死。甲不属于抢劫致人死亡。

（3）主观心理。由于抢劫行为包括暴力行为，使用暴力致人重伤、死亡，完全可能是故意所为。因此，抢劫致人重伤、死亡，包括故意致人重伤、死亡。

（4）"致人重伤、死亡"的"人"，不限于被抢劫的人，也包括前来阻挡的第三人，还包括抢劫过程中的暴力行为过失致同伙死亡。这是因为抢劫罪是财产犯罪，侵犯的是财产法益，侵犯人身法益只是手段。例如，甲抢劫乙，丙前来阻挡，甲重伤丙，进而顺利抢劫了乙。甲构成抢劫致人重伤。

行为类型	结论
强奸罪致人重伤、死亡，其中的"人"	仅限于被强奸的妇女，不包括前来阻挡的第三人
拐卖妇女、儿童罪致人重伤、死亡，其中的"人"	包括被拐的妇女、儿童，还包括前来阻挡的亲属，不包括其他前来阻挡的人
绑架罪中的"杀人"、"故意伤害致人重伤、死亡"，其中的"人"	仅限于被绑架人，不包括前来阻挡的第三人
抢劫罪致人重伤、死亡，其中的"人"	不限于被抢劫人，包括第三人

[总结] 抢劫罪与故意杀人罪的联系：

第一，抢劫前或抢劫过程中，为了取财而杀人，然后取财，属于抢劫罪（故意）致人死亡。由于杀人的手段完全符合故意杀人罪的构成要件，也触犯故意杀人罪，想象竞合，择一重罪论处。

注意：杀人与取财应具有牵连关系，才能定抢劫罪，也即带着非法占有目的杀人，然后实现非法占有目的。如果杀人和取财的时间间隔过长，牵连关系已经很单薄，则不构成抢劫罪，而构成故意杀人罪和盗窃罪。

例1，甲为了非法占有乙的财物，按照计划，在乙家门外大街上杀死乙，取走其身上钥匙，然后来到乙家里取财。甲触犯抢劫罪（故意）致人死亡和故意杀人罪，择一重罪论处。

例2，甲得知乙是来自北京的贪官，基于非法占有目的，在广州杀死乙，过了1个月，来到北京乙的家里，取走财物。甲构成故意杀人罪和盗窃罪，并罚。

例3，甲为了取得乙的手机而杀害乙，在拿到手机后发现了钱包，一并将钱包取走的，仅成立抢劫一罪，属于抢劫（故意）致人死亡。如果1周后甲回到现场，又发现乙的金戒指并取走，此时属于侵占罪。

第二，抢劫呈现终局形态后，为了其他目的而杀人的，不属于抢劫（故意）致人死亡，应定抢劫罪和故意杀人罪，并罚。

6. 冒充军警人员抢劫

认定"冒充军警人员抢劫"，要注重对行为人是否穿着军警制服、携带枪支、出示军警证件等情节进行综合审查，判断是否足以使他人误以为是军警人员。对于行为人仅穿着类似军警的服装或仅以言语宣称系军警人员但未携带枪支、也未出示军警证件而实施抢劫的，要结合抢劫地点、时间、暴力或威胁的具体情形，依照常人判断标准，确定是否认定为"冒充军警人员抢劫"。

"冒充军警人员抢劫"包括交警冒充防暴警察、军人冒充警察的情形。军警人员利用自身的真实身份实施抢劫的，不认定为"冒充军警人员抢劫"，应依法从重处罚。

7. 持枪抢劫

（1）枪须是真枪，但不要求实弹。不能是仿真枪，但可以是空枪。

（2）枪须向被害人使用或显示。

例1，甲携带枪支抢夺，定抢劫罪，但不属于持枪抢劫。这是因为，携带凶器抢夺，定抢劫罪。在此，枪支已经被评价为凶器，此后就不能再评价枪支了，否则违反了禁止重复评价原则。

例2，甲犯盗窃罪，为了抗拒抓捕，当场使用枪支，定抢劫罪，属于持枪抢劫。这是因为，盗窃罪要转化为抢劫，只要求当场使用暴力，并不要求当场使用凶器；枪支在此尚未被评价，所以可以评价给抢劫。

例3，甲为了抢劫，使用枪支逼迫乙喝下毒药，乙中毒昏迷，甲拿走财物。甲构成持枪抢劫。

8. 抢劫军用物资或者抢险、救灾、救济物资。

［提示］认识错误问题。例如，甲欲抢劫救灾物资，抢到手发现是军用物资。这种对象认识错误属于同一犯罪构成内的错误，不影响该法定刑升格条件的适用。

（四）抢劫罪与绑架罪

1. 区分

（1）简单区分：三角关系还是两角关系。抢劫罪发生在行为人与被害人之间，是二者间的犯罪，被强制的人和交付财物的人是同一人，也即被害人是同一个人；绑架罪发生在行为人、被绑架人、被勒索人之间，是三者间的犯罪，被绑架人和被勒索人不是同一个人。

（2）核心区分：抢劫罪的行为可以表现为劫持被害人，绑架罪的行为也可以表现为劫持被害人。二者的核心区分在于主观目的不同：抢劫罪，行为人是带着向被害人勒索财物的目的而劫持被害人；绑架罪，行为人是带着向第三人勒索财物的目的而劫持人质。注意：这个勒索财物的目的是否实现，影响抢劫罪的既遂，但不影响绑架罪的既遂。

[总结] 常考情形：

（1）甲绑架乙，然后逼迫乙向妻子打电话，并让乙告知妻子自己被甲绑架了。

①乙告知了自己被绑架的事实。甲构成绑架罪。

②乙向妻子隐瞒了被绑架的事实。甲仍构成绑架罪，因为甲具备了绑架罪的客观行为，也具备了主观要素，而且此时绑架罪也既遂了。

（2）甲绑架乙，然后逼迫乙向妻子打电话，并让乙隐瞒自己被绑架的事实。

①乙隐瞒了被绑架的事实。甲构成抢劫罪。因为甲不具有利用第三人担忧的意思和向第三人勒索财物的目的，实质上属于两者间犯罪。

②乙告知了自己被绑架的事实，妻子很担心，或者虽隐瞒了但妻子猜出来乙被绑架了，妻子很担心。妻子按照乙的要求打钱给乙，乙将钱给甲。甲构成抢劫罪，因为甲仍不具有利用第三人担忧的意思和向第三人勒索财物的目的，实质上仍属于两者间犯罪。

2. 联系

抢劫罪与绑架罪的区分不是 A 与 -A 的区分，也即二者不是对立排斥关系。因此，一个行为在构成抢劫罪的同时，并不排斥构成绑架罪，此时二者是想象竞合关系，择一重罪论处。

例如，乙带着女儿丙（4岁）逛街。甲一把将丙劫持过来，用刀架在丙肩膀，威胁乙"不给1万元，就要孩子的命！"甲既构成抢劫罪，也构成绑架罪，想象竞合，择一重罪论处。

3. 罪数

如果存在独立的抢劫行为和绑架行为及其他行为，原则上应数罪并罚。因为不同的行为，侵犯法益不同，性质不同，就应数罪并罚。

例1，甲使用暴力压制乙的反抗，抢劫乙，只抢到100元，不满意，便继续控制乙，给乙的妻子打电话，勒索财物。甲构成抢劫罪和绑架罪，并罚。

例2，甲绑架乙，将乙劫持到屋里，在等候乙的妻子送钱时，看到乙睡着了，拿走其身上的钱。甲构成绑架罪和盗窃罪，并罚。

[提示] 司法解释规定：① 绑架过程中又当场劫取被害人随身财物的，同时触犯绑架罪和抢劫罪，应择一重罪论处。其实，应当数罪并罚。只能认为这是一种特殊规定。考试考出来，应按照司法解释答题。

典型真题

关于抢劫罪的认定，下列哪些选项是正确的？（2017年·卷二·60题）②

A. 甲欲进王某家盗窃，正撬门时，路人李某经过。甲误以为李某是王某，会阻止自

---

① 2005年6月8日《最高人民法院关于审理抢劫、抢夺刑事案件适用法律若干问题的意见》。
② [答案] ABD。

己盗窃，将李某打昏，再从王某家窃走财物。甲不构成抢劫既遂

B. 乙潜入周某家盗窃，正欲离开时，周某回家，进屋将乙堵在卧室内。乙掏出凶器对周某进行恐吓，迫使周某让其携带财物离开。乙构成入户抢劫

C. 丙窃取刘某汽车时被发现，驾刘某的汽车逃跑，刘某乘出租车追赶。途遇路人陈某过马路，丙也未减速，将陈某撞成重伤。丙构成抢劫致人重伤

D. 丁抢夺张某财物后逃跑，为阻止张某追赶，出于杀害故意向张某开枪射击。子弹未击中张某，但击中路人汪某，致其死亡。丁构成抢劫致人死亡

六、敲诈勒索罪

第274条 敲诈勒索公私财物，数额较大或者多次敲诈勒索的，处三年以下有期徒刑、拘役或者管制，并处或者单处罚金；数额巨大或者有其他严重情节的，处三年以上十年以下有期徒刑，并处罚金；数额特别巨大或者有其他特别严重情节的，处十年以上有期徒刑，并处罚金。

（一）行为结构

行为结构：　实施恐吓行为 → 对方产生恐惧心理 → 对方基于恐惧心理交付财物 → 行为人取得财物

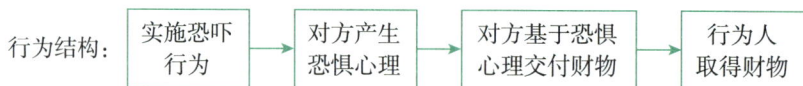

1. 恐吓本质：以恶害相通告，使对方产生恐惧心理。
2. 恐吓手段：暴力、胁迫及其他方法。
3. 恐吓程度：使被害人产生恐惧心理，但给被害人留有一定的意志自由。如果暴力或胁迫行为达到了压制被害人反抗的程度，则构成抢劫罪。
4. 恐吓内容：恶害。
（1）恶害的内容没有限制，包括被害人的生命、身体、自由、名誉、财产等。
（2）恶害的内容既可以是违法内容，也可以是合法内容。

例如，甲得知乙有受贿事实，向乙勒索5万元，否则就向司法机关告发。尽管向司法机关告发是合法的，但甲不能将此作为敲诈钱财的手段。甲构成敲诈勒索罪。

（3）通告恶害的方式：包括语言、文字、动作等。既可以直接通告被害人，也可以通过第三人通告被害人。既可以是明示方式，也可以是默示方式（例如，寄一把带血的刀）。

（4）恶害实现的方式：行为人所告知的恶害既可由自己实现，也可由第三者实现；由第三者实现时，行为人必须使被害人知道自己能够影响第三者。

例1，甲是黑社会老大，向小饭馆老板乙勒索保护费，否则就让马仔砸烂饭馆。这里的恶害是由马仔实现的，而且乙也知道马仔受甲的指挥。甲构成敲诈勒索罪。

例2，甲恐吓乙："给我10万元，否则我派美国中央情报局的人来暗杀你!"乙知道甲没有这个权力，不会产生恐惧心理。甲的行为便不属于恐吓行为，不构成敲诈勒索罪。

5. 恐惧心理。
（1）恶害内容要求能够产生心理恐惧的效果。

［注意］生活中的谈条件行为与恐吓行为的区分。敲诈勒索往往表现为谈条件的方式，行为人通告被害人：如果不满足我的要求，我就要实现恶害。而生活中也有许多谈条件的情

形。例如，甲对乙说："你不请我吃饭，我就将你逃课的事告诉班主任。"

二者的区分在于：生活中的谈条件行为只是单纯的讨价还价，出价方不会以恶害为筹码，还价方也不会产生恐惧心理；而敲诈勒索罪，出价方是以实现恶害为筹码，还价方会产生恐惧心理。生活中的谈条件，对还价方的心理只是造成不利影响；而敲诈勒索罪，还价方的心理达到了恐惧的程度。

例如，甲捡到乙的学生证和参加高考的准考证。乙第二天就要参加高考。甲向乙索要 1 万元，否则不给学生证和准考证。这种恶害会让乙产生恐惧心理，所以甲构成敲诈勒索罪。

（2）恶害内容要能使对方产生恐惧心理，必须以对方相信该恶害内容为前提。

①对方完全不信。例如，甲对乙说："你如果不给我 1 万元，我会让天上的雷来劈你！"乙对此不会相信，只会觉得可笑。甲的行为就不属于恐吓行为。

②对方产生困惑。例如，甲对乙说："我会做法，你如果不给我 1 万元，我会让你家里有血光之灾！"乙对此产生困惑，半信半疑。乙的这种心理不属于恐惧心理。甲的行为也就不属于恐吓行为。

6. 交付财物。

（1）必须是被害人基于恐惧心理而交付财物。行为人的恐吓行为与取得财物之间要具有因果关系，否则成立敲诈勒索罪未遂。例如，甲恐吓乙交付 1 万元，乙实际上是当地真正的黑社会老大，没有产生恐惧心理，反而很欣赏甲的勇气，便给甲 1 万元。甲成立敲诈勒索罪未遂。

（2）三角敲诈。这是指被恐吓者和财产受害人不是同一人。例如，甲恐吓乙家的保姆："赶快交出乙的财物，否则以后乙的小孩上学时就小心点！"保姆被迫交出主人的财物。甲是恐吓者，保姆是被恐吓者，乙是受害者。甲构成敲诈勒索罪。

[提示] 根据《刑法修正案（八）》的修正，敲诈勒索罪增加了一种行为类型：多次敲诈勒索。根据司法解释，① 这是指 2 年内敲诈勒索 3 次或以上。

（二）敲诈勒索罪与抢劫罪的区分

区分标准：被害人意志自由被剥夺的程度不同。抢劫罪，行为人完全剥夺被害人的意志自由，压制其反抗。敲诈勒索罪，行为人没有完全剥夺被害人的意志自由，给被害人留有一定的选择自由。简单地讲，抢劫罪中，被害人没得选，只好给；敲诈勒索罪中，被害人有得选，最好给。

例如，黑社会分子甲来到乙的饭馆收保护费。

情形一，甲声称："明天不给钱，明天就砸你的店"。甲构成敲诈勒索罪。

情形二，甲声称："现在不给钱，明天就砸你的店"，乙害怕，给了钱。甲给乙保留了一定的选择自由，构成敲诈勒索罪。这表明，当场取得财物不是抢劫罪与敲诈勒索罪的区别，敲诈勒索罪也可以当场取得财物。

情形三，甲声称："现在不给钱，现在就砸你的店"。这时乙给钱，属于没得选，只好给。甲构成抢劫罪。

（三）敲诈勒索罪与行使权利的区分

行为要构成敲诈勒索罪，需要具备该罪的构成要件。第一，主观上，行为人要有非法占

① 2013 年 4 月 23 日《最高人民法院、最高人民检察院关于办理敲诈勒索刑事案件适用法律若干问题的解释》。

有他人财物的目的。如果行为人具有可以主张的财产性权利，行为人在行使权利，则表明没有非法占有他人财物的目的，不构成敲诈勒索罪。第二，客观上，行为属于恐吓行为，也即以恶害相通告，使对方产生恐惧心理，以此胁迫对方给钱。

例1，甲的摩托车被乙偷去，甲恐吓乙："3 天之内若不将摩托车交回，就小心你的狗命！"乙被迫将摩托车交还给甲。甲不构成敲诈勒索罪。

例2，乙拖欠甲 10 万元，总是不还。甲对乙说："你若再不归还，小心你的狗命！"乙被迫归还。甲不构成敲诈勒索罪。

例3，甲吃冰淇淋时发现一块布头，感觉很恶心，要求店主赔偿精神损害三万元，否则将此事在报纸上曝光或向法院起诉。甲的精神损害赔偿请求具有可诉性，表明甲在主张权利，没有非法占有目的。甲不构成敲诈勒索罪。

例4，某明星的情妇甲向该明星声称："你若不赔偿我青春损失费三千万，我就将咱们的床上视频曝光。"首先，青春损失费不具有可诉性，表明甲不是在行使权利，甲具有非法占有目的。其次，甲的行为属于恐吓行为。甲构成敲诈勒索罪。

例5，王某得知局长刘某有嫖娼事实，便要求刘某给自己 1 万元，否则将此事向公安机关告发。王某根本就没有权利要求 1 万元，具有非法占有目的，而且行为属于恐吓行为，构成敲诈勒索罪。这表明，公民虽然有检举揭发他人违法犯罪的权利，但是不能将此作为勒索财物的手段。

（四）敲诈勒索罪与诈骗罪的关系

1. 相同：犯罪人都是基于被害人有瑕疵的意思而取得财物。

2. 区分：瑕疵原因不同。诈骗罪是被害人基于认识错误而处分财物，敲诈勒索罪是被害人基于恐惧心理交付财物。前者是被骗，后者是被迫。

3. 认识错误与恐惧心理的竞合问题。

诈骗罪中行为人虚构的事实可以有暴力内容，敲诈勒索罪中行为人通告的恶害可以是虚假内容。当这些事实既是虚假的，又是让人恐惧的，行为就既符合诈骗罪又符合敲诈勒索罪，属于想象竞合。

例如，甲对女明星乙说："我偷拍了你的裸照，不给钱就网上曝光！"乙以为甲手中的照片是自己的裸照，实际上是甲伪造的。乙便答应照办。乙一方面产生认识错误，另一方面产生恐惧心理，甲既触犯诈骗罪，又触犯敲诈勒索罪，想象竞合。

处理办法：当诈骗罪与敲诈勒索罪产生竞合后，一般情况下，择一重罪论处。

［注意］ 敲诈勒索与转告虚假恐吓信息式的诈骗的区分。

敲诈勒索罪的行为模式是：我恐吓你，你若不给钱，我就对你施加恶害，由此你对我产生恐惧心理。如果行为人只是转告虚假恐吓信息，不构成敲诈勒索罪，而构成诈骗罪。

例1，甲对乙谎称："我打听到，丙这个黑社会老大要教训你，你给我钱，我帮你摆平。"乙信以为真，因害怕丙的伤害而给了甲一笔钱。甲属于转告虚假恐吓信息，只构成诈骗罪。

例2，甲对岳父谎称："我的儿子是你的宝贝外孙，被黑社会老大王某绑架了，人家说不给 10 万元，就撕票！我没钱，你赶紧弄钱给我，我好赎人。"岳父信以为真，担心外孙安危，便给了甲 10 万元。甲属于转告虚假恐吓信息，只构成诈骗罪。

例3，莱温斯基欺骗克林顿："我闺蜜甲知道了我们的事，让我问你要封口费，否则曝光。"克林顿很恐惧，便给了钱。莱温斯基构成诈骗罪，不构成敲诈勒索罪。

［总结］财产犯罪中的"多次"：

行为类型	结论
多次盗窃	盗窃罪的成立条件
多次抢夺	抢夺罪的成立条件
多次敲诈勒索	敲诈勒索罪的成立条件
多次抢劫	抢劫罪的法定刑升格条件

七、诈骗罪

第266条　诈骗公私财物，数额较大的，处三年以下有期徒刑、拘役或者管制，并处或者单处罚金；数额巨大或者有其他严重情节的，处三年以上十年以下有期徒刑，并处罚金；数额特别巨大或者有其他特别严重情节的，处十年以上有期徒刑或者无期徒刑，并处罚金或者没收财产。本法另有规定的，依照规定。

诈骗罪，是指以非法占有为目的，使用欺骗方法，骗取他人数额较大财物的行为。

（一）行为结构

1. 欺骗行为

（1）**欺骗对象**：包括财物和财产性利益。例如，甲使用伪造的军车车牌，骗免过路费，就是诈骗财产性利益。

（2）**欺骗方式**。

欺骗方式可以是言语陈述，也可以是展示实物，还可以是行为举动本身。通过举动来欺骗，包括明示和默示方式。明示的，例如，穿上警察制服冒充警察。默示的，例如，行为人在出卖财物时就默示了自己对该财物有处分权；行为人在饭店点菜就默示了自己打算支付餐费。

［注意］欺骗方式包括不作为的方式。此时，关键看行为人有无告知真相的义务。告知义务的来源与作为义务相同，包括法律、职务、合同行为、先前行为等产生的告知义务。

例1，行为人隐瞒既往严重病史，与保险公司签订生命保险合同，属于欺骗行为。

例2，在金钱借贷关系中，担保物有瑕疵，如果出借人知道就不会出借，借用人隐瞒，属于欺骗行为。

例3，作者与出版社签了版税合同，根据销售册数计算稿酬。出版社隐瞒真实的销售册数，属于欺骗行为。

例4，淘宝行为是不是欺骗行为，关键看行为人有无告知真相的义务。例如，甲在古玩市场看到一件宝物，价值连城，而摊主不识货，廉价出售，甲隐瞒宝物价值而成交。因为甲没有说明真相的义务，交易中的单纯沉默不构成诈骗，属于正常的淘宝行为。又如，乙请鉴赏家甲鉴定一件藏品，甲明知该藏品价值连城，但故意贬其价值，并要求以低价购买，乙答应低价出卖。甲有告知真相义务，故意隐瞒，并提出购买，构成诈骗。[1]

---

① 张明楷：《诈骗罪与金融诈骗罪研究》，清华大学出版社2006年版，第85~86页。

（3）欺骗类型。

一是使对方从无到有产生认识错误；二是维持利用对方已有的认识错误。二者的本质相同，只是程度不同而已。后一种欺骗能够成为被害人处分财物造成损失的原因。

维持利用型欺骗包括两种方式：

①作为方式。

例1，乙在古玩店购买物品时，误以为某民国物品是清代文物而察看。由于该物品印有"民国十年造"，店主甲赶紧捂住，声称是清代文物。乙相信而购买。

例2，乙在书画店购买书画，以为标价高的某幅画是名家亲笔，但同时也心存怀疑。店主甲赶紧拿出虚假的证书证明是名家亲笔。乙相信而购买。

②不作为方式。

这种方式的前提是：面对被害人产生的认识错误，行为人有告知真相的义务。

例1，顾客以为摆在柜台上的一部无法使用的笔记本电脑是合格产品，要求购买。销售员不告知并出售。

例2，乙向甲偿还了债务1万元。过后乙问甲："我是不是还没还你钱？"甲答道："是的，没还。"乙又给了甲1万元。

（4）欺骗程度：必须达到使一般人产生认识错误的程度。

例1，火车上的小贩兜售"不怕钢刷刷，不怕烈火烧"的袜子，这种对产品的夸大宣传，一般人不会相信，不构成诈骗。

例2，王某拿着印着自己图像、面额为70元的假币在商场购物，一般人不会相信，不属于诈骗行为，属于恶搞。

2. 认识错误

（1）认识错误必须是具有意思自治能力的人产生的，也即受骗者只能是有意思自治能力的人。欺骗幼儿、精神病患者的财物，成立盗窃罪。因为这些人没有意思自治能力，其所产生的认识错误不是诈骗罪认可的认识错误。

（2）机器"被骗"问题。由于机器（如ATM机）没有意思自治能力，因此不是诈骗罪的对象。例如，甲将小铁片塞进自动售货机，机器当做硬币，吐出商品。甲不构成诈骗，而是盗窃。

（3）受骗者对行为人欺骗的事项有所怀疑时，行为人又强化其认识错误，构成诈骗。

例如，画廊经纪人甲向富商乙佯称，其有张大千名画一幅，因欲移居加拿大，急于结束画廊营业，仅以低价10万元出售。由于该价格远低于市场价，乙怀疑该画的真实性，但又认为，倘若果真为张大千的名画，则获利丰厚。在甲的一再利诱下，乙与甲交易。事后鉴定，该画为赝品。甲构成诈骗罪。

3. 处分财物

（1）处分财物包括处分财物所有权或占有权。注意：认为诈骗罪只骗取财物所有权的说法是错误的。

例如，甲以不法所有为目的，欺骗乙说："借我1万元，我保证3天后还你！"乙答应借出。甲携款潜逃。甲构成诈骗罪。这属于"名为借、实为骗"。乙放弃的是占有权，没有放弃所有权，但是甲主观上想获取的是所有权，当客观上获取占有权后便立即实现了所有权，仍构成诈骗罪。

（2）被害人处分财物包括两种情形：

①被害人具有转移占有给行为人的意思和举动。例如，甲欺骗乙的钱财，乙受骗，将钱财交到甲手里。

②被害人只有放弃占有的意思和举动，放弃地点是行为人可以支配的领域。

例1，甲具有非法占有目的，欺骗乙："你的翡翠手镯是假货，还好意思戴，赶紧扔了！"乙便扔了并离开。甲很快捡起拿走。这种情形比第一种情形仅仅多了一道手续。甲构成诈骗罪既遂。

例2，乙窃取摩托车，准备骑走。甲觉其可疑，装成摩托车主人的样子说："你想把我的车骑走啊？"乙弃车逃走，甲将摩托车据为己有。虽然乙并未将车处分给甲，但甲仍构成诈骗罪。

4. 取得财物

取得财物的人既可以是行为人本人，也可以是第三人。例如，甲欺骗乙将财物处分给丙。乙基于认识错误将财物处分给了丙。甲仍构成诈骗罪。

5. 遭受损失

成立诈骗罪，要求被害人有遭受财产损失的危险性、可能性。成立诈骗罪既遂，要求行为人取得财物，被害人实际遭受损失。

（1）如果行为人有欺骗行为，但被害人没有遭受财产损失的危险和实害，则不构成诈骗罪。

例1，甲的伯父送给甲一块翡翠，声称价值1万。甲不相信伯父会如此大方，认为只值1000，想卖掉，欺骗乙："价值5000，要不要？"乙买下。实际上该翡翠的确价值1万。甲不构成诈骗罪。

例2，甲发现乙出国后其房屋无人居住，便伪造房产证，将该房租给丙住了1年，收取租金3万元。甲对丙不构成诈骗罪，因为丙实际使用了该房屋，没有财产损失。

（2）被害人财产损失的判断标准。

对被害人遭受的损失，应整体综合评价，还是单向个别评价？结论：应侧重于单向个别评价，应考虑被害人处分财物的目的是否实现。

例1，医生欺骗患者患有心脏病，将治心脏病的药物卖给患者。整体看，该药品是真实的，价格也是市场价。但是单向个别看，患者仍遭受了财产损失，因为交易目的没有实现。所以，医生构成诈骗罪。

例2，甲来书店找法考辅导用书，书店老板将公务员考试用书包装好，冒充法考辅导用书卖给甲。书店老板构成诈骗罪。

例3，将使用多年的汽车冒充新车出售，构成诈骗罪。

例4，某慈善机构领导人声称组织义演，所得收入捐给灾民，实际上据为己有，构成诈骗罪。

例5，甲组织为四川地震灾区捐款。乙丙等捐了1万元。实际上甲将获得的捐款捐给了贵州某养老院。乙丙等的捐款目的失败了，存在财产损失。甲构成诈骗罪。

例6，甲组织为某灾区捐款。乙捐了1000元。甲欺骗乙："你们单位同事都捐1万元，你好意思捐1000元？"乙不知情便捐了1万元。甲将捐款交给该灾区。乙的捐款目的没有失败，没有财产损失。甲不构成诈骗罪。

（二）诈骗罪与盗窃罪的区分Ⅰ（两角关系的情形）

诈骗罪与盗窃罪的区分，是财产犯罪五星级的考点，务必详尽掌握。

关键区分：被害人是否基于认识错误处分财物。盗窃罪缺少诈骗罪的第三步"基于认识错误而处分财物"。该步包括两个要件：一是客观上有处分行为，二是主观上有处分意识，二者缺一不可。

1. 客观处分行为

处分行为，是指处分占有，也即被害人将自己占有的财物处分给对方占有。诈骗罪与盗窃罪都是转移占有的财产犯罪。诈骗罪，由被害人实施转移占有，也即将自己的财物转移给行为人占有。盗窃罪，由行为人实施转移占有，也即将被害人的财物转移为自己占有。常考情形有：

（1）调虎离山型。这是常考的情形。

例1，甲在商场假装买衣服，欺骗售货小姐乙："你帮我拿个凳子过来。"乙去拿凳子，甲趁机拿走衣服。甲不构成诈骗，而构成盗窃。

例2，甲与乙一起乘火车旅行。火车在某车站仅停2分钟，但甲欺骗乙说："本站停车12分钟"，乙信以为真，下车购物。乙刚下车，火车便发车了。甲立即将乙的财物转移至另一车厢，然后在下一站下车后携物潜逃。甲构成盗窃。

例3，甲来到乙家，对乙谎称："你家小孩在楼下被人打，还不赶紧去看。"乙赶忙下楼。甲趁机进屋拿走财物。甲构成盗窃。

例4（2018年试题），甲骑摩托车载着乙，行驶到不平路面。乙带着非法占有目的，欺骗甲："我帮你骑过去。"甲答应，乙骑着摩托车向甲拜拜！乙构成盗窃，属于公开盗窃。

（2）趁不注意型。趁不注意，进行调包，属于盗窃。这是考试经常考的情形。

例1，甲欺骗乙称："我会魔法，会将10元钱变成100元。"乙便给甲10张10元让他变。甲将钱放进碗里，在变来变去时，趁乙不注意，将钱拿走，换成白纸，并嘱托乙10分钟后打开，遂离去。虽然甲有欺骗行为，乙有认识错误，但是乙没有基于认识错误而处分财物所有权给甲，因此甲不构成诈骗罪，而构成盗窃罪。

例2，陈某在商场金店发现柜台内放有一条重12克、价值3600元的纯金项链，与自己所戴的镀金项链样式相同。陈某以挑选金项链为名，趁售货员不注意，用自己的镀金项链调换了上述纯金项链。陈某构成盗窃罪。

（3）欺骗借用型。

例1，甲与朋友乙在吃饭时，欲非法占有乙的手机，谎称自己手机没电想借打一下乙的手机，乙答应。甲假装打电话，趁乙不注意拿着手机逃离。在此，虽然乙受骗产生了认识错误，但是乙并没有基于认识错误而转移财物的占有权及所有权，因此甲构成盗窃罪。

例2，上述例1中，甲如果欺骗乙："能否借我用一星期？"乙答应。甲拿走手机后，乙再也找不到甲了。在此，乙基于认识错误处分了财物的占有权，也即让甲拿回家用，而非在身边临时用一下。处分占有权也是处分行为。因此，甲构成诈骗罪。这属于"名为借、实为骗"。

［注意］判断被害人的出借行为的性质，关键看是否处分了占有。如果处分了占有，则属于诈骗罪中的处分行为。

2. 主观处分意识

对方客观上有处分行为，但主观上没有处分意识，行为人不构成诈骗罪，而构成盗窃罪。所谓处分意识，是指被害人意识到将自己占有的财物转移给行为人占有。

（1）前提一：被害人具有意思自治能力。这是作出意思表示的前提。例如，甲欺骗精神病患者乙："你手里的钱是假币，我用真币跟你换。"乙傻乎乎地答应交换。由于乙没有意思自治能力，故其处分意识不被认可为诈骗罪的处分意识。甲不构成诈骗罪，而构成盗窃罪。

（2）前提二：被害人具有意志自由，被害人基于"自愿"而处分财物。这是指被害人是在知道有选择余地的情况下"自愿选择"处分了财物。例如，甲将一团卫生纸装入背包，进入银行，威胁工作人员乙："我包里装着炸弹，给我10万元现金，否则我就引爆！"乙以为真是炸弹，被迫答应照办。乙没有选择余地，不是"自愿性"地交付财物。甲不构成诈骗罪，而构成抢劫罪。

（3）前提三：被害人意识到自己是财物的占有者、支配者。

例1，丙给乙还书，看到乙睡在公园长椅上，为了不打扰乙，便将书放在乙身边后离去。甲坐到长椅上。乙醒来，看到书，问甲："这是不是你的书？"甲谎称是的。乙便将书给了甲。甲欺骗了乙，乙有处分行为，但乙没有诈骗罪所要求的"处分意识"，因为乙并没有意识到自己是书的占有人，便不存在将自己占有的财物转移占有给他人的意识。因此，甲不构成诈骗罪，而构成盗窃罪，属于盗窃罪的间接正犯，利用被害人乙的不知情。

例2，乘客丙将手机遗忘在出租车上。乘客甲上了出租车后，司机乙忽然发现座位上有一部手机，便问甲："这是不是你的手机？"甲谎称是的。乙便让甲收好，甲便将手机放进自己包里。甲欺骗了乙，乙有处分行为，但乙没有诈骗罪所要求的"处分意识"，因为乙并没有意识到自己已经是手机的占有人（转化占有），便不存在将自己占有的财物转移占有给他人的意识。因此，甲不构成诈骗罪，而构成盗窃罪，属于盗窃罪的直接正犯，因为甲亲自将司机占有的手机转移为自己占有。

例3，顾客丙将钱包遗忘在超市收银台。后面的顾客丁发现钱包，问是谁的。正在与收银员结账的顾客甲谎称是自己的，随即拿走。收银员乙信以为真，没有阻拦甲。丙遗忘钱包，钱包转化为收银员乙占有。甲欺骗丁不重要，因为丁不是占有人，也不是处分人。甲也欺骗了乙，乙有处分行为，默认让甲拿走，就是一种处分行为，但乙没有诈骗罪所要求的"处分意识"，因为乙并没有意识到自己已经是钱包的占有人（转化占有），乙以为眼前的甲是钱包的主人，因此不存在转化占有的问题。因此，乙便不存在将自己占有的财物转移占有给他人的意识。所以，甲不构成诈骗罪，而构成盗窃罪，属于盗窃罪的直接正犯，因为甲亲自将乙占有的手机转移为自己占有。

（4）处分意识的判断。被害人对所处分的财物要有处分意识，就要求事先意识到该财物在交易活动中是现实存在的，是自己占有的。这种对处分对象的存在性的意识，与处分规则有关。

①如果处分规则是整体处分而非单个处分（论斤卖，而非论个卖），则需要区分数量错误与种类错误。

第一，数量错误不影响处分意识，因为意识到了所处分货物的存在，只是数量上有认识错误。诈骗罪要求处分人有处分意识即可，不要求有正确的处分意识；若有正确的处分意识，就意味着没被骗。不能因为没有正确处分意识，就认为处分人没有处分意识。

例如（大米案），甲在超市里撕下一个透明购物塑料袋，装入散装的大米，交给过秤员乙，乙称了一下，贴上"一斤大米"的标签，扎好口子，交给甲，让甲去收银台付款。甲悄悄撕开口子，又抓一把大米（与袋里大米是同种大米）放进去，扎好口子，交给收银员丙。丙以为是一斤大米，收取了一斤大米的钱。甲偷偷放进一把大米，并不是转移占有行为，这个环节不构成盗窃罪。收银员丙虽然没有意识到多放的那一把大米的存在，但由于是论斤卖，并非论个卖，所以不需要认识到那一把大米的存在，只需要认识到整体上是一袋大米即可，不需要认识到每一粒大米的存在，因为不是论个卖。丙有处分一袋大米的意识，只是处分意识是错误的，在数量上有认识错误。甲构成诈骗，而非盗窃。

该案件是顾客对商家短斤少两。同理，商家对顾客短斤少两，也是欺骗。例如，甲在摊位挑选了一个西瓜，摊主称完秤，实际是一斤，却谎称是一斤半。甲不知情，付了一斤半的钱。摊主对甲是诈骗。

第二，种类错误会影响处分意识，因为处分人只是认识到整体上是 A 种货物，对 B 种货物没有认识，便没有处分 B 种货物的意识。

例如，就上述大米案而言，如果甲向一袋大米里偷放一颗枣，埋在大米里面，交给收银员丙。丙以为是一斤大米，收取了一斤大米的钱。由于丙只意识到了整体上一袋大米，只有处分一袋大米的意识，没有意识到枣的存在，所以没有处分枣的意识。因此，甲就枣而言构成盗窃。

②如果处分规则是单个处分而非整体处分（按数量论个卖，而非论斤卖），则需要对单个的财物具有处分意识，需要意识到单个财物的现实存在。此时，数量错误与种类错误不重要。

例如，某超市出售的各类相机均是论个卖，一个包装盒里均放一部相机。甲在该超市里将一部傻瓜相机（1 千元）包装盒里的泡沫材料取出。

情形一，塞进一部手机，将包装盒盖好，交给收银员。收银员以为只是一部傻瓜相机，收了一部傻瓜相机的钱，让甲拿走。收银员没有意识到手机的存在。甲对手机构成盗窃。

情形二，塞进一部单反相机（5 万元），将包装盒盖好，交给收银员。收银员以为只是一部傻瓜相机，收了一部傻瓜相机的钱，让甲拿走。收银员没有意识到单反相机的存在。甲对单反相机构成盗窃。

情形三，塞进一部相同型号的傻瓜相机，将包装盒盖好，交给收银员。收银员以为只是一部傻瓜相机，收了一部傻瓜相机的钱，让甲拿走。收银员没有意识到多塞的傻瓜相机的存在。甲对多塞的傻瓜相机构成盗窃。

情形四，甲将傻瓜相机取出，放进一部手机（5 千元）或单反相机，交给收银员。收银员以为是一部傻瓜相机，收了一部傻瓜相机的钱，让甲拿走。收银员没有意识到手机或单反相机的存在。甲对手机或单反相机构成盗窃。①

［练习］处分资金。资金钱款都是以某个单位数量（如 1 元）来计算，所以，处分资金属于单个处分（论个卖，而非论斤卖）。因此，处分资金，要求对资金的具体数额有认识，要求意识到具体数额的资金的现实存在。

例 1（真题），甲冒充银行客服发送短信，称乙手机银行即将失效，需重新验证。乙信以为真，按短信提示输入银行卡号、密码等信息后，又将收到的编号为 135423 的"验证码"

---

① 就处分意识而言，日本刑法学有观点认为，被害人有数量错误，则行为人构成诈骗罪；被害人有种类错误，则行为人构成盗窃罪。然而，通过上述分析可知，这种看法过于笼统，需要先看处分规则是整体处分还是单个处分。

输入手机页面。后乙发现，其实是将135423元汇入了甲账户。乙有处分行为，但没有处分意识，没有意识到处分了这笔资金。甲构成盗窃，而非诈骗。具体而言，甲利用被害人乙的不知情，使乙自己转移占有，构成盗窃罪的间接正犯。

例2（真题），臧进泉获悉金某的建设银行网银账户内有30.5万余元存款且无每日支付限额，以尚未看到金某付款成功的记录为由，发送给金某一个交易金额标注为1元而实际植入了支付30.5万元的计算机程序的虚假链接，谎称金某点击该1元支付链接后，支付1元，其即可查看到付款成功的记录。金某在诱导下点击了该虚假链接，其建设银行网银账户中的30.5万元随即通过臧进泉预设的计算机程序，经上海快钱公司的平台支付到臧进泉的账户中。金某有处分1元钱的意识，但没有处分30.5万元的意识，因为在内心没有意识到该30.5万元的存在。臧进泉构成盗窃罪。①

例3（2018年主观题），甲知道自己在饭店消费了3000元，收银员乙在POS机上故意输入30000元，甲没有注意到多了一个零，支付了3万元。甲虽然有处分3000元的意识，但是没有处分多的27000元的意识，因此乙构成盗窃罪。

［注意］处分给"谁"的错误。行为人有处分意识，只是在处分给"谁"上有认识错误，不影响诈骗罪的认定。

例1，甲欲向某慈善组织捐款，打客服电话问该组织网站上的捐款账户是否正确。客服乙欺骗甲："该账户变更了，我给你新的账户（实际上是乙的个人账户）。"甲不知情而打钱。甲有处分意识，只是处分意识是错误的，错误体现在处分给"谁"上，以为处分给慈善组织，实际处分给乙。乙构成诈骗罪。

例2，臧进泉以虚假身份开设无货可供的淘宝网店铺，并以低价吸引买家，事先在网游网站注册一账户，并对该账户预设充值程序，充值金额为买家欲支付的金额，后将该充值程序代码植入到一个虚假淘宝网链接中。与买家商谈好商品价格后，臧进泉以方便买家购物为由，将该虚假淘宝网链接通过阿里旺旺聊天工具发送给买家。买家误以为是淘宝网链接而点击该链接进行购物、付款，并认为所付货款会汇入支付宝公司为担保交易而设立的公用账户，但该货款实际通过预设程序转入网游网站在支付宝公司的私人账户，再转入臧进泉事先在网游网站注册的充值账户中。买家有处分行为，也有处分意识，只是处分意识是错误的，错误体现在处分给"谁"上，以为处分给支付宝的公用账户，实际处分给私人账户。臧进泉构成诈骗罪。②

［总结］盗窃罪与诈骗罪的区分情形：

客观处分行为（处分占有）	主观处分意识（处分占有）	结论
×	×	盗窃罪（直接正犯），例1
√	×	盗窃罪（间接正犯），例2
×	√	盗窃罪（直接正犯），例3
√	√	诈骗罪（直接正犯），例4

例1，甲伪装成顾客，谎称买鞋，请求试穿。售货员乙将鞋子递给甲试穿。甲穿跑了。

① 最高人民法院指导案例27号：臧进泉等盗窃、诈骗案。
② 最高人民法院指导案例27号：臧进泉等盗窃、诈骗案。

甲构成盗窃罪。乙没有处分占有的行为。转移占有是由甲完成的，甲是盗窃罪的直接正犯，是公开盗窃。

例2，甲在超市将照相机放进饼干盒里，收银员乙收了一盒饼干的钱，将货物递给甲，并放行。乙有处分占有的行为，但没有处分意识。甲构成盗窃罪。由于处分占有、转移占有是由乙完成的，因此甲构成盗窃罪的间接正犯，利用被害人的不知情，将其作为盗窃的工具加以利用。

例3，甲乙合伙想非法占有丙的摩托车。丙将摩托车停下来，甲便迅速骑走，丙不解地问乙："你朋友骑我的车干什么？"乙欺骗丙："他去超市打个酱油，立马就回来。"丙便说："那让他骑走吧！"说这话时，甲已经骑出500米外。丙虽然有处分意识，但没有处分占有的行为，因为此时摩托车已经由甲控制占有，丙已经失去占有。甲构成盗窃罪，乙是共犯。

例4，甲在卖家乙的电子秤上做手脚，导致乙卖的西瓜只显示5斤，实际是10斤。乙将西瓜交给甲，收了甲5斤的钱。乙有处分行为和处分意识，只是处分意识是错误的。甲构成诈骗罪（直接正犯）。

（三）诈骗罪与盗窃罪的区分Ⅱ（三角关系的情形）

1. 三角诈骗

行为结构：

欺骗 行为	对方产生或维持 认识错误	对方基于认识 错误处分财物	行为人 取得财物	对方遭受 财产损失
行为人	受骗人	处分人	行为人	受害人

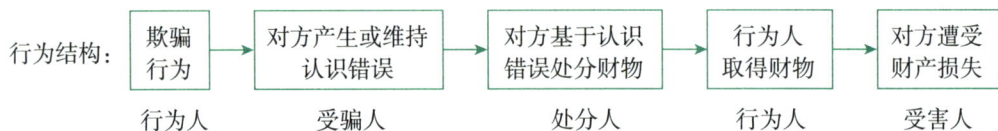

诈骗罪的结构中，受骗人与处分人必须是同一人，但受骗人与受害人不要求是同一人。

两角诈骗：行为人——受骗人（处分人），同时是受害人。

三角诈骗：行为人——受骗人（处分人）——受害人。也即，受骗人与受害人不是同一人。

例如，甲来到乙的办公室，乙不在，甲对乙的秘书丙谎称："你老板让我来取他的笔记本电脑，让我维修。"丙不知情便将电脑给了甲。受骗人是丙，受害人是乙，甲的诈骗属于三角诈骗。

2. 三角诈骗与盗窃罪的间接正犯的区分

区分标准：看是否具备诈骗罪的第三步，也即受骗人有无处分行为。受骗人的举动要能评价为"处分行为"，就要求受骗人具有处分被害人财物的权利或地位，也即具有处分人的资格地位。

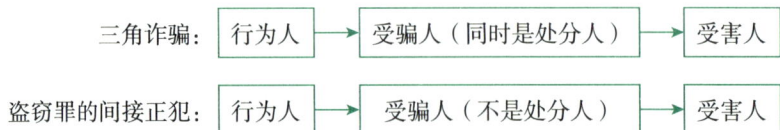

三角诈骗：	行为人	→	受骗人（同时是处分人）	→	受害人

盗窃罪的间接正犯：	行为人	→	受骗人（不是处分人）	→	受害人

例1，甲来到乙家，乙不在家，甲对乙的保姆谎称："我是干洗店的人，你家主人让我来取他的衣服。"保姆不知情便将衣服给了甲。甲是行骗人，保姆是受骗人，乙是被害人。基于保姆的职业习惯，保姆具有处分主人衣服的地位，因此，保姆将衣服交给甲，可以评价为诈骗罪的第三步"处分行为"，保姆具有处分人的地位。所以甲属于三角诈骗，构成诈骗罪。

例2，废品收购站老板甲欺骗员工乙说："王某曾对我说，他家院里的跑步机坏了，要当废品扔掉，让我们去拿，你去拿回来。"乙不知情，将跑步机拿了回来。甲是行骗人，乙是受骗人，王某是被害人。因为乙不具有处分王某财物的权利或地位，乙将跑步机拿走给甲，不能评价为诈骗罪的第三步"处分行为"，因此，甲不构成三角诈骗，而是盗窃罪的间接正犯，乙是甲实施盗窃的工具。

例3，甲在火车站候车厅，欺骗乙："你旁边那包是我的，帮忙递给我。"乙不知情便照办。实际上该包是旁边睡着的丙的。甲构成盗窃罪的间接正犯。

例4，乙进入地铁车厢，看到长椅上有个包，旁边坐着甲，对甲说："是不是你的包？"甲谎称是的。乙便递给甲。甲拿走包下车。实际上该包是旁边睡着的丙的。甲构成盗窃罪的间接正犯。

例5，甲伪造欠条，向法院提起虚假诉讼，要求乙偿还借款3万元。法官受骗，判决乙偿还借款。受骗人是法官，法官具有处分乙的财产的权利，具有处分人的资格地位，法官作出判决可以评价为诈骗罪的第三步"处分行为"，因此甲构成三角诈骗。由于该诈骗发生在诉讼领域，又称为诉讼诈骗。甲同时触犯虚假诉讼罪（第307条之一），想象竞合，择一重罪论处，定诈骗罪。

3. 三角诈骗与两角诈骗的区分

如果受骗人（处分人）同时是受害人，则属于两角诈骗。当受骗人事实占有（保管）受害人的财物，对财物具有占有保管义务，如果造成损失，负有赔偿责任，则受骗人是受害人，此时属于两角诈骗。

例1，保姆将主人的衣服拿到干洗店，店长甲欲非法占有该衣服，欺骗保姆："我花1万元买这件衣服，可不可以？"保姆心想这衣服原价才3000元，便答应出售。事后保姆发现甲给的是1万元假币。保姆将衣服带出家，拿到干洗店，此时主人已经不占有该衣服，保姆占有保管该衣服，衣服被人骗去，保姆有赔偿责任。由于保姆既是受骗人，也是受害人，因此该案属于两角诈骗。

例2，丙将狗寄存在朋友乙家。甲欺骗乙："我是防疫站的医生，这条狗有狂犬病，我要收回去给打针。"乙信以为真，便将狗交给甲。乙是受骗人。丙将狗转移占有给乙，乙在占有保管，负有保管义务和赔偿责任，乙是受害人。因此该案属于两角诈骗。

4. 诈骗罪的直接正犯与间接正犯

例1，甲将头痛粉交给乙称："这是毒品，卖给丙，拿到钱我们平分。"乙不知情，便将"毒品"卖给丙，丙竟然以为是毒品而购买。甲构成诈骗罪的间接正犯，利用不知情的乙作为诈骗工具，实现自己欺骗购买人钱财的目的。甲没有亲自欺骗处分人丙。

例2，甲来到乙家，乙不在家，甲对乙的保姆谎称："我是干洗店的人，你家主人让我来取他的衣服。"保姆不知情便将衣服给了甲。该案是三角诈骗。但甲是诈骗罪的直接正犯，因为甲亲自欺骗处分人保姆。

诈骗罪的间接正犯、直接正犯的概念，是根据行为人是否亲自欺骗处分人来划分的。三角诈骗与盗窃罪的间接正犯的概念，是根据受骗人是否同时是处分人来划分的。二者划分标准不同，因此不是对立排斥概念，而可能交叉并存。换言之，三角诈骗的行为人既可能是诈骗罪的直接正犯（上述例2），也可能是间接正犯。

例如，甲（干洗店老板）欺骗店员王某："乙给我打电话，让去他家取衣服干洗，他家保姆在家，你去取回。"王某不知情来到乙家，对其保姆说："你主人让我来取衣服干洗。"

保姆不知情便将衣服交给王某。王某交给甲。甲既是诈骗罪的间接正犯（利用王某的不知情作为自己诈骗的工具），又是三角诈骗的行为人，以诈骗罪论处即可。

（四）诈骗罪、盗窃罪、侵占罪的大总结

盗窃罪：将他人所有、占有的财物→通过平和手段→变成自己占有、所有。

诈骗罪：将他人所有、占有的财物→通过欺骗手段→变成自己占有、所有。

侵占罪：将他人所有、自己占有的财物→变成自己所有。

盗窃罪、诈骗罪两罪与侵占罪的区分：是否存在转移占有。盗窃罪、诈骗罪存在转移占有；侵占罪不存在转移占有。

1. 区分

行为类型	行为特征	结论
甲一开始就有非法占有目的 甲与乙在饭馆吃饭，欲非法占有乙的手机，欺骗乙："我手机没电了，借打一下。"乙借给甲。甲假装打，打着打着，离开饭馆	乙的这个"借出"，没有转移占有，仍占有手机。甲将乙占有的手机转移为自己占有	盗窃罪
甲一开始就有非法占有目的 甲与乙在饭馆吃饭，欲非法占有乙的手机，欺骗乙："我手机坏了，借打 3 天。"乙借给甲。甲拿回家了。3 天后，乙找甲还，找不到甲	乙的这个"借出"，转移了占有。甲一开始有非法占有目的，欺骗乙转移了手机的占有权。诈骗罪中的受骗人处分财物，可以只处分财物占有权，不要求处分所有权。这属于"名为借，实为骗"	诈骗罪
甲一开始没有非法占有目的 甲与乙在饭馆吃饭，手机没电，借打乙的手机，打完后欲非法占有，拿着手机离开饭馆	乙的这个"借出"，没有转移占有	盗窃罪
甲一开始没有非法占有目的 甲与乙在饭馆吃饭，手机坏了，向乙借用手机，答应 3 天后还。甲借用一天后，欲不法所有该手机。等乙索要，找不到甲	乙的这个"借出"，转移了占有权。甲属于将他人所有、自己占有的财物据为己有（行使所有权）	侵占罪

[练习1] 盗窃电力与骗免电费的问题。

例 1，甲在邻居的电线上偷接一根电线，供自己使用，属于盗窃电力，构成盗窃罪。

例 2，甲一开始就有非法占有目的，在电表上安装某种非法设备，导致电表停止运转，使用了 5000 度电，电力公司没有察觉。这种行为属于盗窃电力的行为，构成盗窃罪，盗窃了 5000 度电。

如果甲安装的非法设备导致电表运转很慢，使用了 5000 度电，只显示 1000 度电。甲仍构成盗窃罪，盗窃了 4000 度电。等到电力公司收取电费时，甲向收费员展示电表计数，收费员以为甲只使用了 1000 度电，收取了 1000 度电费。对该行为，观点一：此时的欺骗属于为了掩盖自己盗窃事实的一种维护手段，属于不可罚的事后行为，因为前后行为只侵犯了一个法益。观点二：此时的诈骗属于骗免电费，构成诈骗罪，诈骗财产性利益；由于前面的盗窃罪与后面的诈骗罪整体上只造成了一份法益侵害结果，故不需要并罚，只需要择一重罪论处。

［练习2］　**逃单行为（霸王餐）。**

例1，甲原本就没有支付饭菜费用的意思，伪装有此意思，欺骗店家提供饭菜，吃完就逃离。甲一开始就有非法占有目的，属于欺骗财物（饭菜），数额较大的话，成立诈骗罪。在此店家有处分财物的行为。

例2，甲开始有支付费用的意思，吃完后不想付钱，从后门偷偷溜走。观点一：甲构成盗窃罪，盗窃财产性利益（餐费这种债权）。观点二：甲不构成盗窃罪。

例3，甲开始有支付费用的意思，吃完后不想付钱，于是用假币支付餐费。甲构成诈骗罪，诈骗财产性利益，同时构成使用假币罪，想象竞合，择一重罪论处。

［练习3］　**找错钱。**

例1，银行职员自己搞错，将更多的现金处分给了客户。客户拿到后发现多收了，拒不退还，构成侵占。

例2，客户到银行办事，银行职员对客户说："你的存折里还有5000元没取。"客户明知自己已取出并销毁了存折，但故意说："是的，但我存折弄丢了，能否补办一张？"银行职员给客户补办了存折。客户说："能否将5000元取出？"银行职员给客户取出了。这种情形，属于客户用作为方式维持利用了银行职员已有的认识错误，构成诈骗。

例3，银行职员自己搞错数字，客户明知数字不对却不指出，收到多付的资金。观点一（多数观点）：客户不构成诈骗，因为作为交易一方的银行职员有义务算对数字，作为交易另一方的客户没有指出和校对的义务。如果银行发现后，向客户索还，客户不退还，则构成侵占。观点二（少数观点）：客户有告知真相的义务，构成不作为的诈骗罪。

［练习4］　**二重买卖。**

例1，甲先将自己的房子卖给乙，已经过户给乙，但乙尚未从甲手中取得房子钥匙。甲欺骗丙，又将房子卖给丙。甲对丙构成诈骗罪。

例2，甲先将自己的房子卖给乙，乙交了钱，但尚未办理过户。甲又高价卖给丙（丙不知甲乙事宜），并过户给丙。甲对乙构成违约，不构成犯罪。

例3，甲先将自己的笔记本电脑（价值1万元）卖给乙，乙取得所有权，但让甲继续使用两天以转移电脑中的资料。甲在此期间隐瞒真相，又将电脑卖给丙，对丙谎称是自己所有的电脑。甲对乙构成侵占罪。多数观点认为，甲对丙构成诈骗罪，丙用正常价买到赃物，有财产损失。甲的一个处分行为（出售行为）同时触犯两罪，想象竞合，择一重罪论处。

例4，甲销售汽车给乙，乙分期付款购买，约定车款付清前汽车由乙使用，但所有权归甲，待付清车款，所有权再转移给乙。乙在车款付清前，在使用期间将车卖给丙，对丙谎称是自己所有的车。乙对甲构成侵占罪。多数观点认为，乙对丙构成诈骗罪。乙的一个处分行为（出售行为）同时触犯两罪，想象竞合，择一重罪论处。

2. 联系（罪数总结）

（1）销赃行为

①盗窃与销赃。

例1（直接将他人财物卖给善意第三人），甲见外地商贩乙来本村购买木材，便指着邻居丙的树木说："这些树是我的，3万元卖给你。"乙信以为真，交给甲3万元。甲便说："这些树归你了，你自己伐后运走。"乙便伐倒运走。甲只有一个处分行为。第一，该行为对邻居构成盗窃罪，属于盗窃罪的间接正犯，利用不知情的乙转移了邻居的财物。甲只是节省了两次转移财物的劳力（先转移为自己占有，再卖给乙）。第二，该行为对乙是否构成诈骗罪，关键看乙有无财产损失。观点一（多数观点）：乙用正常价格买到赃物，吃亏了，有财产损失，所以甲对乙构成诈骗罪。同时，由于甲只有一个行为，诈骗罪与盗窃罪想象竞合，择一重罪论处，以盗窃罪论处。观点二（少数观点）：乙虽然花了钱，但取得了财物，没有存在财产损失，所以甲对乙不构成诈骗罪。

例2（将辅助占有的他人财物卖给善意第三人），甲出国旅游1个月，将房屋钥匙交给朋友乙代为照看。乙来到甲家里，看到甲的珍贵书画，便卖给不知情的丙，获取5万元，据为己有。首先，甲对自家的书画没有脱离占有，乙只是占有辅助人。乙的行为对甲构成盗窃罪。其次，乙对丙是否构成诈骗罪，关键看丙有无财产损失。多数观点认为，乙构成诈骗罪，与盗窃罪想象竞合，择一重罪论处，以盗窃罪论处。可以看出，例1与例2没有实质区别。

②诈骗与销赃（两头骗）。

例1，甲诈骗到乙的摩托车，然后向丙谎称是自己的摩托车，卖给了丙。甲先对乙构成诈骗罪，后对丙是否构成诈骗罪，多数观点认为，甲构成诈骗罪，因为丙存在财产损失，基于此，两个诈骗罪并罚。

例2，甲诈骗到乙的摩托车，然后向丙谎称是自己的摩托车，将摩托车质押给丙，向丙借款1万元。甲先对乙构成诈骗罪，后对丙是否构成诈骗罪，多数观点认为，丙的质押权没有保障，存在财产损失。甲构成诈骗罪。基于此，两个诈骗罪并罚。

③侵占与销赃。

例1，甲要外出，将宠物狗交给朋友乙代为保管。乙拿到小狗后，直接卖给不知情的丙，获得1万元，据为己有。乙只有一个处分行为。第一，对甲构成侵占罪；第二，对丙是否构成诈骗罪，关键看丙是否存在财产损失。多数观点认为，乙对丙构成诈骗罪，与侵占罪想象竞合，择一重罪论处。

例2，甲正当租用乙的汽车，到期乙向甲索还时，甲拒不归还，然后又伪造虚假材料，谎称汽车是自己所有，以正常行情价卖给丙。甲有两个行为，对乙构成侵占罪；对丙是否构成诈骗罪，多数观点认为，甲构成诈骗罪，应与侵占罪并罚。

（2）免除返还义务

①先侵占后诈骗。例如，甲接受乙的委托，保管乙的财物。甲将财物变卖。当乙要求返还时，甲欺骗乙："被盗了（或被抢了）"，乙免除了其返还义务。甲的第一个行为构成侵占罪，第二个行为构成诈骗罪，诈骗财产性利益。观点一：第二个行为是一种事后的维持手段，没有侵犯新的法益，属于不可罚的事后行为，因此只定第一个行为的犯罪。观点二（多数观点）：第二个行为构成犯罪，但不需要数罪并罚，可以重罪吸收轻罪，因为乙最终遭受的财产损失只有一份，甲最终获得的好处只有一份。

②先侵占后杀害。例如（真题），甲接受乙的委托，保管乙的财物。甲将财物变卖。当乙要求归还时，甲为了免除返还义务，杀害了乙。甲的第一个行为构成侵占罪。甲的第二个行为，既构成故意杀人罪，也构成抢劫罪（致人死亡），属于抢劫财产性利益，也即通过暴力手段免除了返还义务；二者属于想象竞合关系，择一重罪论处。如果故意杀人罪更重，则与前面的侵占罪并罚，因为故意杀人罪是人身犯罪，无法吸收侵占罪。如果抢劫罪（致人死亡）更重，则吸收前面的侵占罪，因为抢劫罪是财产犯罪，可以吸收较轻的财产犯罪也即侵占罪。

③先诈骗后抢劫。例如，甲骗到乙的财物，乙日后发现，要求返还，甲暴力威胁，迫使乙免除返还义务。甲的第一个行为构成诈骗罪，第二个行为构成抢劫罪，抢劫财产性利益。多数观点认为，对两罪不需要数罪并罚，可以重罪吸收轻罪，因为乙最终遭受的财产损失只有一份，甲最终获得的好处只有一份。

（3）先偷后骗

例1，甲偷到乙的宠物狗，谎称捡到狗，欺骗乙支付感谢费。

例2，甲将摩托车借给朋友乙使用，后又从乙家偷回来。次日，乙告知甲摩托车丢失，并提出赔偿4000元。甲隐瞒真相，接受赔偿。

例3，甲从超市盗窃一部手机，又要求"退货"，换取到现金。

例4，甲从超市盗窃兑换券，然后"领取"奖品。

例5，甲从游戏厅的游戏机中盗窃游戏币，又"兑换"现金。

上述案例，甲的第一个行为构成盗窃罪，第二个行为构成诈骗罪。观点一（多数观点）：由于甲最终只获得一份好处，被害人最终只遭受一份财产损失，所以没必要数罪并罚，可重罪吸收轻罪。观点二：两个行为是独立行为，且两个行为的对象不具有同一性，前者是财物，后者是现金或另一财物，应数罪并罚。

（4）盗窃债权

在债权人不知情的情况下，代为行使债权，构成盗窃罪，属于盗窃债权（财产性利益）。如果同时欺骗了债务人，使债务人有遭受财产损失的危险，则对债务人构成诈骗罪，与盗窃罪想象竞合，择一重罪论处。

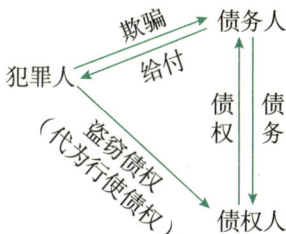

例1，狗蛋是甲公司的业务员，一直负责向乙客户收款。甲公司辞退了狗蛋，但未将该情况及时通知乙客户。狗蛋谎称代表公司来收款，乙客户不知情而将款项给了狗蛋。狗蛋对乙客户不构成诈骗罪，因为狗蛋具有权利外观，形成表见代理，乙客户算是履行了付款义务，没有财产损失。狗蛋对甲公司构成盗窃罪，在甲公司不知情的情况下代为行使了甲公司针对乙客户的债权，属于盗窃债权。

例2，某公司发工资的规则是，员工在内部网上个人账户内填写一个银行卡号（可以是自己的，也可以是他人的卡号），公司会计将工资打入该卡号。员工甲潜入员工乙的内部网账户，将乙的卡号修改为自己的卡号。公司会计将乙的工资打入甲的卡号。甲在乙不知情的情况下，代为行使了乙对公司的债权，盗窃了乙的债权，构成盗窃罪。甲对公司不构成诈骗罪。因为：第一，根据发放规则，公司对员工账户内的卡号没有审核义务，员工提供什么卡号，公司就打入该卡号。因此公司不存在认识错误的问题，不存在被骗的问题。第二，公司将工资打入乙账户内的卡号，就履行了发工资的义务，乙无权要求公司再次发放工资，因此公司没有遭受损失，公司不是被害人。

例 3，甲偷偷将某餐厅收银台上的二维码调换成自己的二维码。某顾客在某餐厅用餐后买单，餐厅收银员让顾客将餐费打入指定的二维码账户（实际是甲的二维码账户），顾客照办。甲的账户收到顾客的餐费。甲在餐厅不知情的情况下，代为行使了餐厅对顾客的债权（餐费），盗窃了餐厅的债权，构成盗窃罪。甲对顾客不构成诈骗罪。因为：第一，根据付款规则，顾客对餐厅的账户没有审核义务，餐厅提供什么账户，顾客就打入该账户。因此顾客不存在认识错误的问题，不存在被骗的问题。第二，顾客将餐费打入餐厅指定的账户，就履行了付款义务，餐厅无权要求顾客再次付款，因此顾客没有遭受损失，顾客不是被害人。①

例 4（2018 年试题），乙用朋友甲的淘宝账户购买一件商品，向商家支付了货款，填写了自己的收件地址、联系电话。商家发货时，想核对收件地址是不是买家的地址，打电话给了甲，询问收件地址是否正确，甲明知是乙购买了货物，冒充乙，谎称地址错误，提供了自己的地址。商家不知情，将货物寄给了甲。（1）甲对商家成立诈骗罪。甲欺骗商家，使商家基于认识错误而处分财物，也即以为将财物处分给了买家乙，实际上处分给了甲。商家有遭受财产损失的危险性、可能性，因为买家乙可能有权要求商家再次发货。因此，甲对商家成立诈骗罪，当商家遭受实际财产损失时，甲构成诈骗罪既遂；当商家未遭受实际财产损失时，甲构成诈骗罪未遂。甲对商家不构成三角诈骗，因为三角诈骗要求受骗人处分的是被害人的财物，而商家在发货时，货物属于商家所有并占有。（2）甲对乙成立盗窃罪。甲在乙不知情的情况下，代为行使了乙对商家的债权，属于盗窃债权。乙有丧失债权的危险性、可能性，也即有可能无权要求商家再次发货。因此，甲对乙成立盗窃罪，当乙实际丧失了债权，甲构成盗窃罪既遂；当乙未实际丧失债权，甲构成盗窃罪未遂。不考虑既遂问题，甲至少触犯了盗窃罪与诈骗罪，想象竞合，择一重罪论处。

（五）法律解释要点

1. 司法解释②

第 5 条第 1 款　诈骗未遂，以数额巨大的财物为诈骗目标的，或者具有其他严重情节的，应当定罪处罚。

第 6 条　诈骗既有既遂，又有未遂，分别达到不同量刑幅度的，依照处罚较重的规定处罚；达到同一量刑幅度的，以诈骗罪既遂处罚。③

第 8 条　冒充国家机关工作人员进行诈骗，同时构成诈骗罪和招摇撞骗罪的，依照处罚较重的规定定罪处罚。

第 10 条第 2 款　他人善意取得诈骗财物的，不予追缴。

2. 立法解释④

以欺诈、伪造证明材料或者其他手段骗取养老、医疗、工伤、失业、生育等社会保险金或者其他社会保障待遇的，属于刑法第 266 条规定的诈骗公私财物的行为。

---

① 有观点认为，甲对顾客构成三角诈骗。但是，三角诈骗要求受骗人处分的是被害人的财物（例如保姆案中，保姆处分的是主人的衣物），而本案中，顾客处分的是自己的财物，而非餐厅（被害人）的财物。该案与抢劫罪中强行行使收费站对司机的债权案，没有本质区别。偷换二维码案件刚出现时，学界存在不同观点。经过几年深入研究后，目前学界基本形成多数观点，认为行为人构成盗窃罪，属于盗窃债权。

② 2011 年 3 月 1 日《最高人民法院、最高人民检察院关于办理诈骗刑事案件具体应用法律若干问题的解释》。

③ 这一点与盗窃罪的司法解释相同，具体参见盗窃罪部分。

④ 2014 年 4 月 24 日《全国人民代表大会常务委员会关于〈中华人民共和国刑法〉第二百六十六条的解释》。

典型真题

1. 郑某冒充银行客服发送短信，称张某手机银行即将失效，需重新验证。张某信以为真，按短信提示输入银行卡号、密码等信息后，又将收到的编号为135423的"验证码"输入手机页面。后张某发现，其实是将135423元汇入了郑某账户。关于本案的分析，下列哪一选项是正确的？(2017年·卷二·17题)①

A. 郑某将张某作为工具加以利用，实现转移张某财产的目的，应以盗窃罪论处

B. 郑某虚构事实，对张某实施欺骗并导致张某处分财产，应以诈骗罪论处

C. 郑某骗取张某的银行卡号、密码等个人信息，应以侵犯公民个人信息罪论处

D. 郑某利用电信网络，为实施诈骗而发布信息，应以非法利用信息网络罪论处

2. 下列哪一行为成立侵占罪？(2017年·卷二·18题)②

A. 张某欲向县长钱某行贿，委托甲代为将5万元贿赂款转交钱某。甲假意答应，拿到钱后据为己有

B. 乙将自己的房屋出售给赵某，虽收取房款却未进行所有权转移登记，后又将房屋出售给李某

C. 丙发现洪灾灾区的居民已全部转移，遂进入居民房屋，取走居民来不及带走的贵重财物

D. 丁分期付款购买汽车，约定车款付清前汽车由丁使用，所有权归卖方。丁在车款付清前将车另售他人

八、职务侵占罪

第271条 公司、企业或者其他单位的人员，利用职务上的便利，将本单位财物非法占为己有，数额较大的，处五年以下有期徒刑或者拘役；数额巨大的，处五年以上有期徒刑，可以并处没收财产。

国有公司、企业或者其他国有单位中从事公务的人员和国有公司、企业或者其他国有单位委派到非国有公司、企业以及其他单位从事公务的人员有前款行为的，依照本法第三百八十二条、第三百八十三条（贪污罪）的规定定罪处罚。

本罪实质上是非国家工作人员贪污罪。

（一）行为主体

行为主体是公司、企业或者其他单位的人员，也即非国家工作人员。这是与贪污罪中的国家工作人员相对应的概念。

1. 国有公司、企业或者其他国有单位中从事公务的人员和国有公司、企业或者其他国有单位委派到非国有公司、企业以及其他单位从事公务的人员，是贪污罪的行为主体。

2. 国家机关、国有公司、企业、事业单位中并未从事公务的非国家工作人员，是职务侵占罪的行为主体。

3. 在国有资本控股、参股的股份有限公司中从事管理工作的人员，除受国家机关、国有

---

① ［答案］A。
② ［答案］D。

公司、企业、事业单位委派从事公务的以外，不属于国家工作人员，可以成为职务侵占罪的主体。

4. 村民委员会等村基层组织人员，利用职务便利侵吞集体财产的，以职务侵占罪论处；但是如果在协助人民政府从事行政管理工作时，利用职务上的便利侵占公共财物的，则成立贪污罪。

（二）罪名区分

侵占罪、盗窃罪、诈骗罪是 A（财产法益），职务侵占罪是 A+B。B 是指单位对职员的信任。单位授予职员一定职权、职务，信任职员会忠实行使职权。职务侵占罪比普通财产犯罪多侵犯一个法益，也即单位对职员的信任，职员违背信任而滥用职权。[①] 这个法益体现在三个方面。

1. 行为主体。职务侵占罪的主体是公司、企业等单位职员，而侵占罪、盗窃罪、诈骗罪的主体不要求特殊身份。

2. 行为对象。职务侵占罪的对象是单位的财物。

3. 行为方式。职务侵占罪要求行为人利用职务便利，而侵占罪、盗窃罪、诈骗罪的行为人没有利用职务便利。

（1）"利用职务便利"中的"职务"，是指具有一定管理权限的职务。例如，主管、管理、经营等职务。依据这种职权，能够占有或支配单位财物。纯粹的体力性劳务，没有管理权限，只是机械执行的角色，不属于这里的"职务"，其对单位财物只是占有的辅助者，而没有独立占有。对此可联系盗窃罪中关于上下级占有的知识加以判断。

例1，单纯的没有管理权的装卸工、搬运工、分拣员，不是这里的"职务"。但仓库管理员、产品质检员，具有一定管理权限，属于这里的"职务"。

例2，甲是某公司司机，按照公司安排独自一人将价值 7 万元的货物运往外地。甲在途中将货物变卖，携款潜逃。长途运输司机单独运输，没有押运员，表明公司对司机有充分授权，在占有公司财物。甲构成职务侵占罪。

（2）"利用职务便利"中的"利用"，是指实质的利用而非形式的利用，也即要求是利用职务上主管、管理单位财物的便利，而不是仅仅利用因工作关系而熟悉作案环境、易于接近作案目标、容易进入作案场所。

▍**典型真题** ▷

公司保安甲在休假期内，以"第二天晚上要去医院看望病人"为由，欺骗保安乙，成功和乙换岗。当晚，甲将其看管的公司仓库内价值 5 万元的财物运走变卖。甲的行为构成下列哪一犯罪？（2014 年·卷二·17 题）[②]

　　A. 盗窃罪　　　　　　　　　　　　B. 诈骗罪

　　C. 职务侵占罪　　　　　　　　　　D. 侵占罪

[①] 大体上讲，职务侵占罪 = 财产犯罪 + 背信罪。背信罪（背任罪）是指违背单位或他人的信任，利用职权谋取私利的行为。我国刑法没有规定一般意义的背信罪，只规定了特殊领域的背信罪（背信损害上市公司利益罪）。

[②] ［答案］甲的身份虽是保安，但也是库管，属于职务侵占罪的"职务"。本题答案：C。

九、普通罪名

（一）故意毁坏财物罪

第 275 条　故意毁坏公私财物，数额较大或者有其他严重情节的，处三年以下有期徒刑、拘役或者罚金；数额巨大或者有其他特别严重情节的，处三年以上七年以下有期徒刑。

1. 毁坏既包括物理上的损毁，也包括效用上的丧失。

2. 即使物理上没损毁，效用没丧失，但使所有权人丧失占有，也构成毁坏。例如，打开他人鸟笼，放飞笼中小鸟。又如，打开他人鱼塘，让鱼回归大海。

3. 即使物理上没损毁，效用没丧失，但财物的主观价值丧失，也构成毁坏。例如，向他人饭盆里撒尿。

（二）挪用资金罪

第 272 条　公司、企业或者其他单位的工作人员，利用职务上的便利，挪用本单位资金归个人使用或者借贷给他人，数额较大、超过三个月未还的，或者虽未超过三个月，但数额较大、进行营利活动的，或者进行非法活动的，处三年以下有期徒刑或者拘役；挪用本单位资金数额巨大的，或者数额较大不退还的，处三年以上十年以下有期徒刑。

国有公司、企业或者其他国有单位中从事公务的人员和国有公司、企业或者其他国有单位委派到非国有公司、企业以及其他单位从事公务的人员有前款行为的，依照本法第三百八十四条（挪用公款罪）的规定定罪处罚。

1. 如果行为人挪用单位资金后，故意不归还，则行为性质转化为职务侵占罪。

2. 对于挪用单位资金进行非法活动构成其他犯罪的，应当实行数罪并罚。

（三）挪用特定款物罪

第 273 条　挪用用于救灾、抢险、防汛、优抚、扶贫、移民、救济款物，情节严重，致使国家和人民群众利益遭受重大损害的，对直接责任人员，处三年以下有期徒刑或者拘役；情节特别严重的，处三年以上七年以下有期徒刑。

1. 本罪是单位犯罪，但只处罚直接责任人员。

2. 行为方式是指有关单位改变特定款物的专用用途。如果国家工作人员利用职务便利，挪用特定款物归个人使用，则构成挪用公款罪，并从重处罚（第 384 条第 2 款）。

（四）拒不支付劳动报酬罪

第 276 条之一　以转移财产、逃匿等方法逃避支付劳动者的劳动报酬或者有能力支付而不支付劳动者的劳动报酬，数额较大，经政府有关部门责令支付仍不支付的，处三年以下有期徒刑或者拘役，并处或者单处罚金；造成严重后果的，处三年以上七年以下有期徒刑，并处罚金。

单位犯前款罪的，对单位判处罚金，并对其直接负责的主管人员和其他直接责任人员，依照前款的规定处罚。

有前两款行为，尚未造成严重后果，在提起公诉前支付劳动者的劳动报酬，并依法承担相应赔偿责任的，可以减轻或者免除处罚。

1. 本罪是不作为犯罪，即不履行支付劳动报酬的义务。

2. 成立本罪有个前置条件：经政府有关部门责令支付仍不支付。

3. 本罪的从宽处罚条件：尚未造成严重后果，在提起公诉前支付劳动者的劳动报酬，并依法承担相应赔偿责任。

［本讲小结］

1. 刑法中的"暴力"

暴力，是指行使有形力。

（1）根据对象划分，包括对人暴力和对物暴力。前者如故意杀人罪、抢劫罪中的暴力，后者如故意毁坏财物罪中的暴力。还有介于二者之间的情形，也即抢夺罪中的暴力，对物暴力、对人有危险。

（2）对人暴力，根据是否接触身体，包括直接暴力和间接暴力。前者如打一耳光，后者如在他人身边播放高分贝的"最炫民族风"。

（3）对人暴力，根据剥夺意志自由的程度，包括完全剥夺（压制）和部分剥夺。前者如抢劫罪、劫持航空器罪中的暴力，后者如敲诈勒索罪中的暴力。

2. 刑法中的"胁迫"

胁迫、威胁、敲诈、恐吓，这四个词含义相同，是指以使他人产生恐惧心理为目的，以恶害相通告的行为。能让人产生恐惧心理的恶害大致有五项：生命、身体健康、人身自由、名誉、财产。

（1）根据恶害的内容有无限定划分，包括没有限定恶害内容的胁迫和有限定内容的胁迫。前者如强奸罪中的"威胁"，后者如绑架罪中向第三人勒索财物的胁迫，仅指人质的生命、身体及自由。

（2）根据破坏意志自由的程度划分，包括完全剥夺（压制）和部分剥夺。前者如抢劫罪、劫持航空器罪中的胁迫，后者如敲诈勒索罪中的胁迫。强奸罪中既包含完全剥夺，也包含部分剥夺。

19 第十九讲 危害公共安全罪

特别提示 ▶

1. 知识体系。

前两讲是侵犯个人法益的犯罪。自本讲至第二十一讲是侵犯社会法益的犯罪。社会法益包括：公共安全、经济秩序、社会管理秩序。

2. 知识储备：危害公共安全的含义。

(1) 这里的"安全"，是指生命、身体、财产安全，也即人身伤亡、财产损失（物质性损害），不包括名誉损害、精神损害（非物质性损害）。

(2) 这里的"公共"，是指公众（多数人或不特定人）。危害公众安全，是指危险的危及面无法预料，具有危及多数人的可能性。

第一，虽然人数有3人，但是危险范围非常确定，不属于危害公共安全。

例如，甲想杀死乙全家，向乙家锅里投毒，杀死了乙一家三口，没有公共危险，不构成投放危险物质罪，只构成故意杀人罪。因此，"三人为众"的说法在此不能简单适用。

第二，虽然人数只有一人，但是危险范围随时会扩大，属于危害公共安全。

[注意] 两种"不特定（不确定）"的区分。第一，危害公共安全，是指危险有危及多数人的可能性，即危及范围不确定，危及对象不确定或不特定；也即，客观危险的作用对象不确定。这是一种客观事态的判断。第二，故意的种类有不确定故意，其中有概括故意，是指认识到结果确定发生，但也认识到具体发生的对象范围不确定。也即，主观认识对象不确定。这是一种主观认识的判断。上述例1中的甲，既有客观危险的作用对象的不确定（危害公共安全），也有主观认识对象的不确定（概括故意）。上述例2中的甲，没有客观危险的作用对象的不确定，只有主观认识对象的不确定（概括故意）。

(3) 这里的"危害"，包括危险与实害。造成危险是犯罪的成立条件（有的犯罪要求造成具体危险才成立犯罪，是具体危险犯；有的犯罪只要求造成抽象危险就成立犯罪，是抽象危险犯），导致实害结果是犯罪的既遂条件。

3. 案例：狗蛋开车不慎撞死一人，并重伤狗剩，正准备救狗剩。小芳路过，看到狗剩是曾经欺骗自己的渣男，便教唆狗蛋不要救人，赶紧跑。狗蛋照办。狗剩因无人救助而死亡。对狗蛋、小芳如何处理？①

---

① [答案] 狗蛋构成交通肇事罪，并属于"因逃逸致人死亡"（实际上是个遗弃罪）。小芳构成遗弃罪的教唆犯、窝藏罪，想象竞合，择一重罪论处。

一、危险方法型犯罪

（一）放火罪

第 114 条 放火、决水、爆炸以及投放毒害性、放射性、传染病病原体等物质或者以其他危险方法危害公共安全，<u>尚未造成严重后果的</u>，处三年以上十年以下有期徒刑。

第 115 条 放火、决水、爆炸以及投放毒害性、放射性、传染病病原体等物质或者以其他危险方法<u>致人重伤、死亡或者使公私财产遭受重大损失的</u>，处十年以上有期徒刑、无期徒刑或者死刑。

<u>过失犯前款罪的</u>，处三年以上七年以下有期徒刑；情节较轻的，处三年以下有期徒刑或者拘役。

1. 第 114 条罪名的成立与既遂。

第 114 条的五个罪名（放火罪、决水罪、爆炸罪、投放危险物质罪、以危险方法危害公共安全罪），<u>成立条件：造成具体危险；既遂条件：造成实害结果</u>。具体危险是指足以危害公共安全的现实紧迫危险。实害结果是指"致人重伤、死亡或者使公私财产遭受重大损失"（第 115 条规定）。在造成实害结果之前，行为人有机会成立犯罪未遂、犯罪中止。例如，甲用打火机刚点燃工厂仓库里的木材，准备再浇点汽油时，忽然后悔便将火迅速扑灭。这是放火罪的中止。在既遂前，主动消除危险，成立犯罪中止。①

2. 第 114 条、第 115 条第 1 款的三种角度解读。

（1）第 114 条是具体危险犯，第 115 条第 1 款是实害犯。

（2）第 114 条是未遂犯，第 115 条第 1 款是既遂犯。

（3）第 114 条是基本犯，第 115 条第 1 款是结果加重犯。该结果加重犯中，行为人对加重结果既可以持故意心理，也可以持过失心理，如同抢劫罪致人死亡，既包括抢劫罪故意致人死亡，也包括抢劫罪过失致人死亡。

［提示 1］ 这三种角度解读之间并不矛盾。例如，未遂犯就是具体危险犯，既遂犯就是实害犯。基本犯可以是具体危险犯，结果加重犯一定是实害犯。

［提示 2］ 既然第 115 条第 1 款也是结果加重犯（放火罪致人重伤、死亡等），那就要遵守结果加重犯的基本原理。例如，加重结果与基本行为要有直接的因果关系。

［提示 3］ 上述分析原理对第 116 条、第 117 条与第 119 条第 1 款（破坏交通工具罪、破坏交通设施罪）也适用。

3. 第 114 条罪名与故意杀人罪的关系。

（1）实施放火，产生公共危险，危害公共安全，但对造成人员死亡持过失心理的，定放火罪，适用第 115 条第 1 款，也即对加重结果持过失的结果加重犯。

例 1，甲欲报复单位，认为单位仓库没人把守，便放火烧仓库，未料火灾将睡着的库管人员烧死。甲构成放火罪，适用第 115 条第 1 款。

例 2，甲在高速公路上超速驾车，同时因吸食大量毒品，神情亢奋又恍惚，导致左冲右撞，酿成车祸，导致他人死亡。甲的行为已经不是交通肇事罪所能评价的，已经构成以危险

---

① 理论上，有种观点认为，放火罪的既遂标准是独立燃烧说，也即当火势不借助风力能够独立燃烧时，放火罪就既遂。这是日本的学说，不符合我国刑法第 115 条第 1 款的规定。

方法危害公共安全罪，适用第 115 条第 1 款。

（2）实施放火，产生公共危险，危害公共安全，对造成人员死亡持故意心理的，一方面触犯了放火罪，适用第 115 条第 1 款，也即对加重结果持故意的结果加重犯；另一方面触犯了故意杀人罪，属于想象竞合犯，择一重罪论处。

这种类型在实务中包括两种情形：一是为了杀害特定人而实施放火，既危害了公共安全，也杀死了特定仇人。二是为了杀害不特定或多数人（也即公众）而实施放火，既危害了公共安全，也杀死了部分公众。

例 1，甲为了杀死乙，向乙家放火，火灾导致乙死亡，也导致邻居房屋被毁。这是第一种情形。

例 2，甲基于仇富心理，为了杀死他所认为的富人，在封闭的旅游大巴车上放火，烧死了车上 10 人。这是第二种情形。

（3）实施放火，没有产生公共危险，没有危害公共安全，对造成人员死亡持故意心理。对此，只构成故意杀人罪。

例如，甲欲杀死乙全家，放火烧乙家住宅，乙一家五口全部死亡。乙家住宅是独门独户，四周无人。甲的行为没有危害公共安全，只构成故意杀人罪。

（二）投放危险物质罪

投放危险物质罪，是指故意投放毒害性、放射性、传染病病原体等危险物质，危害公共安全的行为。

1. 危险物质，不仅包括毒害性物质，还包括放射性、传染病病原体等物质，也包括其他能危害公共安全的有害物质。本罪原为投毒罪，现为投放危险物质罪。例如，甲将患有狂犬病的狗扔到小区的垃圾站，属于投放危险物质。

2. 类似罪名比较。

（1）投放虚假危险物质罪（第 291 条之一）：投放虚假的爆炸性、毒害性、放射性、传染病病原体等物质，严重扰乱社会秩序的行为。该罪不是危害公共安全罪，而是扰乱社会管理秩序罪。

（2）编造、故意传播虚假恐怖信息罪（第 291 条之一）：编造爆炸威胁、生化威胁、放射威胁等恐怖信息，或者明知是编造的恐怖信息而故意传播，严重扰乱社会秩序的行为。该罪不是危害公共安全罪，而是扰乱社会管理秩序罪。

（三）以危险方法危害公共安全罪

本罪是指故意使用放火、决水、爆炸、投放危险物质以外的其他危险方法危害公共安全。由于本罪的罪状不明确，在认定时容易违反罪刑法定原则，所以成为考试的重点。

1. 本罪是具体危险犯。造成具体危险是本罪的成立条件。

（1）必须是具体危险，不能是抽象危险。

例如，钟某明知盗窃消防栓铜芯将使消防栓丧失功能，仍将路侧草坪上正在使用的 45 个消防栓铜芯（价值 2000 元）窃走。盗窃当时没有发生火灾。法院判决钟某构成以危险方法危害公共安全罪。该判决有误。盗窃消防栓铜芯的行为，只能产生抽象危险，不可能产生具体危险。因为既然还不存在发生火灾这种具体危险，破坏灭火工具的行为就不可能产生具体危险。对钟某应以盗窃罪论处。

（2）具体危险的内容，限于人身伤亡和财产损失，不包括名誉损害、精神损害，也即限于物质性损害，不包括非物质性损害。

例如，肖某将家中粉末状的食品干燥剂装入两个信封内，寄给上海市人民政府某领导。上海市人民政府信访办公室工作人员在拆阅带有白色粉末的信件后，造成精神上的高度紧张，同时引起周围人们的恐慌。法院判决肖某构成以危险方法危害公共安全罪。该判决有误。其实，肖某应构成投放虚假危险物质罪，该罪的保护法益不是公共安全，而是社会管理秩序。肖某没有对公共安全造成具体危险，而是扰乱了社会管理秩序。换言之，社会管理秩序这种法益里包括了非物质损害，而公共安全这种法益里不包括非物质损害。

（3）具体危险的特征，必须有危及多数人的可能性。这是一种客观事态判断，而非主观心理判断，也即注意与概括故意的区分。

例 1，潘某在某宾馆房间将一个液化气罐扔向楼下，砸在人行道，砸死一个行人。经鉴定，液化气罐是空的，不会爆炸。潘某的行为不具有危及多数人的可能性，不构成以危险方法危害公共安全罪。

例 2，雷某为寻求刺激，在多个乡镇，趁学生放学或上学之机，多次使用锥子、自制铁锐器（有倒钩）等凶器刺伤中小学女学生的胸部，造成 24 名中小学女学生不同程度受伤。其中肖某被刺后当场死亡。法院判决雷某构成以危险方法危害公共安全罪。该判决有误。其实，雷某的单次行凶手段不具有危及多数人的可能性。雷某应构成故意伤害罪、故意杀人罪。

（4）具体危险的程度。这里的具体危险的程度应与放火罪、决水罪、爆炸罪、投放危险物质罪的具体危险具有相当性。

[提示] 不能误用兜底罪名。本罪被称为兜底罪名。在适用兜底罪名时，常有这种错误思维，也即如果行为达不到其他罪名的成立条件，那么就退而求其次，降低一格，适用兜底罪名，因为兜底罪名的成立条件要求不高。实际上，本罪与放火罪等罪在刑法第 114 条中是并列关系，犯罪成立条件上处于平等地位。当危险没有达到放火罪的程度，意味着也没有达到本罪的程度。

例 1，李某的房屋在修建京承高速公路时被震坏。因对补偿不满，李某擅自进入京承高速公路，用干树枝、树叶在外侧车道点燃了一个火焰高约 0.3 米的火堆，后又把火堆分为东西两堆。过往车辆将火堆压灭。法院判决李某构成以危险方法危害公共安全罪。该判决有误。李某的行为不具有放火罪的具体危险，不构成放火罪，说明对公共安全不足以造成具体危险，也就不构成以危险方法危害公共安全罪。

例 2，林某携带汽油、菜刀、打火机等工具，来到某路交叉口，趁一辆公交车等红灯之际，拦在车前，在自己身上倒上汽油后，手持打火机、菜刀准备自焚。后经民警劝说，林某放弃自焚。法院判决林某构成以危险方法危害公共安全罪。该判决有误，因为林某不可能造成火灾，不可能具有危害公共安全的具体危险。

例 3，张某将普通鞭炮放置在某小学宿舍楼前（宿舍楼内有 10 余名小学生和老师），并将两根香头分别放在两堆鞭炮上点燃后逃走，因鞭炮断燃，未被点燃。法院判决张某构成以危险方法危害公共安全罪。该判决有误。张某的行为不具有爆炸罪的具体危险，不构成爆炸罪，说明对公共安全不足以造成具体危险，也就不构成以危险方法危害公共安全罪。

（5）如果某种行为符合其他犯罪的构成要件，应尽量认定为其他犯罪，不宜认定为本罪。

例1，劫持火车、电车的行为，应定破坏交通工具罪。

例2，盗窃机动车道路上的井盖，危害公共安全，应定破坏交通设施罪。

例3，甲为了毁坏他人汽车，帮助修车铺的朋友揽活，在道路上放置大石头，导致多个车辆发生碰撞被毁。对甲应定破坏交通设施罪。

例4，生产、销售有毒、有害食品、不符合食品安全标准的食品，危害公共安全的，应定生产、销售有毒、有害食品罪，生产、销售不符合安全标准的食品罪。[①]

2. 根据上述分析及司法解释，下列情形可以定以危险方法危害公共安全罪：

（1）破坏矿井通风设备，危害公共安全。

（2）在多人通行的场所私拉电网，危害公共安全。

（3）在火灾现场破坏消防器材，危害公共安全。

（4）在具有瓦斯爆炸高度危险的情形下，下令多人下井采煤。

（5）为制造社会影响、发泄不满情绪、实现个人诉求，驾驶机动车在公共场所任意冲撞，危害公共安全。

（6）故意传播突发传染病病原体，危害公共安全。例如，故意传播非典病原体。

（7）邪教组织人员以自焚、自爆方法危害公共安全。

（8）在高速公路上逆向高速行驶。

（9）醉酒驾车，肇事后继续驾车冲撞，放任危害后果的发生，造成重大伤亡。如果第一个行为已经构成危险驾驶罪，则与以危险方法危害公共安全罪并罚。

（10）故意从高空抛弃物品，危害公共安全。这是2019年10月21日最高人民法院《关于依法妥善审理高空抛物、坠物案件的意见》的规定。

（11）殴打公交车司机案件。对此，司法解释规定：[②]

"（一）乘客在公共交通工具行驶过程中，抢夺方向盘、变速杆等操纵装置，殴打、拉拽驾驶人员，或者有其他妨害安全驾驶行为，危害公共安全，尚未造成严重后果的，依照刑法第一百一十四条的规定，以以危险方法危害公共安全罪定罪处罚；致人重伤、死亡或者使公私财产遭受重大损失的，依照刑法第一百一十五条第一款的规定，以以危险方法危害公共安全罪定罪处罚。

实施前款规定的行为，具有以下情形之一的，从重处罚：

1. 在夜间行驶或者恶劣天气条件下行驶的公共交通工具上实施的；

2. 在临水、临崖、急弯、陡坡、高速公路、高架道路、桥隧路段及其他易发生危险的路段实施的；

3. 在人员、车辆密集路段实施的；

4. 在实际载客10人以上或者时速60公里以上的公共交通工具上实施的；

5. 经他人劝告、阻拦后仍然继续实施的；

6. 持械袭击驾驶人员的；

---

① 以上内容参见张明楷：《论以危险方法危害公共安全罪》，载《国家检察官学院学报》2012年第4期。

② 2019年1月8日《最高人民法院、最高人民检察院、公安部关于依法惩治妨害公共交通工具安全驾驶违法犯罪行为的指导意见》。

......

（二）乘客在公共交通工具行驶过程中，随意殴打其他乘客，追逐、辱骂他人，或者起哄闹事，妨害公共交通工具运营秩序，符合刑法第二百九十三条规定的，以寻衅滋事罪定罪处罚......

（三）驾驶人员在公共交通工具行驶过程中，与乘客发生纷争后违规操作或者擅离职守，与乘客厮打、互殴，危害公共安全，尚未造成严重后果的，依照刑法第一百一十四条的规定，以以危险方法危害公共安全罪定罪处罚；致人重伤、死亡或者使公私财产遭受重大损失的，依照刑法第一百一十五条第一款规定，以以危险方法危害公共安全罪定罪处罚。

（四）对正在进行的妨害安全驾驶的违法犯罪行为，乘客等人员有权采取措施予以制止。制止行为造成违法犯罪行为人损害，符合法定条件的，应当认定为正当防卫。

（五）正在驾驶公共交通工具的驾驶人员遭到妨害安全驾驶行为侵害时，为避免公共交通工具倾覆或者人员伤亡等危害后果发生，采取紧急制动或者躲避措施，造成公共交通工具、交通设施损坏或者人身损害，符合法定条件的，应当认定为紧急避险。

......

（七）本意见所称公共交通工具，是指公共汽车、公路客运车，大、中型出租车等车辆。"

二、破坏型犯罪

（一）破坏交通工具罪

第116条 破坏火车、汽车、电车、船只、航空器，足以使火车、汽车、电车、船只、航空器发生倾覆、毁坏危险，尚未造成严重后果的，处三年以上十年以下有期徒刑。

第119条 破坏交通工具、交通设施、电力设备、燃气设备、易燃易爆设备，造成严重后果的，处十年以上有期徒刑、无期徒刑或者死刑。

过失犯前款罪的，处三年以上七年以下有期徒刑；情节较轻的，处三年以下有期徒刑或者拘役。

1. 破坏对象。

这里的"汽车"可作扩大解释，包括大型拖拉机。这里的"汽车"不仅包括公共汽车，也包括私家汽车。关键是该交通工具的使用是否涉及公共安全。如果涉及公共安全，对其进行破坏，就会危害公共安全。例如，甲故意破坏乙上下班用的私家汽车，因为乙驾驶汽车行驶在道路上会涉及公共安全，所以甲的破坏行为会危害公共安全。

交通工具是否涉及公共安全，有两个条件：

（1）交通工具正在使用或具有随时使用的可能性。

例1，甲的汽车因为车祸交付修理厂维修，修理工乙在维修过程中，故意破坏发动机，致使车辆无法修好。乙不构成破坏交通工具罪，而构成故意毁坏财物罪。因为车没有被修好，就不具有随时使用的可能性，不会产生危害公共安全的危险。

例2，甲的卡车因为车祸交付修理厂维修，修理工乙发现甲是自己的情敌，便在维修过程中故意破坏输油装置，但其他功能都修好了，然后交付甲使用。乙构成破坏交通工具罪，因为车辆具有随时使用的可能性。

（2）使用范围涉及公共领域，但不限于公共道路交通领域。例如，破坏清华大学校园里的公交车，也构成本罪。

2. 要求足以发生倾覆危险。

这表明本罪是具体危险犯。如何判断危险的程度？一般说来，破坏得越厉害，危险越大，但是如果破坏得过于厉害，就可能没有危险了。

例1，甲欲破坏乙的汽车，砸碎了几片车窗玻璃，不足以造成车辆倾覆危险，不构成本罪；甲如果破坏了刹车装置或方向盘，则足以造成车辆倾覆危险，构成本罪；甲如果将车轮全部卸掉，汽车躺在地上，则不会有倾覆危险，不构成本罪，但可以构成故意毁坏财物罪。

例2，甲乘坐飞机，飞机尚未起飞，被空姐告知"不得打开安全门"，仍拧开安全门，导致飞机延误起飞。由于不足以发生倾覆危险，不构成本罪。

3. 既遂与未遂。

就具体危险犯而言，产生具体危险是犯罪成立的条件，造成实际危害结果是犯罪既遂的条件。本罪的成立条件是足以产生倾覆危险，既遂条件是造成实际危害结果（如车毁人亡）。在既遂之前因为意志以外的原因没有得逞，构成未遂；主动消除危险，构成中止。例如，甲夜晚潜入公交车总站，破坏了公交车的刹车装置，但又后悔便又修好，成立中止；破坏刹车装置后，第二天早上司机检查出问题及时维修好，甲成立未遂。

［总结］第116条、第119条第1款的三种角度解读。该解读原理与第114条、第115条第1款相同：

（1）第116条是具体危险犯，第119条第1款是实害犯。

（2）第116条是未遂犯，第119条第1款是既遂犯。

（3）第116条是基本犯，第119条第1款是结果加重犯。该结果加重犯中，行为人对加重结果既可以持故意心理，也可以持过失心理，如同抢劫罪致人死亡，既包括抢劫罪故意致人死亡，也包括抢劫罪过失致人死亡。

4. 罪数问题。

（1）劫持航空器、船只、汽车的行为，成立劫持航空器罪（第121条），劫持船只、汽车罪（第122条）。劫持火车的行为成立破坏交通工具罪。

（2）窃取交通工具的零部件，如果不会发生倾覆危险，定盗窃罪；如果会发生倾覆危险，构成想象竞合犯，从一重罪处罚，定破坏交通工具罪。

（二）破坏交通设施罪

第117条　破坏轨道、桥梁、隧道、公路、机场、航道、灯塔、标志或者进行其他破坏活动，足以使火车、汽车、电车、船只、航空器发生倾覆、毁坏危险，尚未造成严重后果的，处三年以上十年以下有期徒刑。

第119条　破坏交通工具、交通设施、电力设备、燃气设备、易燃易爆设备，造成严重后果的，处十年以上有期徒刑、无期徒刑或者死刑。

过失犯前款罪的，处三年以上七年以下有期徒刑；情节较轻的，处三年以下有期徒刑或者拘役。

本罪的基本原理与破坏交通工具罪相同。

三、交通型犯罪

（一）交通肇事罪

第 133 条 违反交通运输管理法规，因而发生重大事故，致人重伤、死亡或者使公私财产遭受重大损失的，处三年以下有期徒刑或者拘役；交通运输肇事后逃逸或者有其他特别恶劣情节的，处三年以上七年以下有期徒刑；因逃逸致人死亡的，处七年以上有期徒刑。

1. 成立要件（基础刑是 3 年以下有期徒刑）。

（1）行为主体：不限于驾驶交通工具的人，行人也可以成为本罪主体。所以本罪不是身份犯。

例 1，甲在高速公路上实施拉车乞讨，引起交通事故的，成立本罪。

例 2，甲作为乘车人，指使司机违章驾驶，由此导致交通事故。司机构成交通肇事罪，甲也构成交通肇事罪。

（2）行为工具。交通工具不限于机动车辆，非机动车辆在公共交通领域内违章，危害公共安全，造成重大事故的，也构成本罪。

例 1，甲驾驶马车或骑自行车，在市区道路违章造成重大交通事故，构成本罪。

例 2，甲在田间地头骑三轮车，不慎致人死亡，定过失致人死亡罪。

（3）行为地点。事故发生领域：公共交通领域。在公共交通领域外，驾驶车辆过失致人死亡，构成过失致人死亡罪。

（4）肇事行为。本罪是过失犯罪。肇事行为是过失行为。

①这里的过失是指行为人对造成实害结果有过失。虽然行为人对违反交通法规是故意的，但这种故意不是刑法上的犯罪故意，只是行政法上的故意。例如，甲驾车想闯红灯，认为不会出事，不慎撞死行人。甲闯红灯是故意为之（行政法上的故意），但对死亡结果是过失心态（刑法上的过失）。

②故意利用交通工具杀死特定人的，构成故意杀人罪。例如，甲为了杀死乙，故意开车撞死乙，然后伪造成事故现场，对甲以故意杀人罪论处。

（5）实害结果。本罪是过失犯罪，要求造成实害结果才成立犯罪。

司法解释规定，造成以下实害结果之一，可成立本罪：死亡 1 人；重伤 3 人；重伤 1 人，并有严重情节（酒驾、吸毒驾驶、无照驾驶、严重超载、肇事后逃逸）。提示：这里的"肇事后逃逸"是指逃避行政法或刑法追究。这里的"肇事后逃逸"被用作实害结果，作为本罪成立条件后，便不能再作为本罪的法定刑升格条件"肇事后逃逸，处 3 年至 7 年有期徒刑"，否则属于重复评价、重复处罚。

（6）因果关系。过失行为与实害结果之间要有刑法上的因果关系。

例 1，甲白天将货车停在公路边后下车小便，后面的小客车飞速驶来，驾驶不慎，撞到货车尾部，司机乙当场死亡。甲的行为与乙的死亡没有刑法上的因果关系，不构成本罪。

例 2，甲车辆超载，出现故障停在路边停车道，后面车辆司机疏忽撞上，发生车祸。虽然超载违章，但与危害结果无因果关系，所以甲不构成本罪。

［注意］本罪的过失行为并不完全等于行政法上的违章行为。一个行为构成行政法上的违章行为，但并不意味着一定是刑法上危害结果的原因。

例如，驾驶未经年检的车辆是违章行为。但禁止驾驶没有经过年检的车辆的目的，是为了防止因车辆故障导致交通事故。如果行为人驾驶没有年检的车辆，但该车并无故障，而是由于被害人横穿高速公路造成了交通事故，对行为人也不以交通肇事罪论处。

[结论] 行政责任并不等于刑事责任。交通管理部门的责任认定只是确定行为是否承担行政责任。法院在审理肇事行为是否构成交通肇事罪时，不能直接采纳交通管理部门的责任认定，而应根据交通肇事罪的构成要件进行具体判断。实务中在这一点上经常犯错误，应予纠正。

2. 法定刑升格条件一："肇事后逃逸"（升格刑是 3 年至 7 年有期徒刑）。

（1）"肇事后逃逸"是量刑情节（法定刑升格条件、法定加重处罚情节）。适用"肇事后逃逸"的前提是，行为首先成立交通肇事罪。在此基础上再加重处罚。

（2）"逃逸"是指逃避法律追究，逃避法律义务。"肇事后逃逸" = 肇事行为 + 不作为（不履行义务）。

司法解释规定，"肇事后逃逸"，是指行为人为逃避法律追究而逃跑的行为。[①] 关于逃避何种法律追究，逃避何种法律义务，存在观点展示。第二种观点是多数观点。如果考单选题，按照第二种观点答题。

第一种观点认为（行政法义务说），这里的逃避法律追究，既包括逃避行政法（道路交通安全法）的追究，也包括逃避刑法追究。

第二种观点认为（刑法义务说），这里的逃避法律追究，不包括逃避行政法追究，仅包括逃避刑法追究。这是因为，行政法对肇事者规定的义务有"报案、保护现场、救助被害人"，其中，"报案、保护现场"这些义务不能成为刑法上的义务，因为不可能期待犯罪人去报案、保护现场（保护证据），不具有期待可能性。例如，甲杀了人，没有报案，没有保护现场，逃离现场，能否因此对甲加重处罚？不可能。同理，甲犯了交通肇事罪，没有报案，没有保护现场，能否因此对甲加重处罚（多处罚 4 年有期徒刑）？也不能。而行政法规定的"救助被害人"能够成为刑法上的义务。这是一种刑法上的作为义务，作为义务来自于先行行为（肇事行为）。不履行该义务，属于肇事后逃逸。

例1，甲肇事致乙死亡，甲没有报案，逃离现场。根据第一种观点（行政法义务说），甲属于肇事后逃逸。根据第二种观点（刑法义务说），由于不存在救人义务，不属于肇事后逃逸。

例2，甲肇事致乙死亡，甲以为乙没死，不想救，不报案，逃离现场。根据第一种观点（行政法义务说），甲属于肇事后逃逸。根据第二种观点（刑法义务说），虽然甲主观上不想救人，但由于客观上不存在救人义务，因此不属于肇事后逃逸。

（3）主观要件

第一，前提认识。行为人需要明知发生了交通事故，否则不能认定为逃逸。例如，甲不知道自己撞倒了人，还继续行驶，不构成逃逸。

第二，逃逸行为既可以故意为之，也可以过失为之。当是故意不救人，实际上是遗弃罪。

3. 法定刑升格条件二："因逃逸致人死亡"（升格刑是 7 年至 15 年有期徒刑）。

行为结构：肇事行为 + 不作为（不履行救人义务）→死亡结果。这是两个行为，一个死

---

① 2000 年 11 月 15 日《最高人民法院关于审理交通肇事刑事案件具体应用法律若干问题的解释》。

亡结果。

（1）"逃逸行为"（不作为）

第一，要有救人义务。例如，甲开车不慎撞死乙、丙。甲误以为丙没有死亡，为逃避救助义务而逃逸。因为丙已死，不存在救人义务，甲不构成"因逃逸致人死亡"。

第二，要有结果避免可能性。如果没有结果避免可能性，救不救助就没有意义了。此时不救助，不构成"肇事后逃逸"及"因逃逸致人死亡"。

例如，甲开车不慎致乙死亡，丙重伤，脑浆流了一地，分分钟就会死，没有救活可能性。在此前提下，甲不救，逃离现场。丙三分钟后死亡。成立不作为犯罪，要求具有结果避免发生的可能性。由于不存在救活的可能性，救不救没有意义了。这种情况下逃跑，不属于"因逃逸致人死亡"。死亡结果应直接归属于前面的肇事行为，而非后面的不救助。

（2）因果关系

此处的因果关系是考试重点和难点，需要细致分析。行为结构：前面肇事行为+后面不作为（不履行救人义务）→死亡结果。"因逃逸致人死亡"，要求死亡结果与不作为（逃逸）有因果关系。

第一，死亡结果只与前面肇事行为有因果关系。

例1，甲开车不慎撞倒乙，导致乙重伤，甲及时将乙送往医院，由于伤势过重，抢救无效死亡。死亡结果应归属于甲的肇事行为。甲成立交通肇事罪。

例2（2013年试题卷二不定项题）甲驾车逆行，导致黄某当场死亡，胡某受重伤。甲驾车逃逸。急救人员5分钟赶到现场，将胡某送往医院，因伤势过重抢救无效死亡。首先，甲逆行撞死黄某便成立交通肇事罪。其次，由于急救人员没有耽误救助，表明不是因不及时救助而死亡，死亡结果应归属于前面的肇事行为本身，而非甲的不救助导致死亡，因此，甲不属于"因逃逸致人死亡"。最后，由于胡某是被送往医院后才死，表明不是分分钟就会死的那种重伤，表明尚有一线生机（救活可能性、结果避免可能性）。在此前提下，甲还是应当救人，不救人而逃逸，属于"肇事后逃逸"。

第二，死亡结果只与后面不作为有因果关系。

例1，甲开车不慎导致乙死亡、丙轻伤（非致命伤）并轻度昏迷，甲故意不救丙，由于天寒地冻，丙因未得到及时救助而死亡。由于轻伤本身不会导致死亡，死亡结果应归属于不救助。甲因造成乙死亡，成立交通肇事罪，因不救丙导致丙死亡，属于"因逃逸致人死亡"。

例2，甲开车不慎导致丙轻伤（非致命伤）并轻度昏迷，甲逃逸，故意不救丙，丙因长时间未得到及时救助而死亡。由于轻伤本身不会导致死亡，死亡结果应归属于不救助。由于甲前面的肇事行为只是导致丙轻伤，本身不成立交通肇事罪。后面的不救助导致死亡便无法认定为交通肇事罪的法定刑升格条件"因逃逸致人死亡"，只能认定为遗弃罪（多数观点）。

第三，死亡结果与前面肇事行为、后面不作为均有因果关系。

例如，甲开车不慎导致乙重伤昏迷，甲逃逸，故意不救乙，乙因未得到及时救助而死亡。甲的前行为是作为的过失行为，后行为是不作为的故意行为。二者性质上属于独立关系。后行为没有阻断前行为的危险流，二者是叠加关系，共同导致死亡结果，属于多因一果。死亡结果能够归属于甲前面的肇事行为和后面的不作为。由于甲前面的肇事行为导致乙重伤，后又逃逸，属于"一个重伤加一个严重情节"，由此便成立交通肇事罪。因此，没必要将死亡结果用给前面的肇事行为。可以将死亡结果用给后面的不作为，认定为交通肇事罪的法定刑升格条件"因逃逸致人死亡"。在此没有将这一个死亡结果使用两次（处罚两次），没有违反不得重复评价原则。

第四，死亡结果与前面肇事行为、后面不作为、后面的介入因素均有因果关系。行为结构：肇事行为+不作为（不履行救人义务）+介入因素→死亡结果。

例1（肇事行为导致重伤），夜间，甲开车不慎导致乙重伤昏迷，甲故意不救助，逃离现场。5分钟后，丙开车不慎压过去，导致乙死亡。首先，介入因素（丙的碾压）是由甲的肇事行为及不作为引发的，属于引发关系，并不异常，因此，介入因素导致的死亡结果能归属于甲的肇事行为及不作为，属于三因一果。由于甲前面的肇事行为导致乙重伤，后又逃逸，属于"一个重伤加一个严重情节"，由此便成立交通肇事罪。在此基础上，将死亡结果用给后面的不作为，认定为交通肇事罪的法定刑升格条件"因逃逸致人死亡"。死亡结果与丙的碾压有因果关系，丙如果主观有过失，也成立交通肇事罪。

例2（肇事行为导致轻伤），夜间，甲开车不慎导致乙轻伤并轻度昏迷，甲故意不救助，逃离现场。5分钟后，丙开车不慎压过去，导致乙死亡。首先，介入因素（丙的碾压）是由甲的肇事行为及不作为引发的，属于引发关系，并不异常，因此，介入因素导致的死亡结果能归属于甲的肇事行为及不作为，属于三因一果。由于甲前面的肇事行为只是导致乙轻伤，尚不能成立交通肇事罪。此时，可以将死亡结果用给前面肇事行为，前面肇事行为便成立了交通肇事罪。因此就不能将死亡结果再用给后面的不作为（逃逸不救助），不能认定甲构成"因逃逸致人死亡"，否则将一个死亡结果使用两次（处罚两次），便违反了不得重复评价原则。但可以认定甲成立"肇事后逃逸"，因为虽然能够认定前面肇事行为与死亡结果有因果关系，但前面肇事行为不是当场撞死乙，乙是后面慢慢死的，甲肇事后不救而逃逸，成立"肇事后逃逸"。死亡结果与丙的碾压有因果关系，丙如果主观有过失，也成立交通肇事罪。

例3（无法查明），夜间，甲开车不慎撞倒乙，甲逃离现场。10分钟后，丙开车不慎压过去。20分钟后，救护人员发现乙死亡，无法查明乙是被甲开车直接压死的，还是甲开车没压死但不救助导致死亡，还是被丙开车压死的。

第一种可能情形，甲开车直接压死乙。甲成立交通肇事罪。甲不属于"因逃逸致人死亡"。按照多数观点，甲不属于"肇事后逃逸"。丙不成立交通肇事罪。

第二种可能情形，甲开车没压死乙（无法查明导致乙轻伤还是重伤，根据存疑时有利于被告原则认定为轻伤），但不救助导致乙死亡，也即在丙压之前乙已死。由于前面开车肇事行为与后面的不作为是叠加关系，因此与死亡结果均有因果关系，属于二因一果。首先，将死亡结果用给甲前面的肇事行为，甲前面的肇事行为成立交通肇事罪。由于死亡结果已经用给前面的肇事行为，后面的不作为就不能再认定为"因逃逸致人死亡"，但可认定为"肇事后逃逸"。丙不成立交通肇事罪。

第三种可能情形，丙开车压死乙。由于介入因素（丙开车压死）是甲的肇事行为及不作为引发的，属于引发关系，并不异常，因此，介入因素导致的死亡结果能归属于甲的肇事行为及不作为，属于三因一果。由于甲的肇事行为与死亡结果有因果关系，因此甲的肇事行为成立交通肇事罪；由于死亡结果用给了肇事行为，因此不能再适用"因逃逸致人死亡"，可认定为"肇事后逃逸"。死亡结果与丙的碾压有因果关系，丙如果主观有过失，也成立交通肇事罪。

由于甲的行为与丙的行为不是共犯关系，只能各自单独处理，对每个人均适用存疑时有利于被告原则。对二人适用该原则的结论是，认定为第一种可能情形，对甲丙均是最有利的。最终便如此处理。

例4（无法查明）（2013 年试题卷二不定项题），夜间，甲驾车逆行，撞上乙驾车的轿车，乙车内的黄某当场死亡、胡某受重伤。乙被卡在车内不能动。甲驾车逃逸。5 分钟后，醉驾的丙驾驶摩托车不慎猛烈撞上乙车。20 分钟后，交警发现乙死亡。无法查明乙被丙撞击前是否已经死亡，也无法查明乙被丙撞击前所受创伤是否为致命伤。首先能确定的是甲的肇事行为没有直接导致乙死亡，但无法确定是否导致乙致命伤（重伤），有可能导致致命伤，有可能没有导致致命伤。

第一种可能情形，甲的肇事行为没有导致乙致命伤，乙因未得到甲的及时救助而死亡，并且在丙撞击前已经死亡。由于甲的肇事行为没有导致乙致命伤，因此死亡结果应归属于甲的不救助。甲导致黄某死亡，已经成立交通肇事罪，因不救助乙导致乙死亡，属于"因逃逸致人死亡"。丙不成立交通肇事罪。

第二种可能情形，甲的肇事行为导致乙致命伤，乙因未得到甲的及时救助而死亡，并且在丙撞击前已经死亡。乙的死亡结果应归属于甲的肇事行为与不救助，属于二因一果。甲导致黄某死亡，已经成立交通肇事罪。因此，乙的死亡结果不需要用给甲的肇事行为，可用给甲后面的不救助行为，对后面的不救助认定为"因逃逸致人死亡"。丙不成立交通肇事罪。

第三种可能情形，甲的肇事行为没有导致乙致命伤，甲逃逸，不救助，丙撞击导致乙死亡。首先，死亡结果不能归属于肇事行为。其次，死亡结果能够归属于甲的不救助和丙的撞击，因为介入因素（丙的撞击）是由甲的不救助引发的，是引发关系，属于二因一果。由于甲的肇事行为导致黄某死亡，已经成立交通肇事罪，因此不救助乙导致死亡，属于"因逃逸致人死亡"。最后，丙若主观有过失，也成立交通肇事罪。

第四种可能情形，甲的肇事行为导致乙致命伤，甲逃逸，不救助，丙撞击导致乙死亡。死亡结果能够归属于甲的肇事行为、甲的不救助、丙的撞击，属于三因一果。由于甲的肇事行为导致黄某死亡，已经成立交通肇事罪，因此，乙的死亡结果不需要用给甲的肇事行为，可用给甲后面的不救助行为，对后面的不救助认定为"因逃逸致人死亡"。丙如果主观有过失，成立交通肇事罪。

由于甲的行为与丙的行为不是共犯关系，只能各自单独处理，对每个人均适用存疑时有利于被告原则。对二人适用该原则的结论是，认定为第一种可能情形，对甲丙均是最有利的。最终便如此处理。

例5（2016 年试题卷二不定项题），乙无照驾驶，不慎将刘某撞成重伤。乙有救人的意思，乙车上的叔父丙谎称自己留下打电话叫救护车，让乙赶紧将车开走。乙离去后，丙将刘某藏匿在草丛中，故意不救。刘某因错过抢救时机而死亡。此处的因果关系属于救助与阻断救助的问题（对此可参见因果关系一节的相关内容）。乙有救助意思，丙阻断了乙的救助，死亡结果应归属于丙，不归属于乙。丙构成不作为的故意杀人罪既遂，作为义务来自承诺救助。乙严重违章（无照驾驶）+一个重伤，成立交通肇事罪，但不构成"因逃逸致人死亡"。

按照多数观点，乙也不构成"肇事后逃逸"，因为没有想逃避救人义务。按照少数观点，乙构成"肇事后逃逸"，因为乙想逃避行政法义务。

（3）主观要件

"因逃逸致人死亡"是指因不救助而致人死亡。行为人就逃逸行为（不救助）而言，可以是故意为之，也可以是过失为之；就死亡结果而言，可以是故意追求，也可以是过失心理。

例1，甲开车不慎撞死乙，重伤了丙，明知不救丙，丙就会死，仍逃离现场，丙因未得到及时救助而死亡。甲构成交通肇事罪，并构成"因逃逸致人死亡"。甲的逃逸行为是故意为之，对死亡结果也是放任。

例2（2007年试题卷二第9题），甲开车不慎撞死乙，重伤了丙，以为丙也死亡，便驾车离去，丙因未能得到及时救助而死亡。甲构成交通肇事罪，并构成"因逃逸致人死亡"。甲的逃逸不救人是过失为之，对死亡结果也是过失心态。

（4）作为与不作为的等价性

"因逃逸致人死亡"是不作为致人死亡。这种不作为的等价性相当于遗弃罪的程度。如果不作为的等价性达到故意杀人罪的程度，就定故意杀人罪，不再定"因逃逸致人死亡"。

例1，甲开车不慎撞死乙，重伤了丙，故意不救助丙，并且将丙抬到一个山洞，丙因未得到及时救助而死亡。甲的前一行为构成交通肇事罪，后一行为中，甲的不作为在等价性上已经达到故意杀人罪的程度，因为自己不救，还排除了他人救助的可能性。因此对甲不再以"因逃逸致人死亡"论处，而定不作为的故意杀人罪，与交通肇事罪并罚。如果甲故意将丙扔到河里淹死，则构成作为的故意杀人罪，与交通肇事罪并罚。如果不处罚交通肇事罪，则遗漏评价了乙的死亡。

例2，甲开车不慎撞死乙，重伤了丙，以为丙也死亡，将丙当作"尸体"扔到河里，导致丙溺死。甲构成交通肇事罪，但不属于"因逃逸致人死亡"，因为"因逃逸致人死亡"是指不作为致人死亡。而甲是作为致人死亡，该作为单独构成过失致人死亡罪，与交通肇事罪并罚。注意：这种情形不属于结果的推迟发生（事前故意）。结果的推迟发生的前提是故意杀人罪。

（5）体系地位

关于"因逃逸致人死亡"的体系地位，存在观点展示。

第一种观点认为（前提条件说），法条规定，"因逃逸致人死亡"是交通肇事罪的量刑情节（法定加重处罚情节，法定刑升格条件），① 因此，适用"因逃逸致人死亡"的前提是，前面肇事行为已经成立交通肇事罪。在此基础上，才可能适用"因逃逸致人死亡"。理由是，先有定罪，后才会有量刑；没有定罪，不能直接量刑。

第二种观点认为（非前提条件说），适用"因逃逸致人死亡"不要求前面肇事行为成立

---

① 注意，法定刑升格条件中有加重犯和结合犯。加重犯（加重构成要件）只有一个犯罪行为。例如，情节加重犯"持枪抢劫"，虽然有个非法持枪行为，但该行为属于抢劫行为的组成部分，不具有独立性，若没有法律特别规定，属于想象竞合犯。结合犯是指两个独立的犯罪行为结合在一起，若没有法律特定规定，本应数罪并罚，例如"拐卖妇女后奸淫被拐卖的妇女"。交通肇事罪中的"因逃逸致人死亡"不是加重犯（加重构成要件），而属于结合犯，也即交通肇事罪＋遗弃罪＝交通肇事罪，遗弃罪成为交通肇事罪的法定刑升格条件；若没有该法律特别规定，应按照交通肇事罪和遗弃罪两罪并罚。

交通肇事罪。①

提示：前提条件说是多数观点。非前提条件说是少数观点。答客观题，问唯一答案时用前提条件说。答主观题，选择哪种观点都可以。

4. 共犯问题。

（1）共同过失肇事。

①监督过失。如果主管人对司机的肇事行为具有监督过失，则主管人也能构成交通肇事罪。例如，主管人员将自己的机动车交给醉酒者、无驾照者驾驶，没有防止伤亡结果发生。主管人具有监督过失，司机有驾驶过失，共同过失行为导致实害结果发生。观点展示：根据部分犯罪共同说，共同过失犯罪不构成共同犯罪，二者各定各的交通肇事罪。根据行为共同说，共同过失犯罪构成共同犯罪，二者是交通肇事罪的共同犯罪。

②指挥过失。司法解释规定：单位主管人员、机动车辆所有人或者机动车辆承包人，指使、强令他人违章驾驶造成重大交通事故的，以交通肇事罪论处。这是指，主管人有指挥过失，司机有驾驶过失，共同过失行为导致实害结果发生。观点展示：根据部分犯罪共同说，共同过失不构成共同犯罪，二者应各定各的交通肇事罪。根据行为共同说，共同过失犯罪构成共同犯罪，二者是交通肇事罪的共同犯罪。

［注意］主管人虽然有指使行为，但不构成交通肇事罪的教唆犯或间接正犯。这是因为，教唆犯、间接正犯都是故意犯罪，教唆犯、间接正犯自身构成的罪名应是故意犯罪。例如，有故意杀人罪的教唆犯、危险驾驶罪（这是故意犯罪）的教唆犯，但没有过失致人死亡罪的教唆犯。又如，医生将一枚毒针交给护士，向护士隐瞒实情，让其打给一个病人，护士疏于查看，打给病人致其死亡。护士构成医疗事故罪，医生构成间接正犯，但不是医疗事故罪的间接正犯，而是故意杀人罪的间接正犯。

（2）指使逃逸。

例如，甲开车不慎撞死乙，重伤丙。甲欲救丙，路人丁指使甲逃逸别救人，甲逃逸，丙因未得到救助而死亡。甲构成交通肇事罪，属于"因逃逸致人死亡"。对丁如何处理？

首先，甲故意不救人，属于故意的不作为犯罪。根据等价性的程度，甲构成遗弃罪，不过按照"因逃逸致人死亡"处理。丁指使甲不救人，构成遗弃罪的教唆犯。如果丁指使甲将丙抬到偏僻地方，扔在那，不救助，丙死亡，则甲构成不作为的故意杀人罪，丁构成故意杀人罪的教唆犯。其次，指使犯罪分子逃逸，构成窝藏罪。② 最终，丁同时构成遗弃罪的教唆犯和窝藏罪，想象竞合，择一重罪论处。这是按照正常原理的分析。

注意：司法解释的特殊规定：交通肇事后，单位主管人员、机动车辆所有人、承包人或者乘车人指使肇事人逃逸，致使被害人因得不到救助而死亡的，以交通肇事罪的共犯论处。注意该案件事实是，司机先已经构成交通肇事罪，之后四种指使者指使司机逃逸，因逃逸致

---

① 有法官为非前提条件说提供的理由是，连环碾压案中，根本无法判断、无法查明第一次碾压行为是否导致重伤，所以第一次碾压行为要成立交通肇事罪，不要求其造成重伤（参见《刑事审判参考》第 1118 号，邵某交通肇事案）。这种理由是不成立的。不能因为无法查明就给人定罪。当无法查明第一次碾压是否造成重伤时，对于无法查明的案件，应当适用存疑时有利于被告人原则，认定第一次碾压没有造成重伤。这是 2013 年卷二不定项题的官方观点。注意，该法官的意见不代表最高法院的意见，因为该法官撰写的案例不是最高法院以最高法院名义发布的指导性案例。

② 对窝藏罪的犯罪行为要扩大理解，不限于将犯罪分子藏在家里。参见窝藏罪一节内容。

人死亡，指使者构成司机的交通肇事罪的共犯。

一般犯罪结束后，有人参与进来，不可能构成该犯罪的承继共犯，只可能构成三种犯罪（窝藏罪、包庇罪，掩饰、隐瞒犯罪所得罪，帮助伪造、毁灭证据罪）。只有继续犯（如非法拘禁罪）结束后，有人参与进来，能够构成继续犯的承继的共犯。交通肇事罪不是继续犯，当交通肇事罪成立后、结束后，有人参与进来，不可能构成交通肇事罪的承继共犯。所以，上述司法解释不符合基本原理，只能将其视为特殊规定，是一种法律拟制的做法，不能推广适用。注意：考试若考查司法解释的情形（四种指使者），就按该司法解释答题；若考查其他情形（其他指使者如路人），则按正常原理答题。

例如（真题），甲乘坐儿子乙（15周岁）的车，乙不慎撞死一人，重伤丙。甲指使乙逃逸、不要救丙。乙照办。丙因未得到及时救助而死亡。考试问，依照司法解释该如何处理？依照司法解释，乙作无罪处理，甲以交通肇事罪的共犯论处。考试又问，依照正常原理该如何处理？依照正常原理，在违法阶层，乙构成交通肇事罪，并且属于"因逃逸致人死亡"；在责任阶层，乙未满16周岁，阻却责任。在违法阶层，就乙的"因逃逸致人死亡"而言，甲构成遗弃罪的教唆犯，甲同时构成窝藏罪；在责任阶层，甲符合条件。最终，对甲的两罪想象竞合，择一重罪论处。

5. 罪数关系总结。

交通肇事罪、过失以危险方法危害公共安全罪（第115条第2款）、以危险方法危害公共安全罪（第114条、第115条第1款）、危险驾驶罪的关系总结：

（1）危险达到与放火、爆炸相当的程度。

行为人实施危险驾驶行为，客观上产生与放火、爆炸相当的公共危险，并造成严重实害结果。在此前提下：

第一，行为人对该公共危险和实害结果持过失心理的，认定为过失以危险方法危害公共安全罪。例如，为了炫技，夜晚在公路上关掉车灯高速行驶，认为驾驶技术高，不会出事，不慎酿成车祸，致多人死亡。

第二，行为人对该公共危险和实害结果持故意心理的，认定为以危险方法危害公共安全罪（第115条第1款）。例如，在高速公路上故意逆向高速行驶，明知这样做会导致死亡结果，仍放任，酿成车祸，致多人死亡。

（2）危险未达到放火、爆炸的程度。

行为人实施危险驾驶行为，客观上产生未达到放火、爆炸程度的公共危险。

第一，产生实害结果。行为人对该公共危险和实害结果持过失心理的，认定为交通肇事罪。

第二，未产生实害结果。行为人对该公共危险持故意心理的，对此情形，我国刑法仅将其中的醉驾和追逐竞驶等情形规定为犯罪（危险驾驶罪）。

（二）危险驾驶罪

第133条之一 在道路上驾驶机动车，有下列情形之一的，处拘役，并处罚金：

（一）追逐竞驶，情节恶劣的；

（二）醉酒驾驶机动车的；

（三）从事校车业务或者旅客运输，严重超过额定乘员载客，或者严重超过规定时速行驶的；

（四）违反危险化学品安全管理规定运输危险化学品，危及公共安全的。

机动车所有人、管理人对前款第三项、第四项行为负有直接责任的，依照前款的规定处罚。

有前两款行为，同时构成其他犯罪的，依照处罚较重的规定定罪处罚。（本条经《刑法修正案（九）》修正）

1. "道路"。这里的道路不限于公共道路，只要是有不特定人或多数人存在的道路即可。例如，校园里、工厂内、地下车库内的道路。

2. 四种行为方式。

（1）追逐竞驶。

①不要求二人以上才能构成追逐竞驶，单个人也可以追逐竞驶。

②不要求行为人须出于满足精神刺激的目的。

③要求情节恶劣才成立犯罪。

（2）醉酒驾车。

①醉驾是比酒驾更严重的程度，要求血液酒精含量达到 80 毫克/100 毫升。如果是酒驾没有达到醉驾程度，不构成本罪。

②法条没有规定，醉驾的，情节恶劣或严重才成立犯罪。但危险驾驶罪是危险犯，要求产生一定程度的公共危险，才成立犯罪。对此，司法解释规定：① "对于醉酒驾驶机动车的被告人，应当综合考虑被告人的醉酒程度、机动车类型、车辆行驶道路、行车速度、是否造成实际损害以及认罪悔罪等情况，准确定罪量刑。对于情节显著轻微危害不大的，不予定罪处罚；犯罪情节轻微不需要判处刑罚的，可以免予刑事处罚。"

例 1，在荒无人烟的荒野道路上醉酒驾车，因为不具有公共危险，不成立危险驾驶罪。

例 2，深夜，甲喝醉酒走回家，看到自己的车停的位置不好，便想重新挪下位置。此时小区内没人。甲便挪了下车。甲的公共危险程度很轻微，不成立危险驾驶罪。

③教唆犯。教唆他人醉酒驾驶的，成立教唆犯。例如，甲喝醉酒，女友仍要求甲开车送自己回家。甲构成危险驾驶罪，女友是教唆犯。

④间接正犯。例如，甲明知乙即将开车，暗中在其饮料中掺入酒精，乙不知情。甲构成危险驾驶罪的间接正犯，乙无罪。这也表明，醉酒驾驶不是真正身份犯。

（3）从事校车业务或者旅客运输，严重超过额定乘员载客，或者严重超过规定时速行驶。

（4）违反危险化学品安全管理规定运输危险化学品，危及公共安全。

［注意］管理者责任。机动车所有人、管理人对第 133 条之一第 1 款第 3 项、第 4 项行为负有直接责任的，依照第 1 款的规定处罚。

3. 罪数。

本罪第 3 款的规定是要求一个行为同时触犯本罪和其他罪。如果是两个行为触犯两罪，则应并罚。

例 1，（1）甲醉驾行驶了 5 公里，然后因醉驾而过失撞死行人。第一阶段，行驶 5 公里，甲已构成危险驾驶罪。第二阶段，一个醉驾行为同时触犯危险驾驶罪和交通肇事罪，想象竞合，择一重罪论处，定交通肇事罪。然后面临与第一阶段的危险驾驶罪的罪数问题，由于前

---

① 2017 年 5 月 1 日《最高人民法院关于常见犯罪的量刑指导意见（二）》。

后违章行为都是醉驾，根据吸收犯原理，重罪吸收轻罪，定交通肇事罪。（2）甲醉驾行驶了5公里，为了赶时间又实施了醉驾之外的违章行为，如闯红灯，不慎撞死行人。第一阶段，行驶5公里，甲已构成危险驾驶罪。第二阶段，甲的违章驾驶行为既触犯危险驾驶罪（仍在醉驾状态），又触犯交通肇事罪（闯红灯而撞死人），想象竞合，择一重罪论处，定交通肇事罪。然后面临与第一阶段的危险驾驶罪的罪数问题，由于前后违章行为是两种不同的违章行为，所以应数罪并罚。

例2，（1）甲重度醉酒在高速公路上超速驾驶或在高速公路上逆向追逐竞驶。这种行为具有与放火、爆炸程度相当的公共危险，既触犯了危险驾驶罪，又触犯了以危险方法危害公共安全罪，想象竞合，择一重罪论处，认定为后者，适用第114条；如果又造成严重后果（造成他人死亡），适用第115条第1款。（2）甲醉驾行驶了5公里，被警察发现，为了逃跑，横冲直撞，撞死行人。甲的第一个行为构成危险驾驶罪，第二个行为应认定为以危险方法危害公共安全罪，然后两罪并罚。

例3，甲醉酒驾车运输毒品，既触犯危险驾驶罪又触犯运输毒品罪，想象竞合，择一重罪论处，定运输毒品罪。乙醉酒驾车运输枪支、弹药、爆炸物，想象竞合，定运输枪支、弹药、爆炸物罪。[1]

■■典型真题

乙（15周岁）在乡村公路驾驶机动车时过失将吴某撞成重伤。乙正要下车救人，坐在车上的甲（乙父）说："别下车！前面来了许多村民，下车会有麻烦。"乙便驾车逃走，吴某因流血过多而亡。关于本案，下列哪一选项是正确的？（2014年·卷二·13题）[2]

A. 因乙不成立交通肇事罪，甲也不成立交通肇事罪

B. 对甲应按交通肇事罪的间接正犯论处

C. 根据司法实践，对甲应以交通肇事罪论处

D. 根据刑法规定，甲、乙均不成立犯罪

（三）劫持航空器罪

第121条 以暴力、胁迫或者其他方法劫持航空器的，处十年以上有期徒刑或者无期徒刑；致人重伤、死亡或者使航空器遭受严重破坏的，处死刑。

1. 行为主体：一般主体，其中包括航空器的驾驶员和乘务员。

2. 行为对象：正在使用中的航空器。

（1）既可以是民用航空器，也可以是军用、警用航空器（例如，战斗机、警用直升机）。

---

[1] 参见张明楷：《危险驾驶罪的基本问题》，载《政法论坛》2012年第6期。

[2] ［答案］关于AC项，司法解释规定：交通肇事后，单位主管人员、机动车辆所有人、承包人或者乘车人指使肇事人逃逸，致使被害人因得不到救助而死亡的，以交通肇事罪的共犯论处。基于此，即使乙因为年龄不成立交通肇事罪，根据该司法解释，甲也能成立交通肇事罪的共犯。由于司法解释指导司法实践活动，所以C项所谓的"司法实践"是指司法解释的规定。B项，间接正犯是利用他人实现自己的犯罪目的，其本身是故意犯罪。交通肇事罪本身不能成为间接正犯。D项，撇开司法解释不谈，根据刑法法条的规定，本案有两个阶段，第一是乙撞人。乙因为年龄不够，不构成交通肇事罪。该阶段甲无罪。第二是甲指使乙逃逸不救助被害人，导致其死亡。该阶段，甲乙构成不作为的共同犯罪（遗弃罪或故意杀人罪）。若是遗弃罪，乙不负刑事责任，甲负教唆犯的责任。若是故意杀人罪，二者均负刑事责任，乙是实行犯，甲是教唆犯。此外，甲还触犯窝藏罪。本题答案：C。本题其实是想考查上述司法解释的不合理之处。

（2）"正在使用中"意味着会危及公共安全，一是机上人员安全，二是地面人员安全，因此不限于飞行中。

例 1，当机组人员进入机舱，尚未关门时，甲乙冲进去劫持了飞机，成立本罪。

例 2，甲乙偷走停在停机坪上的里面没人的私人飞机，固然算劫持飞机，但不成立本罪，而定盗窃罪。

3. 行为方式：暴力、胁迫或者其他方法。这里的"暴力、胁迫或者其他方法"与抢劫罪中的"暴力、胁迫或其他方法"相当，足以压制反抗。

例如，乘客甲手无凶器，坐在座位上，对分发饮料的空姐说："不把飞机开到我老家去，小心你的脸！"不构成本罪。

4. 既遂标准：实际控制了航空器。

5. 处罚：致人重伤、死亡或者使航空器遭受严重破坏的，处死刑。这里的"致人重伤、死亡"既包括过失，也包括故意；既包括劫持行为导致机上人员重伤、死亡，也包括劫持行为导致地面人员重伤、死亡（但要有直接因果关系）。

（四）劫持船只、汽车罪

第 122 条　以暴力、胁迫或者其他方法劫持船只、汽车的，处五年以上十年以下有期徒刑；造成严重后果的，处十年以上有期徒刑或者无期徒刑。

［提示］劫持航空器，构成劫持航空器罪（第 121 条），劫持火车构成破坏交通工具罪（第 116 条、第 119 条）。

四、恐怖型犯罪

（一）组织、领导、参加恐怖组织罪

第 120 条　组织、领导恐怖活动组织的，处十年以上有期徒刑或者无期徒刑，并处没收财产；积极参加的，处三年以上十年以下有期徒刑，并处罚金；其他参加的，处三年以下有期徒刑、拘役、管制或者剥夺政治权利，可以并处罚金。

犯前款罪并实施杀人、爆炸、绑架等犯罪的，依照数罪并罚的规定处罚。（本款经《刑法修正案（九）》修正）

1. 恐怖组织与黑社会性质组织的区别：前者有政治目的，后者没有政治目的。

2. 成立本罪只要求组织、领导、参加恐怖组织，不要求实施恐怖活动。

3. 犯本罪又实施其他犯罪的，数罪并罚。

（二）帮助恐怖活动罪

第 120 条之一　资助恐怖活动组织、实施恐怖活动的个人的，或者资助恐怖活动培训的，处五年以下有期徒刑、拘役、管制或者剥夺政治权利，并处罚金；情节严重的，处五年以上有期徒刑，并处罚金或者没收财产。

为恐怖活动组织、实施恐怖活动或者恐怖活动培训招募、运送人员的，依照前款的规定处罚。

单位犯前两款罪的，对单位判处罚金，并对其直接负责的主管人员和其他直接责任人员，依照第一款的规定处罚。（本条为《刑法修正案（九）》增设）

1. 资助，仅限于物质性资助，不包括精神性资助。

2. 本罪的特点是，将共犯行为（帮助行为）完全正犯化。因此，本罪的成立不需要遵守共犯从属性原则，也即即使资助的恐怖组织没有实施恐怖活动，本罪也能够成立。

3. 既遂。本罪的既遂标准不是资助的恐怖组织实施了恐怖活动，而是提供的资助被恐怖组织接收。例如，甲为恐怖组织招募了人员，恐怖组织接收了该人员，本罪就既遂。

4. 教唆、帮助实施本罪，构成本罪的教唆犯、帮助犯。

例1，甲教唆乙资助某个恐怖组织，乙答应并资助。甲构成本罪的教唆犯。如果乙没答应、没资助，则甲不构成教唆犯，也即在此需要遵守共犯从属性原则。

例2，乙想资助某个恐怖组织，没钱，向甲募款，并说明用途，甲答应帮助。甲构成本罪的帮助犯。如果甲帮助了，乙却没去资助恐怖组织，则甲不构成帮助犯，也即在此需要遵守共犯从属性原则。

（三）准备实施恐怖活动罪

第120条之二 有下列情形之一的，处五年以下有期徒刑、拘役、管制或者剥夺政治权利，并处罚金；情节严重的，处五年以上有期徒刑，并处罚金或者没收财产：

（一）为实施恐怖活动准备凶器、危险物品或者其他工具的；

（二）组织恐怖活动培训或者积极参加恐怖活动培训的；

（三）为实施恐怖活动与境外恐怖活动组织或者人员联络的；

（四）为实施恐怖活动进行策划或者其他准备的。

有前款行为，同时构成其他犯罪的，依照处罚较重的规定定罪处罚。（本条为《刑法修正案（九）》增设）

本罪的特点是，将预备行为正犯化，成为一种独立的预备罪。

1. 教唆、帮助实施本罪，构成本罪的教唆犯、帮助犯。当然，以被教唆、帮助者实施了本罪为前提。

2. 为实施本罪而进行的预备行为，如果具有现实的危险（该危险只要求抽象缓和，不要求紧迫直接），则构成本罪的预备犯。

例1，为了组织恐怖活动培训，已经联系了讲师，准备了培训场地，此时被抓捕，构成本罪的犯罪预备，成立预备犯。

例2，为了准备危险物品，阅读相关书籍或在网上查阅相关资料，不具有现实危险，不构成本罪的预备犯。

例3，为了购买凶器而打工挣钱，不具有现实危险，不构成本罪的预备犯。

3. 构成本罪，同时构成其他犯罪，想象竞合，择一重罪论处。

例1，甲为实施恐怖活动，准备了大量危险爆炸物。此时被抓捕。甲既触犯本罪，又触犯非法储存爆炸物罪，想象竞合，择一重罪论处。

例2，甲为了实施大规模杀人的恐怖活动，准备了大量危险品。此时被抓捕。甲既触犯本罪，又触犯故意杀人罪的预备犯，想象竞合，择一重罪论处。

五、枪支类犯罪

（一）盗窃、抢夺枪支、弹药、爆炸物、危险物质罪

第127条第1款 盗窃、抢夺枪支、弹药、爆炸物的，或者盗窃、抢夺毒害性、放射

性、传染病病原体等物质，危害公共安全的，处三年以上十年以下有期徒刑；情节严重的，处十年以上有期徒刑、无期徒刑或者死刑。

1. 本罪是危险犯，成立本罪不要求造成严重后果。但是不意味着一旦实施就既遂，既遂标准是实际取得枪支、弹药、爆炸物、危险物质。

2. 骗取行为，不构成本罪，可成立诈骗罪。抢劫行为，可定抢夺。

3. 主观：盗窃、抢夺，都要求具有非法占有目的。

［注意］认识错误：行为人以普通盗窃的故意，盗窃了枪支，定普通盗窃罪既遂，但如果事后持有，就构成非法持有枪支罪，数罪并罚。

（二）非法持有、私藏枪支、弹药罪

第 128 条第 1 款　违反枪支管理规定，非法持有、私藏枪支、弹药的，处三年以下有期徒刑、拘役或者管制；情节严重的，处三年以上七年以下有期徒刑。

1. 枪支的认定。

（1）司法解释规定，以压缩气体为动力，发射金属弹丸，具有较大杀伤力的气枪，属于枪支。[①] 例如，天津大妈赵春华摆了个游戏摊位，所用的射击气球的玩具枪没有较大杀伤力，不属于真枪。

（2）司法解释规定，以火药为动力发射弹药的大口径武器，可认定为枪支。基于此，土炮、大炮也属于枪支。这是一种扩大解释。

（3）司法解释规定，弓弩不是枪支。

2. 非法持有：是指没有合法根据而实际占有或控制枪支、弹药。非法替他人保管枪支、弹药，也属于非法持有。

3. 非法私藏：是指依法配备、配置枪支、弹药的人员，在配备、配置枪支、弹药的条件消除后，违反枪支管理法律、法规的规定，私自藏匿所配备、配置的枪支、弹药且拒不交出的行为。

4. 本罪与非法储存枪支、弹药罪，非法携带枪支、弹药危及公共安全罪的区分总结：

（1）非法储存与非法持有的区分：数量大小。储存是大量，持有是少量。

（2）非法携带，是指将枪支置于现实控制之下，进入公共场所或公共交通工具，危及公共安全。行为人既可以是不符合配备、配置枪支条件的人，也可以是符合配备、配置枪支条件的人。

（三）非法出租、出借枪支罪

第 128 条第 2 款　依法配备公务用枪的人员，非法出租、出借枪支的，依照前款的规定处罚。

第 128 条第 3 款　依法配置枪支的人员，非法出租、出借枪支，造成严重后果的，依照第一款的规定处罚。

1. 行为主体是特殊主体：（1）依法配备公务用枪的人员和单位；（2）依法配置枪支的人员和单位。

---

① 2018 年 3 月 8 日《最高人民法院、最高人民检察院关于涉以压缩气体为动力的枪支、气枪铅弹刑事案件定罪量刑问题的批复》。

2. 行为方式。

（1）出租：是指在一段期限内有偿提供给他人使用。如果是永久性地有偿转让给他人，则属于非法买卖枪支罪。

（2）出借：一般是指在一段期限内无偿提供给他人使用。但是，非法将枪支赠与他人，比非法出借的危害性更大，更值得处罚。因此，这里的"出借"应作扩大解释，包括永久性地无偿提供给他人使用，也即包括赠与。

［注意］根据司法解释，依法配备公务用枪的人员，将公务用枪用作借债质押物，使枪支处于非法持枪人的控制、使用之下，严重危害公共安全，以非法出借枪支罪论处；对接受者，构成犯罪的，以非法持有枪支罪论处。

3. 实害结果

（1）依法配备公务用枪的人员和单位，只要非法出租、出借，就成立本罪。

（2）依法配置枪支的人员和单位，非法出租、出借，并且造成严重后果，才成立本罪，该严重后果，不要求行为人有认识，只要求有认识可能性。

4. 罪数：行为人明知他人使用枪支要实施犯罪，而出租、出借的，与他人构成相关犯罪的共犯。

（四）丢失枪支不报罪

第 129 条　依法配备公务用枪的人员，丢失枪支不及时报告，造成严重后果的，处三年以下有期徒刑或者拘役。

1. 含义：依法配备公务用枪的人员，丢失枪支不及时报告，并造成严重后果的行为。本罪是不作为犯。

2. 主体：依法配备公务用枪的人员，本罪不包括依法配备公务用枪的单位，而非法出租、出借枪支罪还包括单位。

3. 行为：丢枪不报。

（1）丢失枪支的"丢失"应作扩大解释，指非自愿失去对枪支的占有控制，包括遗失、被盗、被抢。

（2）本罪的行为是不报告，是真正不作为犯。不作为犯存在共犯现象。例如，警察甲与乙外出追捕逃犯。其间，甲的枪被逃犯抢去后，意欲及时报告。乙唆使甲不报告："别报告了，不嫌丢人，以后需要用枪，用兄弟我的。"于是甲没报。后来该枪落入不法分子之手，造成了严重后果。乙构成教唆犯，甲构成实行犯。

4. 主观：故意，但对造成严重后果，不要求行为人有认识，只要求有认识可能性。这种"严重后果"在理论上被称为客观超过要素或客观处罚条件。

（五）非法制造、买卖、运输、邮寄、储存枪支、弹药、爆炸物罪，非法制造、买卖、运输、储存危险物质罪

第 125 条　非法制造、买卖、运输、邮寄、储存枪支、弹药、爆炸物的，处三年以上十年以下有期徒刑；情节严重的，处十年以上有期徒刑、无期徒刑或者死刑。

非法制造、买卖、运输、储存毒害性、放射性、传染病病原体等物质，危害公共安全的，依照前款的规定处罚。

单位犯前两款罪的，对单位判处罚金，并对其直接负责的主管人员和其他直接责任人

员，依照第一款的规定处罚。

（六）非法携带枪支、弹药、管制刀具、危险物品危及公共安全罪

第 130 条 非法携带枪支、弹药、管制刀具或者爆炸性、易燃性、放射性、毒害性、腐蚀性物品，进入公共场所或者公共交通工具，危及公共安全，情节严重的，处三年以下有期徒刑、拘役或者管制。

‖‖典型真题

关于危害公共安全罪的论述，下列哪些选项是正确的？（2014 年·卷二·57 题）①

A. 甲持有大量毒害性物质，乙持有大量放射性物质，甲用部分毒害性物质与乙交换了部分放射性物质。甲、乙的行为属于非法买卖危险物质

B. 吸毒者甲用毒害性物质与贩毒者乙交换毒品。甲、乙的行为属于非法买卖危险物质，乙的行为另触犯贩卖毒品罪

C. 依法配备公务用枪的甲，将枪赠与他人。甲的行为构成非法出借枪支罪

D. 甲父去世前告诉甲"咱家院墙内埋着 5 支枪"，甲说"知道了"，但此后甲什么也没做。甲的行为构成非法持有枪支罪

六、普通罪名

（一）重大责任事故罪

第 134 条第 1 款 在生产、作业中违反有关安全管理的规定，因而发生重大伤亡事故或者造成其他严重后果的，处三年以下有期徒刑或者拘役；情节特别恶劣的，处三年以上七年以下有期徒刑。

（二）不报、谎报安全事故罪

第 139 条之一 在安全事故发生后，负有报告职责的人员不报或者谎报事故情况，贻误事故抢救，情节严重的，处三年以下有期徒刑或者拘役；情节特别严重的，处三年以上七年以下有期徒刑。

---

① ［答案］ABCD。

20 第二十讲 破坏社会主义市场经济秩序罪

特别提示▶

1. 复习策略：注意总结理解规律原理，然后记忆例外规定。

2. 重点罪名：信用卡诈骗罪，走私犯罪，货币犯罪，生产、销售伪劣产品罪。

3. 案例：狗蛋第一个月将美国的一件文物走私到国内，第二个月将美国的一批假币走私到国内，经鉴定，不是假币，而是淫秽物品。对狗蛋如何处理？①

一、生产、销售伪劣商品罪

重点罪名：（1）生产、销售伪劣产品罪；（2）生产、销售有毒、有害食品罪；（3）生产、销售假药罪。

（一）生产、销售伪劣产品罪

第140条 生产者、销售者在产品中掺杂、掺假，以假充真，以次充好或者以不合格产品冒充合格产品，销售金额五万元以上的，构成本罪。

1. 销售金额 5 万元。

（1）达到 5 万元，构成既遂。

（2）未达到 5 万元的，是未遂，但一般的未遂不值得处罚。司法解释规定：

①销售金额是 0，货值金额达到 15 万元，以生产、销售伪劣产品罪（未遂）定罪处罚。

②销售金额不满 5 万元。（销售金额×3）+货值金额 = 15 万元，则以生产、销售伪劣产品罪（未遂）定罪处罚。

2. 本罪与诈骗罪。

（1）销售伪劣产品，同时触犯诈骗罪的，想象竞合，择一重罪论处。

（2）如果行为人向终端消费者告知伪劣产品实情，消费者愿意接受，则行为人既不构成诈骗罪，也不构成销售伪劣产品罪。如果行为人向批发商告知伪劣产品实情，对方愿意接受，行为人仍构成销售伪劣产品罪。

---

① ［答案］狗蛋不构成走私文物罪，因为该罪的走私方向是出口。文物可以包容评价为普通货物、物品，可定走私普通货物、物品罪。由于主客观不一致，狗蛋既不构成走私假币罪，也不构成走私淫秽物品罪。走私假币和走私淫秽物品都可以包容评价为走私国家禁止进出口的货物、物品，对狗蛋可以认定为走私国家禁止进出口的货物、物品罪。

（二）食品犯罪

1. 生产、销售不符合安全标准的食品罪

第 143 条　生产、销售不符合食品安全标准的食品，足以造成严重食物中毒事故或者其他严重食源性疾病的，成立本罪。

本罪是具体危险犯，要求足以造成严重食物中毒事故或者其他严重食源性疾病的，才成立犯罪。

[注意] 不符合安全标准的食品，常考的有：

（1）含有严重超出标准限量的致病性微生物、农药残留、兽药残留、重金属、污染物质的食品。

（2）属于病死、死因不明或者检验检疫不合格的畜、禽、兽、水产动物及其肉类、肉类制品。

（3）在食用农产品种植、养殖、销售、运输、贮存等过程中，超限量或者超范围滥用添加剂、农药、兽药的食品。

（4）包装材料、容器被污染的食品。

（5）超过保质期的食品。

2. 生产、销售有毒、有害食品罪

第 144 条　在生产、销售的食品中掺入有毒、有害的非食品原料的，或者销售明知掺有有毒、有害的非食品原料的食品的，成立本罪。

本罪是抽象危险犯（也即行为犯），只要实施生产、销售有毒、有害食品的行为，就构成犯罪。

本罪是生产、销售不符合安全标准的食品罪的特别法条，要求在食品中掺入有毒、有害的非食品原料。这里的"有害"需要作限制解释，要求达到与有毒相当的程度。例如，食品里有苍蝇、臭虫等，不是这里的有害。

[注意] 本罪的常考情形：

（1）在食用农产品种植、养殖、销售、运输、贮存等过程中，使用禁用农药、兽药等禁用物质。例如，用"瘦肉精"喂猪或销售这样的猪肉。

（2）在保健食品中非法添加国家禁用药物等有毒、有害物质。例如，在减肥保健食品中添加副作用危害严重的"西布曲明"等药物成分，在男性保健食品中添加"伟哥"等。

（3）将工业酒精勾兑成散装白酒出售。

（4）将工业用猪油冒充食用油出售。

（5）用"地沟油"生产食用油。

3. 罪数

（1）生产、销售有毒、有害食品，同时触犯投放危险物质罪的，想象竞合，择一重罪论处。注意：这两个罪名与以危险方法危害公共安全罪，都属于法条竞合关系，后者属于一般法条，只有不能定具体罪名时，才考虑定后者。

（2）销售者为了杀害特定人而故意向其出售有毒、有害食品的，定故意杀人罪。

（3）司法解释规定：生产、销售不符合食品安全标准的食品添加剂，或者用于食品的包装材料、容器、洗涤剂、消毒剂，或者用于食品生产经营的工具、设备等，可以定生产、销售伪劣产品罪。

（三）药品卫生犯罪

1. 生产、销售假药罪

第 141 条　生产、销售假药的，成立本罪。

本罪是抽象危险犯（也即行为犯），只要实施了，就构成犯罪，不要求产生足以严重危害人体健康的危险。

（1）"假药"的认定。

原药品管理法规定，两种药品视为假药：一是必须批准而未经批准进口的药品；二是必须取得批号而未取得批号的药品。如此，影片《我不是药神》中从印度走私进口的仿制药，属于假药。

新的药品管理法删除了这两项规定。[①] 也即，这两种药品不能被当然的视为假药。新法规定，有下列情形之一的，为假药：药品所含成分与国家药品标准规定的成分不符；以非药品冒充药品或者以他种药品冒充此种药品；变质的药品；药品所标明的适应症或者功能主治超出规定范围。这表明，"假药"应具有伤害人体健康或延误诊治的危险性。

例如，不含标明的成分，即使材料本身对人体无害，但会贻误病情的，仍属于假药。譬如用面粉制作速效救心丸，属于假药。

刑法的司法解释也规定：[②] 销售少量根据民间传统配方私自加工的药品，或者销售少量未经批准进口的国外、境外药品，没有造成他人伤害后果或者延误诊治，情节显著轻微危害不大的，不认为是犯罪。

［提示］如果生产、销售假农药、假兽药，定生产、销售伪劣农药、兽药罪。如果将农药、兽药冒充人用药品销售，则构成销售假药罪。

（2）这里的"生产"包括印制包装材料、标签、说明书的行为。

2. 生产、销售劣药罪

第 142 条　生产、销售劣药，对人体健康造成严重危害的，成立本罪。

本罪是实害犯，要求造成实害结果，才成立犯罪。

根据新的药品管理法，有下列情形之一的，为劣药：药品成分的含量不符合国家药品标准；被污染的药品；未标明或者更改有效期的药品；未注明或者更改产品批号的药品；超过有效期的药品；擅自添加防腐剂、辅料的药品；其他不符合药品标准的药品。

［提示 1］医院销售假药、劣药，构成销售假药罪、销售劣药罪。医院对患者使用假药、劣药，患者需付药费，因此也属于销售假药、劣药。

［提示 2］司法解释规定：具有药品经营资质的企业，通过非法渠道从私人手中购进药品后销售，该如何处理，分两种情形：第一，认定属于假药、劣药的，定销售假药罪、销售劣药罪。定销售劣药罪还要符合实害结果这个要件。第二，无法认定属于假药、劣药的，给予行政处罚，不应定非法经营罪，因为其有药品经营资质。

3. 生产、销售不符合标准的医用器材罪

第 145 条　生产不符合保障人体健康的国家标准、行业标准的医疗器械、医用卫生材料，或者销售明知是不符合保障人体健康的国家标准、行业标准的医疗器械、医用卫生材

---

① 2019 年 8 月 26 日《中华人民共和国药品管理法》第 98 条。

② 2014 年 11 月 3 日《最高人民法院、最高人民检察院关于办理危害药品安全刑事案件适用法律若干问题的解释》。

料，足以严重危害人体健康的，成立本罪。

本罪是具体危险犯，要求产生足以严重危害人体健康的危险，才构成犯罪。

4. 生产、销售不符合卫生标准的化妆品罪

第 148 条　生产不符合卫生标准的化妆品，或者销售明知是不符合卫生标准的化妆品，造成严重后果的，成立本罪。

本罪是实害犯，造成严重后果，才构成犯罪。

（四）罪数问题

1. 生产、销售伪劣产品罪与其余八个具体罪名的关系。

（1）第 149 条第 1 款：生产、销售八个具体罪名的产品，不构成该罪的，如果销售金额在 5 万元以上，定生产、销售伪劣产品罪。

例如，王某生产、销售劣药，没有对人体健康造成严重危害，但销售金额超过了 5 万元。王某的行为成立生产、销售伪劣产品罪。

（2）第 149 条第 2 款：如果行为同时构成八个具体罪名和生产、销售伪劣产品罪，按照处罚较重的罪论处。这是法条竞合的特别规定。对于法条竞合，原则上是特别法优于一般法，而在这里是重法优于轻法。①

2. 本部分九个罪名与其他罪名的关系。

（1）实施本部分九个犯罪，同时构成侵犯知识产权、非法经营等罪的，依照处罚较重的罪论处。这是想象竞合犯，择一重罪论处的体现。

（2）实施本部分九个犯罪，又以暴力、威胁方法抗拒查处，构成其他犯罪的（如妨害公务罪），实行数罪并罚。

（3）共犯问题：明知他人在实施本部分九个犯罪，而为其提供贷款、资金、账号，或者提供运输、仓储等便利条件的，以共犯论处。

▎**典型真题**▶

关于生产、销售伪劣商品罪，下列哪些判决是正确的？（2014 年·卷二·58 题）②

A. 甲销售的假药无批准文号，但颇有疗效，销售金额达 500 万元，如按销售假药罪处理会导致处罚较轻，法院以销售伪劣产品罪定罪处罚

B. 甲明知病死猪肉有害，仍将大量收购的病死猪肉，冒充合格猪肉在市场上销售。法院以销售有毒、有害食品罪定罪处罚

C. 甲明知贮存的苹果上使用了禁用农药，仍将苹果批发给零售商。法院以销售有毒、有害食品罪定罪处罚

D. 甲以为是劣药而销售，但实际上销售了假药，且对人体健康造成严重危害。法院以销售劣药罪定罪处罚

二、走私罪

"走私"有两种含义：（1）针对国家允许进出口的物品，偷逃海关关税而进出口。对此

---

① 比较轻罪与重罪，在一般情况下比较法定刑的轻重，在具体情节下，比较具体的宣告刑轻重。

② ［答案］ACD。

的罪名是走私普通货物、物品罪。该罪实际上是海关领域的逃税罪。关税包括进口关税与出口关税。我国政府鼓励出口，对出口货物一般会退税。对出口货物征收出口关税的，主要是我国不鼓励出口的货物，比如战略性矿产、林木等。出口关税在关税中所占比重很小。因此，所谓关税，一般是指进口关税。也因此，走私普通货物、物品罪主要是指走私进口货物，走私的方向是进口（若无特别说明，下文所述走私普通货物、物品罪仅指走私进口的货物、物品）。（2）针对国家禁止进出口的物品，违反海关制度实施进出口。对此，有个一般的兜底罪名"走私国家禁止进出口的货物、物品罪"，还有八个具体的罪名，如走私武器、弹药罪，走私假币罪等。

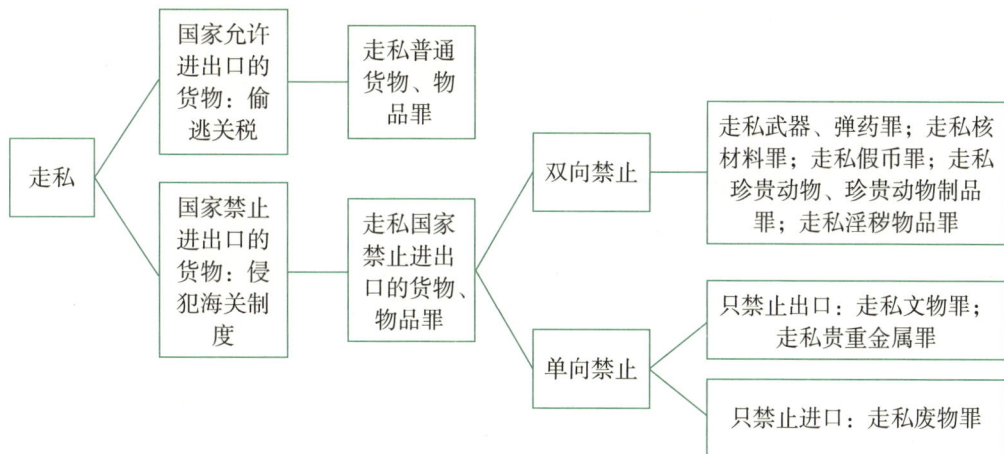

```
                    ┌─ 国家允许
                    │  进出口的 ──── 走私普通
                    │  货物：偷        货物、物
                    │  逃关税         品罪
            走私 ───┤                              ┌─ 双向禁止 ──── 走私武器、弹药罪；走私核
                    │                              │               材料罪；走私假币罪；走私
                    │  国家禁止        走私国家    │               珍贵动物、珍贵动物制品
                    └─ 进出口的 ──── 禁止进出 ───┤               罪；走私淫秽物品罪
                       货物：侵        口的货物、  │
                       犯海关制        物品罪      │               ┌─ 只禁止出口：走私文物罪；
                       度                          └─ 单向禁止 ───┤    走私贵重金属罪
                                                                  │
                                                                  └─ 只禁止进口：走私废物罪
```

（一）走私普通货物、物品罪

1. 行为方式。

（1）绕关，不经过海关。

（2）瞒关，隐瞒不报过关。

（3）变相走私（第154条）。两种情形：第一，将保税货物在境内销售牟利。这里的来料加工等保税货物，是指经海关批准未办理纳税手续进境，在境内加工、装配后复运出境的货物。第二，将减免关税的物品（如捐赠物品）在境内销售牟利。

[注意] 一般的走私不要求具有非法牟利目的，而该种走私要求具有非法牟利目的。例如，来料加工的原材料因为质量问题不可能复运出境或没有任何经济价值和必要性复运出境，然后在境内销售，未补缴关税。这种行为不构成走私罪。但是，由于走私普通货物、物品罪实际是海关领域的逃税罪，所以，未补缴的关税的数额达到逃税罪的标准的，以逃税罪论处。但是，这种逃税罪不能享受逃税罪的处罚阻却事由待遇，也即第201条第4款规定的"经税务机关下达追缴通知后，补缴应纳税款，……不予追究刑事责任"，因为海关毕竟不是税务机关。

（4）间接走私（第155条）。两种情形：第一，直接向走私人非法收购走私物品（二道贩子）；第二，在境内运输、收购、贩卖走私物品。境内包括内海、领海等。注意：对间接走私不能定掩饰、隐瞒犯罪所得罪。

2. 共同犯罪。

根据第156条的规定，与走私犯通谋，为其提供帮助，构成走私罪的共犯（主要是帮助犯）。走私罪的帮助犯与洗钱罪（第191条）的区分：与走私犯事先是否有通谋。如果有，就是走私罪的帮助犯；如果没有，就是洗钱罪。

3. 罪数。

暴力、威胁抗拒缉私的，按照走私犯罪和妨害公务罪数罪并罚；这里的走私犯罪不包括走私毒品犯罪；走私毒品犯罪将此作为法定刑升格条件，也即走私毒品+妨害公务罪＝走私毒品罪（适用法定刑升格条件）。

（二）走私禁止进口或出口的物品犯罪

本部分共九个罪名（第151条、第152条）。兜底罪名是走私国家禁止进出口的货物、物品罪。八个具体罪名是：走私武器、弹药罪，走私核材料罪，走私假币罪，走私文物罪，走私贵重金属罪，走私珍贵动物、珍贵动物制品罪，走私淫秽物品罪，走私废物罪。

1. 共同特征总结

（1）走私方向。这九个罪，六个罪是双向禁止，禁止进出口。三个罪是单向禁止。

①走私文物罪与走私贵重金属罪：只禁止出口，不禁止进口，这两个罪的走私方向是出口。

②走私废物罪：只禁止入境，不禁止出境，该罪的走私方向是进口。

（2）单位犯罪：所有的走私犯罪都可由单位构成，包括这里的九个罪名，也包括走私普通货物、物品罪和妨害社会管理秩序罪中的走私毒品犯罪。

（3）《刑法修正案（九）》废除了走私武器、弹药罪，走私核材料罪，走私假币罪的死刑。至此，本部分走私犯罪全部废除了死刑。走私毒品罪还有死刑。

2. 走私武器、弹药罪

（1）弹头、弹壳问题。根据司法解释：① 第一，走私能够使用的弹头、弹壳，定走私弹药罪。第二，走私报废或者无法组装使用的弹头、弹壳，但不属于废物的，定走私普通货物、物品罪。第三，走私被鉴定为废物的弹头、弹壳，定走私废物罪。

（2）仿真枪问题。第一，如果不是国家禁止进出口的货物，则定走私普通货物、物品罪。第二，如果是国家禁止进出口的货物，则定走私国家禁止进出口的货物、物品罪。第三，如果鉴定为枪支，则定走私武器罪。

（3）走私武器、弹药的行为，虽然也属于运输、邮寄弹药，但不再定非法买卖、运输、邮寄、储存枪支、弹药罪。但是，走私武器、弹药进境后又买卖的，构成走私武器、弹药罪和非法买卖枪支、弹药罪的，由于是两个行为侵犯两个法益，应数罪并罚。

3. 走私假币罪

（1）走私假币罪的假币，是指正在流通的货币，包括人民币、境外货币。

（2）走私假币的行为虽然也属于运输假币，但不再定运输假币罪。也不再认定为购买假币罪。但是，走私假币进境后，又出售的，构成走私假币罪和出售假币罪，由于是两个行为侵犯两个法益，应数罪并罚。

4. 走私淫秽物品罪（第152条）

（1）牟利目的。走私淫秽物品罪的成立，要求具有牟利或者传播的目的，但是否实现这种目的，在所不问。制作、复制、出版、贩卖、传播淫秽物品牟利罪（第363条），要求具有牟利目的。传播淫秽物品罪（第364条）不要求具有牟利目的。

---

① 2014年8月12日《最高人民法院、最高人民检察院关于办理走私刑事案件适用法律若干问题的解释》。

（2）罪数。走私淫秽物品进境后，贩卖、传播牟利的，构成走私淫秽物品罪和贩卖、传播淫秽物品牟利罪，由于是两个行为侵犯两个法益，应数罪并罚。

5. 走私国家禁止进出口的货物、物品罪

（1）走私珍稀植物及其制品，定走私国家禁止进出口的货物、物品罪。走私珍贵动物及其制品，定走私珍贵动物、珍贵动物制品罪。

（2）根据司法解释，本罪的国家禁止进出口的货物、物品，包括国家限制出口的货物、物品。这是一种扩大解释。

6. 包容评价

走私罪的行为对象之间存在包容评价关系。

（1）具体的禁止进出口的货物、物品（例如，武器、弹药、假币）可以包容评价为一般的禁止进出口的货物、物品。例如，走私假币罪可以包容评价为走私国家禁止进出口的货物、物品罪。

（2）禁止进出口的货物、物品可以包容评价为普通货物、物品。例如，走私文物或贵重金属，如果走私方向是进口，不构成走私文物罪、走私贵重金属罪，但文物、贵重金属可以包容评价为普通货物、物品，可以定走私普通货物、物品罪，因为没有缴纳关税。

走私国家禁止进出口的货物、物品罪，如果走私方向是进口，此时可以包容评价为走私普通货物、物品罪。

7. 认识错误

（1）如果是同一犯罪构成内的错误，例如，选择性罪名中的错误，不影响故意既遂的认定，也即以实际的对象来认定。例如，走私武器、弹药罪。甲以为自己走私的是武器，实际上是弹药，定走私弹药罪（既遂）。

（2）如果是不同犯罪构成间的错误，则只能在主客观相一致的范围内认定故意既遂。此时需要用到上述包容评价的思维。

例1，甲以为自己走私的是假币，实际上走私的是淫秽物品。假币和淫秽物品均属于禁止进出口的物品，所以可以认定为走私国家禁止进出口的货物、物品罪。

例2，甲以为自己走私来的是禁止进出口的货物，实际上是普通货物。由于禁止进出口的货物可以包容评价为普通货物，所以可以认定为走私普通货物、物品罪。例如，甲以为自己走私进来的是淫秽物品，实际上是普通物品，可以定走私普通货物、物品罪。

例3，甲以为自己走私进来的是普通货物，实际上是禁止进口的货物，可以定走私普通货物罪。例如，甲以为自己走私进来的是普通物品，实际上是淫秽物品，可以定走私普通货物、物品罪。

［提示］该处理方法同样适用于其他章节的罪名。该考点非常重要。

例1，甲以为自己销售的是劣药，实际上是假药，可以定销售劣药罪。甲以为自己销售的是假药，实际上是劣药，可以定销售劣药罪。假药可以包容评价为劣药。

例2，甲以为自己销售的是不符合安全标准的食品，实际上是有毒、有害食品，可以定销售不符合安全标准的食品罪。有毒、有害食品可以包容评价为不符合安全标准的食品。

例3，甲以为自己销售的是不符合安全标准的产品，实际上只是普通的伪劣产品，销售金额达到5万元，可以定销售伪劣产品罪。不符合安全标准的产品可以包容评价为普通的伪劣产品。

典型真题

下列哪些行为（不考虑数量），应以走私普通货物、物品罪论处？（2015 年·卷二·61 题）①

A. 将白银从境外走私进入中国境内

B. 走私国家禁止进出口的旧机动车

C. 走私淫秽物品，有传播目的但无牟利目的

D. 走私无法组装并使用（不属于废物）的弹头、弹壳

三、妨害对公司、企业的管理秩序罪

（一）非国家工作人员受贿罪

第 163 条　公司、企业或者其他单位的工作人员利用职务上的便利，索取他人财物或者非法收受他人财物，为他人谋取利益，数额较大（6 万元以上）的，处五年以下有期徒刑或者拘役；数额巨大的，处五年以上有期徒刑，可以并处没收财产。

公司、企业或者其他单位的工作人员在经济往来中，利用职务上的便利，违反国家规定，收受各种名义的回扣、手续费，归个人所有的，依照前款的规定处罚。

国有公司、企业或者其他国有单位中从事公务的人员和国有公司、企业或者其他国有单位委派到非国有公司、企业以及其他单位从事公务的人员有前两款行为的，依照本法第三百八十五条、三百八十六条（受贿罪）的规定定罪处罚。

1. 行为主体。

本罪是真正身份犯，行为主体是公司、企业或者其他单位的工作人员。共同属性是非国家工作人员。对应的，国家工作人员构成的是受贿罪。例如，国有公司、企业或者其他国有单位中从事公务的人员。当然，国家机关、国有公司、企业、事业单位中并不从事公务的非国家工作人员，可以构成非国家工作人员受贿罪。注意，国家工作人员的认定标准是，是否从事公务。

此外，公司、企业或者其他单位并不限于国内的公司、企业与其他单位，而是包括外国公司、企业与其他单位以及国际组织。

［提示］实务中常将本罪称为商业受贿罪，实际上是不准确的。本罪的发生领域不限于商业领域，在其他单位内也能发生本罪。

2. 行为方式。

本罪不管是索取财物，还是收受财物，都必须为他人谋取利益。这一点与受贿罪（第 385 条）有所不同，后者的索取贿赂不要求为他人谋取利益。

"为他人谋取利益"，既包括正当利益，也包括不正当利益。"为他人谋取利益"只要求许诺为他人谋取利益，不要求实际上为他人谋取了利益。这一点与受贿罪相同。

---

① ［答案］A 项，走私罪的行为对象之间存在包容评价关系。走私进口白银，虽然不构成走私贵重金属罪，但可以构成走私普通货物、物品罪。B 项，走私国家禁止进出口的旧机动车，构成走私国家禁止进出口的货物、物品罪。C 项，走私淫秽物品罪（第 152 条）的成立，要求具有牟利或者传播的目的，但是否实现这种目的，在所不问。D 项，根据司法解释，走私报废或者无法组装使用的弹头、弹壳，但不属于废物的，定私普通货物、物品罪。本题答案：AD。

"贿赂"不仅包括金钱和实物，而且包括可以用金钱计算数额的财产性利益，如提供房屋装修、含有金额的会员卡、代币卡（券）、旅游费用等。

回扣是一种贿赂，是指经营者销售商品时在账外暗中以现金、实物或者其他方式退给对方单位或者个人的一定比例的商品价款。经营者销售或者购买商品，可以以明示方法给对方折扣，可以给中间人佣金；但经营者给对方折扣、给中间人佣金的，必须如实入账；接受折扣、佣金的经营者也必须如实入账。

例如，乙公司的销售员小芳向甲公司的采购员狗蛋推销货物。该货物正常售价是 20 万元。狗蛋愿意以 26 万元购买，但要求小芳收到 26 万元货款后，将其中 6 万元以回扣方式打入狗蛋的个人账户。小芳答应照办。狗蛋构成非国家工作人员受贿罪，小芳构成对非国家工作人员行贿罪。或者，小芳愿意以 12 万元出售，但要求狗蛋给自己的个人账户打入 6 万元。狗蛋答应照办。小芳构成非国家工作人员受贿罪，狗蛋构成对非国家工作人员行贿罪。

（二）对非国家工作人员行贿罪

第 164 条　为谋取不正当利益，给予公司、企业或者其他单位的工作人员以财物，数额较大（6 万元以上）的，处三年以下有期徒刑或者拘役，并处罚金；数额巨大的，处三年以上十年以下有期徒刑，并处罚金。

为谋取不正当商业利益，给予外国公职人员或者国际公共组织官员以财物的，依照前款的规定处罚。

单位犯前两款罪的，对单位判处罚金，并对其直接负责的主管人员和其他直接责任人员，依照第一款的规定处罚。

行贿人在被追诉前主动交待行贿行为的，可以减轻处罚或者免除处罚。（本条第 1 款经《刑法修正案（九）》修正）

1. 本罪与行贿罪（第 389 条、第 390 条）的比较

两罪都要求：为谋取不正当利益。

两罪都规定：行贿人在被追诉前主动交待行贿行为的，可以减轻处罚或者免除处罚。

虽然行贿罪中规定了"因被勒索给予国家工作人员以财物，没有获得不正当利益的，不是行贿"，而对非国家工作人员行贿罪中没有这种规定，但应当认为，因被勒索给予公司、企业或其他单位工作人员以财物，没有获得不正当利益的，也不构成该罪。

由此可见，两罪除了主体不同，构成要件的特征都相同。

2. 对外国公职人员、国际公共组织官员行贿罪

本罪是《刑法修正案（八）》新设罪名，是对非国家工作人员行贿罪的特殊法条。要点：（1）谋取的是不正当的商业利益；（2）对象是外国公职人员或者国际公共组织官员。

［提示］外国公职人员、国际公共组织官员受贿的，如果发生在我国境内，则构成我国的非国家工作人员受贿罪。例如，国际公共组织官员甲在中国境内收受乙的财物。甲构成非国家工作人员受贿罪，乙既触犯对非国家工作人员行贿罪，也触犯对国际公共组织官员行贿罪，二者是法条竞合关系，以后者论处。

（三）为亲友非法牟利罪

第 166 条　国有公司、企业、事业单位的工作人员，利用职务便利，有下列情形之一，使国家利益遭受重大损失的，处三年以下有期徒刑或者拘役，并处或者单处罚金；致使国家

利益遭受特别重大损失的，处三年以上七年以下有期徒刑，并处罚金：

（一）将本单位的盈利业务交由自己的亲友进行经营的；

（二）以明显高于市场的价格向自己的亲友经营管理的单位采购商品或者以明显低于市场的价格向自己的亲友经营管理的单位销售商品的；

（三）向自己的亲友经营管理的单位采购不合格商品的。

[提示] 本罪与贪污罪可以形成想象竞合，择一重罪论处。

例1，A国有公司原本直接从B公司购买电子产品，A公司的总经理王某让表弟赵某成立C公司，由C公司从B公司购买该产品，然后A公司以更高的价格向C公司购买，从而使C公司获利、A公司受损。也即，原来的交易流程是：B→A，现在变成：B→C→A。这属于本罪的第二项行为类型。王某构成本罪。另外，A公司平白无故遭受了公共财产的损失，该损失转化为C公司的利润，等于C公司占有了该公共财产。就此，王某构成贪污罪。虽然王某自己没有占有该公共财产或利润，但是贪污罪所要求的非法占有目的，既包括为自己非法占有，也包括为第三人非法占有。王某同时构成本罪和贪污罪，想象竞合，择一重罪论处。

例2，A国有公司从B公司购买电子产品，然后卖给D公司，A公司会赚取利润100万。A公司的总经理王某让表弟赵某成立C公司，然后让A公司与B公司解约，让B公司将产品卖给C公司，C公司再卖给D公司，由此赚取100万利润。也即，原来是：B→A→D，现在变成：B→C→D。这属于本罪的第一项行为类型。王某构成本罪。同时，王某还构成非法经营同类营业罪。王某是否构成贪污罪？2013年卷二第20题的答案认为，王某贪污了A公司的财产性利益，也即100万利润，构成贪污罪。实际上，王某不构成贪污罪。这是因为，第一，基于行为与行为对象必须同时存在原则，当行为人实施贪污行为时，贪污罪的对象不管是公共财物还是财产性利益，必须是国有单位现实拥有的财物或财产性利益（债权）。第二，贪污罪的行为方式，除了侵吞外，窃取、骗取等行为都要求转移占有，也即将公家占有的财物或财产性利益转移为自己占有，该过程应具有直接性。本案中，A公司从B公司低价买进，向D公司高价卖出，该盈利业务被C公司拿去，并不等于C公司和王某将A公司现实的、已有的财产性利益转移为自己占有。A公司只有向D公司高价卖出，才会赚得一笔钱（100万），如果没有向D公司卖出，便不会赚得这笔钱。也即，这笔钱对于A公司而言，不是其现实的、已经拥有的钱款或财产性利益，而是一种预期的、需要进一步行为才能获取的利益。如果认为这种利益属于贪污罪的对象，那么，随着C公司持续与B、D公司做生意，赚得超出100万元的利润，赚到1000万，也会认为这1000万属于贪污罪的对象。这显然是不合适的。经济生活中，经常有甲公司抢了乙公司的客户丙公司或抢了乙公司的某个盈利项目，但这并不等于抢了乙公司已有的财产（财产性利益）。本题答案出现纰漏，后来修订了，许多人可能不知道。

例3，国有甲公司领导王某与私企乙公司签订采购合同，以10万元的价格向乙公司采购一批设备。后王某发现，丙公司销售的相同设备仅为6万元。王某虽有权取消合同，但却与乙公司老总刘某商议，由王某花6万元从丙公司购置设备交给乙公司，再由乙公司以10万元的价格卖给甲公司。经王某签字批准，甲公司将10万元货款支付给乙公司后，刘某再将10万元返给王某。刘某为方便以后参与甲公司采购业务，完全照办。本案中，原来的交易流程是：乙公司→甲公司，现在变成：丙公司→王某→乙公司→甲公司。王某构成贪污罪，贪污数额是 4 万元。王某的行为表面上也属于为亲友非法牟利罪的第二项行为类型"以明显高于市场的价格向自己的亲友经营管理的单位采购商品"，但是由于乙公司及刘某是配合王某，王某并没有为乙公司非法牟利，故王某不构成为亲友非法牟利罪。刘某构成贪污罪的共犯（帮助犯）。

以下是普通罪名

（一）签订、履行合同失职被骗罪

第 167 条　国有公司、企业、事业单位直接负责的主管人员，在签订、履行合同过程中，因严重不负责任被诈骗，致使国家利益遭受重大损失的，处三年以下有期徒刑或者拘役；致使国家利益遭受特别重大损失的，处三年以上七年以下有期徒刑。

1. 必须是因被诈骗导致损失，也即并非在签订、履行合同过程中严重不负责任的一切行为，都成立本罪。被诈骗，不限于对方的行为构成刑法上的普通诈骗、金融诈骗与合同诈骗等罪，而且应包括对方的行为属于民事欺诈的情形。但是，认定本罪时，并不以对方已被人民法院认定为诈骗罪或者民事欺诈为前提。

2. 根据司法解释，国有金融机构、从事对外贸易的国有公司、企业的工作人员严重不负责任，造成大量外汇被骗购或者逃汇，致使国家利益遭受重大损失的，以本罪论处。

3. 主观上是过失，而且是重大过失。因意外事件、不可抗力致使国家利益遭受重大损失的，行为人无罪。

4. 行为人与外单位人员相勾结，假借合同骗取国有财产，貌似失职被骗，实为贪污的，定贪污罪，外单位人员是贪污罪共犯。

（二）虚假破产罪

第 162 条之二　公司、企业通过隐匿财产、承担虚构的债务或者以其他方法转移、处分财产，实施虚假破产，严重损害债权人或者其他人利益的，对其直接负责的主管人员和其他直接责任人员，处五年以下有期徒刑或者拘役，并处或者单处二万元以上二十万元以下罚金。（本条是《刑法修正案（六）》所增设）

虚假破产，包括两种情形：一是实体上并没有真实的破产，以假破产的方式严重损害债权人或者其他人的利益；二是实体上真实破产，但在破产程序中实施了严重损害债权人或者其他人利益的行为。

（三）非法经营同类营业罪

第 165 条　国有公司、企业的董事、经理利用职务便利，自己经营或者为他人经营与其所任职公司、企业同类的营业，获取非法利益，数额巨大的，处三年以下有期徒刑或者拘役，并处或者单处罚金；数额特别巨大的，处三年以上七年以下有期徒刑，并处罚金。

（四）徇私舞弊低价折股、出售国有资产罪

第 169 条　国有公司、企业或者其上级主管部门直接负责的主管人员，徇私舞弊，将国有资产低价折股或者低价出售，致使国家利益遭受重大损失的，处三年以下有期徒刑或者拘役；致使国家利益遭受特别重大损失的，处三年以上七年以下有期徒刑。

行为人实施本罪，实际上为自己或自己的亲友非法获利，非法占有国有资产，构成贪污罪的，与本罪想象竞合，择一重罪论处。

四、破坏金融管理秩序罪

（一）货币犯罪

重点罪名：（1）伪造货币罪；（2）持有、使用假币罪。

1. 伪造货币罪（第 170 条）

（1）概念：是指没有货币发行权的人，非法制造假币，侵害货币信用的行为。

（2）伪造的货币：

①不要求有真实对应的真币，但要求足以使一般人相信是真币。例如，伪造 70 元面额的假币，不属于伪造货币，因为一般人不会相信这是真币。

②只包括正在流通的货币。根据司法解释，伪造停止流通的货币并使用的，以诈骗罪论处。如果仅伪造而没有使用，属于诈骗罪的预备行为。

③包括正在流通的境外货币，不要求该境外货币可在境内与人民币自由兑换。

④包括中国人民银行发行的纪念币（包括普通纪念币和贵重金属纪念币）。

（3）成立本罪，要求具有非法使用目的，否则没有侵害法益的危险性。

（4）罪数关系。

伪造货币后，持有、使用、出售、运输的，以伪造货币罪从重处罚。这是吸收犯的原理。实施了伪造货币，然后又实施了"持有、使用假币"、"出售、运输假币"，只成立伪造货币罪。即伪造货币后的后续动作都不再独立定罪，这是针对自己伪造的货币而言。

自己伪造货币，又购买、运输他人假币的，定伪造货币罪和购买、运输假币罪，数罪并罚。

2. 出售、购买、运输假币罪（第 171 条第 1 款）

（1）出售，是指有偿转让，条件是对方知晓是假币，否则构成使用假币罪（存在诈骗）。出售的方式既包括用假币换取真币，也包括用假币换取实物。

（2）购买，是指有偿取得假币。注意不能犯的情形。例如，甲将冥币或白纸冒充假币出卖给乙。甲不定出售假币罪，而定诈骗罪。乙不成立购买假币罪，属于不能犯，不能定购买假币罪未遂。

（3）运输，是指转移假币的存放地点。第一，这里的"运输"要求为了出售而运输。为了自己使用，在外地购买假币后，携带假币乘坐交通工具返回居住地的，不构成运输假币罪，可构成持有假币罪。第二，运输限于国内运输。出入国（边）境运输，构成走私假币罪。第三，在运输行为已经既遂的情况下，行为人主动毁灭假币的，不得认定为犯罪中止。

（4）罪数关系。①

①既购买，又出售，又运输，只定出售、购买、运输假币罪一罪，因为该罪名是选择性罪名，每个行为都实施了，只定一个完整罪名。即使对象不同一，也不数罪并罚。例如，甲购买假人民币，出售假美元，运输假英镑，就定出售、购买、运输假币罪。

②出售/运输+使用，数罪并罚。

③购买+使用，只定购买，从重处罚。

④境内外运输假币，构成走私假币罪，而非运输假币罪。

---

① 参见 2000 年 9 月 8 日《最高人民法院关于审理伪造货币等案件具体应用法律若干问题的解释》。

⑤直接向走私人收购假币，定走私假币罪（间接走私），而非购买假币罪。在境内收购、运输、贩卖走私来的假币，定走私假币罪（间接走私），而非出售、购买、运输假币罪。

3. 金融工作人员购买假币、以假币换取货币罪（第171条第2款）

（1）行为方式：购买假币→以假币换取真币。

两个环节都可独立构成犯罪。因此本罪有两个行为方式：一是购买假币；二是以假币换取真币。只实施其中一个行为，构成犯罪；同时实施了两个行为，也只以一个完整罪名论处。

（2）以假币换取真币的行为，同时构成贪污罪（国家工作人员）或职务侵占罪（非国家工作人员）的，属于想象竞合犯，择一重罪论处。

4. 持有、使用假币罪（第172条）

使用是指将假币作为真币投入流通领域。

（1）对人使用，要求对方不知情。

①用假币进行交易，属于使用假币。例如，购物、消费、还债、赌博、兑换外币。

②将假币单向交付给对方，属于使用假币。例如，缴纳税款或罚款、冒充赃款上交、存入银行作为注册资本、赠送给不知情者。

[注意] 没有交付使用而只是显示，不是使用假币。例如，将假币作为经济实力加以显示，不属于使用假币。

（2）对机器使用假币。这里的机器是指自动售货机、自动存取款机。例如，向自动售货机投入假币换取商品，通过自动存取款机将假币存入银行，都属于使用假币。

（3）认定问题。

①上述使用假币的方法中，有些同时触犯了诈骗罪，例如，购物、消费，有些则没有，例如，冒充赃款上交、对机器使用。所以使用假币罪与诈骗罪不是法条竞合关系，但可以想象竞合。

②不是将假币当作货币来使用，不是这里的使用假币。例如，用假币叠千纸鹤来玩、用假币剪窗花、用假币作上厕所的手纸，都不是使用假币。

③不是通常的货币使用方式，不是这里的使用假币。例如，将假币扔在马路上，虽然假币有可能进入流通领域，但不是通常的货币使用方式，不属于使用假币。

④使用假币罪与出售假币罪的区分标准：使用假币罪中，交易对方不知是假币；出售假币罪中，交易对方知道是假币。

例1，甲隐瞒真相，使用假人民币向乙兑换真美元，构成使用假币罪（同时触犯诈骗罪）。

例2，甲欺骗乙："我将10万元假币卖给你，你给我1万元。"乙答应照办。乙收到后发现全部是白纸。甲收到后发现全部是假币。甲对乙构成诈骗罪（未遂），不构成出售假币罪。乙对甲构成诈骗罪（未遂），不构成购买假币罪，且非购买假币罪未遂，因为甲欺骗乙，乙不可能买到假币。二人互为诈骗罪的犯罪人和被害人。

（4）罪数关系。

①盗窃普通财物，实际上窃得假币，又持有、使用的，定盗窃罪和持有、使用假币罪，数罪并罚。

②以盗窃假币的意图盗窃到假币后，又持有的，只定盗窃罪，不再另定持有假币罪；又

使用的，定盗窃罪和使用假币罪，数罪并罚。

③通过自动存取款机将假币存入银行，又从自动取款机取出真币的，构成使用假币罪和盗窃罪，因为是两个行为触犯两个法益，应数罪并罚。

④使用假币的行为，同时触犯诈骗罪的，属于想象竞合犯，择一重罪论处。

［注意］甲趁乙不注意，用假币调换乙的真币。甲对真币构成盗窃罪；就假币而言，多数观点认为不构成使用假币罪，因为不属于通常的使用方式。

5. 变造货币罪（第 173 条）

（1）根据司法解释，① 变造货币，是指对真货币采用剪贴、挖补、揭层、涂改、移位、重印等方法加工处理，改变真币形态、价值的行为。

例 1，将 50 元面额真币改为 100 元面额，属于变造。

例 2，将 2007 年版的真币改为 1997 年版，属于变造。

例 3，将硬币周边的金属刮下来，减少硬币金属含量，属于变造。

（2）伪造货币与变造货币的区别：变造货币还保留原真币的基础，伪造货币属于完全翻新。

例 1，将真币的碎片作为材料，拼凑成新的假币，属于伪造货币。

例 2，将金属货币熔化后，制作成新的假币，属于伪造货币。

例 3，将美元改造成欧元，属于伪造货币。

［注意］根据司法解释规定，同时采用伪造和变造的手段，拼凑假币的行为，以伪造货币来论。

（3）在国外刑法中，广义的伪造包括变造。我国刑法将伪造货币和变造货币独立定罪，所以我国的伪造货币罪不包括变造货币。根据法条规定，出售、购买、运输假币罪，持有、使用假币罪中的假币均指伪造的货币，不包括变造的货币。使用变造的货币，触犯诈骗罪的，以诈骗罪论处，而不能定使用假币罪。

典型真题

下列哪一行为不成立使用假币罪（不考虑数额）？（2015 年·卷二·15 题）②

A. 用假币缴纳罚款

B. 用假币兑换外币

C. 在朋友结婚时，将假币塞进红包送给朋友

D. 与网友见面时，显示假币以证明经济实力

（二）非法吸收公众存款罪

第 176 条　非法吸收公众存款或者变相吸收公众存款，扰乱金融秩序的，处三年以下有期徒刑或者拘役，并处或者单处二万元以上二十万元以下罚金；数额巨大或者有其他严重情节的，处三年以上十年以下有期徒刑，并处五万元以上五十万元以下罚金。

单位犯前款罪的，对单位判处罚金，并对其直接负责的主管人员和其他直接责任人员，依照前款的规定处罚。

---

① 2010 年 10 月 20 日《最高人民法院关于审理伪造货币等案件具体应用法律若干问题的解释（二）》。

② ［答案］D。

1. 行为主体：吸收者。第一，不具有吸收存款资格的自然人和单位；第二，具有吸收存款资格的金融机构，违反规定，通过擅自提高利率等方法吸收存款，也构成本罪。

2. 行为对象：公众。这是指社会不特定对象。向亲友或者单位内部人员吸收资金的，不属于向社会公众吸收存款；但如果明知亲友或者单位内部人员又向不特定对象吸收资金而予以放任的，属于向社会公众吸收存款。

3. 行为方式。根据司法解释，[①] 满足四项条件，属于非法吸收公众存款：

（1）未经有关部门依法批准或者借用合法经营的形式吸收资金；

（2）通过媒体、推介会、传单、手机短信等途径向社会公开宣传；

（3）承诺在一定期限内以货币、实物、股权等方式还本付息或者给付回报；

（4）向社会公众即社会不特定对象吸收资金。

常见的非法吸收公众存款情形：

（1）不具有房产销售的真实内容或者不以房产销售为主要目的，以返本销售、售后包租、约定回购、销售房产份额等方式非法吸收资金的；

（2）以转让林权并代为管护等方式非法吸收资金的；

（3）以代种植（养殖）方式非法吸收资金的；

（4）不具有销售商品、提供服务的真实内容，以商品回购、寄存代售等方式非法吸收资金的；

（5）不具有发行股票、债券的真实内容，以虚假转让股权、发售虚构债券等方式非法吸收资金的；

（6）不具有募集基金的真实内容，以假借境外基金、发售虚构基金等方式非法吸收资金的；

（7）不具有销售保险的真实内容，以假冒保险公司、伪造保险单据等方式非法吸收资金的。

[注意] 存款用途。行为人吸收公众存款用于货币、资本经营以外的正当的生产、经营活动的，一般不以本罪论处，只有将公众存款用于货币、资本的经营时（如发放贷款），才能以本罪论处。

4. 罪数。行为人擅自设立金融机构后，又非法吸收公众存款的，或者非法吸收公众存款后，又擅自设立金融机构的，应以擅自设立金融机构罪（第174条）和本罪并罚。

（三）伪造、变造金融票证罪

第177条 有下列情形之一，伪造、变造金融票证的，处五年以下有期徒刑或者拘役，并处或者单处二万元以上二十万元以下罚金；情节严重的，处五年以上十年以下有期徒刑，并处五万元以上五十万元以下罚金；情节特别严重的，处十年以上有期徒刑或者无期徒刑，并处五万元以上五十万元以下罚金或者没收财产：

（一）伪造、变造汇票、本票、支票的；

（二）伪造、变造委托收款凭证、汇款凭证、银行存单等其他银行结算凭证的；

（三）伪造、变造信用证或者附随的单据、文件的；

（四）伪造信用卡的。

---

① 2010年12月13日《最高人民法院关于审理非法集资刑事案件具体应用法律若干问题的解释》。

单位犯前款罪的，对单位判处罚金，并对其直接负责的主管人员和其他直接责任人员，依照前款的规定处罚。

1. 行为对象。

行为对象是金融票证，包括四类：

（1）票据（汇票、本票、支票）。

（2）金融凭证（委托收款凭证、汇款凭证、银行存单、其他银行结算凭证）。

（3）信用证（包括附随单据、文件）。

（4）信用卡。

［注意］这里的金融凭证不包括国家有价证券、股票、企业债券。因为刑法就此有专门的罪名：伪造、变造国家有价证券罪和伪造、变造股票、公司企业债券罪。

2. 行为方式。

（1）伪造。一是有形伪造，即没有金融票证制作权的人，假冒他人（包括虚无人）的名义，擅自制造外观上足以使一般人误认为是真实金融票证的假金融票证。二是无形伪造，即有金融票证制作权的人，超越其制作权限，违背事实制造内容虚假的金融票证，例如，银行职员制作虚假的银行存单交付他人。

（2）变造，是指擅自对真正的金融票证进行各种形式的加工，改变数额、日期或者其他内容。

［注意］信用卡的问题。

第一，伪造信用卡。根据司法解释：（1）复制他人信用卡、将他人信用卡信息资料写入磁条介质、芯片或者以其他方法伪造信用卡 1 张以上的，属于伪造信用卡，以伪造金融票证罪定罪处罚；（2）伪造空白信用卡 10 张以上的，属于伪造信用卡，以伪造金融票证罪定罪处罚。

第二，变造信用卡问题。第 177 条对其他三种金融凭证都规定了伪造和变造，但对信用卡只规定了伪造，那么变造信用卡是否无罪？对信用卡进行非本质的变造，没有意义，作无罪处理。对信用卡进行本质变造，就属于伪造。例如，甲将作废、损毁的信用卡进行物理性拼凑粘接，这种变造的信用卡无法使用，不具有实质意义，甲无罪。如果甲对作废的信用卡重新写磁、重新压印卡号，这种变造的信用卡能够使用，但是已经属于一张新的信用卡，属于本质上的改变，属于伪造信用卡。

3. 主观要件。

本罪要求主观上具有使用目的，如果行为人仅仅是为了个人收藏爱好而伪造、变造，不构成犯罪。是否具有非法占有他人财物的目的，在所不问。

例如，乙单位欠甲 10 万元，甲反复催讨后，乙单位开出 10 万元（没填大写）的现金支票给甲。甲持支票向银行询问乙单位账户上的存款数额，银行回答有 31 万元。于是甲回家将自己的 9 万元存入乙的账户，然后将支票数额改为 40 万元，从银行取出 40 万元。对甲的行为应认定为变造金融票证罪和票据诈骗罪。[①]

4. 罪数问题。

使用这些伪造、变造的金融票证实施诈骗的，分别构成：票据诈骗罪、金融凭证诈骗

---

① 张明楷：《刑法学》（第五版），法律出版社 2016 年版，第 783 页。

罪、信用证诈骗罪、信用卡诈骗罪。

如果先伪造、变造上述金融票证，然后使用其实施诈骗，就触犯伪造、变造金融票证罪和具体的各种金融诈骗罪，属于牵连犯，从一重罪处罚。这一点在学习后文的金融诈骗罪时务必注意。

（四）洗钱罪

第 191 条　明知是毒品犯罪、黑社会性质的组织犯罪、恐怖活动犯罪、走私犯罪、贪污贿赂犯罪、破坏金融管理秩序犯罪、金融诈骗犯罪的所得及其产生的收益，为掩饰、隐瞒其来源和性质，有下列行为之一的，没收实施以上犯罪的所得及其产生的收益，处五年以下有期徒刑或者拘役，并处或者单处洗钱数额百分之五以上百分之二十以下罚金；情节严重的，处五年以上十年以下有期徒刑，并处洗钱数额百分之五以上百分之二十以下罚金：

（一）提供资金账户的；

（二）协助将财产转换为现金、金融票据、有价证券的；

（三）通过转账或者其他结算方式协助资金转移的；

（四）协助将资金汇往境外的；

（五）以其他方法掩饰、隐瞒犯罪所得及其收益的来源和性质的。

单位犯前款罪的，对单位判处罚金，并对其直接负责的主管人员和其他直接责任人员，处五年以下有期徒刑或者拘役；情节严重的，处五年以上十年以下有期徒刑。

1. 七种上游犯罪的具体范围。

（1）毒品犯罪，是指刑法分则第六章第七节所规定的所有犯罪。

（2）黑社会性质的组织犯罪。这不仅包括第 294 条组织、领导、参加黑社会性质组织罪这个具体罪名，还包括以黑社会性质组织为主体实施的各种犯罪，例如，绑架罪、抢劫罪等。因此，虽然刑法未明文规定侵犯财产罪是洗钱罪的上游犯罪，但是，黑社会性质组织实施的侵犯财产罪，依然是洗钱罪的上游犯罪。

（3）恐怖活动犯罪，原理与黑社会性质的组织犯罪相同。

（4）走私犯罪，是指刑法分则第三章第二节所规定的全部走私犯罪。

（5）贪污贿赂犯罪。需要注意的是：第一，职务侵占罪不是本罪上游犯罪。第二，挪用公款罪中，所挪用的公款本身不是本罪上游犯罪"所得"，因为挪用公款只是暂时使用公款，而不要求将公款据为己有。例如，甲挪用公款在境外开公司，乙知道真相帮助甲将公款汇往境外的，不构成洗钱罪。但是，挪用公款行为产生的收益，则是本罪上游犯罪产生的收益。例如，挪用公款存入银行的利息。第三，非国家工作人员受贿罪（第 163 条）是本罪上游犯罪。

（6）破坏金融管理秩序犯罪，是指刑法分则第三章第四节所规定的犯罪。

（7）金融诈骗犯罪，是指刑法分则第三章第五节所规定的犯罪。

［注意 1］三个纯正的自然人犯罪：贷款诈骗罪、信用卡诈骗罪、有价证券诈骗罪。如果单位实施该三罪，按照单位的领导个人构成该三罪论处。其犯罪所得属于洗钱罪的对象。

［注意 2］不包括合同诈骗罪，因为该罪属于扰乱市场秩序罪，而不属于金融诈骗罪。

2. 上游犯罪的确认。上游犯罪事实的确认，只要求在事实证据上确认，不须经法院判决有罪才算确认。上游犯罪尚未依法裁判，但查证属实的，不影响对洗钱罪的审判。上游犯罪事实可以确认，因行为人死亡等原因依法不予追究刑事责任的，也不影响洗钱罪的认定。

3. 上游犯罪的认识错误。

洗钱罪的对象是七种犯罪的所得及其收益。洗钱罪的成立，要求行为人明知是这七种犯罪所得及其收益。行为人只要认识到是这七种犯罪所得及其收益，就具有洗钱罪的故意。即使行为人在这七种犯罪所得及其收益范围内产生对象认识错误，也不影响洗钱罪故意的成立。例如，行为人将上游的毒品犯罪所得误认为是贪污犯罪所得而实施洗钱行为的，不影响洗钱罪的成立。

4. 行为方式。

根据司法解释，法条规定的其他方法主要有：

（1）通过典当、租赁、买卖、投资等方式，协助转移、转换犯罪所得及其收益的；

（2）通过与商场、饭店、娱乐场所等现金密集型场所的经营收入相混合的方式，协助转移、转换犯罪所得及其收益的；

（3）通过虚构交易、虚设债权债务、虚假担保、虚报收入等方式，协助将犯罪所得及其收益转换为"合法"财物的；

（4）通过买卖彩票、奖券等方式，协助转换犯罪所得及其收益的；

（5）通过赌博方式，协助将犯罪所得及其收益转换为赌博收益的；

（6）协助将犯罪所得及其收益携带、运输或者邮寄出入境的。

5. 本罪与上游犯罪的帮助犯的区分：事先有无通谋。有，则属于上游犯罪的帮助犯；没有，则是洗钱罪。

6. 处罚："没收上游犯罪的所得及其收益"。

（1）这里的"没收"不同于附加刑的没收财产，也不同于刑法第64条规定的没收违禁品和供犯罪所用的本人财物。

（2）这里"没收"包括两个内容：一是，上游犯罪没有被害人的（例如，受贿罪、贩卖毒品罪），应当追缴上游犯罪所得及其收益。二是，上游犯罪有被害人的（例如，贪污罪、金融诈骗罪），应当将上游犯罪所得返还被害人，犯罪所得的收益上缴国库。

以下是普通罪名

（一）高利转贷罪

第175条　以转贷牟利为目的，套取金融机构信贷资金高利转贷他人，违法所得数额较大的，处三年以下有期徒刑或者拘役，并处违法所得一倍以上五倍以下罚金；数额巨大的，处三年以上七年以下有期徒刑，并处违法所得一倍以上五倍以下罚金。

单位犯前款罪的，对单位判处罚金，并对其直接负责的主管人员和其他直接责任人员，处三年以下有期徒刑或者拘役。

1. 本罪与贷款诈骗罪的区分。

本罪以转贷牟利为目的，仍有向银行还本付息的意思。

贷款诈骗罪（第193条）具有非法占有的目的，没有向银行还本付息的意思。

2. 贷款时没有转贷牟利目的，正常贷款后产生转贷牟利目的并转贷的，不构成本罪。

3. 变相高利转贷。

（1）行为人开始就有转贷牟利目的，套取金融机构信贷资金后，表面上将该部分资金用于生产经营，但又将自有资金高利借贷他人，违法所得数额较大的，应认定为本罪。

（2）行为人套取金融机构的信贷资金，高利借贷给名义上有合资合作关系但实际上并不参与经营的企业，违法所得数额较大的，也应认定为本罪。

（二）骗取贷款、票据承兑、金融票证罪

第 175 条之一　以欺骗手段取得银行或者其他金融机构贷款、票据承兑、信用证、保函等，给银行或者其他金融机构造成重大损失或者有其他严重情节的，处三年以下有期徒刑或者拘役，并处或者单处罚金；给银行或者其他金融机构造成特别重大损失或者有其他特别严重情节的，处三年以上七年以下有期徒刑，并处罚金。

单位犯前款罪的，对单位判处罚金，并对其直接负责的主管人员和其他直接负责人员，依照前款的规定处罚。

本罪是选择性罪名，可分解为骗取贷款罪、骗取票据承兑罪、骗取金融票证罪。其中，骗取贷款罪最重要。

1. 行为方式：本罪惩罚的是取得贷款、票据承兑、金融票证的手段的欺骗性。

（1）本罪主观上不能有非法占有的目的，否则构成相应的金融诈骗罪。例如，如果有非法占有的目的，骗取银行贷款的，成立贷款诈骗罪。以非法占有为目的，骗取信用证的，成立信用证诈骗罪。[①]

（2）手段的欺骗性，是指欺骗了金融机构工作人员。如果金融机构工作人员知道真相仍然放贷、出具金融票证，则行为人不构成本罪，相反，金融机构工作人员应构成违法发放贷款罪、违规出具金融票证罪。

（3）提供真实担保也有可能构成本罪。例如，甲曾因未归还贷款而被银行列入征信黑名单。此后，甲冒用他人名义贷款，提供了真实担保，也构成本罪。

2. 行为主体。本罪不是身份犯，并未直接取得贷款、票据承兑、金融票证的人也能构成本罪。例如，甲为了取得银行贷款，请乙提供担保。乙提供了虚假的担保材料，甲不知情，银行因为受骗而发放贷款。乙独立构成本罪。

（三）妨害信用卡管理罪和窃取、收买、非法提供信用卡信息罪

第 177 条之一　有下列情形之一，妨害信用卡管理的，处三年以下有期徒刑或者拘役，并处或者单处一万元以上十万元以下罚金；数量巨大或者有其他严重情节的，处三年以上十年以下有期徒刑，并处二万元以上二十万元以下罚金：

（一）明知是伪造的信用卡而持有、运输的，或者明知是伪造的空白信用卡而持有、运输，数量较大的；

（二）非法持有他人信用卡，数量较大的；

（三）使用虚假的身份证明骗领信用卡的；

（四）出售、购买、为他人提供伪造的信用卡或者以虚假的身份证明骗领的信用卡的。

窃取、收买或者非法提供他人信用卡信息资料的，依照前款规定处罚。

银行或者其他金融机构的工作人员利用职务上的便利，犯第二款罪的，从重处罚。

---

① 尤其应注意骗取贷款罪与贷款诈骗罪的区分。骗取贷款罪是 2006 年《刑法修正案（六）》增设的罪名。2005 年第四卷第二个案例分析题的答案，在今天看来应当修改。当时因为没有骗取贷款罪，答案认为行为人构成贷款诈骗罪，现在，看来应当定骗取贷款罪。

1. 妨害信用卡管理罪

该罪是第 177 条之一第 1 款所列四种行为。

（1）使用虚假的身份证明骗领信用卡。

根据两高的司法解释，违背他人意愿，使用其居民身份证、军官证、士兵证、港澳居民往来内地通行证、台湾居民来往大陆通行证、护照等身份证明申领信用卡的，或者使用伪造、变造的身份证明申领信用卡的，属于"使用虚假的身份证明骗领信用卡"。

（2）使用虚假的身份证明骗领信用卡，构成本罪，又实施了信用卡诈骗罪的，属于牵连犯，择一重罪论处。

2. 窃取、收买、非法提供信用卡信息罪

该罪是第 177 条之一第 2 款的规定。

两高司法解释的要点：

（1）为信用卡申请人制作、提供虚假的财产状况、收入、职务等资信证明材料，涉及伪造、变造、买卖国家机关公文、证件、印章，或者涉及伪造公司、企业、事业单位、人民团体印章，应当追究刑事责任的，依照刑法第 280 条的规定，分别以伪造、变造、买卖国家机关公文、证件、印章罪和伪造公司、企业、事业单位、人民团体印章罪定罪处罚。

（2）承担资产评估、验资、验证、会计、审计、法律服务等职责的中介组织或其人员，为信用卡申请人提供虚假的财产状况、收入、职务等资信证明材料，应当追究刑事责任的，依照刑法第 229 条的规定，分别以提供虚假证明文件罪和出具证明文件重大失实罪定罪处罚。

（四）违法发放贷款罪

第 186 条　银行或者其他金融机构的工作人员违反国家规定发放贷款，数额巨大或者造成重大损失的，处五年以下有期徒刑或者拘役，并处一万元以上十万元以下罚金；数额特别巨大或者造成特别重大损失的，处五年以上有期徒刑，并处二万元以上二十万元以下罚金。

银行或者其他金融机构的工作人员违反国家规定，向关系人发放贷款的，依照前款的规定从重处罚。

单位犯前两款罪的，对单位判处罚金，并对其直接负责的主管人员和其他直接责任人员，依照前两款的规定处罚。

关系人的范围，依照《中华人民共和国商业银行法》和有关金融法规确定。

违法发放贷款罪，是指银行或者其他金融机构的工作人员违反国家规定发放贷款，数额巨大或者造成重大损失的行为。

1. 关系人：是指商业银行或者其他金融机构的董事、监事、管理人员、信贷人员及其近亲属以及上述人员投资或者担任高级管理职务的公司、企业和其他经济组织。

2. 本罪的成立要求数额巨大或者造成重大损失。其中"重大损失"，一般是指造成呆账贷款。

3. 本罪是故意犯罪，但对"重大损失"不要求认识到，也即"重大损失"是客观处罚条件。

4. 犯本罪又受贿的，数罪并罚。

五、金融诈骗罪

第一，金融诈骗罪与诈骗罪是特殊法条与普通法条的关系，优先适用特殊法条。

第二，单位犯罪问题。本节罪中，只能由自然人构成的犯罪共有三个：贷款诈骗罪、信用卡诈骗罪、有价证券诈骗罪。

（一）信用卡诈骗罪

第196条　有下列情形之一，进行信用卡诈骗活动，数额较大的，处五年以下有期徒刑或者拘役，并处二万元以上二十万元以下罚金；数额巨大或者有其他严重情节的，处五年以上十年以下有期徒刑，并处五万元以上五十万元以下罚金；数额特别巨大或者有其他特别严重情节的，处十年以上有期徒刑或者无期徒刑，并处五万元以上五十万元以下罚金或者没收财产：

（一）使用伪造的信用卡，或者使用以虚假的身份证明骗领的信用卡的；

（二）使用作废的信用卡的；

（三）冒用他人信用卡的；

（四）恶意透支的。

前款所称恶意透支，是指持卡人以非法占有为目的，超过规定限额或者规定期限透支，并且经发卡银行催收后仍不归还的行为。

盗窃信用卡并使用的，依照本法第二百六十四条（盗窃罪）的规定定罪处罚。

根据立法解释，本罪的"信用卡"既包括具有透支功能的信用卡，也包括无透支功能的储蓄卡、借记卡。所以本罪的"信用卡"就是指银行卡。法条规定信用卡诈骗罪有四种行为类型。以下根据考查重要程度安排讲解顺序。[①]

1. 行为类型一：冒用他人信用卡

冒用他人信用卡，需先非法取得占有他人信用卡。行为流程："非法取得行为" + "冒用行为"。

（1）非法取得行为的地位

例如，甲诈骗到乙的银行卡，卡中有五千元余额。甲是否诈骗到价值数额较大（五千元）的财物？由于银行卡是实名制，有密码，能挂失，甲诈骗到该卡，并不能排他的控制支配卡里的资金，并不能对卡里资金建立自己的占有，因此，不等于诈骗到价值数额较大的财物。而诈骗罪的对象是价值数额较大的财物。因此，甲不构成诈骗罪。

结论：银行卡本身属于价值数额不大，但值得刑法有限保护的财物。也即，一般财产犯罪的罪名不保护银行卡本身，只有两种罪名保护。具体而言，普通盗窃、诈骗、侵占、敲诈、抢夺银行卡，不构成犯罪。但是，抢劫、特殊类型盗窃（入户盗窃、多次盗窃、携带凶器盗窃、扒窃）银行卡，构成抢劫罪、盗窃罪。[②]

既然一般的非法取得行为本身不构成犯罪，那么只有非法使用（冒用）了银行卡，处分了卡里资金才构成犯罪。

---

① 其中，"使用作废的信用卡"在实务中很少见，考试也不考，便省略讲解。

② 对此分析，可参见财产犯罪一讲的第一节。

（2）冒用行为的受害人

冒用行为的受害人是合法持卡人。冒用行为的行为人是合法持卡人以外的人，并且以违反持卡人的意志为前提。合法持卡人，是指以自己的名义合法申领到信用卡的持卡人。例如（2014 年真题），甲刚进城打工，老板要求甲提供银行卡以便发工资。甲没有银行卡，也忘带身份证，便找到老乡乙，用乙的身份证办理了银行卡，存入钱，并让乙保管该卡，未告知密码。乙私自持身份证到银行办理密码挂失，然后取出存款 1 万元，并拒不归还给甲。乙的行为不属于冒用他人信用卡。从法律关系上，乙也不属于欺骗银行工作人员，不构成普通诈骗罪。乙构成侵占罪。该题的出处是张明楷教授的著作。①

（3）冒用行为的定性

冒用信用卡的方式有两种，一是在 ATM 机上取款；二是对人使用，例如在银行通过柜台员取款，在商场通过收银员刷卡消费。信用卡诈骗罪与诈骗罪是法条竞合关系，触犯信用卡诈骗罪必然触犯诈骗罪，成立信用卡诈骗罪的前提是成立诈骗罪。而成立诈骗罪的前提是，欺骗的对象只能是有意思自治能力的人。例如，欺骗 6 岁小孩、精神病患者的钱，不构成诈骗罪，而构成盗窃罪。ATM 机没有意思自治能力，不能成为诈骗罪的对象。因此，在 ATM 机上非法使用，应构成盗窃罪。对商场收银员非法使用，欺骗收银员，构成信用卡诈骗罪。以上是基本原理。

但是，由于网络越来越发达，银行卡诈骗案件越来越复杂，基层法官强烈要求简单处理，不要搞得太复杂。目前，理论界采纳了这种意见，认为无论是对人使用，还是对机器使用，均定信用卡诈骗罪。也即，对机器使用，本应定盗窃罪，但拟制为信用卡诈骗罪。②

结论：诈骗、侵占、敲诈、抢夺信用卡+（对人和机器）使用=信用卡诈骗罪。不过，有两个不同处理：

第一，抢劫+使用=抢劫罪。抢劫信用卡，即使不使用，也应定抢劫罪；如果使用，根据司法解释，无论对人使用还是对机器使用，仍然一律定抢劫罪。③

第二，盗窃+使用=盗窃罪。刑法第 196 条第 3 款规定：盗窃信用卡并使用的，以盗窃罪论处。首先，普通盗窃信用卡的行为本身不构成盗窃罪，只有使用才构成犯罪。其次，按照原理，对机器使用，原本就定盗窃罪。对此，第 196 条第 3 款的结论是定盗窃罪。就此而言，该款规定是注意规定。按照原理，对人使用，骗人，原本应定信用卡诈骗罪，但是第 196 条第 3 款的结论是定盗窃罪，这意味着将信用卡诈骗罪拟制为盗窃罪，属于法律拟制。结论：普通盗窃+使用，本应随大流，一律定信用卡诈骗罪，但是因为有第 196 条第 3 款的规定，

---

① 参见张明楷：《诈骗罪与金融诈骗罪研究》，清华大学出版社 2006 年版，第 659 页。

② 2018 年 11 月 28 日《最高人民法院、最高人民检察院关于办理妨害信用卡管理刑事案件具体应用法律若干问题的解释》第五条规定："冒用他人信用卡"，包括以下情形：（1）拾得他人信用卡并使用的；（2）骗取他人信用卡并使用的；（3）窃取、收买、骗取或者以其他非法方式获取他人信用卡信息资料，并通过互联网、通讯终端等使用的；（4）其他冒用他人信用卡的情形。

理论上以前多数观点认为，上述四项中的"使用"仅限于对人使用，不包括对机器使用，因为只有对人使用，骗人，才能构成（信用卡）诈骗罪。但当前理论界多数观点认为，上述四项中的"使用"包括对机器使用，认为骗机器可以构成（信用卡）诈骗罪。虽然这种观点不符合诈骗罪的基本原理，但简单粗暴，易为基层法官所接受。

最高人民检察院持这种看法。2008 年 4 月 18 日《最高人民检察院关于拾得他人信用卡并在自动柜员机（ATM 机）上使用的行为如何定性问题的批复》规定：拾得他人信用卡并在 ATM 机上使用的行为，以信用卡诈骗罪论处。

③ 2016 年 1 月 6 日《最高人民法院关于审理抢劫刑事案件适用法律若干问题的指导意见》。

一律定盗窃罪。

　　[提示]　盗窃＋使用＝盗窃罪。这里的盗窃对象限于实体卡，不包括信用卡信息资料。

　　第一，盗窃他人信用卡信息资料，无论如何使用，一律定信用卡诈骗罪。这是司法解释的规定。①

　　第二，盗窃他人信用卡信息资料，复制一张实体卡（伪造信用卡），无论如何使用，一律定信用卡诈骗罪。

　　2. 行为类型二：使用伪造的信用卡或者使用以虚假的身份证明骗领的信用卡。

　　（1）使用方式。按照基本原理，对人使用，定信用卡诈骗罪，对机器使用定盗窃罪，但是目前主流观点认为，无论如何使用，一律定信用卡诈骗罪。

　　（2）罪数。

　　伪造信用卡（伪造金融票证罪）＋使用伪造的信用卡（信用卡诈骗罪）＝牵连犯，择一重罪论处，一般定信用卡诈骗罪。

　　以虚假的身份证明骗领信用卡（妨害信用卡管理罪）＋使用这种卡＝牵连犯，择一重罪论处，一般定信用卡诈骗罪。这是2017年真题。

　　3. 行为类型三：恶意透支

　　恶意透支，是指持卡人以非法占有为目的，超过规定限额或者规定期限透支，并且经发卡银行两次有效催收后超过3个月仍不归还。②

　　（1）行为主体是合法持卡人。这是指以自己的真实身份证申领到信用卡的持卡人。受害人是银行。

　　（2）卡的范围仅限于具有透支功能的信用卡，不包括没有透支功能的借记卡、储蓄卡。

　　（3）"恶意"透支，是指在透支时就有非法占有目的。如果透支时没有非法占有目的（具有归还意思），就不属于恶意透支。2017年真题考查了这一点。

　　4. 命题套路

　　（1）套路一：判断非法取得行为的性质。

　　例1，甲搬家后尚未退房，让朋友乙打扫，乙打扫时捡到甲的一张银行卡，乙事前知道密码，便私下去ATM机取出1万元。由于甲还在占有自己的卡，乙的捡拾不属于侵占遗忘物，属于盗窃卡的行为，所以应适用"盗窃信用卡并使用的，以盗窃罪论处"。

　　例2，甲在ATM机取款时，多次操作均失败，排队在后面的乙主动"帮忙"，趁甲不注意，将甲的银行卡调包，拿到甲的卡后到商场消费。乙不属于诈骗卡，而属于盗窃卡并使用，定盗窃罪。

　　例3，商场收银员甲在顾客付款时，接过卡，私下重复刷卡（该卡不需要密码），为自己悄悄购物，然后将卡递回顾客。甲属于盗划他人的卡，构成盗窃罪。首先，这不属于"盗窃信用卡并使用"的盗窃罪，因为甲并没有盗窃他人的卡。其次，这不构成诈骗罪，因为这里不存在欺骗顾客、使其产生认识错误并处分财物的问题。

　　---

　　① 2018年11月28日《最高人民法院、最高人民检察院关于办理妨害信用卡管理刑事案件具体应用法律若干问题的解释》第五条规定：窃取他人信用卡信息资料，并通过互联网、通讯终端等使用的，定信用卡诈骗罪。
　　② 2018年11月28日《最高人民法院、最高人民检察院关于办理妨害信用卡管理刑事案件具体应用法律若干问题的解释》。

例 4，商场收银员甲在顾客刷卡付款时，接过卡，顾客第一次输入密码成功，支付了货款，甲又欺骗顾客："密码不正确，请再输入一次。" 顾客又输入一次密码，甲替自己悄悄购买了一件衣服。顾客受骗，有处分行为和处分意识，不过处分意识是错误的，以为是为自己付款，实际为甲付了款。甲构成诈骗罪，但不构成信用卡诈骗罪，因为成立信用卡诈骗罪，要求行为人占有支配信用卡，而本案中，卡一直属于顾客占有。

例 5（2018 年试题），顾客知道自己消费了 3000 元，在刷卡付款时，饭店收银员甲偷偷将应付数额 3000 元在 POS 机上调整为 30000 元，顾客未注意到而支付了 3 万元。主流观点认为，顾客只有处分 3000 元的意识，没有处分 2.7 万元的意识，因此甲构成盗窃罪。

（2）套路二：共犯平台与认识错误。

例 1，甲盗窃到丙的卡，然后对乙谎称："这是我的卡，请帮我到机器上取款。" 乙不知情而照办。乙无罪，甲构成盗窃罪的间接正犯。

例 2（2010 年真题、2019 年试题），甲盗窃到丙的卡，对乙谎称是捡来的卡，和乙共同持卡消费 5000 元。第一，甲属于 "盗窃信用卡并使用"，定盗窃罪。第二，乙的这种认识错误并不重要，因为乙至少认识到这是他人的卡，自己在非法使用，构成信用卡诈骗罪。

5. 信用卡信息资料

非法获取他人信用卡信息资料，然后使用，按照正常原理，对人使用，定信用卡诈骗罪，对机器使用或不存在对人使用，定盗窃罪。但是，司法解释在此制造特殊规定：① 窃取、收买、骗取或者以其他非法方式获取他人信用卡信息资料，并通过互联网、通讯终端等使用的，以信用卡诈骗罪论处。考试应当按照司法解释来答题。

由此可以总结一句话：以非法方式获取他人信用卡信息资料，无论对人使用，还是对机器使用，一律定信用卡诈骗罪。不过注意，必须是非法方式获取、掌握信用卡信息资料。

例 1，甲盗窃了乙的信用卡信息资料，通过网上银行（无人工参与，均是电脑系统处理），将乙账户里的资金划到自己账户。按照正常原理，这属于盗划行为，构成盗窃罪。但是按照司法解释，应定信用卡诈骗罪。

例 2（2019 年试题），乙在工商银行领取银行卡及相配套的 U 盾，② 银行大厅经理甲（非国家工作人员）在假意指导乙如何使用 U 盾时偷换了乙的 U 盾，并骗乙："只能在一周后使用 U 盾。" 乙信以为真。次日，甲使用乙的 U 盾将乙网上银行账户内的 3 万元转入自己的网上银行账户。甲盗窃了乙的 U 盾，就盗窃了乙的银行卡信息资料，通过网上银行，将乙账户里的资金划到自己账户。按照司法解释，对甲定信用卡诈骗罪。

例 3（2019 年试题），甲偷到乙的手机，破解了乙手机上的支付宝密码，使用里面的 "蚂蚁花呗" 在网上商家购买了 3 万元商品。"蚂蚁花呗" 具有类似于信用卡的功能，但是在法律性质上不同于信用卡。这是因为，根据刑法第 196 条第 2 款规定，信用卡是由发卡银行发行的，而蚂蚁金服公司不属于发卡银行。因此，蚂蚁花呗的信息资料不属于信用卡信息资料，对此不需要适用 09 年司法解释，应按照正常原理处理。甲冒用乙的蚂蚁花呗账户，欺骗商家，但是直接受害人是花呗公司，甲属于三角诈骗，构成诈骗罪，但不属于信用卡诈骗罪。

---

① 2009 年 12 月 3 日《最高人民法院、最高人民检察院关于办理妨害信用卡管理刑事案件具体应用法律若干问题的解释》。

② U 盾是工行推出的用于网上银行电子签名和数字认证的工具。使用 U 盾在登录个人网上银行之后，如需办理转账、汇款等支付业务，输入 U 盾密码，并经银行系统验证无误，即可完成支付业务。

例4，甲窃取到乙的身份证、卡号、密码，拿着乙的身份证冒充乙向银行挂失。由于甲能够准确提供卡号、密码，并持有身份证，银行职员丙信以为真。甲并没有要求丙为其补办新卡，而是让丙将卡中的钱转入自己的另一张卡。甲欺骗人，构成信用卡诈骗罪。①

例5，乙询问甲，自己的信用卡卡号和密码的数字是否吉祥，由此甲得知了乙的信用卡卡号和密码。甲第二天通过网上银行将乙卡中资金划入自己卡中。由于甲没有使用非法方式获取乙的信用卡信息资料，不符合上述司法解释，对此应按照正常原理处理，甲构成盗窃罪。

例6（2016年试题卷二第17题），下列哪一选项是正确的？D项"丁侵入银行计算机信息系统，将刘某存折中的5万元存款转入自己的账户。对丁应以诈骗罪论处"。该题故意绕开上述司法解释，针对的是存折，不是银行卡。因此，不需要遵守该司法解释，应按照正常原理处理。由于不存在对人使用、欺骗人的问题，因此构成盗窃罪，而非诈骗罪。官方答案也是D项说法错误，丁应构成盗窃罪。

［总结1］实体卡

行为类型1：冒用他人的卡

非法取得行为	使用行为	结论
侵占，诈骗，敲诈，抢夺	无论对人或机器使用	信用卡诈骗罪
盗窃	无论对人或机器使用	盗窃罪
抢劫	无论对人或机器使用	抢劫罪

行为类型2：使用伪造的卡

非法取得行为	使用行为	结论
伪造信用卡（伪造金融票证罪）	无论对人或机器使用	信用卡诈骗罪（牵连犯）
以虚假的身份证明骗领信用卡（妨害信用卡管理罪）	无论对人或机器使用	信用卡诈骗罪（牵连犯）

［总结2］信用卡信息资料

非法取得行为	使用行为	结论
一切非法方式（窃取、收买信用卡信息罪）	无论对人或机器（网络）使用	信用卡诈骗罪（牵连犯）

典型真题

甲和女友乙在网吧上网时，捡到一张背后写有密码的银行卡。甲持卡去ATM机取款，前两次取出5000元。在准备再次取款时，乙走过来说："注意，别出事"，甲答："马上就好。"甲又分两次取出6000元，并将该6000元递给乙。乙接过钱后站了一会儿说："我走了，小心点。"甲接着又取出7000元。关于本案，下列哪些选项是正确的？（2015年·卷二·57题）②

A. 甲拾得他人银行卡并在ATM机上使用，根据司法解释，成立信用卡诈骗罪

---

① 参见张明楷：《刑法学》（第五版），法律出版社2016年版，第804页。
② ［答案］ABD。

    B. 对甲前两次取出 5000 元的行为，乙不负刑事责任

    C. 乙接过甲取出的 6000 元，构成掩饰、隐瞒犯罪所得罪

    D. 乙虽未持银行卡取款，也构成犯罪，犯罪数额是 1.3 万元

（二）集资诈骗罪

第 192 条　以非法占有为目的，使用诈骗方法非法集资，数额较大的，处五年以下有期徒刑或者拘役，并处二万元以上二十万元以下罚金；数额巨大或者有其他严重情节的，处五年以上十年以下有期徒刑，并处五万元以上五十万元以下罚金；数额特别巨大或者有其他特别严重情节的，处十年以上有期徒刑或者无期徒刑，并处五万元以上五十万元以下罚金或者没收财产。

1. 本罪与非法吸收公众存款罪的区分：本罪要求具有非法占有目的。

司法解释规定：① 使用诈骗方法非法集资，具有下列情形之一的，可以认定为"以非法占有为目的"：（一）集资后不用于生产经营活动或者用于生产经营活动与筹集资金规模明显不成比例，致使集资款不能返还的；（二）肆意挥霍集资款，致使集资款不能返还的；（三）携带集资款逃匿的；（四）将集资款用于违法犯罪活动的；（五）抽逃、转移资金、隐匿财产，逃避返还资金的；（六）隐匿、销毁账目，或者搞假破产、假倒闭，逃避返还资金的；（七）拒不交代资金去向，逃避返还资金的；（八）其他可以认定非法占有目的的情形。

［注意］非法吸收公众存款罪不要求采取欺骗手段，而本罪要求采取欺骗手段，也即诈骗罪的手段。

2. 本罪欺骗的对象是社会公众。欺骗手段是虚假承诺回报。

3. 本罪的既遂数额，也即犯罪所得数额，不能扣除为诈骗而支出的成本，如广告费、中介费、行贿贿赂等。

（三）贷款诈骗罪

第 193 条　有下列情形之一，以非法占有为目的，诈骗银行或者其他金融机构的贷款，数额较大的，处五年以下有期徒刑或者拘役，并处二万元以上二十万元以下罚金；数额巨大或者有其他严重情节的，处五年以上十年以下有期徒刑，并处五万元以上五十万元以下罚金；数额特别巨大或者有其他特别严重情节的，处十年以上有期徒刑或者无期徒刑，并处五万元以上五十万元以下罚金或者没收财产：

（一）编造引进资金、项目等虚假理由的；

（二）使用虚假的经济合同的；

（三）使用虚假的证明文件的；

（四）使用虚假的产权证明作担保或者超出抵押物价值重复担保的；

（五）以其他方法诈骗贷款的。

1. 本罪的行为逻辑结构：行为人以非法占有为目的，实施欺骗行为→金融机构人员陷入认识错误→基于认识错误发放贷款→行为人取得贷款并据为己有。

［注意］单位实施贷款诈骗的，按照以前司法解释，以合同诈骗罪论处。但这是错误的，如果这样定，那么就不能构成洗钱罪的上游犯罪。正确的是应以领导个人的贷款诈骗罪论

---

① 2010 年 12 月 13 日《最高人民法院关于审理非法集资刑事案件具体应用法律若干问题的解释》。

处。2014 年立法解释已经纠正了该错误。

例如，甲公司实施贷款诈骗，诈骗所得 500 万元。银行职员乙为其洗钱。甲公司的领导个人构成贷款诈骗罪，乙构成洗钱罪。

2. 主观必须有非法占有的目的。

对于具有下列情形之一的，应认定为具有非法占有目的：（1）假冒他人名义贷款的；（2）贷款后携款潜逃的；（3）未将贷款按贷款用途使用，而是用于挥霍致使贷款无法偿还的；（4）改变贷款用途，将贷款用于高风险的经济活动造成重大经济损失，导致无法偿还贷款的；（5）为谋取不正当利益，改变贷款用途，造成重大经济损失，致使无法偿还贷款的；（6）使用贷款进行违法犯罪活动的；（7）隐匿贷款去向，贷款到期后拒不偿还的。

［注意］行为人开始没有非法占有的目的，合法取得贷款后，又产生非法占有的目的，此时如果仅仅实施了转移、隐匿贷款行为的，不构成贷款诈骗罪，不构成诈骗罪，也不构成侵占罪（因为已经属于自己所有），只按民事案件处理；此时如果采取欺骗方法使金融机构免除其还本付息的义务，成立诈骗罪（骗取财产性利益）。

3. 贷款诈骗罪与高利转贷罪（第 175 条）的区分：前者具有非法占有目的；后者没有非法占有的目的，但有转贷牟利的目的。

4. 贷款诈骗罪与骗取贷款罪（第 175 条之一）：（1）相似点：在贷款时都使用了欺骗手段；（2）区分：前者有非法占有目的，后者没有非法占有目的。

5. 共犯与身份。

银行工作人员利用其管理信贷的职务便利，以假冒他人名义或者虚构姓名等方式骗取本单位贷款归个人占有的，定贪污罪或者职务侵占罪。

普通公民与银行工作人员勾结的，需分情形讨论：

例 1，普通公民甲与银行的丙（部门审核人员，国家工作人员）勾结，以非法占有为目的，共同欺骗分管领导乙（贷款最终决定者），使其产生认识错误并核准贷款。甲同时触犯贷款诈骗罪的实行犯和贪污罪的帮助犯，想象竞合，择一重罪论处。丙同时触犯贪污罪的实行犯和甲的贷款诈骗罪的帮助犯，想象竞合，择一重罪论处。

例 2，普通公民甲与银行的乙（领导，贷款最终决定者，国家工作人员）勾结，欺骗下级部门审核人员丙，丙被骗后，将甲提供的虚假材料递交给乙，乙批准了贷款。虽然丙受骗，但丙不是处分人，因此甲不构成贷款诈骗罪。乙构成贪污罪的实行犯，甲构成贪污罪的帮助犯。

［提示］该分析原理同样适用于票据诈骗、保险诈骗等情形。

（四）票据诈骗罪

1. 行为方式。

（1）明知是伪造、变造的汇票、本票、支票而使用的。

使用是指将伪造、变造的票据作为真实票据加以利用，向他人主张票据权利。例如，请求承兑、支付货款、进行结算、转让给他人、抵押给他人等。

使用的本质是指对人实施诈骗。况且，汇票、本票、支票等也不存在对机器使用的情形。

［注意］行为人既伪造票据，又使用的，构成伪造金融票证罪（第 177 条）和票据诈骗罪的牵连犯，从一重罪处罚。

（2）明知是作废的汇票、本票、支票而使用的。

作废的票据是指过期的票据、无效的票据（如记载不规范导致无效）、依法宣布作废的票据等。使用作废的票据的行为人，既包括票据原权利人，也包括其他人。

（3）冒用他人的汇票、本票、支票的。

冒用是指冒充合法持票人而使用，本质是诈骗。冒用的票据必须是真实有效的，行为人必须是合法持票人以外的人。

（4）签发空头支票或者与其预留印鉴不符的支票，骗取财物的。

空头支票，是指出票人所签发的支票金额超过其付款时在付款人处实有的存款金额的支票。

（5）汇票、本票的出票人签发无资金保证的汇票、本票或者在出票时作虚假记载，骗取财物的。注意：这是指出票人在出票环节作虚假记载，不包括票据的背书、承兑、付款、保证等环节。

2. 盗窃支票问题。

（1）盗窃具有不记名、不挂失性质的支票，本身就构成盗窃罪。因为这类支票类似现金，本身就有价值，可当钞票用。

（2）盗窃记名、挂失性质的支票，本身不构成盗窃罪。如果对人使用，欺骗对方钱财，构成票据诈骗罪。

（五）保险诈骗罪

保险诈骗罪，是指投保人、被保险人、受益人，以使自己或者第三人获取保险金为目的，采取虚构保险标的、制造保险事故等方法，骗取保险金的行为。

1. 本罪主体是特殊主体，限于投保人、被保险人、受益人。这表明该罪是真正身份犯。单位可以成为本罪主体。

［提示］不具有主体身份的人骗取保险金的，不构成保险诈骗罪，可构成普通的诈骗罪。

例 1（真题），个体户甲开办的汽车修理厂系某保险公司指定的汽车修理厂家。甲在为他人修理汽车时，多次夸大汽车毁损程度，向保险公司多报汽车修理费用，从保险公司骗取 12 万余元。对甲的行为应以诈骗罪论处。

例 2，甲公司给经理王某配了一辆轿车，轿车登记在公司名下，由王某使用。王某将车私下变卖，对甲公司领导谎称被盗，让甲公司去申请理赔。甲公司不知情，到保险公司理赔，获得五万元。王某构成职务侵占罪。王某对保险公司不构成保险诈骗罪的间接正犯，因为王某不具有投保人的身份，但可以构成诈骗罪的间接正犯，具有为第三人（甲公司）非法占有的目的。王某还构成保险诈骗罪的教唆犯，甲公司属于客观违法阶层的"实行犯"。王某的诈骗罪（间接正犯）与保险诈骗罪（教唆犯）想象竞合，择一重罪论处。

2. 本罪着手的认定。

虚构保险标的、制造保险事故，属于为保险诈骗创造前提条件，属于预备行为；只有到保险公司理赔，才是着手，才开始实行行为。

3. 共犯问题。

（1）普通公民与保险公司工作人员勾结，诈骗保险金的，处理办法参见共同犯罪中"共犯与身份"部分和贷款诈骗罪部分的分析原理。

（2）第 198 条第 4 款规定："保险事故的鉴定人、证明人、财产评估人故意提供虚假的证明文件，为他人诈骗提供条件的，以保险诈骗罪的共犯论处。"这是注意规定，不是法律拟制。也即，即使删除该款，也应如此处理。这是因为，一方面基于共同犯罪的规定，另一方面，即使行为人同时触犯提供虚假证明文件罪（第229条），想象竞合，择一重罪论处，也应以保险诈骗罪的共犯论处。

4. 罪数问题。

（1）行为人制造保险事故构成犯罪，并骗取保险公司保险金的，数罪并罚。

例如，甲放火烧毁已经投保的房屋，发生火灾导致邻居房屋被烧毁，并骗取保险金的，构成放火罪和保险诈骗罪，数罪并罚。又如，甲将妻子乙作为被保险人进行投保，然后故意杀害乙，并骗取保险金，构成故意杀人罪和保险诈骗罪，数罪并罚。

（2）行为人仅实施了制造保险事故的犯罪行为，而没有向保险人索赔，只处罚制造保险事故的犯罪。

例如，甲将妻子乙作为被保险人进行投保，然后杀死乙，本想向保险公司理赔，但是杀人案被公安机关告破，甲被捕。甲既构成故意杀人罪（既遂），又构成保险诈骗罪（预备），属于想象竞合，择一重罪论处，只定故意杀人罪（既遂）。

（3）单位为了诈骗保险金，制造保险事故，并骗取了保险金，对单位定保险诈骗罪。如果单位不能构成制造保险事故所触犯的罪名，则对直接责任人员追究制造保险事故所触犯的犯罪。

例如，某公司决定诈骗保险金，故意放火烧毁公司的仓库，并危害了公共安全，然后骗取保险金。对该公司定保险诈骗罪。由于单位不能构成放火罪，对公司直接责任人员定放火罪。

六、危害税收征管罪

（一）逃税罪

第201条　纳税人采取欺骗、隐瞒手段进行虚假纳税申报或者不申报，逃避缴纳税款数额较大并且占应纳税额百分之十以上的，处三年以下有期徒刑或者拘役，并处罚金；数额巨大并且占应纳税额百分之三十以上的，处三年以上七年以下有期徒刑，并处罚金。

扣缴义务人采取前款所列手段，不缴或者少缴已扣、已收税款，数额较大的，依照前款的规定处罚。

对多次实施前两款行为，未经处理的，按照累计数额计算。

有第一款行为，经税务机关依法下达追缴通知后，补缴应纳税款，缴纳滞纳金，已受行政处罚的，不予追究刑事责任；但是，五年内因逃避缴纳税款受过刑事处罚或者被税务机关给予二次以上行政处罚的除外。

1. 行为主体是特殊主体，即纳税人和扣缴义务人。

［提示］税务机关的工作人员与纳税人或者扣缴义务人相勾结，共同实施逃税行为的，成立逃税罪的共犯；行为同时触犯徇私舞弊不征、少征税款罪（第404条），想象竞合，择一重罪论处。

2. 处罚阻却事由（免责事由）。本条第4款是在构成犯罪的情况下的处罚阻却事由。

（1）任何逃税案件，首先必须经过税务机关的处理。税务机关没有处理或者不处理的，司法机关不得直接追究行为人的刑事责任。

（2）如果税务机关只要求行为人补缴应纳税款，缴纳滞纳金，而没有给予行政处罚的，只要行为人补缴应纳税款和缴纳滞纳金，就不应追究其刑事责任。

（3）行为人只要处在行政法处理期间，就可享受该处罚阻却事由的待遇。但一旦进入刑事司法程序，即使补缴应纳税款，缴纳滞纳金，接受行政处罚，也不能享受处罚阻却事由的待遇。

（4）但书规定的"二次以上行政处罚"是指已经受到二次行政处罚，第三次再逃税的，才不能适用处罚阻却事由的待遇。<u>注意</u>：因漏税而受行政处罚的，不包含在内。

（5）该处罚阻却事由的待遇不适用于扣缴义务人的逃税行为。

3. 罪数。

例1，甲使用伪造、变造、盗窃的武装部队车辆号牌，不缴或者少缴应纳的车辆购置税、车辆使用税等税款，构成逃税罪的，以逃税罪论处。

例2，乙非法购买并使用武装部队车辆号牌，情节严重，同时不缴或者少缴应纳的车辆购置税、车辆使用税等，构成逃税的，应以非法买卖军用标志罪与逃税罪并罚。

（二）骗取出口退税罪

第204条 以假报出口或者其他欺骗手段，骗取国家出口退税款，数额较大的，处五年以下有期徒刑或者拘役，并处骗取税款一倍以上五倍以下罚金；数额巨大或者有其他严重情节的，处五年以上十年以下有期徒刑，并处骗取税款一倍以上五倍以下罚金；数额特别巨大或者有其他特别严重情节的，处十年以上有期徒刑或者无期徒刑，并处骗取税款一倍以上五倍以下罚金或者没收财产。

纳税人缴纳税款后，采取前款规定的欺骗方法，骗取所缴纳的税款的，依照本法第二百零一条（逃税罪）的规定定罪处罚；骗取税款超过所缴纳的税款部分，依照前款的规定处罚。

骗取出口退税罪，是指以假报出口或者其他欺骗手段，骗取国家出口退税款，数额较大的行为。

1. 本罪与逃税罪的关系。

根据第204条第2款，纳税人缴纳一般税款后，采用假报出口等手段骗取所缴税款，貌似骗取出口退税，实为逃税，定逃税罪。如果骗取的税款超过所缴纳税款，超过部分构成骗取出口退税罪，与逃税罪实行数罪并罚。这实际上是一个行为触犯两个罪名，属于想象竞合犯，本应择一重罪论处，但却数罪并罚。比较特殊，需要注意。

2. 重要司法解释：[①] 有进出口经营权的公司、企业，明知他人意欲骗取国家出口退税款，仍违反国家有关进出口经营的规定，允许他人自带客户、自带货源、自带汇票并自行报关，骗取国家出口退税款的，依照骗取出口退税罪论处。

（三）增值税发票犯罪

三个罪名：虚开增值税专用发票罪（第205），伪造、出售伪造的增值税专用发票罪（第206条），非法出售增值税专用发票罪（第207条）。

虚开增值税专用发票，是指票面记载事项与实际发生事项不符，具体包括为他人虚开、为自己虚开、让他人为自己虚开、介绍他人虚开发票四种情况。根据司法解释，具有下列情

---

① 2002年9月17日《最高人民法院关于审理骗取出口退税刑事案件具体应用法律若干问题的解释》第6条。

形之一的，属于虚开专用发票：

1. 没有货物购销或者没有提供或接受应税劳务而为他人、为自己、让他人为自己、介绍他人开具专用发票；

2. 有货物购销或者提供或接受了应税劳务但为他人、为自己、让他人为自己、介绍他人开具数量或者金额不实的专用发票；

3. 进行了实际经营活动，但让他人为自己代开专用发票。

[注意1] 本罪是危险犯，不是实害犯，成立本罪不要求实际使国家税款遭受损失，只要求具有遭受损失的危险即可。本罪是短缩的二行为犯（间接目的犯）。目的一、行为一是虚开发票；目的二、行为二是用虚开的发票抵扣税款进行逃税。其中行为二不要求实施，但是必须具有目的二，因为只有具有目的二，虚开行为才具有使国家税款遭受损失的危险。如果实施了行为二，也不再另行定罪。

例1，甲、乙双方以相同的数额相互为对方虚开增值税发票，并且已按规定缴纳税款，不具有骗取国家税款的目的故意与现实危险的，不认定为本罪。

例2，甲为了虚增公司业绩，所虚开的增值税专票没有抵扣联的，不应认定为本罪。

[注意2] 根据刑法第210条，盗窃增值税专用发票，定盗窃罪；骗取增值税专用发票，定诈骗罪。

以下是普通罪名

抗税罪

第202条　以暴力、威胁方法拒不缴纳税款的，处三年以下有期徒刑或者拘役，并处拒缴税款一倍以上五倍以下罚金；情节严重的，处三年以上七年以下有期徒刑，并处拒缴税款一倍以上五倍以下罚金。

1. 本罪与妨害公务罪是特殊法条与一般法条的关系，优先适用特殊法条。

2. 行为主体是特殊主体，即纳税人、扣缴义务人；本罪还是作为与不作为的结合：

（1）普通人与纳税人共同实施抗税行为，以抗税罪的共犯论处。

（2）普通人单独以暴力、胁迫方法阻碍征税，以妨害公务罪论处。

3. 罪数问题。

根据司法解释，实施抗税行为致人重伤、死亡，构成故意伤害罪、故意杀人罪的，只以故意伤害罪、故意杀人罪论处。注意：该规定中“致人重伤、死亡”是指故意致人重伤、死亡。如果是过失致人重伤、死亡，则构成抗税罪和过失致人重伤罪、过失致人死亡罪，数罪并罚。

七、侵犯知识产权罪

重点罪名：（1）假冒注册商标罪；（2）侵犯著作权罪；（3）侵犯商业秘密罪。

（一）假冒注册商标罪和销售假冒注册商标的商品罪

第213条　未经注册商标所有人许可，在同一种商品上使用与其注册商标相同的商标，情节严重的，处三年以下有期徒刑或者拘役，并处或者单处罚金；情节特别严重的，处三年以上七年以下有期徒刑，并处罚金。

第214条　销售明知是假冒注册商标的商品，销售金额数额较大的，处三年以下有期徒刑或者拘役，并处或者单处罚金；销售金额数额巨大的，处三年以上七年以下有期徒刑，并处罚金。

1. 两罪的关系。

（1）行为人先生产假冒注册商标的商品，然后又销售这些商品，只定假冒注册商标罪。

（2）行为人自己生产假冒注册商标的商品，又销售他人假冒注册商标的商品，定假冒注册商标罪和销售假冒注册商标的商品罪，数罪并罚。

（3）行为人只销售他人假冒注册商标的商品，构成销售假冒注册商标的商品罪。

2. 假冒注册商标罪与生产、销售伪劣产品罪：以假冒注册商标方式生产、销售伪劣产品，触犯假冒注册商标罪和生产、销售伪劣产品罪，属于想象竞合犯，择一重罪论处。

3. 司法解释要点：①

销售明知是假冒注册商标的商品，具有下列情形之一的，依照刑法第 214 条的规定，以销售假冒注册商标的商品罪（未遂）定罪处罚：

（1）假冒注册商标的商品尚未销售，货值金额在 15 万元以上的；

（2）假冒注册商标的商品部分销售，已销售金额不满 5 万元，但与尚未销售的假冒注册商标的商品的货值金额合计在 15 万元以上的。

（二）侵犯著作权罪

第 217 条　以营利为目的，有下列侵犯著作权情形之一，违法所得数额较大或者有其他严重情节的，处三年以下有期徒刑或者拘役，并处或者单处罚金；违法所得数额巨大或者有其他特别严重情节的，处三年以上七年以下有期徒刑，并处罚金：

（一）未经著作权人许可，复制发行其文字作品、音乐、电影、电视、录像作品、计算机软件及其他作品的；

（二）出版他人享有专有出版权的图书的；

（三）未经录音录像制作者许可，复制发行其制作的录音录像的；

（四）制作、出售假冒他人署名的美术作品的。

第 218 条　［销售侵权复制品罪］以营利为目的，销售明知是本法第二百一十七条规定的侵权复制品，违法所得数额巨大的，处三年以下有期徒刑或者拘役，并处或者单处罚金。

1. 要求具有营利目的。根据司法解释规定，②除销售必然有营利目的外，具有下列情形之一的，可以认定为"以营利为目的"：（1）以在他人作品中刊登收费广告、捆绑第三方作品等方式直接或者间接收取费用的；（2）通过信息网络传播他人作品，或者利用他人上传的侵权作品，在网站或者网页上提供刊登收费广告服务，直接或者间接收取费用的；（3）以会员制方式通过信息网络传播他人作品，收取会员注册费或者其他费用的；（4）其他利用他人作品牟利的情形。

2. 第一项行为保护的是著作权。

（1）根据司法解释规定，③"复制发行"，包括三种情形：一是带有发行目的的复制，二

---

① 2011 年 1 月 10 日《最高人民法院、最高人民检察院、公安部关于办理侵犯知识产权刑事案件适用法律若干问题的意见》。在生产、销售伪劣产品罪中也有上述规定，可一并记忆。

② 2011 年 1 月 10 日《最高人民法院、最高人民检察院、公安部关于办理侵犯知识产权刑事案件适用法律若干问题的意见》。

③ 2007 年 4 月 5 日《最高人民法院、最高人民检察院关于办理侵犯知识产权刑事案件具体应用法律若干问题的解释（二）》。

是发行，三是复制且发行。

（2）根据司法解释规定，①"发行"包括总发行、批发、零售、通过信息网络传播以及出租、展销等活动。总结起来，发行的方式主要有：出售、出租，对象都必须是不特定人或多数人。

[注意1] "发行"与"播放"的区别。发行是指将侵权作品本身（内容加载体）转让出去，而播放只是展示作品的内容，并没有将作品本身转让出去。所以，未经许可，播放他人作品，不属于发行。

[注意2] "传播"既有"发行"意思，也即将作品本身转让出去，也有"播放"意思，也即仅仅展示内容。对此，需要在不同罪名、不同语境中去判断。例如，在侵犯著作权罪中，上述司法解释规定"发行"包括通过信息网络传播，这是指将作品本身转让出去，不包括"播放"的情形。又如，传播淫秽物品牟利罪中的"传播"，既包括发行，也包括播放。组织播放淫秽音像制品罪中的"播放"，就仅指展示内容。

（3）本罪与非法经营罪的区分：前者侵犯的对象是具有著作权的作品；后者经营的对象是没有著作权的作品。例如，制作、销售盗版的《明朝那些事儿》，构成侵犯著作权罪；销售邪教组织的印刷品构成非法经营罪。

3. 第二项行为保护的是专有出版权。

4. 第三项行为保护的是邻接权。第一项行为与第三项行为的区别：前者针对的是音像作品，保护的是著作权；后者针对的是音像制品，保护的是邻接权，也即在传播作品过程中所产生的权利，例如，对表演活动的录制。

5. 第四项行为保护的是署名权。署名权是指作者为表明其作者身份，在作品上署名的权利。未经著作权人许可，复制发行其美术作品，属于第一项行为。第四项行为主要是指，将第三人的美术作品，署上名人的姓名，假冒名人的美术作品，或者复制名人的美术作品，然后署上名人的姓名，假冒名人的真迹，或者在自己制作的美术作品上署上名人的姓名，假冒名人的美术作品。共同点是假冒名人的美术作品。署名若为根本不存在的人的姓名，不构成本罪。

隐瞒真相，欺骗对方，出售假冒名人的美术作品，同时触犯诈骗罪的，应择一重罪论处。

（三）侵犯商业秘密罪

第219条　有下列侵犯商业秘密行为之一，给商业秘密的权利人造成重大损失的，处三年以下有期徒刑或者拘役，并处或者单处罚金；造成特别严重后果的，处三年以上七年以下有期徒刑，并处罚金：

（一）以盗窃、利诱、胁迫或者其他不正当手段获取权利人的商业秘密的；

（二）披露、使用或者允许他人使用以前项手段获取的权利人的商业秘密的；

（三）违反约定或者违反权利人有关保守商业秘密的要求，披露、使用或者允许他人使用其所掌握的商业秘密的。

---

① 2011年1月10日《最高人民法院、最高人民检察院、公安部关于办理侵犯知识产权刑事案件适用法律若干问题的意见》。顺便指出，由于本罪包括仅有发行的情形，而该解释将零售也解释为发行，导致本罪完全包括了第218条的销售侵权复制品罪，导致后者没有适用余地。

明知或者应知前款所列行为，获取、使用或者披露他人的商业秘密的，以侵犯商业秘密论。

本条所称商业秘密，是指不为公众所知悉，能为权利人带来经济利益，具有实用性并经权利人采取保密措施的技术信息和经营信息。

本条所称权利人，是指商业秘密的所有人和经商业秘密所有人许可的商业秘密使用人。

1. 行为方式：非法披露或使用，给权利人造成重大损失。

（1）第一项中的不正当手段不包括捡拾行为或无意中知悉的行为。

（2）第一项中存在一个不成文的要素"并披露或使用"。这是因为，如果只有盗窃等非法获取行为，但没有披露或使用，就不会给权利人造成重大损失。而本罪是实害犯，要求给权利人造成重大损失。

（3）盗窃、诈骗、敲诈到商业秘密，并披露或使用，不定盗窃罪、诈骗罪、敲诈勒索罪，而定侵犯商业秘密罪。

2. 主观要求是故意。本罪第2款的"明知或者应知"，其中"应知"不是指应当知道而不知道，而是指推定行为人已经知道，即这里的"应知"仍表示故意，而非过失。

八、扰乱市场秩序罪

（一）合同诈骗罪

第224条　有下列情形之一，以非法占有为目的，在签订、履行合同过程中，骗取对方当事人财物，数额较大的，处三年以下有期徒刑或者拘役，并处或者单处罚金；数额巨大或者有其他严重情节的，处三年以上十年以下有期徒刑，并处罚金；数额特别巨大或者有其他特别严重情节的，处十年以上有期徒刑或者无期徒刑，并处罚金或者没收财产：

（一）以虚构的单位或者冒用他人名义签订合同的；

（二）以伪造、变造、作废的票据或者其他虚假的产权证明作担保的；

（三）没有实际履行能力，以先履行小额合同或者部分履行合同的方法，诱骗对方当事人继续签订和履行合同的；

（四）收受对方当事人给付的货物、货款、预付款或者担保财产后逃匿的；

（五）以其他方法骗取对方当事人财物的。

合同诈骗罪，是指以非法占有为目的，在签订、履行合同过程中，使用欺诈手段，骗取对方当事人财物，数额较大的行为。

1. 主观是故意，要求具有非法占有目的。非法占有目的既可以在签订合同时产生，也可以在履行合同过程中才产生。

2. 行为人履行了某些交易行为，但未履行合同所要求的核心义务，仍构成合同诈骗罪。例如，甲中介公司伪造房产证，将自己管理的丙的房屋出售给乙，签订合同，并将房屋钥匙也交给了乙。甲构成合同诈骗罪。

3. 法条竞合。

（1）普通诈骗罪（A）与合同诈骗罪（A+B）是一般法条与特殊法条的关系，A是指侵犯他人财产权，B是指扰乱了市场秩序。由于要求扰乱市场秩序，因此，这里的签订、履行合同应限于比较正式的经济合同。例如，货物买卖合同、借贷合同、运输合同、承包合同等。例如，甲得知乙（一般公民，并非从事经营活动的市场主体）有大量存款，欺骗乙："我有一个很好的投资项目，你若投资10万元，3个月后返还20万元。"乙答应，二人签了投资协议。甲获得 10 万元后潜逃。由于甲的行为没有达到扰乱市场秩序的程度，对甲应以普通诈骗罪论处。

（2）合同诈骗罪与许多金融诈骗罪（如贷款诈骗罪、保险诈骗罪）是一般法条和特殊法条的关系，发生竞合，优先适用特殊法条。例如，利用合同诈骗保险金，应认定为保险诈骗罪。注意：许多金融诈骗罪是不需要利用合同的，便不会与本罪发生法条竞合。

（二）非法经营罪

第 225 条 违反国家规定，有下列非法经营行为之一，扰乱市场秩序，情节严重的，处五年以下有期徒刑或者拘役，并处或者单处违法所得一倍以上五倍以下罚金；情节特别严重的，处五年以上有期徒刑，并处违法所得一倍以上五倍以下罚金或者没收财产：

（一）未经许可经营法律、行政法规规定的专营、专卖物品或者其他限制买卖的物品的；

（二）买卖进出口许可证、进出口原产地证明以及其他法律、行政法规规定的经营许可证或者批准文件的；

（三）未经国家有关主管部门批准，非法经营证券、期货、保险业务的，或者非法从事资金支付结算业务的；

（四）其他严重扰乱市场秩序的非法经营行为。

1. "非法经营"。

本罪中的"非法经营"不是泛指一切非法经营活动，而是指该经营活动需要行政特别许可，但未经行政特别许可而非法经营。

2. 第三项行为的要点。

（1）如果未经国家有关主管部门批准，擅自设立商业银行、证券交易所、期货交易所、证券公司、期货经纪公司、保险公司，构成擅自设立金融机构罪（第 174 条）。如果构成擅自设立金融机构罪，又非法经营证券、期货、保险业务的，或者非法从事资金支付结算业务，构成非法经营罪，数罪并罚。

司法解释规定，中介机构非法代理买卖非上市公司股票，构成第三项行为。①

（2）资金支付结算业务（简称支付业务），是指商业银行或者支付机构在收付款人之间提供的货币资金转移服务。从事该业务需要取得央行的许可证。根据司法解释，② 非法从事资金支付结算业务的情形有：

无许可证的机构非法为客户开立支付账户，客户先把资金支付到该支付账户，再由无证机构根据订单信息从支付账户平台将资金结算到收款人银行账户。也即，非法设立第三方支付平台。

无许可证的机构非法发行可跨地区、跨行业、跨法人使用的多用途预付卡，聚集大量的预付卡销售资金，并根据客户订单信息向商户划转结算资金。③

使用受理终端或者网络支付接口等方法，以虚构交易、虚开价格、交易退款等非法方式

---

① 2008 年 1 月 2 日《最高人民法院、最高人民检察院、公安部、中国证监会关于整治非法证券活动有关问题的通知》。

② 2017 年 6 月 1 日《最高人民检察院公诉厅关于办理涉互联网金融犯罪案件有关问题座谈会纪要》。2019 年 2 月 1 日《最高人民法院、最高人民检察院关于办理非法从事资金支付结算业务、非法买卖外汇刑事案件适用法律若干问题的解释》。

③ 单用途预付卡，常见的有理发卡、电影卡、美容卡等。多用途预付卡，常见的有城市一卡通、万事通等。发行多用途预付卡，需要取得央行许可证。

向指定付款方支付货币资金。

非法为他人提供单位银行结算账户套现或者单位银行结算账户转个人账户服务。

非法为他人提供支票套现服务。

［注意］非法从事资金支付结算业务或者非法买卖外汇，构成非法经营罪，同时又构成帮助恐怖活动罪、洗钱罪的，想象竞合，择一重罪论处。

3. 第四项行为的扩张。

对第四项行为（兜底条款）应依据同类解释规则来解释。不过，许多司法解释扩张了第四项行为，由此扩张了非法经营罪的成立范围，归纳如下（以年份排列）：

（1）非法买卖外汇。这是指在国家规定的交易场所外非法买卖外汇、扰乱市场秩序，情节严重的。

（2）经营非法出版物。这是指违反国家规定，出版、印刷、复制、发行严重危害社会秩序和扰乱市场秩序的非法出版物，情节严重的。

［注意］非法经营罪与侵犯著作权罪、销售侵权复制品罪的区别：犯罪对象不同。前者的出版物本身就没有合法的著作权，例如，非法传销的宣传册；后者的出版物是盗版制品，所盗版的对象是拥有著作权的合法出版物，例如，盗版的《刑法攻略》，《刑法攻略》是作者享有著作权的作品。

（3）擅自经营国际电信业务。这是指违反国家规定，采取租用国际专线、私设转接设备或者其他方法，擅自经营国际电信业务或者涉港澳台电信业务进行营利活动，扰乱电信市场管理秩序，情节严重的。

（4）非法生产、销售"瘦肉精"。这是指未取得药品生产、经营许可证件和批准文号，非法生产、销售盐酸克仑特罗等禁止在饲料和动物饮用水中使用的药品，扰乱药品市场秩序，情节严重的，以非法经营罪论处。在生产、销售的饲料中添加盐酸克仑特罗等禁止在饲料和动物饮用水中使用的药品，或者销售明知是添加有该类药品的饲料，情节严重的，以非法经营罪论处。

（5）传染病疫情期间哄抬物价。这是指违反国家在预防、控制突发传染病疫情等灾害期间有关市场经营、价格管理等规定，哄抬物价、牟取暴利，严重扰乱市场秩序，违法所得数额较大或者有其他严重情节的，以非法经营罪定罪，依法从重处罚。

（6）擅自设立网吧。对于违反国家规定，擅自设立互联网上网服务营业场所，或者擅自从事互联网上网服务经营活动，情节严重，构成犯罪的，以非法经营罪论处。

（7）擅自发行、销售彩票。

（8）使用 POS 机提现。违反国家规定，使用销售点终端机具（POS 机）等方法，以虚构交易、虚开价格、现金退货等方式向信用卡持卡人直接支付现金，情节严重的，应当依据刑法第 225 条的规定，以非法经营罪定罪处罚。[①]

（9）非法经营烟草。未经烟草专卖行政主管部门许可，无生产许可证、批发许可证、零售许可证，而生产、批发、零售烟草制品，情节严重的，以非法经营罪定罪处罚。[②]

---

① 2009 年 12 月 3 日《最高人民法院、最高人民检察院关于办理妨害信用卡管理刑事案件具体应用法律若干问题的解释》。

② 2010 年 3 月 2 日《最高人民法院、最高人民检察院关于办理非法生产、销售烟草专卖品等刑事案件具体应用法律若干问题的解释》。

（10）发行基金。擅自发行基金。这是指未经依法核准，擅自发行基金份额募集基金。[①]

（11）食品方面。[②]

①生产、销售非食品原料。这是指以提供给他人生产、销售食品为目的，违反国家规定，生产、销售国家禁止用于食品生产、销售的非食品原料。如果同时构成生产、销售伪劣产品罪的，想象竞合，择一重罪论处。

②违反国家规定，生产、销售国家禁止生产、销售、使用的农药、兽药、饲料、饲料添加剂、饲料原料、饲料添加剂原料。如果同时构成生产、销售伪劣农药、兽药罪的，想象竞合，择一重罪论处。

③违反国家规定，私设生猪屠宰厂（场），从事生猪屠宰、销售等经营活动。如果同时构成生产、销售不符合安全标准的食品罪的，想象竞合，择一重罪论处。

（12）采挖麻黄草。违反国家规定，采挖、销售、收购麻黄草，没有证据证明以制造毒品为目的，以非法经营罪论处。

（13）网络水军。违反国家规定，以营利为目的，通过信息网络有偿提供删除信息服务，或者明知是虚假信息，通过信息网络有偿提供发布信息等服务，扰乱市场秩序，情节严重的，以非法经营罪论处。[③]

（14）"伪基站"。非法生产、销售"伪基站"设备。"伪基站"是指未取得电信许可的非法电信设备，具有搜取手机用户信息，强行向不特定用户发送短信的功能。

（15）电子游戏。以提供给他人开设赌场为目的，违反国家规定，非法生产、销售具有退币、退分、退钢珠等赌博功能的电子游戏设施设备或者其专用软件，情节严重的，以非法经营罪论处。[④]

（16）药品方面。[⑤]

①违反国家药品管理法律法规，未取得或者使用伪造、变造的药品经营许可证，非法经营药品，情节严重的，构成非法经营罪，属于第一项行为。

②以提供给他人生产、销售药品为目的，违反国家规定，生产、销售不符合药用要求的非药品原料、辅料，情节严重的，构成非法经营罪，属于第四项行为。如果同时构成生产、销售伪劣产品罪的，想象竞合，择一重罪论处。

（17）麻醉药品。行为人出于医疗目的，违反国家规定，非法贩卖国家规定管制的能够使人形成瘾癖的麻醉药品、精神药品，构成非法经营罪。[⑥]

（18）放高利贷可构成非法经营罪。司法解释规定，[⑦]违反国家规定，未经监管部门批准，或者超越经营范围，以营利为目的，经常性地向社会不特定对象发放贷款，扰乱金融市

① 2010年12月13日《最高人民法院关于审理非法集资刑事案件具体应用法律若干问题的解释》。
② 2013年5月2日《最高人民法院、最高人民检察院关于办理危害食品安全刑事案件适用法律若干问题的解释》。
③ 2013年9月6日《最高人民法院、最高人民检察院关于办理利用信息网络实施诽谤等刑事案件适用法律若干问题的解释》。
④ 2014年3月26日《最高人民法院、最高人民检察院、公安部关于办理利用赌博机开设赌场案件适用法律若干问题的意见》。
⑤ 2014年11月3日《最高人民法院、最高人民检察院关于办理危害药品安全刑事案件适用法律若干问题的解释》。
⑥ 2015年5月18日《最高人民法院全国法院毒品犯罪审判工作座谈会纪要》。
⑦ 2019年10月21日《最高人民法院、最高人民检察院、公安部、司法部关于办理非法放贷刑事案件若干问题的意见》。

场秩序，情节严重的，依照刑法第二百二十五条第（四）项的规定，以非法经营罪定罪处罚。

第一，上述中的"经常性地向社会不特定对象发放贷款"，是指 2 年内向不特定多人（包括单位和个人）以借款或其他名义出借资金 10 次以上。贷款到期后延长还款期限的，发放贷款次数按照 1 次计算。

［注意］仅向亲友、单位内部人员等特定对象出借资金，不得适用上述规定。但具有下列情形之一的，适用上述规定：通过亲友、单位内部人员等特定对象向不特定对象发放贷款的；以发放贷款为目的，将社会人员吸收为单位内部人员，并向其发放贷款的；向社会公开宣传，同时向不特定多人和亲友、单位内部人员等特定对象发放贷款的。

第二，上述中的"情节严重"，是指以超过 36% 的实际年利率实施符上述非法放贷行为，具有下列情形之一：个人非法放贷数额累计在 200 万元以上的，单位非法放贷数额累计在 1000 万元以上的；个人违法所得数额累计在 80 万元以上的，单位违法所得数额累计在 400 万元以上的；个人非法放贷对象累计在 50 人以上的，单位非法放贷对象累计在 150 人以上的；造成借款人或者其近亲属自杀、死亡或者精神失常等严重后果的。非法放贷数额应当以实际出借给借款人的本金金额认定。

典型真题

下列哪些行为构成非法经营罪？（2009 年·卷二·57 题）①

A. 甲违反国家规定，擅自经营国际电信业务，扰乱电信市场秩序，情节严重

B. 乙非法组织传销活动，扰乱市场秩序，情节严重

C. 丙买卖国家机关颁发的野生动物进出口许可证

D. 丁复制、发行盗版的《国家计算机考试大纲》

（三）强迫交易罪

第 226 条 以暴力、威胁手段，实施下列行为之一，情节严重的，处三年以下有期徒刑或者拘役，并处或者单处罚金；情节特别严重的，处三年以上七年以下有期徒刑，并处罚金：

（一）强买强卖商品的；

（二）强迫他人提供或者接受服务的；

（三）强迫他人参与或者退出投标、拍卖的；

（四）强迫他人转让或者收购公司、企业的股份、债券或者其他资产的；

（五）强迫他人参与或者退出特定的经营活动的。

1. 本罪与抢劫罪、敲诈勒索罪不是 A 与 -A 的对立排斥关系。一个行为符合强迫交易罪，并不意味着不构成抢劫罪、敲诈勒索罪，如果同时符合抢劫罪、敲诈勒索罪，属于想象竞合，择一重罪论处。例如，某导游将旅客带到某"友谊商店"，店主要求旅客必须高价购买某纪念商品，否则拿刀砍。店主同时触犯强迫交易罪和抢劫罪，想象竞合，择一重罪论处，定抢劫罪。

---

① ［答案］AC。

2. 司法解释的要点:

(1) 司法解释规定:① 以暴力、胁迫手段强迫他人借贷,属于"强迫他人提供或者接受服务",情节严重的,以强迫交易罪追究刑事责任。以非法占有为目的,以借贷为名采用暴力、胁迫手段获取他人财物,以抢劫罪或者敲诈勒索罪追究刑事责任。

(2) 新司法解释的要点:②

1. "套路贷",是对以非法占有为目的,假借民间借贷之名,诱使或迫使被害人签订"借贷"或变相"借贷""抵押""担保"等相关协议,通过虚增借贷金额、恶意制造违约、肆意认定违约、毁匿还款证据等方式形成虚假债权债务,并借助诉讼、仲裁、公证或者采用暴力、威胁以及其他手段非法占有被害人财物的相关违法犯罪活动的概括性称谓。

2. "套路贷"与平等主体之间基于意思自治而形成的民事借贷关系存在本质区别,民间借贷的出借人是为了到期按照协议约定的内容收回本金并获取利息,不具有非法占有他人财物的目的,也不会在签订、履行借贷协议过程中实施虚增借贷金额、制造虚假给付痕迹、恶意制造违约、肆意认定违约、毁匿还款证据等行为。

3. 实践中,"套路贷"的常见犯罪手法和步骤包括但不限于以下情形:

(1) 制造民间借贷假象。犯罪嫌疑人、被告人往往以"小额贷款公司""投资公司""咨询公司""担保公司""网络借贷平台"等名义对外宣传,以低息、无抵押、无担保、快速放款等为诱饵吸引被害人借款,继而以"保证金""行规"等虚假理由诱使被害人基于错误认识签订金额虚高的"借贷"协议或相关协议。有的犯罪嫌疑人、被告人还会以被害人先前借贷违约等理由,迫使对方签订金额虚高的"借贷"协议或相关协议。

(2) 制造资金走账流水等虚假给付事实。犯罪嫌疑人、被告人按照虚高的"借贷"协议金额将资金转入被害人账户,制造已将全部借款交付被害人的银行流水痕迹,随后便采取各种手段将其中全部或者部分资金收回,被害人实际上并未取得或者完全取得"借贷"协议、银行流水上显示的钱款。

(3) 故意制造违约或者肆意认定违约。犯罪嫌疑人、被告人往往会以设置违约陷阱、制造还款障碍等方式,故意造成被害人违约,或者通过肆意认定违约,强行要求被害人偿还虚假债务。

(4) 恶意垒高借款金额。当被害人无力偿还时,有的犯罪嫌疑人、被告人会安排其所属公司或者指定的关联公司、关联人员为被害人偿还"借款",继而与被害人签订金额更大的虚高"借贷"协议或相关协议,通过这种"转单平账""以贷还贷"的方式不断垒高"债务"。

(5) 软硬兼施"索债"。在被害人未偿还虚高"借款"的情况下,犯罪嫌疑人、被告人借助诉讼、仲裁、公证或者采用暴力、威胁以及其他手段向被害人或者被害人的特定关系人索取"债务"。

4. 实施"套路贷"过程中,未采用明显的暴力或者威胁手段,其行为特征从整体上表现为以非法占有为目的,通过虚构事实、隐瞒真相骗取被害人财物的,一般以诈骗罪定罪处

① 2014年4月17日《最高人民检察院关于强迫借贷行为适用法律问题的批复》。
② 2019年4月9日《最高人民法院、最高人民检察院、公安部、司法部关于办理"套路贷"刑事案件若干问题的意见》。

罚；对于在实施"套路贷"过程中多种手段并用，构成诈骗、敲诈勒索、非法拘禁、虚假诉讼、寻衅滋事、强迫交易、抢劫、绑架等多种犯罪的，应当根据具体案件事实，区分不同情况，依照刑法及有关司法解释的规定数罪并罚或者择一重处。

以下是普通罪名

（一）损害商业信誉、商品声誉罪

第 221 条 捏造并散布虚伪事实，损害他人的商业信誉、商品声誉，给他人造成重大损失或者有其他严重情节的，处二年以下有期徒刑或者拘役，并处或者单处罚金。

1. 捏造并散布虚伪事实。捏造是本罪的预备行为，散布是本罪的实行行为。散布是指使不特定人或多数人知晓虚伪事实。散布的必须是虚假事实；如果是真实的，不构成本罪。如果没有散布目的，只是单纯捏造虚伪事实，不构成犯罪。

例如，甲没有散布目的，只是写了一个文档"某饮料厂的工人经常在饮料池里洗澡"，然后存在电脑里，不构成犯罪。甲若有散布目的而如此捏造，就是本罪的预备行为，发到网上，就是本罪的实行行为。

2. 被害人必须是特定的、具体的。既包括自然人，也包括单位。

3. 商业信誉包括商业信用和商业名誉。商品声誉是社会对商品的良好评价。

4. 成立本罪要求给他人造成重大损失或者有其他严重情节。

5. 主观是故意。行为人如果没有损害他人商业信誉、商品声誉的意图，只是听信谣言而散布虚伪事实的，不构成本罪。

（二）虚假广告罪

第 222 条 广告主、广告经营者、广告发布者违反国家规定，利用广告对商品或者服务作虚假宣传，情节严重的，处二年以下有期徒刑或者拘役，并处或者单处罚金。

（三）串通投标罪

第 223 条 投标人相互串通投标报价，损害招标人或者其他投标人利益，情节严重的，处三年以下有期徒刑或者拘役，并处或者单处罚金。

投标人与招标人串通投标，损害国家、集体、公民的合法利益的，依照前款的规定处罚。

1. 行为方式有两种：一是投标人相互串通投标报价，损害招标人或者其他投标人利益；二是投标人与招标人串通投标，损害国家、集体、公民的合法利益。

2. 串通拍卖不属于串通投标，不构成本罪。

3. 投标人向招标人行贿，招标人受贿，应当与本罪数罪并罚。

（四）组织、领导传销活动罪

第 224 条之一 组织、领导以推销商品、提供服务等经营活动为名，要求参加者以缴纳费用或者购买商品、服务等方式获得加入资格，并按照一定顺序组成层级，直接或者间接以发展人员的数量作为计酬或者返利依据，引诱、胁迫参加者继续发展他人参加，骗取财物，扰乱经济社会秩序的传销活动的，处五年以下有期徒刑或者拘役，并处罚金；情节严重的，处五年以上有期徒刑，并处罚金。

［提示］条文中的"骗取财物"是指本罪的一种间接目的，并不要求有对应的诈骗行为，更不要求实际骗取到财物。

（五）提供虚假证明文件罪

第229条 ［提供虚假证明文件罪］承担资产评估、验资、验证、会计、审计、法律服务等职责的<u>中介组织的人员</u>故意提供虚假证明文件，情节严重的，处五年以下有期徒刑或者拘役，并处罚金。

前款规定的人员，<u>索取他人财物或者非法收受他人财物</u>，犯前款罪的，处五年以上十年以下有期徒刑，并处罚金。

［出具证明文件重大失实罪］第一款规定的人员，严重不负责任，出具的证明文件有重大失实，造成严重后果的，处三年以下有期徒刑或者拘役，并处或者单处罚金。

1. 行为主体。

（1）行为主体包括公证员。

（2）根据司法解释，① 药物非临床研究机构、药物临床试验机构、合同研究组织的工作人员，故意提供虚假的药物非临床研究报告、药物临床试验报告及相关材料的，构成提供虚假证明文件罪。

2. 结合犯：前罪（提供虚假证明文件罪）+后罪（非国家工作人员受贿罪）=前罪（后罪成为前罪的法定刑升格条件）。

---

① 2017年8月14日《最高人民法院、最高人民检察院关于办理药品、医疗器械注册申请材料造假刑事案件适用法律若干问题的解释》。

21

第二十一讲
妨害社会管理秩序罪

> **特别提示**
>
> 1. 重点内容：(1) 扰乱公共秩序罪；(2) 妨害司法罪；(3) 走私、贩卖、运输、制造毒品罪。
>
> 2. 复习策略：(1) 将一组相关罪名联系起来复习；(2) 注意罪数问题；(3) 注意通过保护法益来提纲挈领。
>
> 3. 案例：狗蛋得知小芳去云南出差，说道："你知道，我吸毒，快没货了，你帮我代购一斤，除了货款 2 万元，我还给你 1000 元酬劳。"小芳说："我为你跑这个事，光额外花的交通食宿费用就快 1000 元！"小芳帮狗蛋代购到毒品，将毒品交给狗蛋，收取 2.1 万元。小芳是否构成贩卖毒品罪？①

一、扰乱公共秩序罪

(一) 妨害公务罪

第 277 条 以暴力、威胁方法阻碍国家机关工作人员依法执行职务的，处三年以下有期徒刑、拘役、管制或者罚金。

以暴力、威胁方法阻碍全国人民代表大会和地方各级人民代表大会代表依法执行代表职务的，依照前款的规定处罚。

在自然灾害和突发事件中，以暴力、威胁方法阻碍红十字会工作人员依法履行职责的，依照第一款的规定处罚。

故意阻碍国家安全机关、公安机关依法执行国家安全工作任务，未使用暴力、威胁方法，造成严重后果的，依照第一款的规定处罚。②

暴力袭击正在依法执行职务的人民警察的，依照第一款的规定从重处罚。（本条第 5 款为《刑法修正案（九）》所增设）

1. 阻碍的是依法执行的职务。例如，夜晚，小芳被人强奸，向警察指认狗剩是犯罪人，警察先行拘留狗剩，狗剩阻碍、抗拒。事后发现，小芳认错人，是狗蛋强奸了自己。多数观

---

① ［答案］代购如果没有牟利目的，没有收取差价利润，则不构成贩卖毒品罪。小芳不构成贩卖毒品罪。

② 本款中的"未使用暴力、威胁方法"不是真正的构成要件要素，只是表面的、虚假的构成要件要素，仅起到界限作用。也即意思是指，不要求使用暴力、威胁方法；而不是指，成立本款的妨害公务罪，必须未使用暴力、威胁方法。若使用了暴力、威胁方法，应更构成妨害公务罪。

点认为，从保障人权的角度看，对于狗剩而言，警察的职务行为不具有合法性，因此不构成妨害公务罪。

2. 阻碍的是正在执行的职务。

例1（真题），警察调解完甲乙的纠纷，甲乙签字后，甲心里又不平，用脚踹警察，致其轻伤。甲不构成妨害公务罪，而构成故意伤害罪。

例2，甲在警察上班路上，拦住警察，不让其上班报到。甲不构成妨害公务罪。

3. 暴力程度。第一，不包括轻微暴力。在执行人员执行任务时，不能期待被执行人（如被逮捕者）一点都不反抗，如果对执行人员实施了轻微的暴力，因为不具有期待可能性，所以不构成本罪。对于公民的合理申诉请求更不能以犯罪论处。第二，如果故意致人重伤或故意杀害执行人员，与故意伤害罪、故意杀人罪想象竞合，择一重罪论处，以故意伤害罪、故意杀人罪论处。

4. 认识错误。

（1）行为人主观没有妨害公务的故意，只有普通犯罪的故意，应定普通犯罪。例如，甲看到朋友乙与丙打架，便上前将丙打成轻伤，实际上丙是便衣警察，正在抓捕乙。甲没有妨害公务罪的故意，只有故意伤害罪的故意，所以应认定为故意伤害罪。

（2）假想防卫。行为人误以为执行人员的执行行为是违法犯罪行为而进行阻碍，因为不具有妨害公务罪的故意，不构成妨害公务罪。例如，甲误以为乙在追杀丙，便将乙打成重伤，实际上乙是便衣警察，正在追捕丙。甲因为没有认识到乙在执行公务，属于假想防卫。如果有过失，则是过失犯罪；如果没有过失，则无罪。

（3）行为人误以为执行人员是依法执行公务而阻碍，实际上对方是冒充的。例如，乙冒充警察，出示伪造的逮捕令要"逮捕"甲。甲误以为乙是在执行公务，打倒乙逃走。虽然甲主观上有妨害公务的故意，但客观上不存在妨害公务的行为，不构成妨害公务罪，无罪。

5. 罪数总结。原则上，实施某种犯罪，又实施妨害公务罪，应数罪并罚。例外的，将妨害公务罪作为另一罪的法定刑升格条件，形成结合犯（前罪+妨害公务罪＝前罪）。这只有两种情形：

（1）走私、贩卖、运输、制造毒品犯罪（第347条）。

（2）组织、运送他人偷越国（边）境罪（第318、321条）。

（二）招摇撞骗罪

第279条　冒充国家机关工作人员招摇撞骗的，处三年以下有期徒刑、拘役、管制或者剥夺政治权利；情节严重的，处三年以上十年以下有期徒刑。

冒充人民警察招摇撞骗的，依照前款的规定从重处罚。

1. 侵害法益：国家机关工作人员的公众信赖感（即官员的公众形象）。因此，冒充国家机关工作人员学雷锋、做好事，不构成犯罪。

2. 行为方式。

（1）冒充的国家机关工作人员：不包括国有企业、事业单位人员，例如国企领导、大学校长；不包括高干子弟、烈士子女、战斗英雄和劳模。冒充已被撤销建制的国家机关的某个工作人员，足以使对方信以为真的，也可能成立本罪。

（2）冒充的情形：一是非国家机关工作人员冒充国家机关工作人员（包括离职的国家机关工作人员冒充在职的国家机关工作人员）；二是此种国家机关工作人员冒充彼种国家机

工作人员，如行政机关工作人员冒充司法机关工作人员；三是职务低的国家机关工作人员冒充职务高的国家机关工作人员，当然也包括相反情形（2019 年试题）。

（3）招摇撞骗：并不要求骗钱，可以欺骗职务、名誉、资格、待遇、感情等。

［注意］只招摇，不撞骗，不成立本罪。

例 1，甲整天向他人声称自己是国家机关工作人员，但没有其他动作，不成立犯罪。

例 2，乙在网上放了一张自己穿市场监管局制服的照片，仅仅是为了炫耀姿色，并没有其他行为，不成立犯罪。

3. 本罪与诈骗罪的关系。

（1）二者不是法条竞合关系，不是特别法条与一般法条的关系。二者侵害的法益不同，本罪侵害的是官员的形象，诈骗罪侵害的是他人财产权，不存在法条竞合关系。如果认为是法条竞合关系，就要优先适用本罪。那么犯罪分子在实施诈骗罪时，只要采用冒充官员的手段，就应定本罪。而本罪的法定刑比诈骗罪要轻很多。这样就给犯罪分子提供了规避诈骗罪的机会。

（2）二者可以产生想象竞合。当冒充国家机关工作人员骗取钱财时，就冒充而言，侵害了官员形象，触犯了招摇撞骗罪；就骗取钱财而言，触犯了诈骗罪，属于想象竞合犯，择一重罪论处。这是司法解释的立场。

4. 罪数问题。

（1）冒充军警人员抢劫的，属于抢劫罪的法定加重情节。

（2）冒充警察招摇撞骗，定招摇撞骗罪，并从重处罚。

（3）冒充军人（包括武警）招摇撞骗，定冒充军人招摇撞骗罪。

（4）冒充国家执法人员执法，以此骗取钱财，触犯了招摇撞骗罪和诈骗罪，按想象竞合犯处理。冒充国家执法人员执法，既欺骗又恐吓被害人，让被害人交付钱财，就触犯了招摇撞骗罪、诈骗罪、敲诈勒索罪，按照想象竞合犯处理。

（三）关于公文、证件、印章犯罪

第 280 条 ［伪造、变造、买卖国家机关公文、证件、印章罪］［盗窃、抢夺、毁灭国家机关公文、证件、印章罪］伪造、变造、买卖或者盗窃、抢夺、毁灭国家机关的公文、证件、印章的，处三年以下有期徒刑、拘役、管制或者剥夺政治权利，并处罚金；情节严重的，处三年以上十年以下有期徒刑，并处罚金。

［伪造公司、企业、事业单位、人民团体印章罪］伪造公司、企业、事业单位、人民团体的印章的，处三年以下有期徒刑、拘役、管制或者剥夺政治权利，并处罚金。

［伪造、变造、买卖身份证件罪］伪造、变造、买卖居民身份证、护照、社会保障卡、驾驶证等依法可以用于证明身份的证件的，处三年以下有期徒刑、拘役、管制或者剥夺政治权利，并处罚金；情节严重的，处三年以上七年以下有期徒刑，并处罚金。（本条第 3 款经《刑法修正案（九）》修正）

第 280 条之一 ［使用虚假身份证件、盗用身份证件罪］在依照国家规定应当提供身份证明的活动中，使用伪造、变造的或者盗用他人的居民身份证、护照、社会保障卡、驾驶证等依法可以用于证明身份的证件，情节严重的，处拘役或者管制，并处或者单处罚金。

有前款行为，同时构成其他犯罪的，依照处罚较重的规定定罪处罚。（本条为《刑法修正案（九）》所增设）

1. 伪造、变造、买卖国家机关公文、证件、印章罪

（1）侵害法益：国家机关公文、证件、印章的公共信用。

（2）行为方式。

①伪造。伪造公文、证件，包括有形伪造与无形伪造。有形伪造公文、证件，是指没有制作权限的人，冒用国家机关名义制作公文、证件。无形伪造公文、证件，是指有制作权限的人，擅自以国家机关的名义制作与事实不相符合的公文、证件。伪造公文、证件既包括伪造"原件"，也包括伪造真实原件的复印件。

伪造印章，是指没有权限而制造国家机关的印章的印形（即私刻公章），或者在纸张等物体上表示出足以使一般人误认为是真实印章的印影（如用红笔描绘公章印影）。

［提示1］伪造公文、证件、印章，并不需要存在与之对应的真实的公文、证件、印章，但要求足以使一般人信以为真。这是因为本罪侵犯的法益是国家机关公文、证件、印章的公共信用。

［提示2］甲负责保管某国家机关印章。乙找到甲，拿着"乙系某法院执行局法官"的虚假证明要求甲给盖章。甲明知内容有假而照办。虽然印章真实，但内容虚假，属于伪造国家机关公文。

②变造。这是指对真实的国家机关公文、证件、印章进行加工，改变其非本质内容的行为，如果改变了公文、证件、印章的本质部分，则应认定为伪造。

③买卖。第一，买卖的对象，包括真实的公文、证件、印章，也包括伪造、变造的公文、证件、印章。注意：不包括民事判决书。

第二，买卖的方式。卖，包括先买进后卖出，也包括单纯的卖出。买，包括为卖出而买进，也包括为自己使用而买进。

（3）司法解释要点。根据司法解释，伪造、变造、买卖下列物品，也构成本罪：

①林木采伐许可证、木材运输证件，森林、林木、林地权属证书，占用或者征用林地审核同意书，育林基金等缴费收据。

②野生动物允许进出口证明书、特许猎捕证、狩猎证、驯养繁殖许可证。

③各级人民政府设立的行使行政管理权的临时性机构的公文、证件、印章。

④机动车行驶证、登记证书；机动车入户、过户、验证的证明文件。

［注意］伪造、变造、买卖民用机动车号牌，不能认定为本罪。① 如果反复伪造、买卖民用机动车号牌，可定非法经营罪。

（4）罪数：

①本罪是选择性罪名，可分拆使用。同时实施上述行为的，也只认定为一罪，不实行数罪并罚。

②实施本罪后，又利用该公文、证件、印章实施其他犯罪，具有牵连关系的，一般择一重罪论处。

---

① 参见2009年《最高人民法院研究室〈关于伪造、变造、买卖民用机动车号牌行为能否以伪造、变造、买卖国家机关证件罪定罪处罚问题的请示〉的答复》。其中理由：第280条的伪造、变造、买卖国家机关证件罪的法定刑高于第281条的非法生产、买卖警用装备罪的法定刑。若伪造民用机动车号牌定前罪，而伪造警用机动车号牌定后罪，就导致伪造民用机动车号牌的处罚重于伪造警用机动车号牌。这显然不合理。

③非法经营罪有种行为类型："买卖进出口许可证、进出口原产地证明以及其他法律、行政法规规定的经营许可证或者批准文件的行为"。该行为类型与买卖国家机关公文、证件罪形成想象竞合犯，择一重罪论处，也即以非法经营罪论处。

2. 盗窃、抢夺、毁灭国家机关公文、证件、印章罪

（1）行为对象是国家机关已经制作的真实的公文、证件、印章。因为本罪保护的法益是国家机关公文、证件、印章的公共信用。盗窃、抢夺、毁灭伪造的国家机关公文、证件、印章，不会侵害这种证明信用，所以不成立盗窃、抢夺、毁灭国家机关公文、证件、印章罪。

（2）罪数问题：盗窃、抢夺武装部队的公文、证件、印章的，成立盗窃、抢夺武装部队公文、证件、印章罪。但毁灭武装部队的公文、证件、印章的，因为刑法未规定毁灭武装部队公文、证件、印章罪，所以定毁灭国家机关公文、证件、印章罪。

[提示] 抢劫国家机关公文、证件、印章，可以定抢夺国家机关公文、证件、印章罪，因为抢劫可以包容评价为抢夺。

（3）如果盗窃、抢夺、毁灭行为对公文、证件的证明作用并不发生任何影响的，不构成犯罪，例如，盗窃、抢夺、毁灭当事人持有的判决书。

3. 伪造公司、企业、事业单位、人民团体印章罪

（1）这里的公司、企业、事业单位、人民团体没有所有制的限制。例如，既包括公立医院，也包括私立医院。

（2）行为对象只包括印章，不包括公文、证件，也即伪造公司、企业、事业单位、人民团体的公文、证件，不构成犯罪。

（3）行为方式只包括伪造，不包括变造、买卖，也即变造、买卖公司、企业、事业单位、人民团体印章，不构成犯罪。变造、买卖这些单位的公文、证件，也不构成犯罪。

（4）司法解释："对于伪造高等院校印章制作学历、学位证明的行为，应当以伪造事业单位印章罪论处。明知是伪造高等院校印章制作的学历、学位证明而贩卖的，以伪造事业单位印章罪的共犯论处。"

[注意] 这是指贩卖者与伪造者在伪造时就有共谋，一位负责伪造，另一位负责贩卖。如此，贩卖者才能是伪造者的共犯。如果事先没有共谋，伪造者伪造后，贩卖者独立贩卖，不构成本罪。因为本罪不处罚买卖行为。

4. 伪造、变造、买卖身份证件罪

（1）行为对象。

①这些证件都是国家机关制作的证件。换言之，本罪是伪造、变造、买卖国家机关证件罪的一个特殊罪名，二者是法条竞合关系。

②这些身份证件不仅包括居民身份证，还包括护照、社会保障卡、驾驶证等依法可以用于证明身份的证件。

[注意] 国家机关制作的，仅供内部使用，用以证明身份的证件，例如工作证、出入证，不是这里的身份证件。

（2）行为方式，包括伪造、变造、买卖。

[注意] 买卖：第一，买卖的对象，包括真实的身份证件，也包括伪造、变造的身份证件。第二，买卖的方式。卖，包括先买进后卖出，也包括单纯的卖出。买，包括为卖出而买进，也包括为自己使用而买进。

例1，清洁工甲拾得乙的身份证，卖给丙，构成本罪。

例2，甲将自己的身份信息告诉乙，让乙伪造，并支付办证费用。甲构成买卖身份证件罪。乙构成伪造身份证件罪。

总之，本罪行为方式的特点与伪造、变造、买卖国家机关证件罪的行为方式是相同的。

5. 使用虚假身份证件罪、盗用身份证件罪

（1）使用、盗用的领域：依照国家规定应当提供身份证明的活动中。例如，办理户口登记、婚姻登记、出入境手续、银行汇款等。

（2）使用的对象是虚假的身份证件。盗用的对象是他人真实的身份证件。盗用的方式：

①违反身份证件所有者的意志。例如，窃取、骗取、拾取他人的身份证件而冒用。

②不违反身份证件所有者的意志。例如，甲征得乙同意，在申办危险化学品购买许可证时，使用乙的身份证。又如，甲征得乙同意，在申请服兵役时使用乙的身份证。

［总结］这里的"盗用"是指"冒用"，侵犯的首要法益是验证方的利益（对身份证件的信赖），次要法益是身份证件所有者的利益。所以，"盗用"、"冒用"主要是针对验证方而言的。

［提示］当验证方的办事人员明知提供方使用的是虚假的身份证件或冒用他人的身份证件，仍然办理相关事项，提供方构成本罪，验证方的办事人员构成本罪的共犯。例如，甲征得乙同意，在申请服兵役时使用乙的身份证，招兵机构的办事人员丙明知甲在冒用身份，仍予以通过。甲构成本罪，丙构成本罪的共犯。

（四）聚众斗殴罪

第292条　聚众斗殴的，对首要分子和其他积极参加的，处三年以下有期徒刑、拘役或者管制；有下列情形之一的，对首要分子和其他积极参加的，处三年以上十年以下有期徒刑：

（一）多次聚众斗殴的；

（二）聚众斗殴人数多，规模大，社会影响恶劣的；

（三）在公共场所或者交通要道聚众斗殴，造成社会秩序严重混乱的；

（四）持械聚众斗殴的。

聚众斗殴，致人重伤、死亡的，依照本法第二百三十四条（故意伤害罪）、第二百三十二条（故意杀人罪）的规定定罪处罚。

1. 聚众斗殴是指以聚众的形式相互斗殴。

（1）相互斗殴，是指双方都出于侵害对方的意图而相互攻击，同时默示承诺对方对自己的侵害。如果一方有侵害意图，另一方没有侵害意图和行为，则实施侵害的一方属于故意伤害，可构成故意伤害罪，另一方可以正当防卫。

［提示］基于被害人承诺原理，聚众相互斗殴中，故意伤害致人轻伤，不构成故意伤害罪，故意伤害致人重伤、故意杀人，则构成故意伤害罪、故意杀人罪。

（2）聚众，是指要求多人参与，但不要求双方都必须3人以上。

例1，甲与乙均有相互侵害的意图，甲带领3人前往参加，乙一人参加，属于聚众斗殴。

例2，甲有侵害乙的意图，乙没有侵害甲的意图，甲带领3人前往，乙一人迎战。甲方属于故意伤害，乙属于正当防卫。

例3，甲有侵害乙的意图，乙没有侵害甲的意图，甲一人前往，乙带领3人迎战。甲属

于故意伤害，乙方属于正当防卫。

［提示］聚众的"众"，不要求达到责任年龄、具有责任能力。

2. 本罪只处罚首要分子和积极参加者。

3. 聚众斗殴过失致人重伤、死亡的，以故意伤害罪、故意杀人罪定罪处罚。

（1）该规定是法律拟制，是指失致人重伤、死亡，也定故意伤害罪、故意杀人罪。若故意重伤或杀人，理所当然也定故意伤害罪、故意杀人罪。

（2）该规定是针对两种人而言的：一是直接造成重伤、死亡的斗殴者；二是首要分子。其他参与者对此不负责任。在不能查明死亡是由谁造成时，只让首要分子负责。

（3）致人重伤、死亡，既包括一方导致另一方人员重伤、死亡，也包括一方导致本方人员重伤、死亡。

（五）组织、领导、参加黑社会性质组织罪

第294条 组织、领导黑社会性质的组织的，处七年以上有期徒刑，并处没收财产；积极参加的，处三年以上七年以下有期徒刑，可以并处罚金或者没收财产；其他参加的，处三年以下有期徒刑、拘役、管制或者剥夺政治权利，可以并处罚金。

境外的黑社会组织的人员到中华人民共和国境内发展组织成员的，处三年以上十年以下有期徒刑。

国家机关工作人员包庇黑社会性质的组织，或者纵容黑社会性质的组织进行违法犯罪活动的，处五年以下有期徒刑；情节严重的，处五年以上有期徒刑。

犯前三款罪又有其他犯罪行为的，依照数罪并罚的规定处罚。

黑社会性质的组织应当同时具备以下特征：

（一）形成较稳定的犯罪组织，人数较多，有明确的组织者、领导者，骨干成员基本固定；

（二）有组织地通过违法犯罪活动或者其他手段获取经济利益，具有一定的经济实力，以支持该组织的活动；

（三）以暴力、威胁或者其他手段，有组织地多次进行违法犯罪活动，为非作恶，欺压、残害群众；

（四）通过实施违法犯罪活动，或者利用国家工作人员的包庇或者纵容，称霸一方，在一定区域或者行业内，形成非法控制或者重大影响，严重破坏经济、社会生活秩序。

1. "黑社会性质组织"的界定标准：第一，具有稳定组织；第二，具有经济实力；第三，手段具有非法性、破坏性；第四，形成非法控制。注意：不要求必须有"政治保护伞"。

2. 责任界定。对于黑社会性质组织的组织者、领导者，应当按照其所组织、领导的黑社会性质组织所犯的全部罪行处罚。所谓黑社会性质组织所犯的全部罪行，不是指黑社会性质组织成员所犯的全部罪行，而是组织、领导者所组织、发动、指挥的全部罪行。成员个人所犯罪行，不属于黑社会性质组织所犯罪行。

3. 罪数。本罪的行为是组织、领导、参加黑社会性质组织。如果组织、领导、参加后，又实施了其他犯罪，数罪并罚。例如，组织黑社会性质组织后，又利用该组织实施赌博罪、组织卖淫罪、贩卖毒品罪等，应数罪并罚。

4. 第294条第2款规定的是"入境发展黑社会组织罪"。第3款规定的是"包庇、纵容黑社会性质组织罪"。

[注意]　新司法解释的要点：①

一、"软暴力"是指行为人为谋取不法利益或形成非法影响，对他人或者在有关场所进行滋扰、纠缠、哄闹、聚众造势等，足以使他人产生恐惧、恐慌进而形成心理强制，或者足以影响、限制人身自由、危及人身财产安全，影响正常生活、工作、生产、经营的违法犯罪手段。

五、采用"软暴力"手段，使他人产生心理恐惧或者形成心理强制，分别属于《刑法》第二百二十六条规定的"威胁"、《刑法》第二百九十三条第一款第（二）项规定的"恐吓"，同时符合其他犯罪构成要件的，应当分别以强迫交易罪、寻衅滋事罪定罪处罚。

六、有组织地多次短时间非法拘禁他人的，应当认定为《刑法》第二百三十八条规定的"以其他方法非法剥夺他人人身自由"。非法拘禁他人三次以上、每次持续时间在四小时以上，或者非法拘禁他人累计时间在十二小时以上的，应当以非法拘禁罪定罪处罚。

七、以"软暴力"手段非法进入或者滞留他人住宅的，应当认定为《刑法》第二百四十五条规定的"非法侵入他人住宅"，同时符合其他犯罪构成要件的，应当以非法侵入住宅罪定罪处罚。

八、以非法占有为目的，采用"软暴力"手段强行索取公私财物，同时符合《刑法》第二百七十四条规定的其他犯罪构成要件的，应当以敲诈勒索罪定罪处罚。

十一、为强索不受法律保护的债务或者因其他非法目的，雇佣、指使他人采用"软暴力"手段非法剥夺他人人身自由构成非法拘禁罪，或者非法侵入他人住宅、寻衅滋事，构成非法侵入住宅罪、寻衅滋事罪的，对雇佣者、指使者，一般应当以共同犯罪中的主犯论处；因本人及近亲属合法债务、婚恋、家庭、邻里纠纷等民间矛盾而雇佣、指使，没有造成严重后果的，一般不作为犯罪处理，但经有关部门批评制止或者处理处罚后仍继续实施的除外。

（六）赌博罪和开设赌场罪

第 303 条　以营利为目的，聚众赌博或者以赌博为业的，处三年以下有期徒刑、拘役或者管制，并处罚金。

开设赌场的，处三年以下有期徒刑、拘役或者管制，并处罚金；情节严重的，处三年以上十年以下有期徒刑，并处罚金。（本条经《刑法修正案（六）》修正）

第 1 款是赌博罪，第 2 款是开设赌场罪。

1. 赌博罪

（1）赌博。

①输赢具有偶然性。如果设定好结局，则名为赌局，实为骗局。注意正确理解相关司法解释。② 该司法解释指出，诱骗他人参与赌博，定赌博罪；而没有规定，名为赌局实为骗局，以此诈骗钱财，也定赌博罪。因此，以赌局为骗局，诈骗钱财，符合诈骗罪特征，不定赌博罪，应定诈骗罪。

②赌博罪中的赌博，要求赌注是财物或财产性利益。如果以其他事项为赌注，则不构成

---

① 2019 年 4 月 9 日《最高人民法院、最高人民检察院、公安部、司法部关于办理实施"软暴力"的刑事案件若干问题的意见》。

② 1995 年 11 月 6 日《最高人民法院关于对设置圈套诱骗他人参赌又向索还钱财的受骗者施以暴力或暴力威胁的行为应如何定罪问题的批复》。

赌博罪。例如，甲乙打赌，谁输了，谁负责洗碗，不是赌博罪中的赌博。

（2）行为方式有两种：

①聚众赌博。这是指组织多人赌博。

②以赌博为业。这是指将赌博作为职业或兼职，也即赌博是主要收入来源。

［总结］没有聚众，没有以此为业，单纯的参与者不构成赌博罪。

（3）主观上要有营利目的。主要有两种情况：一是通过在赌博活动中取胜获取财物；二是通过抽头渔利或者收取各种名义的手续费、入场费等获取财物。行为人的目的不在于营利而在于一时娱乐的，不成立赌博罪。

2. 开设赌场罪

这是指以营利为目的，设立专门用于赌博的场所，提供赌具的行为。

（1）不以营利为目的，进行带有少量财物输赢的娱乐活动，以及提供棋牌室等娱乐场所只收取正常的场所和服务费用的经营行为等，不以开设赌场罪论处。

（2）为澳门赌场在内地招揽赌徒的行为，不构成开设赌场罪。因为实行者无罪，帮助者也无罪。

（3）根据司法解释，① 下列情形构成开设赌场罪：

①建立赌博网站并接受投注的；

②为赌博网站担任代理并接受投注的；

③参与赌博网站利润分成的；

④设置赌博机，也即设置具有退币、退分、退钢珠等赌博功能的电子游戏设施设备，并以现金、有价证券等贵重款物作为奖品，或者以回购奖品方式给予他人现金、有价证券等贵重款物组织赌博活动的。

以下是普通罪名

（一）非法获取国家秘密罪

第282条　以窃取、刺探、收买方法，非法获取国家秘密的，处三年以下有期徒刑、拘役、管制或者剥夺政治权利；情节严重的，处三年以上七年以下有期徒刑。

非法持有属于国家绝密、机密的文件、资料或者其他物品，拒不说明来源与用途的，处三年以下有期徒刑、拘役或者管制。

1. 主观是故意。

（1）主观上不能是为境外机构、组织、人员窃取、刺探、收买国家秘密，否则成立为境外窃取、刺探、收买、非法提供国家秘密、情报罪（第111条）。

（2）行为人实施窃取、刺探、收买国家秘密的行为时，没有非法提供给境外机构、组织、人员的故意，但非法获取国家秘密之后，非法提供给境外机构、组织或人员的，因为侵害的法益具有同一性，仅以为境外窃取、刺探、收买、非法提供国家秘密罪论处即可，不再数罪并罚。

2. 第282条第2款规定的是"非法持有国家绝密、机密文件、资料、物品罪"。

---

① 2010 年 8 月 31 日《最高人民法院、最高人民检察院、公安部关于办理网络赌博犯罪案件适用法律若干问题的意见》。2014 年 3 月 26 日《最高人民法院、最高人民检察院、公安部关于办理利用赌博机开设赌场案件适用法律若干问题的意见》。

（二）考试作弊类犯罪

第284条之一 ［组织考试作弊罪］在法律规定的国家考试中，组织作弊的，处三年以下有期徒刑或者拘役，并处或者单处罚金；情节严重的，处三年以上七年以下有期徒刑，并处罚金。

为他人实施前款犯罪提供作弊器材或者其他帮助的，依照前款的规定处罚。

［非法出售、提供试题、答案罪］为实施考试作弊行为，向他人非法出售或者提供第一款规定的考试的试题、答案的，依照第一款的规定处罚。

［代替考试罪］代替他人或者让他人代替自己参加第一款规定的考试的，处拘役或者管制，并处或者单处罚金。（本条为《刑法修正案（九）》所增设）

1. 组织考试作弊罪

（1）这里的考试，是法律规定的国家考试。例如，依据公务员法、法官法、教育法、执业医师法、注册会计师法等组织的考试。

①依据法律规定的考试，大多是国家某个部委组织的国家统一考试，但也有地方或行业依据法律规定组织的考试。例如，各省公务员考试。

②这里的考试，不包括国外的考试。例如，托福、雅思等。

（2）本罪处罚的是组织者。

2. 非法出售、提供试题、答案罪

（1）这里的试题、答案要求是真实的，不能是虚假的，但不要求完全真实，只要求部分真实。

（2）出售、提供的对象包括参加考试的人，也包括不参加考试的人。接收试题、答案的人是否使用了试题、答案，不影响出售、提供者构成本罪。

（3）出售、提供的时间是考试前或考试中。

3. 代替考试罪

（1）行为主体是替考者和应考者。二者是对向犯性质的共犯关系。

［注意］一方构成犯罪，并不意味着另一方必然构成犯罪。例如，甲生病住院，无法考试。甲的父亲乙让丙代替甲参加考试。对此甲不知情。甲作为应考者不构成本罪，丙作为替考者构成本罪，乙教唆替考者，构成本罪的教唆犯。

（2）为代替考试而使用虚假的身份证的，成立牵连犯，择一重罪论处。

［注意］新司法解释的要点：①

第一条 刑法第二百八十四条之一规定的"法律规定的国家考试"，仅限于全国人民代表大会及其常务委员会制定的法律所规定的考试。根据有关法律规定，下列考试属于"法律规定的国家考试"：

（一）普通高等学校招生考试、研究生招生考试、高等教育自学考试、成人高等学校招生考试等国家教育考试；

（二）中央和地方公务员录用考试；

（三）国家统一法律职业资格考试、国家教师资格考试、注册会计师全国统一考试、会计专业技术资格考试、资产评估师资格考试、医师资格考试、执业药师职业资格考试、注册

---

① 2019年9月2日《最高人民法院、最高人民检察院关于办理组织考试作弊等刑事案件适用法律若干问题的解释》。

建筑师考试、建造师执业资格考试等专业技术资格考试；

（四）其他依照法律由中央或者地方主管部门以及行业组织的国家考试。

前款规定的考试涉及的特殊类型招生、特殊技能测试、面试等考试，属于"法律规定的国家考试"。

第四条 组织考试作弊，在考试开始之前被查获，但已经非法获取考试试题、答案或者具有其他严重扰乱考试秩序情形的，应当认定为组织考试作弊罪既遂。

第六条 为实施考试作弊行为，向他人非法出售或者提供法律规定的国家考试的试题、答案，试题不完整或者答案与标准答案不完全一致的，不影响非法出售、提供试题、答案罪的认定。

第七条 代替他人或者让他人代替自己参加法律规定的国家考试的，应当依照刑法第二百八十四条之一第四款的规定，以代替考试罪定罪处罚。

第九条 以窃取、刺探、收买方法非法获取法律规定的国家考试的试题、答案，又组织考试作弊或者非法出售、提供试题、答案，分别符合刑法第二百八十二条和刑法第二百八十四条之一规定的，以非法获取国家秘密罪和组织考试作弊罪或者非法出售、提供试题、答案罪数罪并罚。

第十一条 设立用于实施考试作弊的网站、通讯群组或者发布有关考试作弊的信息，情节严重的，应当依照刑法第二百八十七条之一的规定，以非法利用信息网络罪定罪处罚；同时构成组织考试作弊罪、非法出售、提供试题、答案罪、非法获取国家秘密罪等其他犯罪的，依照处罚较重的规定定罪处罚。

（三）计算机犯罪

1. 非法侵入计算机信息系统罪（第 285 条）

（1）侵入是指未经许可进行登录访问。

（2）这里的计算机信息系统，仅包括国家事务、国防建设、尖端科学技术领域的计算机信息系统，不包括一般的计算机信息系统。例如，不包括一般公司企业的计算机信息系统。

（3）主观是故意。如果因过失进入了上述计算机信息系统，不构成犯罪。

2. 破坏计算机信息系统罪（第 286 条）

（1）这里的计算机信息系统，不仅包括国家事务、国防建设、尖端科学技术领域的计算机信息系统，也包括一般的计算机信息系统。如果非法侵入国家事务、国防建设、尖端科学技术领域的计算机信息系统，又实施破坏行为，后行为吸收前行为，只定破坏计算机信息系统罪。

（2）行为方式有三种：

①违反国家规定，对计算机信息系统功能进行删除、修改、增加、干扰，造成计算机信息系统不能正常运行。

②违反国家规定，对计算机信息系统中存储、处理或者传输的数据和应用程序进行删除、修改、增加的操作。

③故意制作、传播计算机病毒等破坏性程序，影响计算机系统的正常运行。

根据立法解释，① 对下列两种行为以本罪论处：第一，故意制作、传播计算机病毒，攻

---

① 2009 年 8 月 27 日《全国人民代表大会常务委员会关于维护互联网安全的决定》（2009 年修正）。

击计算机系统及通信网络，致使计算机系统及通信网络遭受损害；第二，违反国家规定，擅自中断计算机网络或通信服务，造成计算机网络或者通信系统不能正常运行。

3. 拒不履行信息网络安全管理义务罪（第 286 条之一）

（1）本罪是真正不作为犯。

（2）本罪的成立，要求经监管部门责令采取改正措施而拒不改正。

4. 非法利用信息网络罪（第 287 条之一）

（1）根据第 287 条之一第 3 款，实施本罪行为的同时，又触犯其他犯罪，属于一个行为触犯两个罪名，想象竞合，择一重罪论处。例如，在网上发布销售毒品的信息，同时触犯本罪和贩卖毒品罪，想象竞合，择一重罪论处。

（2）第 287 条规定："利用计算机实施金融诈骗、盗窃、贪污、挪用公款、窃取国家秘密或者其他犯罪的，依照本法有关规定定罪处罚。"本条是注意规定，因为利用计算机实施具体的犯罪，原本就应定具体的犯罪，计算机只是实施犯罪的手段。例如，利用计算机病毒非法占有他人网上银行资金的，应定盗窃罪。

5. 帮助信息网络犯罪活动罪（第 287 条之二）

本罪的帮助行为没有被正犯化。具体分析参见总论→共同犯罪→帮助犯的内容。

6. 扰乱无线电通讯管理秩序罪（第 288 条）

根据司法解释，[①] 本罪要求的"擅自设置、使用无线电台（站），或者擅自使用无线电频率，干扰无线电通讯秩序"，是指以下情形：（1）未经批准设置无线电广播电台（简称"黑广播"），非法使用广播电视专用频段的频率的；（2）未经批准设置通信基站（简称"伪基站"），强行向不特定用户发送信息，非法使用公众移动通信频率的；（3）未经批准使用卫星无线电频率的；（4）非法设置、使用无线电干扰器的。

（四）聚众扰乱秩序的犯罪

1. 聚众扰乱社会秩序罪（第 290 条）

（1）聚众：是指组织聚集众人。如果未经组织，民众自发围观汇集，不是聚众。

（2）本罪只处罚首要分子和积极参与者。一般围观者不构成本罪。

（3）行为方式是聚众，既可采用暴力手段，也可采用非暴力手段。如果是暴力手段，触犯其他犯罪，数罪并罚。例如，聚众时使用暴力故意致人重伤、死亡，还需定故意伤害罪、故意杀人罪。

（4）本罪侵害的法益是社会管理秩序，主要是公众的工作、生产、生活秩序。

（5）主观要求有扰乱社会秩序的故意。民众为了主张合理诉求而聚集的，不构成犯罪。

2. 聚众扰乱公共场所秩序、交通秩序罪（第 291 条）

（1）第 291 条中的"抗拒、阻碍国家治安管理工作人员依法执行职务"，是本罪的第三种行为类型，而不是前两种聚众行为类型的补充要件。

（2）假装跳楼、跳桥，吸引观众注意等"跳楼秀"，不构成本罪。

（五）投放虚假危险物质罪，编造、故意传播虚假恐怖信息罪

第 291 条之一　［投放虚假危险物质罪］［编造、故意传播虚假恐怖信息罪］投放虚假

---

① 2017 年 6 月 27 日《最高人民法院、最高人民检察院关于办理扰乱无线电通讯管理秩序等刑事案件适用法律若干问题的解释》。

的爆炸性、毒害性、放射性、传染病病原体等物质，或者编造爆炸威胁、生化威胁、放射威胁等恐怖信息，或者明知是编造的恐怖信息而故意传播，严重扰乱社会秩序的，处五年以下有期徒刑、拘役或者管制；造成严重后果的，处五年以上有期徒刑。

［编造、故意传播虚假信息罪］编造虚假的险情、疫情、灾情、警情，在信息网络或者其他媒体上传播，或者明知是上述虚假信息，故意在信息网络或者其他媒体上传播，严重扰乱社会秩序的，处三年以下有期徒刑、拘役或者管制；造成严重后果的，处三年以上七年以下有期徒刑。（本条第 2 款为《刑法修正案（九）》所增设）

本条包括两个罪名：一是投放虚假危险物质罪；二是编造、故意传播虚假恐怖信息罪。

1. 投放虚假危险物质罪（第 291 条之一第 1 款）

本罪只是扰乱社会秩序，没有危害公共安全。如果投放真实的危险物质，危害公共安全，则构成投放危险物质罪（第 114 条、第 115 条）。

2. 编造、故意传播虚假恐怖信息罪（第 291 条之一第 1 款）

（1）恐怖信息是指具有爆炸威胁、生化威胁、放射威胁等严重危及公共安全、使人恐慌的信息。例如，张三编造虚假信息"某小区早点摊贩出售的包子馅都是用废纸箱打成纸浆做的"，不构成本罪，但实务中却以本罪论处，这种做法是错误的。

（2）行为方式：一是自己编造并传播；二是故意传播他人编造的虚假恐怖信息。

（3）本罪是实害犯，要求造成严重扰乱了社会秩序的实害结果。

［注意］为了防止不当地限制言论自由，必须注意成立本罪所要求的实害结果。

例 1，甲在日记本上写上"某商场某日会发生爆炸"，不构成本罪。

例 2，甲在微博上发一条"我要炸某商场"，并未有行动，也没人相信甲的言论，未造成商场秩序混乱，不构成本罪。

例 3，甲对法院院长说："如果不解决我的问题，我就给法院安装炸弹。"不构成本罪。

例 4，甲对公安局局长谎称："我已经在市政府安装了炸弹。"市政府紧急排查。甲构成本罪。

（六）寻衅滋事罪

第 293 条　有下列寻衅滋事行为之一，破坏社会秩序的，处五年以下有期徒刑、拘役或者管制：

（一）随意殴打他人，情节恶劣的；

（二）追逐、拦截、辱骂、恐吓他人，情节恶劣的；

（三）强拿硬要或者任意损毁、占用公私财物，情节严重的；

（四）在公共场所起哄闹事，造成公共场所秩序严重混乱的。

纠集他人多次实施前款行为，严重破坏社会秩序的，处五年以上十年以下有期徒刑，可以并处罚金。

1. 行为类型。关于第四种行为类型，有关司法解释规定：[①] 编造虚假信息，或者明知是编造的虚假信息，在信息网络上散布，或者组织、指使人员在信息网络上散布，起哄闹事，造成公共秩序严重混乱的，依照第 293 条第 1 款第 4 项的规定，以寻衅滋事罪论处。

---

① 2013 年 9 月 6 日《最高人民法院、最高人民检察院关于办理利用信息网络实施诽谤等刑事案件适用法律若干问题的解释》第 5 条第 2 款。

该规定将网络空间解释为本罪的"公共场所"，属于类推解释。① 因为，本罪的"公共场所"是指公众的身体可以自由出入的场所。网络空间只是公众的言论可以自由出入。倘若将网络空间解释为本罪的公共场所，那么一份报纸、一个留言板也是本罪的公共场所，因为不特定人可以在上面发表言论。② 不过，既然是司法解释，只能将该规定视为特殊规定。

2. 动机问题。根据司法解释，本罪主观上要求具有"流氓动机"，也即"寻求刺激"、"发泄情绪"等。

3. 罪数问题。旧观点认为，本罪与故意伤害罪、抢劫罪、敲诈勒索罪的区分，是对立排斥的区分。新观点及司法解释认为，二者可以想象竞合，然后择一重罪论处。③ 具体而言：

（1）"随意殴打他人，情节恶劣的"，与故意伤害罪可以想象竞合。

（2）"追逐、拦截、辱骂、恐吓他人，情节恶劣的"，与侮辱罪可以想象竞合。

（3）"强拿硬要或者任意损毁、占用公私财物，情节严重的"，与抢夺罪、抢劫罪、故意毁坏财物罪等可以想象竞合。

（4）"在公共场所起哄闹事，造成公共场所秩序严重混乱的"，与聚众扰乱公共场所秩序罪可以想象竞合。

（七）传授犯罪方法罪

第 295 条　传授犯罪方法的，处五年以下有期徒刑、拘役或者管制；情节严重的，处五年以上十年以下有期徒刑；情节特别严重的，处十年以上有期徒刑或者无期徒刑。

1. 传授的对象，是否具有刑事责任能力或者达到刑事责任年龄，在所不问。如果传授的对象未达刑事责任年龄，也不从重处罚。

2. 本罪与教唆犯。

（1）二者区分：

①本罪只是向他人传授犯罪方法，没有教唆他人犯罪。而教唆犯是故意使他人产生犯罪意图。

②本罪传授的对象即使实施了犯罪，与传授者也不构成共同犯罪。而教唆犯与被教唆者构成共同犯罪。

③传授犯罪方法罪是独立罪名，而教唆犯的罪名要依实行犯的罪名来定。

（2）二者联系：

行为人以向他人传授犯罪方法为手段，教唆他人犯罪，择一重罪论处。

（八）侮辱国旗、国徽罪和侮辱国歌罪

第 299 条　在公共场合，故意以焚烧、毁损、涂划、玷污、践踏等方式侮辱中华人民共和国国旗、国徽的，处三年以下有期徒刑、拘役、管制或者剥夺政治权利。

在公共场合，故意篡改中华人民共和国国歌歌词、曲谱，以歪曲、贬损方式奏唱国歌，或者以其他方式侮辱国歌，情节严重的，依照前款的规定处罚。（本款为《刑法修正案（十）》所增设）

1. 本罪是故意犯罪，并具有使国旗、国徽、国歌受辱的目的，如果因意外事件或出于过

① 周光权：《刑法各论》（第三版），中国人民大学出版社 2016 年版，第 365 页。
② 参见张明楷：《言论自由与刑事犯罪》，载《清华法学》2016 年第 1 期。
③ 参见张明楷：《寻衅滋事罪探究（上、下篇）》，载《政治与法律》2008 年第 1 期、第 2 期。

失而使国旗、国徽、国歌在客观上受辱的，不构成犯罪。

2. 侵害的法益是国家对国旗、国徽、国歌的管理制度和国家的尊严。

3. 侮辱国旗、国徽、国歌的行为必须发生在公共场合。

［注意］《刑法修正案（十）》将第 1 款侮辱国旗、国徽罪中的"公众场合"改为"公共场合"，前者要求有公众在场，后者没有这一要求。另外，增加第 2 款，将侮辱国歌的行为也纳入刑法。

4. 侮辱国旗、国徽、国歌的行为应达到一定的程度才构成犯罪。应从侮辱国旗、国徽、国歌行为的手段、动机、后果、次数等方面综合考虑，认为属于情节较轻或情节显著轻微，危害不大的，就不构成犯罪。

（九）聚众淫乱罪和引诱未成年人聚众淫乱罪

第 301 条　聚众进行淫乱活动的，对首要分子或者多次参加的，处五年以下有期徒刑、拘役或者管制。

引诱未成年人参加聚众淫乱活动的，依照前款的规定从重处罚。

本条第 1 款规定的是聚众淫乱罪，第 2 款规定的是引诱未成年人聚众淫乱罪。

1. 聚众淫乱罪

（1）侵害的法益是公众正常的性感情。

（2）行为方式是聚众，各行为人是自愿参与。如果使用暴力强迫妇女参加，视具体情形构成强奸罪，强制猥亵、侮辱罪，强迫卖淫罪。

（3）行为应是公开进行。如果秘密进行，不为公众所知悉，不会侵害公众的正常性感情，不构成本罪。

例 1，甲纠集多人在自己的地下室秘密进行聚众淫乱，不构成本罪。

例 2，乙纠集多人大白天在河里聚众淫乱，引来路人云集观看，构成本罪。

（4）本罪处罚首要分子和多次参加者。注意：不是积极参加者。

（5）本罪与组织淫秽表演罪（第 365 条）的区分。

①本罪的行为人都是参与者，相互淫乱；组织淫秽表演罪的行为人分为演员和观众。

②本罪只处罚首要分子和多次参加者；组织淫秽表演罪只处罚组织者。

2. 引诱未成年人聚众淫乱罪

（1）侵害的法益是未成年人的身心健康。未成年人是指未满 18 周岁的人，不是指未满 14 周岁的人。

（2）引诱的手段不仅包括诱惑，还包括强迫未成年人参加聚众淫乱。

（3）因为本罪侵害的法益是未成年人的身心健康，所以不要求公开进行，秘密进行也可以。

（4）罪数问题。

①引诱未满 14 周岁的幼女卖淫，构成引诱幼女卖淫罪（第 359 条）。

②行为同时符合猥亵儿童罪的，属于想象竞合，择一重罪论处。猥亵儿童罪中的儿童是指未满 14 周岁的人。在两罪中，儿童都可以是自愿的。

（十）盗窃、侮辱、故意毁坏尸体、尸骨、骨灰罪

第 302 条　盗窃、侮辱、故意毁坏尸体、尸骨、骨灰的，处三年以下有期徒刑、拘役或

者管制。（本条经《刑法修正案（九）》修正）

二、妨害司法罪

（一）伪证罪

第305条　在刑事诉讼中，证人、鉴定人、记录人、翻译人对与案件有重要关系的情节，故意作虚假证明、鉴定、记录、翻译，意图陷害他人或者隐匿罪证的，处三年以下有期徒刑或者拘役；情节严重的，处三年以上七年以下有期徒刑。

1. 行为主体：刑事诉讼中的证人、鉴定人、记录人、翻译人。

根据扩大解释，本罪主体还包括被害人，因为被害人陈述也属于言词证据。

2. 虚假内容必须是与案件有重要关系的情节。如果行为人只是对案件细微情节作虚假证明，不构成本罪。

3. 发生领域：刑事诉讼中，包括从立案侦查到审判终结。

［注意1］在立案前，行为人虚假告发，意图使他人受刑事追究，构成诬告陷害罪。

［注意2］公安机关在决定是否立案，做伤情鉴定时，如果行为人作虚假鉴定，构成本罪。

4. 犯罪嫌疑人、被告人作虚假供述的，不构成犯罪，因为法律不期待其能够作出真实供述，即对这些人不具有期待可能性。

［注意］犯罪嫌疑人、被告人教唆他人作伪证，也不构成犯罪。这是因为，由于缺乏期待可能性，他们的实行行为（自己作伪证）不构成犯罪，那么他们的教唆行为就更不应该构成犯罪。但是，被教唆者作伪证构成伪证罪。

（二）妨害作证罪和帮助毁灭、伪造证据罪

第307条　［妨害作证罪］以暴力、威胁、贿买等方法阻止证人作证或者指使他人作伪证的，处三年以下有期徒刑或者拘役；情节严重的，处三年以上七年以下有期徒刑。

［帮助毁灭、伪造证据罪］帮助当事人毁灭、伪造证据，情节严重的，处三年以下有期徒刑或者拘役。

司法工作人员犯前两款罪的，从重处罚。

本条第1款规定的是妨害作证罪，第2款规定的是帮助毁灭、伪造证据罪。

1. 妨害作证罪

（1）行为主体：一般主体。司法工作人员犯本罪，从重处罚。

（2）发生领域：刑事诉讼、民事诉讼、行政诉讼。

（3）行为对象：本罪的"证人和他人"，具体包括：

①证人（证人证言）。

②鉴定人（鉴定意见）、翻译人、记录人。

③被害人（被害人陈述）。

④民事诉讼、行政诉讼中的当事人（当事人陈述）。

（4）行为方式：以暴力、胁迫、贿买等方法阻止证人作证或者指使他人作伪证。

［注意1］指使证人、鉴定人作虚假证明、鉴定，对指使者不能定伪证罪的教唆犯，只能定妨害作证罪的实行犯。证人、鉴定人在刑事诉讼中如果作了虚假证言、鉴定，就定伪证

罪。由此可见，刑法是将伪证罪的部分教唆犯作为妨害作证罪的实行犯来处理。①

[注意2] 当事人教唆、指使他人作伪证，因缺乏期待可能性，不构成妨害作证罪。

2. 帮助毁灭、伪造证据罪

（1）行为主体：一般主体。司法工作人员犯本罪，从重处罚。

（2）发生领域：刑事诉讼、民事诉讼、行政诉讼，包括诉讼过程中，也包括诉讼前。

（3）帮助对象：当事人。这里的当事人不包括自己，自己犯罪，为自己毁灭、伪造证据，不具有期待可能性，不构成本罪。这里的当事人也不包括共犯人，因为也不具有期待可能性。例如，甲乙共同持刀杀人。事后，甲帮乙，将乙的刀丢弃到河里。甲不构成本罪。

（4）行为方式：帮助当事人毁灭、伪造证据。

①隐匿证据属于这里的毁灭证据，变造证据属于这里的伪造证据。

②帮助当事人。这里的"帮助"应作扩大解释，而且地位是本罪的实行行为。

第一，行为人单独实施毁灭、伪造证据的行为，成立本罪。

第二，行为人与当事人共同实施，当事人无罪，行为人成立本罪。二者不构成共同犯罪。

第三，行为人教唆当事人实施毁灭、伪造的行为，当事人无罪，行为人成立本罪。二者不构成共同犯罪，行为人不是教唆犯，而是实行犯。

（5）罪数问题。

①当事人教唆他人为自己毁灭、伪造证据的，因缺乏期待可能性，不构成犯罪；他人实施了毁灭、伪造证据行为的，成立帮助毁灭、伪造证据罪。

②在刑事诉讼中，即使经过当事人（犯罪嫌疑人、被告人）同意，帮助其毁灭无罪证据、伪造不利证据，由于妨害了刑事司法客观公正性，也构成帮助毁灭、伪造证据罪。

③在民事诉讼、行政诉讼中，经当事人同意，帮助其毁灭有利证据、伪造不利证据，因为民事、行政诉讼尊重当事人的处分权，所以行为人不构成帮助毁灭、伪造证据罪。②

[总结] 甲杀了人，乙是帮助者：

本犯（甲）	帮助者（乙）	结论
甲唆使乙帮助自己毁灭尸体	乙毁灭尸体（实行）	乙构成帮助毁灭证据罪；甲不构成该罪的教唆犯
甲自己毁灭尸体，请乙提供刀具	乙提供了刀具（帮助）	乙构成帮助毁灭证据罪；甲不构成犯罪
甲在乙的教唆下毁灭尸体	乙教唆甲毁灭尸体（教唆）	乙构成帮助毁灭证据罪；甲不构成犯罪

（三）虚假诉讼罪

第307条之一 以捏造的事实提起民事诉讼，妨害司法秩序或者严重侵害他人合法权益的，处三年以下有期徒刑、拘役或者管制，并处或者单处罚金；情节严重的，处三年以上七年以下有期徒刑，并处罚金。

单位犯前款罪的，对单位判处罚金，并对其直接负责的主管人员和其他直接责任人员，依照前款的规定处罚。

---

① 张明楷：《论妨害作证罪》，载《人民检察》2007年第8期。
② 张明楷：《论帮助毁灭、伪造证据罪》，载《山东审判》2007年第1期。

有第一款行为，非法占有他人财产或者逃避合法债务，又构成其他犯罪的，依照处罚较重的规定定罪从重处罚。

司法工作人员利用职权，与他人共同实施前三款行为的，从重处罚；同时构成其他犯罪的，依照处罚较重的规定定罪从重处罚。（本条为《刑法修正案（九）》所增设）

1. 要求是虚假的民事诉讼。提起虚假的刑事诉讼，则构成诬告陷害罪。

2. "以捏造的事实提起民事诉讼"，根据司法解释，① 包括以下情形：

（1）与夫妻一方恶意串通，捏造夫妻共同债务的；

（2）与他人恶意串通，捏造债权债务关系和以物抵债协议的；

（3）与公司、企业的法定代表人、董事、监事、经理或者其他管理人员恶意串通，捏造公司、企业债务或者担保义务的；

（4）捏造知识产权侵权关系或者不正当竞争关系的；

（5）在破产案件审理过程中申报捏造的债权的；

（6）与被执行人恶意串通，捏造债权或者对查封、扣押、冻结财产的优先权、担保物权的；

（7）单方或者与他人恶意串通，捏造身份、合同、侵权、继承等民事法律关系的其他行为；

（8）隐瞒债务已经全部清偿的事实，向人民法院提起民事诉讼，要求他人履行债务的；

（9）向人民法院申请执行基于捏造的事实作出的仲裁裁决、公证债权文书，或者在民事执行过程中以捏造的事实对执行标的提出异议、申请参与执行财产分配的。

3. "妨害司法秩序或者严重侵害他人合法权益"，根据司法解释，包括以下情形：

（1）致使人民法院基于捏造的事实采取财产保全或者行为保全措施的；

（2）致使人民法院开庭审理，干扰正常司法活动的；

（3）致使人民法院基于捏造的事实作出裁判文书、制作财产分配方案，或者立案执行基于捏造的事实作出的仲裁裁决、公证债权文书的；

（4）多次以捏造的事实提起民事诉讼的；

（5）曾因以捏造的事实提起民事诉讼被采取民事诉讼强制措施或者受过刑事追究的。

4. 罪数问题。

（1）实施本罪，非法占有他人财产或者逃避合法债务，又构成诈骗罪，职务侵占罪，拒不执行判决、裁定罪，贪污罪等犯罪的，择一重罪论处。

（2）司法工作人员利用职权，与他人共同实施本罪的，依照本罪从重处罚；同时构成滥用职权罪，民事枉法裁判罪，执行判决、裁定滥用职权罪等犯罪的，择一重罪论处。

（3）诉讼代理人、证人、鉴定人等诉讼参与人与他人通谋，代理提起虚假民事诉讼、故意作虚假证言或者出具虚假鉴定意见，共同实施本罪的，构成本罪的共同犯罪；同时构成妨害作证罪，帮助毁灭、伪造证据罪等犯罪的，择一重罪论处。

（4）采取伪造证据等手段篡改案件事实，骗取人民法院裁判文书，构成犯罪的，可依照第 280 条（伪造国家机关公文、证件、印章罪）、第 307 条（帮助伪造证据罪）等罪论处。

---

① 2018 年 9 月 26 日《最高人民法院、最高人民检察院关于办理虚假诉讼刑事案件适用法律若干问题的解释》。

例1，甲以非法占有乙的财物为目的，提起虚假民事诉讼，法官受骗，判决甲胜诉，乙遭受财产损失。甲的一个行为同时触犯虚假诉讼罪和诈骗罪（三角诈骗），想象竞合，择一重罪论处。

例2，甲与法官勾结，以非法占有乙的财物为目的，提起虚假民事诉讼，法官故意判决甲胜诉，乙遭受财产损失。甲与法官触犯三个罪的共同犯罪：针对司法秩序法益，触犯虚假诉讼罪、民事枉法裁判罪；针对被害人乙的财产，触犯盗窃罪（法官是实行犯），也即以平和手段将乙的财物转移为自己占有。想象竞合，择一重罪论处。

（四）窝藏、包庇罪

第310条 明知是犯罪的人而为其提供隐藏处所、财物，<u>帮助其逃匿或者作假证明包庇</u>的，处三年以下有期徒刑、拘役或者管制；情节严重的，处三年以上十年以下有期徒刑。

犯前款罪，事前通谋的，以共同犯罪论处。

窝藏罪，是指明知是犯罪的人而为其提供隐藏处所、财物，帮助其逃匿的行为。包庇罪，是指明知是犯罪的人而作假证明包庇的行为。

1. 成立要件。

（1）窝藏、包庇的对象：犯罪的人。

①这里的"犯罪的人"的范围，不能从无罪推定出发认为判决有罪之前的人都是无罪的人，都不是这里的"犯罪的人"。

②这里的"犯罪的人"，包括已被公安、司法机关依法列为犯罪嫌疑人、被告人而成为侦查、起诉对象的人。即使事后被法院认定无罪的，也属于这里的"犯罪的人"。

③这里的"犯罪的人"，包括事实上确实犯罪的人；即使暂时没有被司法机关列为犯罪嫌疑人，但确实实施了犯罪行为，仍属于这里"犯罪的人"。

④行为人实施了具有客观法益侵害性的行为，虽然没有达到刑事责任年龄、不具有刑事责任能力，仍属于这里"犯罪的人"。例如，甲（15周岁）盗窃银行资金，潜逃到乙家，乙将甲窝藏在自己家里。乙构成窝藏罪。

（2）窝藏、包庇行为。

①窝藏行为：为犯罪人提供隐藏处所、财物，及其他帮助其逃匿的行为。窝藏行为的根本特征是帮助犯罪人逃匿，妨害司法机关发现犯罪人。易考的窝藏行为有：

例1，向犯罪人通报侦查或追捕的动静。

例2，向犯罪人提供化妆的用具、虚假身份。

例3，将犯罪人弄昏迷后，将其送至外地，逃避警方追捕。

例4，劝诱、迫使犯罪人逃匿。行为人劝诱犯罪人逃匿但犯罪人并不逃匿的，因为劝诱行为没有产生妨害司法的危险，不成立窝藏罪。

[注意] 帮助犯罪人逃匿的行为应限于直接使犯罪人的逃匿更为容易的行为，不包括仅具有间接效果的帮助行为。

例1，受已经逃匿于外地的犯罪人之托，向犯罪人妻子提供金钱，使犯罪人安心逃匿的行为，不成立窝藏罪。

例2，明知犯罪人逃匿，而向其提供一个关公护身符，期待能够保佑其过五关，斩六将，不成立窝藏罪。

例3，犯罪人意欲自首而行为人劝诱其不自首的，不成立窝藏罪。

②包庇行为：向公安、司法机关提供虚假证明掩盖犯罪的人。

包庇行为的根本特征是积极地作假证明掩盖罪行。在司法机关追捕的过程中，行为人为了使犯罪人逃匿，自己冒充犯罪人向司法机关投案或者实施其他使司法机关误认为自己是犯罪人的行为，以包庇罪论处。这就是实践中所谓的"顶包"。

[提示]　窝藏、包庇罪属于抽象的危险犯。因此，即使警方知道犯罪人被行为人隐藏在何处，即使警方明知行为人提供的是虚假证明，也不妨碍窝藏、包庇罪的成立。

（3）行为主体。

①犯罪人自己窝藏、包庇自己的，因为缺乏期待可能性，不成立犯罪。犯罪人教唆他人窝藏、包庇自己，也因缺乏期待可能性，不成立犯罪。

②犯罪人的近亲属实施窝藏、包庇行为，从理论上讲因为缺乏期待可能性，也不成立犯罪。

2. 主观是故意，要求明知对方是犯罪的人而窝藏、包庇。如果不知对方是犯罪的人，则不构成本罪。如果知道真相后仍继续窝藏，则构成窝藏罪。

3. 认定问题。

（1）第362条规定："旅馆业、饮食服务业、文化娱乐业、出租汽车业等单位的人员，在公安机关查处卖淫、嫖娼活动时，为违法犯罪分子通风报信，情节严重的，依照第三百一十条（窝藏、包庇罪）规定定罪处罚。"

在此，如果行为人通风报信的是卖淫、嫖娼等违法行为，则该条是法律拟制。因为卖淫、嫖娼者是违法分子，不是犯罪分子，而窝藏、包庇罪要求的行为对象是犯罪分子。如果行为人通风报信的是强迫卖淫、嫖宿幼女等犯罪行为，则该条是注意规定。因此，该条既包含法律拟制的情形，也包含注意规定的情形。

（2）本罪与事前有通谋的共同犯罪。

根据第310条第2款，犯窝藏、包庇罪，事前通谋的，以共同犯罪论处。这是指窝藏、包庇者与被窝藏、包庇者就被窝藏、包庇者所实施的犯罪具有共同故意。

例1，甲和乙约定，由乙实施杀人，由甲负责窝藏乙；乙杀人后，甲窝藏了乙。因为甲和乙就杀人犯罪具有共同故意，所以甲不构成窝藏罪，而是与乙构成故意杀人罪的共同犯罪。

例2，A杀了人，请求远房亲戚B窝藏自己，B窝藏了A。因为B和A就杀人罪没有共同故意，所以B不需对故意杀人罪负责，只构成窝藏罪。

[注意]　窝藏罪与承继共犯的区分。窝藏罪发生在被窝藏者犯罪既遂之后。如果甲犯罪尚未既遂，乙参与进来提供帮助，构成承继的共犯，而不是窝藏罪。

（3）本罪与知情不报的区别。

知情不报，是指明知发生犯罪事实或知道犯罪人去向，但是不举报。知情不报不构成窝藏、包庇罪。在司法机关调查取证时，仍知情不报，也不构成窝藏、包庇罪。在司法机关调查取证时，故意提供虚假证据，则构成包庇罪或伪证罪。如果拒不提供间谍犯罪证据，则构成拒绝提供间谍犯罪证据罪（第311条）。

（4）包庇罪与帮助毁灭、伪造证据罪。首先，包庇罪是积极作假证明，而帮助毁灭证据不属于包庇行为。其次，包庇罪要求向公安司法机关积极作假证明。如果帮助伪造证据，并向公安司法机关积极作假证明，则构成帮助伪造证据罪和包庇罪，不过不需要并罚，根据吸收犯原理，重罪吸收轻罪。

（5）包庇罪与伪证罪，可以产生想象竞合。例如，向公安司法机关作伪证帮助犯罪人逃避刑事追究，就同时触犯了包庇罪和伪证罪，属于想象竞合，择一重罪论处。

（6）包庇罪的法条竞合。

刑法将有些具体的包庇行为规定为独立罪名，这些罪名与包庇罪属于法条竞合，一个行为同时触犯这些罪名与包庇罪时，优先适用这些具体罪名。这些具体罪名有：

①包庇黑社会性质组织罪（第 294 条第 3 款，这是指国家机关工作人员包庇黑社会性质组织）。

②包庇毒品犯罪分子罪（第 349 条）。

③帮助犯罪分子逃避处罚罪（第 417 条，这是指有查禁犯罪活动职责的国家机关工作人员，帮助犯罪分子逃避处罚）。

▌▌典型真题

甲杀人后将凶器忘在现场，打电话告诉乙真相，请乙帮助扔掉凶器。乙随即把凶器藏在自家地窖里。数月后，甲生活无着落准备投案自首时，乙向甲汇款 2 万元，使其继续在外生活。关于本案，下列哪一选项是正确的？（2015 年·卷二·20 题）[①]

A. 乙藏匿凶器的行为不属毁灭证据，不成立帮助毁灭证据罪

B. 乙向甲汇款 2 万元不属帮助甲逃匿，不成立窝藏罪

C. 乙的行为既不成立帮助毁灭证据罪，也不成立窝藏罪

D. 甲虽唆使乙毁灭证据，但不能认定为帮助毁灭证据罪的教唆犯

（五）掩饰、隐瞒犯罪所得、犯罪所得收益罪

第 312 条　明知是犯罪所得及其产生的收益而予以窝藏、转移、收购、代为销售或者以其他方法掩饰、隐瞒的，处三年以下有期徒刑、拘役或者管制，并处或者单处罚金；情节严重的，处三年以上七年以下有期徒刑，并处罚金。

单位犯前款罪的，对单位判处罚金，并对其直接负责的主管人员和其他直接责任人员，依照前款的规定处罚。

1. 行为主体：仅限于本犯以外的人。这里的本犯包括原犯罪的实行犯、教唆犯、帮助犯。这些本犯实施赃物犯罪，不构成本罪。

例 1，甲盗窃笔记本电脑，然后藏在家里。对甲只以盗窃罪论处，不再定本罪。

例 2，甲教唆乙盗窃小轿车，乙窃得后交给甲，甲窝藏了小轿车。对甲只以盗窃罪（教唆犯）论处，不再定本罪。这样处理的依据是，这些行为属于不可罚的事后行为。

2. 行为对象：犯罪所得及其产生的收益。

（1）犯罪工具不是赃物。例如，甲用刀杀了人后，乙帮甲将刀藏起来，不构成本罪。

（2）犯罪所得及其收益，应限于财物与财产性利益。

例 1，贿赂存入银行后所获得的利息，属于犯罪所得产生的收益。

---

① ［答案］A 项，帮助毁灭证据罪的"毁灭"应扩大解释为包括隐匿。BC 项，窝藏行为不仅包括为犯罪人提供隐藏处所，还包括其他帮助其逃匿的行为，例如为其提供逃跑的钱财路费，为其提供警方侦查的情报等。D 项，甲是本犯，是当事人。当事人教唆他人为自己毁灭、伪造证据的，因缺乏期待可能性，不构成犯罪。本题答案：D。

例2，利用走私毒品的犯罪所得投资房地产所获取的利润，属于犯罪所得产生的收益。

例3，甲杀了人，乙帮甲将尸体隐藏起来，不属于窝藏赃物，不构成本罪。但是，A为了制作标本贩卖牟利而盗窃尸体后，B窝藏该尸体的，应认定为窝藏赃物。

例4，甲收买了被拐卖的妇女、儿童后，得知警察要来解救，请求乙窝藏，乙照办。乙不属于窝藏"犯罪所得"。

例5，非法获得的公民个人信息，不属于犯罪所得的赃物。

（3）犯罪所得中的"犯罪"，只要求是客观阶层的违法行为即可。

例1，15周岁的甲盗窃摩托车，乙将该摩托车窝藏，乙构成本罪。这是因为，甲的行为是客观违法行为，只是在主观责任阶层甲未达刑事责任年龄、不具有刑事责任能力。

例2，甲为了窝藏、转移自己所盗窃的大型赃物，需要卡车，乙知道真相却将卡车提供给甲，使甲顺利窝藏、转移了赃物。乙构成本罪。这是因为，甲的行为是客观违法行为，甲之所以不构成赃物犯罪，是因为在主观责任阶层不具有期待可能性。处理结论是：甲乙在客观违法阶层构成赃物犯罪的共同犯罪，甲是实行犯，乙是帮助犯；在主观责任阶层，甲由于不具有期待可能性而最终不予追究刑事责任，乙最终定罪。

（4）甲将盗窃来的几台电脑重新组装成新的电脑，虽然与原物丧失了同一性，仍属于犯罪所得。乙将所盗窃来的人民币兑换成美元，仍属于犯罪所得。

（5）甲乙丙丁各自单独盗窃了700元（未达到盗窃罪数额较大标准），都交给王某窝藏，共计2800元（达到盗窃罪数额较大标准）。王某不属于窝藏犯罪所得，因为赃物罪是与本犯相关联的犯罪，如果没有本犯，就没有赃物罪。

（6）犯罪所得中的"犯罪"是指既遂犯罪。甲犯罪尚未既遂，乙参与进来，帮助取得财物或窝藏财物，乙构成承继的共犯，而非本罪。例如，甲抢劫乙的钱包，将乙打倒在地，丙看到后参与进来，帮助甲捡起钱包。丙构成抢劫罪的承继的共犯，而非本罪。

3. 行为方式。

（1）窝藏，是指隐藏、保管等使司法机关不能或难以发现赃物的行为。

（2）转移，是指改变赃物的存放地的行为，转移行为应达到足以妨害司法机关追缴赃物的程度。在同一房屋内转移赃物的，不算这里的转移。

（3）收购，是指购买不特定的犯罪人的赃物或者购买大量赃物的行为。对于购买特定的少量赃物自用的，一般不认定为犯罪，但对购买他人犯罪所得的机动车等重大财物的，应认定为收购赃物。

（4）代为销售，是指替本犯有偿转让赃物的行为。在本犯与购买人之间进行斡旋的，也属于代为销售赃物。将赃物又卖给原主人，但出卖行为不是为了原主人利益的，也是代为销售。例如，甲盗窃了乙的摩托车（价值1万元），交给丙代为销售。丙找到乙，声称只要给8000元就卖给乙。二人成交。丙属于代为销售赃物。

[提示] 机动车辆问题。根据司法解释，明知是盗窃、抢劫、诈骗等犯罪取得的机动车而予以窝藏、转移、买卖、介绍买卖、典当、拍卖、抵押、用其抵债的，应以本罪论处。

4. 主观是故意，要求行为人明知是赃物。行为人不知是赃物而保管的，不成立犯罪；但知道真相后继续保管的，成立本罪。

（1）明知包括明知肯定是赃物和明知可能是赃物。明知可能是赃物而窝藏，成立本罪，此时犯罪故意是间接故意。

（2）司法解释认为本罪的"明知"包括"已经知道"和"应当知道"。其中"应当知道"是指推定的"已经知道"，而不是指犯罪过失，也就是说本罪不能由过失构成。如何将"应当知道"推定为"已经知道"？主要考虑：货物的进货来源是不是正常渠道，货物价格是否符合行情等。

5. 认定问题。

（1）本罪与事前通谋的共犯。

如果行为人事前与本犯通谋，事后窝藏、转移、收购、代为销售、掩饰、隐瞒犯罪所得，则与本犯构成共同犯罪。例如，甲与乙通谋，由乙负责抢夺手机，由甲负责销售。乙抢夺到手机后交给甲，甲便销售出去。甲与乙构成抢夺罪的共同犯罪，甲不构成本罪。

（2）本罪与洗钱罪。

洗钱罪只限于掩饰、隐瞒七种犯罪的所得及收益（毒品犯罪、黑社会性质的组织犯罪、恐怖活动犯罪、走私犯罪、贪污贿赂犯罪、破坏金融管理秩序犯罪、金融诈骗犯罪），而本罪包括掩饰、隐瞒所有犯罪的所得及收益。洗钱罪与本罪属于特殊法条与一般法条的关系。当一个行为同时触犯两罪时，优先适用洗钱罪。

（3）本罪与毒品犯罪。

例1，甲明知眼前的毒品是乙制造的毒品，而代为窝藏、转移、隐瞒，以窝藏、转移、隐瞒毒品罪（第349条）论处。

例2，甲明知眼前的财物是乙实施毒品犯罪所得，而代为窝藏、转移、隐瞒，以窝藏、转移、隐瞒毒赃罪（第349条）论处。窝藏、转移、隐瞒毒赃罪与本罪是特殊法条与一般法条的关系，一个行为同时触犯这两个罪名，优先适用窝藏、转移、隐瞒毒赃罪。

（4）本罪与取得型财产罪。

①本罪行为（如窝藏、转移）必须基于本犯的意愿。本犯对赃物的平稳占有也是刑法的保护法益。明知是赃物而抢劫、抢夺、敲诈勒索、窃取、骗取、侵占的，分别成立相应的财产犯罪，不成立本罪。

例1，甲将偷来的摩托车交给修理师傅乙修理。乙发现是赃车，便拒不退还。乙构成侵占罪。

例2，甲将偷来的摩托车交给朋友丙窝藏，丙窝藏后拒不退还。丙构成掩饰、隐瞒犯罪所得罪，是否还构成侵占罪，存在肯定观点与否定观点。主流观点主张不再定侵占罪。

两种情形的区别在于，例2中，甲是基于不法原因而交付财物，也即让丙窝藏赃物，由此甲失去了返还请求权，因此丙不构成侵占罪。例1中，甲是基于生活原因而交付财物，并没有丧失返还请求权，因此，乙构成侵占罪。

②罪数关系。

例1，（1）乙受委托占有丙的财物，但欲据为己有并私下出卖。甲明知乙是不法处分而购买。乙构成侵占罪，甲构成掩饰、隐瞒犯罪所得罪。（2）甲得知乙受委托占有丙的财物，与乙共谋将该财物出卖给他人的，乙与甲构成侵占罪的共犯。

例2，（1）甲盗窃到轿车，隐瞒真相，冒充自己的车向乙出售。甲除成立盗窃罪外，对乙（善意第三人）是否构成诈骗罪，存在肯定观点与否定观点；若依肯定观点，则对甲以盗窃罪和诈骗罪并罚。如果甲告知真相，销售赃车，乙明知是赃物而购买。乙成立本罪（收购赃物），甲的行为不成立诈骗罪。（2）甲盗窃到轿车，让乙代为销售赃物。乙隐瞒真相，冒充自己的车向丙出售赃物。乙首先构成本罪，其次对丙是否构成诈骗罪，存在肯定观点和否定观点；若依肯定观点，则乙同时触犯了本罪与诈骗罪，属于想象竞合犯，择一重罪论处。

[总结]　司法解释要点：①

第6条　对犯罪所得及其产生的收益实施盗窃、抢劫、诈骗、抢夺等行为，构成犯罪的，分别以盗窃罪、抢劫罪、诈骗罪、抢夺罪等定罪处罚。

第8条　认定掩饰、隐瞒犯罪所得、犯罪所得收益罪，<u>以上游犯罪事实成立为前提</u>。上游犯罪尚未依法裁判，但查证属实的，不影响掩饰、隐瞒犯罪所得、犯罪所得收益罪的认定。<u>上游犯罪事实经查证属实，但因行为人未达到刑事责任年龄等原因依法不予追究刑事责任的，不影响掩饰、隐瞒犯罪所得、犯罪所得收益罪的认定。</u>

第9条　盗用单位名义实施本罪，以自然人犯罪处理。

第10条　上游犯罪的行为人对犯罪所得进行处理后得到的孳息、租金等，属于"犯罪所得产生的收益"。

▌▌**典型真题**▷

> 下列哪一选项的行为应以掩饰、隐瞒犯罪所得罪论处？（2011年·卷二·17题）②
> A. 甲用受贿所得1000万元购买了一处别墅
> B. 乙明知是他人用于抢劫的汽车而更改车身颜色
> C. 丙与抢劫犯事前通谋后代为销售抢劫财物
> D. 丁明知是他人盗窃的汽车而为其提供伪造的机动车来历凭证

（六）脱逃罪

第316条第1款　依法被关押的罪犯、被告人、犯罪嫌疑人脱逃的，处五年以下有期徒刑或者拘役。

1. 行为主体：依法被关押的罪犯、犯罪嫌疑人、被告人。一是指已被判处拘役以上刑罚的正在监狱服刑的已决犯。二是指已经被刑事拘留、逮捕而未审判的未决犯，即犯罪嫌疑人、被告人。

（1）被行政拘留、司法拘留的人不是罪犯，不是本罪主体。

（2）被采取拘传、取保候审、监视居住等强制措施的犯罪嫌疑人、被告人，因为不在关押状态，不是本罪主体。

（3）被判处管制、有期徒刑的缓刑、被假释的罪犯，因为不在关押状态，不是本罪主体。这些人如果违反相关规定，以相关规定处理。例如，撤销缓刑、假释。

（4）被公民扭送的现行犯、通缉犯、越狱逃跑犯、正在被追捕的人，挣脱公民扭送的，不构成本罪。

（5）完全是司法机关的错误导致关押，事实上确实无罪的人，单纯脱逃，没有使用暴力，不认定为脱逃罪。

2. 认定问题。

（1）脱逃地点：一般在监狱、看守所等关押场所。行为人在被转监（从一个监狱转到另

---

① 2015年5月29日《最高人民法院关于审理掩饰、隐瞒犯罪所得、犯罪所得收益刑事案件适用法律若干问题的解释》。

② [答案] D。

一个监狱）、送往法院审判途中脱逃的，也构成本罪。

（2）行为人受到奖励，节假日获准回家，故意不在规定时间返回监狱，逃往外地，构成本罪。如果是因为特殊原因，例如，因父母重病而迟滞不归，特殊原因消除后返回，不构成本罪。

（3）既遂标准：摆脱监管人员的实力控制。逃出关押场所，但明显处于被追捕过程中，没有摆脱被追捕的，仍属于未遂。例如，囚犯甲翻墙逃出监狱，但是当即被发现，甲在前面逃跑，狱警在后面紧追，此时甲虽逃出监狱但仍属未遂。如果甲逃出监狱并摆脱追捕状态，大隐于市，狱警不知甲身藏何处，到处张贴通缉令。甲构成脱逃罪既遂。

（4）共犯问题：甲乙商议共同脱逃，只要一个人既遂，根据"部分实行、全部负责"原则，未脱逃成功的或中止脱逃的行为人，也认定为既遂。

以下是普通罪名

（一）拒不执行判决、裁定罪

第313条　对人民法院的判决、裁定有能力执行而拒不执行，情节严重的，处三年以下有期徒刑、拘役或者罚金；情节特别严重的，处三年以上七年以下有期徒刑，并处罚金。

单位犯前款罪的，对单位判处罚金，并对其直接负责的主管人员和其他直接责任人员，依照前款的规定处罚。（本条经《刑法修正案（九）》修正）

1. 行为主体：有执行义务的自然人和单位。《刑法修正案（九）》增设了单位主体。根据司法解释，① 行为主体包括协助执行义务人、担保人等负有执行义务的人。

2. 拒不执行的是人民法院的判决和裁定，包括刑事、民事、行政方面的判决和裁定。注意：人民法院的调解书不属于判决、裁定。

3. 拒不执行的时间。三个时间段：

（1）判决、裁定生效前，隐藏、转移财产，不构成本罪。

（2）判决、裁定生效后、执行立案前，隐藏、转移财产，构成本罪。

（3）判决、裁定生效后、执行立案后，隐藏、转移财产，构成本罪。

4. 根据立法解释，② 国家机关工作人员收受贿赂并实施本罪，从一重罪处罚；滥用职权并实施本罪，从一重罪处罚。

（二）非法处置查封、扣押、冻结的财产罪

第314条　隐藏、转移、变卖、故意毁损已被司法机关查封、扣押、冻结的财产，情节严重的，处三年以下有期徒刑、拘役或者罚金。

（三）破坏监管秩序罪

第315条　依法被关押的罪犯，有下列破坏监管秩序行为之一，情节严重的，处三年以下有期徒刑：

（一）殴打监管人员的；

（二）组织其他被监管人破坏监管秩序的；

（三）聚众闹事，扰乱正常监管秩序的；

---

① 2015年7月20日《最高人民法院关于审理拒不执行判决、裁定刑事案件适用法律若干问题的解释》。

② 2002年8月29日《全国人民代表大会常务委员会关于〈中华人民共和国刑法〉第三百一十三条的解释》。

（四）殴打、体罚或者指使他人殴打、体罚其他被监管人的。

[总结]

罪名	发生领域	行为主体	行为方式
伪证罪	刑事诉讼	证人、鉴定人、记录人、翻译人	作虚假证明、鉴定、记录、翻译
辩护人、诉讼代理人毁灭证据、伪造证据、妨害作证罪	刑事诉讼	辩护人、诉讼代理人	（1）毁灭、伪造证据 （2）帮助毁灭、伪造证据 （3）威胁、引诱证人违背事实改变证言或者作伪证
妨害作证罪	各类诉讼	一般主体	阻止证人作证或指使他人作伪证
帮助毁灭、伪造证据罪	各类诉讼	一般主体	帮助当事人毁灭、伪造证据
刑讯逼供罪	刑事诉讼	司法工作人员	对犯罪嫌疑人、被告人刑讯逼供
暴力取证罪	各类诉讼	司法工作人员	对证人暴力逼取证言

三、妨害国（边）境管理罪

组织他人偷越国（边）境罪（第318条）与运送他人偷越国（边）境罪（第321条）

1. 结合犯：前罪（组织、运送他人偷越国（边）境罪）+后罪（妨害公务罪）= 前罪（后罪成为前罪的法定刑升格条件）。

2. 在实施本罪时，对被组织人、被运送人有杀害、强奸等犯罪行为，应数罪并罚。

四、妨害文物管理罪

（一）倒卖文物罪

第326条　以牟利为目的，倒卖国家禁止经营的文物，情节严重的，处五年以下有期徒刑或者拘役，并处罚金；情节特别严重的，处五年以上十年以下有期徒刑，并处罚金。

单位犯前款罪的，对单位判处罚金，并对其直接负责的主管人员和其他直接责任人员，依照前款的规定处罚。

1. **行为对象：**国家禁止经营的文物，而不是所有文物。

2. **倒卖**，根据司法解释，[①] 是指以牟利为目的，出售或者为出售而收购、运输、储存的行为。

（1）"牟利目的"只要求具有，不要求实现。

（2）倒卖不要求"买进+卖出"。这意味着：

①出售自己收藏的国家禁止经营的文物，构成倒卖文物罪。

②盗窃国家禁止经营的文物，然后出售，构成盗窃罪和倒卖文物罪，并罚。

---

① 2015年12月30日《最高人民法院、最高人民检察院关于办理妨害文物管理等刑事案件适用法律若干问题的解释》。

（二）盗掘古文化遗址、古墓葬罪和盗掘古人类化石、古脊椎动物化石罪

第 328 条 盗掘具有历史、艺术、科学价值的古文化遗址、古墓葬的，处三年以上十年以下有期徒刑，并处罚金；情节较轻的，处三年以下有期徒刑、拘役或者管制，并处罚金；有下列情形之一的，处十年以上有期徒刑或者无期徒刑，并处罚金或者没收财产：

（一）盗掘确定为全国重点文物保护单位和省级文物保护单位的古文化遗址、古墓葬的；

（二）盗掘古文化遗址、古墓葬集团的首要分子；

（三）多次盗掘古文化遗址、古墓葬的；

（四）盗掘古文化遗址、古墓葬，并盗窃珍贵文物或者造成珍贵文物严重破坏的。

盗掘国家保护的具有科学价值的古人类化石和古脊椎动物化石的，依照前款的规定处罚。（本条经《刑法修正案（八）》修正，修改之处是取消了本罪的死刑）

1. 盗掘，集盗窃与损毁于一体，是指未经国家文物主管部门批准，私自挖掘古文化遗址、古墓葬。

2. 本罪与盗窃罪的关系。盗掘行为本身包含了盗窃行为，所以盗掘过程中同时盗窃所掘取的文物，不再定盗窃罪，而是作为法定刑升格条件。本条法定刑升格条件第 4 项中的"盗窃珍贵文物"便是指这个意思。

［注意］如果事后出售，因为没有侵犯新的法益，属于事后不可罚的行为，不再定倒卖文物罪；如果事后出售到境外，则侵犯了海关管理秩序，构成走私文物罪，应数罪并罚。

3. 本罪与故意损毁文物罪的关系。盗掘行为本身包含了损毁行为，所以盗掘过程中损毁文物，不再定故意损毁文物罪，而是作为法定刑升格条件。本条法定刑升格条件第 4 项中的"造成珍贵文物严重破坏的"便是指这个意思。

［注意］在盗掘结束后，出于其他目的故意损毁文物的，应另定故意损毁文物罪，两罪并罚。即使是为了掩盖罪行、毁灭证据而损毁文物，也应并罚。

以下是普通罪名
（一）故意损毁文物罪

第 324 条第 1 款 故意损毁国家保护的珍贵文物或者被确定为全国重点文物保护单位、省级文物保护单位的文物的，处三年以下有期徒刑或者拘役，并处或者单处罚金；情节严重的，处三年以上十年以下有期徒刑，并处罚金。

如果在盗窃文物时损毁文物，择一重罪论处。例如，甲将佛头像锯下来盗走。甲触犯了盗窃罪和故意损毁文物罪，择一重罪论处。

（二）抢夺、窃取国有档案罪

第 329 条第 1 款 抢夺、窃取国家所有的档案的，处五年以下有期徒刑或者拘役。

1. 由于刑法没有规定抢劫国有档案罪，根据举轻以明重的当然解释原理，抢劫国有档案的，因为抢劫能够包容评价为抢夺，所以可以按照抢夺国有档案罪论处。① 如果该国有档案可以视为具有经济价值的财物，行为人带有非法占有目的实施抢劫，则定抢劫罪。

2. 如果盗窃明知含有国家秘密的国家档案，则触犯了窃取国有档案罪与非法获取国家秘密罪（第 282 条），属于想象竞合犯，择一重罪论处。

---

① 周光权：《刑法各论》（第三版），中国人民大学出版社 2011 年版，第 412 页。

五、危害公共卫生罪

（一）医疗事故罪

第 335 条　医务人员由于严重不负责任，造成就诊人死亡或者严重损害就诊人身体健康的，处三年以下有期徒刑或者拘役。

1. 行为主体是特殊主体：医务人员。

2. 行为方式既可以是作为，也可以是不作为。作为的方式，例如，因疏忽大意误将刺激性针剂当作麻醉针剂给病人注射，导致病人死亡。不作为的方式，例如，应当及时检查病情因为睡着了没有检查，导致病人死亡。

3. 主观是过失。这里的过失属于一种业务过失，往往是重大过失。

4. 成立本罪要求严重后果：造成就诊人死亡或者严重损害就诊人身体健康。

（二）非法行医罪

第 336 条第 1 款　未取得医生执业资格的人非法行医，情节严重的，处三年以下有期徒刑、拘役或者管制，并处或者单处罚金；严重损害就诊人身体健康的，处三年以上十年以下有期徒刑，并处罚金；造成就诊人死亡的，处十年以上有期徒刑，并处罚金。

1. 行为主体：未取得医生执业资格的人。

（1）具有医生执业资格的人，不可能成为本罪的实行犯，但可以成为帮助犯或者教唆犯。例如，具有医生执业资格的甲教唆没有该资格的乙非法行医，同时为乙提供帮助。乙构成非法行医罪，甲构成非法行医罪的教唆犯和帮助犯。

（2）具有医生执业资格的人，在私人诊所或其他医院兼职，不构成本罪，造成就诊人员重伤、死亡的，可构成医疗事故罪。

（3）医生执业资格不是终身资格，医生正式退休后便失去执业资格。

2. 行为表现：非法行医。

（1）本罪是典型的职业犯，要求有反复、持续实施的意思。例如，甲是药剂师，没有医生执业资格，但在药店长期坐堂治病，导致某个病人死亡。

[注意]　不具有医生执业资格的人，没有反复、持续实施的意思，偶然为他人治病，不成立非法行医罪。例如，某乡村教师甲颇懂医术，常为自己治病。某日村民乙请求甲为其母治病，甲答应。由于甲的治疗手段不当导致病人死亡。甲不构成非法行医罪，构成过失致人死亡罪。

（2）即使病人承诺接受治疗，行为人非法行医也可构成犯罪。

（3）非法行医过失致人死亡，构成结果加重犯，只定非法行医罪，加重处罚，不再定过失致人死亡罪。

以下是普通罪名
非法组织卖血罪和强迫卖血罪

第 333 条　非法组织他人出卖血液的，处五年以下有期徒刑，并处罚金；以暴力、威胁方法强迫他人出卖血液的，处五年以上十年以下有期徒刑，并处罚金。

有前款行为，对他人造成伤害的，依照本法第二百三十四条（故意伤害罪）的规定定罪处罚。

第 1 款的前半句规定的是非法组织卖血罪，后半句规定的是强迫卖血罪。

第 2 款的要点：

1. 这里的"伤害"限于重伤。如果是轻伤，仍以非法组织卖血罪、强迫卖血罪论处。

2. 这里的"造成伤害"，既包括故意所为也包括过失所为。如果是故意所为，定故意伤害罪，此时该款属于注意规定。如果是过失所为，此时该款属于法律拟制。注意：如果过失致人死亡，不能以故意杀人罪论处，因为条文中没有这样的法律拟制规定，所以只能以故意伤害罪（致人死亡）论处。

六、破坏环境资源保护罪

（一）非法猎捕、杀害珍贵、濒危野生动物罪和非法狩猎罪

第 341 条 非法猎捕、杀害国家重点保护的珍贵、濒危野生动物的，或者非法收购、运输、出售国家重点保护的珍贵、濒危野生动物及其制品的，处五年以下有期徒刑或者拘役，并处罚金；情节严重的，处五年以上十年以下有期徒刑，并处罚金；情节特别严重的，处十年以上有期徒刑，并处罚金或者没收财产。

违反狩猎法规，在禁猎区、禁猎期或者使用禁用的工具、方法进行狩猎，破坏野生动物资源，情节严重的，处三年以下有期徒刑、拘役、管制或者罚金。

第 1 款规定两个罪名：一是非法猎捕、杀害珍贵、濒危野生动物罪；二是非法收购、运输、出售珍贵、濒危野生动物、珍贵、濒危野生动物制品罪。第 2 款规定的是非法狩猎罪。

1. "珍贵、濒危野生动物"，包括某些人工繁殖的动物，例如，人工繁殖的大熊猫。但以食用为目的人工大量繁殖的动物，不是本罪的对象。

2. "非法收购"，根据司法解释和立法解释，① 这里的"收购"，出于何种目的（如为了营利出售、为了自己食用等）在所不问。

（二）盗伐林木罪和滥伐林木罪

第 345 条 盗伐森林或者其他林木，数量较大的（2 立方米），处三年以下有期徒刑、拘役或者管制，并处或者单处罚金；数量巨大的，处三年以上七年以下有期徒刑，并处罚金；数量特别巨大的，处七年以上有期徒刑，并处罚金。

违反森林法的规定，滥伐森林或者其他林木，数量较大的（10 立方米），处三年以下有期徒刑、拘役或者管制，并处或者单处罚金；数量巨大的，处三年以上七年以下有期徒刑，并处罚金。

非法收购、运输明知是盗伐、滥伐的林木，情节严重的，处三年以下有期徒刑、拘役或者管制，并处或者单处罚金；情节特别严重的，处三年以上七年以下有期徒刑，并处罚金。

盗伐、滥伐国家级自然保护区内的森林或者其他林木的，从重处罚。

第 1 款规定的是盗伐林木罪，第 2 款规定的是滥伐林木罪，第 3 款规定的是非法收购、运输盗伐、滥伐的林木罪。

[区分原理] 盗窃罪 = A（侵犯他人林木财产权）。滥伐林木罪 = B（破坏生态环境）。盗伐林木罪 = A + B（破坏生态环境）。

---

① 2000 年 11 月 27 日《最高人民法院关于审理破坏野生动物资源刑事案件具体应用法律若干问题的解释》。2014 年 4 月 24 日《全国人民代表大会常务委员会关于〈中华人民共和国刑法〉第三百四十一条、第三百一十二条的解释》。

1. 盗伐林木罪

（1）根据司法解释，本罪主要情形有：

①擅自砍伐国家、集体、他人所有或他人承包经营管理的森林或者其他林木的。

②擅自砍伐本单位或者本人承包经营管理的森林或者其他林木的（本人承包的林木，是指所有权归国家，但由本人承包管理）。

③在林木采伐许可证规定地点外采伐国家、集体、他人所有或他人承包经营管理的森林或者其他林木的。

（2）根据司法解释，下列情形按照盗窃罪论处：

①将国家、集体、他人所有并已经伐倒的树木窃为己有。

②偷砍他人房前屋后、自留地种植的零星树木，数额较大的。

③非法实施采种、采脂、挖笋、掘根、剥树皮等行为，牟取经济利益数额较大的。但是，如果这些行为导致树木死亡，则构成盗伐林木罪，因为破坏了生态环境。

（3）盗伐完全枯死的林木，不构成盗伐林木罪。这是因为盗伐枯死的林木不会侵害环境生态资源。但这种行为构成盗窃罪。

（4）盗伐林木罪的手段不限于砍伐，将树木整体挖走，移植到自己地盘，也构成盗伐林木。虽然移植后树木没死，但是这种移植行为本身破坏了原林木所在地的生态环境。

（5）盗伐林木时，为了窝藏赃物、抗拒抓捕或毁灭罪证，使用暴力的，转化为抢劫罪。

2. 滥伐林木罪

根据司法解释，下列行为属于滥伐林木：

（1）未经林业行政主管部门以及法律规定的其他主管部门批准并核发林木采伐许可证，或者虽持有林木采伐许可证，但违反林木采伐许可证规定的时间、数量、树种或者方式，任意采伐本单位所有或者本人所有的森林或者其他林木的；

（2）超过林木采伐许可证规定的数量采伐他人所有的森林或者其他林木的（意思是，可以采伐他人的林木，但不能超过规定数量。这不是盗伐行为）；

（3）在林木采伐许可证规定的地点以外，采伐本单位或者本人所有的森林或者其他林木的（农村居民采伐自留地和房前屋后个人所有的零星林木的除外）；

（4）林木权属争议一方在林木权属确权之前，擅自砍伐森林或者其他林木，数量较大的，以滥伐林木罪论处。

以下是普通罪名

（一）非法捕捞水产品罪

第340条　违反保护水产资源法规，在禁渔区、禁渔期或者使用禁用的工具、方法捕捞水产品，情节严重的，处三年以下有期徒刑、拘役、管制或者罚金。

（二）污染环境罪

第338条　违反国家规定，排放、倾倒或者处置有放射性的废物、含传染病病原体的废物、有毒物质或者其他有害物质，严重污染环境的，处三年以下有期徒刑或者拘役，并处或者单处罚金；后果特别严重的，处三年以上七年以下有期徒刑，并处罚金。

1. 本罪原本为过失犯罪，但经《刑法修正案（八）》修改后，本罪的责任形式应为故意。

2. 本罪是实害犯，也即要求造成实害结果（严重污染环境）才成立犯罪。

3. 实施本罪行为，同时触犯投放危险物质罪的，属于想象竞合犯，择一重罪论处。

4. 司法解释要点：①

第 6 条第 1 款　无危险废物经营许可证从事收集、贮存、利用、处置危险废物经营活动，严重污染环境的，按照污染环境罪定罪处罚；同时构成非法经营罪的，依照处罚较重的规定定罪处罚。

第 8 条　违反国家规定，排放、倾倒、处置含有毒害性、放射性、传染病病原体等物质的污染物，同时构成污染环境罪、非法处置进口的固体废物罪、投放危险物质罪等犯罪的，依照处罚较重的规定定罪处罚。

第 9 条　环境影响评价机构或其人员，故意提供虚假环境影响评价文件，情节严重的，或者严重不负责任，出具的环境影响评价文件存在重大失实，造成严重后果的，应当依照刑法第二百二十九条、第二百三十一条的规定，以提供虚假证明文件罪或者出具证明文件重大失实罪定罪处罚。

第 10 条　违反国家规定，针对环境质量监测系统实施下列行为，或者强令、指使、授意他人实施下列行为的，应当依照刑法第二百八十六条的规定，以破坏计算机信息系统罪论处：

（一）修改参数或者监测数据的；

（二）干扰采样，致使监测数据严重失真的；

（三）其他破坏环境质量监测系统的行为。

七、走私、贩卖、运输、制造毒品罪

（一）走私、贩卖、运输、制造毒品罪

第 347 条　走私、贩卖、运输、制造毒品，无论数量多少，都应当追究刑事责任，予以刑事处罚。

走私、贩卖、运输、制造毒品，有下列情形之一的，处十五年有期徒刑、无期徒刑或者死刑，并处没收财产：

（一）走私、贩卖、运输、制造鸦片一千克以上、海洛因或者甲基苯丙胺五十克以上或者其他毒品数量大的；

（二）走私、贩卖、运输、制造毒品集团的首要分子；

（三）武装掩护走私、贩卖、运输、制造毒品的；

（四）以暴力抗拒检查、拘留、逮捕，情节严重的；

（五）参与有组织的国际贩毒活动的。

走私、贩卖、运输、制造鸦片二百克以上不满一千克、海洛因或者甲基苯丙胺十克以上不满五十克或者其他毒品数量较大的，处七年以上有期徒刑，并处罚金。

走私、贩卖、运输、制造鸦片不满二百克、海洛因或者甲基苯丙胺不满十克或者其他少量毒品的，处三年以下有期徒刑、拘役或者管制，并处罚金；情节严重的，处三年以上七年以下有期徒刑，并处罚金。

---

① 2016 年 12 月 23 日《最高人民法院、最高人民检察院关于办理环境污染刑事案件适用法律若干问题的解释》。

单位犯第二款、第三款、第四款罪的，对单位判处罚金，并对其直接负责的主管人员和其他直接责任人员，依照各该款的规定处罚。

利用、教唆未成年人走私、贩卖、运输、制造毒品，或者向未成年人出售毒品的，从重处罚。

对多次走私、贩卖、运输、制造毒品，未经处理的，毒品数量累计计算。

第 357 条第 2 款　毒品的数量以查证属实的走私、贩卖、运输、制造、非法持有毒品的数量计算，不以纯度折算。

1. 保护法益：概括而言是国家对毒品的管理制度，具体而言是公众健康。就保护公众健康而言，毒品犯罪是抽象危险犯。

2. 行为方式。

（1）走私毒品，是指非法运输毒品进出国（边）境的行为。

①在领海、内海运输、收购、贩卖国家禁止进出口的毒品，以及直接向走私毒品的犯罪人购买毒品的，属于走私毒品。

②走私毒品罪的既遂标准：陆路输入的，越过国（边）境线；海运、空运的，船舶、飞机到达本国港口、机场。此后被海关查获，不影响既遂的成立。

（2）贩卖毒品，是指有偿转让毒品。①

①贩卖，是指有偿转让。第一，如果无偿转让毒品，如赠与毒品，不构成贩卖毒品。第二，如果不转让，为了自己吸食而非法购买毒品的，不构成贩卖毒品。第三，有偿转让不要求有牟利目的。例如，甲戒毒后，将自己剩余毒品低价转让给乙，构成贩卖毒品罪。有偿转让中的"有偿"既可以是获得金钱，也可以是获得其他物质利益。

②代购，根据酬劳种类，分为两种情形：

第一，收取金钱。这种代购是否属于贩卖毒品，看有无牟利目的。例如，甲为了吸食，让乙代购毒品，乙在交通、食宿等必要开销之外，向甲收取"介绍费"、"劳务费"。乙从中牟利，变相加价，卖给甲，属于中间商（二道贩子），构成贩卖毒品罪。

第二，收取毒品。这种代购是否属于贩卖毒品，看有无贩卖目的。例如，甲为了吸食，让乙代购毒品，乙说："我为你代购，不收介绍费、劳务费，但代购来的毒品，分一成给我，作为酬劳。"甲答应。乙其实想将收取的毒品予以贩卖。乙具有贩卖目的，收取毒品，等于是为自己贩卖毒品而进货，构成贩卖毒品罪。乙如果收取毒品是为了自己吸食，则不构成贩卖毒品罪。

③既遂。贩卖毒品罪的既遂标准是卖掉毒品，不要求收到对价。

④共犯。

第一，居间介绍买卖毒品。三种情形：

情形一：甲受贩毒者乙委托，为乙介绍购毒者。甲与乙构成贩卖毒品罪的共同犯罪。

情形二：甲明知乙为贩卖而购买毒品，受乙委托，为乙介绍贩毒者。甲与乙构成贩卖毒品罪的共同犯罪。

情形三：甲明知乙为吸食而购买毒品，受乙委托，为乙介绍贩毒者丙。甲与乙构成非法持有毒品罪的共同犯罪（以毒品数量达到要求为前提条件）。在此过程中，如果甲与贩毒者

---

① 2015 年 5 月 18 日《全国法院毒品犯罪审判工作座谈会纪要》。

丙事前有共谋，为其贩毒起到实际帮助，则甲与丙构成贩卖毒品罪的共同犯罪。

第二，居中倒卖毒品。这是一种中间商的行为，是交易主体直接参与交易，构成贩卖毒品罪的实行犯。而居间介绍买卖毒品，若与他人构成贩卖毒品罪共同犯罪，属于帮助犯。

第三，帮助交付毒品。贩卖毒品的方式可以是直接交付，也可以是间接交付。间接交付的场合，中间人如果认识到是毒品而帮助转交给买方，即使自己没有牟利目的，也属于贩卖毒品罪的共犯。例如，甲要将毒品卖给乙，让丙交给乙，丙构成贩卖毒品罪的共犯（帮助犯）。

（3）运输毒品，是指为了走私、贩卖、制造毒品而在境内运输。

①如果出入境运输，构成走私毒品。

②吸毒者。司法解释规定：① 第一，吸毒者为了吸食，在购买、存储毒品过程中，数量较大的（例如海洛因 10 克），以非法持有毒品罪论处。第二，吸毒者为了吸食，在运输毒品过程中，数量较大的（例如海洛因 10 克），以运输毒品罪论处。

③代购者。司法解释规定：② 代购者为吸毒者代购毒品，在运输毒品过程中，数量达到较大以上的，以运输毒品罪论处。如果还构成贩卖毒品罪，则定贩卖、运输毒品罪。

④运输毒品罪的既遂标准，是毒品离开原存放地，进入运输状态。

［注意1］既遂的标准不是运抵目的地。中途被查获，仍构成既遂。

［注意2］行为人先将毒品从甲地运至乙地，由于某种原因，又运回甲地的，属于运输毒品，并既遂。

（4）制造毒品，是指使用原料制造毒品。表现手段：

①从原料中提取。例如，从罂粟中提取鸦片。

②精制，也即去粗取精。例如，去除海洛因中的不纯物，提高纯度。

③变种，也即用化学方法或其他方法使一种毒品变成另一种毒品。

④非法按照一定的处方针对特定人调制毒品。

［注意1］为便于隐蔽运输、销售、使用、欺骗购买者，或者为了增重，对毒品掺杂使假，添加其他非毒品物质，不属于制造毒品。

［注意2］分装毒品属于制造毒品。这是指将毒品进行分割，并装入一定的容器，属于量的精制。

［注意3］不能犯。制造毒品的方法在客观上根本不具有制造出毒品的可能性的，不成立制造毒品罪，注意不能以制造毒品罪未遂论处。

3. 主观要求是故意。

（1）只要求认识到是毒品，不要求对毒品的具体种类有认识。

（2）不要求有营利目的。例如，为了赠与而制造毒品，仍构成制造毒品罪。

（3）误以为面粉是毒品而贩卖，因为没有侵害法益的任何危险，属于不能犯，不作犯罪处理。如果原本能够贩卖毒品，只是偶然原因，如临时取货时出错，没能贩卖毒品，认定为犯罪未遂。

---

① 2015 年 5 月 18 日《全国法院毒品犯罪审判工作座谈会纪要》。

② 2015 年 5 月 18 日《全国法院毒品犯罪审判工作座谈会纪要》。

4. 成立本罪，不要求毒品数量大小。

数量计算问题：走私、贩卖、运输、制造的毒品，如果是同一宗毒品，在数量上不重复计算；如果是不同宗毒品，在数量上需要累加计算。不过无论是否同宗毒品，在定罪上都只定走私、贩卖、运输、制造毒品罪，不数罪并罚，因为该罪名是选择性罪名。

5. 处罚。

（1）两个加重处罚情节：第一，武装掩护走私、贩卖、运输、制造毒品的。注意：对此不再按照第157条"武装掩护走私"的规定处罚。第二，以暴力抗拒检查、拘留、逮捕，情节严重的。注意：对此不再定妨害公务罪。

（2）一个从重处罚情节：利用、教唆未成年人走私、贩卖、运输、制造毒品，或者向未成年人出售毒品的，从重处罚。

6. 罪数问题。

（1）本罪是选择性罪名，只要实施其中行为之一，就构成犯罪。同时实施多个行为，只定一个完整罪名，不数罪并罚。

（2）行为人故意以假毒品冒充真毒品而贩卖牟利的，定诈骗罪，而非贩卖毒品罪。例如，甲故意将面粉说是海洛因卖给乙，甲构成诈骗罪。

（3）变相走私、贩卖毒品。根据第355条第1款的规定，依法从事生产、运输、管理、使用国家管制的麻醉药品、精神药品的人员：

①明知是走私、贩卖毒品的犯罪人，而向其提供上述麻醉药品或者精神药品的，无论是否有偿提供，均定走私、贩卖毒品罪，属于供货行为。

②以牟利为目的，向吸食、注射毒品的人有偿提供上述麻醉药品或者精神药品的，定贩卖毒品罪。

③没有牟利目的，出于医疗目的，违反药品管理规定，非法贩卖上述麻醉药品或者精神药品的，定非法经营罪。

（4）特别再犯制度。

第356条　因走私、贩卖、运输、制造、非法持有毒品罪被判过刑，又犯本节规定之罪的，从重处罚。

①前罪只包括五个罪名：走私、贩卖、运输、制造、非法持有毒品罪。后罪包括毒品犯罪一节所有的罪名。

②前后罪的法定刑没有要求，包括管制、拘役、有期徒刑、无期徒刑。

③前后罪的时间间隔没有要求。

[提示1]　行为人既构成累犯，又构成这里的再犯，产生竞合，择一重罚处罚。也即，在判决书中应同时引用累犯与再犯的条款，但在量刑时不重复予以从重处罚，而是选择更重的处罚加以处罚。

[提示2]　对这种再犯的犯罪分子没有限制说不能适用缓刑、假释。就此而言，累犯制度比该再犯制度更严厉。根据当然解释原理，既然不满18周岁的人连严厉的情形都不构成（累犯），那么也应不构成较轻缓的情形（这里的再犯）。

（二）非法持有毒品罪

第348条　非法持有鸦片一千克以上、海洛因或者甲基苯丙胺五十克以上或者其他毒品数量大的，处七年以上有期徒刑或者无期徒刑，并处罚金；非法持有鸦片二百克以上不满一千克、海洛因或者甲基苯丙胺十克以上不满五十克或者其他毒品数量较大的，处三年以下有期徒刑、拘役或者管制，并处罚金；情节严重的，处三年以上七年以下有期徒刑，并处罚金。

1. 成立本罪要求持有毒品达到数量较大。例如，海洛因是 10 克。

2. 持有是指事实上支配控制毒品。

（1）持有不限于随身携带，也包括保存在可以控制的地方。

（2）持有也可以是间接持有。例如，委托他人代为保管。委托者属于间接持有，成立非法持有毒品罪。代为保管人明知是毒品而代为保管，也成立非法持有毒品罪。如果代为保管人同时还具有帮助原持有人逃避司法机关追查的意图，则既触犯非法持有毒品罪，还触犯窝藏毒品罪，属于想象竞合，择一重罪论处。

（3）持有者不要求必须是毒品所有者。例如，甲是毒品的所有者，让乙代为保管毒品，乙可以构成非法持有毒品罪。

（4）本罪是继续犯（持续犯）。持有要求具有持续性，要求持续一定时间。在持续期间，对毒品具有稳定的支配。例如，甲贩卖毒品给乙（吸毒者），来到乙家楼下，打电话给乙，让乙下楼取毒品，乙让小弟丙去取，丙下楼从甲手中拿到毒品（20 克海洛因），在上楼时被抓。丙的持有状态很短暂，且不稳定，不构成非法持有毒品罪。如果丙上楼交给乙，乙放在家里几天，乙构成非法持有毒品罪。

3. 非法持有毒品罪与走私、贩卖、运输、制造毒品罪的关系。前者是 A，也即非法持有大量毒品，至于持有的目的在所不问；在此基础上，当具有走私、贩卖等目的（B）时，则构成走私、贩卖毒品罪（A+B）。当无法查明 B 要件时，则退化为 A 要件，可以定非法持有毒品罪。

［例外］原本，非法持有毒品罪与运输毒品罪的区别也在于：A 与 A+B，也即运输毒品罪要具有走私、贩卖的目的，因此，吸食者自己为了吸食而带着大量毒品去外地的，不应定运输毒品罪，而应定非法持有毒品罪。但是，司法解释规定，吸毒者、代购者即使不是为了贩卖毒品，只要在运输毒品过程中，数量达到较大的，以运输毒品罪论处。只能将该规定视为例外。[①]

4. 吸毒不构成犯罪，但是吸毒者持有毒品达到数量较大，以非法持有毒品罪论处。

5. 盗窃普通财物，实际盗窃了毒品，发现后仍继续持有，定盗窃罪和非法持有毒品罪，数罪并罚。

6. 盗窃、抢夺、抢劫毒品后又持有的，只定盗窃罪、抢夺罪、抢劫罪，持有属于不可罚的事后行为。

（三）非法生产、买卖、运输制毒物品、走私制毒物品罪

第 350 条 违反国家规定，非法生产、买卖、运输醋酸酐、乙醚、三氯甲烷或者其他用于制造毒品的原料、配剂，或者携带上述物品进出境，情节较重的，处三年以下有期徒刑、拘役或者管制，并处罚金；情节严重的，处三年以上七年以下有期徒刑，并处罚金；情节特别严重的，处七年以上有期徒刑，并处罚金或者没收财产。

明知他人制造毒品而为其生产、买卖、运输前款规定的物品的，以制造毒品罪的共犯论处。

---

① 2015 年 5 月 18 日《全国法院毒品犯罪审判工作座谈会纪要》。

单位犯前两款罪的，对单位判处罚金，并对其直接负责的主管人员和其他直接责任人员，依照前两款的规定处罚。(本条经《刑法修正案（九）》修正)

以下是普通罪名

(一) 包庇毒品犯罪分子罪和窝藏、转移、隐瞒毒品、毒赃罪

第349条　包庇走私、贩卖、运输、制造毒品的犯罪分子的，为犯罪分子窝藏、转移、隐瞒毒品或者犯罪所得的财物的，处三年以下有期徒刑、拘役或者管制；情节严重的，处三年以上十年以下有期徒刑。

缉毒人员或者其他国家机关工作人员掩护、包庇走私、贩卖、运输、制造毒品的犯罪分子的，依照前款的规定从重处罚。

犯前两款罪，事先通谋的，以走私、贩卖、运输、制造毒品罪的共犯论处。

第1款规定了两个罪名：一是包庇毒品犯罪分子罪；二是窝藏、转移、隐瞒毒品、毒赃罪。

1. 包庇毒品犯罪分子罪

(1) 包庇的对象不是任何毒品犯罪分子，而只是走私、贩卖、运输、制造毒品罪的犯罪分子。

(2) 本罪与包庇罪是法条竞合关系，一个行为同时触犯两罪时，根据特别法优于普通法的原则优先适用本罪。

(3) 缉毒人员或者其他国家机关工作人员掩护、包庇毒品犯罪分子，从重处罚。这说明本罪是个不真正身份犯，缉毒人员或者其他国家机关工作人员是量刑身份。

2. 窝藏、转移、隐瞒毒品、毒赃罪

(1) 行为对象不是任何毒品犯罪的毒品、毒赃，而只是走私、贩卖、运输、制造毒品罪的毒品、毒赃。

(2) 窝藏、转移、隐瞒毒赃罪与掩饰、隐瞒犯罪所得、犯罪所得收益罪是法条竞合关系，一个行为触犯两罪，优先适用窝藏、转移、隐瞒毒赃罪。

(二) 引诱、教唆、欺骗他人吸毒罪和强迫他人吸毒罪

第353条　引诱、教唆、欺骗他人吸食、注射毒品的，处三年以下有期徒刑、拘役或者管制，并处罚金；情节严重的，处三年以上七年以下有期徒刑，并处罚金。

强迫他人吸食、注射毒品的，处三年以上十年以下有期徒刑，并处罚金。

引诱、教唆、欺骗或者强迫未成年人吸食、注射毒品的，从重处罚。

例如，店家将罂粟壳掺入食品以招揽顾客。由于顾客都是在不知道的情况下被骗食用的，因此这种行为属于欺骗他人吸食毒品的犯罪行为。

(三) 容留他人吸毒罪

第354条　容留他人吸食、注射毒品的，处三年以下有期徒刑、拘役或者管制，并处罚金。

1. 容留，是指允许他人在自己管理的场所吸食、注射毒品或者为他人吸食、注射毒品提供场所的行为。容留行为既可以主动实施，也可以被动实施；既可以是有偿的，也可能是无偿的。

2. 罪数问题。根据司法解释，① 向他人贩卖毒品后又容留其吸食、注射毒品，或者容留他人吸食、注射毒品并向其贩卖毒品，以贩卖毒品罪和容留他人吸毒罪数罪并罚。

▌▌**典型真题**▷

关于毒品犯罪，下列哪些选项是正确的？（2017 年·卷二·61 题）②

A. 甲容留未成年人吸食、注射毒品，构成容留他人吸毒罪

B. 乙随身携带藏有毒品的行李入关，被现场查获，构成走私毒品罪既遂

C. 丙乘广州至北京的火车运输毒品，快到武汉时被查获，构成运输毒品罪既遂

D. 丁以牟利为目的容留刘某吸食毒品并向其出卖毒品，构成容留他人吸毒罪和贩卖毒品罪，应数罪并罚

八、组织、强迫、引诱、容留、介绍卖淫罪

（一）组织卖淫罪、强迫卖淫罪、协助组织卖淫罪

第 358 条 ［组织卖淫罪、强迫卖淫罪］组织、强迫他人卖淫的，处五年以上十年以下有期徒刑，并处罚金；情节严重的，处十年以上有期徒刑或者无期徒刑，并处罚金或者没收财产。

组织、强迫未成年人卖淫的，依照前款的规定从重处罚。

犯前两款罪，并有杀害、伤害、强奸、绑架等犯罪行为的，依照数罪并罚的规定处罚。

［协助组织卖淫罪］为组织卖淫的人招募、运送人员或者有其他协助组织他人卖淫行为的，处五年以下有期徒刑，并处罚金；情节严重的，处五年以上十年以下有期徒刑，并处罚金。（本条经《刑法修正案（九）》修正）

1. 卖淫。

（1）卖淫者的范围。由于组织、强迫、引诱、容留、介绍卖淫罪中，规定的卖淫者是"他人"，所以既包括由女性向男性卖淫，也包括由男性向女性卖淫；既包括由女性向女性卖淫，也包括由男性向男性卖淫。

（2）接受卖淫服务的人必须是不特定人。组织女性被某个特定人包养的，不应认定为组织卖淫罪。

（3）卖淫的内容，包括两种情形：一是发生性交行为；二是发生口交、肛交等类似性交行为。单纯为异性手淫的，女性用乳房摩擦男性生殖器的，不属于本罪中的"卖淫"，但属于治安管理处罚法中的"卖淫"。

（4）卖淫的支付方式。卖淫是钱色交易，钱指金钱或有价值财物。权色交易不算卖淫。同理，帮助女方办某件事（如写作业），女方提供性服务，不算卖淫。

2. 行为方式。

（1）组织卖淫。所谓组织：第一，要求具有管理性和控制性。这是组织卖淫与介绍卖淫的区别。第二，要求组织的卖淫人员在 3 人以上。

---

① 2016 年 4 月 6 日《最高人民法院关于审理毒品犯罪案件适用法律若干问题的解释》。

② ［答案］ABCD。

［注意1］ 有无固定场所，在所不问。

［注意2］ 被组织者实施了卖淫行为的，组织卖淫罪构成既遂。

（2）强迫卖淫，主要表现为以下情形：

①逼良为娼。在他人不愿意从事卖淫活动的情况下，使用强制手段迫使其从事卖淫活动。

②不让从良。他人虽然原本从事卖淫活动，但在他人不愿意继续从事卖淫活动的情况下，使用强制手段迫使其继续从事卖淫活动。

③具体时间、地点的强迫。例如，在他人不愿意在此时、此地从事卖淫活动的情况下，使用强制手段迫使他人在此时、此地从事卖淫活动。

［注意1］ 强迫他人与特定的个人性交或者从事猥亵活动的，成立强奸、强制猥亵等罪。

［注意2］ 行为人强迫妇女仅与自己发生性交，并支付性行为对价的，应认定为强奸罪，不得认定为强迫卖淫罪。

［提示］ 被强迫者实施了卖淫行为的，强迫卖淫罪构成既遂。

3. 主观。

虽然卖淫以营利为目的，组织卖淫者通常也以营利为目的，但刑法并没有将营利目的规定为本罪的主观要件。卖淫具有营利目的，不等于组织者必然具有营利目的。

4. 协助组织卖淫罪

（1）行为方式：招募、运送，充当保镖、打手、管账人等。

［注意］ 在具有营业执照的会所、洗浴中心等经营场所担任保洁员、收银员、保安员等，从事一般服务性、劳务性工作，仅领取正常薪酬，不认定为协助组织卖淫罪。①

（2）协助组织卖淫的行为，并没有被完全正犯化，只是部分被正犯化，也即本罪条文中的有些情形将帮助行为正犯化，有些情形并没有将帮助行为正犯化。具体参见第十一讲"共同犯罪"中"帮助犯"的内容。

（二）引诱、容留、介绍卖淫罪和引诱幼女卖淫罪

第359条 引诱、容留、介绍他人卖淫的，处五年以下有期徒刑、拘役或者管制，并处罚金；情节严重的，处五年以上有期徒刑，并处罚金。

引诱不满十四周岁的幼女卖淫的，处五年以上有期徒刑，并处罚金。

第1款规定的是引诱、容留、介绍卖淫罪，第2款规定的是引诱幼女卖淫罪。

1. 行为方式。

（1）引诱，是指在他人本无卖淫意愿的情况下，使用勾引、利诱等手段使他人从事卖淫活动的行为。卖淫者原本在此时、此地卖淫，行为人引诱其在彼时、彼地卖淫的，不应认定为引诱他人卖淫。

（2）容留，是指允许他人在自己管理的场所卖淫或者为他人卖淫提供场所的行为。

（3）介绍，是指在卖淫者与嫖客之间牵线搭桥，勾通撮合，使他人卖淫得以实现的行为。

［注意1］ 在意欲卖淫者与卖淫场所的管理者之间进行介绍的，属于介绍他人卖淫。但是，单纯向意欲嫖娼者介绍卖淫场所，而与卖淫者没有任何联络的，可谓"介绍他人嫖娼"，不能认定为介绍卖淫。介绍女子被他人"包养"的，不成立介绍卖淫罪。

---

① 2017年7月21日《最高人民法院、最高人民检察院关于办理组织、强迫、引诱、容留、介绍卖淫刑事案件适用法律若干问题的解释》。

［注意 2］ 引诱、容留、介绍他人卖淫是否以营利为目的，不影响犯罪的成立。

2. 罪数。

（1） 引诱、容留、介绍卖淫罪是个选择性罪名，可以拆开单独使用，也可以整体使用。如果既实施引诱卖淫，又实施容留卖淫，还实施介绍卖淫，即使行为对象不同，也只定引诱、容留、介绍卖淫罪这一个罪名，不数罪并罚。

（2） 如果容留、介绍幼女卖淫，因为刑法没有规定容留、介绍幼女卖淫罪，所以只能定容留、介绍卖淫罪。

（3） 既引诱，又容留、介绍幼女卖淫，应分别认定为引诱幼女卖淫罪与容留、介绍卖淫罪，实行数罪并罚。

（4） 在组织卖淫犯罪活动中，对被组织卖淫的人有引诱、容留、介绍卖淫行为的，依照处罚较重的规定定罪处罚。但是，对被组织卖淫的人以外的其他人有引诱、容留、介绍卖淫行为的，应当分别定罪，实行数罪并罚。

（5） 利用信息网络发布招嫖违法信息，情节严重的，以非法利用信息网络罪论处。同时构成介绍卖淫罪的，属于想象竞合，择一重罪论处。①

［总结 1］ 相似的罪数关系总结：

组织卖淫罪	引诱、容留、介绍卖淫罪	处理结论
	引诱甲、容留乙、介绍丙	定一个引诱、容留、介绍卖淫罪（选择性罪名，对象虽不同一，但不并罚）
组织甲	并且，引诱甲、容留甲、介绍甲	定一个组织卖淫罪（两个罪名，对象具有同一性，不需并罚，前者吸收后者）
组织甲	并且，引诱乙、容留乙、介绍乙	定组织卖淫罪和引诱、容留、介绍卖淫罪，并罚（两个罪名，对象不具有同一性，需并罚）

伪造货币罪	出售、购买、运输假币罪	处理结论
	出售假人民币、购买假美元、运输假英镑	定一个出售、购买、运输假币罪
伪造假人民币	出售假人民币、购买假人民币、运输假人民币	定一个伪造货币罪
伪造假人民币	出售假美元、购买假美元、运输假美元	定伪造货币罪和出售、购买、运输假币罪，并罚

［总结 2］ 常考的引诱型罪名：

（1） 引诱、容留、介绍卖淫罪（第 359 条第 1 款）。

（2） 引诱幼女卖淫罪（第 359 条第 2 款）。

（3） 引诱未成年人聚众淫乱罪（第 301 条第 2 款。注意：比照聚众淫乱罪从重处罚）。

（4） 引诱他人吸毒罪（第 353 条第 1 款。注意：引诱未成年人吸毒不是独立罪名，只是引诱他人吸毒罪的从重处罚情节）。

3. 旅馆业等单位的人员犯罪问题。

（1） 第 361 条："旅馆业、饮食服务业、文化娱乐业、出租汽车业等单位的人员，利用

---

① 2017 年 7 月 21 日《最高人民法院、最高人民检察院关于办理组织、强迫、引诱、容留、介绍卖淫刑事案件适用法律若干问题的解释》。

本单位的条件，组织、强迫、引诱、容留、介绍他人卖淫的，依照本法第三百五十八条（组织卖淫罪、强迫卖淫罪、协助组织卖淫罪）、第三百五十九条（引诱、容留、介绍卖淫罪和引诱幼女卖淫罪）的规定定罪处罚。前款所列单位的主要负责人，犯前款罪的，从重处罚。"

（2）第362条："旅馆业、饮食服务业、文化娱乐业、出租汽车业等单位的人员，在公安机关查处卖淫、嫖娼活动时，为违法犯罪分子通风报信，情节严重的，依照本法第三百一十条（窝藏、包庇罪）的规定定罪处罚。"（存在法律拟制）

（三）传播性病罪

第360条　明知自己患有梅毒、淋病等严重性病卖淫、嫖娼的，处五年以下有期徒刑、拘役或者管制，并处罚金。

1. 行为方式：严重性病患者卖淫、嫖娼。本罪是行为犯（抽象危险犯），只要严重性病患者卖淫、嫖娼，就构成本罪。至于是否实际造成他人患上严重性病的后果，不影响本罪的成立。

2. 主观上要求明知自己患有严重性病。具有下列情形的，应认定为"明知"：第一，有证据证明曾到医院或者其他医疗机构就医或者检查，被诊断为患有严重性病的；第二，根据本人的知识和经验，能够知道自己患有严重性病的。

3. 本罪中的性病包括艾滋病。这是司法解释作的扩大解释。[①]

4. 意图伤害他人，通过卖淫、嫖娼使对方染上严重性病，既构成本罪，又构成故意伤害罪，择一重罪论处，定故意伤害罪。其中，使对方感染上艾滋病病毒的，构成故意伤害罪（重伤）。例如，明知自己感染艾滋病病毒而卖淫、嫖娼的；明知自己感染艾滋病病毒，故意不采取防范措施而与他人发生性关系，使对方感染艾滋病的，以故意伤害罪（重伤）论处。

九、制作、贩卖、传播淫秽物品罪

（一）制作、复制、出版、贩卖、传播淫秽物品牟利罪

第363条　以牟利为目的，制作、复制、出版、贩卖、传播淫秽物品的，处三年以下有期徒刑、拘役或者管制，并处罚金；情节严重的，处三年以上十年以下有期徒刑，并处罚金；情节特别严重的，处十年以上有期徒刑或者无期徒刑，并处罚金或者没收财产。

为他人提供书号，出版淫秽书刊的，处三年以下有期徒刑、拘役或者管制，并处或者单处罚金；明知他人用于出版淫秽书刊而提供书号的，依照前款的规定处罚。

1. "淫秽物品"。

（1）"淫秽"。第367条："本法所称淫秽物品，是指具体描绘性行为或者露骨宣扬色情的诲淫性的书刊、影片、录像带、录音带、图片及其他淫秽物品。有关人体生理、医学知识的科学著作不是淫秽物品。包含有色情内容的有艺术价值的文学、艺术作品不视为淫秽物品。"

（2）"物品"。司法解释规定：[②] 第367条中的"其他淫秽物品"，包括具体描绘性行为或者露骨宣扬色情的诲淫性的视频文件、音频文件、电子刊物、图片、文章、短信息等互联网、移动通讯终端电子信息和声讯台语音信息。基于此，存储在电脑硬盘、网络云盘、网络

[①] 2017年7月21日《最高人民法院、最高人民检察院关于办理组织、强迫、引诱、容留、介绍卖淫刑事案件适用法律若干问题的解释》。

[②] 2004年9月3日《最高人民法院、最高人民检察院关于办理利用互联网、移动通讯终端、声讯台制作、复制、出版、贩卖、传播淫秽电子信息刑事案件具体应用法律若干问题的解释（一）》。

服务器中的淫秽视频文件（电子信息）属于淫秽物品。网上裸聊、网上淫秽直播属于即时存储在网络服务器中的电子信息，属于淫秽物品。

2. 贩卖：是指有偿转让淫秽物品。注意：以出售为目的的购买行为是贩卖的预备行为，以传播为目的的购买行为是传播的预备行为。以供自己使用的购买行为不构成犯罪。

3. 传播：是指让不特定人或多数人感知。传播的途径有两种：一是主动传播出去，二是陈列，等候不特定人主动来看。也即，陈列也是传播的一种方式。

例 1，某夜总会在临街橱窗陈列淫秽书画，招揽顾客，属于陈列淫秽物品，属于传播淫秽物品。

例 2，某夜总会让几名裸体卖淫女站在临街橱窗，招揽顾客，虽是陈列，但不是陈列淫秽"物品"，不属于传播淫秽物品。

［提示］传播与贩卖不是对立排斥关系，有些行为既是传播，也是贩卖。例如，在网上提供有偿下载淫秽视频文件的服务，既是传播，也是贩卖。

4. 成立本罪，要求主观上有牟利目的。这是一种间接目的。成立既遂不要求实现该目的。带着牟利目的，完成了制作、复制、出版、贩卖、传播行为之一的，便构成既遂。构成既遂，不要求完成了贩卖、传播行为。

5. 司法解释要点：①

（1）利用聊天室、论坛、即时通信软件、电子邮件等方式，也是本罪的行为方式。淫秽网站的建立者、直接管理者，是本罪主体。

（2）明知他人实施本罪，为其提供互联网接入、服务器托管、网络存储空间、通讯传输通道、费用结算等帮助的，以共犯论处。电信业务经营者、互联网信息服务提供者，可以成为本罪主体。

（二）传播淫秽物品罪

第 364 条　传播淫秽的书刊、影片、音像、图片或者其他淫秽物品，情节严重的，处二年以下有期徒刑、拘役或者管制。

本罪只要求传播目的，不要求牟利目的。总结三个罪名中的"目的"：

1. 走私淫秽物品罪（第 152 条），要求具有牟利或者传播的目的，该目的是一种间接目的。

2. 传播淫秽物品牟利罪，要求有传播目的，这是直接目的；要求有牟利目的，这是间接目的。

3. 传播淫秽物品罪，要求有传播目的，这是直接目的；不要求有牟利目的。

［考点归纳］

1. 刑法中的"发行"、"传播"、"播放"。

（1）发行，是指出售、出租、无偿散发，对象都必须是不特定人或多数人。

（2）"发行"与"播放"的区别。发行是指将侵权作品本身（内容加载体）转让出去，而播放只是展示作品的内容，并没有将作品本身转让出去。所以，未经许可，播放他人作

---

① 2004 年 9 月 3 日《最高人民法院、最高人民检察院关于办理利用互联网、移动通讯终端、声讯台制作、复制、出版、贩卖、传播淫秽电子信息刑事案件具体应用法律若干问题的解释（一）》。2010 年 2 月 2 日《最高人民法院、最高人民检察院关于办理利用互联网、移动通讯终端、声讯台制作、复制、出版、贩卖、传播淫秽电子信息刑事案件具体应用法律若干问题的解释（二）》。

品，不属于发行。

（3）"传播"既有"发行"意思，也即将作品本身转让出去，也有"播放"意思，也即仅仅展示内容。对此，需要在不同罪名、不同语境中去判断。例如，在侵犯著作权罪中，司法解释规定，"发行"包括通过信息网络传播，这是指将作品本身转让出去，不包括"播放"的情形。又如，传播淫秽物品牟利罪、传播淫秽物品罪中的"传播"，既包括发行，也包括播放。而组织播放淫秽音像制品罪中的"播放"，就仅指展示内容。

注意：此处的"传播"不同于传播性病罪中的"传播"。后者是指通过性器官接触传染性病。（2019年试题）。

2. 刑法中的"买卖"、"贩卖"、"销售"、"倒卖"。

（1）共同点：客观上要求有偿转让，如果是无偿转让，则不是卖，而是送。有偿的方式，不限于金钱货币，可以是其他物质利益。例如，甲给乙1克毒品，乙给甲10袋大米，也即物物交换也是买卖。在满足有偿转让的前提下，主观上一般便具有营利目的，但不要求实现营利目的。也即，赔本卖，也是卖。

（2）定罪与处罚。

①只处罚出售行为，不处罚单纯的购买行为（也即为了自己使用，而不是为了出售）。例如，倒卖文物罪、贩卖毒品罪、贩卖淫秽物品牟利罪等，大多数罪名都是如此，不处罚购买方。

对于为了出售而购买的行为，一般是作为出售的预备行为来处理。例如，为了贩卖而购买毒品，作为贩卖毒品罪的预备行为。

②既处罚出售行为，也处罚单纯的购买行为。根据罪名设置，又分为两种情形：

第一，将出售行为与购买行为规定在同一个罪名里，相同处罚，用一个"买卖"来概括。例如，非法买卖枪支、弹药、爆炸物罪与买卖身份证件罪中的"买卖"包括：出卖、为出卖而购买、单纯的购买。

第二，将出售行为与购买行为规定为不同罪名，处罚轻重不同，出售重，购买轻。例如，非法出售增值税专用发票罪（第207条）、非法购买增值税专用发票罪（第208条）。

3. 包含贩卖的选择性罪名。

（1）贩卖是既遂的条件。

例如，生产、销售伪劣产品罪。能够达到既遂的行为结构共有两种：一是生产+销售，二是销售。只有销售金额达到5万元，犯罪才既遂。如果仅有生产行为，没有销售出去，库存额有15万元，构成犯罪未遂。

（2）贩卖不是既遂的条件。

例1，制作、复制、出版、贩卖、传播淫秽物品牟利罪。每一个行为都是能够达到既遂的行为，带着牟利目的完成其中一个行为，就构成既遂。构成既遂，不要求将制作、复制的淫秽物品贩卖出去。

例2，走私、贩卖、运输、制造毒品罪。每一个行为都是能够达到既遂的行为，完成其中一个行为，就构成既遂。构成既遂，不要求将制造的毒品贩卖出去。

例3，出售、购买、运输假币罪。每一个行为都是能够达到既遂的行为，完成其中一个行为，就构成既遂。构成既遂，不要求将购买的假币出售出去。

第二十二讲
贪污贿赂罪

特别提示

1. 超级重点罪名：贪污罪、挪用公款罪、受贿罪。

2. 案例：狗蛋想将不符合条件的子女安排到本县县政府工作，得知邻县财政局局长小芳是本县副县长狗剩的情人，便送小芳 8 万元，让小芳占有，请小芳办此事。小芳收钱后，找到狗剩，声称狗蛋是自己的表哥，请求帮忙。狗剩："你哪来那么多表哥？说实话！"小芳如实告知。狗剩："收钱没？"小芳："收了 8 万元。"狗剩："你懂我的意思。"小芳分给狗剩 4 万元。狗剩将事办成。但狗蛋不知道小芳给了狗剩 4 万元。对本案如何处理？①

一、贪污罪

第 382 条 国家工作人员利用职务上的便利，侵吞、窃取、骗取或者以其他手段非法占有公共财物的，是贪污罪。

受国家机关、国有公司、企业、事业单位、人民团体委托管理、经营国有财产的人员，利用职务上的便利，侵吞、窃取、骗取或者以其他手段非法占有国有财物的，以贪污论。

与前两款所列人员勾结，伙同贪污的，以共犯论处。

第 383 条 对犯贪污罪的，根据情节轻重，分别依照下列规定处罚：

（一）贪污数额较大或者有其他较重情节的，处三年以下有期徒刑或者拘役，并处罚金。

（二）贪污数额巨大或者有其他严重情节的，处三年以上十年以下有期徒刑，并处罚金或者没收财产。

（三）贪污数额特别巨大或者有其他特别严重情节的，处十年以上有期徒刑或者无期徒刑，并处罚金或者没收财产；数额特别巨大，并使国家和人民利益遭受特别重大损失的，处无期徒刑或者死刑，并处没收财产。

对多次贪污未经处理的，按照累计贪污数额处罚。

犯第一款罪，在提起公诉前如实供述自己罪行、真诚悔罪、积极退赃，避免、减少损害结果的发生，有第一项规定情形的，可以从轻、减轻或者免除处罚；有第二项、第三项规定情形的，可以从轻处罚。

犯第一款罪，有第三项规定情形被判处死刑缓期执行的，人民法院根据犯罪情节等情况

---

① ［答案］小芳不构成斡旋受贿，而构成利用影响力受贿罪。狗蛋构成对有影响力的人行贿罪。狗剩构成受贿罪，小芳构成受贿罪共犯。小芳的利用影响力受贿罪与受贿罪共犯属于想象竞合，择一重罪论处。狗蛋不构成行贿罪。

可以同时决定在其死刑缓期执行二年期满依法减为无期徒刑后，终身监禁，不得减刑、假释。（本条经《刑法修正案（九）》修正）

贪污罪，是指国家工作人员利用职务上的便利，侵吞、窃取、骗取或者以其他手段非法占有公共财物的行为。贪污罪的保护法益有两个，一是公家的财产权，二是职务行为的廉洁性。

（一）构成要件

行为公式：贪污罪＝A+B+C+D。A：取得型财产犯罪（侵占、盗窃、诈骗）；B：行为主体（国家工作人员）；C：行为对象（公共财物）；D：行为方式（利用职务便利）。财产犯罪与贪污罪是 A 与 A+B 的关系，也即包容评价关系。贪污罪具备财产犯罪的要件（A），并且多了三个特殊要素 B、C、D。三个特殊要素只要缺少一个，贪污罪就退化为普通财产犯罪。

1. 行为主体（B）。

行为主体是国家工作人员。国家工作人员是指依法从事公务的人员。

（1）通过伪造国家机关公文、证件担任了国家工作人员，可以成为贪污贿赂犯罪的主体。

（2）根据第 382 条第 2 款的规定，受国家机关、国有公司、企业、事业单位、人民团体委托管理、经营国有财产的人员，可以成为本罪的主体。这类人本不属于国家工作人员，但是该款将他们拟制为国家工作人员。

［注意］由于挪用公款罪中没有类似法律拟制，因此此类人挪用受委托管理、经营的国有财产的，只能定挪用资金罪，不能定挪用公款罪。

2. 行为对象（C）。

行为对象是公共财物，不仅包括国有财物，也包括其他公共财物，但不包括私人财物。

第 91 条　本法所称公共财产，是指下列财产：

（一）国有财产；

（二）劳动群众集体所有的财产；

（三）用于扶贫和其他公益事业的社会捐助或者专项基金的财产。

在国家机关、国有公司、企业、集体企业和人民团体管理、使用或者运输中的私人财产，以公共财产论。

［注意］公共财物，包括财产性利益（债权）。例如，乙欠某国企一百万元，该国企总经理甲（国家工作人员）对乙讲："我来收款，你将欠款的一半打给我，我将账做平，算你还清了国企的欠款。"乙答应并照办。甲将单位的应收账款（债权）变成自己所有，构成贪污，贪污数额是一百万元，甲分得 50 万元，乙分得 50 万元好处。

3. 行为方式（D）。

行为方式上必须利用职务上的便利。

（1）这里的"职务"要求具有一定的管理性，不包括纯粹的体力劳动。

（2）这里的"利用"要求实质利用，不包括形式利用。实质利用，是指利用职权发挥了实质影响力。形式利用，是指因工作关系熟悉作案环境，因工作关系易于接近作案目标，因工作关系容易进入某些场所。

4. 实行行为（A）。

（1）侵吞。

这里的侵吞与侵占罪中的"侵占"含义相同，即将他人所有、自己占有的财物变成自己所有，在这里就是指，将单位所有、自己依职权占有的财物变成自己所有。

例 1，国有出纳人员收款不入账而据为己有，构成贪污。

例 2，国家工作人员在对外交往中接受礼物，应当交公而不交公，构成贪污。

例 3，国家工作人员甲带着公款出公差，将公款打入自己账户，对领导谎称公款被盗，构成贪污。

例 4，国家工作人员甲将自己负责管理占有的单位财物私下赠与他人，构成贪污。

例 5，动植物检疫人员甲将自己负责检验的肉品，私自割下一块，拿回家让老婆烧菜，构成贪污。

[注意] 由于侵吞属于将自己已经占有的财物变成自己所有，而自己能够占有财物，是依照职权、职务占有财物。将自己依照职务占有的财物变成自己所有，表明渎职了，亵渎了职务。因此，侵吞这种方式不要求再额外地利用职务便利。

例如，国有公司的出纳甲，并未使用其所保管的保险柜钥匙与密码，而是利用斧头劈开保险柜后取走现金，构成贪污罪，而不认定为盗窃罪。这表明，"监守自盗"这个成语容易引起歧义。"监守"表明自己依照职务占有，将自己占有的财物变成自己所有，构成侵占，而非盗窃。所以，"自盗"这个表述不准确。

（2）窃取。

这里的"窃取"和盗窃罪的盗窃含义相同，即将他人占有的财物通过平和手段转移为自己占有，在这里就是指，将自己没有占有的公共财物转移为自己占有。这就要求盗窃的公共财物在事实上不属于自己占有。如果将自己占有的财物变成自己所有，则属于上述的"侵吞"。

注意，贪污罪的盗窃手段，要求比普通盗窃罪多一个要件：利用职务便利。这里的利用职务便利，是指在对公共财物转移占有时，行为人的职权、职务发挥了实质贡献。

例 1，教育局局长检查财务科工作时，在核查财务科电脑上的账目时，将账户上的 3 万元悄悄打入自己账户，属于盗窃公共财物，构成贪污罪。相反，人事科科长晚上潜入财务科，利用技术手段登录电脑账户，将 3 万元打入自己账户，则仅构成盗窃罪。

例 2，国有公司总经理甲对库管员乙谎称："公司决定给客户丙发一批货，你邮寄给丙"。实际上，甲想将公司货物私下赠送给朋友丙。甲有处分权，欺骗占有者乙（乙无处分权），属于盗窃的间接正犯，具有为第三人非法占有的目的。甲因利用了职权，构成贪污罪。

例 3，甲请朋友乙（国有林业公司总经理）送一批树苗给自己，乙答应。乙对看管树苗的丙（无处分权）说："有个客户甲要来领一批树苗，你接待一下"。乙对甲说："你找我们公司的丙，我安排好了。"甲找到丙，拉走了一批树苗。两天后，甲想从该林业公司买一批树苗，到了公司门口，遇见乙，乙主动问："上一次说的树苗拉走了没？"甲谎称没有。乙便带着甲拉走一批树苗。就第一批树苗而言，乙构成贪污罪的实行犯，甲是教唆犯。就第二批树苗而言，甲构成诈骗罪，乙是受骗人。

（3）骗取。

这里的"骗取"和诈骗罪的诈骗含义相同，即实施欺骗行为，使有处分权的人产生认识错误并处分财物，行为人因此取得财物。这就要求诈骗的公共财物在事实上不属于自己占有。

注意，贪污罪的诈骗手段，要求比普通诈骗罪多一个要件：利用职务便利。这里的利用职务便利，是指在实施欺骗时，行为人的职权、职务发挥了实质贡献或影响力。受骗人之所以受骗并处分财物，是因为相信了行为人的职权行为，也即有行为人的职权行为把关，自己只需形式审查。

例1，国有保险公司理赔员甲和投保人乙相勾结，由乙编造保险事故材料，由甲负责理赔。甲利用自己作为理赔员的职权，隐瞒真相，欺骗具有决定权的主管领导"材料我审过了，没有问题"，使领导做出错误决定，签字批出保险金。甲的行为属于骗取公共财物，甲乙构成贪污罪的共同犯罪，甲乙同时也构成保险诈骗罪的共同犯罪，想象竞合，择一重罪论处。

例2，国有建筑公司项目经理甲有权管理工人工资事宜，甲伪造工资表，会计乙基于对甲的职权行为的相信，只是形式审查，多发放了工人工资。甲构成贪污罪。

例3，某将军甲有权管理士兵的军饷，甲伪造材料，虚报人头，向上级冒领空饷，上级领导相信甲的职权行为，只是形式审查，多发放了军饷。甲构成贪污罪。

例4，某个科员甲出差，拿着假发票回到单位报销。单位的报销制度是，财务处对报销的发票和事项要实质审查其真实性，不是形式审查，不会轻易相信报账者。甲对此无权干涉，只能期待财务人员被骗。有次，财务人员被骗，给甲多报销了支出。由于甲在报销过程中不存在发挥职权施加影响力的问题，因此不构成贪污罪，只构成诈骗罪。

例5，某单位为领导设有领导特别活动经费，需要领导拿着发票去报销，但是报销制度是形式审查，因为相信领导的职权行为。领导拿着假发票去报销，构成贪污罪。

（4）其他方法。这主要是指将公共财物（如房产）登记为私人所有。

[注意] 有些犯罪，具备了贪污罪的B、C、D要件，但缺少A要件这个基础要件，也即缺少贪污的实行行为，不构成贪污罪。这一点请务必注意。

例如，甲夜晚盗窃国有企业的仓库，先找到该企业的保安经理乙（国家工作人员），送一条烟，请其行个方便。乙便睁一只眼闭一只眼。甲盗窃既遂。乙不构成贪污罪，因为没有实施贪污罪的实行行为，只构成盗窃罪的帮助犯。

（二）认定问题

1. 既遂。判断标准：就窃取、骗取而言，要求取得控制公共财物（建立自己的占有）；就侵吞而言，要求行使所有权。至于既遂后将财物又捐赠给公益事业，不影响既遂的成立。

2. 共犯与身份。这是本罪最重要的命题方式。做题时，先找实行者，也即实施实行行为的人。实行行为对法益的侵害具有直接性和支配性，帮助行为对法益的侵害具有间接性和辅助性。

非国家工作人员（甲）	国家工作人员（乙）	结论
帮助行为	实行行为	乙构成贪污罪（实行犯），甲构成贪污罪（帮助犯）（例1）
实行行为	帮助行为	甲构成财产犯罪（实行犯），乙构成财产犯罪（帮助犯）。乙不构成贪污罪（例2）
实行行为	实行行为	甲乙既构成财产犯罪的共同犯罪，也构成贪污罪的共同犯罪，想象竞合，择一重罪论处（例3）

例1，乙（民政局局长）为了贪污公款，让甲帮助提供假发票。乙构成贪污罪（实行犯），甲构成贪污罪（帮助犯）。

例2，甲为了骗领贫困补助，需要先成为"低保户"，为此找到自己的亲戚、民政局职员乙，乙负责审核"低保户"身份。乙明知甲不符合条件，仍授予甲"低保户"身份。甲凭借该身份，虚构申领材料，向社保局申领贫困补助一万元。社保局职员丙不知情，向甲发放了贫困补助。做题时先找实行者。乙实施的行为是诈骗的帮助行为，而非实行行为，因为乙只是授予甲一种身份资格，这是甲实施诈骗的一种前提条件。虽然乙是国家工作人员，利用了职务便利，由于缺少实行行为，故不构成贪污罪。甲实施了诈骗的实行行为，构成诈骗罪的实行犯，乙是诈骗罪的帮助犯。

例3，乙是乡土地管理所副所长，负责征地的评估与确认工作，与村民甲勾结，由甲负责编造虚假材料，多报庄稼数，由乙予以评估并确认，由乙或甲报给县政府征地补偿款发放部门，骗得征地补偿款，二人均分。从乙的角度看，乙的评估确认行为属于诈骗的实行行为，因为确认甲多报的庄稼数，会直接导致发放部门多发放补偿款。这与上述例2中乙授予甲"低保户"身份是不同的。因此，乙构成贪污罪的实行犯，甲是帮助犯。从甲的角度看，甲构成诈骗罪的实行犯，乙是帮助犯。每个人构成两个罪，想象竞合，择一重罪论处。提示，虚假材料由谁递交上去不重要，通过快递邮寄递交也可以，不能认为谁递交，谁就是实行犯。

例4，村民甲欲非法获取县民政局的危房补助款，与民政局局长乙串通，由甲负责虚构危房证明材料，上报民政局，乙明知真相，却将危房补助款批给甲。乙事后没有与甲分赃。乙实施了实行行为，构成贪污罪的实行犯，贪污罪的非法占有目的既包括为自己占有，也包括为第三人占有。甲是贪污罪的帮助犯。甲不构成诈骗罪，因为乙没有受骗。甲不构成盗窃罪。甲要构成盗窃罪，就只能是盗窃罪的间接正犯，但甲对乙没有支配力。

3. 罪名界限。

（1）贪污罪与职务侵占罪的区分，关键在于行为主体的身份：贪污罪的主体是国家工作人员；职务侵占罪的主体是非国家工作人员。

（2）贪污罪与私分国有资产罪的区分。私分国有资产罪（第396条第1款），是指国家机关、国有公司、企业、事业单位、人民团体违反国家规定，以单位名义将国有资产集体私分给个人，数额较大的行为。两罪区分：贪污罪是个人犯罪，私分国有资产罪是单位犯罪，为单位谋取非法利益。

典型真题

关于贪污罪的认定，下列哪些选项是正确的？（2011年·卷二·63题）①

A. 国有公司中从事公务的甲，利用职务便利将本单位收受的回扣据为己有，数额较大。甲行为构成贪污罪

B. 土地管理部门的工作人员乙，为农民多报青苗数，使其从房地产开发商处多领取20万元补偿款，自己分得10万元。乙行为构成贪污罪

C. 村民委员会主任丙，在协助政府管理土地征用补偿费时，利用职务便利将其中数

---

① ［答案］B项，行为对象是开发商的钱款，不属于国家的钱款，因此不构成贪污罪，而构成诈骗罪。乙如果利用职权，多报数额，从政府手里骗取钱款，则构成贪污罪。本题答案：ACD。

额较大款项据为己有。丙行为构成贪污罪

D. 国有保险公司工作人员丁，利用职务便利编造未发生的保险事故进行虚假理赔，将骗取的 5 万元保险金据为己有。丁行为构成贪污罪

二、挪用公款罪

第 384 条　国家工作人员利用职务上的便利，挪用公款归个人使用，进行非法活动的，或者挪用公款数额较大、进行营利活动的，或者挪用公款数额较大、超过三个月未还的，是挪用公款罪，处五年以下有期徒刑或者拘役；情节严重的，处五年以上有期徒刑。挪用公款数额巨大不退还的，处十年以上有期徒刑或者无期徒刑。

挪用用于救灾、抢险、防汛、优抚、扶贫、移民、救济款物归个人使用的，从重处罚。

（一）行为主体与行为对象

1. 行为主体：国家工作人员。

[提示] 根据第 382 条第 2 款规定，受国家机关、国有公司、企业、事业单位、人民团体委托管理、经营国有财产的人员，可以成为贪污罪的主体。这类人本不属于国家工作人员，但是该款将他们拟制为国家工作人员。由于第 384 条挪用公款罪中没有类似法律拟制，因此此类人挪用受委托管理、经营的国有财产的，只能定挪用资金罪，不能定挪用公款罪。

2. 行为对象是公款。

（1）公款是指资金，不限于现金。例如，挪用失业保险基金、下岗职工基本生活保障资金、公有国库券等，归个人使用的，以挪用公款罪论处。

（2）根据本条第 2 款规定，挪用救灾、救济等特定款物，归个人使用，以挪用公款罪论处。这表明，将"特定物"拟制为"款"。由于是法律拟制，所以特定物仅限于本条第 2 款规定的"物"，不包括防疫、社会捐助等特定物。贪污罪的对象与挪用公款罪的对象有所区别。贪污罪的对象既包括公款也包括公物。挪用公款罪的对象原则上只包括公款，例外地包括了第 2 款的"特定物"。

（二）行为结构

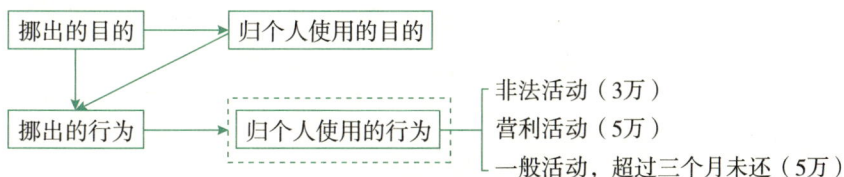

本罪的实行行为（构成要件行为）只有挪出行为，不包括使用行为。这是因为，如果认为本罪的实行行为由挪出行为和使用行为组成，那么会带来问题：

例 1，甲挪出公款进行贩卖毒品，应定挪用公款罪和贩卖毒品罪，数罪并罚；但是由于使用行为（贩卖毒品）是挪用公款罪的实行行为，对两罪并罚，就会导致使用行为被评价了（处罚了）两次，违反了禁止重复评价原则。但是，又必须对两罪并罚，为此，只好将使用行为逐出挪用公款罪的实行行为范围。使用行为便成为客观处罚条件。客观处罚条件是指启动刑罚的条件。亦即，虽然使用行为不是本罪的实行行为，但只有具备了使用行为，才能对行为人启动刑罚。

例 2，甲挪出公款进行贩卖毒品，在贩卖毒品时，乙参与进来一起贩毒，乙知道甲的资金是挪出的公款。就甲的挪用公款罪而言，乙不构成承继的共同犯罪，因为使用行为不是挪用公款罪的实行行为。乙与甲构成贩卖毒品罪的共同犯罪。

例 3，甲抢劫丙，将丙打晕，此时知情的乙参与进来，在丙身上掏走钱包递给甲。抢劫罪的实行行为包括暴力行为和取财行为。因此，就甲的抢劫罪而言，乙构成承继的共同犯罪。

上述图表中，"归个人使用的行为"在外围打个虚框，意思是使用行为不是本罪的实行行为，就此而言，本罪与绑架罪具有相似性。在内圈打个实框，意思是使用行为是客观处罚条件，就此而言，本罪与绑架罪有所不同。对绑架罪的行为人启动刑罚，不要求实施"行为二"（向第三人勒索财物）。虽然"归个人使用的行为"不是本罪的实行行为，虽然本罪的实行行为只有挪出行为，但是在实施挪出行为时，需要具有挪出目的和归个人使用的目的。这一点与绑架罪具有相似性。如果没有归个人使用的目的（挪作私用的目的），而只有挪作公用的目的，则不构成本罪。

1. 归个人使用的目的

根据立法解释和司法解释，[①] 归个人使用的情形有三种：第一，将公款归本人、亲友或其他自然人使用。第二，以个人名义将公款供其他单位使用。第三，个人决定以单位名义将公款供其他单位使用，谋取个人利益。

［总结］只要具有下面两个情形之一，就是挪作私用：

（1）个人落了人情，也即对方欠的是挪出者的人情，而不是欠挪出者单位的人情。

（2）个人落了好处，也即谋取了个人利益。第一，其中的"个人利益"，既包括不正当利益，也包括正当利益；既包括财产性利益，也包括非财产性利益，但这种非财产性利益应当是具体的实际利益，如升学、就业等。第二，"个人利益"，并不限于一个人的利益，而是相对于单位、集体而言，为单位少数特定人谋取利益，也属于谋取个人利益。第三，"谋取个人利益"，既包括行为人与使用人事先约定谋取个人利益的情况，也包括虽未事先约定但实际已获取了个人利益的情况。[②]

［练习］行为人实施下列情形，属于"归个人使用"的有：[③]

A. 以个人名义向个人挪用

B. 以单位名义向个人挪用，谋取个人利益

C. 以个人名义向单位挪用

D. 以单位名义向单位挪用，谋取个人利益

E. 以单位名义向个人挪用，为单位谋取利益

F. 以单位名义向单位挪用，为单位谋取利益

2. 归个人使用的行为

本罪的实行行为：为了归个人使用，实施将公款脱离单位的行为。只要实施了该实行行

---

① 2002 年 4 月 28 日《全国人民代表大会常务委员会关于〈中华人民共和国刑法〉第三百八十四条第一款的解释》。2003 年 11 月 13 日《全国法院审理经济犯罪案件工作座谈会纪要》。

② 谋取个人利益包括"虽未事先约定但实际已获取了个人利益的情况"，其实违反了"行为与故意同时存在原则"。但是，这是司法解释规定，只能视为特殊规定。考试按照司法解释答。

③ ［答案］ABCD。AC，个人落了人情。BD，个人落了好处。

为，就成立本罪。如果因为意志以外原因未能挪出来，就成立犯罪未遂。如果挪出来，就成立犯罪既遂。本罪的特殊性在于，即使本罪既遂了，并不直接科处刑罚，还要求具备客观处罚条件（归个人使用的行为）才予以处罚，追究刑事责任。如果不具备客观处罚条件，就不追究刑事责任，从这个意义上讲，也就不构成犯罪，也即客观处罚条件也属于广义的犯罪成立条件。① 这些客观处罚条件有三项。

（1）"进行非法活动"。

第一，不要求挪用时间达3个月。法条对挪用数额未作要求，司法解释要求是3万元。

第二，非法活动如果构成其他犯罪，应数罪并罚。

（2）"数额较大，进行营利活动"。不要求挪用时间达3个月。司法解释规定，"数额较大"是5万元。

（3）"数额较大，超过3个月未还"。这是指进行非法活动、营利活动以外的一般活动，在时间上超过3个月未还。② 司法解释规定，"数额较大"是5万元。

[注意] 三种处罚条件的包容评价。根据法益危害程度，非法活动可以包容评价为营利活动，营利活动可以包容评价为一般活动。

例1，甲挪用公款2万元进行营利活动，挪用公款3万元进行其他活动，均超过3个月未还。如果单独看，两个行为都不构成本罪，但是，将2万元的营利活动评价为一般活动，则一般活动为5万元，符合"数额较大，超过3个月未还"，成立本罪。

例2，甲挪用公款2万元进行赌博、走私等非法活动，挪用公款3万元进行营利活动。如果单独看，两个行为都不构成本罪，但是，将2万元的非法活动评价为营利活动，则符合"数额较大（5万元），进行营利活动"，成立本罪。

例3（巩固练习），甲挪用公款1万元进行非法活动，3个月内归还；挪用公款2万元进行营利活动，3个月内归还；挪用公款2万元进行其他活动，超过3个月未还。甲是否构成本罪？答案是不构成，因为非法活动、营利活动包容评价为一般活动，要求超过3个月未还。

3. 归个人使用的目的与归个人使用的行为

第一，行为人在挪出公款时不仅要有归个人使用的目的，而且要有归个人违规使用（用于非法活动、营利活动等）的目的。

例如，乙谎称为了看病需要钱，唆使甲挪用公款30万给自己，两周后归还。甲信以为真并照办。乙实际上拿着公款去贩卖毒品，两周后归还给了甲。乙不构成挪用公款罪的间接正犯，而构成该罪的教唆犯。甲属于该罪客观违法阶层的"实行犯"。在主观责任阶层，由于甲没有违规使用的目的，因此最终不构成该罪。

第二，行为人在挪出时具有违规使用的目的，至于后来使用时实施了哪种违规行为，根据实际用途来认定。在此不要求前后保持一致。

---

① 有的同学可能困惑："挪出来就犯罪既遂了，为何又说不构成犯罪?"这是因为，"不构成犯罪"需要在不同阶段来理解。例如，某女明星逃税数额特别巨大，已经构成逃税罪既遂，但是由于补缴税款，不予追究刑事责任。从最终是否追究刑事责任来讲，她不构成犯罪，但她前面的确构成逃税罪既遂。又如，昆山的于海明砍死龙哥，从违法阶层来讲，他不构成犯罪。再如，13岁小孩杀人，从责任阶层来讲，他不构成犯罪。

② 如果不进行一般活动，而是放家里不使用，只要超过3个月未还，也构成本罪。此时，客观处罚条件不是使用行为，而是使公款脱离单位控制长达3个月之久。

例 1，甲为了走私而挪出公款，但因为股市行情好就用于炒股。对此应认定为挪用公款进行营利活动。

例 2，甲为了炒股而挪出公款，但因为股市行情不好就用于走私。对此应认定为挪用公款进行非法活动。

例 3，甲为了炒股而挪出公款（数额较大），但因为股市行情不好就一直将公款放着没用，超过 3 个月未还。对此就认定为挪用公款数额较大，超过 3 个月未还。

（三）认定问题

1. 法定刑升格条件

第 384 条第 1 款 ……挪用公款数额巨大不退还的，处十年以上有期徒刑或者无期徒刑。

这是指因客观原因，在一审宣判前不能退还。如果因为主观原因，有能力归还而不归还，就构成贪污罪。

例 1，甲挪用公款 500 万为自己购买了别墅，由于资金紧张，在一审宣判前还未变成现金归还单位，属于"挪用公款数额巨大不退还"。

例 2，甲乙共同挪用公款 1000 万，各自使用 500 万，后甲没钱还，乙在一审宣判前退还了 1000 万。这对所有共犯人而言，属于都已经退还了。

2. 挪用公款罪与贪污罪的区分

关键区分：挪用公款罪，行为人对公款只是暂时挪用，没有非法占有的目的；贪污罪，行为人有非法占有的目的。因此判断是否具有非法占有的目的成为关键。

根据司法解释，有下列情形就表明行为人具有非法占有的目的：

（1）携带挪用的公款潜逃的。对其携带潜逃的公款部分，定贪污罪。注意：如果先前行为已经构成挪用公款罪，则与贪污罪并罚，而非只定贪污罪。

（2）采取虚假发票平账、销毁账目等手段，使所挪用的公款在账上难以反映，且不归还的。

（3）截取单位收入不入账，非法占有，使所占有的公款在账上难以反映，且不归还的。

（4）有证据证明行为人有能力归还所挪用的公款而拒不归还，并隐瞒挪用的公款去向的。

［提醒］不能认为行为人一旦挪用公款就认为其具有非法占有目的。例如，甲挪用公款给自己买车，单凭该行为还不能认定甲就具有非法占有目的，还要看他有无按时归还。挪用公款罪没有非法占有目的，具体而言是，没有排除意思，但有利用意思。

［注意］挪用公款罪与贪污罪的关系是 A 与 A+B 的关系。这个 B 就是非法占有目的，这也是二者的区分要素。也即二者是包容评价关系，贪污罪可以包容评价为挪用公款罪。二者不是 A 与 -A 的对立排斥关系。

3. 共同犯罪

（1）甲为了贩毒而挪出公款后，乙参与贩毒。乙不构成挪用公款罪的承继的共同犯罪，乙构成贩卖毒品罪的共同犯罪。甲构成挪用公款罪与贩卖毒品罪，并罚。

（2）乙为了贩毒，指使甲挪出公款，甲明知乙使用公款会用于贩毒，而将公款挪用给乙。乙拿到款后进行贩毒。甲成立挪用公款罪的实行犯，对乙的贩毒行为也要负责，构成贩卖毒品罪的帮助犯，数罪并罚。乙构成挪用公款罪的教唆犯和贩卖毒品罪的实行犯，并罚。

（3）乙谎称为了看病需要钱，唆使甲挪用公款 30 万给自己，两周后归还。甲信以为真并照办。乙实际上拿着公款去贩卖毒品，两周后归还给了甲。乙故意引起甲制造违法事实（将公款挪出来用于犯罪），乙构成挪用公款罪的教唆犯。乙虽然欺骗了甲，但不构成挪用公款罪的间接正犯，因为成立挪用公款罪的正犯要求具有国家工作人员的身份，乙没有国家工作人员的身份。甲属于该罪客观违法阶层的"实行犯"。在主观责任阶层，由于甲没有违规使用（用于非法活动、营利活动等）的目的，因此最终不构成该罪。

（4）挪用人因挪用公款，收受对方贿赂，与受贿罪一起并罚。

典型真题

下列哪一情形不属于"挪用公款归个人使用"？（2010 年·卷二·20 题）①

A. 国家工作人员甲，将公款借给其弟炒股

B. 国家机关工作人员甲，以个人名义将公款借给原工作过的国有企业使用

C. 某县工商局长甲，以单位名义将公款借给某公司使用

D. 某国有公司总经理甲，擅自决定以本公司名义将公款借给某国有事业单位使用，以安排其子在该单位就业

三、受贿罪

第 385 条　国家工作人员利用职务上的便利，索取他人财物的，或者非法收受他人财物，为他人谋取利益的，是受贿罪。

国家工作人员在经济往来中，违反国家规定，收受各种名义的回扣、手续费，归个人所有的，以受贿论处。

第 386 条　[对犯受贿罪的处罚规定]　对犯受贿罪的，根据受贿所得数额及情节，依照本法第三百八十三条的规定处罚。索贿的从重处罚。

受贿罪的保护法益是国家工作人员职务行为的不可收买性。这一点与贪污罪有重大区别。贪污罪本质上是财产犯罪。受贿罪本质上是渎职犯罪。

受贿罪的实行行为是交易行为（权钱交易），用钱买权（职务行为），用权换钱，二者形成交易关系（对价关系、条件关系）。卖方是国家工作人员，出卖的是服务（职务行为）；买方是请托人，用钱财购买职务行为。

第一，国家工作人员孤立的收钱行为，不是受贿罪的实行行为。例如，官员儿子结婚，老板赠送巨额礼金。如果查不出来，该礼金是官员某个职务行为的对价，则不构成受贿罪。

第二，国家工作人员孤立的办事行为，不是受贿罪的实行行为。例如，官员给老板办事时没有收钱意图，办事后索取报酬，老板给钱。此时形成交易关系，成立受贿罪。不能因为办事时没有收钱意图，就认为不构成受贿罪，因为办事不是受贿罪的实行行为。

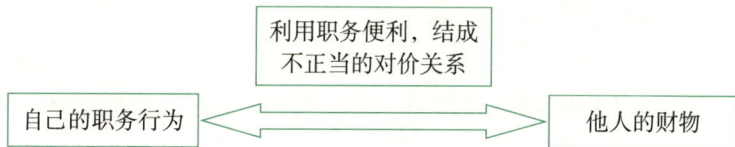

① [答案] C。

（一）交易标的

1. 请托人的财物（贿赂）

贿赂，是指职务行为的不正当报酬。贿赂只包括财物和财产性利益，但不包括劳务本身，也不包括帮国家工作人员办件不存在财产性利益的事情。

司法解释规定：① 贿赂犯罪中的"财物"，包括货币、物品和财产性利益。财产性利益包括可以折算为货币的物质利益如房屋装修、债务免除等，还包括需要支付货币的其他利益如会员服务、旅游等。后者的犯罪数额，以实际支付或者应当支付的数额计算。

例 1，为官员提供房屋装修、出国旅游等，存在财产性利益。

例 2，官员在色情场所嫖娼，由请托人支付费用的，或者请托人支付费用雇请卖淫者为官员提供性服务的，存在财产性利益，属于受贿。但是，请托人自己直接为官员提供性服务的，不存在财产性利益，不是受贿。

例 3，为官员写论文、作业，不是受贿。

例 4，为官员谋取晋升机会，为官员的子女找工作，不是受贿。

2. 自己的职务行为（办事）

国家工作人员利用自己的职务行为（利用职务便利）换取请托人的财物。

（1）"职务"。这里的职务是指国家工作人员的公务。

例 1，甲是公立大学科研处处长（国家工作人员），在业务时间，利用自己的知识为某公司研发产品，获取报酬，不构成受贿罪，无罪。

例 2，甲是公立医院副院长（国家工作人员），收受医药代表 5 万元，承诺在坐诊看病开处方时多开该医药公司的药品。坐诊看病是纯粹技术劳动，不具有行政职责性，不是公务活动，因此不构成受贿罪，但构成非国家工作人员受贿罪，也即此时甲的身份性质是非国家工作人员。如果甲承诺"本医院采购科会多采购该医药公司的药品"，则甲构成受贿罪。

（2）"利用"。行为人利用自己的职务行为作为筹码，与他人的财物形成对价关系（交易关系）。这是一种"无 A 则无 B"的必要条件关系，也即，请托人如果不是看中行为人的职务行为，是不会给钱的。如果"办事"与"收钱"之间，由于时间长、数量小等原因，导致不能或者难以认定存在对价关系，则不认定为受贿。

（3）利用职务行为，为请托人谋取利益（办事），既包括正当利益，也包括不正当利益。

（4）利用职务行为，为请托人谋取利益（办事），所谋取的利益的受益人，既可以是请托人本人，也可以是请托人指示的第三人，均属于为请托人办事。例如，乙欲获得晋升，又不宜直接向大领导丙行贿，于是将真情告知商人朋友甲，甲提出由其向丙行贿并请托。丙接受财物，并为乙办了事。丙构成受贿罪。甲乙成立行贿罪的共犯。

（二）事前型交易

这是指提供职务行为（办事）之前的交易。

1. 索取贿赂

这是指，卖方（国家工作人员）向请托人提出要约：要享受我的服务（职务行为），需要掏钱购买。索取贿赂时，不要求为他人谋取利益。只要索贿，便成立受贿罪。未索取到，

---

① 2016 年 4 月 18 日《最高人民法院、最高人民检察院关于办理贪污贿赂刑事案件适用法律若干问题的解释》。

成立受贿罪未遂。实务中，对未遂一般不定罪处罚。

2. 收受贿赂

这是指，买方（请托人）提出要约：我想花钱购买你的服务（职务行为）。卖方承诺并收受财物。卖方承诺或双方达成交易约定，受贿罪便成立；卖方收到财物，受贿罪便既遂。未收到钱财，成立受贿罪未遂。实务中，对未遂一般不定罪处罚。

（1）承诺或许诺。收受贿赂时，要求承诺为他人谋取利益，但不要求实际为他人谋取利益。

第一，承诺或许诺既可以是明示的，也可以是暗示的。司法解释规定：a. 明知他人有具体请托事项，给予财物时不拒绝，就是暗示许诺为他人谋取利益。b. 国家工作人员索取、收受具有上下级关系的下属或者具有行政管理关系的被管理人员的财物价值3万元以上，可能影响职权行使的，视为承诺为他人谋取利益。①

第二，许诺既可以是真实的、真心实意的，也可以是虚假的、虚情假意的，也即并不打算帮请托人办事。虚假许诺要构成受贿罪是有条件的，也即行为人有办成事的可能性。如果行为人根本不可能办成事，不具有办成事的条件，甚至自己没有相关职权，以非法占有为目的，欺骗请托人，虚假许诺，则构成诈骗罪。

（2）收受财物。国家工作人员收请托人的钱财，既可以亲自收，也可以让请托人交给第三人。让请托人交给第三人，既包括让第三人转交给自己（国家工作人员），也包括让第三人自己占有。也即，行为人对贿赂的非法占有目的，既包括为自己非法占有，也包括为第三人非法占有。

第三人明知请托人提供的是贿赂，成立受贿罪的共犯；不明知，则不成立受贿罪共犯。

（三）事后型交易

这是指提供职务行为（办事）时，国家工作人员没有收受财物的意图，办事之后产生了收受财物的意图，将自己已经办的事作为筹码进行交易，获取不正当报酬。

第一，卖方提出要约：享受了我的服务（职务行为），需要给钱（报酬）。这是索取贿赂。

第二，买方提出要约：我享受了你的服务，我得给钱。卖方收受。这是收受贿赂。例如，税务局局长甲公事公办，为乙的公司办理了业务。事后，乙欲感谢甲，甲说："我是公事公办，不是图你们的钱。"乙说："正因如此，更要感谢您！"便送甲4万元，甲予以接受。甲成立受贿罪。

早前观点认为，事后型交易不成立受贿罪，理由是，成立受贿罪要求遵守"行为与故意同时存在原则"，而国家工作人员办事时没有受贿故意。这种看法是错误的。受贿罪的实行行为不是实施职务行为为他人办事，而是凭借职务行为与他人的财物进行交易，交易行为才是受贿罪的实行行为。凭借已经办的事与他人的财物交易时，国家工作人员具有受贿故意，因此成立受贿罪，在此并不违反"行为与故意同时存在原则"。这一点，得到了司法解释的认可：履职时未被请托，但事后基于该履职事由收受他人财物的，属于"为他人谋取利益"，构成受贿罪。②

---

① 2016年4月18日《最高人民法院、最高人民检察院关于办理贪污贿赂刑事案件适用法律若干问题的解释》。

② 2016年4月18日《最高人民法院、最高人民检察院关于办理贪污贿赂刑事案件适用法律若干问题的解释》。

（四）司法解释规定的变相受贿①

1. 以交易形式收受贿赂的，成立受贿罪。例如，房地产公司老板甲求官员乙办事，向乙出售房屋。市场价是 200 万元，甲以 50 万元卖给乙。甲构成行贿罪，乙构成受贿罪。

2. 收受干股（未实际出资而获得的股份）的，成立受贿罪。如果进行了股权转让登记，受贿数额以转让行为时股份价值计算。如果未进行股权转让登记，受贿数额以实际股份分红计算。

3. 以开办公司等"合作"投资名义，未实际出资，以此收受贿赂的，成立受贿罪。受贿数额为出资额。

4. 以委托请托人投资证券、期货或者其他委托理财的名义，未实际出资而获取"收益"，以此收受贿赂的，成立受贿罪。受贿数额为获取"收益"的数额。

5. 以赌博形式输给官员，以此收受贿赂的，成立受贿罪。

6. 以特定关系人"挂名"领取薪酬的，成立受贿罪。

7. 国家工作人员授意请托人将财物给予特定关系人的，成立受贿罪，特定关系人成立共犯。

8. 名为借用，实为受贿，成立受贿罪。真借用还是假借用，判断因素：有无借用的合理事由、是否实际使用、借用时间长短、有无归还条件等。

9. 收受财物后退还或者上交问题。

（1）国家工作人员受贿后，因自身或者与其受贿有关联的人、事被查处，为掩饰犯罪而退还或者上交的，不影响认定受贿罪。

（2）国家工作人员收受请托人财物后及时退还或者上交的，不是受贿。该规定属于注意规定，是指国家工作人员主观上没有受贿罪故意，客观上收受财物后及时退还、上交。这种行为本身就不构成受贿罪。

例 1，老板甲强行将财物塞给官员乙，转身跑掉，乙被迫收受后及时上交。

例 2，老板甲将银行卡塞进官员乙家的沙发缝隙里，乙 1 个月后发现，及时上交。

例 3，老板甲送官员乙一盆兰花，声称价值只有 100 元。2 个月后乙得知该兰花价值 5 万元，及时上交。

上述案例中官员乙主观上没有受贿罪故意，不构成受贿罪。注意前述规定不是法律拟制，不是格外开恩将本已构成受贿罪的事实不作受贿罪处理。如果官员主观上有受贿罪故意，收受财物，已构成受贿罪的，即使及时退还或上交，仍然构成受贿罪。

10. 国家工作人员利用职务上的便利为请托人谋取利益之前或者之后，约定在其离职后收受请托人财物，并在离职后收受的，以受贿论处。注意：如果在离职前没有约定，离职后收受，则不构成受贿罪。这是因为，约定就是达成交易，达成交易就是受贿罪的实行行为。实施该行为时，行为人具有国家工作人员身份，则成立受贿罪。

（五）受贿罪的既遂

1. 行为定性问题。

从行为结构上看，国家工作人员接受了他人财物，就是受贿罪的既遂。

---

① 2007 年 7 月 8 日《最高人民法院、最高人民检察院关于办理受贿刑事案件适用法律若干问题的意见》。

（1）国家工作人员收受了他人的转账支票，没有提取现金的；收受购物卡后，没有购物的，都属于受贿既遂。

（2）受贿罪的既遂，不要求国家工作人员取得财物的所有权。

例1，甲用自己的身份证办了一张银行卡，存入10万元，行贿给官员乙，并告知密码。乙收下该银行卡，就是受贿罪既遂。虽然从名义上看，甲仍是卡的所有权人，但乙构成既遂。

例2，甲送官员乙一套房，虽然没有过户，但只要乙收下，就构成既遂。

（3）国家工作人员收受贿赂后，将贿赂用于公益事业的，不影响受贿既遂的认定。收受贿赂后，向对方回赠财物的，不能从受贿数额中扣除回赠的数额。

（4）两人共同受贿，受贿的数额是财物整体的数额，而非两人各自分得的数额。例如，甲请国税局两位副局长乙丙共同解决漏税问题，乙丙收取10万元，乙分得4万元，丙分得6万元。乙丙的受贿数额都是10万元。

2. 财物数额问题。

法条规定，受贿要求数额较大或情节较重。新司法解释规定，"数额较大"是3万元；"数额巨大"是20万元；"数额特别巨大"是300万元。该"数额较大"的原理与盗窃罪中的"数额较大"相同，可参照其理解。

实务中的两个误解：第一，将"数额较大"称为定罪数额或入罪门槛数额。这种称呼并不严谨。例如，官员甲与乙谈好，乙送3万元，甲给办事。甲办了事，收到乙的信封，打开发现只有2万元。虽然数额未达到3万元，但甲不是无罪，而是受贿罪未遂。第二，将"数额较大"理解成纯粹客观要素，只看客观具备与否，只要客观上未达到3万元，就不构成犯罪。实际上，这是个主客观相统一的要素。例如，官员甲以为乙送的国画价值3万元，实际是赝品，只值3000元。虽然客观上未达到3万元，但甲不是无罪，而是受贿罪未遂。

[结论] 第一，"数额较大"不是犯罪成立数额，而是既遂数额。第二，"数额较大"不是纯粹客观要素，而是个主客观相统一的要素。

犯罪成立的标准：行为人带着收受他人数额较大财物的目的，实施了受贿行为，就成立犯罪。

犯罪既遂的标准：行为人实现了收受他人数额较大财物的目的，犯罪就既遂。例如，甲以为乙送的国画价值3万元，实际值3万元。甲构成受贿罪既遂；如果只值3000元，构成受贿罪未遂。实务中对受贿罪未遂往往不处罚，那是另一回事，不能因此认为甲不成立受贿罪。

例1，老板乙向局长甲行贿。乙故意买了一件文物赝品，配有鉴定"证书"，标明价值30万元。情形一：甲收受后，发现价值1万元。甲构成受贿罪未遂。情形二：甲收受后，发现价值3万元。甲构成受贿罪既遂。

例2，局长甲给乙办了事，乙按约定送甲10万元现金，甲收到后发现全是假币。乙故意送的假币。甲构成受贿罪未遂。乙按约定送甲10箱茅台酒，甲收到后发现全是自来水。乙故意送的自来水。甲构成受贿罪未遂。

例3，老板乙向局长甲行贿。乙买了一件文物，配有鉴定"证书"，标明价值30万元。实际乙受骗了，该文物是赝品。情形一：甲收受后，发现是赝品，价值1万元。甲构成受贿罪未遂。情形二：甲收受后，发现是赝品，价值3万元。甲构成受贿罪既遂。另一种意见认为，这种情况下不计数额，按情节轻重来论处。

例4，甲向局长乙送了一张银行卡，乙问："卡中有多少钱？"甲担心乙拒收，便答："3万元。"乙收下，后去银行查询发现卡中有20万元。量刑数额"数额巨大"也是个主客观相统一的要素。由于乙不知道是20万元，所以不能按"数额巨大"来量刑。在"数额较大"范围内做到了主客观相统一，因此，按照"数额较大（3万元）"来量刑。

［注意1］财产性利益。财产性利益的数额计算，以受贿人实际获得的财产性利益价值计算。在此不以行贿人的支出数额计算。例如，局长甲为乙办过事。甲装修房子，装修公司报价100万元，乙对甲说："你只需出40万元，剩余的你不用管"。甲答应。乙对装修公司老板丙讲："我给你30万元，我以后给你介绍个大工程，剩余30万元能不能免掉？"丙答应。甲获得的财产性利益是60万元，在此不能以乙支出的30万来计算。

［注意2］受贿人收受请托人的毒品用于吸食、收受淫秽物品的，对此不计算数额，直接按情节轻重来处理。

［注意3］受贿数额是指犯罪所得，不包括犯罪所得的收益。例如，老板甲向局长乙行贿，送乙一套房，根据当时市场行情价，价值100万元，但当时没有办理产权过户。乙将房屋用于出租，出租了一年，获得房屋租金10万元。此后，双方办理了房屋过户手续，过户到乙名下。此时该房屋的市场价已经是120万元。根据行为与行为对象同时存在原则，受贿数额是100万元，不包括租金10万元。也即量刑应按100万量刑。租金10万元是犯罪所得的收益，根据刑法第64条，这属于违法所得，应予以追缴。该房屋作为犯罪所得，也应予以追缴，至于市场价涨到120万元，那是国库赚了。

（六）受贿罪的罪数问题

1. 受贿罪与贪污罪。

（1）区分标准：看财物的来源属性。受贿罪收受的财物是行贿人的个人钱财。贪污罪贪污的是公共财物。

例1，甲的民办幼儿园符合财政补助的条件，依规定可申请10万元补助。甲向民政局申请该补助。局长乙称："申请的人很多，我优先考虑你，可以给你批10万元，但你拿到钱后分我4万元。"甲答应。甲领到10万元，然后送给乙4万元。乙构成受贿罪，数额是4万元。甲构成行贿罪，虽然甲符合条件，但谋取不正当竞争优势也属于谋取不正当利益。注意：就4万元而言，乙不构成贪污罪。因为甲符合补助条件，10万元是甲的合法所得。乙将10万元批给甲是符合规定的，乙不是非法将公款转移为甲及乙自己占有。

例2，甲的幼儿园符合财政补助的条件，依规定可申请10万元补助。甲向民政局申请该补助。局长乙称："你可以申请14万元，我批给你，但你拿到钱后分我4万元。"甲答应。甲领到14万元后，将4万元送给乙。乙构成贪污罪，数额是4万元。甲构成贪污罪的帮助犯。注意：就4万元而言，表面上看甲是行贿，乙是受贿。但是，这4万元是乙非法将公款转移给甲，让甲先代管。甲只是帮助乙过了一下手，为乙的贪污提供了帮助。

例3，甲的幼儿园不符合财政补助的条件。甲带着非法占有目的，向民政局申请10万元补助，为办成此事，送局长乙4万元。乙明知甲的幼儿园不符合条件，仍给甲批了10万元补助。甲构成行贿罪，乙构成受贿罪。乙还构成贪污罪，数额是10万元。贪污罪的非法占有目的既包括为自己非法占有，也包括为第三人非法占有。相应地，贪污行为既包括将公共财物转移给自己占有，也包括转移给第三人占有。甲构成贪污罪的共犯。最终，对甲以行贿罪和贪污罪（共犯）并罚，对乙以受贿罪和贪污罪（实行犯）并罚。

（2）贪污罪与受贿罪不是 A 与 −A 的对立排斥关系，而是 A 与 B 的关系，可以想象竞合。这是因为两个罪的保护法益有所不同。贪污罪的保护法益是公家的财产权和职务的廉洁性。受贿罪的保护法益是职务的不可收买性，没有侵犯公家或他人的财产权。

例 1，乡长想升迁，请县长帮忙，县长让乡长从乡财政中找个名目拿出 10 万元给自己。乡长照办。县长同时触犯受贿罪和贪污罪，想象竞合，择一重罪论处。这属于用公共财物去行贿。

例 2，情形一（2014 年真题）：交警甲对超载司机丙讲："只交罚款（1000 元）一半的钱（500 元），就可以开车过去。"丙答应照办。甲收了 500 元，放丙通过。情形二（2015 年真题）：甲与国有收费站站长吴某勾结，在高速路上开一个出口，甲代表吴某向司机丙收取 100 元，放丙出去。丙如果经过收费站，则需要交 300 元。

两个情形在本质上是相同的。情形一中，丙交给甲 500 元，属于行贿；甲收取 500 元，属于受贿。国家的罚款（应收账款、财产性利益）没有入库，遭受了损失（1000 元）。对此，甲构成贪污罪，贪污了应收账款。虽然甲只收到 500 元，但贪污数额应是 1000 元，丙是贪污的共犯，二者平分了 1000 元好处。这就如同，老板丙要向国企还债 1000 元，国企老总甲说："你给我 500 元就可以了，剩下的事，你不用管了。"在此，甲贪污了 1000 元应收账款，丙是贪污罪共犯，甲丙将 1000 元平分了。真题答案认为，交警甲仅构成受贿罪，不构成贪污罪。这种做法遗漏评价了国家的应收罚款（1000 元），是不合理的（后来官方修订了，可能有些人不知道）。情形二中，真题答案认为这种情形下，国家工作人员吴某构成贪污罪。因此，交警甲的一个行为同时构成受贿罪（500 元）与贪污罪（1000 元），想象竞合，择一重罪论处。

情形二中，吴某收取司机丙 100 元，构成受贿罪；丙属于行贿。国家的过路费 300 元没有入库，遭受了损失。对此，吴某构成贪污罪，贪污了应收账款 300 元。虽然吴某只收到 100 元，但贪污数额应是 300 元，丙是贪污的共犯，二者瓜分了 300 元的好处。真题答案也认为，吴某构成贪污罪。吴某的一个行为同时构成受贿罪与贪污罪，想象竞合，择一重罪论处。真题中甲事前给了吴某 3 万元，这属于独立的受贿罪，应单独处罚。

2. 受贿与渎职

（1）国家工作人员

第一，原则上，渎职罪+受贿罪=并罚。例如，狱警甲答应犯人家属请求，私自释放犯人，收取家属钱财，成立私放在押人员罪和受贿罪，并罚。

第二，例外情形：受贿罪+徇私枉法罪等四罪=牵连犯，择一重罪论处。

第 399 条第 4 款　司法工作人员收受贿赂，有前三款行为的（徇私枉法罪，民事、行政枉法裁判罪，执行判决、裁定失职罪，执行判决、裁定滥用职权罪），同时又构成本法第三百八十五条规定之罪（受贿罪）的，依照处罚较重的规定定罪处罚。

其中的"收受贿赂"既包括收受贿赂，也包括索取贿赂。

（2）非国家工作人员

第一，原则上，渎职类犯罪+非国家工作人员受贿罪=并罚。

第二，例外情形：提供虚假证明文件罪+非国家工作人员受贿罪=提供虚假证明文件罪，后罪成为前罪的法定刑升格条件。这是结合犯的规定。

第 229 条第 1 款　承担资产评估、验资、验证、会计、审计、法律服务等职责的中介组织的人员故意提供虚假证明文件，情节严重的，处五年以下有期徒刑或者拘役，并处罚金。

第2款 前款规定的人员，索取他人财物或者非法收受他人财物，犯前款罪的，处五年以上十年以下有期徒刑，并处罚金。

四、行贿罪

第389条 为谋取不正当利益，给予国家工作人员以财物的，是行贿罪。

在经济往来中，违反国家规定，给予国家工作人员以财物，数额较大的，或者违反国家规定，给予国家工作人员以各种名义的回扣、手续费的，以行贿论处。

因被勒索给予国家工作人员以财物，没有获得不正当利益的，不是行贿。

第390条 对犯行贿罪的，处五年以下有期徒刑或者拘役，并处罚金；因行贿谋取不正当利益，情节严重的，或者使国家利益遭受重大损失的，处五年以上十年以下有期徒刑，并处罚金；情节特别严重的，或者使国家利益遭受特别重大损失的，处十年以上有期徒刑或者无期徒刑，并处罚金或者没收财产。

行贿人在被追诉前主动交待行贿行为的，可以从轻或者减轻处罚。其中，犯罪较轻的，对侦破重大案件起关键作用的，或者有重大立功表现的，可以减轻或者免除处罚。（本条经《刑法修正案（九）》修正）

（一）构成要件

1. 行为主体是自然人。如果是单位，构成单位行贿罪。

2. 行为特征。

（1）行贿的手段既可以是公开的，也可以是秘密的。

（2）行贿的手段既可以让受贿人知晓，也可以不让受贿人知晓，只要将财物置于国家工作人员控制范围内即可。例如，甲去局长家里做客，临走时将装满现金的信封悄悄放在沙发底下，甲仍成立行贿罪。

3. 主观是故意，要求"为了谋取不正当利益"。

（1）不正当利益不限于非法利益，获取不公平的竞争优势也属于不正当利益。例如，王某符合晋升条件，但是为了使自己优于他人，向组织部部长李某送5万元，属于行贿。

（2）公民请求国家工作人员依法办事，属于正当利益。

4. 既遂标准：国家工作人员客观上接收（占有）了财物。（暂且不考虑数额）

例1，甲送官员乙3万元，乙当场拒绝，或当场拒绝不了，次日上交组织部门。甲成立行贿罪未遂，乙不构成受贿罪。

例2，甲将一张存有3万元的银行卡悄悄放在官员乙的办公桌上，乙发现后次日上交。甲构成行贿罪既遂，乙不构成受贿罪。

例3（2014年卷二第54题A项），乙用自己的名义办了张银行卡，存入10万元，行贿给甲，告知密码。甲收下。一周后，甲被免职。乙估计甲可能还没取出钱，便持身份证到银行柜台挂失，并取出该钱。乙构成行贿罪既遂，甲构成受贿罪既遂。这便表明，乙失去了对贿赂款的占有。乙在甲不知情的情况下，又取回该钱，构成盗窃罪，被害人是甲。

5. 定罪数额。2016年司法解释规定：行贿数额在3万元以上，追究刑事责任。① 该数额

---

① 2016年4月18日《最高人民法院、最高人民检察院关于办理贪污贿赂刑事案件适用法律若干问题的解释》。

是定罪数额或入罪门槛数额。这是出于刑事政策考虑，避免过分扩大刑事处罚范围。这一点与受贿罪的"3万元"有所不同。

例1，甲故意买了一幅赝品（价值1万元）送给官员乙，声称价值50万元。甲不构成行贿罪，乙构成受贿罪未遂。甲对乙不构成诈骗罪，因为诈骗罪是指诈骗对方财物，甲没有骗取乙的财物，只是骗乙办了件事。

例2，甲花了50万买了一幅名画，送给官员乙。实际甲受骗，该画是赝品，只值1万元。甲不构成行贿罪，而不是构成行贿罪未遂。乙构成受贿罪未遂。

（二）认定问题

1. 消极的构成要件要素。第389条第3款规定："因被勒索给予国家工作人员以财物，没有获得不正当利益的，不是行贿。"这是指因被勒索而给予财物，同时要求没有获得不正当利益。虽然被勒索财物，但是获得了不正当利益，也构成行贿。该规定属于消极的构成要件要素。

2. 从宽处罚情节。第390条第2款规定："行贿人在被追诉前主动交待行贿行为的，可以从轻或者减轻处罚。其中，犯罪较轻的，对侦破重大案件起关键作用的，或者有重大立功表现的，可以减轻或者免除处罚。"注意：对此种行为就不需要按照总则关于自首的规定处理了。

3. 行贿罪与受贿罪的关系。

行贿罪与受贿罪属于对向犯。一般情况下，双方同时成立犯罪。例外情况下，只有一方成立犯罪。具体情形有：

（1）因被勒索给予财物，没有获得不正当利益的，不是行贿。但国家工作人员的行为仍然是索取贿赂。

（2）为了谋取正当利益而给予国家工作人员以财物的，不是行贿；但国家工作人员接受财物的行为成立受贿罪。

（3）为了谋取不正当利益而给予国家工作人员以财物的，构成行贿罪；但国家工作人员没有接受贿赂的故意，立即将财物送交有关部门处理的，不构成受贿罪。

4. "谋取不正当利益"构成犯罪。

（1）原则上，行贿人谋取的不正当利益构成犯罪，应与行贿罪并罚。

例1，甲送给国有电力公司经理乙3万元，让乙为其盗窃电力，乙利用职权为其照办。甲盗窃了电力，价值10万元。甲构成行贿罪和盗窃罪，并罚。乙构成受贿罪和贪污罪（为第三人非法占有电力），并罚。

例2，甲送给税务局局长乙3万元，让乙为自己逃税了50万元。甲构成行贿罪和逃税罪，并罚。乙构成受贿罪和徇私舞弊少征税款罪，并罚。

（2）如果出现重复评价，应坚持禁止重复评价原则，不得数罪并罚。

例1，甲力劝官员乙接受自己的贿赂，乙接受。甲构成行贿罪，不再定受贿罪的教唆犯。

例2，甲送给警察乙3万元，让乙为自己办理一个假户口。甲构成行贿罪，不再定买卖国家机关证件罪。

［总结］ 司法解释要点：①

第 6 条 行贿人谋取不正当利益的行为构成犯罪的，应当与行贿犯罪实行数罪并罚。

第 7 条第 1 款 因行贿人在被追诉前主动交待行贿行为而破获相关受贿案件的，对行贿人不适用刑法第六十八条关于立功的规定，依照刑法第三百九十条第二款的规定，可以减轻或者免除处罚。

第 9 条 行贿人揭发受贿人与其行贿无关的其他犯罪行为，查证属实的，依照刑法第六十八条关于立功的规定，可以从轻、减轻或者免除处罚。

第 12 条 行贿犯罪中的"谋取不正当利益"，是指行贿人谋取的利益违反法律、法规、规章、政策规定，或者要求国家工作人员违反法律、法规、规章、政策、行业规范的规定，为自己提供帮助或者方便条件。

违背公平、公正原则，在经济、组织人事管理等活动中，谋取竞争优势的，应当认定为"谋取不正当利益"。

第 13 条 本罪第 390 条第 2 款规定的"被追诉前"，是指检察机关对行贿人的行贿行为刑事立案前。

五、斡旋受贿

第 388 条 国家工作人员利用本人职权或者地位形成的便利条件，通过其他国家工作人员职务上的行为，为请托人谋取不正当利益，索取请托人财物或者收受请托人财物的，以受贿论处。

斡旋受贿，也以受贿罪论处。其本质是，国家工作人员将自己的斡旋行为与他人的财物结成不正当的对价关系。

行为方式：行为人（斡旋者）接受请托人财物，利用本人职权或者地位形成的便利条件→通过其他国家工作人员（办事人）职务上的行为→为请托人谋取不正当利益。

1. 主体（斡旋者）：国家工作人员，不包括单位。

2. 斡旋行为

（1）斡旋受贿，也是权钱交易，请托人花钱买的是斡旋者的斡旋行为，不是办事人的职务行为。

例 1，甲为了将孩子违规送进教育局工作，送给本县财政局长乙一笔钱，让办此事。乙答应，向教育局长丙游说，丙答应照办。乙属于斡旋受贿，构成受贿罪。

例 2，甲为了将孩子违规送进教育局工作，送给本县财政局长乙一笔钱，让办此事。乙答应，但一直未向教育局长丙说起该事。乙未实施斡旋行为，不构成斡旋受贿，不成立受贿罪。如果不退钱，按照多数观点也不构成侵占罪。

［注意］ 如果行为人假装答应请托人会向其他国家工作人员斡旋游说，收受了请托人财物，但根本没去游说，则构成诈骗罪。

---

① 2012 年 12 月 26 日《最高人民法院、最高人民检察院关于办理行贿刑事案件具体应用法律若干问题的解释》。

例3，甲为了将孩子违规送进教育局工作，送给本县财政局长乙一笔钱，让办此事。乙答应，并向教育局长丙游说。丙未答应或许诺。由于乙实施了斡旋行为，成立斡旋受贿。斡旋受贿中，请托人花钱买的不是终端办事人的职务行为，所以不要求终端办事人有许诺。

3. 共犯问题

例4，甲为了将孩子违规送进教育局工作，送给本县财政局长乙一笔钱，让办此事。乙答应，并向教育局长丙游说。丙知道乙收了甲的钱，仍答应办事，或从乙处收了一笔钱，答应办事。丙构成普通受贿。乙构成普通受贿的共犯。乙同时构成斡旋受贿。由于斡旋受贿的行为结构中有"行为人对其他国家工作人员提出了为请托人谋取不正当利益的请求"，因此，斡旋受贿与普通受贿的共犯在整体上属于一个行为，属于想象竞合，择一重罪论处。

4. 斡旋受贿与普通受贿的区别

如果斡旋者是办事人的上级，具有隶属、制约关系，则不构成斡旋受贿，而属于普通受贿。这是因为，斡旋行为是指游说，请求给个面子。而上级给下级发话，就不是游说，而带有命令要求意味。

例5，甲为了将孩子违规送进教育局工作，送给本县主管教育的副县长或主管公安的副县长乙一笔钱，让办此事。乙答应，向教育局长丙告知此事，丙答应照办。乙属于普通受贿，构成受贿罪。注意：上级领导既包括直接主管者，也包括非直接主管者，但必须是同一辖区的领导。如果乙是隔壁县的副县长，则不属于普通受贿，而属于斡旋受贿。

六、利用影响力受贿罪

第388条之一　国家工作人员的近亲属或者其他与该国家工作人员关系密切的人，通过该国家工作人员职务上的行为，或者利用该国家工作人员职权或者地位形成的便利条件，通过其他国家工作人员职务上的行为，为请托人谋取不正当利益，索取请托人财物或者收受请托人财物，数额较大或者有其他较重情节的，处三年以下有期徒刑或者拘役，并处罚金；数额巨大或者有其他严重情节的，处三年以上七年以下有期徒刑，并处罚金；数额特别巨大或者有其他特别严重情节的，处七年以上有期徒刑，并处罚金或者没收财产。

离职的国家工作人员或者其近亲属以及其他与其关系密切的人，利用该离职的国家工作人员原职权或者地位形成的便利条件实施前款行为的，依照前款的规定定罪处罚。

请托人 —送钱→ 中间人（有影响力的人）—游说行为→ 办事人

（一）国家工作人员在职时

主体是国家工作人员的近亲属或关系密切人。行为方式包括：

1. 行为人（中间人）接受请托人钱财，利用自己的影响力，通过国家工作人员（办事人）职务上的行为→为请托人谋取不正当利益。

（1）游说行为

利用影响力受贿，也是权钱交易，请托人花钱买的是终端办事人的职务行为，而不是游说者（中间人）的游说行为，因为游说者不是国家工作人员，没有职权。因此，成立本罪，要求终端办事人答应办事。

例1，甲为了将孩子违规送进教育局工作，送给教育局局长的司机乙一笔钱，让办此事。

乙答应，向教育局长丙游说，丙答应照办。乙构成利用影响力受贿罪。

例2，甲为了将孩子违规送进教育局工作，送给教育局局长的司机乙一笔钱，让办此事。乙答应，但一直未向教育局长丙说起该事。乙未实施游说行为，不构成利用影响力受贿罪。如果不退钱，按照多数观点也不构成侵占罪。

［注意］如果行为人假装答应请托人会向其他国家工作人员游说，收受了请托人财物，但根本没去游说，则构成诈骗罪。

例3，甲为了将孩子违规送进教育局工作，送给教育局局长的司机乙一笔钱，让办此事。乙答应，并向教育局长丙游说。丙未答应或许诺。由于利用影响力受贿罪中，请托人花钱买的是终端办事人的职务行为，所以要求终端办事人有许诺。丙未许诺，乙不构成利用影响力受贿罪。

（2）共犯问题

例4，甲为了将孩子违规送进教育局工作，送给教育局局长的司机乙一笔钱，让办此事。乙答应，并向教育局长丙游说。丙知道乙收了甲的钱，仍答应办事，或从乙处收了一笔钱，答应办事。丙构成普通受贿。乙构成普通受贿的共犯。乙同时构成利用影响力受贿罪。由于利用影响力受贿罪的行为结构中有"向国家工作人员提出办事请求，并且要求国家工作人员许诺、答应请求"，因此，受贿罪的共犯与利用影响力受贿罪在整体上属于一个行为，属于想象竞合，择一重罪论处。

提示：2012年真题答案认为，乙只构成普通受贿的共犯，不构成利用影响力受贿罪。此后官方对该观点作了修订，认为普通受贿的共犯与利用影响力受贿罪不是对立排斥关系，可以想象竞合。对此可能有些人不知道。同理，普通受贿的共犯与斡旋受贿也不是对立排斥关系，可以想象竞合。

2. 行为人（中间人）接受请托人钱财，利用自己的影响力，利用该国家工作人员职权或者地位形成的便利条件→通过其他国家工作人员职务上的行为→为请托人谋取<u>不正当利益</u>。

例5，甲为了将孩子违规送进教育局工作，送给本县财政局局长的司机乙一笔钱，让办此事。乙答应，并向财政局局长丙游说，丙答应，并向教育局局长丁游说，丁答应。乙构成利用影响力受贿罪。丙若收钱，则构成斡旋受贿。丁若收钱，则构成普通受贿。

（二）国家工作人员离职后

主体是离职的国家工作人员及其近亲属、关系密切人。

行为方式是：行为人（中间人）接受请托人钱财，利用该离职的国家工作人员原职权或者地位形成的便利条件→通过其他国家工作人员职务上的行为→为请托人谋取不正当利益。

例1，甲为了将孩子违规送进教育局工作，送给本县原财政局局长乙一笔钱，让办此事。乙答应，并找教育局局长丙游说，丙答应。乙构成利用影响力受贿罪。

例2，甲为了将孩子违规送进教育局工作，送给本县原财政局局长的司机乙一笔钱，让办此事。乙答应，并找原财政局局长丙游说，丙答应，并找教育局局长丁，丁答应。乙构成利用影响力受贿罪。丙若收钱，则也构成利用影响力受贿罪。丁若收钱，则构成普通受贿。

［注意］本罪的主体"关系密切人"，是指与国家工作人员或离职的国家工作人员具有利益关系或利害关系的人。其中的利益关系不限于物质利益，还可以包括其他利益，例如，情人关系、前妻关系、秘书、司机等。其中的利害关系包括制约关系，如握有国家工作人员

把柄，依此来制约国家工作人员。这一点与斡旋受贿不同。

[总结] 利用影响力受贿罪与斡旋受贿的区别：

（1）主体身份不同。前者的行为主体是国家工作人员的关系密切人；后者的行为主体是国家工作人员。

（2）对价关系不同。前者是终端办事人（国家工作人员）的职务行为与请托人钱财的对价关系；后者是斡旋者（国家工作人员）的职务地位与请托人钱财的对价关系。

（3）发挥影响力的根据不同（本质区别）。二者的行为主体都是中间人，都对终端办事人发挥影响力，但发挥影响力的根据不同。前者的根据是私人关系；后者的根据是国家工作人员的职权地位及工作关系。如果两种影响力均有，则二者想象竞合，择一重罪论处。

例如，甲为了将孩子违规送进教育局工作，送给本县财政局局长乙（教育局局长的情妇）一笔钱，让办此事。乙答应，并找教育局局长丙游说，丙答应。乙同时触犯利用影响力受贿罪和斡旋受贿，想象竞合，择一重罪论处。

典型真题

关于受贿罪，下列哪些选项是正确的？（2017年·卷二·62题）①

A. 国家工作人员明知其近亲属利用自己的职务行为受贿的，构成受贿罪

B. 国家工作人员虚假承诺利用职务之便为他人谋利，收取他人财物的，构成受贿罪

C. 国家机关工作人员实施渎职犯罪并收受贿赂，同时构成渎职罪和受贿罪的，除《刑法》有特别规定外，以渎职罪和受贿罪数罪并罚

D. 国家工作人员明知他人有请托事项而收受其财物，视为具备"为他人谋取利益"的构成要件，是否已实际为他人谋取利益，不影响受贿的认定

七、对有影响力的人行贿罪

第390条之一　为谋取不正当利益，向国家工作人员的近亲属或者其他与该国家工作人员关系密切的人，或者向离职的国家工作人员或者其近亲属以及其他与其关系密切的人行贿的，处三年以下有期徒刑或者拘役，并处罚金；情节严重的，或者使国家利益遭受重大损失的，处三年以上七年以下有期徒刑，并处罚金；情节特别严重的，或者使国家利益遭受特别重大损失的，处七年以上十年以下有期徒刑，并处罚金。

单位犯前款罪的，对单位判处罚金，并对其直接负责的主管人员和其他直接责任人员，处三年以下有期徒刑或者拘役，并处罚金。（本条为《刑法修正案（九）》所增设）

本罪是利用影响力受贿罪的对向犯。本罪的行为模型如下：

例1，甲为了将孩子违规送进教育局工作，送给教育局局长的司机乙一笔钱，只是请其转交给教育局局长丙。这表明甲想犯行贿罪。此时，丙客观上接收（占有）了财物，甲的行贿罪便既遂。如果乙私吞，主流观点认为乙不构成侵占罪。此时，甲的行贿罪构成未遂。

例2，甲为了将孩子违规送进教育局工作，送给教育局局长的司机乙一笔钱，让乙占有，请乙办此事。这表明甲想犯对有影响力的人行贿罪。此时，乙客观接收（占有）了财物，对有影响力的人行贿罪便既遂；在此构成既遂，不要求乙许诺办事，更不要求丙许诺办事。

① ［答案］ABCD。

乙要成立利用影响力受贿罪，要求其收钱，并向丙提出办事请求，并且要求丙许诺答应请求。这是因为，只有如此，才能将丙的职务行为与甲的钱财形成对价关系。

乙主动接受了钱财，并找丙，丙答应办事。丙如果向乙索贿，或乙向丙送钱，丙接受，则丙构成受贿罪；此时乙同时触犯受贿罪的共犯与利用影响力受贿罪，想象竞合。甲如果知道丙，则构成行贿罪，与之前构成的对有影响力的人行贿罪想象竞合，因为甲只送了一笔钱，只有一个行为。

例 3，甲为了将孩子违规送进教育局工作，送给教育局局长的司机乙一笔钱，让其占有一部分，将另一部分转交给丙，或者不明说，让乙全权支配。这表明甲有概括故意，想犯行贿罪与对有影响力的人行贿罪。乙客观接收了自己的那部分，则甲的对有影响力的人行贿罪便既遂。丙客观接收了自己那部分，则甲的行贿罪便既遂。由于甲只有一个行为，两罪属于想象竞合，择一重罪论处。

如果乙主动接受了钱财，留下自己那部分，给丙送另一部分时，被拒绝，未送出去，则丙不构成受贿罪，乙不构成利用影响力受贿罪（成立该罪，要求国家工作人员许诺办事）。此时甲仍构成对有影响力的人行贿罪既遂，同时构成行贿罪未遂，想象竞合，择一重罪论处。

典型真题

大学生甲为获得公务员面试高分，送给面试官乙（某机关领导）2 瓶高档白酒，乙拒绝。次日，甲再次到乙家，偷偷将一块价值 1 万元的金币放在茶几上离开。乙不知情。保姆以为乙知道此事，将金币放入乙的柜子。对于本案，下列哪一选项是错误的？（2011 年·卷二·19 题）①

A. 甲的行为成立行贿罪

B. 乙的行为不构成受贿罪

C. 认定甲构成行贿罪与乙不构成受贿罪不矛盾

D. 保姆的行为成立利用影响力受贿罪

以下是普通罪名

（一）单位受贿罪

第 387 条　国家机关、国有公司、企业、事业单位、人民团体，索取、非法收受他人财物，为他人谋取利益，情节严重的，对单位判处罚金，并对其直接负责的主管人员和其他直接责任人员，处五年以下有期徒刑或者拘役。

前款所列单位，在经济往来中，在账外暗中收受各种名义的回扣、手续费的，以受贿论，依照前款的规定处罚。

行为主体是单位。受贿行为体现单位意志。如果直接负责的主管人员假借单位名义索取、收受他人财物中饱私囊，不构成本罪，构成受贿罪。

（二）对单位行贿罪

单位受贿罪的对向犯是对单位行贿罪。

第 391 条　为谋取不正当利益，给予国家机关、国有公司、企业、事业单位、人民团体

---

① [答案] D。

以财物的，或者在经济往来中，违反国家规定，给予各种名义的回扣、手续费的，处三年以下有期徒刑或者拘役，并处罚金。

单位犯前款罪的，对单位判处罚金，并对其直接负责的主管人员和其他直接责任人员，依照前款的规定处罚。（本条经《刑法修正案（九）》修正）

1. 行为主体既包括自然人，也包括单位。单位对单位行贿，行贿方构成对单位行贿罪，受贿方构成单位受贿罪。

2. 主观是故意，要求"为谋取不正当利益"。

（三）介绍贿赂罪

第 392 条　向国家工作人员介绍贿赂，情节严重的，处三年以下有期徒刑或者拘役，并处罚金。

介绍贿赂人在被追诉前主动交待介绍贿赂行为的，可以减轻处罚或者免除处罚。（本条经《刑法修正案（九）》修正）

1. 行为方式：向国家工作人员介绍贿赂。

这是指行为人明知某人欲通过行贿谋求国家工作人员的职务行为，而向国家工作人员提供该信息。

2. 本罪与行贿罪、受贿罪的关系。

（1）如果行为人的行为仅仅是行贿罪的帮助行为，只定行贿罪的帮助犯。如果行为人的行为仅仅是受贿罪的帮助行为，只定受贿罪的帮助犯。这表明，介绍贿赂罪的成立范围其实很小。

（2）行为人的行为同时对行贿、受贿都起到帮助作用，同时构成行贿罪的帮助犯、受贿罪的帮助犯及介绍贿赂罪的，属于想象竞合犯，择一重罪论处。

（四）巨额财产来源不明罪

第 395 条第 1 款　国家工作人员的财产、支出明显超过合法收入，差额巨大的，可以责令该国家工作人员说明来源，不能说明来源的，差额部分以非法所得论，处五年以下有期徒刑或者拘役；差额特别巨大的，处五年以上十年以下有期徒刑。财产的差额部分予以追缴。

巨额财产来源不明罪，是指国家工作人员的财产或者支出明显超过合法收入，差额巨大，不能说明其合法来源的行为。

1. 实行行为。"国家工作人员的财产、支出明显超过合法收入，差额巨大"不是本罪的实行行为，而是前提条件。本罪的实行行为是责令说明来源，不能说明来源。也即，本罪是真正不作为犯。

2. 认定问题：

（1）行为人拥有巨额财产，但不能说明合法来源的，应认定为本罪。

（2）行为人拥有巨额财产，本人说明了其合法来源的，不能认定为犯罪；如果说明了其非法来源，并查证属实的，就按其行为性质认定犯罪，不认定为本罪。

（3）行为人拥有巨额财产，只要在起诉到法院前，能够说明来源，就不构成本罪。

（4）行为人拥有巨额财产，本人不能说明其合法来源的，人民法院判决成立本罪；但司法机关后来查清了该巨额财产的来源：如果来源是合法的，原来的判决必须维持，不能更改；如果来源是非法的，则按非法来源的性质再次定罪，也不能推翻原来的判决。

（五）私分国有资产罪

第 396 条第 1 款　国家机关、国有公司、企业、事业单位、人民团体，违反国家规定，以单位名义将国有资产集体私分给个人，数额较大的，对其直接负责的主管人员和其他直接责任人员，处三年以下有期徒刑或者拘役，并处或者单处罚金；数额巨大的，处三年以上七年以下有期徒刑，并处罚金。

23

第二十三讲

渎职罪

特别提示

1. 重点罪名是徇私枉法罪。同时注意，滥用职权罪、玩忽职守罪与具体领域的滥用职权犯罪、玩忽职守犯罪的法条竞合关系。

2. 案例：狗蛋与法官小芳相勾结，狗蛋告狗剩欠自己 10 万元，实际上没有这回事。小芳知道真相，判狗剩败诉，"依法"执行了狗剩的财产。对狗蛋、小芳如何处理？①

一、重点罪名

（一）滥用职权罪和玩忽职守罪

第 397 条 国家机关工作人员<u>滥用职权</u>或者<u>玩忽职守</u>，致使公共财产、国家和人民利益遭受重大损失的，处三年以下有期徒刑或者拘役；情节特别严重的，处三年以上七年以下有期徒刑。本法另有规定的，依照规定。

国家机关工作人员<u>徇私舞弊</u>，犯前款罪的，处五年以下有期徒刑或者拘役；情节特别严重的，处五年以上十年以下有期徒刑。本法另有规定的，依照规定。

第 1 款规定了两个罪名：滥用职权罪和玩忽职守罪。

1. 滥用职权罪

滥用职权罪，是指国家机关工作人员滥用职权，致使公共财产、国家和人民利益遭受重大损失的行为。

（1）行为方式。

①擅权。这是指故意不正确履行职责。

②弃权。这是指故意不履行应当履行的职责。这表明，滥用职权罪可以由不作为构成。

③越权。这是指超越职权处理事项。

（2）成立本罪要求致使公共财产、国家和人民利益遭受重大损失。

（3）主观必须是故意。不过，对于"致使公共财产、国家和人民利益遭受重大损失"不需要行为人主观上有认识。

（4）徇私舞弊是本罪的加重处罚情节。

---

① ［答案］狗蛋与小芳触犯三个罪的共同犯罪：针对司法秩序法益，触犯虚假诉讼罪、民事枉法裁判罪；针对被害人狗剩的财产，触犯盗窃罪，也即以平和手段将狗剩的财物转移为自己占有。想象竞合，择一重罪论处。

（5）法条竞合。刑法渎职罪一章规定了许多具体的滥用职权犯罪，与滥用职权罪是特殊法条与一般法条的关系，一个行为同时构成两罪时，优先适用特殊法条。

2. 玩忽职守罪

玩忽职守罪，是指国家机关工作人员玩忽职守，致使公共财产、国家和人民利益遭受重大损失的行为。

（1）行为方式：一是不履行职责，即不作为的方式；二是不正确履行职责。

（2）主观必须是过失。

（3）法条竞合：刑法渎职罪一章规定了许多具体的玩忽职守的犯罪，与玩忽职守罪属于特殊法条与一般法条的关系，一个行为同时构成两罪时，优先适用特殊法条。

3. 滥用职权罪和玩忽职守罪对比

（1）相似点：一是行为方式上都包括不履行职责这种不作为方式；二是都要求造成严重后果。

（2）区分点：滥用职权罪是故意犯罪；玩忽职守罪是过失犯罪。

［注意］认识上容易犯的错误是：将不作为的滥用职权罪当作玩忽职守罪。例如，警察在大街上看到歹徒抢劫，明知自己不制止会发生危害后果，却不制止。警察的这种行为不是玩忽职守，而是滥用职权。

（二）徇私枉法罪

第 399 条 司法工作人员徇私枉法、徇情枉法，对明知是无罪的人而使他受追诉、对明知是有罪的人而故意包庇不使他受追诉，或者在刑事审判活动中故意违背事实和法律作枉法裁判的，处五年以下有期徒刑或者拘役；情节严重的，处五年以上十年以下有期徒刑；情节特别严重的，处十年以上有期徒刑。

在民事、行政审判活动中故意违背事实和法律作枉法裁判，情节严重的，处五年以下有期徒刑或者拘役；情节特别严重的，处五年以上十年以下有期徒刑。

在执行判决、裁定活动中，严重不负责任或者滥用职权，不依法采取诉讼保全措施、不履行法定执行职责，或者违法采取诉讼保全措施、强制执行措施，致使当事人或者其他人的利益遭受重大损失的，处五年以下有期徒刑或者拘役；致使当事人或者其他人的利益遭受特别重大损失的，处五年以上十年以下有期徒刑。

司法工作人员收受贿赂，有前三款行为的，同时又构成本法第三百八十五条规定之罪的，依照处罚较重的规定定罪处罚。

第 1 款规定的是徇私枉法罪，第 2 款规定的是民事、行政枉法裁判罪，第 3 款规定的是执行判决、裁定失职罪和执行判决、裁定滥用职权罪，第 4 款是关于罪数的规定。

1. 徇私枉法罪

徇私枉法罪，是指司法工作人员徇私枉法、徇情枉法，对明知是无罪的人而使他受追诉，对明知是有罪的人而故意包庇不使他受追诉，或者在刑事审判活动中故意违背事实和法律作枉法裁判的行为。

（1）行为类型。

其中的行为类型"明知是有罪的人而故意包庇不使他受追诉"，包括不立案、不侦查、不起诉、不审判、裁定无罪。其中，不侦查的表现有：①立案后，应当采取强制措施而不采取强制措施。②虽然采取强制措施，但通过下列行为导致犯罪嫌疑人、被告人实际脱离司法机关侦查控制；中断侦查；超过法定期限不采取任何措施，实际放任不管；违法撤销、变更强制措施。③故意不收集有罪证据，导致有罪证据灭失，导致不能定罪。简言之，在强制措施期间的徇私枉法行为，要求达到"致使犯罪嫌疑人、被告人实际脱离司法机关侦查控制"的效果。

（2）主观是故意，要求有动机。

两种动机：一是徇私；二是徇情。徇私是指为了谋取个人利益、小集体利益而枉法。徇情是指出于私情而枉法，主要表现为出于照顾私人关系或感情、袒护亲友或者泄愤报复而枉法。

[注意]　主观没有故意，也没有徇私、徇情动机，只是因为法律水平低下而过失造成冤案、错判的，不构成本罪。

（3）本罪与受贿罪。

第399条第4款："司法工作人员收受贿赂，有前三款行为的（徇私枉法罪，民事、行政枉法裁判罪，执行判决、裁定失职罪，执行判决、裁定滥用职权罪），同时又构成本法第三百八十五条规定之罪（受贿罪）的，从一重罪处罚。"

这表明，除此款规定之外国家工作人员犯其他罪同时受贿的，数罪并罚。

2. 民事、行政枉法裁判罪

这是指司法工作人员在民事、行政审判活动中故意违背事实和法律作枉法裁判，情节严重的行为。

3. 执行判决、裁定失职罪

这是指司法工作人员在执行判决、裁定活动中，严重不负责任，不依法采取诉讼保全措施、不履行法定执行职责，致使当事人或者其他人的利益遭受重大损失的行为。

4. 执行判决、裁定滥用职权罪

这是指司法工作人员在执行判决、裁定活动中，滥用职权，违法采取诉讼保全措施、强制执行措施，致使当事人或者其他人的利益遭受重大损失的行为。

（三）私放在押人员罪和失职致使在押人员脱逃罪

第400条　司法工作人员私放在押的犯罪嫌疑人、被告人或者罪犯的，处五年以下有期徒刑或者拘役；情节严重的，处五年以上十年以下有期徒刑；情节特别严重的，处十年以上有期徒刑。

司法工作人员由于严重不负责任，致使在押的犯罪嫌疑人、被告人或者罪犯脱逃，造成严重后果的，处三年以下有期徒刑或者拘役；造成特别严重后果的，处三年以上十年以下有期徒刑。

第1款规定的是私放在押人员罪，第2款规定的是失职致使在押人员脱逃罪。

私放在押人员罪的要点：

1. 行为主体是司法工作人员。

2. 行为对象是依法被关押的犯罪嫌疑人、被告人、罪犯，不包括被行政拘留、司法拘留的人。

3. 行为方式包括作为和不作为。作为方式，例如，主动将罪犯放走。不作为方式，例如，在罪犯脱逃时不阻拦、不追捕。

（四）徇私舞弊不征、少征税款罪

第 404 条　税务机关的工作人员徇私舞弊，不征或者少征应征税款，致使国家税收遭受重大损失的，处五年以下有期徒刑或者拘役；造成特别重大损失的，处五年以上有期徒刑。

实施本罪又受贿的，数罪并罚。

典型真题

丙实施抢劫犯罪后，分管公安工作的副县长甲滥用职权，让侦办此案的警察乙想办法使丙无罪。乙明知丙有罪，但为徇私情，采取毁灭证据的手段使丙未受追诉。关于本案的分析，下列哪些选项是正确的？（2014 年·卷二·63 题）①

A. 因甲是国家机关工作人员，故甲是滥用职权罪的实行犯

B. 因甲居于领导地位，故甲是徇私枉法罪的间接正犯

C. 因甲实施了两个实行行为，故应实行数罪并罚

D. 乙的行为同时触犯徇私枉法罪与帮助毁灭证据罪、滥用职权罪，但因只有一个行为，应以徇私枉法罪论处

二、普通罪名

（一）故意泄露国家秘密罪

第 398 条　国家机关工作人员违反保守国家秘密法的规定，故意或者过失泄露国家秘密，情节严重的，处三年以下有期徒刑或者拘役；情节特别严重的，处三年以上七年以下有期徒刑。

非国家机关工作人员犯前款罪的，依照前款的规定酌情处罚。

1. 行为主体。

既包括国家机关工作人员，又包括非国家机关工作人员。主体包括非国家机关工作人员是本罪一大特点，因为渎职罪的主体一般都是国家机关工作人员。

2. 罪数问题。

（1）本罪与为境外窃取、刺探、收买、非法提供国家秘密、情报罪（第 111 条）：行为人将国家秘密泄露给境外的机构、组织、人员的，应认定为为境外非法提供国家秘密罪。

（2）本罪与非法获取国家秘密罪（第 282 条）：非法获取国家秘密的人又故意泄露该国家秘密的，同时构成两罪，择一重罪论处。

（二）不解救被拐卖、绑架妇女、儿童罪和阻碍解救被拐卖、绑架妇女、儿童罪

第 416 条　对被拐卖、绑架的妇女、儿童负有解救职责的国家机关工作人员，接到被拐卖、绑架的妇女、儿童及其家属的解救要求或者接到其他人的举报，而对被拐卖、绑架的妇女、儿童不进行解救，造成严重后果的，处五年以下有期徒刑或者拘役。

负有解救职责的国家机关工作人员利用职务阻碍解救的，处二年以上七年以下有期徒刑；情节较轻的，处二年以下有期徒刑或者拘役。

第 1 款规定的是不解救被拐卖、绑架妇女、儿童罪，第 2 款规定的是阻碍解救被拐卖、绑架妇女、儿童罪。不解救被拐卖、绑架妇女、儿童罪是典型的真正不作为犯。

---

① ［答案］AD。

（三）帮助犯罪分子逃避处罚罪

第 417 条　有查禁犯罪活动职责的国家机关工作人员，向犯罪分子通风报信、提供便利，帮助犯罪分子逃避处罚的，处三年以下有期徒刑或者拘役；情节严重的，处三年以上十年以下有期徒刑。

本罪实际上是徇私枉法罪之外的补充罪名，行为类型包括两种：（1）司法工作人员利用职务便利，帮助犯罪分子逃避处罚，但又不构成徇私枉法罪的情形。（2）其他国家机关工作人员利用职务便利，帮助犯罪分子逃避刑事处罚。

本罪常见的情形有：（1）向犯罪分子泄露有关部门查禁犯罪活动的部署、人员、措施、时间、地点等情况。（2）向犯罪分子提供钱物、交通工具、通讯设备、隐藏处所等便利条件。（3）向犯罪分子泄露案情。（4）帮助、示意犯罪分子隐匿、毁灭、伪造证据，或者串供、翻供。（5）公安人员对盗窃、抢劫的机动车辆，非法提供机动车辆牌证，或者为其取得机动车辆牌证提供便利，帮助犯罪分子逃避处罚。

［总结］司法解释要点：①

第 3 条　国家机关工作人员实施渎职犯罪并收受贿赂，同时构成受贿罪的，除刑法另有规定外，以渎职犯罪和受贿罪数罪并罚。

第 5 条第 2 款　以"集体研究"形式实施的渎职犯罪，应当依照刑法分则第九章的规定追究国家机关负有责任的人员的刑事责任。

第 6 条　以危害结果为条件的渎职犯罪的追诉期限，从危害结果发生之日起计算；有数个危害结果的，从最后一个危害结果发生之日起计算。

---

① 2012 年 12 月 7 日《最高人民法院、最高人民检察院关于办理渎职刑事案件适用法律若干问题的解释（一）》。

24 第二十四讲 危害国家安全罪

特别提示 ▶

本讲很少考查，不是复习重点。

一、重点罪名

（一）间谍罪

第 110 条 有下列间谍行为之一，危害国家安全的，处十年以上有期徒刑或者无期徒刑；情节较轻的，处三年以上十年以下有期徒刑：

（一）参加间谍组织或者接受间谍组织及其代理人的任务的；

（二）为敌人指示轰击目标的。

1. 行为方式：（1）参加间谍组织；（2）接受间谍组织及其代理人的任务；（3）为敌人指示轰击目标。

2. 罪数问题：国家机关工作人员叛逃后又参加间谍组织或者接受间谍任务的，触犯叛逃罪（第 109 条）和本罪，数罪并罚。

（二）为境外窃取、刺探、收买、非法提供国家秘密、情报罪

1. 相关罪名总结。

（1）本罪。

第 111 条 为境外的机构、组织、人员窃取、刺探、收买、非法提供国家秘密或者情报的，处五年以上十年以下有期徒刑；情节特别严重的，处十年以上有期徒刑或者无期徒刑；情节较轻的，处五年以下有期徒刑、拘役、管制或者剥夺政治权利。

（2）故意泄露国家秘密罪、过失泄露国家秘密罪。该罪是渎职犯罪一章的罪名。

第 398 条 国家机关工作人员违反保守国家秘密法的规定，故意或者过失泄露国家秘密，情节严重的，处三年以下有期徒刑或者拘役；情节特别严重的，处三年以上七年以下有期徒刑。

非国家机关工作人员犯前款罪的，依照前款的规定酌情处罚。

（3）非法获取国家秘密罪。该罪是妨害社会管理犯罪一章的罪名。

第 282 条第 1 款 以窃取、刺探、收买方法，非法获取国家秘密的，处三年以下有期徒刑、拘役、管制或者剥夺政治权利；情节严重的，处三年以上七年以下有期徒刑。

2. 国家秘密和情报。

（1）国家秘密包括绝密、机密、秘密三种。

（2）情报须作缩小解释，只包括关系国家安全和利益、尚未公开或依照有关规定不应公开的事项。即这里的情报必须是关系国家安全和利益的情报，不包括一般的情报。

3. 行为方式。

（1）本罪的境外包括港、澳、台地区。

（2）"为"的理解。就窃取、刺探、收买行为而言，"为境外"属于主观目的要素，也即，窃取、刺探、收买国家秘密或情报，是为了提供给境外。就非法提供行为而言，"为境外"属于客观要素，是指将国家秘密或者情报非法提供给境外。

4. 罪数问题。

（1）本罪与间谍罪。

①行为人既参加间谍组织，又为其窃取、刺探、收买、非法提供国家秘密或情报的，只定间谍罪。

②行为人明知对方是间谍组织，并为对方窃取、刺探、收买、非法提供国家秘密或情报的，属于"接受间谍组织的任务"，只定间谍罪。行为人如果不明知对方是间谍组织，并为对方窃取、刺探、收买、非法提供国家秘密或情报的，定本罪。

（2）本罪与故意泄露国家秘密罪。

①故意将国家秘密泄露给境内人员，则构成故意泄露国家秘密罪。

②通过互联网将国家秘密或情报非法发送给境外机构、组织、人员的，构成本罪。但是通过互联网将国家秘密或情报只是在网上公布的，构成故意泄露国家秘密罪。

（3）本罪与非法获取国家秘密罪。

①本罪是为境外机构、组织、人员非法提供国家秘密，非法获取国家秘密罪没有要求这一点，如果是为境外非法提供，则构成本罪。

②如果在非法获取国家秘密时没有为境外非法提供的意图，获取后非法提供给境外，因为侵害的法益具有同一性，只定本罪。

（4）法条竞合：如果对象是军事秘密，则构成为境外窃取、刺探、收买、非法提供军事秘密罪（第431条第2款）。

二、普通罪名

（一）叛逃罪

第109条　国家机关工作人员在履行公务期间，擅离岗位，叛逃境外或者在境外叛逃的，处五年以下有期徒刑、拘役、管制或者剥夺政治权利；情节严重的，处五年以上十年以下有期徒刑。

掌握国家秘密的国家工作人员叛逃境外或者在境外叛逃的，依照前款的规定从重处罚。

1. 旧的规定是，成立犯罪要求造成"危害中华人民共和国国家安全的"实害结果；新的规定删除这一要求，将本罪从实害犯变为危险犯。这样，单纯逃往境外也有可能构成本罪。

2. 叛逃方式：叛逃境外和在境外叛逃。

（二）资助危害国家安全犯罪活动罪

第 107 条　境内外机构、组织或者个人资助实施本章第一百零二条、第一百零三条、第一百零四条、第一百零五条规定之罪的，对直接责任人员，处五年以下有期徒刑、拘役、管制或者剥夺政治权利；情节严重的，处五年以上有期徒刑。

典型真题

　　甲系海关工作人员，被派往某国考察。甲担心自己放纵走私被查处，拒不归国。为获得庇护，甲向某国难民署提供我国从未对外公布且影响我国经济安全的海关数据。关于本案，下列哪一选项是错误的？（2012 年·卷二·14 题）①

　　A. 甲构成叛逃罪

　　B. 甲构成为境外非法提供国家秘密、情报罪

　　C. 对甲不应数罪并罚

　　D. 即使《刑法》分则对叛逃罪未规定剥夺政治权利，也应对甲附加剥夺 1 年以上 5 年以下政治权利

---

① ［答案］C。

参考文献

1. 张明楷：《刑法学》（第五版），法律出版社 2016 年版。

2. 陈兴良主编：《刑法总论精释》（第三版），人民法院出版社 2016 年版。

3. 陈兴良主编：《刑法各论精释》，人民法院出版社 2015 年版。

4. 周光权：《刑法总论》、《刑法各论》（第三版），中国人民大学出版社 2016 年版。

5. 曲新久主编：《刑法学》（第五版），中国政法大学出版社 2016 年版。

6. 黎宏：《刑法学总论》、《刑法学各论》（第二版），法律出版社 2016 年版。

7. 陈兴良、周光权：《刑法学的现代展开Ⅱ》，中国人民大学出版社 2015 年版。

8. 张明楷：《刑法分则的解释原理》（上下册），中国人民大学出版社 2011 年版。

9. ［日］山口厚：《刑法总论》（第 3 版），付立庆译，中国人民大学出版社 2018 年版。

10. ［日］西田典之：《日本刑法总论》，刘明祥、王昭武译，中国人民大学出版社 2007 年版。

11. ［日］大谷实：《刑法总论讲义》（新版第 2 版），黎宏译，中国人民大学出版社 2008 年版。

12. ［德］Kindhäuser, Strafrecht Allgemeiner Teil, 6. Aufl., Nomos, 2013.

13. ［德］Wessels/Beulke/Satzger, Strafrecht Allgemeiner Teil, 43. Aufl., C. F. Müller, 2013.

14. ［德］Rudolf Rengier, Strafrecht Allgemeiner Teil, 4. Aufl., Verlag C. H. Beck, 2012.

15. ［德］Claus Roxin, Strafrecht Allgemeiner Teil, Bd. Ⅰ, Verlag C. H. Beck, 2006.

16. ［德］Günther Jakobs, Strafrecht Allgemeiner Teil, 2. Aufl., Walter de Gruyter, 1993.

17. 张明楷、陈兴良、周光权等教授近年来发表的论文。

18. 最高人民法院主编的《刑事审判参考》及公布的指导性案例。

图书在版编目（CIP）数据

2020年国家统一法律职业资格考试刑法攻略．精讲卷／柏浪涛著．—北京：中国民主法制出版社，2019.11

ISBN 978-7-5162-2111-2

Ⅰ．①2… Ⅱ．①柏… Ⅲ．①刑法—中国—资格考试—自学参考资料 Ⅳ．①D924

中国版本图书馆 CIP 数据核字（2019）第 233413 号

图书出品人：刘海涛
出 版 统 筹：乔先彪
责 任 编 辑：逯卫光　贾永青

书名／2020 年国家统一法律职业资格考试刑法攻略·精讲卷
作者／柏浪涛　著

出版·发行／中国民主法制出版社
地址／北京市丰台区右安门外玉林里 7 号（100069）
电话／010-63292534　63057714（发行部）　63055259（总编室）
传真／010-63292534
Http：// www. npcpub. com
E-mail：mzfz@ npcpub. com
经销／新华书店
开本／16 开　787 毫米×1092 毫米
印张／28　字数／699 千字
版本／2019 年 11 月第 1 版　2019 年 11 月第 1 次印刷
印刷／三河市华润印刷厂

书号／ISBN 978-7-5162-2111-2
定价／88.00 元
出版声明／版权所有，侵权必究。